OTTO VON BISMARCK

GEDANKEN UND ERINNERUNGEN

MIT EINEM ESSAY VON LOTHAR GALL

ULLSTEIN

Ullstein Buchverlage GmbH & Co. KG,
Berlin
Taschenbuchnummer: 26556
Der Text dieser Edition beruht auf der
von Gerhard Ritter und Rudolf Stadel-
mann herausgegebenen kritischen Fried-
richsruher Ausgabe, Band 13, 1932.

Ungekürzte Ausgabe
Mai 1999

Umschlaggestaltung:
Theodor Bayer-Eynck
Foto: Bildarchiv Preußischer Kulturbesitz,
Berlin

Printed in Germany 1999

Satz: hanseatenSatz-bremen, Bremen
Druck und Bindung: Ebner Ulm

ISBN 3 548 26556 1

Gedruckt auf alterungsbeständigem
Papier mit chlorfrei gebleichtem Zellstoff

Die Deutsche Bibliothek –
CIP-Einheitsaufnahme

Bismarck, Otto von:
Gedanken und Erinnerungen/Bismarck. Mit ei-
nem Essay von Lothar Gall. – Ungekürzte Ausg. –
Berlin: Ullstein, 1999
(Ullstein-Buch; 26556)
ISBN 3-548-26556-1

DAS BUCH

Bismarcks »Gedanken und Erinnerungen«, niedergeschrieben nach seiner
Entlassung als Reichskanzler in den 1890er Jahren, gehören seit Jahrzehnten zu den Klassikern politischer Memoirenliteratur. Er verstand seine Erinnerungen als politisches Testament und als Kampfschrift zugleich. Durch die
neue politische Führung unter Wilhelm II. sah Bismarck seine Politik des
Ausgleichs im Kräftespiel der europäischen Mächte bedroht und beschwor
als Hauptaufgabe des jungen, von ihm gegründeten deutschen Nationalstaates die Rücksicht auf die Interessen der europäischen Nachbarn sowie die
sorgfältige Beachtung des Gleichgewichts in Europa.
So sind Memoiren entstanden, die aus ihrer Subjektivität kein Hehl machen,
die gleichwohl angesichts der herausragenden Stellung des Reichskanzlers
in der Politik des ausgehenden 19. Jahrhunderts auch heute noch lesenswert
und aufschlußreich sind. Zudem ist ihre Lektüre ein hoher literarischer Genuß, worauf Lothar Gall in seinem Einführungsessay hinweist.

DER AUTOR

Otto von Bismarck (1815-1898) gilt als der eigentliche Gestalter der deutschen
Innen- und Außenpolitik der zweiten Hälfte des 19. Jahrhunderts; 1851 bis
1859 Gesandter Preußens am Frankfurter Bundestag, 1859 bis 1862 in Petersburg; 1862 Botschafter in Paris; 1862 bis 1890 preußischer Ministerpräsident; 1867 bis 1871 Kanzler des Norddeutschen Bundes; 1871 bis 1890 deutscher Reichskanzler.

INHALT

EINLEITUNG

LOTHAR GALL

Politische Memoiren gleichen sich in einem: Ob sie als Rechtfertigungsschrift, Lebensbilanz, als bloße Chronik der Hauptstationen und Hauptereignisse des betreffenden Lebens oder als Lehre für die Nachwelt konzipiert sind – stets geht es darum, dem »Helden« der Darstellung, der eigenen Person, den ihr nach Meinung des Autors zukommenden Platz in der Geschichte zu sichern. Nicht nur die Darstellung, sondern auch die Auswahl des Dargestellten ist in diesem Sinne höchst subjektiv. Mit Geschichtsschreibung, mit wissenschaftlicher Geschichtsschreibung gar und ihren Normen und Regeln hat das Ganze in der überwiegenden Mehrzahl der Fälle wenig zu tun, auch wenn der Anspruch fast immer in diese Richtung geht.

Dennoch gibt es innerhalb der kaum mehr überschaubaren Memoirenliteratur große Unterschiede. Sie reichen von relativer Abgeklärtheit und bemerkenswerter Distanz gegenüber dem Autor und den Jahren seines aktiven Handelns bis hin zum fortdauernden, höchst leidenschaftlichen Engagement und damit zu extremer Parteilichkeit in allen die eigene Person und die eigene Politik berührenden Fragen.

Bismarcks Memoiren, die »Gedanken und Erinnerungen« – »Erinnerung und Gedanke«, wie der ursprüngliche Titel lautete –, gehören ohne Zweifel zu dem letztgenannten Typus. Wer sie als Geschichtswerk konsultiert und benutzt, als Darstellung der Epoche aus der Feder eines Mannes, der fraglos einer der besten Kenner ihrer politischen Zusammenhänge war, wird fast regelmäßig in die Irre geführt. Dabei geht es nicht, wie bei manchen Memoirenautoren aus der zweiten Reihe, um eine Überbetonung der eigenen Rolle und somit um eine Verzerrung der Verhältnisse. Das Egomanische bleibt durchaus im Rahmen des Üblichen, zumal Bismarck in der Tat über Jahrzehnte eine der Zentralfiguren des politischen Lebens in Deutschland wie auf der internationalen Bühne war. Entscheidend ist vielmehr, daß es dem Autor fast nie um die Vergangenheit, sondern stets um seine unmittelbare Gegenwart und um die Zukunft ging, der er zunehmend mit schwärzestem Pessimismus entgegensah. Nur hieraus gewann er den Antrieb, sich über sein eigenes Leben zu beugen. Anders gewendet: Die Darstellung der eigenen politischen Lebensgeschichte war eine Art Ersatzhandlung des Entmachteten, seiner unmittelbar einwirkenden Handlungsmöglichkeiten Beraubten. Sie war das Pendant zu der planmäßig organisierten und vorangetriebenen Pressepolitik jener Zeit, der Jahre nach seiner Entlassung 1890. »Ersatzpolitik« hat sein Sohn Herbert von Bismarck, der im März 1890 gleichfalls entlassene »Staatssekretär des Auswärtigen«, also der Außenminister des Reiches, die entsprechenden Aktivitäten des Vaters treffend genannt.

Beides, die Pressepolitik und die Abfassung der Memoiren, hing aufs engste zusammen. Ausgangspunkt war hier wie dort eine Grundeinsicht, die schon der junge Politiker vertreten hatte: Nicht auf das Ereignis, den Vorgang, den Zusammenhang als solchen komme es an, sondern auf die Deutung, die sie in einer Welt erfuhren, in der, in Relation zueinander gesehen, immer weniger Menschen aktiv handelnd und mitentscheidend beteiligt waren und immer mehr zuschauten, sich aus der passiven Position eine Meinung, ein Urteil zu bilden versuchten. Natürlich galt dieser Satz nur mit starken Einschränkungen. Bismarck selber hatte die Hilflosigkeit des bloßen Meinungsmachers gegenüber dem aktiv Handelnden auf beiden Seiten der Barriere oft genug erfahren, und die konkrete Wirkung seiner Memoiren und seiner Presseaktivitäten nach 1890 haben ihn darüber noch einmal auf das schmerzlichste belehrt. Doch es war unübersehbar, daß mit der Entstehung eines »politischen Massenmarktes« (H. Rosenberg) eine ganz neue Situation entstanden war. Auf sie zielte der Memoirenschreiber Bismarck.

Alles brachte er dafür mit: die Fähigkeit, Situationen scharf und knapp zu charakterisieren; einen ausgeprägten Sinn für das Unterhaltungsbedürfnis des Lesers, aber auch für seine Erwartung, an der Hand eines klugen Cicerone einen souveränen Überblick über die Dinge zu gewinnen; die Begabung, in Anknüpfung an das jeweils als bekannt und vertraut Vorauszusetzende Vertrauen für seine Darstellung des bisher Unbekannten oder Strittigen zu gewinnen; und nicht zuletzt, dies alles umgreifend und zusammenfassend, eine erzählerische und kompositorische Kraft, eine Prägnanz und Farbigkeit des Stils, ein Gespür für Nuancen und ein Talent zu subtiler Dramatisierung, wie sie nur wenige Autoren seines Jahrhunderts besaßen.

Kein Wunder also, daß das Memoirenwerk nicht nur einer der größten Bucherfolge des Jahrhunderts wurde – an dem der Autor, beziehungsweise seine Nachkommen, mit einer zunächst astronomisch erscheinenden Festsumme abgefunden, nur begrenzt partizipierten –, sondern auch wirklich intensiv gelesen wurde. Dadurch hat es, ganz im Sinne des Verfassers, das Bild der Entstehungsgeschichte des deutschen Nationalstaates und seiner ersten zwei Jahrzehnte und natürlich das Bild des Kanzlers selber stärker geprägt als jede andere Darstellung der Epoche. Und dagegen hat alle Kritik der Historiker – außerhalb des begrenzten Kreises der Fachleute – zunächst nur eine sehr geringe Wirkung gehabt.

Diese Prägung war so subtil, wie es die Mittel waren, die der Ex-Kanzler einsetzte. Im einzelnen kamen wohl den besser informierten Zeitgenossen manche Zweifel, ob sich, etwa hinsichtlich der Ursachen und Anlässe des Krieges von 1870/71, die Dinge wirklich so abgespielt hatten, wie Bismarck es darstellte. Aber das Gesamtbild, das er vom Gang der Ereignisse, von den Positionen und Verhältnissen und von seiner eigenen Rolle bei den verschiedenen Geschehnissen, von den Kräften und Tendenzen zeichnete, die den historischen Prozeß entscheidend bestimmt hätten, erschien so einleuchtend, daß es die Vorstellungen einer ganzen Generation wesentlich geprägt hat.

Seine Memoiren erhoben Bismarck auf diese Weise endgültig zu einer nationalen Kultfigur, zu einer Person, in der sich der geschichtsnotwendige Gang der Dinge gleichsam verdichtet habe. Auch seine erbittertsten Gegner und die schärfsten Kritiker der Entwicklung, die Deutschland unter seiner Führung genommen hatte, bezogen sich fortan nicht selten auf den Memoirenautor als Kronzeugen, den Rückblick mit der Sache selbst gleichsetzend.

Die Sache selbst, das eigentliche Thema, war für Bismarck nicht Deutschlands Vergangenheit, sondern Deutschlands Zukunft, das Deutschland der neunziger Jahre, dessen Schicksal seinem direkten Zugriff entzogen war. Oder besser gesagt: Sein ganzes Bestreben ging dahin, der Nation zu zeigen, daß nur eine bestimmte Vergangenheit, eben die von ihm und »seinem« Werk repräsentierte, eine Zukunft habe. Damit gewann die Darstellung und Interpretation der Vergangenheit einen durch und durch instrumentellen Charakter. Sie wurde im Entscheidenden, in den zentralen Punkten den aktuellen Zielen des Verfassers unterworfen.

In den siebziger und achtziger Jahren hatte Bismarck gelegentlich geäußert, er wolle sich zurückziehen und seine Memoiren schreiben. Das aber waren, bei Licht besehen, bloße Formeln resignativer Stimmungen oder, noch öfter, der Drohung, die Sache hinzuwerfen und es den ihm jeweils widerstrebenden Kräften zu überlassen, die »Karre aus dem Dreck« zu ziehen. So mochte es auch im März 1890 zunächst erscheinen, als er nach einem schweren Zusammenstoß mit dem jungen Kaiser, mit Wilhelm II., sofort seine Entschlossenheit bekundete, den Weg in diese Krise aus genauer Akten- und Detailkenntnis nachzuzeichnen und aufzuzeigen, wie er, den man so schnöde behandelte, dem Haus Hohenzollern über mehr als vierzig Jahre treu und mit größtem Erfolg gedient habe. Da Wilhelm jedoch nicht einlenkte, wurde die Sache diesmal ernst.

Noch bevor Bismarck am 18. März sein Abschiedsgesuch absandte, das bereits weit mehr mit Blick auf die Öffentlichkeit und die künftige Geschichtsschreibung als auf den unmittelbaren Adressaten formuliert war, gab er Anweisung, die wichtigsten Dokumente der vergangenen Jahrzehnte aus dem Geschäftsgang zu ziehen und für den Abtransport nach Friedrichsruh, seinem Land- und Ruhesitz bei Hamburg, vorzubereiten. Damit verband er ausdrücklich die Erklärung, jene Dokumente sollten ihm als Grundlage für eine ausführliche Darstellung der Entwicklung bis zum heutigen Tag dienen. Sehr richtig haben die Herausgeber der kritischen Ausgabe des späteren Memoirenwerkes, der »Gedanken und Erinnerungen«, zu Beginn der dreißiger Jahre unseres Jahrhunderts Grundstimmung und Ausgangslage in dem Satz zusammengefaßt: »Im Stürzen noch griff er – gleichsam tastend – nach einer neuen Waffe, um den Kampf um die Macht fortzusetzen, aus der man ihn stieß.«

Bevor Bismarck dazu kam, seine Erinnerungen in einer oft mühsamen Prozedur zu diktieren, vergingen noch viele Monate. Und mit wachsender Distanz vom Amt und von den dramatischen Vorgängen des Februar und März 1890 wuchsen auch die Zweifel, ob jene »neue Waffe« sich nicht als stumpf erweisen werde – auf dem Forum einer Öffentlichkeit, die ihn zwar mehr und mehr zu einer Art Kultfigur, zu einem nationalen Mythos erhob, doch von einer Revision der Entscheidung von 1890 ernsthaft nichts wissen wollte.

So ist Bismarck schließlich wider Willen in die Position des Geschichtsschreibers seiner selbst geraten. Dem entsprach, daß er sich immer mürrischer mit der Aufgabe beschäftigte, die er Anfang Oktober 1890 mit den ersten Diktaten begonnen hatte. Nach dem Tod Lothar Buchers im Oktober 1892 – eines langjährigen Vertrauten, der im weiteren die eigentliche treibende Kraft des Unternehmens geworden war – hat er die Arbeit dann ganz eingestellt.

Daß die Memoiren trotzdem nicht als Fragment erscheinen – zwei Bände kamen wenige Monate nach Bismarcks Tod im November 1898 heraus, der dritte mit Wilhelm II. als »Helden« nach langem Tauziehen erst Ende September 1921 –, liegt an dem Aufbau des Ganzen und an Bismarcks speziellem Darstellungsstil. Nicht die Chronologie bestimmt das Werk, obwohl die einzelnen Kapitel in der Mehrzahl ihr folgen und Bucher immer wieder in diese Richtung drängte, sondern der thematische Zugriff. Das gilt vor allem für die Abschnitte, die sich mit den Jahrzehnten nach der Reichsgründung befassen. In ihnen sind jeweils in bezeichnender Auswahl – vom Kulturkampf beispielsweise ist in einem eigenen Kapitel die Rede, vom Sozialistengesetz und von der Sozialpolitik jedoch nicht – bestimmte Themenkomplexe behandelt, die sozusagen als pars pro toto, als Teile, die für das Ganze stehen können, präsentiert werden. Auf diese Weise wird der Eindruck einer klaren Hierarchie der Vorgänge, eines inneren Zusammenhangs und einer Logik der Entwicklung vermittelt, der dem Ganzen Ordnung, Geschlossenheit und Perspektive verleiht. Zudem geschieht dies formal in einer Art, die die Absicht, die geheime Zielsetzung völlig zurücktreten läßt. In einem plaudernden Erzählton geht der Autor von einem Vorgang zum anderen, schildert die beteiligten Personen, streut allgemeine Überlegungen und historische Rückblicke ein, verweist auf künftige Entwicklungen und legt bestimmte Schlußfolgerungen für Gegenwart und Zukunft mehr nahe, als daß er sie eigentlich zieht. So war es, muß sich der unbefangene Leser sagen, so hat es sich wirklich abgespielt, das ist Geschichte aus erster Hand.

Die Historiker sind seither geneigt gewesen zu sagen: So war es fast nie. Zeile um Zeile haben sie kritisch durchleuchtet und sind immer wieder auf bedeutsame Abweichungen von dem gestoßen, was sich ihnen aus unmittelbaren Quellen, aus Akten, unbefangenen Äußerungen direkt Beteiligter und sonstigen Zeugnissen, als weitgehend gesicherter Tatbestand ergeben hatte. Sie haben insbesondere die Problematik der Hierarchisierung einzelner Vorgänge und Entwicklungen hervorgehoben, die Technik des Weglassens und Ausklammerns, mit deren Hilfe das Bild der Vergangenheit bewußt verschoben und verändert worden sei.

All das ist richtig. Gerade darin jedoch steckt der fortdauernde Reiz des Ganzen. Der Leser soll überredet, überzeugt werden. Er soll dem Autor recht geben, und mehr noch, sich künftig in seinem Sinne einsetzen. Er soll sich aufgerufen fühlen, das Werk fortzusetzen, das in seiner Gegenwart in so vielfältiger Weise bedroht sei. Politisches Testament und Kampfschrift zugleich – Memoiren, die aus ihrer Subjektivität gar kein Hehl machten. Hier verschmolz Subjektivität mit der im Kern aus religiösen Wurzeln stammenden Vorstellung, daß erfolgreiches Handeln solche Subjektivität gleichsam objektiviere: Im Erfolg dokumentiere sich, daß das immer von ganz subjektiven Einschätzungen, Meinungen und Überzeugungen bestimmte Handeln eines einzelnen dem Willen überindividueller Kräfte, »der« Geschichte, letzten Endes dem Willen Gottes entspreche.

In dieser Anschauung verbanden sich aktuelle politische Ziele, Bismarcks auch nach 1890 zu keinem Augenblick erlahmende politische Leidenschaft mit zentralen Grundüberzeugungen und Grundvorstellungen des Menschen und Politikers. Im Erfolg rechtfertigte sich gleichsam die Existenz des Handelnden, im Mißerfolg – nicht im augenblicklichen, sondern im andauernden, im folgenreichen – verlor sie ihre Basis.

Das bezeichnet die eigentliche Leitlinie seiner Lebenserinnerungen und enthüllt ihre spezielle Problematik. Sie konnten lediglich Erfolgsgeschichte bieten. Alles andere wurde ausgeblendet. Und nicht nur das. Indem Mißerfolge und Mißgriffe, ungelöste Probleme, grundsätzliche Aporien und im Kern unüberbrückbare Gegensätze und Interessenkonflikte weitestgehend ausgeklammert blieben, erhielt die Vergangenheit, so wie sie hier dargestellt wurde, bei aller Farbigkeit im Detail einen seltsam starren, linearen Charakter, etwas zugleich Monumentales und Erdrückendes. Als Zeitgenosse wurde man vor die Alternative gestellt, der so dargestellten ehernen geschichtlichen Entwicklung zu dienen oder unterzugehen.

So hat der Ex-Kanzler gerade in seinem Streben nach Erfolg jene nicht erreicht, mit deren Hilfe der Ruf »Zurück zu Bismarck!« schließlich unwiderstehlich werden sollte, zumindest was sein Werk anging. Zwar erklang dieser Ruf je länger, desto lauter, und Bismarcks Lebenserinnerungen hatten daran einen nicht unerheblichen Anteil. Es war jedoch unübersehbar, daß die meisten sich des ehemaligen Kanzlers nur bedienten, um für sich und ihre Sache alternative Wege in die Zukunft zu bahnen und für sie Anhänger zu gewinnen. Bismarck selber hat sich darüber, nachdem erste Hoffnungen unmittelbar nach 1890 verflogen waren, kaum noch Illusionen gemacht. Auch das hat die Fortführung des Memoirenwerkes nach Buchers Tod entscheidend gehemmt.

Alles, wofür Bismarck sich als Lordsiegelbewahrer präsentierte, in der Hoffnung, als solcher zurückgerufen zu werden, war zudem bereits gesagt. Wiederholt hatte er in den letzten Monaten in den »Hamburger Nachrichten«, in unzähligen Ansprachen, Reden und Gesprächen die Grundlagen beschworen, auf denen »sein« Werk beruhe und von deren Bewahrung die Zukunft Deutschlands entscheidend abhänge. Die Lebenserinnerungen faßten es noch einmal zusammen, beschworen den historischen Hintergrund und die entscheidenden Gefahren und suchten die möglichen Verbindungen mit den Elementen des Neuen aufzuzeigen.

An erster Stelle nannte Bismarck immer wieder die monarchische Staatsform, nun aber verbunden mit unüberhörbaren Warnungen, sie nicht durch Überziehung des »monarchischen Prinzips« zu gefährden. Dementsprechend hob er, anders als in der sogenannten Konfliktzeit vor 1866 und dann wieder in den achtziger Jahren, die Bedeutung der Volksvertretung, des Parlaments, hervor, als Gegengewicht gegen autokratische Neigungen eines Herrschers. Aufgabe der Regierung sei es, die Balance zwischen jenen großen Machtfaktoren zu halten – im Interesse all jener, die durch eine zu große Machtballung auf einer der beiden Seiten zerdrückt zu werden drohten: der einzelnen, kleinerer gesellschaftlicher Gruppen, auch der von einem solchen Machtzentralismus bedrohten Bundesstaaten. »Mir hat immer als Ideal eine monarchische Gewalt vorgeschwebt«, so verkündete jetzt der leidenschaftliche Wortführer des »monarchischen Prinzips« über so viele Jahrzehnte hin, »welche durch eine unabhängige ... Landesvertretung soweit kontrolliert wäre, daß Monarch oder Parlament den bestehenden gesetzlichen Rechtszustand nicht einseitig, sondern nur communi consensu ändern können, bei Öffentlichkeit und öffentlicher Kritik aller staatlichen Vorgänge durch Presse und Landtag.« Der einst so mächtige, vielen übermächtig erscheinende Kanzler präsentierte sich hier als ein Mann der Mitte, des Ausgleichs, eines allen dienenden Gleichgewichts.

Das galt auch – und hier mit sehr viel größerem Recht – für die Außenpolitik. Stets aufs neue beschwor Bismarck in seinem Memoirenwerk als Hauptaufgabe der Politik des deutschen Nationalstaates eine Politik des Maßes, der Rücksicht auf die Interessen der übrigen europäischen Mächte, der sorgfältigen Beachtung des europäischen Gleichgewichts. Nur so werde es gelingen, das auf Dauer zu erhalten, »was wir mühsam unter dem bedrohenden ... Gewehranschlag des übrigen Europa ins Trockene gebracht haben«. Nichts sei gefährlicher, schrieb er dem Kaiser und einer nach »Weltgeltung« drängenden Öffentlichkeit ins Stammbuch, als die Rolle eines Mannes zu spielen, »der plötzlich zu Geld gekommen ist und nun, auf die Taler in seiner Tasche pochend, jedermann anrempelt«.

Warnung, Mahnung, an dem Bewährten festzuhalten, die Gefahren der Zukunft nicht zu unterschätzen – das war neben der leidenschaftlichen Auseinandersetzung mit dem undankbaren Enkel »seines« Kaisers, Wilhelm I., und seinen politischen Erben im Kanzler- wie im Außenamt der Grundtenor des Werkes. Ihn aber wollte eine zu neuen Ufern aufbrechende Nation nicht hören, die wie einst Prinz Wilhelm in Bismarck den deutschen »Siegfried«, den »germanischen Recken« bewunderte, der mit »Eisen und Blut« das Deutsche Reich, den deutschen Nationalstaat, »gegen eine Welt von Feinden« geschaffen habe. Harry Graf Keßler, einer der glühendsten Bismarck-Bewunderer der jüngeren Generation, notierte 1891 im Anschluß an eine der zahlreichen »Gruppenaudienzen« des Ex-Kanzlers: »Je länger man zuhörte, um so stärker zwang sich einem die Erkenntnis auf, daß, was er sagte, sich an eine Generation wandte, die der Vergangenheit angehörte ... Uns, den Jungen, hatte er offenbar nichts zu sagen ... Er bot uns jungen Deutschen als Lebenszweck ein politisches Rentnerdasein, die Verteidigung und den Genuß des Erworbenen; unser Schaffensdrang ging leer aus ... Er war, wie schmerzlich in die Augen sprang, kein Anfang, sondern ein Ende, ein grandioser Schlußakkord – ein Erfüller, kein Verkünder!«

»Wir müssen begreifen«, so gab ein junger Soziologe damals eine weitverbreitete Stimmung wieder, »daß die Einigung Deutschlands ein Jugendstreich war, den die Nation auf ihre alten Tage beging und der Kostspieligkeit halber besser unterlassen hätte, wenn sie der Abschluß und nicht der Ausgangspunkt einer deutschen Weltmachtpolitik sein sollte.« Und der gleiche Max Weber erklärte mit Blick auf Bismarcks letzten Besuch in Berlin im Januar 1894: »Als er im Winter des letzten Jahres, umstrickt von der Huld seines Monarchen, in die geschmückte Reichshauptstadt einzog, da – ich weiß es wohl – gab es viele, welche so empfanden, als öffne der Sachsenwald wie ein moderner Kyffhäuser seine Tiefen. Allein nicht alle haben diese Empfindung geteilt. Denn es schien, als sei in der Luft des Januartages der kalte Hauch geschichtlicher Vergänglichkeit zu spüren. Uns überkam ein eigenartig beklemmendes Gefühl – als ob ein Geist herniederstiege aus einer großen Vergangenheit und wandelte unter einer neuen Generation durch eine ihm fremd gewordene Welt.«

Zu diesem Zeitpunkt hatte Bismarck längst die Feder aus der Hand gelegt. Ab und zu nur sah er sich das von Lothar Bucher in mühseliger Kleinarbeit in Manuskriptform gebrachte Diktat seiner Memoiren wieder an, das, in fortdauernder leidenschaftlicher Anteilnahme, all die Kämpfe widerspiegelte, durch die er über vier Jahrzehnte gegangen war, bis er den letzten endgültig verloren hatte.

Einen Grundton seiner Darstellung hatte die in vielen Variationen vorgetragene Überzeugung gebildet, daß die alte aristokratische Führungsschicht, der er selbst entstammte, daß der Adel in Preußen, in Deutschland und in weiten Teilen Europas nach wie vor das unentbehrliche Rückgrat aller Ordnung sei und daß, wer daran rühre, das Chaos heraufbeschwöre. Doch auch hier zog der Soziologe und Nationalökonom Max Weber in Übereinstimmung mit weiten Kreisen der deutschen Öffentlichkeit damals eine Art Schlußstrich: »Sie haben ihre Arbeit geleistet«, konstatierte er mit Blick auf die preußischen Junker, »und liegen heute im ökonomischen Todeskampf, aus dem keine Wirtschaftspolitik des Staates sie zu ihrem alten sozialen Charakter zurückführen könnte. Und auch die Aufgaben der Gegenwart sind andere als solche, die von ihnen gelöst werden könnten.« Darin bestehe »die Tragik« des »letzten und größten der Junker«, der »ein Vierteljahrhundert an der Spitze Deutschlands« stand.

Obgleich seine Memoiren immer wieder einen anderen Eindruck zu erwecken versuchten – Niederlagen hatte es auch in Bismarcks Laufbahn einige gegeben. Aber er hatte sich zumeist erfolgreich durch sie hindurchgekämpft. Seine Lebenserinnerungen wurden in der Absicht diktiert, die letzte und schwerste seiner Niederlagen, seine Entlassung, zu überwinden. Vor allem aber: Stets hatte er sich, allen gegenteiligen Behauptungen zum Trotz, auf der Höhe seiner Zeit gefühlt. Jetzt jedoch schlug ihm, dem »Genie des Gegenwärtigen«, wie man ihn genannt hat, gerade aus dem Kreis derjenigen, die ihn bewunderten und verehrten, die Überzeugung entgegen, daß er sich überlebt habe. Das war, darüber machte er sich trotz allen Aufbegehrens letztlich keine Illusionen, das Ende, die endgültige Niederlage.

Sie setzte allerdings das frei, woran der Memoirenautor wohl keinen Augenblick gedacht hatte. Mit dem Versinken seiner Welt drohte auch das zu versinken, aus dem Bewußtsein zu geraten, was sie jenseits der Fakten, der Ereignisse, der überlieferten und neugestalteten Ordnungen und der Geschehnisabläufe bestimmt und zusammengehalten hatte: die Mentalität der Handelnden, ihre Welt- und Lebensanschauung unterhalb der Ebene der literarisch und theologisch fixierten Normen, ihre Grundeinstellungen und Verhaltensweisen, die Codes des Alltäglichen.

Sie rückblickend wiederaufzuspüren gehört, wie man heute in einer sich in zunehmend raschem Tempo verändernden Welt besonders gut weiß, zu den schwierigsten Aufgaben eines jeden, der sich mit der Vergangenheit, mit der Geschichte beschäftigt. In ihrer ausgeprägten, durch das mündliche Diktat noch gesteigerten Subjektivität, die in ungedämpfter politischer Leidenschaft Vergangenheit und Gegenwart ständig vermischte, haben Bismarcks Memoiren diese Elemente in höchst authentischer Form bewahrt. Sie spiegeln nicht nur die Persönlichkeit, sondern, bei aller ausgeprägten Individualität, die Mentalität einer sozialen Gruppe, einer politischen und gesellschaftlichen Führungsschicht, Anschauungs- und Betrachtungsweisen, die im Bereich des Unausgesprochenen, des Sich-von-selbst-Verstehenden, die Entwicklung Preußens und Deutschlands in jener Epoche entscheidend geprägt haben.

Das macht die Lektüre, sosehr man im einzelnen jetzt vieles besser weiß und so wenig man die Darstellung im Detail für bare Münze nehmen darf, bis heute ebenso interessant wie lehrreich. Daß sie zugleich ein hoher literarischer Genuß ist, spürt jeder schon nach wenigen Seiten. Hier dominiert freilich, bei allem Zeit- und Schichttypischen, letzten Endes ganz das Individuelle, die unverwechselbare Persönlichkeit: Weder in der sozialen Schicht, der Bismarck entstammte, noch in den politischen Führungszirkeln findet sich in jener Zeit eine vergleichbare Begabung. Ja, man wird sagen können, daß die deutsche Literatur zu Ausgang des 19. Jahrhunderts nur wenige Werke ähnlichen Zuschnitts, ähnlicher literarischer Bedeutung hervorgebracht hat.

Der Ehrgeiz des Autors hat sich, wenn überhaupt, auf dergleichen, auf literarische Anerkennung und Wirkung nur sehr begrenzt gerichtet. Hier ging es ihm wie in vielen Bereichen seines Lebens: Absicht und Wirkung fielen in seinen Memoiren am Ende weit auseinander. Und so sind die »Gedanken und Erinnerungen« zugleich ein Symbol dieses Lebens geworden. Sie spiegeln, wenngleich in mancherlei gewaltsamer Umbiegung aus der Perspektive der neunziger Jahre, Absichten wider, denen die Wirkung und die Wirklichkeit je länger, je weniger entsprachen. Beides, die Absichten, die heute weitgehend Vergangenheit sind, und die Wirkungen, die bis in die Gegenwart reichen, miteinander zu vergleichen und darüber nachzusinnen, macht den fortdauernden Reiz des Werkes aus.

ERSTES BUCH

1. KAPITEL

BIS ZUM ERSTEN VEREINIGTEN LANDTAGE

I

Als normales Produkt unseres staatlichen Unterrichts verließ ich 1832 die Schule[1] als Pantheist, und wenn nicht als Republikaner, doch mit der Überzeugung, daß die Republik die vernünftigste Staatsform sei, und mit Nachdenken über die Ursachen, welche Millionen von Menschen bestimmen könnten, einem dauernd zu gehorchen, während ich von Erwachsenen manche bittre oder geringschätzige Kritik über die Herrscher hören konnte. Dazu hatte ich von der turnerischen Vorschule mit Jahnschen Traditionen (Plamann[2]), in der ich vom sechsten bis zum zwölften Jahre gelebt, deutsch-nationale Eindrücke mitgebracht. Dieselben blieben im Stadium theoretischer Betrachtungen und waren nicht stark genug, um angeborene preußisch-monarchische Gefühle auszutilgen. Meine geschichtlichen Sympathien blieben auf seiten der Autorität. Harmodius und Aristogiton sowohl wie Brutus waren für mein kindliches Rechtsgefühl Verbrecher und Tell ein Rebell und Mörder. Jeder deutsche Fürst, der vor dem 30jährigen Kriege dem Kaiser widerstrebte, ärgerte mich; vom Großen Kurfürsten an aber war ich parteiisch genug, antikaiserlich zu urteilen und natürlich zu finden, daß der Siebenjährige Krieg sich vorbereitete. Doch blieb mein deutsches Nationalgefühl so stark, daß ich im Anfang der Universitätszeit zunächst zur Burschenschaft in Beziehung geriet, welche die Pflege des nationalen Gefühls als ihren Zweck bezeichnete. Aber bei persönlicher Bekanntschaft mit den Mitgliedern derselben mißfiel mir ihre Weigerung, Satisfaktion zu geben, und ihr Mangel an äußerlicher Erziehung und an Formen der guten Gesellschaft, bei näherer Bekanntschaft auch die Extravaganz ihrer politischen Auffassungen, die auf einem Mangel an Bildung und an Kenntnis der vorhandnen, historisch gewordenen Lebensverhältnisse beruhte, von denen ich bei meinen siebzehn Jahren mehr zu beobachten Gelegenheit gehabt hatte als die meisten jener durchschnittlich älteren Studenten. Ich hatte den Eindruck einer Verbindung von Utopie und Mangel an Erziehung. Gleichwohl bewahrte ich innerlich meine nationalen Empfindungen und den Glauben, daß die Entwicklung der nächsten Zukunft uns zur deutschen Einheit führen werde; ich ging mit meinem amerikanischen Freunde Coffin die Wette darauf ein, daß dieses Ziel in zwanzig Jahren erreicht sein werde.

In mein drittes Semester fielen der Frankfurter Putsch und die Hambacher Feier[3], deren Festgesang mir in der Erinnerung geblieben ist. Diese Erscheinungen stießen mich ab, meiner preußischen Schulung widerstrebten tumultuarische Eingriffe in die staatliche Ordnung; ich kam nach Berlin mit weniger liberaler Gesinnung zurück, als ich es verlassen hatte, eine Reaktion, die sich wieder abschwächte, nachdem ich mit dem staatlichen Räderwerk in unmittelbare Beziehung getreten war. Was ich etwa über auswärtige Politik dachte, mit der das Publikum sich damals wenig beschäftigte, war im Sinne der Freiheitskriege, vom preußischen Offizierstandpunkt gesehen. Beim Blick auf die Landkarte ärgerte mich der französische Besitz von Straßburg, und der Besuch von Heidelberg, Speyer und der Pfalz stimmte mich rachsüchtig und kriegslustig.

In der Zeit vor 1848 war für einen Kammergerichtsauskultator und Regierungs-Referendar, dem jede Beziehung zu ministeriellen und höheren amtlichen Kreisen fehlte, kaum eine Aussicht zu einer Beteiligung an der preußischen Politik vorhanden, solange er nicht den einförmigen Weg zurückgelegt hatte, der durch die Stufen der bürokratischen Laufbahn nach Jahrzehnten dahin führen konnte, an den höheren Stellen bemerkt und herangezogen zu werden. Als mustergültige Vordermänner auf diesem Wege wurden mir im Familienkreise damals Männer wie Pommer-Esche und Delbrück vorgehalten und als einzuschlagende Richtung die Arbeit an und in dem Zollvereine empfohlen. Ich hatte, solange ich in dem damaligen Alter an eine Beamtenlaufbahn ernstlich dachte, die diplomatische im Auge, auch nachdem ich von seiten des Ministers Ancillon bei meiner Meldung dazu wenig Ermutigung gefunden hatte. Derselbe bezeichnete nicht mir, aber hohen Kreisen gegenüber als Musterbild dessen, was unserer Diplomatie fehle, den Fürsten Felix Lichnowski, obschon man hätte vermuten sollen, daß diese Persönlichkeit, wie sie sich damals in Berlin zur Anschauung brachte, der anerkennenden Würdigung eines der evangelischen Geistlichkeit entstammenden Ministers nicht gerade nahestände. Der Minister hatte den Eindruck, daß die Kategorie unseres hausbacknen preußischen Landadels für unsere Diplomatie den ihm wünschenswerten Ersatz nicht lieferte und die Mängel, welche er an der Gewandtheit des Personalbestandes dieses Dienstzweiges fand, zu decken nicht geeignet war. Dieser Eindruck war nicht ganz ohne Berechtigung. Ich habe als Minister stets ein landsmannschaftliches Wohlwollen für eingeborne preußische Diplomaten gehabt, aber im dienstlichen Pflichtgefühle nur selten diese Vorliebe betätigen können, in der Regel nur dann, wenn die Beteiligten aus einer militärischen Stellung in die diplomatische übergingen. Bei den rein preußischen Zivildiplomaten, welche der Wirkung militärischer Disziplin gar nicht oder unzureichend unterlegen hatten, habe ich in der Regel eine zu starke Neigung zur Kritik, zum Besserwissen, zur Opposition und zu persönlichen Empfindlichkeiten gefunden, verstärkt durch die Unzufriedenheit, welche das Gleichheitsgefühl des alten preußischen Edelmanns empfindet, wenn ein Standesgenosse ihm über den Kopf wächst oder außerhalb der militärischen Verhältnisse sein Vorgesetzter wird. In der Armee sind diese Kreise seit Jahrhunderten daran gewöhnt, daß das geschieht, und geben den Bodensatz ihrer Verstimmung gegen frühere Vorgesetzte an ihre späteren Untergebenen weiter, sobald sie selbst in höhere Stellen gelangt sind. In der Diplomatie kommt dazu, daß diejenigen unter den Aspiranten, welche Vermögen oder die zufällige Kenntnis fremder Sprachen, namentlich der französischen, besitzen, schon darin einen Grund zur Bevorzugung sehen und deshalb der oberen Leitung noch anspruchsvoller und zur Kritik geneigter gegenübertreten als andre. Sprachkenntnisse, wie auch Oberkellner sie besitzen, bildeten bei uns leicht die Unterlage des eignen Glaubens an den Beruf zur Diplomatie, namentlich solange unsere gesandtschaftlichen Berichte, besonders die ad Regem, französisch sein mußten, wie es die nicht immer befolgte, aber bis ich Minister wurde, amtlich in Kraft stehende Vorschrift war. Ich habe manche unter unseren alten Gesandten gekannt, die, ohne Verständnis für Politik, lediglich durch Sicherheit im Französischen in die höchsten Stellen aufrückten; und auch sie sagten in ihren Berichten doch nur das, was sie französisch geläufig zur Verfügung hatten. Ich habe noch 1862 von Petersburg französisch amtlich zu berichten gehabt, und die Gesandten, welche auch ihre Privatbriefe an den Minister französisch schrieben, empfahlen sich dadurch als besonders berufen zur Diplomatie, auch wenn sie politisch als urteilslos bekannt waren.

Außerdem kann ich Ancillon nicht unrecht geben, wenn er von den meisten Aspiranten aus unsrem Landadel den Eindruck hatte, daß sie sich aus dem engen Gesichtskreise ihrer damaligen Berliner, man könnte sagen provinziellen Anschauungen schwer loslösen ließen und daß es ihnen nicht leicht gelingen würde, den spezifisch preußischen Bürokraten in der Diplomatie mit dem Firnis des europäischen zu übertünchen. Die Wirkung dieser Wahrnehmungen zeigt sich deutlich, wenn man die Rangliste unserer Diplomaten aus damaliger Zeit durchgeht; man wird erstaunt sein, so wenig geborene Preußen darin zu finden. Die Eigenschaft, der Sohn eines in Berlin akkreditierten fremden Gesandten zu sein, gab an sich einen Vorzug. Die an den kleinen Höfen erwachsenen, in den preußischen Dienst übernommenen Diplomaten hatten nicht selten den Vorteil größerer assurance in höfischen Kreisen und eines größeren Mangels an Blödigkeit vor den eingeborenen. Ein Beispiel *dieser* Richtung war namentlich Herr von Schleinitz. Dann finden sich in der Liste Mitglieder standesherrlicher Häuser, bei denen die Abstammung die Begabung ersetzte. Aus der Zeit, als ich nach Frankfurt ernannt wurde, ist mir außer mir, dem Freiherrn Karl von Werther, Canitz und dem französisch verheirateten Grafen Max Hatzfeldt kaum der Chef einer ansehnlichen Mission preußischer Abstammung erinnerlich. Ausländische Namen standen höher im Kurs: Brassier, Perponcher, Savigny, Oriola. Man setzte bei ihnen größere Geläufigkeit im Französischen voraus, und sie waren »weiter her«, dazu trat der Mangel an Bereitwilligkeit zur Übernahme eigener Verantwortlichkeit bei fehlender Deckung durch zweifellose Instruktion, ähnlich wie im Militär 1806 bei der alten Schule aus Friderizianischer Zeit. Wir züchteten schon damals das Offiziermaterial bis zum Regimentskommandeur in einer Vollkommenheit wie kein anderer Staat, aber darüber hinaus war das eingeborene preußische Blut nicht mehr fruchtbar an Begabungen wie zur Zeit Friedrichs des Großen selbst. Unsere erfolgreichsten Feldherren, Blücher, Moltke, Gneisenau, Goeben, waren keine preußischen Urprodukte, so im Zivildienste Stein, Hardenberg, Motz und Grolman. Es ist, als ob unsre Staatsmänner wie die Bäume in den Baumschulen zu voller Wurzelbildung der Versetzung bedürften.

Ancillon riet mir, zunächst das Examen als Regierungsassessor zu machen und dann auf dem Umwege durch die Zollvereinsgeschäfte Eintritt in die deutsche Diplomatie Preußens zu suchen; einen Beruf für die europäische erwartete er also bei einem Sprößling des einheimischen Landadels nicht. Ich nahm mir seine Andeutung zu Herzen und beabsichtigte, zunächst das Examen als Regierungsassessor zu machen.

Die Personen und Einrichtungen unserer Justiz, in der ich zunächst beschäftigt war, gaben meiner jugendlichen Auffassung mehr Stoff zur Kritik als zur Anerkennung. Die praktische Ausbildung des Auskultators begann damit, daß man auf dem Kriminalgericht das Protokoll zu führen hatte, wozu ich von dem Rate, dem ich zugewiesen war, Herrn von Brauchitsch, über die Gebühr herangezogen wurde, weil ich damals über den Durchschnitt schnell und lesbar schrieb. Von den »Untersuchungen«, wie die Kriminalprozesse bei dem damals geltenden Inquisitionsverfahren genannt wurden, hat mir eine den nachhaltigsten Eindruck hinterlassen, welche eine in Berlin weit verzweigte Verbindung zum Zweck der unnatürlichen Laster betraf. Die Klubeinrichtungen der Beteiligten, die Stammbücher, die gleichmachende Wirkung des gemeinschaftlichen Betreibens des Verbotenen durch alle Stände hindurch – alles das bewies schon 1835 eine Demoralisation, welche hinter den Ergebnissen des Prozesses gegen die Heinzeschen Eheleute (Oktober 1891) nicht zurückstand. Die Verzweigungen dieser Gesellschaft reichten bis in hohe Kreise hinauf. Es wurde dem Einflusse des Fürsten Wittgenstein zugeschrieben, daß die Akten von dem Justizministerium eingefordert und, wenigstens während meiner Tätigkeit an dem Kriminalgerichte, nicht zurückgegeben wurden.

Nachdem ich vier Monate protokolliert hatte, wurde ich zu dem Stadtgericht, vor das die Zivilsachen gehörten, versetzt und aus der mechanischen Beschäftigung des Schreibens unter Diktat plötzlich zu einer selbständigen erhoben, der gegenüber meine Unerfahrenheit und mein Gefühl mir die Stellung erschwerten. Das erste Stadium, in welchem der juristische Neuling damals zu einer selbständigen Tätigkeit berufen wurde, waren nämlich die Ehescheidungen. Offenbar als das Unwichtigste betrachtet, waren sie dem unfähigsten Rate, namens Prätorius, übertragen und unter ihm der Bearbeitung der ganz grünen Auskultatoren überlassen worden, welche damit in corpore vili ihre ersten Experimente in der Richterrolle zu machen hatten, allerdings unter nomineller Verantwortlichkeit des Herrn Prätorius, der jedoch ihren Verhandlungen nicht beiwohnte. Zur Charakterisierung dieses Herrn wurde uns jungen Leuten erzählt, daß er in den Sitzungen, wenn behufs der Abstimmung aus einem leichten Schlummer geweckt, zu

sagen pflegte: »Ich stimme wie der Kollege Tempelhof«, und gelegentlich
darauf aufmerksam gemacht werden mußte, daß Herr Tempelhof nicht anwesend sei.

Ich trug ihm einmal meine Verlegenheit vor, daß ich, wenige Monate über
20 Jahre alt, mit einem aufgeregten Ehepaar den Sühneversuch vornehmen
solle, der für meine Auffassung einen gewissen kirchlichen und sittlichen
Nimbus hatte, dem ich mich in meiner Seelenstimmung nicht adäquat fühlte. Ich fand Prätorius in der verdrießlichen Stimmung eines zur Unzeit ge-
weckten älteren Herrn, der außerdem die Abneigung mancher alten Bürokraten gegen einen jungen Edelmann hegte. Er sagte mit geringschätzigem
Lächeln: »Es ist verdrießlich, Herr Referendarius, wenn man sich auch nicht
ein bißchen zu helfen weiß; ich werde Ihnen zeigen, wie man das macht.«
Ich kehrte mit ihm in das Terminzimmer zurück. Der Fall lag so, daß der
Mann geschieden sein wollte, die Frau nicht, der Mann sie des Ehebruchs
beschuldigte, die Frau mit tränenreichen Deklamationen ihre Unschuld be-
teuerte und trotz aller Mißhandlung von seiten des Mannes bei ihm bleiben
wollte. Mit seinem lispelnden Zungenanschlag sprach Prätorius die Frau
also an: »Aber Frau, sei sie doch nicht so dumm; was hat sie denn davon?
Wenn sie nach Hause kommt, schlägt ihr der Mann die Jacke voll, bis sie es
nicht mehr aushalten kann. Sage sie doch einfach ›Ja‹, dann ist sie mit dem
Säufer kurzerhand auseinander.« Darauf die Frau weinend und schreiend:
»Ich bin eine ehrliche Frau, kann die Schande nicht auf mich nehmen, will
nicht geschieden sein.« Nach mehrfacher Replik und Duplik in dieser Tonart wandte sich Prätorius zu mir mit den Worten: »Da sie nicht Vernunft annehmen will, so schreiben Sie, Herr Referendarius«, und diktierte mir die
Worte, die ich wegen des tiefen Eindrucks, welchen sie mir machten, noch
heute auswendig weiß: »Nachdem der Sühneversuch angestellt und die dafür dem Gebiete der Moral und Religion entnommenen Gründe erfolglos
geblieben waren, wurde wie folgt weiter verhandelt.« Mein Vorgesetzter erhob sich und sagte: »Nun merken Sie sich, wie man das macht, und lassen
Sie mich künftig mit dergleichen in Ruhe.« Ich begleitete ihn zur Türe und
setzte die Verhandlung fort.

Die Station der Ehescheidungen dauerte, soviel ich mich erinnere, vier bis
sechs Wochen, ein Sühneversuch kam mir nicht wieder vor. Es war ein gewisses Bedürfnis vorhanden für die *Verordnung über das Verfahren in Ehe-*
scheidungen, auf welche Friedrich Wilhelm IV. sich beschränken mußte,
nachdem sein Versuch, ein Gesetz über Änderung des materiellen Eherechts

zustande zu bringen, an dem Widerstande des Staatsrats gescheitert war. Dabei mag erwähnt werden, daß durch jene Verordnung zuerst in den Provinzen des Allgemeinen Landrechts der Staatsanwalt eingeführt worden ist als defensor matrimonii und zur Verhütung von Kollusionen der Parteien.

Ansprechender war das folgende Stadium der Bagatellprozesse, wo der ungeschulte junge Jurist wenigstens eine Übung im Aufnehmen von Klagen und Vernehmen von Zeugen gewann, wo man ihn im Ganzen aber doch mehr als Hilfsarbeiter ausnutzte, wie mit Belehrung förderte. Das Lokal und die Prozedur hatten etwas von dem unruhigen Verkehr an einem Eisenbahnschalter. Der Raum, wo der leitende Rat und die drei oder vier Auskultatoren mit dem Rücken gegen das Publikum saßen, war von hölzernen Gittern umgeben, und die dadurch gebildete viereckige Bucht war von der wechselnden und mehr oder weniger lärmenden Menge der Parteien rings umflutet.

Mein Eindruck von Institutionen und Personen wurde nicht wesentlich modifiziert, nachdem ich zur Verwaltung übergegangen war. Um den Umweg zur Diplomatie abzukürzen, wandte ich mich einer rheinischen Regierung, der Aachener, zu, deren Kursus sich in zwei Jahren abmachen ließ, während bei den altländischen wenigstens drei erforderlich waren.

Ich kann mir denken, daß bei Besetzung der rheinischen Regierungskollegien 1816 ähnlich verfahren worden war wie 1871 bei der Organisation von Elsaß-Lothringen. Die Behörden, welche einen Teil ihres Personals abzugeben hatten, werden nicht auf das staatliche Bedürfnis gehört haben, für die schwierige Aufgabe der Assimilierung einer neu erworbenen Bevölkerung den besten Fuß vorzusetzen, sondern diejenigen Mitglieder gewählt haben, deren Abgang von ihren Vorgesetzten oder von ihnen selbst gewünscht wurde; in den Kollegien fanden sich frühere Präfektur-Sekretäre und andere Reste der französischen Verwaltung. Die Persönlichkeiten entsprachen nicht alle dem unberechtigten Ideale, das mir in dem Alter von 21 Jahren vorschwebte, und noch weniger tat dies der Inhalt der laufenden Geschäfte. Ich erinnere mich, daß bei vielen Meinungsverschiedenheiten zwischen Beamten und Regierten oder innerhalb jeder dieser beiden Kategorien, Meinungsverschiedenheiten, deren polemische Vertretung jahrelang die Akten anschwellen machte, ich gewöhnlich unter dem Eindruck stand, »ja, so kann man es auch machen«, und daß Fragen, deren Entscheidung in dem einen oder dem anderen Sinne das verbrauchte Papier nicht wert war, eine Geschäftslast erzeugten, die ein einzelner Präfekt mit dem vierten Teile der aufgewandten Arbeitskraft hätte erledigen können. Nichtsdestoweniger war, abgesehen von den subalternen Beamten, das tägliche Arbeitspensum ein geringes und besonders für die Abteilungsdirigenten eine reine Sinekure. Ich verließ Aachen mit einer, abgesehen von dem begabten Präsidenten Grafen Arnim von Boitzenburg, geringen Meinung von unserer Bürokratie im einzelnen und in der Gesamtheit. Im einzelnen wurde meine Meinung günstiger durch meine demnächstige Erfahrung bei der Regierung in Potsdam, zu der ich mich im Jahre 1837 versetzen ließ, weil dort abweichend von den anderen Provinzen die indirekten Steuern zum Ressort der Regierung gehörten und gerade diese wichtig waren, wenn ich die Zollpolitik zur Basis meiner Zukunft nehmen wollte.

Die Mitglieder des Kollegiums machten mir einen würdigeren Eindruck als die Aachener, aber doch in ihrer Gesamtheit den Eindruck von Zopf und Perücke, in welche Kategorie meine jugendliche Überhebung auch den väterlich-würdigen Oberpräsidenten von Bassewitz stellte, während der Aachener Regierungspräsident Graf Arnim zwar die generelle Staatsperükke, aber doch keinen geistigen Zopf trug. Als ich dann aus dem Staatsdienste in das Landleben überging, brachte ich in die Berührungen, welche ich als Gutsbesitzer mit den Behörden hatte, eine nach meinem heutigen Urteil zu geringe Meinung von dem Werte unserer Bürokratie, eine vielleicht zu große Neigung zur Kritik mit. Ich erinnere mich, daß ich als stellvertretender Landrat über den Plan, die Wahl der Landräte abzuschaffen, gutachtlich zu berichten hatte und mich so aussprach, die Bürokratie sinke in der Achtung, habe dieselbe nur in der Person des Landrats bewahrt, der einen Januskopf trage, ein Gesicht in der Bürokratie, eins im Lande habe.

Die Neigung zu befremdendem Eingreifen in die verschiedensten Lebensverhältnisse war unter dem damaligen väterlichen Regiment vielleicht größer, aber die Organe zum Eingreifen waren weniger zahlreich und standen an Bildung und Erziehung höher als ein Teil der heutigen. Die Beamten der Königlichen hochlöblichen Regierung waren ehrliche, studierte und gut erzogene Beamte, aber ihre wohlwollende Tätigkeit fand nicht immer Anerkennung, weil sie sich ohne lokale Sachkunde auf Details zersplitterte, in betreff deren die Ansichten des gelehrten Stadtbewohners am grünen Tische nicht immer der Kritik des bäuerlichen gesunden Menschenverstandes überlegen waren. Die Mitglieder der Regierungs-Kollegien hatten damals multa, nicht multum zu tun, und der Mangel an höheren Aufgaben brachte es mit sich, daß sie kein ausreichendes Quantum wichtiger Geschäfte fanden und in ihrem Pflichteifer sich über das Bedürfnis der Regierten hinaus zu tun machten, in die Neigung zur Reglementiererei, zu dem, was der Schweizer »Befehlerle« nennt, gerieten.

Man hatte, um einen vergleichenden Blick auf die Gegenwart zu werfen, gehofft, daß die Staatsbehörden durch die Einführung der heutigen lokalen Selbstverwaltung an Geschäften und an Beamten würden entbürdet werden; aber im Gegenteil, die Zahl der Beamten und die Geschäftslast derselben sind durch Korrespondenzen und Friktionen mit den Organen der Selbstverwaltung von dem Provinzialrate bis zu der ländlichen Gemeindeverwaltung erheblich gesteigert worden. Es muß früher oder später der wunde Punkt eintreten, wo wir von der Last der Schreiberei und besonders der subalternen Bürokratie erdrückt werden. Daneben ist der bürokratische Druck auf das Privatleben durch die Art der Ausführung der »Selbstverwaltung« verstärkt worden und greift in die ländlichen Gemeinden schärfer als früher ein. Vorher bildete der der Bevölkerung ebenso nahe als dem Staate stehende Landrat den Abschluß der staatlichen Bürokratie nach unten; unter ihm standen lokale Verwaltungen, die wohl der Kontrolle, aber nicht in gleichem Maße wie heut der Disziplinargewalt der Bezirks- oder Ministerialbürokratie unterlagen. Die ländliche Bevölkerung erfreut sich heut vermöge der ihr gewährten Selbstregierung nicht etwa einer ähnlichen Autonomie wie seit langem die der Städte, sondern sie hat in Gestalt des Amtsvorstehers einen Vorstand erhalten, der durch Befehle von oben, vom Landrate, unter Androhung von Ordnungsstrafen disziplinarisch angehalten wird, im Sinne der staatlichen Hierarchie seine Mitbürger in seinem Bezirke mit Listen, Meldungen und Zumutungen zu belästigen. Die regierte contribuens plebs hat in der landrätlichen Instanz ungeschickten Eingriffen gegenüber nicht mehr die Garantie, welche früher in dem Verhältnis lag, daß die Kreiseingesessenen, welche Landräte wurden, dies in ihrem Kreise lebenslänglich zu bleiben in der Regel entschlossen waren und die Leiden und Freuden des Kreises mitfühlten. Heut ist der Landratsposten die unterste Stufe der höheren Verwaltungslaufbahn, gesucht von jungen Assessoren, welche den berechtigten Ehrgeiz haben, Karriere zu machen; dazu bedürfen sie der ministeriellen Gunst mehr als des Wohlwollens der Kreisbevölkerung und suchen erstere durch hervorragenden Eifer und Anspannung der Amtsvorsteher der angeblichen Selbstverwaltung bei Durchführung auch minderwertiger bürokratischer Versuche zu gewinnen. Darin liegt zum großen Teil der Anlaß zur Überlastung ihrer Untergebenen in der lokalen »Selbstverwaltung«. Die »Selbstverwaltung« ist also Verschärfung der Bürokratie, Vermehrung der Beamten, ihrer Macht und ihrer Einmischung ins Privatleben.

Es liegt in der menschlichen Natur, daß man von jeder Einrichtung die Dornen stärker empfindet als die Rosen und daß die ersteren gegen das zur Zeit Bestehende verstimmen. Die alten Regierungsbeamten zeigten sich, wenn sie mit der regierten Bevölkerung in unmittelbare Berührung traten, pedantisch und durch ihre Beschäftigung am grünen Tisch den Verhältnissen des praktischen Lebens entfremdet, hinterließen aber den Eindruck, daß sie ehrlich und gewissenhaft bemüht waren, gerecht zu sein. Dasselbe läßt sich von den Organen der heutigen Selbstverwaltung in Landstrichen, wo die Parteien einander schärfer gegenüberstehen, nicht in allen Stufen voraussetzen; das Wohlwollen für politische Freunde, die Stimmung bezüglich des Gegners werden leicht ein Hindernis unparteiischer Handhabung der Einrichtungen. Nach meinen Erfahrungen aus jener und der späteren Zeit möchte ich übrigens den Vorzug der Unparteilichkeit im Vergleiche zwischen richterlichen und administrativen Entscheidungen nicht den ersteren allein einräumen, wenigstens nicht durchgängig. Ich habe im Gegenteil den Eindruck behalten, daß Richter an den kleinen und lokalen Gerichten den starken Parteiströmungen leichter und hingebender unterliegen als Verwaltungsbeamte; und es ist auch kein psychologischer Grund dafür erfindlich, daß bei gleicher Bildung die letzteren a priori für weniger gerecht und gewissenhaft in ihren amtlichen Entscheidungen gehalten werden sollten als die ersteren. Wohl aber nehme ich an, daß die amtlichen Entschließungen an Ehrlichkeit und Angemessenheit dadurch nicht gewinnen, daß sie kollegialisch gefaßt werden; abgesehen davon, daß Arithmetik und Zufall bei dem Majoritätsvotum an die Stelle logischer Begründung treten, geht das Gefühl persönlicher Verantwortlichkeit, in welcher die wesentliche Bürgschaft für die Gewissenhaftigkeit der Entscheidung liegt, sofort verloren, wenn diese durch anonyme Majoritäten erfolgt.

Der Geschäftsgang der beiden Kollegien, in Potsdam wie in Aachen, war für meine Strebsamkeit nicht ermutigend gewesen. Ich fand die mir zugewiesene Beschäftigung kleinlich und langweilig, und meine Arbeiten auf dem Gebiete der Mahlsteuerprozesse und der Beitragspflicht zum Bau des Dammes in Rotzis bei Wusterhausen haben mir kein Heimweh nach meiner damaligen Tätigkeit hinterlassen. Dem Ehrgeiz der Beamtenlaufbahn entsagend, erfüllte ich gerne den Wunsch meiner Eltern, in die festgefahrene Bewirtschaftung unserer pommerschen Güter einzutreten. Auf dem Lande dachte ich zu leben und zu sterben, nachdem ich Erfolge in der Landwirtschaft erreicht haben würde, vielleicht auch im Kriege, wenn es einen gäbe. Soweit mir auf dem Lande[4] Ehrgeiz verblieb, war es der des Landwehrleutnants.

II

Die in meiner Kindheit empfangenen Eindrücke waren wenig dazu angetan, mich zu verjunkern. In der nach Pestalozzischen und Jahnschen Grundsätzen eingerichteten Plamannschen Erziehungsanstalt war das »von« vor meinem Namen ein Nachteil für mein kindliches Behagen im Verkehr mit Mitschülern und Lehrern. Auch auf dem Gymnasium zum Grauen Kloster habe ich einzelnen Lehrern gegenüber unter dem Adelshasse zu leiden gehabt, der sich in einem großen Teile des gebildeten Bürgertums als Reminiszenz aus den Zeiten vor 1806 erhalten hatte. Aber selbst die aggressive Tendenz, die in bürgerlichen Kreisen unter Umständen zum Vorschein kam, hat mich niemals zu einem Vorstoße in entgegengesetzter Richtung veranlaßt. Mein Vater war vom aristokratischen Vorurteile frei, und sein inneres Gleichheitsgefühl war, wenn überhaupt, nur durch die Offizierseindrücke seiner Jugend, keineswegs aber durch Überschätzung des Geburtsstandes modifiziert. Meine Mutter war die Tochter des in den damaligen Hofkreisen für liberal geltenden Kabinettsrats Friedrich Wilhelms II. und III. aus der Leipziger Professorenfamilie Mencken, welche in ihren letzten, mir vorhergehenden Generationen nach Preußen in den auswärtigen und den Hofdienst geraten war. Der Freiherr vom Stein hat meinen Großvater Mencken als einen ehrlichen, stark liberalen Beamten bezeichnet. Unter diesen Umständen waren die Auffassungen, die ich mit der Muttermilch einsog, eher liberal als reaktionär, und meine Mutter würde, wenn sie meine ministerielle Tätigkeit erlebt hätte, mit der Richtung derselben kaum einverstanden gewesen sein, wenn sie auch an den äußeren Erfolgen meiner amtlichen Laufbahn große Freude empfunden haben würde. Sie war in bürokratischen und Hofkreisen großgeworden; Friedrich Wilhelm IV. sprach von ihr als »Mienchen« im Andenken an Kinderspiele. Ich darf es darnach für eine ungerechte Einschätzung meiner Auffassung in jüngeren Jahren erklären, wenn mir »die Vorurteile meines Standes« angeheftet werden und behauptet wird, daß die Erinnerung an Bevorrechtigung des Adels der Ausgangspunkt meiner inneren Politik gewesen wäre.

Auch die unumschränkte Autorität der alten preußischen Königsmacht war und ist nicht das letzte Wort meiner Überzeugung. Für letztere war allerdings auf dem Ersten Vereinigten Landtage diese Autorität des Monarchen staatsrechtlich vorhanden, aber mit dem Wunsche und dem Zukunftsgedanken, daß die unumschränkte Macht des Königs selber ohne Überstürzung das Maß ihrer Beschränkung zu bestimmen habe. Der Absolutismus bedarf in erster Linie Unparteilichkeit, Ehrlichkeit, Pflichttreue, Arbeitskraft und innere Demut des Regierenden; sind sie vorhanden, so werden doch männliche oder weibliche Günstlinge, im besten Falle die legitime Frau, die eigne Eitelkeit und Empfänglichkeit für Schmeicheleien dem Staate die Früchte des königlichen Wohlwollens verkürzen, da der Monarch nicht allwissend ist und nicht für alle Zweige seiner Aufgabe gleiches Verständnis haben kann. Ich bin schon 1847 dafür gewesen, daß die Möglichkeit öffentlicher Kritik der Regierung im Parlament und in der Presse erstrebt werde, um den Monarchen vor der Gefahr zu behüten, daß Weiber, Höflinge, Streber und Phantasten ihm Scheuklappen anlegten, die ihn hinderten, seine monarchischen Aufgaben zu übersehen und Mißgriffe zu vermeiden oder zu korrigieren. Diese meine Auffassung hat sich um so schärfer ausgeprägt, je nachdem ich mit den Hofkreisen mehr vertraut wurde und gegen ihre Strömungen und gegen die Opposition des Ressortpatriotismus das Staatsinteresse zu vertreten hatte. Letzteres allein hat mich geleitet, und es ist eine Verleumdung, wenn selbst wohlwollende Publizisten mich beschuldigen, daß ich je für ein Adelsregiment eingetreten sei. Die Geburt hat mir niemals als Ersatz für Mangel an Tüchtigkeit gegolten; wenn ich für den Grundbesitz eingetreten bin, so habe ich das nicht im Interesse besitzender Standesgenossen getan, sondern weil ich im Verfall der Landwirtschaft eine der größten Gefahren für unsern staatlichen Bestand sehe. Mir hat immer als Ideal eine monarchische Gewalt vorgeschwebt, welche durch eine unabhängige, nach meiner Meinung ständische oder berufsgenossenschaftliche Landesvertretung so weit kontrolliert wäre, daß Monarch oder Parlament den bestehenden gesetzlichen Rechtszustand nicht *einseitig*, sondern nur communi consensu ändern können, bei Öffentlichkeit und öffentlicher Kritik aller staatlichen Vorgänge durch Presse und Landtag.

Die Überzeugung, daß der unkontrollierte Absolutismus, wie er durch Louis XIV. zuerst in Szene gesetzt wurde, die richtigste Regierungsform für deutsche Untertanen sei, verliert auch der, welcher sie hat, durch Spezialstudien in den Hofgeschichten und durch kritische Beobachtungen, wie ich sie am Hofe des von mir persönlich geliebten und verehrten Königs Friedrich Wilhelm IV. zur Zeit Manteuffels anstellen konnte. Der König war gläubiger, gottberufener Absolutist und die Minister nach Brandenburg in der Regel zufrieden, wenn sie durch königliche Unterschrift gedeckt waren, auch wenn sie persönlich den Inhalt des Unterschriebenen nicht hätten verantworten mögen. Ich erlebte damals, daß ein hoher und absolutistisch gesinnter Hofbeamter in meiner und mehrerer seiner Kollegen Gegenwart auf die Nachricht von dem Neuchâteler Aufstand[5] der Royalisten in einer gewissen Verblüffung sagte:»Das ist ein Royalismus, den man heutzutage doch nur sehr fern vom Hofe erlebt.« Sarkasmen lagen sonst nicht in der Gewohnheit dieses alten Herrn.

Wahrnehmungen, welche ich auf dem Lande über Bestechlichkeit und Schikane von Bezirksfeldwebeln und subalternen Beamten machte, und kleine Konflikte, in welche ich als Kreisdeputierter und Stellvertreter des Landrats mit der Regierung in Stettin geriet, steigerten meine Abneigung gegen die Herrschaft der Bürokratie. Von diesen Konflikten mag der eine erwähnt sein. Während ich den beurlaubten Landrat vertrat, erhielt ich von der Regierung den Auftrag, den Patron von Külz, der ich selbst war, zur Übernahme gewisser Lasten zu bewegen. Ich ließ den Auftrag liegen, um ihn dem Landrat bei seiner Rückkehr zu übergeben, wurde wiederholt exzitiert, und eine Ordnungsstrafe von einem Taler wurde mir durch Postvorschuß auferlegt. Ich setzte nun ein Protokoll auf, in welchem ich erstens als stellvertretender Landrat, zweitens als Patron von Külz als erschienen aufgeführt war. Komparent machte in seiner Eigenschaft ad 1 sich die vorgeschriebene Vorhaltung; entwickelte dagegen in der ad 2 die Gründe, aus denen er die Zumutung ablehnen müsse; worauf das Protokoll von ihm doppelt genehmigt und unterschrieben wurde. Die Regierung verstand Scherz und ließ die Ordnungsstrafe zurückzahlen. In anderen Fällen kam es zu unangenehmeren Schraubereien. Ich wurde zur Kritik geneigt, also »liberal« in dem Sinne, in welchem man das Wort damals in Kreisen von Gutsbesitzern anwandte zur Bezeichnung der Unzufriedenheit mit der Bürokratie, die ihrerseits in der Mehrzahl ihrer Glieder liberaler als ich war, aber in anderem Sinne.)

Aus meiner ständisch-liberalen Stimmung, für die ich in Pommern kaum Verständnis und Teilnahme, in Schönhausen aber die Zustimmung von

Kreisgenossen wie Graf Wartensleben-Karow, Schierstädt-Dahlen und anderen fand, denselben Elementen, die zum Teil zu den später unter der neuen Ära gerichtlich verurteilten Kirchenpatronen gehörten, aus dieser Stimmung wurde ich wieder entgleist durch die mir unsympathische Art der Opposition des Ersten Vereinigten Landtags, zu dem ich erst für die letzten sechs Wochen der Session wegen Erkrankung des Abgeordneten von Brauchitsch als dessen Stellvertreter einberufen wurde. Die Reden der Ostpreußen Saucken-Tarputschen, Alfred Auerswald, die Sentimentalität von Bekkerath, der rheinisch-französische Liberalismus von Heydt und Mevissen und die polternde Heftigkeit der Vinckeschen Reden waren mir widerlich, und auch wenn ich die Verhandlungen heut lese, so machen sie mir den Eindruck von importierter Phrasenschablone. Ich hatte das Gefühl, daß der König auf dem richtigen Wege sei und den Anspruch darauf habe, daß man ihm Zeit lasse und ihn in seiner eigenen Entwicklung schone.

Ich geriet mit der Opposition in Konflikt, als ich das erste Mal das Wort nahm, am 17. Mai 1847, indem ich die Legende bekämpfte, daß die Preußen 1813 in den Krieg gegangen wären, um eine Verfassung zu erlangen, und meiner naturwüchsigen Entrüstung darüber Ausdruck gab, daß die Fremdherrschaft an sich kein genügender Grund zum Kampfe gewesen sein solle. Mir schien es unwürdig, daß die Nation dafür, daß sie *sich selbst* befreit habe, dem Könige eine in Verfassungsparagraphen zahlbare Rechnung überreichen wolle. Meine Ausführung rief einen Sturm hervor. Ich blieb auf der Tribüne, blätterte in einer dort liegenden Zeitung und brachte, nachdem der Lärm sich ausgetobt hatte, meine Rede zu Ende.

Bei den Hoffestlichkeiten, die während des Vereinigten Landtags stattfanden, wurde ich von dem Könige und der Prinzessin von Preußen in augenfälliger Weise gemieden, jedoch aus verschiedenen Gründen, von der letzteren, weil ich weder liberal noch populär war, von dem ersteren aus einem Grunde, der mir erst später klar wurde. Wenn er bei Empfang der Mitglieder vermied, mit mir zu sprechen, wenn er im Cercle, nachdem er der Reihe nach jeden angeredet hatte, abbrach, sobald er an mich kam, umkehrte oder quer durch den Saal abschwenkte: So glaubte ich annehmen zu müssen, daß meine Haltung als royalistischer Heißsporn die Grenzen überschritt, die er sich gesteckt hatte. Daß diese Auslegung unrichtig war, erkannte ich erst einige Monate später, als ich auf meiner Hochzeitsreise[6] Venedig berührte. Der König, der mich im Theater erkannt hatte, befahl mich folgenden Tags zur Audienz und zur Tafel, mir so unerwartet, daß mein leichtes Reisegepäck und die Unfähigkeit der Schneider des Ortes mir nicht die Möglichkeit gewährten, in korrektem Anzuge zu erscheinen. Mein Empfang war ein so wohlwollender und die Unterhaltung auch auf politischem Gebiete derart, daß ich eine aufmunternde Billigung meiner Haltung im Landtage daraus entnehmen konnte. Der König befahl mir, mich im Laufe des Winters bei ihm zu melden, was geschah. Bei dieser Gelegenheit und bei kleineren Diners im Schlosse überzeugte ich mich, daß ich bei beiden allerhöchsten Herrschaften in voller Gnade stand und daß der König, wenn er zur Zeit der Landtagssitzungen vermieden hatte, öffentlich mit mir zu reden, damit nicht eine Kritik meines politischen Verhaltens geben, sondern nur seine Billigung desselben den anderen zur Zeit nicht zeigen wollte.

2. KAPITEL

DAS JAHR 1848

_____

I

Die erste Kunde von den Ereignissen am 18. und 19. März 1848 erhielt ich im Hause meines Gutsnachbarn, des Grafen von Wartensleben auf Karow, zu dem sich Berliner Damen geflüchtet hatten. Für die politische Tragweite der Vorgänge war ich im ersten Augenblick nicht so empfänglich wie für die Erbitterung über die Ermordung unserer Soldaten in den Straßen. Politisch, dachte ich, würde der König bald Herr der Sache werden, wenn er nur frei wäre; ich sah die nächste Aufgabe in der Befreiung des Königs, der in der Gewalt der Aufständischen sein sollte.

Am 20. meldeten mir die Bauern in Schönhausen, es seien Deputierte aus dem dreiviertel Meilen entfernten Tangermünde angekommen, mit der Aufforderung, wie in der genannten Stadt geschehen war, auf dem Turme die schwarz-rot-goldene Fahne aufzuziehn, und mit der Drohung, im Weigerungsfalle mit Verstärkung wiederzukommen. Ich fragte die Bauern, ob sie sich wehren wollten: Sie antworteten mit einem einstimmigen und lebhaften »Ja«, und ich empfahl ihnen, die Städter aus dem Dorfe zu treiben, was unter eifriger Beteiligung der Weiber besorgt wurde. Ich ließ dann eine in der Kirche vorhandene weiße Fahne mit schwarzem Kreuz, in Form des eisernen, auf dem Turme aufziehen und ermittelte, was an Gewehren und Schießbedarf im Dorfe vorhanden war, wobei etwa fünfzig bäuerliche Jagdgewehre zum Vorschein kamen. Ich selbst besaß mit Einrechnung der altertümlichen einige zwanzig und ließ Pulver durch reitende Boten von Jerichow und Rathenow holen.

Dann fuhr ich mit meiner Frau auf umliegende Dörfer und fand die Bauern eifrig bereit, dem König nach Berlin zu Hilfe zu ziehen, besonders begeistert einen alten Deichschulzen, Krause in Neuermark, der in meines Vaters

Regiment »Carabiniers« Wachtmeister gewesen war. Nur mein nächster Nachbar sympathisierte mit der Berliner Bewegung, warf mir vor, eine Brandfackel in das Land zu schleudern, und erklärte, wenn die Bauern sich wirklich zum Abmarsch anschicken sollten, so werde er auftreten und abwiegeln. Ich erwiderte: »Sie kennen mich als einen ruhigen Mann, aber wenn Sie das tun, so schieße ich Sie nieder.« – »Das werden Sie nicht«, meinte er. – »Ich gebe mein Ehrenwort darauf«, versetzte ich, »und Sie wissen, daß ich das halte, also lassen Sie das.«

Ich fuhr zunächst allein nach Potsdam, wo ich am Bahnhof Herrn von Bodelschwingh sah, der bis zum 19. Minister des Innern gewesen war. Es war ihm offenbar unerwünscht, im Gespräch mit mir, dem »Reaktionär«, gesehen zu werden; er erwiderte meine Begrüßung mit den Worten: »Ne me parlez pas.« – »Les paysans se lèvent chez nous«, erwiderte ich. »Pour le Roi?« – »Oui.« – »Dieser Seiltänzer«, sagte er, die Hände auf die tränenden Augen drückend. In der Stadt fand ich auf der Plantage an der Garnisonkirche ein Biwak der Gardeinfanterie; ich sprach mit den Leuten und fand Erbitterung über den befohlenen Rückzug und Verlangen nach neuem Kampfe. Auf dem Rückwege längs des Kanals folgten mir spionartige Zivilisten, welche Verkehr mit der Truppe gesucht hatten und drohende Reden gegen mich führten. Ich hatte vier Schuß in der Tasche, bedurfte ihrer aber nicht. Ich stieg bei meinem Freunde Roon ab, der als Mentor des Prinzen Friedrich Karl einige Zimmer in dem Stadtschlosse bewohnte, und besuchte im »Deutschen Hause« die Generäle von Möllendorf, noch steif von den Mißhandlungen, die er erlitten, als er mit den Aufständischen unterhandelte, und von Prittwitz, der in Berlin kommandiert hatte. Ich schilderte ihnen die Stimmung des Landvolks, sie gaben mir dagegen Einzelheiten über die Vorgänge bis zum 19. morgens. Was sie zu berichten hatten und was an späteren Nachrichten aus Berlin hergelangt war, konnte mich nur in dem Glauben bestärken, daß der König nicht frei sei.

Prittwitz, der älter als ich war und ruhiger urteilte, sagte: »Schicken Sie uns keine Bauern, wir brauchen sie nicht, haben Soldaten genug; schicken Sie uns lieber Kartoffeln und Korn, vielleicht auch Geld, denn ich weiß nicht, ob für die Verpflegung und Löhnung der Truppen ausreichend gesorgt werden wird. Wenn Zuzug käme, würde ich aus Berlin den Befehl erhalten und ausführen müssen, denselben zurückzuschlagen.« – »So holen Sie den König heraus!« sagte ich. Er erwiderte: »Das würde keine große Schwierigkeit haben; ich bin stark genug, Berlin zu nehmen, aber dann haben wir wieder Gefecht; was können wir tun, nachdem der König uns befohlen hat, die Rolle des Besiegten anzunehmen? Ohne Befehl kann ich nicht angreifen.«

Bei diesem Zustand der Dinge kam ich auf den Gedanken, einen Befehl zum Handeln, der von dem unfreien Könige nicht zu erwarten war, von einer anderen Seite zu beschaffen, und suchte zu dem Prinzen von Preußen zu gelangen. An die Prinzessin verwiesen, deren Einwilligung dazu nötig sei, ließ ich mich bei derselben melden, um den Aufenthalt ihres Gemahls zu erfahren (der, wie ich später erfuhr, auf der Pfaueninsel war). Sie empfing mich in einem Dienerzimmer im Entresol, auf einem fichtnen Stuhle sitzend, verweigerte die erbetene Auskunft und erklärte in lebhafter Erregung, daß es ihre Pflicht sei, die Rechte ihres Sohnes zu wahren. Was sie sagte, beruhte auf der Voraussetzung, daß der König und ihr Gemahl sich nicht halten könnten, und ließ auf den Gedanken schließen, während der Minderjährigkeit ihres Sohnes die Regentschaft zu führen. Um für diesen Zweck die Mitwirkung der Rechten in den Kammern zu gewinnen, sind mir formelle Eröffnungen durch Georg von Vincke gemacht worden. Da ich zum Prinzen von Preußen nicht gelangen konnte, machte ich einen Versuch mit dem Prinzen Friedrich Karl, stellte ihm vor, wie nötig es sei, daß das Königshaus Fühlung mit der Armee behalte und, wenn Se. Majestät unfrei sei, auch ohne Befehl des Königs für die Sache desselben handle. Er erwiderte in lebhafter Gemütsbewegung, sosehr ihm mein Gedanke zusage, so fühle er sich doch zu jung, ihn auszuführen, und könne dem Beispiel der Studenten, die sich in die Politik mischten, nicht folgen, er sei auch nicht älter als die. Ich entschloß mich dann zu dem Versuch, zu dem Könige zu gelangen.

Der Prinz Karl gab mir im Potsdamer Schloß als Legitimation und Paß das nachstehende offne Schreiben:

Überbringer – mir wohlbekannt – hat den Auftrag, sich bei Sr. Majestät meinem Allergnädigsten Bruder *persönlich* nach Höchstdessen Gesundheit zu erkundigen und mir Nachricht zu bringen, aus welchem Grunde mir seit 30 Stunden auf meine wiederholten eigenh. Anfragen »ob ich nicht nach Berlin kommen dürfe« *keine* Antwort ward.

Potsdam, 21. März 1848

1 Uhr N. M.   Carl Prinz v. Preußen

Ich fuhr nach Berlin. Vom Vereinigten Landtage her vielen Leuten von Ansehn bekannt, hatte ich für ratsam gehalten, meinen Bart abzuscheren und einen breiten Hut mit bunter Kokarde aufzusetzen. Wegen der gehofften Audienz war ich im Frack. Am Ausgang des Bahnhofes war eine Schüssel mit einer Aufforderung zu Spenden für die Barrikadenkämpfer aufgestellt, daneben ein baumlanger Bürgerwehrmann mit der Muskete auf der Schulter. Ein Vetter von mir, mit dem ich beim Aussteigen zusammengetroffen war, zog die Börse. »Du wirst doch für die Mörder nichts geben«, sagte ich, und auf einen warnenden Blick, den er mir zuwarf, »und dich vor dem Kuhfuß nicht fürchten?« Ich hatte in dem Posten schon den mir befreundeten Kammergerichtsrat Meier erkannt, der sich auf den »Kuhfuß« zornig umwandte und dann ausrief: »Bismarck? Wie sehen Sie aus! Schöne Schweinerei hier!«

Die Bürgerwache im Schlosse fragte mich, was ich dort wolle. Auf meine Antwort, ich hätte einen Brief des Prinzen Karl an den König abzugeben, sagte der Posten, mich mit mißtrauischen Blicken betrachtend, das könne nicht sein; der Prinz befinde sich eben beim König. Ersterer mußte also noch vor mir von Potsdam abgereist sein. Die Wache verlangte den Brief zu sehen, den ich hätte; ich zeigte ihn, da er offen und der Inhalt unverfänglich war, und man ließ mich gehen, aber nicht ins Schloß. Im Gasthof Meinhard, parterre, lag ein mir bekannter Arzt im Fenster, zu dem ich eintrat. Dort schrieb ich dem Könige, was ich ihm zu sagen beabsichtigt hatte. Ich ging mit dem Brief zum Fürsten Bogislav Radziwill, der freien Verkehr hatte und ihn dem König übergeben konnte. Es stand darin u. a., die Revolution beschränke sich auf große Städte und der König sei Herr im Lande, sobald er Berlin verlasse. Der König antwortete nicht, hat mir aber später gesagt, er habe den auf schlechtem Papier schlecht geschriebenen Brief als das erste Zeichen von Sympathie, das er damals erhalten, sorgfältig aufbewahrt.

Auf meinen Gängen durch die Straßen, um die Spuren des Kampfes anzusehen, raunte ein Unbekannter mir zu: »Wissen Sie, daß Sie verfolgt werden?« Ein anderer Unbekannter flüsterte mir Unter den Linden zu: »Kommen Sie mit«; ich folgte ihm in die Kleine Mauerstraße, wo er sagte: »Reisen Sie ab, oder Sie werden verhaftet.«

»Kennen Sie mich?« fragte ich. »Ja«, antwortete er, »Sie sind Herr von Bismarck.« Von welcher Seite mir die Gefahr drohen sollte, von welcher die Warnung kam, habe ich nie erfahren. Der Unbekannte verließ mich schnell. Ein Straßenjunge rief mir nach: »Kiek, dat is *och* en Franzos«, eine Äußerung, an die ich durch manch spätere Ermittlung erinnert worden bin. Mein allein unrasierter langer Kinnbart, der Schlapphut und Frack hatten dem Jungen einen exotischen Eindruck gemacht. Die Straßen waren leer, kein Wagen sichtbar; zu Fuß nur einige Trupps in Blusen und mit Fahnen, deren einer in der Friedrichstraße einen lorbeerbekränzten Barrikadenhelden zu irgendwelcher Ovation geleitete.

Nicht wegen der Warnung, sondern weil ich in Berlin keinen Boden für eine Tätigkeit fand, kehrte ich an demselben Tage nach Potsdam zurück und besprach mit den beiden Generälen Möllendorf und Prittwitz noch einmal die Möglichkeit eines selbständigen Handelns. »Wie sollen wir das anfangen?« sagte Prittwitz. Ich klimperte auf dem geöffneten Klavier, neben dem ich saß, den Infanteriemarsch zum Angriff. Möllendorf fiel mir in Tränen und vor Wundschmerzen steif um den Hals und rief: »Wenn Sie uns das besorgen könnten!« – »Kann ich nicht«, erwiderte ich, »aber wenn Sie es ohne Befehl tun, was kann Ihnen denn geschehen? Das Land wird Ihnen danken und der König schließlich auch.« Prittwitz: »Können Sie mir Gewißheit schaffen, ob Wrangel und Hedemann mitgehn werden? Wir können zur Insubordination nicht noch Zwist in die Armee bringen.« Ich versprach, das zu ermitteln, selbst nach Magdeburg zu gehn und einen Vertrauten nach Stettin zu schicken, um die beiden kommandierenden Generale zu sondieren. Von Stettin kam der Bescheid des Generals von Wrangel: »Was Prittwitz tut, tue ich auch.« Ich selbst war in Magdeburg weniger glücklich. Ich gelangte zunächst nur an den Adjutanten des Generals von Hedemann, einen jungen Major, dem ich mich eröffnete und der mir seine Sympathie ausdrückte. Nach kurzer Zeit aber kam er zu mir in den Gasthof und bat mich, sofort abzureisen, um mir eine Unannehmlichkeit und dem alten General eine Lächerlichkeit zu ersparen; derselbe beabsichtige, mich als Hochverräter festnehmen zu lassen. Der damalige Oberpräsident von Bonin, die höchste politische Autorität der Provinz, hatte eine Proklamation erlassen des Inhalts: »In Berlin ist eine Revolution ausgebrochen; ich werde eine Stellung über den Parteien nehmen.« Diese »Stütze des Thrones« war später Minister und Inhaber hoher und einflußreicher Ämter. General Hedemann gehörte dem Humboldtschen Kreise an.

Nach Schönhausen zurückgekehrt, suchte ich den Bauern begreiflich zu machen, daß der bewaffnete Zug nach Berlin nicht tunlich sei, geriet aber dadurch in den Verdacht, in Berlin von dem revolutionären Schwindel angesteckt zu sein. Ich machte ihnen daher den Vorschlag, der angenommen wurde, daß Deputierte aus Schönhausen und anderen Dörfern mit mir nach Potsdam reisen sollten, um selbst zu sehen und den General von Prittwitz, vielleicht den Prinzen von Preußen zu sprechen. Als wir am 25. den Bahnhof von Potsdam erreichten, war der König eben dort eingetroffen und von einer großen Menschenmenge in wohlwollender Stimmung empfangen worden. Ich sagte meinen bäuerlichen Begleitern: »Da ist der König, ich werde euch ihn vorstellen, sprecht mit ihm.« Das lehnten sie aber ängstlich ab und verzogen sich schnell in die hintersten Reihen. Ich begrüßte den König ehrfurchtsvoll, er dankte, ohne mich zu erkennen, und fuhr nach dem Schlosse. Ich folgte ihm und hörte dort die Anrede, welche er im Marmorsaale an die Offiziere des Gardekorps richtete. Bei den Worten: »Ich bin niemals freier und sicherer gewesen als unter dem Schutze meiner Bürger« erhob sich ein Murren und Aufstoßen von Säbelscheiden, wie ein König von Preußen es inmitten seiner Offiziere nie gehört haben wird und hoffentlich nie wieder hören wird.*

Mit verwundetem Gefühl kehrte ich nach Schönhausen zurück.

Die Erinnerung an das Gespräch, welches ich in Potsdam mit dem Generalleutnant von Prittwitz gehabt hatte, veranlaßte mich, im Mai folgendes, von meinen Freunden in der Schönhauser Gegend mitunterzeichnetes Schreiben an ihn zu richten:

»Jeder, dem ein preußisches Herz in der Brust schlägt, hat gewiß gleich uns Unterzeichneten mit Entrüstung die Angriffe der Presse gelesen, welchen in den ersten Wochen nach dem 19. März die Königlichen Truppen zum Lohn dafür ausgesetzt waren, daß sie ihre Pflicht im Kampfe treu erfüllt und auf ihrem befohlenen Rückzuge ein unübertroffenes Beispiel militärischer Disziplin und Selbstverleugnung gegeben hatten. Wenn die Presse seit einiger Zeit eine schicklichere Haltung beobachtet, so liegt der Grund davon bei der dieselbe beherrschenden Partei weniger in einer ihr seither gewordenen richtigen Erkenntnis des Sachverhältnisses als darin, daß die schnelle Bewegung der neueren Ereignisse den Eindruck der älteren in den Hintergrund drängt und man sich das Ansehen gibt, den Trup-

---

* Die meiner Erinnerung und sich untereinander widersprechenden Berichte der Allgemeinen Preußischen, der Vossischen und der Schlesischen Zeitung liegen mit vor. (Wolff, Berliner Revolutions-Chronik Band I, 424.)

pen wegen ihrer neuesten Taten* die früheren verzeihen zu wollen. Sogar bei dem Landvolk, welches die ersten Nachrichten von den Berliner Ereignissen mit kaum zu zügelnder Erbitterung aufnahm, fangen die Entstellungen an Konsistenz zu gewinnen, welche von allen Seiten und ohne irgend erheblichen Widerspruch, teils durch die Presse, teils durch die bei Gelegenheit der Wahlen das Volk bearbeitenden Emissäre verbreitet worden sind, so daß die wohlgesinnten Leute unter dem Landvolk bereits glauben, es könne doch nicht ohne allen Grund sein, daß der Berliner Straßenkampf von den Truppen, mit oder ohne Wissen und Willen des vielverleumdeten Thronerben, vorbedachterweise herbeigeführt sei, um dem Volke die Konzessionen, welche der König gemacht hatte, zu entreißen. An eine Vorbereitung auf der anderen Seite, an eine systematische Bearbeitung des Volkes, will kaum einer mehr glauben. Wir fürchten, daß diese Lüge, wenigstens im Bewußtsein der unteren Volksschichten, auf lange Zeit hin zu Geschichte werde, wenn ihr nicht durch ausführliche, mit Beweisen belegte Darstellungen des wahren Hergangs der Sache entgegengetreten wird, und zwar sobald als möglich, da bei dem außer aller Berechnung liegenden Lauf der Zeit heute und morgen Ereignisse eintreten könnten, welche die Aufmerksamkeit des Publikums durch ihre Wichtigkeit dergestalt in Anspruch nähmen, daß Erklärungen über die Vergangenheit keinen Anklang mehr fänden.

Es würde unserer Meinung nach von dem erheblichsten Einfluß auf die politischen Ansichten der Bevölkerung sein, wenn sie über die unlautere Quelle der Berliner Bewegung einigermaßen aufgeklärt werden könnte, sowie darüber, daß der Kampf der Märzhelden zur Erreichung des *vorgeschützten* Zweckes, nämlich der Verteidigung der von Sr. Majestät versprochenen konstitutionellen Institutionen, ein unnötiger war. Ew. Exzellenz als Befehlshaber der ruhmwürdigen Truppen, welche bei jenen Ereignissen tätig waren, sind unseres Erachtens vorzugsweise berufen und im Stande, die Wahrheit über dieselben auf überzeugende Weise ans Licht zu bringen. Die Überzeugung, wie wichtig dies für unser Vaterland sein und wie sehr der Ruhm der Armee dabei gewinnen würde, muß uns zur Entschuldigung dienen, wenn wir bei Ew. Exzellenz so dringend als ehrerbietig bitten, eine, insoweit die dienstlichen Rücksichten es gestat-

---

*Am 23. April hatten sie Schleswig besetzt.

ten, genaue und mit Beweisstücken versehene Darstellung der Berliner Ereignisse vom militärischen Standpunkt so bald als möglich der Öffentlichkeit übergeben zu lassen.«

Der General von Prittwitz ist auf diese Anregung nicht eingegangen. Erst am 18. März 1891 hat der Generalleutnant z. D. von Meyerinck in dem Beiheft des »Militär-Wochenblatts« eine Darstellung zu dem von mir bezeichneten Zwecke geliefert, leider so spät, daß gerade die wichtigsten Zeugen, namentlich die Flügeladjutanten Edwin von Manteuffel und der Graf Oriola, inzwischen verstorben waren.

Als Beitrag zu der Geschichte der Märztage seien hier Gespräche aufgezeichnet, welche ich einige Wochen nach denselben mit Personen hatte, die mich, den sie als Vertrauensmann der Konservativen betrachteten, aufsuchten, die einen, um sich über ihr Verhalten vor und an dem 18. März rechtfertigend auszusprechen, die anderen, um mir die gemachten Wahrnehmungen mitzuteilen. Der Polizeipräsident von Minutoli beklagte sich dabei, daß ihm der Vorwurf gemacht werde, er habe den Aufstand vorausgesehen und nichts zur Verhinderung desselben getan, und bestritt, daß irgendwelche auffallenden Symptome zu seiner Kenntnis gekommen wären. Auf meine Entgegnung, mir sei in Genthin von Augenzeugen gesagt worden, daß während der Tage vor dem 18. fremdländisch aussehende Männer, meistens polnisch sprechend, einige offen Waffen mit sich führend, die andern mit schweren Gepäckstücken, in der Richtung nach Berlin passiert wären, erzählte Minutoli, der Minister von Bodelschwingh habe ihn Mitte März kommen lassen und Besorgnis über die herrschende Gärung geäußert; darauf habe er denselben in eine Versammlung vor den Zelten geführt. Nachdem Bodelschwingh die dort gehaltenen Reden angehört, habe er gesagt: »Die Leute sprechen ja ganz verständig, ich danke Ihnen, Sie haben mich vor einer Torheit bewahrt.« Bedenklich für die Beurteilung Minutolis war seine Popularität in den nächsten Tagen nach dem Straßenkampfe. Sie war für einen Polizeipräsidenten als Ergebnis eines Aufruhrs unnatürlich.

Auch der General von Prittwitz, der die Truppen um das Schloß befehligt hatte, suchte mich auf und erzählte mir, mit dem Abzug derselben sei es so zugegangen: Nachdem ihm die Proklamation »An meine lieben Berliner« bekannt geworden, habe er das Gefecht abgebrochen, aber den Schloßplatz, das Zeughaus und die einmündenden Straßen zum Schutze des Schlosses besetzt gehalten. Da sei Bodelschwingh an ihn mit der Forderung herangetreten: »Der Schloßplatz muß geräumt werden.«

»Das ist unmöglich«, habe er geantwortet, »damit gebe ich den König preis.«
Darauf Bodelschwingh: »Der König hat in seiner Proklamation befohlen,
daß alle ›öffentlichen Plätze‹* geräumt werden sollen; ist der Schloßplatz
ein öffentlicher Platz oder nicht? Noch bin ich Minister, und ›ich habe es
wohl auswendig gelernt‹, was ich als solcher zu tun habe. Ich fordere Sie auf,
den Schloßplatz zu räumen.«

»Was«, so schloß Prittwitz seine Mitteilung, »was hätte ich darauf anderes
tun sollen als abmarschieren?« »Ich würde«, antwortete ich, »es für das
Zweckmäßigste gehalten haben, einem Unteroffizier zu befehlen:›Nehmen
Sie diesen Zivilisten in Verwahrung.‹« Prittwitz erwiderte: »Wenn man vom
Rathause kommt, ist man immer klüger. Sie urteilen als Politiker; ich handel-
te ausschließlich als Soldat auf Weisung des auf eine unterschriebene allerhöchste Proklamation sich stützenden dirigierenden Ministers.« – Von andrer
Seite habe ich gehört, Prittwitz habe diese seine letzte im Freien stattfindende
Unterredung mit Bodelschwingh damit abgebrochen, daß er blaurot vor Zorn
den Degen in die Scheide gestoßen und die Aufforderung gemurmelt habe,
die Götz von Berlichingen dem Reichskommissar durch das Fenster zuruft.
Dann habe er sein Pferd links gedreht und sei durch die Schloßfreiheit
schweigend und im Schritt abgeritten. Durch einen vom Schlosse gesandten
Offizier nach dem Verbleib der Truppen gefragt, habe er bissig geantwortet:
»Die sind mir durch die Finger gegangen, wo alle mitreden«.**

Von Offizieren der nächsten Umgebung Sr. Majestät habe ich folgendes
gehört. Sie suchten den König auf, der momentan nicht zu finden war, weil
er aus natürlichen Gründen sich zurückgezogen hatte. Als er wieder zum
Vorschein kam und gefragt wurde: »Haben Ew. Majestät befohlen, daß die
Truppen abmarschieren?« erwiderte der König: »Nein.« – »Sie sind aber
schon auf dem Abmarsch«, sagte der Adjutant und führte den König an ein
Fenster. Der Schloßplatz war schwarz von Zivilisten, hinter denen noch die
letzten Bajonette der abziehenden Soldaten zu sehen waren. »Das habe ich
nicht befohlen, das kann nicht sein«, rief der König aus und hatte den Ausdruck der Bestürzung und Entrüstung.

---

* Die Proklamation sagt: »alle Straßen und Plätze«.
** Das Schreiben des Pastors von Bodelschwingh vom 8. November 1891 (Kreuzzeitung
  vom 18. desselben Monats) und die Denkwürdigkeiten aus dem Leben Leopold von
  Gerlachs sind mir bekannt.

Über den Fürsten Lichnowski wurde mir erzählt, daß er abwechselnd oben im Schlosse einschüchternde Nachrichten über Schwäche der Truppen, Mangel an Lebensmitteln und Munition verbreitet und unten auf dem Platze den Aufständischen deutsch und polnisch zugeredet habe auszuhalten, oben habe man den Mut verloren.

<h1 style="text-align:center">II</h1>

In der kurzen Session des Zweiten Vereinigten Landtags sagte ich am 2. April:

»Ich bin einer der wenigen, welche gegen die Adresse stimmen werden, und ich habe um das Wort nur deshalb gebeten, um diese Abstimmung zu motivieren und Ihnen zu erklären, daß ich die Adresse, insoweit sie ein Programm der Zukunft ist, ohne weiteres akzeptiere, aber aus dem alleinigen Grunde, weil ich mir nicht anders helfen kann – nicht freiwillig, sondern durch den Drang der Umstände getrieben, tue ich es; denn ich habe meine Ansicht seit den sechs Monaten nicht gewechselt; ich will glauben, daß dies Ministerium das einzige ist, welches uns auch aus der gegenwärtigen Lage einem geordneten und gesetzmäßigen Zustande zuführen kann, und aus diesem Grunde werde ich demselben meine geringe Unterstützung überall widmen, wo es mir möglich ist. Was mich aber veranlaßt, gegen die Adresse zu stimmen, sind die Äußerungen von Freude und Dank für das, was in den letzten Tagen geschehen ist. Die Vergangenheit ist begraben, und ich bedaure es schmerzlicher als viele von Ihnen, daß keine menschliche Macht imstande ist, sie wieder zu erwecken, nachdem die Krone selbst die Erde auf ihren Sarg geworfen hat. Aber wenn ich dies, durch die Gewalt der Umstände gezwungen, akzeptiere, so kann ich doch nicht aus meiner Wirksamkeit auf dem Vereinigten Landtage mit der Lüge scheiden, daß ich für das danken und mich freuen soll über das, was ich mindestens für einen irrtümlichen Weg halten muß. Wenn es wirklich gelingt, auf dem neuen Wege, der jetzt eingeschlagen ist, ein *einiges deutsches Vaterland*, einen glücklichen oder auch nur gesetzmäßig geordneten Zustand zu erlangen, dann wird der Augenblick gekommen sein, wo ich dem Urheber der neuen Ordnung der Dinge meinen Dank aussprechen kann, jetzt aber ist es mir nicht möglich.«

Ich wollte mehr sagen, war aber durch innere Bewegung in die Unmöglichkeit versetzt, weiter zu sprechen, und verfiel in einen Weinkrampf, der mich zwang, die Tribüne zu verlassen.

Wenige Tage zuvor hatte mir ein Angriff einer Magdeburger Zeitung Anlaß gegeben, an die Redaktion derselben das nachstehende Schreiben zu richten, in welchem ich eine der Errungenschaften, das stürmisch geforderte und durch die Aufhebung der Zensur gewährte »Recht der freien Meinungsäußerung«, auch für mich in Anspruch nahm, nicht ahnend, daß mir dasselbe 42 Jahre später würde bestritten werden.

»Euer Wohlgeboren
haben in die heutige Nummer Ihrer Zeitung einen ›Aus der Altmark‹ datierten Artikel aufgenommen, der einzelne Persönlichkeiten verdächtigt, indirekt auch mich, und ich stelle daher Ihrem Gerechtigkeitsgefühl anheim, ob Sie nachstehende Erwiderung aufnehmen wollen. Ich bin zwar nicht der in jenem Artikel bezeichnete Herr, welcher von Potsdam nach Stendal gekommen sein soll, aber ich habe ebenfalls in der vorigen Woche den mir benachbarten Gemeinden erklärt, daß ich den König in Berlin nicht für frei hielte, und dieselben zur Absendung einer Deputation an die geeignete Stelle aufgefordert, ohne daß ich mir deshalb die selbstsüchtigen Motive, welche Ihr Korrespondent anführt, unterschieben lassen möchte. Es ist 1. sehr erklärlich, daß jemand, dem alle mit der Person des Königs nach dem Abzug der Truppen vorgegangenen Ereignisse bekannt waren, die Meinung fassen konnte, der König sei nicht Herr gewesen, zu tun und zu lassen, was er wollte; 2. halte ich jeden Bürger eines freien Standes für berechtigt, seine Meinung gegen seine Mitbürger selbst dann zu äußern, wenn sie der augenblicklichen öffentlichen Meinung widerspricht: Ja, nach den neuesten Vorgängen möchte es schwer sein, jemand das Recht zu bestreiten, seine politischen Ansichten durch Volksaufregung zu unterstützen; 3. wenn alle Handlungen Sr. Majestät in den letzten 14 Tagen durchaus freiwillig gewesen sind, was weder Ihr Korrespondent noch ich mit Sicherheit wissen können, was hätten dann die Berliner erkämpft? Dann wäre der Kampf am 18. und 19. mindestens ein überflüssiger und zweckloser gewesen und alles Blutvergießen ohne Veranlassung und ohne Erfolg; 4. glaube ich, die Gesinnung der großen Mehrzahl der Ritterschaft dahin aussprechen zu können, daß in einer Zeit, wo es sich um das soziale und politische Fortbestehen Preußens handelt, wo Deutschland von Spaltungen in mehr als einer Richtung bedroht ist, wir weder Zeit noch Neigung haben, unsere Kräfte an reak-

tionäre Versuche oder an Verteidigung der unbedeutenden uns bisher verbliebenen gutsherrlichen Rechte zu vergeuden, sondern gern bereit sind, diese auf Würdigere zu übertragen, indem wir dieses als untergeordnete Frage, die Herstellung rechtlicher Ordnung in Deutschland, die Erhaltung der Ehre und Unverletzlichkeit unseres Vaterlandes aber als die für jetzt alleinige Aufgabe eines jeden betrachten, dessen Blick auf unsere politische Lage nicht durch Parteiansichten getrübt ist.

Gegen die Veröffentlichung meines Namens habe ich, falls Sie vorstehendes aufnehmen wollen, nichts einzuwenden. Genehmigen Sie etc.

Schönhausen bei Jerichow, 30. März 1848

Bismarck.«

Ich bemerke dazu, daß ich mich von Jugend auf ohne »v« unterschrieben und meine heutige Unterzeichnung v. B. erst aus Widerspruch gegen die Anträge auf Abschaffung des Adels 1848 angenommen habe.

Der nachstehende Artikel, dessen Konzept in meiner Handschrift sich erhalten hat, ist, wie der Inhalt ergibt, in der Zeit zwischen dem Zweiten Vereinigten Landtage und den Wahlen zur Nationalversammlung geschrieben. In welcher Zeitung er erschienen ist, hat sich nicht ermitteln lassen.

»Aus der Altmark.

Ein Teil unserer Mitbürger, welcher sich unter dem System der ständischen Sonderung einer starken Vertretung erfreute, nämlich die Bewohner der Städte, fangen an zu fühlen, daß bei dem neuen Wahlmodus, nach welchem in fast allen Kreisen die städtische Bevölkerung mit einer der Zahl nach sehr überwiegenden ländlichen zu konkurrieren haben wird, ihre Interessen gegen die der großen Massen der Landbewohner werden zurückstehen müssen. Wir leben in der Zeit der materiellen Interessen, und nach Feststellung der neuen Verfassung, nach Beruhigung der jetzigen Gärung, wird sich der Kampf der Parteien darum drehen, ob die Staatslasten gleichmäßig nach dem Vermögen getragen oder ob sie überwiegend dem immer steuerbereiten Grund und Boden aufgelegt werden sollen, der die bequemste und sicherste Erhebung gestattet und von dessen Umfang nie etwas verheimlicht werden kann. Es ist natürlich, daß die Städter dahin streben, den Steuererheber von der Fabrikindustrie, von dem städtischen Häuserwert, von dem Rentier und Kapitalisten so fern als möglich zu halten und ihn lieber auf Acker und Wiesen und deren Produkte anzuweisen. Ein Anfang ist damit gemacht, daß in den bisher mahlsteuerpflichtigen Städten die untersten

Stufen von der neuen direkten Steuer frei bleiben, während sie auf dem Lande nach wie vor Klassensteuer zahlen. Wir hören ferner von Maßregeln zur Unterstützung der Industrie auf Kosten der Staatskassen, aber wir hören nicht davon, daß man dem Landmanne zu Hilfe kommen wolle, der wegen der kriegerischen Aussichten auf der Seeseite seine Produkte nicht verwerten kann, aber der durch Kündigung von Kapitalien in dieser geldarmen Zeit seinen Hof zu verkaufen genötigt wird. Ebenso hören wir mit Bezug auf indirekte Besteuerung mehr von dem Schutzzollsystem zugunsten inländischer Fabrikation und Gewerbe sprechen als von dem für die ackerbautreibende Bevölkerung nötigen freien Handel. Es ist wie gesagt natürlich, daß ein Teil der städtischen Bevölkerung mit Rücksicht auf die beregten Streitpunkte kein Mittel scheut, bei den bevorstehenden Wahlen das eigene Interesse zur Geltung zu bringen und die Vertretung der Landbewohner zu schwächen. Ein sehr wirksamer Hebel zu letzterem Zweck liegt in den Bestrebungen, der ländlichen Bevölkerung diejenigen ihrer Mitglieder zu verdächtigen, deren Bildung und Intelligenz sie befähigen könnten, die Interessen des Grund und Bodens auf der Nationalversammlung mit Erfolg zu vertreten; man bemüht sich daher, eine Mißstimmung gegen die Rittergutsbesitzer künstlich zu befördern, indem man meint, wenn man diese Klasse unschädlich macht, so müssen die Landbewohner entweder Advokaten und andere Städter wählen, die nach den ländlichen Interessen nicht viel fragen, oder es kommen meist schlichte Landleute, und die denkt man durch die Beredsamkeit und kluge Politik der Parteiführer in der Nationalversammlung schon unvermerkt zu leiten. Man sucht daher die bisherige Ritterschaft als solche Leute zu bezeichnen, die den alten Zustand erhalten und zurückführen wollen, während die Rittergutsbesitzer wie jeder andere vernünftige Mensch sich selbst sagen, daß es unsinnig und unmöglich wäre, den Strom der Zeit aufhalten oder zurückdämmen zu wollen. Man sucht ferner auf den Dörfern die Vorstellung zu wecken und zu bestärken, daß jetzt die Zeit gekommen sei, sich von allen den Zahlungen, die nach den Separationsrezessen an Rittergüter zu leisten sind, ohne Entschädigung loszumachen; aber man verschweigt dabei, daß eine Regierung, die Recht und Ordnung will, nicht damit anfangen kann, eine Klasse von Staatsbürgern zu plündern, um eine andere zu beschenken, daß alle Rechte, die auf Gesetz, Erkenntnis oder Vertrag beruhen, alle Forderungen, die einer an den anderen haben mag, alle Ansprüche auf hypothekarische Zinsen und Kapitalien denen, die sie haben, mit demselben Rechtstitel genommen werden können, mit welchem man den Rittergütern ihre Renten ohne volle Entschädigung nehmen möchte. Man täuscht den Landmann darüber, daß er mit dem Rittergutsbesitzer das gleiche Interesse des Landwirtes und den gleichen Gegner in dem ausschließlichen Industriesystem hat, welches seine Hand nach der Herrschaft in dem preußischen Staate ausstreckt; gelingt diese Täuschung, so wollen wir hoffen, daß sie nicht dauert, daß man ihr durch eine schnelle, gesetzliche Abschaffung der bisherigen politischen Rechte der Rittergüter ein Ende mache und daß der ländlichen Bevölkerung nicht erst dann, wenn es ans Bezahlen geht, dann aber zu spät, die Augen darüber aufgehen, wie fein sie von den klugen Städtern überlistet ist.«

Während der Zweite Vereinigte Landtag zusammentrat, nahm Georg von Vincke im Namen seiner Parteigenossen und angeblich in höherem Auftrage meine Mitwirkung für den Plan in Anspruch, den König durch den Landtag zur Abdankung zu bewegen und mit Übergehung, aber im angeblichen Einverständnis des Prinzen von Preußen, eine Regentschaft der Prinzessin für ihren minderjährigen Sohn herzustellen. Ich lehnte sofort ab und erklärte, daß ich einen Antrag des Inhalts mit dem Antrage auf gerichtliches Verfahren wegen Hochverrats beantworten würde. Vincke verteidigte seine Anregung als eine politisch gebotene, durchdachte und vorbereitete Maßregel. Er hielt den Prinzen wegen der von ihm leider nicht verdienten Bezeichnung »Kartätschenprinz« für unmöglich und behauptete, daß dessen Einverständnis schriftlich vorliege. Damit hatte er eine Erklärung im Sinne, welche der ritterliche Herr ausgestellt haben soll, daß er, *wenn* sein König dadurch vor Gefahr geschützt werden könne, bereit sei, auf sein Erbrecht zu verzichten. Ich habe die Erklärung nie gesehen, und der hohe Herr hat mir nie davon gesprochen. Herr von Vincke gab seinen Versuch, mich für die Regentschaft der Prinzessin zu gewinnen, schließlich kühl und leicht mit der Erklärung auf, ohne Mitwirkung der äußersten Rechten, die er als durch mich vertreten ansah, werde der König nicht zum Rücktritt zu bestimmen sein. Die Verhandlung fand bei mir im Hotel des Pinces, parterre rechts, statt und enthielt beiderseits mehr, als sich niederschreiben läßt.

Von diesem Vorgange und von der Aussprache, welche ich von seiner Gemahlin während der Märztage in dem Potsdamer Stadtschloß zu hören bekommen hatte, habe ich dem Kaiser Wilhelm niemals gesprochen und weiß nicht, ob andere es getan haben. Ich habe ihm diese Erlebnisse verschwiegen auch in Zeiten wie die des vierjährigen Konflikts, des österreichischen Krieges und des Kulturkampfs, wo ich in der Königin Augusta den Gegner erkennen mußte, welcher meine Fähigkeit zu vertreten, was ich für meine Pflicht hielt, und meine Nerven auf die schwerste Probe im Leben gestellt hat.

Dagegen muß sie ihrem Gemahl nach England geschrieben haben, daß ich versucht hatte, zu ihm zu gelangen, um seine Unterstützung für eine kontrarevolutionäre Bewegung zur Befreiung des Königs zu gewinnen; denn als er auf der Rückkehr in den ersten Tagen des Juni einige Minuten auf dem Genthiner Bahnhof verweilte und ich mich in den Hintergrund gezogen hatte, weil ich nicht wußte, ob er in seiner Eigenschaft als »Abgeordneter für Wirsitz« mit mir gesehen sein wollte, erkannte er mich in den hintersten Reihen des Publikums, bahnte sich den Weg durch die vor mir Stehenden, reichte mir die Hand und sagte:»Ich weiß, daß Sie für mich tätig gewesen sind, und werde Ihnen das nie vergessen.«

Meine erste Begegnung mit ihm war im Winter 1834/35 auf einem Hofball gewesen. Ich stand neben einem Herrn von Schack aus Mecklenburg, der, wie ich, lang gewachsen und auch in Justizreferendarien-Uniform war, was den Prinzen zu dem Scherz veranlaßte, die Justiz suche sich jetzt die Leute wohl nach dem Gardemaße aus. Dann zu mir gewandt, fragte er mich, weshalb ich nicht Soldat geworden sei. »Ich hatte den Wunsch«, erwiderte ich, »aber die Eltern waren dagegen, weil die Aussichten zu ungünstig seien.« Worauf der Prinz sagte: »Brillant ist die Karriere allerdings nicht, aber bei der Justiz auch nicht.« Während des Ersten Vereinigten Landtags, dem er als Mitglied der Herrenkurie angehörte, redete er mich in den vereinigten Sitzungen wiederholt in einer Weise an, die sein Wohlgefallen an der damals von mir angenommenen politischen Haltung bezeugte.

Bald nach der Begegnung in Genthin lud er mich nach Babelsberg ein. Ich erzählte ihm mancherlei aus den Märztagen, was ich teils erlebt, teils von Offizieren gehört hatte, namentlich über die Stimmung, in der die Truppen den Rückzug aus Berlin angetreten und die sich in sehr bitteren, auf dem Marsche gesungenen Versen Luft gemacht hatte. Ich war hart genug, ihm das Gedicht vorzulesen, welches für die Stimmung der Truppen auf dem befohlenen Rückzug aus Berlin historisch bezeichnend ist.

Das waren *Preußen, schwarz* und *weiß* die Farben,
So schwebt' die Fahne einmal noch voran,
Als für den König seine Treuen starben,
Für ihren König, jubelnd Mann für Mann.

Wir sahen ohne Zagen
Fort die Gefall'nen tragen,
Da schnitt ein Ruf ins treue Herz hinein:
»Ihr sollt nicht Preußen mehr, sollt *Deutsche* sein.«

Doch wir mit Liebe nahten uns dem Throne,
Fest noch im Glauben und voll Zuversicht,
Da zeigt er uns, wie man die Treue lohne,
Uns, seine Preußen, hört ihr König nicht.
Da lösten sich die Bande,
Weh' meinem Vaterlande!
Seit er verstoßen seine Vielgetreu'n,
Brach unser Herz und seine Stütze ein.

Da, wie der Sturm sein teures Haupt umbrauset,
Verwünscht, verlästert von des Pöbels Wut,
Der jetzt auf unsrem Siegesfelde hauset,
Das, was *ihn* schützte, war der Truppen Mut;
Sie standen ohne Beben
Und setzten Blut und Leben
Für ihren Herrn, für ihren König ein,
Ihr Tod war süß und ihre Ehre rein.

Und wo sie fielen, deine Tapfern, Treuen,
Vernimm die Schandtat, heil'ges Vaterland,
Sieht man des Pöbels schmutz'ge Schlächterreihen
Um jenen König stehen Hand in Hand.
Da schwören sie aufs neue
Sich Liebe, ha! und Treue.
Trug ist ihr Schwur
Und ihre Freiheit Schein,
Heil uns, sie wollen nicht mehr Preußen sein.

Schwarz, Rot und Gold glüht nun im Sonnenlichte,
Der schwarze Adler sinkt herab entweiht;
Hier endet. Zollern, deines Ruhms Geschichte,
Hier fiel ein König, aber nicht im Streit.

Wir sehen nicht mehr gerne
Nach dem gefall'nen Sterne.
Was du hier tatest, Fürst, wird dich gereu'n,
So treu wird keiner, wie die Preußen, sein.

Er brach darüber in so heftiges Weinen aus, wie ich es nur noch einmal erlebt habe, als ich ihm in Nikolsburg wegen Fortsetzung des Krieges Widerstand leistete.

Bei der Prinzessin, seiner Gemahlin, stand ich bis zu meiner Ernennung
nach Frankfurt so weit in Gnade, daß ich gelegentlich nach Babelsberg befohlen wurde, um ihre politischen Auffassungen und Wünsche zu vernehmen, deren Darlegung mit den Worten zu schließen pflegte: »Es freut mich,
Ihre Meinung gehört zu haben«, obschon ich nicht in die Lage gekommen
war, mich zu äußern. Der damals 18- und 19jährige, aber jünger aussehende spätere Kaiser Friedrich pflegte in solchen Fällen seine politische Sympathie mir dadurch zu erkennen zu geben, daß er mich im Dunkel der abendli-
chen Abfahrt beim Einsteigen in den Wagen mit lebhaftem Händedruck
freundlich begrüßte in einer Art, als ob ihm eine offene Bekundung seiner
Gesinnung bei Licht nicht gestattet wäre.

III

Die Frage der deutschen Einheit war in den letzten beiden Jahrzehnten unter Friedrich Wilhelm III. nur in Gestalt der burschenschaftlichen Strebungen und deren strafrechtlicher Repression in die äußere Erscheinung getreten. Friedrich Wilhelms IV. deutsches oder, wie er schrieb, »teutsches«
Nationalgefühl war gemütlich lebhafter wie das seines Vaters, aber durch
mittelalterliche Verbrämung und durch Abneigung gegen klare und feste
Entschlüsse in der praktischen Betätigung gehemmt. Daher versäumte er
die Gelegenheit, die im März 48 günstig war; und es sollte das nicht die einzige versäumte bleiben. In den Tagen zwischen den süddeutschen Revolu-
tionen, einschließlich der Wiener, und dem 18. März, solange es vor Augen
lag, daß von allen deutschen Staaten, Österreich inbegriffen, Preußen der
einzige feststehende geblieben war, waren die deutschen Fürsten bereit,
nach Berlin zu kommen und Schutz zu suchen unter Bedingungen, die in
unitarischer Richtung über das hinausgingen, was heute verwirklicht ist;

auch das bayerische Selbstbewußtsein war erschüttert. Wenn es zu dem, nach einer Erklärung der preußischen und der österreichischen Regierung vom 10. März auf dem 15. nach Dresden berufenen Fürstenkongreß gekommen wäre, so wäre nach der Stimmung der beteiligten Höfe eine Opferwilligkeit auf dem Altar des Vaterlandes wie die französische am 4. August 1789[7] zu erwarten gewesen. Diese Auffassung entsprach den tatsächlichen Verhältnissen; das militärische Preußen war stark und intakt genug, um die revolutionäre Welle zum Stehen zu bringen und den übrigen deutschen Staaten für Gesetz und Ordnung in Zukunft Garantien zu bieten, welche den anderen Dynastien damals annehmbar erschienen.

Der 18. März war ein Beispiel, wie schädlich das Eingreifen roher Kräfte auch den Zwecken werden kann, die durch dasselbe erreicht werden sollen. Indessen war am 19. morgens noch nichts verloren. Der Aufstand war niedergeschlagen. Führer desselben, darunter der mir von der Universität her bekannte Assessor Rudolf Schramm, hatten sich nach Dessau geflüchtet, hielten die erste Nachricht von dem Rückzug der Truppen für eine polizeiliche Falle und kehrten erst nach Berlin zurück, nachdem sie die Zeitungen erhalten hatten. Ich glaube, daß mit fester und kluger Ausnutzung des Sieges, des einzigen, der damals von einer Regierung in Europa gegen Aufstände erfochten war, die deutsche Einheit in strengerer Form zu erreichen war, als zur Zeit meiner Beteiligung an der Regierung schließlich geschehen ist. Ob das nützlicher und dauerhafter gewesen wäre, lasse ich dahingestellt sein.

Wenn der König im März die Empörung in Berlin definitiv niederwarf und auch nachher nicht wieder aufkommen ließ, so würden wir von dem Kaiser Nikolaus nach dem Zusammenbruch Österreichs keine Schwierigkeiten in der Neubildung einer haltbaren Organisation Deutschlands erfahren haben. Seine Sympathien waren ursprünglich mehr nach Berlin als nach Wien gerichtet, wenn auch Friedrich Wilhelm IV. persönlich dieselben nicht besaß und bei der Verschiedenheit der Charaktere nicht besitzen konnte.

Der Umzug auf der Straße in den Farben der Burschenschaft war am wenigsten geeignet, das wieder einzubringen, was im Innern und nach außen verloren war. Die Situation wurde dadurch dergestalt umgedreht, daß der König nun an der Spitze nicht mehr seiner Truppen, sondern der Barrikadenkämpfer, derselben unlenkbaren Massen, stand, vor deren Bedrohung die Fürsten einige Tage zuvor bei ihm Schutz gesucht hatten. Der Gedanke, eine Verlegung des geplanten Fürstenkongresses von Berlin nach Potsdam als einziges Ergebnis der Märztage zu behandeln, verlor durch den würdelosen Umzug jede Haltbarkeit.

Die Weichlichkeit, mit der Friedrich Wilhelm IV. unter dem Drucke unberufener, vielleicht verräterischer Ratgeber, gedrängt durch weibliche Tränen, das blutige Ergebnis in Berlin, nachdem es siegreich durchgeführt war, dadurch abschließen wollte, daß er seinen Truppen befahl, auf den gewonnenen Sieg zu verzichten, hat für die weitere Entwicklung unserer Politik zunächst den Schaden einer versäumten Gelegenheit gebracht. Ob der Fortschritt ein dauernder gewesen sein würde, wenn der König den Sieg seiner Truppen festgehalten und ausgenutzt hätte, ist eine andere Frage. Der König würde dann allerdings nicht in der gebrochenen Stimmung gewesen sein, in der ich ihn während des Zweiten Vereinigten Landtags gefunden habe, sondern in dem durch den Sieg gestärkten Schwung der Beredsamkeit, welche er bei Gelegenheit der Huldigung 1840, in Köln 1842 und sonst entwickelt (hatte). Ich wage keine Vermutung darüber, welche Einwirkung auf die Haltung des Königs, die Romantik mittelalterlicher Reichserinnerungen Österreich und den Fürsten gegenüber und das vorher und später so starke fürstliche Selbstgefühl im Inland, sein Bewußtsein geübt haben würde, den Aufruhr definitiv niedergeschlagen zu haben, ihm gegenüber allein siegreich im außerrussischen Kontinent. Eine auf dem Straßenpflaster erkämpfte Errungenschaft wäre von anderer Art und von minderer Tragweite gewesen als die später auf dem Schlachtfeld gewonnene. Es ist vielleicht für unsere Zukunft besser gewesen, daß wir die Irrwege in der Wüste innerer Kämpfe von 1848 bis 1866 wie die Juden, bevor sie das Gelobte Land erreichten, noch haben durchmachen müssen. Die Kriege von 1866 und 1870 wären uns doch schwerlich erspart worden, nachdem unsre 1848 zusammengebrochenen Nachbarn in Anlehnung an Paris, Wien und anderswo sich wieder ermutigt und gekräftigt haben würden. Es ist fraglich, ob auf dem kürzeren und rascheren Wege des Märzsieges von 1848 die Wirkung der geschichtlichen Ereignisse auf die Deutschen dieselbe gewesen sein würde wie die heute vorhandene, die den Eindruck macht, daß die Dynastien, und gerade die früher hervorragend partikularistischen, reichsfreundlicher sind als die Fraktionen und Parteien.

Mein erster Besuch in Sanssouci kam unter ungünstigen Aspekten zustande. Wenige Tage vor dem Abgange des Ministerpräsidenten Ludolf Camphausen, also gegen den 20. Juni, befand ich mich in Potsdam, als ein

Leibjäger mich in dem Gasthof aufsuchte, um mir zu melden, daß der König mich zu sprechen wünsche. Ich sagte unter dem Eindruck meiner frondierenden Gemütsstimmung, daß ich bedauerte, dem Befehle Sr. Majestät nicht Folge leisten zu können, da ich im Begriff sei, nach Hause zu reisen, und meine Frau, deren Gesundheit besonderer Schonung bedürfe, sich ängstigen würde, wenn ich länger als verabredet ausbliebe. Nach einiger Zeit erschien der Flügeladjutant Edwin von Manteuffel, wiederholte die Aufforderung in Form einer Einladung zur Tafel und sagte, der König stelle mir einen Feldjäger zur Verfügung, um meine Frau zu benachrichtigen. Es blieb mir nichts übrig, als mich nach Sanssouci zu begeben. Die Tischgesellschaft war sehr klein, enthielt, wenn ich mich recht erinnere, außer den Damen und Herren vom Dienst nur Camphausen und mich. Nach der Tafel führte der König mich auf die Terrasse und fragte freundlich: »Wie geht es bei Ihnen?« In der Gereiztheit, die ich seit den Märztagen in mir trug, antwortete ich: »Schlecht.« Darauf der König: »Ich denke, die Stimmung ist gut bei Ihnen.« Darauf ich, unter dem Eindruck von Anordnungen, deren Inhalt mir nicht erinnerlich ist: »Die Stimmung war sehr gut, aber seit die Revolution uns von den königlichen Behörden unter königlichem Stempel eingeimpft worden, ist sie schlecht geworden. Das Vertrauen zu dem Beistande des Königs fehlt.« In dem Augenblick trat die Königin hinter einem Gebüsch hervor und sagte: »Wie können Sie so zu dem Könige sprechen?« – »Laß mich nur, Elise«, versetzte der König, »ich werde schon mit ihm fertig werden«, und dann zu mir gewandt: »Was werfen Sie mir denn eigentlich vor?« – »Die Räumung Berlins.« – »Das habe ich nicht gewollt«, erwiderte der König. Und die Königin, die noch in Gehörsweite geblieben war, setzte hinzu: »Daran ist der König ganz unschuldig, er hatte seit drei Tagen nicht geschlafen.« – »Ein König muß schlafen können«, versetzte ich. Unbeirrt durch diese schroffe Äußerung sagte der König: »Man ist immer klüger, wenn man von dem Rathause kommt; was wäre denn damit gewonnen, daß ich zugäbe, ›wie ein Esel‹ gehandelt zu haben? Vorwürfe sind nicht die Mittel, einen umgestürzten Thron wieder aufzurichten, dazu bedarf ich des Beistandes und tätiger Hingebung, nicht der Kritik.« Die Güte, mit der er dies und ähnliches sagte, überwältigte mich. Ich war gekommen in der Stimmung eines Frondeurs, dem es ganz recht sein würde, ungnädig weggeschickt zu werden, und ging, vollständig entwaffnet und gewonnen.

Auf meine Vorstellungen, daß er Herr im Lande sei und die Macht besitze, die bedrohte Ordnung überall herzustellen, sagte er, er müsse sich hüten, den Weg des formellen Rechtes zu verlassen, wenn er mit der Berliner Versammlung, dem Tagelöhnerparlament, wie man sie damals in gewissen Kreisen nannte, brechen wolle, so müsse er dazu das formelle Recht auf seiner Seite haben, sonst stehe seine Sache auf schwachen Füßen, und die ganze Monarchie laufe Gefahr, nicht bloß von inneren Bewegungen, sondern auch von außen her. Vielleicht hat er dabei an einen französischen Krieg unter Beteiligung deutscher Aufstände gedacht. Wahrscheinlicher aber ist mir, daß er gerade mir die Besorgnis, seine deutschen Aussichten Preußens zu schädigen, in dem Moment, wo er meine Dienste gewinnen wollte, nicht aussprach. Ich erwiderte, daß das formale Recht und seine Grenzen in der vorliegenden Situation verwischt und von den Gegnern, sobald sie die Macht hätten, ebensowenig respektiert werden würden wie am 18. März, ich sähe die Situation mehr in dem Licht von Krieg und Notwehr als von rechtlichen Argumentationen. Der König beharrte jedoch dabei, daß seine Stellung zu schwach werde, wenn er von dem Rechtsboden abweiche, und der Eindruck ist mir geblieben, daß er dem von Radowitz bei ihm gepflegten Gedankengange, dem schwarz-rot-goldenen, wie man damals sagte, die Möglichkeit der Herstellung der Ordnung in Preußen zunächst unterordnete.

Aus den zahlreichen Gesprächen, die auf jenes erste folgten, ist mir das Wort des Königs erinnerlich: »Ich will den Kampf gegen die Tendenzen der Nationalversammlung durchführen, aber wie die Sache heut liegt, so mag ich zwar von meinem Rechte vollständig überzeugt sein, es ist mir aber nicht gewiß, daß andere und daß schließlich die großen Massen es auch sein werden; damit ich dessen gewiß werde, muß die Versammlung sich noch mehr und in solchen Fragen ins Unrecht setzen, in denen mein Recht, mich mit Gewalt zu wehren, nicht nur für mich, sondern allgemein einleuchtend ist.«

Meine Überzeugung, daß die Zweifel des Königs an seiner Macht unbegründet seien und daß es deshalb nur darauf ankomme, ob er an sein Recht glaube, wenn er sich gegen die Übergriffe der Versammlung wehren wolle, konnte ich bei ihm nicht zur Anerkennung bringen. Daß sie richtig war, ist demnächst dadurch bestätigt worden, daß den großen und kleinen Aufständen gegenüber jede militärische Anordnung unbedenklich und mit Eifer durchgeführt wurde, und zwar unter Umständen, wo die Betätigung des militärischen Gehorsams schon von Hause aus mit dem Niederwerfen bereits vorhandenen bewaffneten Widerstandes verbunden war, während eine

Auflösung der Versammlung, sobald man ihre Wirksamkeit als staatsgefährlich erkannte, in den Reihen der Truppen die Frage des Gehorsams gegen militärische Befehle nicht berührt haben würde. Auch das Einrücken größerer Truppenmassen in Berlin nach dem Zeughaussturme und ähnlichen Vorgängen würde nicht bloß von den Soldaten, sondern auch von der Mehrheit der Bevölkerung als dankenswerte Ausübung eines zweifellosen, königlichen Rechts aufgefaßt worden sein, wenn auch nicht von der Minderheit, welche die Leitung übte; und auch wenn die Bürgerwehr sich hätte widersetzen wollen, so würde sie bei den Truppen nur den berechtigten Kampfeszorn gesteigert haben. Ich kann mir kaum denken, daß der König im Sommer an seiner materiellen Macht, der Revolution in Berlin ein Ende zu machen, Zweifel gehegt haben sollte, vermute vielmehr, daß Hintergedanken rege waren, ob nicht die Berliner Versammlung und der Friede mit ihr und ihrem Rechtsboden unter irgendwelchen Konstellationen direkt oder indirekt nützlich werden könne, sei es in Kombinationen mit dem Frankfurter Parlament oder gegen dasselbe, sei es, um nach anderen Seiten hin auf die deutsche Frage einen Druck auszuüben, und ob der formale Bruch mit der preußischen Volksvertretung die deutschen Aussichten kompromittieren könne. Den Umzug in den deutschen Farben setze ich allerdings nicht auf Rechnung solcher Neigungen des Königs; er war damals körperlich und geistig so angegriffen, daß er Zumutungen, die ihm mit Entschiedenheit gemacht wurden, wenig Widerstand entgegensetzte.

Bei meinem Verkehr in Sanssouci lernte ich die Personen kennen, die das Vertrauen des Königs auch in politischen Dingen besaßen, und traf zuweilen in dem Kabinett mit ihnen zusammen. Es waren das besonders die Generäle Leopold von Gerlach und von Rauch, später Niebuhr, der Kabinettsrat.

Rauch war praktischer. Gerlach in der Entschließung über aktuelle Vorkommnisse mehr durch geistreiche Gesamtauffassung angekränkelt, eine edle Natur von hohem Schwung, doch frei von dem Fanatismus seines Bruders, des Präsidenten Ludwig von Gerlach, im gewöhnlichen Leben bescheiden und hilflos wie ein Kind, in der Politik tapfer und hochfliegend, aber durch körperliches Phlegma gehemmt. Ich erinnere mich, daß ich in Gegenwart beider Brüder, des Präsidenten und des Generals, veranlaßt wurde, mich über den ihnen gemachten Vorwurf des Unpraktischen zu erklären und das in folgender Weise tat: »Wenn wir drei hier aus dem Fenster einen Unfall auf der Straße geschehen sehen, so wird der Herr Präsident daran eine geistreiche Betrachtung über unseren Mangel an Glauben und die Unvollkommenheit unserer Einrichtungen knüpfen; der General wird genau das Richtige angeben, was unten geschehen müsse, um zu helfen, aber sitzen bleiben; ich würde der einzige sein, der hinunterginge oder Leute riefe, um zu helfen.« So war der General der einflußreichste Politiker in der Kamarilla Friedrich Wilhelms IV., ein vornehmer und selbstloser Charakter, ein treuer Diener des Königs, aber geistig vielleicht ebenso wie körperlich durch das Schwergewicht seiner Person an der prompten Ausführung seiner richtigen Gedanken behindert. An Tagen, wo der König ungerecht oder ungnädig für ihn gewesen war, wurde in der Abendandacht im Hause des Generals wohl das alte Kirchenlied gesungen:

Verlasse dich auf Fürsten nicht,
Sie sind wie eine Wiege.
Wer heute Hosianna spricht,
Ruft morgen crucifige.

Aber seine Hingebung für den König erlitt unter diesem christlichen Erguß seiner Verstimmung nicht die mindeste Abschwächung. Auch für den seiner Meinung nach irrenden König setzte er sich voll mit Leib und Leben ein, wie er schließlich seinen Tod dadurch fast eigenwillig herbeiführte, daß er hinter der Leiche seines Königs bei Wind und sehr hoher Kälte stundenlang in bloßem Kopfe, den Helm in der Hand, folgte. Dieser letzten formalen Hingebung des alten Dieners für die Leiche seines Herrn unterlag seine schon länger angegriffene Gesundheit; er kam mit der Kopfrose nach Hause und starb nach wenigen Tagen. Sein Ende erinnert an das Gefolge eines altgermanischen Fürsten, das freiwillig mit ihm stirbt.

Neben Gerlach und vielleicht in höherem Grade war Rauch seit 1848 von Einfluß auf den König. Sehr begabt, der fleischgewordene gesunde Menschenverstand, tapfer und ehrlich, ohne Schulbildung, mit den Tendenzen eines preußischen Generals von der besten Sorte, war er wiederholt als Militärbevollmächtigter in Petersburg in der Diplomatie tätig gewesen. Einmal war Rauch von Berlin in Sanssouci erschienen mit dem mündlichen Auftrage des Ministerpräsidenten Grafen Brandenburg, von dem König die Entscheidung über eine Frage von Wichtigkeit zu erbitten. Als der König, dem die Entscheidung schwer wurde, nicht zum Entschluß kommen konnte, zog endlich Rauch die Uhr aus der Tasche und sagte mit einem Blick auf das Zifferblatt: »Jetzt sind noch zwanzig Minuten, bis mein Zug abgeht; da werden Ew. Majestät doch nun befehlen müssen, ob ich dem Grafen Brandenburg ›Ja‹ sagen soll oder ›Nee‹, oder ob ich ihm melden soll, daß Ew. Majestät nich ›Ja‹ und nich ›Nee‹ sagen wollen.« Diese Äußerung kam heraus in dem Tone der Gereiztheit, gedämpft durch die militärische Disziplin, als Ausdruck der Verstimmung, die bei dem klaren, entschiedenen und durch die lange fruchtlose Diskussion ermüdeten General erklärlich war. Der König sagte: »Na, denn meinetwegen ›Ja‹«, worauf Rauch sich sofort entfernte, um in beschleunigter Gangart durch die Stadt zum Bahnhof zu fahren. Nachdem der König eine Weile schweigend dagestanden hatte, wie wenn er die Folgen der widerwillig getroffenen Entscheidung noch erwöge, wandte er sich gegen Gerlach und mich und sagte: »Dieser Rauch! Er kann nicht richtig Deutsch sprechen, aber er hat mehr gesunden Menschenverstand als wir alle«, und darauf gegen Gerlach gewandt und das Zimmer verlassend: »Klüger wie Sie ist er immer schon gewesen.« Ob der König darin recht hatte, lasse ich dahingestellt; geistreicher war Gerlach, praktischer Rauch.

IV

Die Entwicklung der Dinge bot keine Gelegenheit, die Berliner Versammlung für die deutsche Sache nutzbar zu machen, während ihre Übergriffe wuchsen; es reifte daher der Gedanke, sie nach einem anderen Ort zu verlegen, um ihre Mitglieder dem Drucke der Einschüchterung zu entziehen, eventuell sie aufzulösen. Damit steigerte sich die Schwierigkeit, ein Ministerium zustande zu bringen, welches diese Maßregel durchzuführen übernehmen würde. Schon seit der Eröffnung der Versammlung war es dem König nicht leicht geworden, überhaupt Minister zu finden, besonders aber solche, welche auf seine sich nicht immer gleichbleibenden Ansichten gefügig eingingen und deren furchtlose Festigkeit zugleich die Bürgschaft gewährte, daß sie bei einer entscheidenden Wendung nicht versagen würden. Es sind mir aus dem Frühjahr mehrere verfehlte Versuche erinnerlich: Georg von Vincke antwortete auf meine Sondierung, er sei ein Mann der roten Erde, zu Kritik und Opposition und nicht zu einer Ministerrolle veranlagt. Beckerath wollte die Bildung eines Ministeriums nur übernehmen, wenn die äußerste Rechte sich ihm unbedingt hingebe und ihm den König sicher mache. Männer, welche in der Nationalversammlung Einfluß hatten, wollten sich die Aussicht nicht verderben, künftig nach Herstellung geordneter Zustände konstitutionelle Majoritätsminister zu werden und zu bleiben. Ich begegnete unter anderem bei Harkort, der als Handelsminister ins Auge gefaßt war, der Meinung, daß die Herstellung der Ordnung durch ein Fachministerium von Beamten und Militärs bewirkt werden müsse, ehe verfassungstreue Minister die Geschäfte übernehmen könnten, später sei man bereit.

Die Abneigung, Minister zu werden, wurde verstärkt durch die Vorstellung, daß persönliche Gefahr damit verbunden sein könne, wie das Vorkommen körperlicher Mißhandlung konservativer Abgeordneter auf der Straße schon gezeigt habe. Nach den Gewöhnungen, welche die Straßenbevölkerung angenommen, und bei dem Einfluß, welchen Abgeordnete der äußersten Linken auf dieselben besäßen, müsse man auf größere Ausschreitungen gefaßt sein, wenn die Regierung dem demokratischen Andringen Widerstand zu leisten und in festere Wege einzulenken versuchte.

Als der Graf Brandenburg, gleichgültig gegen solche Besorgnisse, sich bereit erklärt hatte, das Präsidium zu übernehmen, kam es darauf an, ihm geeignete und genehme Kollegen zu gewinnen. In einer Liste, welche dem König vorgelegt wurde, fand sich auch mein Name; wie mir der General Gerlach erzählte, hatte der König dazu an den Rand geschrieben: »Nur zu gebrauchen, wenn das Bajonett schrankenlos waltet.«* Der Graf Brandenburg selbst sagte mir in Potsdam: »Ich habe die Sache übernommen, habe aber kaum die Zeitungen gelesen, bin mit staatsrechtlichen Fragen unbekannt und kann nichts weiter tun, als meinen Kopf zu Markte tragen. Ich brauche einen ›Kornak‹, einen Mann, dem ich traue und der mir sagt, was ich tun kann. Ich gehe in die Sache wie ein Kind ins Dunkel und weiß niemanden als Otto Manteuffel (Direktor im Ministerium des Innern), der die Vorbildung und zugleich mein persönliches Vertrauen besitzt, der aber noch Bedenken hat. Wenn er will, so gehe ich morgen in die Versammlung; wenn er nicht will, so müssen wir warten und einen anderen finden. Fahren Sie nach Berlin hinüber und bewegen Sie Manteuffel.« Dies gelang, nachdem ich von 9 Uhr bis Mitternacht in ihn eingeredet und es übernommen

---

* Gerlach ist zuverlässiger als die Quelle, aus welcher der Graf Vitzthum von Eckstädt geschöpft haben muß, wenn er – »Berlin und Wien« S. 247 – die Randbemerkung so gibt: »Roter Reaktionär, riecht nach Blut, später zu gebrauchen.«

hatte, seine Frau in Potsdam zu benachrichtigen, und die für die persönliche Sicherheit der Minister im Schauspielhaus und in dessen Umgebung getroffenen Maßregeln dargelegt hatte.

Am 7. frühmorgens kam der zum Kriegsminister ernannte General v. Strotha zu mir, weil ihn Brandenburg an mich gewiesen hatte, um sich die Situation klarmachen zu lassen. Ich tat das nach Möglichkeit und fragte: »Sind Sie bereit?« Er antwortete mit der Gegenfrage: »Welcher Anzug ist bestimmt?« – »Zivil«, erwiderte ich. – »Das habe ich nicht«, sagte er. Ich besorgte ihm einen Lohndiener, und es wurde glücklich noch vor der festgesetzten Stunde ein Anzug aus einer Kleiderhandlung beschafft. Für die Sicherheit der Minister wurden mannigfache Vorsichtsmaßregeln getroffen. Zunächst waren im Schauspielhaus selbst außer einer starken Polizeitruppe ungefähr dreißig der besten Schützen des Gardejäger-Bataillons so untergebracht, daß sie auf ein bestimmtes Signal im Saale und auf den Galerien erscheinen und mit ihren der größten Genauigkeit sicheren Schüssen die Minister decken konnten, wenn sie tätlich bedroht wurden. Es ließ sich annehmen, daß auf die ersten Schüsse die Insassen des Saales denselben schnell räumen würden. Entsprechende Vorkehrungen waren an den Fenstern des Schauspielhauses und in verschiedenen Gebäuden am Gendarmenmarkt getroffen, in der Absicht, den Rückzug der Minister aus dem Schauspielhause gegen etwaige feindliche Angriffe zu decken; man nahm an, daß auch größere etwa dort versammelte Massen sich zerstreuen würden, sobald aus verschiedenen Richtungen Schüsse fielen.

Herr von Manteuffel machte noch darauf aufmerksam, daß der Eingang zum Schauspielhaus in der dort engen Charlottenstraße nicht gedeckt sei; ich erbot mich zu bewirken, daß die ihm gegenüberliegende Wohnung des beurlaubten hannoverschen Gesandten, Grafen Kniephausen, von Militär besetzt würde. Ich begab mich noch in der Nacht zu dem Obersten von Griesheim im Kriegsministerium, der mit den militärischen Anordnungen betraut war, stieß aber bei ihm auf Bedenken, ob man eine Gesandtschaft zu solchem Zwecke benutzen dürfe. Ich suchte nun den hannoverschen Geschäftsträger, Graf Platen, auf, der das dem König von Hannover gehörige Haus Unter den Linden bewohnte. Derselbe war der Ansicht, daß das amtliche Domizil der Gesandtschaft zur Zeit in seiner Wohnung Unter den Linden sei, und ermächtigte mich, dem Obersten von Griesheim zu schreiben, daß er die Wohnung »seines abwesenden Freundes«, des Grafen Kniephausen, für polizeiliche Zwecke zur Verfügung stelle. Spät zu Bett gegangen, wurde ich um 7 Uhr morgens durch einen Boten Platens mit der Bitte, ihn zu besuchen, geweckt. Ich fand ihn sehr erregt darüber, daß eine Abteilung von etwa 100 Mann im Hofe *seiner* Wohnung, also gerade dort, wo er den Sitz der Gesandtschaft bezeichnet hatte, aufmarschiert war. Griesheim hatte wahrscheinlich den durch meine Mitteilung veranlaßten Befehl irgendeinem Beamten erteilt, der das Mißverständnis angerichtet hatte. Ich ging zu ihm und erwirkte den Befehl an den Führer der Abteilung, die Kniephausensche Wohnung zu besetzen, was denn auch geschah, nachdem es schon Tag geworden, während die Besetzung der übrigen gewählten Häuser in der Nacht heimlich erfolgt war. Vielleicht bewirkte gerade der zufällige Anschein offener Entschlossenheit, daß der Gendarmenmarkt, als die Minister sich in das Schauspielhaus begaben, ganz leer war.

Als Wrangel an der Spitze der Truppen eingezogen war, verhandelte er mit der Bürgerwehr und bewog sie zum freiwilligen Abzuge. Ich hielt das für einen politischen Fehler; wenn es zum kleinsten Gefecht gekommen wäre, so wäre Berlin nicht durch Kapitulation, sondern gewaltsam eingenommen und wäre dann die politische Stellung der Regierung eine andere gewesen, daß der König die Nationalversammlung nicht gleich auflöste, sondern auf einige Zeit vertagte und nach Brandenburg verlegte und den Versuch machte, ob sich dort eine Majorität finden würde, mit der ein befriedigender Abschluß zu erreichen war, beweist, daß in der politischen Entwicklung, welche dem König vorschweben mochte, die Rolle der Versammlung auch damals noch nicht ausgespielt war. Daß diese Rolle auf dem Gebiet der deutschen Frage gedacht war, dafür sind mir einige Symptome erinnerlich. In Privatgesprächen der maßgebenden Politiker während der Vertagung der Versammlung trat die deutsche Frage mehr in den Vordergrund als vorher, und innerhalb des Ministeriums wurden in dieser Beziehung große Hoffnungen auf den Sachsen von Carlowitz gesetzt, dessen anerkannte Beredsamkeit in deutsch-nationalem Sinne wirken würde. Wie der Graf Brandenburg über die deutsche Sache dachte, darüber habe ich damals von ihm unmittelbare Mitteilungen nicht erhalten. Er gab nur seine Bereitwilligkeit zu erkennen, mit soldatischem Gehorsam zu tun, was der König befehlen würde. Später in Erfurt sprach er sich offener zu mir darüber aus.

3. KAPITEL

ERFURT, OLMÜTZ, DRESDEN

I

Der latente deutsche Gedanke Friedrich Wilhelms IV. trägt mehr als seine Schwäche die Schuld an den Mißerfolgen unsrer Politik nach 1848. Der König hoffte, das Wünschenswerte würde kommen, ohne daß er seine legitimistischen Traditionen zu verletzen brauchte. Wenn Preußen und der König gar keinen Wunsch nach irgend etwas gehabt hätten, was sie vor 1848 nicht besaßen, sei es auch nur nach einer historischen mention honorable, wie es die Reden von 1840 und 1842 vermuten ließen; wenn der König keine Ziele und Neigungen gehabt hätte, für deren Verfolgung eine gewisse Popularität nützlich war: was hätte ihn dann abgehalten, nachdem das Ministerium Brandenburg festen Fuß gefaßt, den revolutionären Errungenschaften im Innern Preußens in ähnlicher Weise entgegenzutreten wie dem badischen Aufstande und dem Widerstande einzelner preußischer Provinzialstädte? Der Verlauf dieser Erhebungen hatte auch denen, die es nicht wußten, gezeigt, daß die militärischen Kräfte zuverlässig waren; in Baden hatte sogar die Landwehr aus Distrikten, die für unsicher galten, ihre Schuldigkeit nach Kräften getan. Die Möglichkeit einer militärischen Reaktion, die Möglichkeit, wenn man einmal eine Verfassung oktroyierte, das zum Grunde gelegte belgische Formular schärfer, als geschehen ist, im monarchischen Sinne zu amendieren, lag ohne Zweifel vor. Die Neigung, dieselbe auszunutzen, muß im Gemüte des Königs zurückgetreten sein vor der Besorgnis, dasjenige Maß von Wohlwollen in nationaler und liberaler Richtung zu verlieren, auf welchem die Hoffnung beruhte, daß Preußen ohne Krieg und in einer mit legitimistischen Vorstellungen verträglichen Weise das Vorgewicht in Deutschland zufallen würde.

Diese Hoffnung oder Erwartung, die bis in die »Neue Ära« hinein in Phrasen von dem deutschen Berufe Preußens und von moralischen Eroberungen einen schüchternen Ausdruck fand, beruhte auf dem doppelten Irrtum, der vom März 1848 bis zum Frühjahr des folgenden Jahres in Sanssouci wie in der Paulskirche[8] bestimmend war: einer Überschätzung der Lebenskraft der deutschen Dynastien und ihrer Staaten und einer Überschätzung der Kräfte, die man unter dem Wort Barrikade zusammenfassen kann, so daß darunter alle die Barrikade vorbereitenden Momente, Agitation und *Drohung* mit dem Straßenkampfe, begriffen sind. Nicht in diesem selbst lag die Gefahr des Umsturzes, sondern in der Furcht vor demselben. Die mehr oder weniger phäakischen Regierungen waren im März, ehe sie den Degen gezogen hatten, geschlagen, teils durch die *Furcht* vor dem Feinde, teils durch die innere Sympathie ihrer Beamten mit demselben. Immerhin wäre es für den König von Preußen an der Spitze der Fürsten leichter gewesen, durch Ausnutzung des Sieges der Truppen in Berlin ein deutsches Einheitsgebilde herzustellen, als es nachher in der Paulskirche geworden ist; ob die Eigentümlichkeit des Königs nicht eine solche Herstellung auch bei Festhalten dieses Sieges gehindert oder das Hergestellte, wie Bodelschwingh im März fürchtete, wieder unsicher gemacht haben würde, ist allerdings schwer zu beurteilen. In den Stimmungen in seinen letzten Lebensjahren, wie sie auch aus den Aufzeichnungen Leopold Gerlachs und aus anderen Quellen ersichtlich sind, steht die ursprüngliche Abneigung gegen konstitutionelle Einrichtungen, die Überzeugung von der Notwendigkeit eines größeren Maßes freier Bewegung der königlichen Gewalt als das in der preußischen Verfassung gegebene wieder im Vordergrunde. Der Gedanke, die Verfassung durch einen »Königlichen Freibrief« zu ersetzen, war in der letzten Krankheit noch lebendig.

Die Frankfurter Versammlung, in demselben doppelten Irrtum befangen, behandelte die *dynastischen* Fragen als überwundenen Standpunkt, und mit der theoretischen Energie, welche dem Deutschen eigen ist, auch in betreff Preußens und Österreichs. Diejenigen Abgeordneten, welche in Frankfurt über die Stimmung der preußischen Provinzen und der deutsch-österreichischen Länder kundige Auskunft geben konnten, waren zum Teil interessiert bei der Verschweigung der Wahrheit; die Versammlung täuschte sich, ehrlich oder unehrlich, über die Tatsache, daß im Falle eines Widerspruchs zwischen einem Frankfurter Reichstagsbeschluß und einem preußischen Königsbefehl der erstere bei sieben Achtel der preußischen Bevölkerung leichter oder gar nicht ins Gewicht fiel. Wer damals in unseren Ostprovinzen gelebt hat, wird heute noch die Erinnerung haben, daß die

Frankfurter Verhandlungen bei allen den Elementen, in deren Hand die materielle Macht lag, bei allen denen, welche in Konfliktsfällen Waffen zu führen oder zu befehlen hatten, nicht so ernsthaft aufgefaßt wurden, wie es nach der Würde der wissenschaftlichen und parlamentarischen Größen, die dort versammelt waren, hätte erwartet werden können. Und nicht nur in Preußen, sondern auch in den großen Mittelstaaten hätte damals ein monarchischer Befehl, der die Masse der Fäuste dem Fürsten zu Hilfe aufrief, falls er erfolgte, eine ausreichende Wirkung gehabt; nicht überall in dem Maße, wie es in Preußen der Fall war, aber doch in einem Maße, welches überall dem Bedürfnis materieller Polizeigewalt genügt haben würde, wenn die Fürsten den Mut gehabt hätten, Minister anzustellen, welche ihre Sache fest und offen vertraten. Es war dies im Sommer 1848 in Preußen nicht der Fall gewesen; sobald aber im November der König sich entschloß, Minister zu ernennen, welche bereit waren, die Kronrechte ohne Rücksicht auf Parlamentsbeschlüsse zu vertreten, war der ganze Spuk verschwunden und nur noch die Gefahr vorhanden, daß der Rückschlag über das vernünftige Maß hinausgehen werde. In den übrigen norddeutschen Staaten kam es nicht einmal zu solchen Konflikten, wie sie das Ministerium Brandenburg in einzelnen Provinzialstädten zu bekämpfen hatte. Auch in Bayern und Württemberg erwies sich das Königtum trotz antiköniglicher Minister schließlich stärker als die Revolution.

Als der König am 3. April 1849 die Kaiserkrone ablehnte, aber aus dem Beschluß der Frankfurter Versammlung »ein Anrecht« entnahm, dessen Wert er zu schätzen wisse, war er dazu hauptsächlich bewogen durch den revolutionären oder doch parlamentarischen Ursprung des Anerbietens und durch den Mangel eines staatsrechtlichen Mandats des Frankfurter Parlaments bei mangelnder Zustimmung der Dynastien. Aber auch wenn alle diese Mängel nicht oder doch in den Augen des Königs nicht vorhanden gewesen wären, so würde unter ihm eine Fortbildung und Kräftigung der Reichsinstitutionen, wie sie unter Kaiser Wilhelm stattgefunden hat, kaum zu erwarten gewesen sein. Die Kriege, welche der letztere geführt hat, würden nicht ausgeblieben sein, nur würden sie nach der Konstituierung des Kaisertums, als Folge desselben, und nicht vorher, das Kaisertum vorbereitend und herstellend, zu führen gewesen sein. Ob Friedrich Wilhelm IV. zur rechtzeitigen Führung derselben hätte bewogen werden können, weiß ich nicht; es war das schon schwierig bei seinem Herrn Bruder, in welchem die militärische Ader und das preußische Offiziersgefühl vorwiegend war.

Wenn ich die damaligen preußischen Zustände, persönliche und sachliche, als nicht reif zur Übernahme der Führung in Deutschland in Krieg und Frieden bezeichne, so will ich damit nicht gesagt haben, daß ich damals die Voraussicht davon mit derselben Klarheit gehabt habe wie heute im Rückblick auf eine 40jährige seitdem verflossene Entwicklung. Meine damalige Befriedigung über die Ablehnung der Kaiserkrone durch den König lag nicht in der vorstehenden Beurteilung seiner Person, eher in einer stärkeren Empfänglichkeit für das Prestige der preußischen Krone und ihres Trägers, noch mehr aber in dem instinktiven Mißtrauen gegen die Entwicklung seit den Barrikaden von 1848 und ihren parlamentarischen Konsequenzen. Den letzteren gegenüber war ich mit meinen politischen Freunden unter dem Eindruck, daß die leitenden Männer in Parlament und Presse das Programm »es muß alles ruiniert werden« zum Teile bewußt, zum größeren Teil unbewußt förderten und ausführten und daß die vorhandenen Minister nicht die Männer waren, welche die Bewegung leiten oder hemmen konnten. Mein Standpunkt dazu unterschied sich damals nicht wesentlich von dem noch heute in Kraft stehenden eines parlamentarischen Fraktionsmitgliedes, begründet auf Anhänglichkeit an Freunde und Mißtrauen resp. Feindschaft gegen Gegner. Die Überzeugung, daß der Gegner in allem, was er vornimmt, im besten Falle beschränkt, wahrscheinlich aber böswillig und gewissenlos ist und die Abneigung, mit den eignen Fraktionsgenossen zu dissentieren und zu brechen, beherrscht noch heut das Fraktionsleben; und damals waren die Überzeugungen, auf welchen diese dem Staatsleben gefährlichen Erscheinungen beruhen, sehr viel lebhafter und ehrlicher, als sie heute sind. Die Gegner kannten sich damals wenig, sie haben seitdem 40 Jahre lang Gelegenheit gehabt, sich kennenzulernen, da der Personalstand der im Vordergrunde stehenden Parteimänner sich nur langsam und wenig zu ändern pflegt. Man hielt sich damals wirklich gegenseitig für entweder dumm oder schlecht, man hatte wirklich die Gefühle und Überzeugungen, die man heutzutage behufs Einwirkung auf die Wähler und auf den Monarchen zu haben *vorgibt*, weil sie zu dem Programm gehören, auf welches hin man in einer bestimmten Fraktion Dienst genommen hat, »eingesprungen« ist, indem man an deren Berechtigung geglaubt und ihren Führern vertraut hat. Das politische Strebertum hat heute mehr Anteil an dem Bestehen und Verhalten der Fraktionen als vor 40 Jahren; die Überzeugungen waren damals aufrichtiger und ungeschulter, wenn auch die Leidenschaften, der Haß und die gegenseitige Mißgunst der Fraktionen und ihrer Führer, die Neigung, die Landesinteressen den Fraktionsinteressen zu opfern, heute vielleicht stärker entwickelt sind. En tout cas le diable n'y perd rien. Byzantinismus und verlogene Spekulation auf Liebhabereien des Königs wurden wohl in kleinen höheren Kreisen betrieben, aber bei den parlamentarischen Fraktionen war der Wettlauf um die Gunst des Hofes noch nicht im Gange; der Glaube an die Macht des Königtums irrtümlicherweise meist geringer als der an die eigene Bedeutung; man fürchtete nichts mehr, als für servil oder für ministeriell zu gelten. Die einen strebten nach eigener Überzeugung das Königtum zu stärken und zu stützen, die anderen glaubten ihr und des Landes Wohl in Bekämpfung und Schwächung des Königs zu finden; es liegt darin ein Beweis, daß, wenn nicht die Macht, doch der Glaube an die Macht des preußischen Königtums damals schwächer war als heutzutage. Die Unterschätzung der Macht der Krone erlitt auch durch die Tatsache keine Änderung, daß der persönliche Wille eines nicht sehr willensstarken Monarchen wie Friedrich Wilhelm IV. hinreichte, der ganzen deutschen Bewegung durch Ablehnung der Kaiserkrone die Spitze abzubrechen, und daß die sporadischen Aufstände, welche demnächst für die Durchführung nationaler Wünsche ausbrachen, von der königlichen Gewalt mit Leichtigkeit unterdrückt wurden.

Die günstige Situation, welche für Preußen in der kurzen Zeit von der Niederlage des Fürsten Metternich in Wien bis zum Rückzuge der Truppen aus Berlin bestanden hatte, erneuerte sich, wenn auch in schwächeren Umrissen, dank der Wahrnehmung, daß der König und sein Heer nach allen Mißgriffen noch stark genug waren, den Aufstand in Dresden niederzuwerfen und das Dreikönigsbündnis zustande zu bringen. Eine schnelle Ausnutzung der Lage im nationalen Sinne war vielleicht möglich, setzte aber klare und praktische Ziele und entschlossenes Handeln voraus. Beides fehlte. Die günstige Zeit ging verloren mit Erwägungen von Einzelheiten der künftigen Verfassung, unter denen eine der breitesten Stellen die Frage von dem Gesandtschaftsrecht der deutschen Fürsten neben dem des Deutschen Reiches einnahm. Ich habe damals in den mir zugänglichen Kreisen am Hofe und unter den Abgeordneten die Ansicht vertreten, daß das Gesandtschaftsrecht nicht die Wichtigkeit habe, die man ihm beilegte, sondern die Frage von dem Einfluß der einzelnen Bundesfürsten im Reiche oder im Auslande untergeordnet sei. Wäre der Einfluß eines solchen auf die Politik gering, so würden seine Gesandtschaften im Auslande den einheitlichen Eindruck des Reiches nicht abschwächen können; bliebe sein Einfluß auf Krieg und Frieden, auf die politische und finanzielle Leitung des Reiches oder auf die Entschließungen fremder Höfe stark genug, so gebe es kein Mittel zu verhindern, daß fürstliche Korrespondenzen oder irgendwelche mehr oder weniger distinguierte Privatleute, bis in die Kategorie der internationalen Zahnärzte hinein, die Träger politischer Verhandlungen würden.

Mir schien es damals nützlicher, anstatt der theoretischen Erörterungen über Verfassungsparagraphen die vorhandene lebenskräftige preußische Militärmacht in den Vordergrund zu stellen, wie es gegen den Aufstand in Dresden geschehen war und in den übrigen außerpreußischen Staaten hätte geschehen können. Die Dresdner Vorgänge hatten gezeigt, daß in der sächsischen Truppe Disziplin und Treue unerschüttert waren, sobald die preußische Verstärkung die militärische Lage haltbar machte. Ebenso erwiesen sich bei den Kämpfen in Frankfurt die hessische, in Baden die mecklenburgische Truppe zuverlässig, sobald sie überzeugt waren, daß eine bewußte Leitung stattfand und einheitliche Befehle gegeben wurden, und sobald man ihnen nicht zumutete, sich angreifen zu lassen und sich nicht zu wehren. Hätte man damals von Berlin aus die eigene Armee rechtzeitig und hinreichend verstärkt und mit ihr die Führung auf militärischem Gebiete ohne Hintergedanken übernommen, so weiß ich nicht, was zu Zweifeln an einem günstigen Erfolg hätte berechtigen können. Die Situation war nicht so klar in allen Rechts- und Gewissensfragen wie Anfang März 1848, aber politisch immerhin nicht ungünstig.

Wenn ich von Hintergedanken spreche, so meine ich damit den Verzicht auf Beifall und Popularität bei verwandten Fürstenhäusern, bei Parlamenten, Historikern und in der Tagespresse. Als öffentliche Meinung imponierte damals die tägliche Strömung, die in der Presse und den Parlamenten am lautesten rauscht, aber nicht maßgebend ist für die Volksstimmung, von der es abhängt, ob die Masse den auf regelmäßigem Wege von oben ergehenden Anforderungen noch Folge leistet. Die geistige Potenz der oberen Zehntausend in der Presse und auf der Tribüne ist von einer zu großen Mannigfaltigkeit sich kreuzender Bestrebungen und Kräfte getragen und geleitet, als daß die Regierungen aus ihr die Richtschnur für ihr Verhalten entnehmen könnten, solange nicht die Evangelien der Redner und Schriftsteller vermöge des Glaubens, den sie bei den Massen finden, die materiellen Kräfte, die sich »hart im Raume« stoßen, zur Verfügung haben. Ist dies der Fall, so tritt vis major ein, mit der die Politik rechnen muß. Solange diese in der Regel nicht schnell eintretende Wirkung nicht vorliegt, solange nur das Geschrei der rerum novarum cupidi in größeren Zentren, das Emotionsbedürfnis der Presse und des parlamentarischen Lebens den Lärm machen, tritt für den Realpolitiker die Betrachtung Coriolans[9] über populäre Kundgebungen in Kraft, wenn auch in ihr die Druckerschwärze noch keine Erwähnung findet. Die leitenden Kreise in Preußen ließen sich aber damals durch den Lärm der großen und kleinen Parlamente betäuben, ohne deren Gewicht an dem Barometer zu messen, welchen ihnen die Haltung der Mannschaft in Reih und Glied oder der Einberufung gegenüber an die Hand gab. Zu der Täuschung über die realen Machtverhältnisse, welche ich damals bei Hofe und bei dem Könige selbst habe konstatieren können, haben die Sympathien der höheren Beamtenschichten teils für die liberale, teils für die nationale Seite der Bewegung viel beigetragen – ein Element, das ohne Impuls von oben wohl hemmend, aber nicht tatsächlich entscheidend ins Gewicht fallen konnte.

Gegenüber der Versuchung, die in der Situation lag, hatte der König ein Gefühl, welches ich dem Unbehagen vergleichen möchte, von dem ich, obwohl ein großer Liebhaber des Schwimmens, ergriffen werde, wenn ich an einem kalten stürmischen Tage den ersten Schritt in das Wasser tun will. Seine Bedenken, ob die Dinge reif seien, wurden unter anderem genährt durch die geschichtlichen Erörterungen, die er mit Radowitz pflog, nicht nur über das sächsische und hannoversche Gesandtschaftsrecht, sondern auch über die Verteilung der Sitze im »Reichstage« zwischen Regierenden und Mediatisierten, zwischen Landesherren und Personalisten, rezipierten und nicht rezipierten Grafen unter den verschiedenen Kategorien der Reichstagsmasse, wobei die Spezialität des Freien Standesherrn von Grote-Schauen zu untersuchen war.

II

Den militärischen Vorgängen stand ich damals weniger nahe als später, glaube aber nicht zu irren, wenn ich annehme, daß für die Truppenbewegungen zur Unterdrückung der Aufstände in der Pfalz und in Baden mehr Kader und Stämme verwendet wurden, als ratsam und als erforderlich gewesen wäre, wenn man feldmäßig mobile Truppen hätte marschieren lassen. Tatsache ist, daß mir der Kriegsminister zur Zeit der Olmützer Begegnung als einen der zwingenden Gründe für den Frieden oder doch Aufschub des Krieges die Unmöglichkeit angab, den großen Teil der Armee rechtzeitig oder überhaupt zu mobilisieren, dessen *Stämme* sich in Baden oder sonst außerhalb ihrer Stand- und Mobilmachungsbezirke unvollzählig befanden. Wenn wir im Frühjahr 1849 die Möglichkeit einer kriegerischen Lösung im Auge behalten und unsre Mobilmachungsfähigkeit durch Verwendung keiner anderen als *kriegsbereiter* Truppen intakt gehalten hätten, so wäre die militärische Kraft, über welche Friedrich Wilhelm IV. verfügte, ausreichend gewesen, nicht nur jede aufständische Bewegung in und außer Preußen niederzuschlagen, sondern die aufgestellten Streitkräfte hätten zugleich das Mittel gewährt, uns 1850 auf die Lösung der damaligen Hauptfragen in unverdächtiger Weise vorzubereiten, falls dieselben sich zu einer militärischen Machtfrage zuspitzten. Es fehlte dem geistreichen König nicht an politischer Voraussicht, aber an Entschluß, und sein im Prinzip starker Glaube an die eigene Machtvollkommenheit hielt in konkreten Fällen wohl gegen *politische* Ratgeber stand, aber nicht gegen finanzministerielle Bedenken.

Ich hatte schon damals das Vertrauen, daß die militärische Kraft Preußens genügen werde, um alle Aufstände zu überwältigen, und daß die Ergebnisse der Überwältigung zugunsten der Monarchie und der nationalen Sache um so erheblicher sein würden, je größer der zu überwindende Widerstand gewesen wäre, und vollständig befriedigend, wenn alle Kräfte, von welchen Widerstand zu erwarten war, in einem und demselben Feldzuge überwunden werden konnten. Während der Aufstände in Baden und der Pfalz war es eine Zeitlang zweifelhaft, wohin ein Teil der bayrischen Armee gravitieren würde. Ich erinnere mich, daß ich dem bayrischen Gesandten, Graf Lerchenfeld, als er gerade in diesen kritischen Tagen von mir Abschied nahm, um nach München zu reisen, sagte: »Gott gebe, daß auch Ihre Armee, soweit sie unsicher ist, offen abfällt; dann wird der Kampf groß, aber ein entscheidender werden, der das Geschwür heilt. Machen Sie mit dem unsicheren Teil Ihrer Truppen Frieden, so bleibt das Geschwür unterkötig.« Lerchenfeld, besorgt und bestürzt, nannte mich leichtsinnig. Ich schloß das Gespräch mit den Worten: »Seien Sie sicher, wir reißen Ihre und unsere Sache durch, je toller, je besser.« Er glaubte mir nicht, aber meine Zuversicht ermutigte ihn doch, und ich glaube noch heute, daß die Chancen für eine wünschenswerte Lösung der damaligen Krisis noch besser geworden wären, wenn vorher die badische Revolution durch den damals befürchteten Abfall auch eines Teils der bayrischen und württembergischen Truppen verstärkt worden wäre. Freilich würden sie auch dann vielleicht unbenutzt geblieben sein.

Ich lasse unentschieden, ob an der Halbheit und Schüchternheit der damals den ernsten Gefahren gegenüber ergriffenen Maßregeln nur finanzielle Ministerängstlichkeiten oder dynastische Gewissensbedenken und Unentschlossenheit an höchster Stelle schuld waren oder ob in amtlichen Kreisen eine ähnliche Sorge mitwirkte wie die, welche in den Märztagen bei Bodelschwingh und andern die richtige Lösung verhinderte, nämlich die Befürchtung, daß der König in dem Maße, in dem er sich wieder mächtig und sorgenfrei fühlen würde, auch eine absolutistische Richtung einschlagen könnte. Ich erinnere mich, diese Besorgnis bei höheren Beamten und in *liberalen* Hofkreisen wahrgenommen zu haben.

Unbeantwortet ist die Frage geblieben, ob der Einfluß des Generals von Radowitz aus katholischen Gründen in einer auf den König wirksamen Gestalt verwendet worden ist, um das evangelische Preußen an der Wahrnehmung der günstigen Gelegenheit zu hindern und den König über dieselbe hinwegzutäuschen. Ich weiß noch heute nicht, ob er ein katholisierender Gegner Preußens war oder nur bestrebt, seine Stellung bei dem König zu halten.* Gewiß ist, daß er den geschickten Garderobier der mittelalterlichen Phantasie des Königs machte und dazu beitrug, daß der König über historische Formfragen und reichsgeschichtliche Erinnerungen die Gelegenheiten zu praktischem Eingreifen in die Entwicklung der Gegenwart versäumte. Das tempus utile für Einrichtung des Dreikönigsbundes wurde dilatorisch mit nebensächlichen Formfragen ausgefüllt, bis Österreich wieder stark ge-

---

* Der General von Gerlach hat im August 1850 niedergeschrieben: »Die Verehrung des Königs für Radowitz beruht auf zwei Dingen: 1) seinem scheinbar scharf logisch-mathematischen Raisonnement, bei dem seine gedankenlose Indifferenz es ihm möglich macht, jeden Widerspruch mit dem Könige zu vermeiden. Nun sieht der König in dieser seinem Ideengange ganz entgegengesetzten Denkart die Probe für das Exempel, was er sich zusammengerechnet, und hält sich so seiner Sache gewiß. 2) Der König halt seine Minister und auch mich für Rindvieh, schon darum, weil jene mit ihm kurrente und praktische Geschäfte abmachen müssen, welche nie seinen Ideen entsprechen. Er traut sich nicht die Fähigkeit zu, diese Minister sich folgsam zu machen, auch nicht die, andere zu finden, er gibt also diesen Weg auf und glaubt in Radowitz einen gefunden zu haben, von Deutschland aus Preußen zu restaurieren, wie das Radowitz in ›Deutschland und Friedrich Wilhelm IV.‹ geradezu eingesteht.«

nug war, um Sachsen und Hannover zum Rücktritt zu vermögen, so daß beide Mitbegründer dieses Dreibundes in Erfurt ausfielen. Während des Erfurter Parlaments, in einer von dem General von Pfuel geladenen Gesellschaft, kamen vertrauliche Nachrichten einiger Abgeordneter zur Sprache über die Stärke der österreichischen Armee, die sich in Böhmen sammelte und dem Parlament als Gegengewicht und Korrektiv diente. Es wurden verschiedene Zahlen, 80 000 und 130 000 Mann, angegeben. Radowitz hörte eine Zeitlang ruhig zu und sagte dann mit dem ihm eigenen Ausdruck unwiderleglicher Gewißheit auf seinen regelmäßigen Zügen in entscheidendem Tone: »Österreich hat in Böhmen 28 254 Mann und 7132 Pferde.« Die Tausende, die er angab, sind mir obiter in Erinnerung, die übrigen Ziffern setze ich nach Gutdünken hinzu, nur um die erdrückende Genauigkeit der Angaben des Generals anschaulich zu machen. Natürlich brachten diese Zahlen aus dem Munde des amtlichen und kompetenten Vertreters der preußischen Regierung einstweilen jede abweichende Meinung zum Schweigen. Wie stark die österreichische Armee im Frühjahr 1850 in Böhmen gewesen ist, wird heute wohl feststehen; daß sie zur Olmützer Zeit erheblich mehr als 100 000 Mann betrug, habe ich annehmen müssen nach den vertraulichen Mitteilungen, welche mir der Kriegsminister im November desselben Jahres machte.

Die nähere Berührung, in welche ich in Erfurt mit dem Grafen Brandenburg trat, ließ mich erkennen, daß sein preußischer Patriotismus vorwiegend von den Erinnerungen an 1812 und 1813 zehrte und schon deshalb von deutschem Nationalgefühl durchsetzt war. Entscheidend blieb indes das dynastische und borussische Gefühl und der Gedanke einer Machtvergrößerung Preußens. Er hatte von dem König, der schon damals auf seine Weise an meiner politischen Erziehung arbeitete, den Auftrag erhalten, meinen etwaigen Einfluß in der Fraktion der äußersten Rechten für die Erfurter Politik zu gewinnen, und versuchte das, indem er mir auf einem einsamen Spaziergange zwischen der Stadt und dem Steigerwalde sagte: »Was kann bei der ganzen Sache Preußen für Gefahr laufen? Wir nehmen ruhig an, was uns an Verstärkung geboten wird, ›Viel oder Wenig‹, unter einstweiligem Verzichte auf das, was uns nicht geboten wird. Ob wir uns die Verfassungsbestimmungen, die der König mit in Kauf zu nehmen hat, auf die Dauer gefallen lassen können, das kann nur die Erfahrung lehren. Geht es nicht, ›so ziehen wir den Degen und jagen die Kerls zum Teufel‹.« Ich kann nicht leugnen, daß dieser militärische Schluß seiner Auseinandersetzung mir einen

sehr gewinnenden Eindruck machte, hatte aber meine Zweifel, ob die allerhöchste Entschließung im entscheidenden Augenblicke nicht mehr von anderen Einflüssen abhängen würde als von diesem ritterlichen Generale.
Und sein tragisches Ende hat meine Zweifel bestätigt.

Auch Herr von Manteuffel war von dem Könige zu dem Versuch veranlaßt worden, die preußische äußerste Rechte für Unterstützung der Regierungspolitik zu gewinnen und in diesem Sinne eine Verständigung zwischen uns und der Gagernschen Partei[10] anzubahnen. Er tat das in der Weise,
daß er Gagern und mich allein zu Tisch einlud und uns beide, während wir
noch bei der Flasche saßen, allein ließ, ohne uns eine vermittelnde oder ein-
leitende Andeutung zu hinterlassen. Gagern wiederholte mir, nur minder
genau und verständlich, was uns als Programm seiner Partei und etwas abgemindert als Regierungsvorlage bekannt war. Er sprach, ohne mich anzu-
blicken, schräg weg gegen den Himmel sehend. Auf meine Äußerung, wir
royalistische Preußen befürchteten in erster Linie, daß mit dieser Verfassung die monarchische Gewalt nicht stark genug bleiben werde, versank er
nach der langen und deklamatorischen Darlegung in ein geringschätziges
Schweigen, was den Eindruck machte, den man mit Roma locuta est über-
setzen kann. Als Manteuffel wieder eintrat, hatten wir mehrere Minuten
schweigend gesessen, ich, weil ich Gagerns Erwiderung erwartete, er, weil
er in der Erinnerung an seine Frankfurter Stellung es unter seiner Würde
hielt, mit einem preußischen Landjunker anders als maßgebend zu verhandeln: Er war eben mehr zum parlamentarischen Redner und Präsidenten als
zum politischen Geschäftsmann veranlagt und hatte sich in das Bewußtsein
eines Jupiter tonans hineingelebt. Nachdem er sich entfernt hatte, fragte
Manteuffel mich, was er gesagt habe. »Er hat mir eine Rede gehalten, als ob
ich eine Volksversammlung wäre«, antwortete ich.

Es ist merkwürdig, daß in den beiden Familien, welche damals in
Deutschland und in Preußen den nationalen Liberalismus vertraten, Gagern und Auerswald, je drei Brüder vorhanden waren, unter denen je ein
General[11], daß diese beiden Generäle die praktischeren Politiker unter ihren Brüdern waren und beide in Folge der revolutionären Bewegungen ermordet wurden, deren Entwicklung jeder von ihnen in seinem Wirkungskreis in gutem patriotischem Glauben gefördert hatte. Der General von
Auerswald, der im September 1848 bei Frankfurt ermordet wurde, wie man
sagt, weil er für Radowitz gehalten wurde, hatte sich zur Zeit des Ersten Vereinigten Landtages gerühmt, daß er als Oberst eines Kavallerieregiments

Hunderte Meilen zu Pferde zurückgelegt habe, um oppositionelle Wahlen der Bauern zu fördern.

Im November 1850 wurde ich gleichzeitig als Landwehroffizier zu meinem Regimente und als Abgeordneter zu der bevorstehenden Kammersession einberufen (inser. Schulz-Stranzke: wo steit de Franzos). Auf dem Wege über Berlin zu dem Marschquartier des Regiments meldete ich mich bei dem Kriegsminister von Stockhausen, der mir persönlich befreundet und für kleine persönliche Dienste dankbar war. Nachdem ich den Widerstand des alten Portiers überwunden und vorgelassen war, gab ich meiner durch die Einberufung und den Ton der Österreicher etwas erregten kriegerischen Stimmung Ausdruck. Der Minister, ein alter, schneidiger Soldat, dessen moralischer und physischer Tapferkeit ich sicher war, sagte mir in der Hauptsache folgendes:

Wir müssen für den Augenblick den Bruch nach Möglichkeit vermeiden. Wir haben keine Macht, welche hinreiche, die Österreicher, auch wenn sie ohne sächsische Unterstützung bei uns einbrechen, aufzuhalten. Wir müssen ihnen Berlin preisgeben und in zwei Zentren außerhalb der Hauptstadt, etwa in Danzig und in Westfalen, mobilisieren; vorwärts Berlin können wir erst in 14 Tagen etwa 75 000 Mann haben, und auch die würden nicht reichen gegen die Streitkräfte, die Österreich jetzt schon gegen uns in Bereitschaft hat. Es sei, fuhr er fort, vor allem nötig, wenn wir schlagen wollten, Zeit zu gewinnen, und sei deshalb zu wünschen, daß die bevorstehenden Verhandlungen im Abgeordnetenhause nicht den Bruch beschleunigten durch Erörterungen und Beschlüsse, wie man sich deren nach den herrschenden Stimmen in der Presse versehen müsse. Er bäte mich daher, in Berlin zu bleiben und auf die bereits anwesenden und nächstens eintreffenden befreundeten Abgeordneten vertraulich im Sinne der Mäßigung einzuwirken. Er klagte über die Verzettelung der Stämme, welche in ihrer Friedensformation ausgerückt und verwendet wären und sich nun fern von ihren Ersatzbezirken und Zeughäusern befänden, teils im Inlande, zum großen Teil aber im Südwesten Deutschlands, also in Örtlichkeiten, wo eine schleunige Mobilmachung auf Kriegsfuß sich schwer ausführen lasse.

Die badischen Truppen hatte man damals auf wenig gangbaren Wegen mit Benutzung des braunschweigischen Weserdistrikts nach Preußen kommen lassen – ein Beweis von der Ängstlichkeit, mit welcher man damals die Gebietsgrenzen der Bundesfürsten respektierte, während sonstige Attribute ihrer Landeshoheit in den Verfassungsentwürfen für das Reich und den

Dreikönigsbund mit Leichtigkeit ignoriert oder abgeschafft wurden: Man ging in den Entwürfen bis nahe an die Mediatisierung, aber man wagte nicht, ein Marschquartier außerhalb der vertragsmäßig vorhandenen Etappenstraßen zu beanspruchen. Erst bei Ausbruch des dänischen Krieges 1864 wurde in Schwanau mit dieser schüchternen Tradition gebrochen und der niedergelassene oldenburgische Schlagbaum von den preußischen Truppen beseitigt.

Die Erwägungen eines sachkundigen und ehrliebenden Generals wie Stockhausen konnte ich einer Kritik nicht unterziehen und vermag das auch heute noch nicht. Die Schuld an unserer militärischen Gebundenheit, die er mir schilderte, lag nicht an ihm, sondern an der Planlosigkeit, mit welcher unsere Politik auf militärischem Gebiete sowohl wie auf diplomatischem in und seit den Märztagen mit einer Mischung von Leichtfertigkeit und Knauserei geleitet worden war. Auf militärischem namentlich war sie von der Art, daß man nach den getroffenen Maßregeln voraussetzen muß, daß eine kriegerische oder auch nur militärische Lösung der schwebenden Fragen in letzter Instanz in Berlin überhaupt nicht in Erwägung gezogen wurde. Man war zu sehr mit öffentlicher Meinung, Reden, Zeitungen und Verfassungsmacherei präokkupiert, um auf dem Gebiete der auswärtigen, selbst nur der außerpreußischen Politik zu festen Absichten und praktischen Zielen gelangen zu können. Stockhausen war nicht imstande, die Unterlassungssünden und die Planlosigkeit unserer Politik durch plötzliche militärische Leistungen wiedergutzumachen, und geriet so in eine Situation, die selbst der politische Leiter des Ministeriums, Graf Brandenburg, nicht für möglich gehalten hatte. Denn derselbe erlag der Enttäuschung, welche sein hohes patriotisches Ehrgefühl in den letzten Tagen seines Lebens erlitten hatte. Es ist Unrecht, Stockhausen der Kleinmütigkeit anzuklagen, und ich habe Grund zu glauben, daß auch König Wilhelm I. zu der Zeit, da ich sein Minister wurde, meine Auffassung bezüglich der militärischen Situation im November 1850 teilte. Wie dem auch sei, mir fehlte damals jede Unterlage zu einer Kritik, die ich als konservativer Abgeordneter einem Minister auf militärischem Gebiete, als Landwehrleutnant dem General gegenüber hätte ausüben können.

Stockhausen übernahm es, mein in der Lausitz liegendes Regiment zu benachrichtigen, daß er dem Leutnant von Bismarck befohlen habe, in Berlin zu bleiben. Ich begab mich zunächst zu meinem Landtagskollegen, Justizrat Geppert, welcher damals an der Spitze zwar nicht meiner Fraktion, aber doch derjenigen Zahlreichen stand, welche man das rechte Zentrum hätte nennen können, und welche zur Unterstützung der Regierung geneigt war, aber die energische Wahrnehmung der nationalen Aufgabe Preußens nicht nur prinzipiell, sondern auch durch sofortige militärische Betätigung für angezeigt hielt. Ich stieß bei ihm in erster Linie auf parlamentarische Ansichten, die mit dem Programme des Kriegsministers nicht übereinstimmten, mußte mich also bemühen, ihn von einer Auffassung abzubringen, die ich selbst vor meiner Unterredung mit Stockhausen in der Hauptsache geteilt hatte und die man als natürliches Erzeugnis eines verletzten nationalen respektive preußisch-militärischen Ehrgefühls bezeichnen kann. Ich erinnere mich, daß unsere Besprechungen von langer Dauer waren und wiederholt werden mußten. Die Wirkung derselben auf die Fraktionen der Rechten läßt sich aus der Adreßdebatte entnehmen. Ich selbst habe am 3. Dezember meine damalige Überzeugung in einer Rede ausgesprochen, der die nachstehenden Sätze entnommen sind:

»Das preußische Volk hat sich, wie uns allen bekannt ist, auf den Ruf seines Königs einmütig erhoben, es hat sich in vertrauensvollem Gehorsam erhoben, es hat sich erhoben, um gleich seinen Vätern die Schlachten der Könige von Preußen zu schlagen, ehe es wußte, und, meine Herren, merken Sie das wohl, ehe es wußte, was in diesen Schlachten erkämpft werden sollte; das wußte vielleicht niemand, der zur Landwehr abging.

Ich hatte gehofft, daß ich dieses Gefühl der Einmütigkeit und des Vertrauens wiederfinden würde in den Kreisen der Landesvertretung, in den engeren Kreisen, in denen die Zügel der Regierung auslaufen. Ein kurzer Aufenthalt in Berlin, ein flüchtiger Blick in das hiesige Treiben hat mir gezeigt, daß ich mich geirrt habe. Der Adreßentwurf nennt diese Zeit eine große; ich habe hier nichts Großes gefunden als persönliche Ehrsucht, nichts Großes als Mißtrauen, nichts Großes als Parteihaß. Das sind drei Größen, die in meinem Urteil diese Zeit zu einer kleinlichen stempeln und den Vaterlandsfreunden einen trüben Blick in unsere Zukunft gewähren. Der Mangel an Einigkeit in den Kreisen, die ich andeute, wird in dem Adreßentwurf locker verdeckt durch große Worte, bei denen sich jeder das Seine denkt. Von dem Vertrauen, das das Land beseelt, von dem hingebenden Vertrauen, gegründet auf die Anhänglichkeit an Seine Majestät den König, gegründet auf die Erfahrung, daß das Land mit dem Ministerium, welches ihm zwei Jahre lang vorsteht, gut gefahren ist, habe ich in der Adresse und in ihren Amendements nichts gespürt. Ich hätte dies um so nötiger gefunden, als es mir

Bedürfnis schien, daß der Eindruck, den die einmütige Erhebung des Landes in Europa gemacht hat, gehoben und gekräftigt werde durch die Einheit derer, die nicht der Wehrkraft angehören, in dem Augenblicke, wo uns unsere Nachbarn mit Waffen gegenüberstehen, wo wir in Waffen nach unseren Grenzen eilen, in einem Augenblicke, wo ein Geist des Vertrauens selbst in solchen herrscht, denen er sonst nicht angebracht schien; in einem Augenblick, wo jede Frage der Adresse, welche die auswärtige Politik berührt, Krieg oder Frieden in ihrem Schoß birgt; und, meine Herren, welchen Krieg? Keinen Feldzug einzelner Regimenter nach Schleswig oder Baden, keine militärische Promenade durch unruhige Provinzen, sondern einen Krieg in großem Maßstabe gegen zwei unter den großen Kontinentalmächten, während die dritte beutelustig an unseren Grenzen rüstet und sehr wohl weiß, daß im Dome zu Köln das Kleinod zu finden ist, welches geeignet wäre, die französische Revolution zu schließen und die dortigen Machthaber zu festigen, nämlich die französische Kaiserkrone.

Es ist leicht für einen Staatsmann, sei es in dem Kabinett, sei es in der Kammer, mit dem populären Winde in die Kriegstrompete zu stoßen und sich dabei an seinem Kaminfeuer zu wärmen oder von dieser Tribüne donnernde Reden zu halten und es dem Musketier, der auf dem Schnee verblutet, zu überlassen, ob sein System Sieg und Ruhm erwirbt oder nicht. Es ist nichts leichter als das, aber wehe dem Staatsmann, der sich in dieser Zeit nicht nach einem Grunde zu Kriegen umsieht, der auch *nach* dem Kriege noch stichhaltig ist.

Die preußische Ehre besteht nach meiner Überzeugung nicht darin, daß Preußen überall in Deutschland den Don Quijote spiele für gekränkte Kammer-Zelebritäten, welche ihre lokale Verfassung für gefährdet halten. Ich suche die preußische Ehre darin, daß Preußen vor allem sich von jeder schmachvollen Verbindung mit der Demokratie entferne halte, daß Preußen in der vorliegenden, wie in allen anderen Fragen nicht zugebe, daß in Deutschland etwas geschehe ohne Preußens Einwilligung, daß dasjenige, was Preußen und Österreich nach gemeinschaftlicher unabhängiger Erwägung für vernünftig und politisch richtig halten, durch die beiden gleichberechtigten Schutzmächte Deutschlands gemeinschaftlich ausgeführt werde.

Die Hauptfrage, die Krieg und Frieden birgt, die Gestaltung Deutschlands, die Regelung der Verhältnisse zwischen Preußen und Österreich und die Verhältnisse von Preußen und Österreich zu den kleineren Staaten, soll in wenigen Tagen der Gegenstand der freien Konferenzen werden, kann also *jetzt* nicht Gegenstand eines Krieges sein. Wer den Krieg durchaus will, den vertröste ich darauf, daß er in den freien Konferenzen *jederzeit zu finden ist:* in vier oder sechs Wochen, wenn man ihn haben will. Ich bin weit davon entfernt, in einem so wichtigen Augenblick, wie dieser ist, die Handlungsweise der Regierung durch Ratgeben hemmen zu wollen. Wenn ich dem Ministerium gegenüber einen Wunsch aussprechen wollte, so wäre es der, daß wir *nicht eher entwaffnen,* als bis die freien Konferenzen ein positives Resultat gegeben haben; *dann bleibt es noch immer Zeit, einen Krieg zu führen,* wenn wir ihn wirklich mit Ehren nicht vermeiden können oder nicht vermeiden wollen.

Wie in der Union die deutsche Einheit gesucht werden soll, vermag ich nicht zu verstehen; es ist eine sonderbare Einheit, die von Hause aus verlangt, im Interesse dieses Sonderbundes einstweilen unsere deutschen Landsleute im Süden zu erschießen und zu erstechen; die die deutsche Ehre darin findet, daß der Schwerpunkt aller deutschen Fragen notwendig nach Warschau und Paris fällt. Denken Sie sich zwei Teile Deutschlands einander in Waffen gegenüber, deren Machtverschiedenheit nicht in dem Grade bedeutend ist, daß nicht eine Parteinahme auf einer Seite auch von einer geringeren Macht als Rußland und Frankreich ein entscheidendes Gewicht in die Waagschale legen könnte, und ich begreife nicht, mit welchem Recht jemand, der ein solches Verhältnis selbst herbeiführen will, sich darüber beklagen darf, daß der Schwerpunkt der Entscheidung unter solchen Umständen nach dem Auslande fällt.«

Mein leitender Gedanke bei meiner Rede war, im Sinne der Überzeugung des Kriegsministers für den Aufschub des Krieges zu wirken, bis wir gerüstet sein würden. In seiner Klarheit konnte ich aber den Gedanken nicht öffentlich aussprechen, ich konnte ihn nur andeuten. Es wäre kein übermäßiger Anspruch an die Geschicklichkeit unserer Diplomatie gewesen, von ihr zu verlangen, daß sie den Krieg nach Bedürfnis verschieben, verhüten oder zum Ausbruch bringen solle.

Zu jener Zeit, November 1850, war die russische Auffassung der revolutionären Bewegung in Deutschland schon eine viel ruhigere als bei dem ersten Ausbruche im März 1848. Ich war befreundet mit dem russischen Militärattaché Grafen Benckendorf und erhielt 1850 im vertrauten Gespräche mit ihm den Eindruck, daß die deutsche einschließlich der polnischen Bewegung im Petersburger Kabinette nicht mehr in demselben Maße wie bei ihrem Ausbruche in Petersburg beunruhigte und als eine militärische Gefahr im Kriegsfalle aufgefaßt wurde. Im März 1848 erschien den Russen die Entwicklung der Revolution in Deutschland und Polen noch als etwas Unberechenbares und Gefährliches. Der erste russische Diplomat, der in Petersburg durch seine Berichte eine andre Ansicht vertrat, war der damalige Geschäftsträger in Frankfurt am Main, später Botschafter in Berlin, Baron von Budberg. Seine Berichte über die Verhandlungen und die Bedeutung der Paulskirche waren von Hause aus satirisch gefärbt, und die Geringschätzung, mit welcher dieser junge Diplomat von den Reden der deutschen Professoren und von der Machtstellung des Reichstags in seinen Berichten sprach, hatte den Kaiser Nikolaus dergestalt befriedigt, daß Budberg Karriere dadurch gemacht und derselbe sehr schnell zum Gesandten und Botschafter befördert wurde. Er hatte in ihnen vom antideutschen Standpunkte eine analoge politische Schätzung zum Ausdruck gebracht, wie sie in den altpreußischen Kreisen in Berlin, in denen er früher gelebt hatte, in landsmannschaftlicher und *besorgter* Weise herrschend war, und man kann sagen, daß die Auffassung, als deren erster Erfinder er in Petersburg Karriere machte, dem Berliner »Casino«[12] entsprungen war. Seitdem hatte man in Rußland nicht nur die militärische Stellung an der Weichsel wesentlich verstärkt, sondern auch einen geringeren Eindruck von der damaligen militärischen Leistungsfähigkeit der Revolution sowohl wie der deutschen Regierungen gewonnen, und die Sprache, welche ich im November 1850 bei dem mir befreundeten russischen Gesandten Baron Meyendorff und seinen Landsleuten hörte, war eine im russischen Sinne vollkommen zuversichtliche, von einer persönlich wohlwollenden, aber für mich verletzenden Teilnahme für die Zukunft des befreundeten Preußens durchsetzt. Sie machte mir den Eindruck, daß man Österreich für den stärkeren und zuverlässigeren Teil und Rußland selbst für stark genug hielt, um die Entscheidung zwischen beiden in die Hand zu nehmen.

III

Mit den Mitteln und Gewohnheiten des auswärtigen Dienstes noch nicht so vertraut wie später, war ich doch als Laie nicht zweifelhaft, daß der Krieg, wenn er für uns überhaupt geboten oder annehmbar erschien, auch nach Olmütz in den Dresdner Verhandlungen jederzeit gefunden und durch Abbruch derselben herbeigeführt werden konnte. Stockhausen hatte mir gelegentlich sechs Wochen als die Frist bezeichnet, deren er bedürfte, um fechten zu können, und es wäre nach meiner Ansicht nicht schwer gewesen, das Doppelte derselben durch geschickte Leitung der Verhandlungen in Dresden zu gewinnen, wenn bei uns die momentane Unfertigkeit der militärischen Rüstungen der einzige Grund gewesen wäre, uns einer kriegerischen Lösung zu versagen. Wenn die Dresdner Verhandlungen nicht dazu benutzt worden sind, im preußischen Sinne entweder ein höheres Resultat oder einen berechtigt erscheinenden Anlaß zum Kriege zu gewinnen, so ist mir niemals klargeworden, ob die auffällige Beschränkung unsrer Ziele in Dresden von dem Könige oder von Herrn von Manteuffel, dem neuen auswärtigen Minister, ausgegangen ist. Ich habe damals nur den Eindruck gehabt, daß letzterer nach seinem Vorleben als Landrat, Regierungspräsident und Direktor im Ministerium des Innern sich in der Sicherheit seines Auftretens durch die renommierenden vornehmen Verkehrsformen des Fürsten Schwarzenberg geniert fühlte. Schon die häusliche Erscheinung beider in Dresden – Fürst Schwarzenberg mit Livreen, Silbergeschirr und Champagner im ersten Stock, der preußische Minister mit Kanzleidienern und Wassergläsern eine Treppe höher – war geeignet, auf das Selbstgefühl der beteiligten Vertreter beider Großmächte und auf ihre Einschätzung durch die übrigen deutschen Vertreter nachteilig für uns zu wirken. Die alte preußische Einfachheit, welche Friedrich der Große seinem Vertreter in London mit der Redensart empfahl: »Sage Er, wenn Er zu Fuß geht, daß 100 000 Mann hinter ihm gehen«, bezeugt eine Renommage, die man schon damals dem geistreichen Könige nur in einer der Anwandlungen von übertriebener Sparsamkeit zutrauen kann. Heute hat jeder 100 000 Mann, nur wir hatten sie, wie es scheint, zur Dresdener Zeit nicht verfügbar. Der Grundirrtum der damaligen preußischen Politik war der, daß man glaubte, Erfolge, die nur durch Kampf oder durch Bereitschaft zu demselben gewonnen werden konnten, würden sich durch publizistische, parlamentarische und diplomatische Heucheleien in der Gestalt erreichen lassen, daß sie als unsrer tugendhaften Bescheidenheit zum Lohn oratorischer Betätigung unsrer »deutschen Gesinnung« aufgezwungen erschienen. Man nannte das später »moralische« Eroberungen: Es war die Hoffnung, daß andre für uns tun würden, was wir selbst nicht wagten.

4. KAPITEL

DIPLOMAT

Nachdem die preußische Regierung sich entschlossen hatte, den von Österreich reaktivierten Bundestag zu beschicken und dadurch vollzählig zu machen, wurde der General von Rochow, der in Petersburg akkreditiert war und blieb, provisorisch zum Bundestagsgesandten ernannt. Gleichzeitig wurden zwei Legationsräte für die Gesandtschaft auf den Etat gebracht, ich selbst und Herr von Gruner. Mir wurde durch Se. Majestät und den Minister von Manteuffel vor meiner Ernennung zum Legationsrat die demnächstige Ernennung zum Bundestagsgesandten in Aussicht gestellt. Rochow sollte mich einführen und anlernen, konnte aber selbst nicht geschäftsmäßig arbeiten und benutzte mich als Redakteur, ohne mich politisch au fait zu halten.

Das meiner Ernennung vorhergehende Gespräch mit dem Könige, kurz gegeben in einem Briefe meines verstorbenen Freundes J. L. Motley an seine Frau, verlief folgendermaßen. Nachdem ich auf die plötzliche Frage des Ministers Manteuffel, ob ich die Stelle eines Bundestagsgesandten annehmen wolle, einfach mit Ja geantwortet hatte, ließ der König mich zu sich bescheiden und sagte: »Sie haben viel Mut, daß Sie so ohne weiteres ein Ihnen fremdes Amt übernehmen.« Ich erwiderte: »Der Mut ist ganz auf seiten Eurer Majestät, wenn Sie mir eine solche Stellung anvertrauen, indessen sind Euer Majestät ja nicht gebunden, die Ernennung aufrechtzuerhalten, sobald sie sich nicht bewährt. Ich selbst kann keine Gewißheit darüber haben, ob die Aufgabe meine Fähigkeit übersteigt, ehe ich ihr nähergetreten bin. Wenn ich mich derselben nicht gewachsen finde, so werde ich der erste sein, meine Abberufung zu erbitten. Ich habe den Mut zu gehorchen, wenn Euer Majestät den haben zu befehlen.« Worauf der König: »Dann wollen wir die Sache versuchen.«

Am 14. Mai 1851 traf ich in Frankfurt ein. Herr von Rochow mit weniger

Ehrgeiz als Liebe zum Behagen, des Klimas und des anstrengenden Hofle-
bens in Petersburg müde, hätte lieber den Frankfurter Posten, in welchem er
alle seine Wünsche befriedigt fand, dauernd behalten, arbeitete in Berlin
dafür, daß ich zum Gesandten in Darmstadt mit gleichzeitiger Akkrediti-
rung bei dem Herzog von Nassau und der Stadt Frankfurt ernannt werde,
und wäre vielleicht auch nicht abgeneigt gewesen, mir den Petersburger
Posten im Tausch zu überlassen: Er liebte das Leben am Rhein und den Verkehr mit den deutschen Höfen. Seine Bemühungen hatten indessen keinen
Erfolg. Unter dem 11. Juli schrieb mir Herr von Manteuffel, daß der König
meine Ernennung zum Bundestagsgesandten genehmigt habe. »Es versteht
sich dabei von selbst«, schrieb der Minister, »daß man Herrn von Rochow
nicht brusquement wegschicken kann; ich beabsichtige daher, ihm heute
noch einige Worte darüber zu schreiben, und glaube Ihres Einverständnisses gewiß zu sein, wenn ich in dieser Sache mit aller Rücksicht auf Herrn
von Rochows Wünsche verfahre, dem ich es in der Tat nur Dank wissen
kann, daß er die schwierige und undankbare Mission angenommen hat im
Gegensatz zu manchen andern Leuten, die immer mit der Kritik bei der
Hand sind, wenn es aber auf das Handeln ankommt, sich zurückziehen. Daß
ich Sie damit nicht meine, brauche ich nicht zu versichern, denn Sie sind ja
auch mit uns in die Bresche getreten und werden sie, so denke ich, auch allein verteidigen.«

Unter dem 14. Juli erfolgte meine Ernennung zum Bundestagsgesandten.
Ungeachtet der Rücksicht, mit welcher er behandelt wurde, war Herr von
Rochow verstimmt und ließ mich die Vereitelung seines Wunsches entgelten, indem er Frankfurt eines Morgens früh verließ, ohne mich von seiner
Abreise unterrichtet und mir die Geschäfte und die Akten übergeben zu haben. Von andrer Seite benachrichtigt, kam ich zur rechten Zeit nach dem
Bahnhofe, um ihm meinen Dank für das mir bewiesene Wohlwollen auszudrücken. Über meine Tätigkeit und meine Wahrnehmungen am Bundestage ist so viel Amtliches und Privates veröffentlicht, daß mir nur eine Nachle-
se übrigbleibt.

Ich fand in Frankfurt zwei preußische Kommissarien aus der Zeit des Interim[13], den Oberpräsidenten von Boetticher, dessen Sohn später als Staatssekretär und Minister mein Beistand sein sollte, und den General von Peuk-
ker, der mir Gelegenheit zu meinen ersten Studien über das Ordenswesen
gab. Er war ein gescheiter, tapferer Offizier von hoher wissenschaftlicher Bildung, die er später als Generalinspekteur des Militärerziehungs- und Bil-

dungswesens verwerten konnte. Im Jahre 1812 in dem Yorkschen Korps dienend, hatte er durch Diebstahl seinen Mantel eingebüßt, den Rückzug in der knappen Uniform machen müssen, sich die Zehen erfroren und durch die Kälte anderweitige Schäden erlitten. Trotz seiner äußerlichen Unschönheit gewann dieser kluge und tapfre Offizier die Hand einer hübschen Gräfin Schulenburg, durch welche später das reiche Erbe des Hauses Schenck von Flechtingen in der Altmark an seinen Sohn gelangte. In merkwürdigem Kontrast mit seiner geistigen Bedeutung stand seine Schwäche für Äußerlichkeiten, die den Berliner Jargon um einen Ausdruck bereicherte. Von jemand, der zu viele Orden gleichzeitig trug, sagte man »er peuckert«.

Bei einem Morgenbesuche fand ich ihn vor einem Tische stehend, auf welchem seine wohlverdienten, zuerst auf dem Schlachtfelde gewonnenen Orden ausgebreitet lagen, deren herkömmliche Ordnung auf der Brust durch die eben erfolgte Verleihung eines neuen Sterns gestört war. Nach der Begrüßung sprach er mir nicht etwa von Österreich und Preußen, sondern verlangte mein Urteil von dem Standpunkte künstlerischen Geschmacks über die Stelle, wo der neue Stern einzuschieben sei. Die Gefühle anhänglicher Achtung, die ich aus meinen Kinderjahren für den hochverdienten General übernommen hatte, bestimmten mich, in voller Ernsthaftigkeit auf das Thema einzugehen und die Erledigung desselben herbeizuführen, ehe wir auf Geschäfte zu sprechen kamen.

Ich gestehe, daß ich mich, als ich meine erste Auszeichnung, die Rettungsmedaille[14], erhielt, erfreut und gehoben fühlte, weil ich damals ein in dieser Beziehung nicht blasierter Landjunker war. Im Staatsdienste habe ich diese Ursprünglichkeit der Empfindung schnell verloren; ich erinnere mich nicht, bei späteren Dekorierungen ein objektives Vergnügen empfunden zu haben, sondern nur die subjektive Freude über die äußerliche Betätigung des Wohlwollens, mit welchem mein König meine Anhänglichkeit erwiderte oder andre Monarchen mir den Erfolg meiner politischen Werbung um ihr Vertrauen und ihr Wohlwollen bestätigten. Unser Gesandter von Jordan in Dresden antwortete auf den scherzhaften Vorschlag, eine seiner vielen Dekorationen abzutreten: »Je vous les cède toutes, pourvu que vous m'en laisserez une pour couvrir mes nudités diplomatiques.« In der Tat gehört ein grand cordon zur Toilette eines Gesandten, und wenn es nicht das des eigenen Hofes ist, so bleibt die Möglichkeit, wechseln zu können, für elegante Diplomaten ebenso erwünscht wie für Damen bezüglich der Kleider. In Paris habe ich erlebt, daß unverständige Gewalttaten gegen Menschenmassen plötzlich stockten, weil sie auf »un monsieur décoré« stießen. Orden zu tragen ist für mich, außer in Petersburg und Paris, niemals ein Bedürfnis gewesen; an beiden Orten muß man auf der Straße irgendein Band am Rock zeigen, wenn man polizeilich und bürgerlich mit der wünschenswerten Höflichkeit behandelt werden will. Sonst habe ich in jedem Falle nur die durch die Gelegenheit gebotenen Dekorationen angelegt; es ist mir immer als eine Chinoiserie erschienen, wenn ich wahrnahm, wie krankhaft der Sammlertrieb in bezug auf Orden bei meinen Kollegen und Mitarbeitern in der Bürokratie entwickelt war, wie Geheimräte, welche schon die ihnen aus der Brust quellende Ordenskaskade nicht mehr gut beherrschen konnten, den Abschluß irgendeines kleinen Vertrages anbahnten, weil sie zur Vervollständigung ihrer Sammlung noch des Ordens des mitkontrahierenden Staates bedurften.

Die Mitglieder der Kammern, welche 1849/50 die oktroyierte Verfassung zu revidieren hatten, entwickelten eine sehr anstrengende Tätigkeit; es gab von 8 bis 10 Uhr Kommissionssitzungen, von 10 bis 4 Plenarsitzungen, die zuweilen auch noch in später Abendstunde wiederholt wurden und mit den langdauernden Fraktionssitzungen abwechselten. Ich konnte daher mein Bewegungsbedürfnis nur des Nachts befriedigen und erinnere mich, manche Nacht zwischen dem Opernhaus und dem Brandenburger Tor in der Mitte der Linden auf und ab gewandert zu sein. Durch einen Zufall wurde ich damals auf den gesundheitlichen Nutzen des Tanzens aufmerksam, das ich mit 27 Jahren aufgegeben hatte in dem Gefühle, daß dieses Vergnügen nur »der Jugend« anstehe. Auf einem der Hofbälle bat mich eine mir befreundete Dame, ihren abhanden gekommenen Tänzer für den Kotillon zu suchen und, da ich ihn nicht fand, zu ersetzen. Nachdem ich die erste Schwindelbesorgnis auf dem glatten Parkett des Weißen Saales überwunden hatte, tanzte ich mit Vergnügen und fand nachher einen so gesunden Schlaf, wie ich ihn lange nicht genossen hatte. In Frankfurt tanzte alle Welt, voran der 65jährige französische Gesandte Monsieur Marquis de Tallenay, nach Proklamierung des Kaisertums in Frankreich: Monsieur le Marquis de Tallenay, und ich fand mich leicht in diese Gewohnheit, obschon es mir im Bunde nicht an Zeit zum Gehn und Reiten fehlte. Auch in Berlin, als ich Minister geworden war, versagte ich mich nicht, wenn ich von befreundeten Damen aufgefordert oder von Prinzessinnen zu einem Tanze befohlen wurde, bekam aber stets sarkastische Bemerkungen des Königs darüber zu hören, der mir zum Beispiel sagte: »Man macht es mir zum Vorwurf, einen leichtsinnigen Minister gewählt zu haben. Sie sollten den Eindruck nicht dadurch verstärken, daß Sie tanzen.« Den Prinzessinnen wurde dann untersagt, mich zum Tänzer zu wählen. Auch die andauernde Tanzfähigkeit des Herrn von Keudell hat mir, wenn es sich um seine Beförderung handelte, bei Seiner Majestät Schwierigkeit gemacht. Es entsprach das der bescheidenen Natur des Kaisers, der seine Würde auch durch Vermeiden unnötiger Äußerlichkeiten, welche die Kritik herausfordern könnten, zu wahren gewöhnt war. Ein tanzender Staatsmann fand in seinen Vorstellungen nur in fürstlichen Ehrenquadrillen Platz; im raschen Walzer verlor er an Vertrauen auf die Weisheit seiner Ratschläge.

Nachdem ich mich auf dem Frankfurter Terrain zu Hause gemacht hatte, nicht ohne harte Zusammenstöße mit dem österreichischen Vertreter, zunächst in der Flottenangelegenheit, in welcher er Preußen autoritativ und finanziell zu verkürzen und für die Zukunft lahmzulegen suchte, beschied der König mich nach Potsdam und eröffnete mir am 28. Mai 1852, daß er sich entschlossen habe, mich nunmehr auf die hohe Schule der Diplomatie nach Wien zu schicken, zunächst als Vertreter, demnächst als Nachfolger des schwer erkrankten Grafen Arnim.* Zu dem Zwecke übergab er mir das nachstehende Einführungsschreiben an Se. Majestät den Kaiser Franz Joseph vom 5. Juni:

»Euer Kaiserliche Majestät wollen es mir gütig gestatten, daß ich den Überbringer dieses Blattes mit einigen eigenhändigen Schriftzügen an Ihrem Hoflager introduziere. Es ist der Herr von Bismarck-Schönhausen. Er gehört einem Rittergeschlecht an, welches, länger als mein Haus in unsern Marken seßhaft, von jeher und besonders in ihm seine alten Tugenden bewährt hat. Die Erhaltung und Stärkung der erfreulichen Zustände unsres platten Landes verdanken wir mit seinen furchtlosen und energischen Mühen in den bösen Tagen der jüngst verflossenen Jahre. Ew. M. wissen, daß Herr von Bismarck die Stelle meines Bundesgesandten bekleidet. Da jetzt der Gesundheitszustand meines Gesandten an Ew. M. Kaiserlichen Hofe, des Grafen von Arnim, dessen zeitweilige Abwesenheit nötig gemacht hat, das Verhältnis unsrer Höfe aber eine subalterne Vertretung nicht zuläßt (meiner Auffassung zufolge), so habe ich Herrn von Bismarck ausersehen, die Vices für Graf Arnim während dessen Abwesenheit zu versehen. Es ist

---

* Heinrich Friedrich Graf von Arnim-Heinrichsdorf-Werbelow, geb. 1791, gest. 1859.

mir ein befriedigender Gedanke, daß Ew. M. einen Mann kennenlernen, der bei uns im Lande wegen seines ritterlich-freien Gehorsams und seiner Unversöhnlichkeit gegen die Revolution bis in ihre Wurzeln hinein von vielen verehrt, von manchen gehaßt wird. Er ist mein Freund und treuer Diener und kommt mit dem frischen lebendigen sympathischen Eindruck meiner Grundsätze, meiner Handlungsweise, meines Willens und ich setze hinzu meiner Liebe zu Österreich und zu Ew. M. nach Wien. Er kann, wenn es der Mühe wert gefunden wird, Ew. M. und Ihren höchsten Räten über viele Gegenstände Rede und Antwort geben, wie es wohl wenige imstande sind; denn wenn nicht unerhörte, langvorbereitete Mißverständnisse zu tief eingewurzelt sind, was Gott in Gnaden verhüte, kann die kurze Zeit seiner Amtsführung in Wien wahrhaft segensreich werden. Herr von Bismarck kommt aus Frankreich, wo das, was die *rheinbundschwangeren* Mittelstaaten mit Entzücken die Differenzen Österreichs und Preußens nennen, jederzeit seinen stärksten Widerhall und oft seine Quelle gehabt hat, und er hat diese Dinge und das Treiben daselbst mit scharfem und richtigem Blick betrachtet. Ich habe ihm befohlen, jede darauf gerichtete Frage Ew. M. und Ihrer Minister so zu beantworten, als hätte ich sie selbst an ihn gerichtet. Sollte es Ew. M. gefallen, von ihm Aufklärung über meine Auffassung und meine Behandlung der Zollvereinsangelegenheit zu verlangen, so lebe ich der Gewißheit, daß mein Betragen in diesen Dingen, wenn auch vielleicht nicht das Glück Ihres Beifalls, doch sicher Ihre Achtung erringen wird. Die Anwesenheit des teuren herrlichen Kaisers Nikolaus ist mir eine wahre Herzstärkung gewesen. Die gewisse Bestätigung meiner alten und starken Hoffnung, daß Ew. M., er und ich vollkommen einig in der Wahrheit sind: daß unsre dreifache, unerschütterliche, gläubige und tatkräftige Eintracht *allein* Europa und das unartige und doch so geliebte teutsche Vaterland aus der jetzigen Krise retten könne, erfüllt mich mit Dank gegen Gott und steigert meine alte treue Liebe zu Ew. M. Bewahren auch Sie, mein teuerster Freund, mir Ihre Liebe aus den fabelhaften Tagen von Tegernsee, und stärken Sie Ihr Vertrauen und Ihre so wichtige und so mächtige, dem gemeinsamen Vaterlande so unentbehrliche Freundschaft zu mir! Dieser Freundschaft empfehle ich mich aus der Tiefe meines Herzens, allerteuerster Freund, als Ew. Ks. M. treu und innigst ergebenster Onkel, Bruder und Freund.«

Ich fand in Wien das »einsylbige« Ministerium Buol, Bach, Bruck etc., keine Preußenfreunde, aber liebenswürdig für mich in dem Glauben an meine Empfänglichkeit für hohes Wohlwollen und meine Gegenleistung dafür auf geschäftlichem Gebiete. Ich wurde äußerlich ehrenvoller, als ich erwarten konnte, aufgenommen; aber geschäftlich, d. h. bezüglich der Zollsachen, blieb meine Mission erfolglos. Österreich hatte schon damals die Zolleinigung mit uns im Auge, und ich hielt es weder damals noch später für ratsam, diesem Streben entgegenzukommen. Zu den notwendigen Unterlagen einer Zollgemeinschaft gehört ein gewisser Grad von Gleichartigkeit des Verbrauchs; schon die Unterschiede der Interessen innerhalb des deutschen Zollvereins zwischen Nord und Süd, Ost und West sind schwer und nur mit dem guten Willen zu überwinden, der der nationalen Zusammengehörigkeit entspringt; zwischen Ungarn und Galizien einerseits und dem Zollverein andererseits ist die Verschiedenheit des Verbrauchs zollpflichtiger Waren zu stark, um eine Zollgemeinschaft durchführbar erscheinen zu lassen. Der Verteilungsmaßstab für die Zollerträge würde stets für Deutschland nachteilig bleiben, auch wenn die Ziffern es für Österreich zu sein schienen. Letzteres lebt in Zis- und mehr noch Transleithanien vorwiegend von eignen, nicht von importierten Erzeugnissen. Außerdem hatte ich damals allgemein, und habe ich auch heute noch sporadisch, nicht das nötige Vertrauen zu Undeutschen Unterbeamten im Osten.

Unser einziger Legationssekretär in Wien empfing mich mit Verstimmung darüber, daß er nicht Geschäftsträger wurde, und suchte in Berlin Urlaub nach. Derselbe wurde von dem Minister verweigert, von mir aber demnächst bewilligt. So kam es, daß ich mich auf den mir von früher her befreundeten hannoverschen Gesandten Graf Adolf Platen behufs der Vorstellung bei den Ministern und der Einführung in die diplomatische Gesellschaft angewiesen fand.

In vertraulichem Gespräch fragte er mich gelegentlich, ob auch ich glaubte, daß ich zu Manteuffels Nachfolger bestimmt sei. Ich erwiderte, das läge einstweilen nicht in meinen Wünschen. Ich glaubte allerdings, daß der König mich in späterer Zeit einmal zu seinem Minister zu machen gedenke und mich dazu erziehen wolle, in dieser Absicht auch mir die mission extraordinaire nach Österreich übertragen habe. Mein Wunsch aber wäre, noch etwa zehn Jahre lang in Frankfurt oder an verschiedenen Höfen als Gesandter die Welt zu sehn und dann gern etwa zehn Jahre lang, womöglich mit Ruhm, Minister zu sein, dann auf dem Lande über das Erlebte nachzudenken und wie mein alter Onkel in Templin bei Potsdam Obstbäume zu pfropfen. Dieses scherzende Gespräch war von Platen nach Hannover berichtet worden und dort zur Kenntnis des Generalsteuerdirektors Klentze gekommen, der mit Manteuffel über Zollsachen verhandelte und in mir den Junker im Sinne der liberalen Bürokraten haßte. Er hatte nichts Eiligeres zu tun, als entstellte Angaben aus Platens Bericht an Manteuffel mitzuteilen in dem Sinne, als ob ich an dessen Sturze arbeitete. Bei meiner Rückkehr von Wien nach Berlin (9. Juli) hatte ich an Äußerlichem die Wirkung dieser Einbläserei wahrzunehmen. Sie bestand in einer Abkühlung meiner Beziehungen zu meinem Chef, und ich wurde nicht mehr wie bis dahin gebeten, bei ihm zu wohnen, wenn ich nach Berlin kam. Verdacht wurden mir dabei auch meine freundschaftlichen Beziehungen zu dem General von Gerlach.

Die Genesung des Grafen Arnim gestattete mir, meinem Wiener Aufenthalte ein Ende zu machen, und vereitelte einstweilen die Absicht des Königs, mich zum Nachfolger Arnims zu ernennen. Aber auch wenn diese Genesung nicht eingetreten wäre, würde ich den dortigen Posten nicht gern übernommen haben, weil ich schon damals das Gefühl hatte, durch mein Auftreten in Frankfurt Persona ingrata in Wien geworden zu sein. Ich hatte die Befürchtung, daß man dort fortfahren würde, mich als gegnerisches Element zu behandeln, mir den Dienst zu erschweren und mich am Berliner Hofe zu diskreditieren, was durch Hofkorrespondenz, wenn ich in Wien fungierte, noch leichter gewesen wäre als über Frankfurt.

Später sind mir Unterredungen erinnerlich, welche ich auf langen Eisenbahnfahrten unter vier Augen mit dem Könige über Wien hatte. Ich nahm dann die Stellung zu sagen: »Wenn Eure Majestät befehlen, so gehe ich dahin, aber freiwillig nicht, ich habe mir die Abneigung des österreichischen Hofes in Frankfurt im Dienste Eurer Majestät zugezogen, und ich werde das Gefühl haben, meinen Gegnern ausgeliefert zu sein, wenn ich Gesandter in Wien werden sollte. Jede Regierung kann jeden Gesandten, der bei ihr beglaubigt ist, mit Leichtigkeit schädigen und durch Mittel, wie sie die österreichische Politik in Deutschland anwendet, seine Stellung verderben.« Die Erwiderung des Königs pflegte zu sein: »Befehlen will ich nicht. Sie sollen freiwillig hingehen und mich darum bitten; es ist das eine hohe Schule für Ihre diplomatische Ausbildung, und Sie sollten mir dankbar sein, wenn ich diese Ausbildung, weil es bei Ihnen der Mühe lohnt, übernehme.«

Ich war überzeugt, daß ich dem König gegenüber als Minister eine für mich *haltbare* Ministerstellung nicht erlangen würde. Er sah in mir ein Ei, was er selbst gelegt hatte und ausbrütete, und würde bei Meinungsverschiedenheiten immer die Vorstellung gehabt haben, daß das Ei klüger sein wolle als die Henne. Daß die Ziele der preußischen auswärtigen Politik, welche mir vorschwebten, sich mit denen des Königs nicht vollständig deckten, war mir klar, ebenso die Schwierigkeit, welche ein verantwortlicher Minister dieses Herrn zu überwinden hatte bei dessen selbstherrlichen Anwandlungen mit oft jähem Wechsel der Ansichten, bei der Unregelmäßigkeit in Geschäften und bei der Zugänglichkeit für unberufene Hintertreppeneinflüsse von politischen Intriganten, wie sie von den Adepten unserer Kurfürsten bis auf neuere Zeiten in dem regierenden Hause, sogar bei dem strengen und hausbackenen Friedrich Wilhelm I. Zutritt gefunden haben – pharmacopolae, balatrones, hoc genus omne.[15] Die Schwierigkeit, gleichzeitig gehorsamer und verantwortlicher Minister zu sein, war damals größer als unter Wilhelm I.

Im Jahre 1853 war mir in Hannover die Aussicht, Minister zu werden, eröffnet. Nach Beendigung meiner Badekur in Norderney wurde ich von dem eben aus dem Ministerium Schele ausgetretenen Minister Bacmeister sondiert, ob ich Minister des Königs Georg werden wolle. Ich sprach mich dahin aus, daß ich in der auswärtigen Politik Hannover nur dienen könne, wenn der König vollständig Hand in Hand mit Preußen gehen wolle; ich könnte mein Preußentum nicht ausziehen wie einen Rock. Auf dem Wege zu den Meinigen nach Villeneuve am Genfer See, den ich von Norderney über Hannover nahm, hatte ich mehrere Konferenzen mit dem Könige. Eine derselben fand statt in einem, zwischen seinem Schlafzimmer und dem der Königin gelegenen Kabinett im Erdgeschoß des Schlosses. Der König wollte, daß die Tatsache unserer Besprechung nicht bekannt werde, hatte mich aber um fünf Uhr zur Tafel befohlen. Er kam auf die Frage, ob ich sein Minister werden wolle, nicht zurück, sondern verlangte nur von mir als Sachkundigem in bundestäglichen Geschäften einen Vortrag über die Art und Weise, wie die Verfassung von 1848 mit Hilfe von Bundesbeschlüssen revidiert werden könne. Nachdem ich meine Ansicht entwickelt hatte, verlangte er eine schriftliche Redaktion derselben, und zwar auf der Stelle. Ich schrieb also in der ungeduldigen Nachbarschaft des an demselben Tische sitzenden Königs die Hauptzüge des Operationsplans nieder unter den erschwerenden Umständen, welche ein selten gebrauchtes Schreibzeug bereitete: Tinte dick, Feder schlecht, Papier rauh, Löschblatt nicht vorhanden; die von mir gelieferte vier Seiten lange Staatsschrift mit ihren Tintenflecken war nicht als ein kanzleimäßiges Mundum anzusehen. Der König schrieb überhaupt nur seine Unterschrift, und auch diese schwerlich in dem Gemach, in welchem er des Geheimnisses wegen mich empfangen hatte. Das Geheimnis wurde freilich dadurch durchbrochen, daß es darüber sechs Uhr geworden war und der auf fünf Uhr befohlenen Tischgesellschaft die Ursache der Verspätung nicht entgehen konnte. Als die hinter dem Könige stehende Uhr schlug, sprang er auf und ging wortlos und mit einer bei seiner Blindheit überraschenden Schnelligkeit und Sicherheit durch das mit Möbeln besetzte Gemach in das benachbarte Schlaf- oder Ankleidezimmer. Ich blieb allein, ohne Direktion, ohne Kenntnis der Lokalität des Schlosses, nur durch eine Äußerung des Königs unterrichtet, daß die eine der drei Türen in das Schlafzimmer der an den Masern krank liegenden Königin führte. Nachdem ich mir hatte sagen müssen, daß niemand kommen werde, mich zu geleiten, trat ich durch die dritte Tür hinaus und fand mich einem Lakaien gegenüber, der mich nicht kannte und über mein Erscheinen in diesem Teil des Schlosses erschrocken und aufgeregt war, sich jedoch beruhigte, als ich dem Akzente seiner mißtrauischen Frage entsprechend englisch antwortete und zu der königlichen Tafel geführt zu werden verlangte.

Am Abende, ich weiß nicht, ob desselben oder des folgenden Tages, hatte ich wieder eine lange Audienz ohne Zeugen. Während derselben nahm ich mit Erstaunen wahr, wie nachlässig der blinde Herr bedient war. Die ganze Beleuchtung des großen Zimmers bestand in einem Doppelleuchter mit zwei Wachskerzen, an denen schwere, metallene Lichtschirme angeklemmt waren. Der eine fiel infolge Niederbrennens der Kerze mit einem Geräusch, wie der Schlag auf einen Gong, zu Boden; es erschien aber niemand, befand sich auch niemand im Nebenzimmer, und ich mußte mir von dem hohen Herrn die Stelle Klingel bezeichnen lassen, die ich zu ziehen hatte. Diese Verlassenheit des Königs war mir um so auffälliger, als der Tisch, an welchem wir saßen, mit allen möglichen amtlichen oder privaten Papieren so bedeckt war, daß einzelne bei Bewegungen des Königs herunterfielen und von mir aufgehoben werden mußten. Nicht weniger auffällig war es, daß der blinde Herr mit einem fremden Diplomaten, wie ich, ohne jede ministerielle Kenntnisnahme stundenlang verhandelte.

Die Erwähnung meines damaligen Aufenthalts in Hannover erinnert mich an einen Vorgang, der mir nie klargeworden ist. Dem preußischen Kommissarius, der in Hannover über die schwebenden Zollangelegenheiten zu verhandeln hatte, war von Berlin aus ein Konsul Spiegelthal zur Aushilfe beigeordnet worden. Als ich desselben als eines preußischen Beamten im Gespräche mit dem mir befreundeten Minister von Schele erwähnte, gab dieser lachend sein Erstaunen zu erkennen: »Er hätte den Mann nach seiner

Tätigkeit für einen österreichischen Agenten gehalten.« Ich telegraphierte chiffriert an den Minister von Manteuffel und riet, das Gepäck des Spiegelthal, der in den nächsten Tagen nach Berlin zurückreisen wollte, bei der Zollrevision an der Grenze untersuchen und seine Papiere in Beschlag nehmen zu lassen. Meine Erwartung, in den folgenden Tagen davon zu lesen oder zu hören, erfüllte sich nicht. Während ich die letzten Oktobertage in Berlin und Potsdam zubrachte, erzählte der General von Gerlach mir u.a.: »Manteuffel habe zuweilen ganz sonderbare Einfälle; so habe er vor kurzem verlangt, daß der Konsul Spiegelthal zur königlichen Tafel gezogen werde, und habe unter Stellung der Kabinettsfrage sein Verlangen durchgesetzt.«

5. KAPITEL

KRIMKRIEG. WOCHENBLATTSPARTEI

I

Für die deutsche Sache behielt man in den dem Königtum widerstrebenden Kreisen eine kleine Hoffnung auf Hebelkräfte im Sinne des Herzogs
von Coburg, auf englischen und selbst französischen Beistand, in erster Linie aber auf liberale Sympathien des deutschen Volks. Die praktisch wirksame Betätigung dieser Hoffnungen beschränkte sich auf den kleinen
Kreis der Hofopposition, welche unter dem Namen der Fraktion Bethmann-Hollweg* den Prinzen von Preußen für sich und ihre Bestrebungen
zu gewinnen suchte. Es war dies eine Fraktion, die an dem Volke gar keinen und an der damals als »Gothaer« bezeichneten nationalliberalen Richtung geringen Anteil hatte. Ich habe diese Herren nicht gerade für national-
deutsche Schwärmer gehalten, im Gegenteil. Der einflußreiche, noch
heute (1891) lebende langjährige Adjutant des Kaisers Wilhelm, Graf Karl
von der Goltz**, der einen stets offenen Zugang für seinen Bruder und dessen Freunde abgab, war ursprünglich ein eleganter und gescheiter Gardeoffizier, Stockpreuße und Hofmann, der an dem außerpreußischen
Deutschland nur so viel Interesse nahm, als seine Hofstellung es mit sich
brachte. Er war ein Lebemann, Jagdreiter, sah gut aus, hatte Glück bei Damen, wußte sich auf dem Hofparkett geschickt zu benehmen; aber die Politik stand bei ihm nicht in erster Linie, sondern galt ihm erst, wenn er derselben bei Hofe bedurfte. Daß die Erinnerung an Olmütz das Mittel war,
den Prinzen zum Bundesgenossen für den Kampf gegen Manteuffel zu ge-

------

* Moritz August von Bethmann-Hollweg, geb. 1795, gest. 1877.
** Geb. 1815.

winnen, das konnte niemand besser wissen als er, und um diesen Stachel
für die Empfindung des Prinzen in Wirksamkeit zu erhalten, hatte er auf
Reisen und zu Hause stets gute Gelegenheit.

Die später nach Bethmann-Hollweg benannte Partei, richtiger Koterie,
bestand ursprünglich aus dem Grafen Robert Goltz*, einem Manne von
ungewöhnlicher Befähigung und Tätigkeit. Herr von Manteuffel hatte das
Ungeschick gehabt, diese strebsame Kapazität schlecht zu behandeln; der
dadurch stellungslos gewordene Graf wurde der Impresario für die Truppe, welche zuerst als höfische Fraktion und später als Ministerium des Regenten auf der Bühne erschien. Sie begann in der Presse, besonders durch
das von ihr gegründete »Preußische Wochenblatt«, und durch persönliche
Werbungen in politischen und Hofkreisen sich Geltung zu schaffen. Die
»Finanzierung«, wie die Börse sich ausdrückt, wurde durch die großen
Vermögen Bethmann-Hollwegs und der Grafen Fürstenberg-Stamm-
heim und Pourtalès und die politische Aufgabe, als deren Ziel zunächst
der Sturz Manteuffels gestellt war, von den geschickten Händen der Grafen Goltz und Pourtalès besorgt. Beide schrieben ein elegantes Französisch in geschickter Diktion, während Herr von Manteuffel in der Herstellung diplomatischer Aktenstücke hauptsächlich auf die hausbackne
Tradition seiner Beamten von der französischen Kolonie in Berlin angewiesen war. Auch Graf Pourtalès war von dem Ministerpräsidenten im
Dienste verstimmt und von dem Könige als Rivale Manteuffels ermutigt
worden.

Goltz wollte ohne Zweifel, wenn nicht der unmittelbare Nachfolger Manteuffels, doch früher oder später Minister werden. Er hatte auch das Zeug
dazu, viel mehr als Harry von Arnim, weil er weniger Eitelkeit und mehr Patriotismus und Charakter besaß; freilich auch mehr Zorn und Galle, die sich
vermöge der ihm innewohnenden Energie als Subtrahenda von seiner
praktischen Leistung geltend machten. Ich habe zu seiner Ernennung nach
Petersburg, später nach Paris mitgewirkt und Harry von Arnim aus der unwichtigen Stellung, in welcher ich ihn fand, schnell und nicht ohne Widerspruch in dem Kabinette befördert, aber an diesen beiden Befähigtsten unter meinen diplomatischen Mitarbeitern dasselbe erlebt wie Yglano an
Anselmo in dem Chamissoschen Gedichte.[16]

---

* Graf Robert Heinrich Ludwig von der Goltz, geb. 1817, gest. 1869.

Auch Rudolf von Auerswald* hatte sich der Fraktion zurückhaltend angeschlossen, kam aber im Juni 1854 zu mir nach Frankfurt, um mir zu sagen,
daß er seinen Feldzug der letzten Jahre für verloren halte, sich herauszuzie-
hen wünsche und, wenn er den Gesandtenposten in Brasilien erhielte, versprechen wolle, sich um innere Politik nicht mehr zu kümmern. Obwohl ich
Manteuffel empfahl, in seinem Interesse darauf einzugehen und einen so
feinen Kopf, erfahrenen und achtbaren Mann und Freund des Prinzen von
Preußen auf diese ehrliche Weise zu neutralisieren, so war sein und des General von Gerlach Mißtrauen oder Abneigung gegen Auerswald doch so
stark, daß der Minister dessen Ernennung ablehnte. Manteuffel und Gerlach waren überhaupt, obschon nicht untereinander, doch gegen die Partei
Bethmann-Hollweg einig. Auerswald blieb im Lande und einer der Haupt-
träger der Beziehungen zwischen diesen anti-Manteuffelschen Elementen
und dem Prinzen.

Graf Robert Goltz, mit dem ich aus der Jugend her befreundet war, versuchte in Frankfurt auch mich für die Fraktion zu gewinnen. Ich lehnte den
Beitritt, soweit Mitwirkung zum Sturze Manteuffels von mir gefordert würde, mit der Motivierung ab, daß ich, wie damals der Fall war, mit vollem Vertrauen Manteuffels den Posten in Frankfurt angetreten hatte und es nicht
für ehrlich halten würde, meine Stellung zum Könige zum Sturze Manteuffels zu benutzen, solange letzterer mich nicht in die Notwendigkeit versetzte, mit ihm zu brechen, und daß ich in dem Falle ihm die Fehde und den
Grund derselben vorher offen ansagen würde. Graf Goltz wollte sich damals verheiraten und bezeichnete mir als sein nächstes Verlangen den Ge-
sandtschaftsposten in Athen. »Man soll mir«, setzte er mit Bitterkeit hinzu,
»schon einen Posten geben und einen guten; davor ist mir nicht bange.«

Die scharfe Kritik der Politik Olmütz, die in der Tat nicht so sehr die
Schuld des preußischen Unterhändlers als der, um das wenigste zu sagen,
ungeschickten Leitung der preußischen Politik bis zu seiner Zusammenkunft mit dem Fürsten Schwarzenberg war, und die Schilderung ihrer Folgen, das war die erste Waffe, mit welcher Manteuffel von Goltz angegriffen
und die Sympathie des Prinzen von Preußen gewonnen wurde. In dem soldatischen Gefühle des letzteren war Olmütz ein wunder Punkt, in bezug auf
welchen nur die militärische und royalistische Disziplin dem Könige gegen-

---

* Geb. 1795, gestorben 15. Januar 1866.

über die Empfindung der Kränkung und des Schmerzes beherrschte. Trotz seiner großen Liebe zu seinen russischen Verwandten, die zuletzt in der innigen Freundschaft mit Alexander II. zum Ausdrucke kam, behielt er das Gefühl einer Demütigung, die Preußen durch den Kaiser Nikolaus erlitten hatte, und diese Empfindung wurde um so stärker, je mehr seine Mißbilligung der Manteuffelschen Politik und der österreichischen Einflüsse ihn der ihm früher ferner liegenden deutschen Aufgabe Preußens näherrückte.

Im Sommer 1853 schien es, daß Goltz sich seinem Ziele nähern, zwar nicht Manteuffel verdrängen, aber doch Minister werden werde. Der General Gerlach schrieb mir am 6. Juli:

»Von Manteuffel hörte ich, daß Goltz ihm erklärt hat, nur dann in das Ministerium eintreten zu können, wenn die Umgebung des Königs geändert, d. h. ich fortgeschickt würde. Ich glaube übrigens, ja ich könnte sagen, ich weiß es, daß Manteuffel Goltz als Rat in das Auswärtige Ministerium hat haben wollen, um gegen andre Personen dort, wie Le Cocq (wohl eher gegen Gerlach und dessen Freunde am Hofe) usw. ein Gegengewicht zu haben, was nun, Gott sei Dank, durch Goltzens Trotz vereitelt ist. – Ich denke mir, daß ein Plan im Werke ist – ob in allen zum Mithandeln bestimmten Personen bewußt oder unbewußt, halb oder ganz, lasse ich dahingestellt sein –, ein Ministerium unter den Auspizien des Prinzen von Preußen zu formieren, in dem, nach Entfernung von Raumer, Westphalen, Bodelschwingh, Manteuffel als Präses, Ladenberg als Kultus, Goltz als Auswärtiger funktionieren und welches sich die Kammermajorität verschafft, was ich nicht für sehr schwierig halte. Damit sitzt der arme König zwischen der Kammermajorität und seinem Nachfolger und kann sich nicht rühren. Alles, was Westphalen und Raumer zustande gebracht, und sie sind die einzigen Menschen, die etwas getan, würde wieder verlorengehen, von den übrigen Folgen zu schweigen. Manteuffel als doppelter Novembermann wäre wie schon jetzt inévitable.«

Der Gegensatz der verschiedenen Elemente, welche die Entschließung des Königs zu bestimmen suchten, steigerte sich, der Angriff der Bethmann-Hollwegschen Fraktion auf Manteuffel belebte sich während des Krimkriegs. Der Ministerpräsident hat seine Abneigung gegen den Bruch mit Österreich und gegen eine Politik, wie sie nach den böhmischen Schlachtfeldern führte, am nachdrücklichsten in allen für unsre Freundschaft mit Österreich kritischen Momenten betätigt. In der Zeit des Fürsten Schwarzenberg, demnächst des Krimkrieges und der Ausbeutung Preußens für die österreichische Orientpolitik erinnerte unser Verhältnis zu Österreich an das zwischen Leporello und Don Juan. In Frankfurt, wo zur Zeit des Krimkriegs die übrigen Bundesstaaten außer Österreich versuchsweise verlangten, daß Preußen sie der österreichisch-westmächtlichen Vergewaltigung gegenüber vertrete, konnte ich als Träger der preußischen Politik mich einer Beschämung und Erbitterung nicht erwehren, wenn ich sah, wie wir gegenüber den nicht einmal in höflichen Formen vorgebrachten Zumutungen Österreichs jede eigne Politik und jede selbständige Ansicht opferten, von Posten zu Posten zurückwichen unter dem Druck der Inferiorität, in Furcht vor Frankreich und in Demut vor England, im Schlepptau Österreichs Deckung suchten. Der König war nicht unempfänglich für diesen meinen Eindruck, aber nicht geneigt, denselben durch eine Politik im großen Stile abzuschütteln.

Nachdem England und Frankreich am 28. März 1854 Rußland den Krieg erklärt hatten, waren wir mit Österreich das Schutz- und Trutzbündnis vom 20. April eingegangen, welches Preußen verpflichtete, unter Umständen 100 000 Mann in Zeit von 36 Tagen zu konzentrieren, ein Drittel in Ostpreußen, die beiden andern zu Posen oder zu Breslau, und sein Heer, wenn die Umstände es erheischten, auf 200 000 Mann zu bringen, sich behufs alles dessen mit Österreich zu verständigen.

Unter dem 3. Mai schrieb mir Manteuffel folgenden pikierten Brief:

»General von Gerlach teilte mir soeben mit, daß des Königs Majestät Euer pp. behufs Besprechung über die Behandlung des Österreich-preußischen Bündnisses am Bunde hier anwesend zu sehen befohlen und daß der Herr General in diesem Sinne Euer pp. bereits geschrieben habe. In Gemäßheit dieses allerhöchsten Befehls, von dem mir übrigens vorher nichts bekannt gewesen, darf ich keinen Anstand nehmen, Euer pp. ganz ergebenst zu veranlassen, sich unverzüglich hierher zu verfügen. Mit Rücksicht auf die beim Bundestage bevorstehenden Verhandlungen dürfte Ihr Aufenthalt hierselbst nicht von langer Dauer sein können.«

Bei Besprechung des Vertrages vom 20. April schlug ich dem Könige vor, diese Gelegenheit zu benutzen, um uns und die preußische Politik aus der sekundären und, wie mir schien, unwürdigen Lage herauszuheben und eine Stellung einzunehmen, welche uns die Sympathie und die Leitung der deutschen Staaten gewonnen hätte, die mit uns und durch uns in unabhängiger Neutralität zu verbleiben wünschten. Ich hielt dies für erreichbar, wenn wir, sobald Österreich die Truppenaufstellung verlangte, freundlich und bereitwillig darauf eingingen, aber die Aufstellung der 66 000 und faktisch mehr Mann nicht bei Lissa, sondern in Oberschlesien machten, so daß unsre Truppen in der Lage seien, die russische oder die österreichische Grenze mit gleicher Leichtigkeit zu überschreiten, namentlich wenn wir uns nicht genierten, die Ziffer 100 000 uneingestanden zu überschreiten. Mit 200 000 Mann würde Se. Majestät in diesem Augenblick Herr der gesamten europäischen Situation werden, den Frieden diktieren und in Deutschland eine Preußens würdige Stellung gewinnen können.

Frankreich war nicht imstande, neben der Leistung, mit der es in der Krim beschäftigt war, bedrohlich an unsrer Westgrenze aufzutreten. Österreich hatte seine disponiblen Kräfte in Ost-Galizien stehen, wo sie von Krankheiten mehr Verluste erlitten als auf Schlachtfeldern. Sie waren festgenagelt durch die, auf dem Papier wenigstens, 200 000 Mann starke russische Armee in Polen, deren Marsch nach der Krim die dortige Situation entschieden haben würde, wenn die österreichische Grenzaufstellung ihn hätte zulässig erscheinen lassen. Es gab schon damals Diplomaten, welche die Herstellung Polens unter österreichischem Patronat in ihr Programm aufgenommen hatten. Jene beiden Armeen standen einander gegenüber fest, und es war für Preußen möglich, durch seinen Beistand einer von ihnen die Oberhand zu gewähren. Die Wirkung einer englischen Blockade, welche unsre Küste hätte treffen können, würde nicht gefährlicher gewesen sein als die wenige Jahre früher mehrmals ausgestandene, uns ebenso vollständig abschließende dänische und aufgewogen durch die Erlangung unsrer und der Deutschen Unabhängigkeit von dem Drucke und der Drohung einer österreichisch-französischen Allianz und Vergewaltigung der zwischenliegenden Mittelstaaten. Während des Krimkrieges sagte mir der alte König von Württemberg in vertraulicher Audienz am Kamin in Stuttgart: »Wir deutschen Südstaaten können nicht gleichzeitig die Feindschaft Österreichs und Frankreichs auf uns nehmen, wir sind zu nahe unter der Ausfallpforte Straßburg und vom Westen her okkupiert, bevor uns von Berlin Hilfe kommen kann. Württemberg wird überfallen, und wenn ich ehrlich mich in das preußische Lager zurückziehe, so werden die Klagen meiner vom Feinde bedrückten Untertanen mich zurückrufen; das württembergische Hemd ist mir näher als der Rock des Bundes.« Die nicht unbegründete Hoffnungslosigkeit, welche in dieser Äußerung des gescheiten alten Herrn lag, und die mehr oder weniger zornige Empfindung in andern Bundesstaaten – nur nicht in Darmstadt, wo Herr von Dalwigk-Coehorn sicher auf Frankreich baute – diese Stimmungen würden sich wohl geändert haben, wenn ein nachdrückliches Auftreten Preußens in Oberschlesien den Beweis lieferte, daß weder Österreich noch Frankreich uns damals überlegenen Widerstand zu leisten vermochten, wenn wir ihre entblößte und gefährdete Situation entschlossen benutzten.

Der König war nicht unempfänglich für die überzeugte Stimmung, in welcher ich ihm die Sachlage und die Eventualitäten darstellte; er lächelte wohlgefällig und sagte im Berliner Dialekt: »Liebeken, das ist sehr schöne, aber es is mich zu teuer. Solche Gewaltstreiche kann ein Mann von der Sorte Napoleons wohl machen, ich aber nicht.«

II

Der zögernde Beitritt der deutschen Mittelstaaten, die sich in Bamberg beraten hatten[17], zu dem Vertrage vom 20. April, die Bemühungen des Grafen Buol, einen Kriegsfall zu schaffen, die durch die Räumung der Wallachei und Moldau seitens der Russen vereitelt wurden, die von ihm beantragte und im Geheimnis vor Preußen abgeschlossene Allianz mit den Westmächten vom 2. Dezember, die vier Punkte der Wiener Konferenz und der weitere Verlauf bis zu dem Pariser Frieden vom 30. März 1856 sind von Sybel aus den Archiven dargestellt, und meine amtliche Stellungnahme zu allen diesen Fragen ergibt sich aus dem Werke »Preußen im Bundestage«. Über das, was in dem Kabinett vorging, über die Erwägungen und Einflüsse, welche den König in den wechselnden Phasen bestimmten, erhielt ich von dem General von Gerlach Mitteilungen, von denen ich die interessanteren einflechte. Wir hatten für diese Korrespondenz eine Art von Chiffre verabredet, in welcher die Staaten durch die Namen uns bekannter Dörfer, die Personen nicht ohne Humor durch Figuren aus Shakespeare bezeichnet waren.

»Berlin, den 24. April 1854

Manteuffel hat seinen Abschluß mit (dem Feldzeugmeister) Heß zustande gebracht, und zwar auf eine Art, die ich nicht anders als eine verlorene Schlacht bezeichnen kann. Alle meine militärischen Berechnungen, die entschieden bewiesen, daß Österreich es nie wagen würde, ohne uns zu einem bestimmten Abschluß mit den Westmächten zu kommen, haben nichts geholfen; man hat sich von den Furchtsamen furchtsam machen lassen, und so weit muß ich Manteuffel recht geben, daß es gar nicht unmöglich ist, daß eben aus Furcht Österreich den kühnen Sprung nach Westen hätte machen können.

Doch dem sei, wie ihm wolle, dieser Abschluß ist ein fait accompli, und man muß jetzt wie nach einer verlorenen Schlacht die zerstreuten Kräfte sammeln, um dem Gegner sich wieder entgegenstellen zu können, und da ist denn das nächste, daß in dem Vertrage alles auf gegenseitiges Einverständnis gestellt ist. Aber eben deshalb wird die nächste und auch sehr üble Folge sein, daß wir, sobald wir die uns richtig scheinende Auslegung geltend machen, der Doppelzüngigkeit und Wortbrüchigkeit angeklagt werden. Dagegen müssen wir uns zunächst dickfellig machen, dann aber dergleichen zuvorkommen, indem wir unsre Auslegung des Vertrages sofort aussprechen, sowohl in Wien als in Frankfurt, noch bevor eine Kollision eingetreten ist. Was hilft aber diese Flickerei, die zuletzt doch eine undankbare Arbeit ist. Es liegt in der Natur des Menschen, also auch unseres Herrn, daß wenn er *mit* einem Diener einen Bock oder vielmehr eine Ricke geschossen hat, er *diesen* zunächst hält und die besonnenen und treuen Freunde schlecht behandelt. In der Lage bin ich jetzt, und sie ist wahrlich nicht beneidenswert.

Sanssouci, den 1. Juli 1854

Die Dinge haben sich einmal wieder furchtbar verwickelt, aber doch so, daß man, wenn alles klappt, ein gutes Ende für möglich halten kann. Wenn wir Österreich nicht solange als möglich festhalten, so laden wir eine schwere Schuld auf uns, rufen die Trias[18] ins Leben, welche der Anfang des Rheinbundes ist und den französischen Einfluß bis unter die Tore von Berlin bringt. Jetzt haben die Bamberger es versucht, sich unter dem Protektorate von Rußland als Trias zu konstituieren, wohl wissend, daß es ein leichtes ist, ein Protektorat zu wechseln, um so mehr, da die russisch-französische Allianz doch das Ende vom Liede ist, wenn England nicht bald die Augen aufgehen über die Torheit des Krieges und des Bündnisses mit Frankreich.

Sanssouci, den 22. Juli 1854

Für die deutsche Diplomatie, so weit sie jetzt von Preußen ausgeht, öffnet sich ein glänzendes Schlachtfeld, denn leider scheint es, daß Prokesch nicht unrecht hat, wenn er für seinen Kaiser die Kriegstrompete bläst. Die Wiener Nachrichten sind gar nicht besonders, obschon ich es doch noch nicht aufgebe, daß in der elften Stunde Buol und der Kaiser auseinandergehen werden – es wäre der größte Fehler, den man machen könnte, wenn man den mir noch nicht ganz verständlichen antifranzösischen Enthusiasmus von Bayern, Württemberg, Sachsen und Hannover unbenutzt vorübergehen ließe. Sobald man mit Österreich im klaren, d.h. sowie dessen westmächtliche Sympathien klar hervortreten, müssen die lebhaftesten Verhandlungen mit den deutschen Mächten beginnen, und wir müssen einen Fürstenbund schließen, ganz anders und fester als der von Friedrich dem II. war.

Charlottenburg, den 9. August 1854

Manteuffel ist bis jetzt ganz vernünftig, aber wie Sie wissen, unzuverlässig. Ich glaube, daß Sie die Aufgabe haben, nach zwei Seiten hin für den richtigen Weg zu wirken. Einmal, daß Sie Prokesch die richtige Politik über dem Kopfe wegnehmen und ihm zu verstehen geben, daß jetzt jeder Vorwand wegfällt, Österreich in seinem Kriegsgelüste nachzusehen, und dann, daß Sie den deutschen Mächten den Weg weisen, den sie zu gehen haben. Es ist ein eigen Unglück, daß der Aufenthalt (des Königs Friedrich Wilhelm) in München wieder an gewisser Stelle germanomanischen Enthusiasmus erregt hat. Eine deutsche Reservearmee, er an der Spitze, ist der konfuse Gedanke, der eine nicht gute Einwirkung auf die Politik macht. Ludwig XIV. sagte l'état c'est moi. Mit viel mehr Recht kann Se. Majestät sagen l'Allemagne c'est moi.

L. v. G.«

Daneben gewährte der nachstehende Brief des Kabinettsrats Niebuhr an mich einen weiteren Einblick auf die Stimmung am Hofe.

»Puttbus, den 22. August 1854

Ich verkenne gewiß nicht gute Intentionen, wenn sie auch meiner Überzeugung nach nicht an der (richtigen) Stelle und noch weniger richtig ausgeführt sind, und ebensowenig das Recht von Interessen, wenn sie auch demjenigen, was ich für richtig halten muß, schnurstracks widersprechen. Aber ich verlange Wahrheit und Klarheit, und deren Mangel kann mich zur Desperation bringen. Mangel an Wahrheit *nach außen* kann ich *unsrer* Politik nun nicht zum Vorwurf machen: wohl aber Unwahrheit *gegen uns selbst.* Wir würden ganz anders dastehen und vieles unterlassen haben, wenn wir uns die eigentlichen Motive dazu eingestanden hätten, statt uns beständig vorzuspiegeln, daß die einzelnen Akte unsrer Politik Konsequenzen der richtigen Grundgedanken derselben seien. Die fortgesetzte Teilnahme an den Wiener Konferenzen nach dem Einlaufen der englisch-französischen Flotte in die Dardanellen und jetzt zuletzt die Unterstützung der westmächtlich-österreichischen Forderungen in Petersburg haben ihren wahren Grund in der kindischen Furcht, ›aus dem Concert européen hinausgedrängt zu werden‹ und ›die Stellung als Großmacht zu verlieren‹. Die größten Albernheiten, die zu denken sind, denn von einem Concert européen zu sprechen, wenn zwei Mächte mit einer dritten im Kriege sind, ist doch geradezu ein hölzernes Eisen, und unsre Stellung als Großmacht verdanken wir doch wahrhaftig nicht der Gefälligkeit von London, Paris und Wien, sondern unsrem guten Schwerte. Überdem aber spielt überall eine Empfindlichkeit gegen Rußland mit, die ich vollkommen begreife und auch teile, der man aber jetzt nicht nachgeben kann, ohne zugleich uns selbst zu züchtigen.

Wo man nicht wahr gegen sich selbst ist, ist man allemal auch nicht klar. Und so leben und handeln wir zwar nicht in solcher Unklarheit wie in Wien, wo man wie ein Schlaftrunkener alle Augenblicke handelt, als ob man schon im Kriege mit Rußland wäre: aber wie man neutral und Friedensvermittler sein und zugleich Propositionen wie die letzten der Seemächte empfehlen kann, verstehe ich mit meinen schwachen Verstandeskräften nicht.«

Die folgenden Brieffragmente sind wieder von Gerlach.

»Sanssouci, den 13. Oktober 1854

Seitdem ich alles gelesen und nach Kräften gegeneinander abgewogen habe, halte ich es für *sehr wahrscheinlich,* daß die zwei Drittel Stimmen Österreich nicht entgehen werden, Hannover spielt ein falsches Spiel, Braunschweig ist westmächtlich, die Thüringer ebenso, Bayern ist in allen Zuständen und der K. M. ist ein schwankendes Rohr. Selbst über Beust gehen zweifelhafte Nachrichten ein. Hierzu kommt, daß man in Wien zum Kriege entschlossen scheint. Man sieht ein, daß die expektative bewaffnete

Stellung nicht länger durchzuführen ist, schon finanziell nicht, und hält das Umkehren für gefährlicher als das Vorwärtsgehen. Leicht ist das Umkehren auch wirklich nicht, und ich sehe auch nicht ein, woher dem Kaiser dazu die Entschlossenheit kommen soll. Österreich kann sich für das erste und oberflächlich leichter mit den revolutionären Plänen der Westmächte verständigen als Preußen, z.B. mit einer Restauration von Polen, einem rücksichtslosen Verfahren gegen Rußland usw., sowie es keinem Zweifel unterliegt, daß Frankreich und England ihm auf der andern Seite noch leichter als uns Verlegenheiten bereiten können, sowohl in Ungarn als in Italien. Der Kaiser ist in den Händen seiner Polizei, und was das heißt, habe ich in den letzten Jahren gelernt*, hat sich vorlügen lassen, Rußland habe Kossuth aufgehetzt usw. Er hat damit sein Gewissen beschwichtigt, und was die Polizei nicht vermag, das leistet der Ultramontanismus, die Wut gegen die orthodoxe Kirche und gegen das protestantische Preußen. Daher ist auch schon jetzt von einem Königreich Polen unter einem österreichischen Erzherzoge die Rede. Aus allem diesem folgt, daß man sehr auf seiner Hut sein und auf alles, selbst auf einen Krieg gegen die mit Österreich verbündeten Westmächte, gefaßt sein muß, daß den deutschen Fürsten nicht zu trauen ist usw. Der Herr möge uns geben, daß wir nicht schwach befunden werden, aber ich müßte eine Unwahrheit sagen, wenn ich den Leitern unsrer Geschicke fest vertraute. Halten wir daher eng zusammen. Anno 1850 hatte Radowitz uns etwa (aktiv) auf denselben Punkt gebracht wie Buol jetzt passiv von drüben her.

Sanssouci, den 15. November 1854

Was Österreich anbetrifft, so ist mir durch die letzten Verhandlungen endlich die dortige Politik klargeworden. In meinem Alter ist man von schweren Begriffen. Die österreichische Politik ist keine ultramontane der Hauptsa-

---

* Gerlach hat dabei wohl an Ohm und Hantge gedacht, auch an die Berichte, welche der phantasiereiche und gut bezahlte Österreicher Tausenau aus London über gefährliche Anschläge der deutschen Flüchtlinge erstattete. Der König muß über die Zuverlässigkeit dieser Meldungen zweifelhaft geworden sein; er beauftragte direkt aus seinem Kabinett den Gesandten Bunsen, von der englischen Polizei Erkundigungen einzuziehen, die dahin ausfiel, daß die deutschen Flüchtlinge in London zu viel mit dem Erwerb ihres Lebensunterhaltes zu tun hätten, um an Attentate zu denken.

che nach, wie es sich Se. Majestät konstruiert, obschon sie den Ultramontanismus nach den Umständen gebraucht; sie hat keine großen Pläne von Eroberungen im Orient, obschon sie auch davon etwas mitnimmt; sie denkt
auch nicht an die deutsche Kaiserkrone. Alles das ist zu erhaben und wird
nur hin und wieder als Mittelchen zum Zweck benutzt. Die österreichische
Politik ist eine Politik der Furcht, basiert auf die schwierige innere und äußere Lage in Italien, Ungarn, in den Finanzen, in dem zerstörten Recht, in
der Furcht vor Bonaparte, in der Angst vor russischer Rache, auch in der
Furcht vor Preußen, dem man viel mehr Böses zutraut, als irgend jemand je
hier gedacht hat. Meyendorf sagt: ›Mein Schwager Buol ist ein politischer
Hundsfott; er fürchtet jeden Krieg, aber allerdings mehr einen Krieg mit
Frankreich als mit Rußland.‹ Dieses Urteil ist ganz richtig, und diese Furcht
ist das, was Österreich bestimmt.

Ich glaube, wenn man betrachtet, daß es immer ein gefährliches Ding ist,
allein zu stehen, daß die Dinge hier im Lande so sind, daß es auch gefährlich
ist, sie auf die Spitze zu treiben, da weder Manteuffel noch – zuverlässig
sind, so scheint es mir immer der Klugheit angemessen, Österreich so weit
als möglich nachzugehen. Über diese Möglichkeit hinaus liegt aber jede Allianz mit Frankreich, die wir weder moralisch, noch finanziell, noch militärisch ertragen können. Sie wäre unser Tod, wir verlören unsern Ruhm von
1813-1815, von dem wir leben, wir würden den mit Recht mißtrauischen Alliierten Festungen einräumen, wir würden sie ernähren müssen. Bonaparte,
l'élu de sept millions, würde bald einen König von Polen finden, der auf
demselben Rechtstitel stände und dem man mit Leichtigkeit die Wähler in
beliebiger Anzahl finden würde.

Potsdam, den 4. Januar 1855
Ich glaube, daß wir einig sein würden, wenn Sie hier wären, das heißt in
dem, was zu tun ist, wenn auch nicht im Prinzip, denn ich halte mich an die
Heilige Schrift, daß man nicht Böses tun darf, daß Gutes daraus werde, weil
derer, die das tun, Verdammnis ganz recht ist. Mit Bonaparte und dem Liberalismus buhlen, ist aber böse, im gegebenen Fall aber außerdem auch meines Erachtens unweise. Sie vergessen (ein Fehler, in den jeder fällt, der eine
Weile von hier fort ist) die Persönlichkeiten, welche doch das Entscheidende
sind. Wie können Sie solche indirekten Finasserien mit einem völlig prinzi-
pienlosen, unzuverlässigen Minister, der in den falschen Weg unwillkürlich

hineingezogen wird, und mit einem, um nicht mehr zu sagen, unberechenbar, eigentümlichen Herrn machen. Bedenken Sie doch, daß Manteuffel prinzipaliter Bonapartist ist, denken Sie an sein Benehmen bei dem coup d'état, an die von ihm damals patronisierte Quehlsche Schrift, und wenn Sie etwas Neues haben wollen, so kann ich Ihnen sagen, daß er jetzt an Werther (damals Gesandter in Petersburg) die törichte Ansicht geschrieben hat, daß, wenn man Rußland nützen wolle, man dem Vertrage vom 2. Dezember beitreten müssen, um bei den Verhandlungen mitzusprechen.

Nähmen die Verhandlungen in Wien einen Charakter an, so daß man auf einen Erfolg rechnen kann, so wird man uns schon zuziehen und uns mit unsern 300 000 Mann nicht ignorieren. Schon jetzt wäre das nicht möglich, wenn man sich nicht durch Hinken, nicht, wie das oft geschehen, nach zwei, sondern, was selten geschehen, nach drei Seiten, um alle Einflößung von Furcht gebracht hätte.

Ich wünsche sehr, daß Sie, wenn auch nur auf wenige Tage, herkämen, um sich zu orientieren. Ich weiß aus eigener Erfahrung, wie schnell man bei einer irgend längeren Abwesenheit desorientiert ist. Denn eben wegen ihrer personalissimen Eigenschaft ist es so schwer, unsre Zustände durch Schreiben verständlich zu machen, besonders wenn unzuverlässige prinzipienlose Charaktere im Spiel sind. Mir ist immer sehr unheimlich, wenn Se. Majestät mit Manteuffel Geheimnisse haben; denn wenn der König seiner Sache vor Gott und seinem Gewissen gewiß ist, so ist er gegen viele, nicht etwa bloß gegen mich, offener als gegen Manteuffel. Bei jenen Heimlichkeiten aber entsteht ein Gebräu von Schwäche und Finasserie auf der einen und von animosem Servilismus auf der andern Seite, was in der Regel etwas sehr Unglückliches zur Welt bringt.

Berlin, 23. Januar 1855

Was mich ganz niederschlägt, ist der allgemein verbreitete Bonapartismus und die Indifferenz und der Leichtsinn, womit man diese größte aller Gefahren auf sich zukommen sieht. Ist es denn so schwer zu erkennen, wohin dieser Mensch will? Und wie stehen hier die Sachen? The king can do no wrong.[19] Von dem schweige ich; Manteuffel ist völlig Bonapartist. Bunsen mitsamt Usedom sind keine Preußen. Hatzfeld in Paris hat eine bonapartistische Frau und ist so eingeseift, daß sein hiesiger Schwager den alten Bonaparte im Vergleich zu dem jetzigen für einen Esel hält. Was soll daraus werden, und wie darf man dem Könige Vorwürfe machen, wenn er so bedient ist? Von den irregulären Ratgebern zu schweigen.

L. v. G.«

Bei Manteuffel hatte eine aktive und unternehmende antiösterreichische Politik noch weniger Aussicht auf Anklang als bei dem Könige. Mein damaliger Chef machte mir in der Diskussion der Frage unter vier Augen wohl den Eindruck, als teile er meine borussische Entrüstung über die geringschätzige und verletzende Art der Behandlung, die wir von der Politik Buol-Prokesch erfuhren. War aber die Situation bis zum Handeln gediehen, kam es darauf an, einen wirksamen diplomatischen Schritt in anti-österreichischer Richtung zu tun oder auch nur die Fühlung mit Rußland so weit festzuhalten, daß wir diesem bis dahin befreundeten Nachbarn gegenüber nicht direkt feindlich auftraten, dann spitzte sich die Sache in der Regel dahin zu, daß eine Kabinettskrisis zwischen dem Könige und dem Ministerpräsidenten entstand und der erstere dem letzteren gelegentlich mit mir oder auch mit dem Grafen Alvensleben drohte, in einem Falle auch, im Winter 1854, mit dem Grafen Albert Pourtalès aus der Bethmann-Hollwegschen Koterie, obschon dessen Auffassung der auswärtigen Politik die entgegengesetzte von der meinigen und auch mit der des Grafen Alvensleben schwerlich verträglich war.

Das Ende der Krisis führte den König und den Minister stets wieder zusammen. Von den drei Gegenkandidaten hatte Alvensleben ziemlich öffentlich erklärt, er würde unter diesem Monarchen nie wieder ein Amt annehmen. Der König wollte mich zu ihm nach Erxleben schicken; ich riet davon ab, weil Alvensleben mir vor kurzem obige Erklärung mit Bitterkeit in Frankfurt wiederholt hatte. Als wir uns später wiedersahen, war seine Verstimmung gehoben, er war geneigt, einer Aufforderung Sr. Majestät entgegenzukommen, und wünschte, daß ich in dem Falle mit ihm eintreten möge. Der König ist aber mir gegenüber nicht auf Alvensleben zurückgekommen, vielleicht weil in der Zeit nach meinem Besuche in Paris (August 1855) eine Erkältung am Hofe und namentlich bei Ihrer Majestät der Königin mir gegenüber eingetreten war. Graf Pourtalès war dem Könige »zu unabhängig«; »er hat 30 000 Rthlr. Einkommen zuviel und ist deshalb ungehorsam«, sagte Se. Majestät. Der König war der Meinung, daß arme und auf Gehalt angewiesene Minister »gehorsamer« wären. Ich selbst entzog mich

der verantwortlichen Stellung unter diesem Herrn, wie ich konnte, und
söhnte ihn mit Manteuffel aus, den ich zu diesem Zwecke auf dem Lande
(Crossen) besuchte.

III

In dieser Situation trieb die Wochenblattspartei, wie sie auch genannt wurde, ein merkwürdiges Doppelspiel. Ich erinnere mich der umfangreichen
Denkschriften, welche die Herren unter sich austauschten und durch deren
Mitteilung sie mitunter auch mich für ihre Sache zu gewinnen suchten. Darin war ein Ziel aufgestellt, nach dem Preußen als Vorkämpfer Europas zu
streben hätte, die Zerstückelung Rußlands, der Verlust der Ostseeprovinzen
mit Einschluß von Petersburg an Preußen und Schweden, des Gesamtge-
biets der Republik Polen in ihrer größten Ausdehnung und die Zersetzung
des Überrestes durch Teilung zwischen Groß- und Kleinrussen, abgesehen
davon, daß fast die Mehrheit der Kleinrussen schon dem Maximalgebiet der
Republik Polen gehört hatte. Zur Rechtfertigung dieses Programms wurde
mit Vorliebe die Theorie des Freiherrn von Haxthausen-Abbenburg (Studi-
en über die inneren Zustände Rußlands) benutzt, daß die drei Zonen mit ihren einander ergänzenden Produkten den hundert Millionen Russen, wenn
sie vereinigt blieben, das Übergewicht über Europa sichern müßten.

   Aus dieser Theorie wurde die Notwendigkeit der Pflege des natürlichen
Bündnisses mit England entwickelt, mit dunklen Andeutungen, daß England, wenn Preußen ihm mit seiner Armee gegen Rußland diene, seinerseits die preußische Politik in dem Sinne, den man damals den »Gothaer«
nannte, fördern würde. Von der angeblichen öffentlichen Meinung des englischen Volkes im Bunde bald mit dem Prinzen Albert, welcher dem Könige
und dem Prinzen von Preußen unerbetene Lektionen erteilte, bald mit Lord
Palmerston, der im November 1851 gegen eine Deputation radikaler Vor-
städter England als den einsichtigen Sekundanten (judicous bottleholder)
jedes für seine Freiheit kämpfenden Volkes bezeichnete und später in Flug-
schriften den Prinzen Albert als den gefährlichsten Gegner seiner befreien-
den Anstrengungen denunzieren ließ, von diesen Hilfen wurde die Gestaltung der deutschen Zustände mit Sicherheit vorhergesagt, welche später
von der Armee des Königs Wilhelm auf den Schlachtfeldern erkämpft worden ist. Die Frage, ob Palmerston oder ein andrer englischer Minister ge-

neigt sein würde, Arm in Arm mit dem gothaisierenden Liberalismus und mit der Fronde am preußischen Hofe Europa zu einem ungleichen Kampfe herauszufordern und englische Interessen auf dem Altar der deutschen Einheitsbestrebungen zu opfern – die weitere Frage, ob England dazu ohne andern kontinentalen Beistand als den einer in coburgische Wege geleiteten preußischen Politik imstande sein würde –, diese Fragen bis ins Ende durchzudenken, fühlte niemand den Beruf, am allerwenigsten die Fürsprecher derartiger Experimente. Die Phrase und die Bereitwilligkeit, im Parteiinteresse jede Dummheit hinzunehmen, deckte alle Lücken in dem windigen Bau der damaligen westmächtlichen Hofnebenpolitik. Mit diesen kindischen Utopien spielten sich die zweifellos klugen Köpfe der Bethmann-Hollwegschen Partei als Staatsmänner aus, hielten es für möglich, den Körper von sechzig Millionen Großrussen in der europäischen Zukunft als ein caput mortuum zu behandeln, welches man nach Belieben mißhandeln könne, ohne daraus einen sichern Bundesgenossen jedes zukünftigen Feindes von Preußen zu machen und ohne Preußen in jedem französischen Kriege zur Rückendeckung gegen Polen zu nötigen, da eine Polen befriedigende Auseinandersetzung in den Provinzen Preußen und Posen und selbst noch in Schlesien unmöglich ist, ohne den Bestand Preußens aufzulösen. Diese Politiker hielten sich damals nicht nur für weise, sondern wurden in der liberalen Presse als solche verehrt.

Von den Leistungen des preußischen Wochenblatts ist mir unter andern eine in der Erinnerung geblieben, ein Memoir, das angeblich unter dem Kaiser Napoleon in dem Auswärtigen Amte in Petersburg behufs Unterweisung des Thronfolgers ausgearbeitet war und die in dem apokryphen, ungefähr um das Jahr 1810 in Paris entstandenen Testamente Peters des Großen niedergelegten Grundzüge der russischen Politik auf die Gegenwart anwendet und Rußland mit einer gegen alle Staaten gerichteten Minierarbeit zum Zwecke der Weltherrschaft beschäftigt erscheinen läßt. Es ist mir später mitgeteilt worden, daß dieses in die ausländische, namentlich die englische Presse übergegangene Elaborat von Constantin Frantz geliefert war.

Während Goltz und seine Berliner Genossen ihre Sache mit einem gewissen Geschick betrieben, von welchem der erwähnte Artikel eine Probe ist, war Bunsen, Gesandter in London, so unvorsichtig, im April 1854[20] dem Minister Manteuffel eine lange Denkschrift einzusenden, welche die Herstellung Polens, die Ausdehnung Österreichs bis in die Krim, die Versetzung der Ernestinischen Linie auf den sächsischen Königsthron und dergleichen mehr forderte und die Mitwirkung Preußens für dieses Programm empfahl. Gleichzeitig hatte er nach Berlin gemeldet, die englische Regierung würde mit der Erwerbung der Elbherzogtümer durch Preußen einverstanden sein, wenn letzteres sich den Westmächten anschließen wolle, und in London hatte er zu verstehn gegeben, daß die preußische Regierung dazu unter der bezeichneten Gegenleistung bereit sei. Zu beiden Erklärungen war er nicht ermächtigt. Das war denn doch dem Könige, als er dahinterkam, zuviel, sosehr er Bunsen liebte. Er ließ ihn durch Manteuffel anweisen, einen langen Urlaub zu nehmen, der dann in den Ruhestand überging. In der von der Familie herausgegebenen Biographie Bunsens ist jene Denkschrift, mit Weglassung der ärgsten Stellen, aber ohne Andeutung von Lücken, abgedruckt und die amtliche Korrespondenz, welche mit der Beurlaubung endigte, in einseitiger Färbung wiedergegeben. Ein im Jahre 1882 in die Presse gelangter Brief des Prinzen Albert an den Freiherrn von Stockmar, in welchem »der Sturz Bunsens« aus einer russischen Intrige erklärt und das Verhalten des Königs sehr abfällig beurteilt wird, gab Veranlassung, den vollständigen Text der Denkschrift und, immer noch mit Schonung, den wahren Hergang der Sache nach den Akten zu veröffentlichen (»Deutsche Revue« 1882, S. 152ff.).

In die Pläne der Ausschlachtung Rußlands hatte man den Prinzen von Preußen nicht eingeweiht. Wie es gelungen, ihn für eine Wendung gegen Rußland zu gewinnen, ihn, der vor 1848 seine Bedenken gegen die liberale und nationale Politik des Königs nur in den Schranken brüderlicher Rücksicht und Unterordnung geltend gemacht hatte, zu einer ziemlich aktiven Opposition gegen die Regierungspolitik zu bewegen, trat in einer Unterredung hervor, welche ich mit ihm in einer der Krisen hatte, in welchen mich der König zum Beistande gegen Manteuffel nach Berlin berufen hatte. Ich wurde gleich nach meiner Ankunft zu dem Prinzen befohlen, der mir in einer durch seine Umgebung erzeugten Gemütserregung den Wunsch aussprach, ich solle dem Könige im westmächtlichen und antirussischen Sinne zureden. Er sagte: »Sie sehen sich hier zwei streitenden Systemen gegenüber, von denen das eine durch Manteuffel, das andre, russenfreundliche, durch Gerlach und den Grafen Münster in Petersburg vertreten ist. Sie kommen frisch hierher, sind vom Könige gewissermaßen als Schiedsmann berufen. Ihre Meinung wird daher den Ausschlag geben, und ich beschwöre Sie, sprechen Sie sich so aus, wie es nicht nur die europäische Situation, sondern auch ein richtiges Freundesinteresse für Rußland erfordert. Rußland ruft ganz Europa gegen sich auf und wird schließlich unterliegen.« – »Alle diese prächtigen Truppen« – es war dies nach den für die Russen nachteiligen Schlachten vor Sebastopol – »alle unsre Freunde, die dort geblieben sind« – er nannte mehrere – »würden noch leben, wenn wir richtig eingegriffen und Rußland zum Frieden gezwungen hätten. Es würde damit enden, daß Rußland, unser alter Freund und Bundesgenosse, vernichtet oder in gefährlicher Weise geschädigt würde. Unsre, von der Vorsehung gegebene Aufgabe sei es, den Frieden diktatorisch herbeizuführen und unsern Freund auch gegen seinen Willen zu retten.«

In dieser Form etwa hatten Goltz, Albert Pourtalès und Usedom in ihrer auf den Sturz Manteuffels berechneten Politik die Preußen gegen Rußland zugedachte Rolle dem Prinzen annehmbar gemacht, wobei die Abneigung der Prinzeß, seiner Gemahlin, gegen Rußland ihnen behilflich gewesen sein wird.

Um ihn aus diesem Gedankenkreis loszumachen, stellte ich ihm vor, daß wir absolut keinen eigenen Kriegsgrund gegen Rußland hätten und kein Interesse an der orientalischen Frage, das einen Krieg mit Rußland oder auch nur das Opfer unsrer langjährigen guten Beziehungen zu Rußland rechtfertigen könnte; im Gegenteil, jeder siegreiche Krieg gegen Rußland unter unsrer nachbarlichen Beteiligung belade uns nicht nur mit dem dauernden Revanchegefühl Rußlands, das wir ohne eignen Kriegsgrund angefallen, sondern zugleich mit einer sehr bedenklichen Aufgabe, nämlich die polnische Frage in einer für Preußen erträglichen Form zu lösen. Wenn eigne Interessen keinesfalls *für,* eher *gegen* einen Bruch mit Rußland sprächen, so würden wir den bisherigen Freund und immerwährenden Nachbarn, ohne daß wir provoziert wären, entweder aus Furcht vor Frankreich oder im Liebesdienste Englands und Österreichs angreifen. Wir würden die Rolle eines indischen Vasallenfürsten übernehmen, der im englischen Patronat englische Kriege zu führen hat, oder die des Yorkschen Korps beim Ausmarsch zum Kriege 1812, wo die damals berechtigte Furcht vor Frankreich uns zu dessen gehorsamen Bundesgenossen zwangsweise gemacht hatte.

Den Prinzen verletzte mein Ausdruck, mit zorniger Röte unterbrach er mich mit den Worten: »Von Vasallen und Furcht ist hier gar keine Rede.« Er brach aber die Unterredung nicht ab. Wer einmal sein Vertrauen hatte und in seiner Gnade stand, konnte ihm gegenüber sehr frei von der Leber sprechen, sogar heftig werden. Ich nahm an, daß es mir nicht gelungen sei, die Auffassung, der sich der Prinz unter häuslichem, englischem und Bethmann-Hollwegschem Einfluß ehrlich überlassen hatte, zu erschüttern. Gegen den Einfluß der letzteren Partei wäre ich auch bei ihm wohl durchgedrungen, aber gegen den der Frau Prinzessin konnte ich nicht aufkommen.

Während des Krimkrieges und, wenn ich mich recht erinnere, aus Anlaß desselben wurde ein lange betriebener Depeschendiebstahl ruchbar. Ein verarmter Polizeiagent, der vor Jahren seine Geschicklichkeit dadurch bewiesen hatte, daß er, während der Graf Bresson französischer Gesandter in Berlin war, nachts durch die Spree geschwommen, in die Villa des Grafen in Moabit eingebrochen war und seine Papiere abgeschrieben hatte, wurde von dem Minister Manteuffel dazu angestellt, sich durch bestochene Diener Zugang zu den Mappen zu verschaffen, in welchen die eingegangenen Depeschen und die durch deren Lesung veranlaßte Korrespondenz zwischen dem Könige, Gerlach und Niebuhr hin und her ging, und von dem Inhalte derselben Abschrift zu nehmen. Von Manteuffel mit preußischer Sparsamkeit bezahlt, suchte er nach weiterer Verwertung seiner Bemühungen und fand eine solche zunächst bei der französischen Gesandtschaft, dann auch bei anderen Leuten.

Zu den Kunden des Agenten gehörte auch der Polizeipräsident von Hinkeldey. Derselbe kam eines Tages zu dem General von Gerlach mit der Abschrift eines Briefes, in welchem dieser an jemanden, wahrscheinlich an Niebuhr, geschrieben hatte: »Nun der König mit hohem Besuch in Koblenz sei, hätten sich die und die, darunter Hinkeldey, dorthin begeben: Die Bibel sagt, wo das Aas ist, da sammeln sich die Adler; jetzt könne man sagen, wo der Adler ist, da sammelt sich das Aas.« Hinkeldey stellte den General zur Rede und antwortete auf des Generals Frage, wie er zu diesem Briefe komme: »Der Brief kostet mich 30 Taler.« – »Wie verschwenderisch!« erwiderte Gerlach, »für 30 Taler hätte ich Ihnen zehn solche Briefe geschrieben!«

IV

Meine amtlichen Äußerungen über die Teilnahme Preußens an den Friedensverhandlungen in Paris (Preußen im Bundestage Teil II, S. 312-317, 337-339, 350) werden ergänzt durch folgendes Schreiben an Gerlach:

»Frankfurt, 11. Februar 1856

Ich hatte noch immer gehofft, daß wir eine festere Stellung annehmen würden, bis man sich entschlösse, uns zu den Konferenzen einzuladen, und daß wir in einer solchen verharren würden, wenn die Einladung gar nicht erfolgt. Das war meines Erachtens das einzige Mittel, unsre Zustimmung durchzusetzen. Nach den mir gestern zugegangenen Instruktionen wollen wir aber d'emblée auf eine Fassung mit mehr oder weniger Vorbehalt eingehn, die uns und den Bund zur Aufrechterhaltung der Präliminarien verpflichtet. Hat man das erst von unseren Händen, nachdem sogar die Westmächte und Österreich bisher nur ein projet von Präliminarien unterzeichnet, warum soll man sich dann noch auf Konferenzen mit uns bemühen; man wird viel lieber unsre und der übrigen Mittelstaaten am Bunde gegebene Adhäsion in unsrer Abwesenheit nach Bedürfnis und Belieben ausbeuten und benutzen in dem Bewußtsein, daß man nur zu fordern braucht, und wir geben uns. Wir sind zu gut für diese Welt. Es kommt mir nicht zu, die Entschlüsse Sr. Majestät und meines Chefs zu kritisieren, nachdem sie gefaßt sind; aber die Kritik vollzieht sich in mir ohne mein Zutun. Ich finde in der Erinnerung an den Frühling 1848 das Analogon meiner körperlichen und geistigen Stimmung, und je mehr ich mir die Situation klarmache, je weniger entdecke ich etwas, woran mein preußisches Ehrgefühl sich aufrichten könnte. Vor acht Tagen schien mir noch alles niet- und nagelfest, ich selbst bat Manteuffel, Österreich die Auswahl zwischen zwei für uns annehmbaren Vorschlägen zu lassen, ließ mir aber nicht träumen, daß Graf Buol sie beide verwerfen und uns die Antwort vorschreiben werde, die wir zu geben haben; ich habe gehofft, daß wir uns nicht gefangengeben würden, bevor unsre Zuziehung zu den Konferenzen gesichert wäre. Wie stellt sich aber jetzt die Lage heraus? Viermal hat Österreich in zwei Jahren das Spiel gegen uns gespielt, daß es den ganzen Grund, auf dem wir standen, forderte und wir nach einigem Sperren die Hälfte abtraten. Jetzt aber geht es um den letzten Quadratfuß, auf dem noch eine preußische Aufstellung möglich blieb. Österreich forderte nicht nur, daß wir ihm den letzten Rest von unabhängiger Stellung opfern, sondern schreibt uns auch den Wortlaut unsrer Abdikation vor, gebietet uns eine unablässige nach Stunden bemessene Eile und versagt uns jedes Äquivalent, welches ein Pflaster für unsre Wunden abgeben könnte. Nicht einmal ein Amendement in der Erklärung, die Preußen und Deutschland geben soll, getrauen wir uns entschieden aufzustellen. Pfordten macht die Sache mit Österreich ab, indem er Preußens Einverständnis voraussetzt, und nachdem Bayern gesprochen, ist für uns res judicata. Bei ähnlichen Gelegenheiten stellen wir ein preußisches Programm auf bei den deutschen Höfen, und keiner entschied sich, bevor wir uns mit Österreich verständigt. Jetzt verständigt sich Bayern mit Wien, und wir fügten uns im Rummel mit Darmstadt und Oldenburg. Damit geben wir das Letzte frei, was man einstweilen von uns braucht; hat man den Bundesbeschluß erst in der Tasche, so wird Buol von der Unmöglichkeit sprechen, den Widerspruch der Westmächte gegen unsern Eintritt zu überwinden. Auf Rußland können wir dabei nicht rechnen, denn demselben wird die Verstimmung ganz lieb sein, die bei uns folgen muß, wenn wir den letzten Rest unsrer Politik für ein Entree-Billett zu den Konferenzen hingegeben haben. Außerdem fürchten die Russen sich mehr vor unsrer vermittelnden Unterstützung, als sie auf unsern Beistand hoffen.

Das einzige Mittel für unsern Eintritt ist die Zurückhaltung unserer Erklärung über die österreichische Vorlage. Was soll man mit einem preußischen Querulanten, wenn man den Bundesbeschluß und damit uns in der Tasche hat? Aus der österreichischen Regierungspresse und dem Verhalten Rechbergs geht hervor, daß sie den fraglichen Vorbehalt ausdrücklich auf Punkt V* einschränken. Über die conditions particulières der Kriegführenden bleibt das freie Urteil vorbehalten, in betreff der von Österreich aufzustellenden aber *nicht,* und wird die österreichische Interpretation der vier ersten Punkte angenommen.

Diese ganze Berechnung zerrissen wir durch unsre jetzige Ablehnung, uns auszusprechen. Solange wir diese Haltung annehmen, bedarf man unser. Man wird hier auch nicht den Versuch machen, uns zu majorisieren; selbst Sachsen und Bayern haben nur in der Voraussetzung unsres Einverständnisses dem österreichischen Entwurfe beigestimmt. Wenn wir aber den Mut unsrer Meinung haben, wird man auch auf unsre Erklärung hören. Verlangen wir Aufschub des Beschlusses und erklären das noch heute den deutschen Höfen, so haben wir noch jetzt die Majorität.

Eventuell werden die Türken und Sardinier über deutsche Interessen in den Konferenzen ohne uns beschließen und Graf Buol wird sich nicht bei Herrn von Manteuffel, sondern bei Pfordten und Beust Rat holen.

---

* Les puissances belligérantes réservent le droit qui leur appartient de produire dans un intérêt européen des conditions particulières en sus des quatre conditions.

Wäre es solchen Eventualitäten gegenüber nicht vorzuziehen, daß wir als europäische Macht direkt mit Frankreich und England über unsern Beitritt verhandelt hätten, als daß wir wie einer, der nicht sui juris ist, unter Österreichs Vormundschaft träten und als ein Pfeil in Buols Köcher in Rechnung kommen?

v. B.«

Der Eindruck, daß wir in den Formen wie in der Sache von Österreich geringschätzig behandelt wurden, wie er sich in vorstehendem Schreiben ausspricht, und daß wir uns diese (geringschätzige Behandlung) nicht gefallen lassen dürften, ist nicht ohne Folgen geblieben für die spätere Gestaltung der preußisch-österreichischen Beziehungen.

6. KAPITEL

SANSSOUCI UND KOBLENZ

Daß die Denkschriften, welche die Goltzsche Fraktion als Kampfmittel gegen Manteuffel bei dem Könige und dem Prinzen von Preußen verwerten und dann in der Presse und durch fremde Diplomaten ausnutzen ließ, nicht ohne Eindruck auf den Prinzen geblieben waren, erkannte ich unter anderm daran, daß ich bei ihm auf die Haxthausensche Theorie von den drei Zonen stieß.

Wirksamer noch als durch die politischen Argumentationen der Bethmann-Hollwegschen Koterie wurde der Prinz von seiner Gemahlin im westmächtlichen Sinne beeinflußt und in eine Art von Oppositionsstellung gegen den Bruder gebracht, die seinen militärischen Instinkten fernlag. Die Prinzessin Augusta hat aus ihrer weimarischen Jugendzeit bis an ihr Lebensende den Eindruck bewahrt, daß französische und noch mehr englische Autoritäten und Personen den einheimischen überlegen seien. Sie war darin echt deutschen Blutes, daß sich an ihr unsre nationale Art bewährte, welche in der Redensart ihren schärfsten Ausdruck findet: »Das ist nicht weit her, taugt also nichts.« Trotz Goethe, Schiller und allen andern Größen in den elyseischen Gefilden von Weimar war doch diese geistig hervorragende Residenz nicht frei von dem Alp, der bis auf die Gegenwart auf unserm Nationalgefühl gelastet hat: daß der Franzose und vollends ein Engländer durch seine Nationalität und Geburt ein vornehmeres Wesen sei als der Deutsche und daß der Beifall der öffentlichen Meinung von Paris und London ein authentischeres Zeugnis des eignen Werts bilde als unser eignes Bewußtsein. Die Kaiserin Augusta ist durch ihre geistige Begabung und durch die Anerkennung, welche die Betätigung ihres Pflichtgefühls auf verschiedenen Gebieten bei uns gefunden hat, doch von dem Druck dieses Alps niemals vollständig frei geworden; ein sicherer Franzose mit geläufigem Französisch imponierte ihr, und ein Engländer hatte bis zum Gegenbeweise die Vermutung für sich, daß er in Deutschland als vornehmer Mann zu behandeln sei. So ward es in Weimar vor 70 Jahren gehalten, und der Nachgeschmack davon hat sich mir in meiner amtlichen Tätigkeit oft genug fühlbar gemacht. Wahrscheinlich hat in der Zeit, von der die Rede ist, auch das Streben nach der englischen Heirat ihres Sohnes die Prinzessin von Preußen in der Richtung bestärkt, in welche Goltz und seine Freunde ihren Gemahl zu ziehen suchten.

Der Krimkrieg brachte die von Kind auf gewurzelte, früher äußerlich nicht hervorgetretene Abneigung der Prinzessin gegen alles Russische zur Erscheinung. Auf den Bällen Friedrich Wilhelms III., wo ich sie als junge und schöne Frau zuerst gesehen habe, pflegte sie in der Wahl der Tänzer Diplomaten, wohl auch russische, zu begünstigen und unter ihnen solche, welche mehr für die Unterhaltung als für den Tanz begabt waren, die Glätte des Parketts versuchen zu lassen. Ihre später sichtbar und wirksam gewordene Abneigung gegen Rußland ist psychologisch schwer zu erklären. Die Erinnerung an die Ermordung ihres Großvaters, des Kaisers Paul, hatte schwerlich so nachhaltig gewirkt. Näher liegt die Vermutung der Nachwirkung eines Dissenses zwischen der hochbegabten, sozial und politisch russischen Mutter, der Großherzogin von Weimar, und deren russischen Besuchern und dem lebhaften Temperament einer erwachsenen und zur Übernahme der Führung in ihrem Kreise geneigten Tochter, vielleicht auch die Vermutung einer Idiosynkrasie gegen die präpotente Persönlichkeit des Kaisers Nikolaus. Gewiß ist, daß der antirussische Einfluß dieser hohen Frau auch in den Zeiten, wo sie Königin und Kaiserin war, mir die Durchführung der von mir für notwendig erkannten Politik bei Sr. Majestät häufig erschwert hat.

Wesentliche Hilfe leistete der Bethmann-Hollwegschen Fraktion Herr von Schleinitz, der Spezialpolitiker der Prinzessin, der auch seinerseits zum Kampfe gegen Manteuffel dadurch veranlaßt war, daß er aus dem gutsituierten, aber nicht sehr fleißig besorgten Posten von Hannover aus dienstlichen Gründen unter Umständen der Art entlassen war, daß ihm das Wartegeld als Gesandter erst, nachdem er Minister geworden, nachträglich ausgezahlt wurde. Als Sohn eines braunschweigischen Ministers und gewerbsmäßiger Diplomat an das Hofleben und die äußeren Vorzüge des auswärtigen Dienstes gewöhnt, ohne Vermögen, dienstlich verstimmt, bei der Prinzessin aber in Gnaden stehend, wurde er natürlich von den Gegnern Manteuffels gesucht und schloß sich ihnen bereitwillig an. Er wurde der erste auswärtige Minister der neuen Ära und starb als Hausminister der Kaiserin Augusta.

Beim Frühstück – und diese Gewohnheit Kaiser Wilhelms hat fortgedauert – hielt die Prinzessin ihrem Gemahl Vortrag unter Vorlegung von Briefen und Zeitungsartikeln, die zuweilen ad hoc redigiert worden waren. Andeutungen, die ich mir gelegentlich gestattete, daß gewisse Briefe aus Veranstaltung der Königin durch Herrn von Schleinitz hergestellt und beschafft sein könnten, trugen mir eine sehr scharfe Zurückweisung zu. Der König trat mit seinem ritterlichen Sinne unbedingt für seine Gemahlin ein, auch wenn der Anschein einleuchtend gegen sie war. Er wollte gewissermaßen verbieten, dergleichen zu glauben, auch wenn es wahr wäre.

Ich habe es nie für die Aufgabe eines Gesandten bei befreundeten Höfen gehalten, jedes verstimmende Detail nach Hause zu melden; namentlich als ich in Petersburg mit einem Vertrauen beehrt wurde, welches ich fremden Diplomaten in Berlin zu gewähren für bedenklich gehalten haben würde. Jede zur Erregung von Verstimmung zwischen uns und Rußland geeignete Meldung würde bei der damals und in der Regel antirussischen Politik der Königin zur Lockerung unsrer russischen Beziehungen ausgenutzt worden sein, sei es aus Abneigung gegen Rußland oder aus vorübergehenden Popularitätsrücksichten, sei es aus Wohlwollen für England und in der Voraussetzung, daß Wohlwollen für England und selbst für Frankreich einen höheren Grad von Zivilisation und Bildung anzeige als Wohlwollen für Rußland.

Nachdem der Prinz von Preußen im Jahre 1849 als Gouverneur der Rheinprovinz seine Residenz dauernd nach Koblenz verlegt hatte, konsolidierte sich allmählich die gegenseitige Stellung der beiden Höfe von Sanssouci und Koblenz zu einer okkulten Gegnerschaft, in welcher auch auf der königlichen Seite das weibliche Element mitspielte, jedoch in geringerem Maße als auf der prinzlichen. Der Einfluß der Königin Elisabeth zugunsten Österreichs, Bayerns, Sachsens[21] war ein unbefangener und unverhehlter, ein Ergebnis der Solidarität, welche die Übereinstimmung der Anschauungen und die verwandtschaftlichen Familiensympathien naturgemäß hervorbrachten. Zwischen der Königin und dem Minister von Manteuffel bestand keine persönliche Sympathie, wie schon die Verschiedenheit der Temperamente es mit sich brachte; gleichwohl ging die Einwirkung beider auf den König nicht selten und namentlich in kritischen Momenten gleichmäßig in der Richtung des österreichischen Interesses, doch von seiten der Königin in entscheidenden Augenblicken nur bis zu gewissen Grenzen, welche die eheliche und fürstliche Empfindung im Interesse der Krone des Gemahls ihr zogen. Die Sorge für des Königs Ansehen trat namentlich in kritischen Momenten hervor, wenn auch weniger in der Gestalt einer Ermutigung zum Handeln als in der einer weiblichen Scheu vor den Konsequenzen der eignen Anschauungen und daraus hervorgehender Enthaltsamkeit von fernerer Einwirkung.

In der Prinzessin entwickelte sich während der Koblenzer Zeit noch eine Neigung, welche bei ihrer politischen Tätigkeit mitwirkte und sich bis an ihr Lebensende erhielt.

Der für den norddeutschen und namentlich für den Gedankenkreis einer kleinen Stadt inmitten rein protestantischer Bevölkerung fremdartige Katholizismus hatte etwas Anziehendes für eine Fürstin, welche überhaupt das Fremde mehr interessierte als das Näherliegende, Alltägliche, Hausbackne. Ein katholischer Bischof erschien vornehmer als ein Generalsuperintendent. Ein gewisses Wohlwollen für die katholische Sache, welches ihr schon früher eigen und z. B. in der Wahl ihrer männlichen Umgebung und Dienerschaft erkennbar war, wurde durch ihren Aufenthalt in Koblenz vollends entwickelt. Sie gewöhnte sich daran, die lokalen Interessen des alten Krummstablandes und seiner Geistlichkeit als ihrer Fürsorge besonders zugewiesen anzusehen und zu vertreten. Das moderne konfessionelle Selbstgefühl auf dem Grunde geschichtlicher Tradition, welches in dem Prinzen die protestantische Sympathie nicht selten mit Schärfe hervortreten ließ, war seiner Gemahlin fremd. Welchen Erfolg ihr Bemühen um Popularität im Rheinlande gehabt hatte, zeigte sich u. a. darin, daß der Graf v. d. Recke-Volmerstein mir am 9. Oktober 1863 schrieb, wohlgesinnte Leute am Rhein rieten, der König möge nicht zum Dombaufest kommen, sondern lieber I. M. schicken, »die mit Enthusiasmus würde empfangen werden«. Ein Beispiel der wirklichen Energie, mit welcher sie die Wünsche der Geistlichkeit vertrat, lieferte die Modifikation, zu welcher der Bau der sogenannten Metzer Eisenbahn genötigt wurde, weil die Geistlichkeit sich eines katholischen Kirchhofs, der berührt werden sollte, angenommen hatte und darin von der Kaiserin so erfolgreich unterstützt wurde, daß die Richtung geändert und schwierige Bauten ad hoc hergestellt wurden.

Unter dem 27. Oktober 1877 schrieb mir der Staatssekretär von Bülow, die Kaiserin habe von dem Minister Falk eine Reiseunterstützung für einen ultramontanen Maler verlangen lassen, der nicht nur selbst nicht darum bitten wolle, sondern mit Gemälden zur Verherrlichung von Marpingen[22] beschäftigt sei. Unter dem 28. Januar berichtete derselbe mir: Vor seiner Abreise hat der Kronprinz eine lebhafte Szene mit der Kaiserin gehabt. Als er nach Rückkehr sich bei dem Kaiser meldete, war sie aus ihren Zimmern heruntergekommen. Das Gespräch nahm eine Wendung, die ihr nicht gefiel, betreffend die Stellung des Königs Humbert, und stockte. Da ist sie mit den Worten aufgestanden: »Il paraît que je suis de trop ici«, und der Kaiser hat wehmütig gesagt: »Über diese Dinge ist mit deiner Mutter in dieser Zeit wieder nicht zu reden.«

Zu den Nebenwirkungen, durch welche diese höfischen Kämpfe kompliziert wurden, gehörte auch das Mißverhältnis, in welches die Prinzessin mit dem Oberpräsidenten von Kleist-Retzow geriet, der das Erdgeschoß des Schlosses unter der prinzlichen Wohnung innehatte und an sich, als äußere Erscheinung, als Redner der äußersten Rechten und durch seine ländliche Gewohnheit, häusliche Andacht mit Gesang täglich mit seinen Hausgenossen abzuhalten, der Prinzessin lästig fiel. Mehr an amtliche als an höfische Beziehungen gewöhnt, betrachtete der Oberpräsident seine Existenz im Schlosse und im Schloßgarten als eine Vertretung der königlichen Prärogative im Gegenhalt zu angeblichen Übergriffen des prinzlichen Haushalts und glaubte ehrlich, dem Könige, seinem Herrn, etwas zu vergeben, wenn er der Gemahlin des Thronerben gegenüber in betreff der wirtschaftlichen Nutzung häuslicher Lokale die oberpräsidialen Ansprüche gegen die des prinzlichen Hofes nicht energisch vertrat.

Der Chef des Generalstabs von Sanssouci war, nachdem der General von Rauch gestorben, Leopold von Gerlach, und seine Beistände, aber nicht immer, mitunter auch seine Rivalen, waren der Kabinettsrat Niebuhr* und Edwin von Manteuffel, während des Krimkrieges auch der Graf Münster. Zu der Kamarilla waren außerdem zu rechnen der Graf Anton Stolberg (geb. 1785, gest. 1854), der Graf Friedrich zu Dohna (geb. 1784, gest. 1859) und der Graf von Gröben (geb. 1788, gest. 1876).

An dem prinzlichen Hofe hatte das staatliche Interesse in der Abwehr von Schädigungen durch weibliche Einflüsse einen festen und klugen Vertreter an Gustav von Alvensleben, der an dem Frieden zwischen beiden Höfen nach Kräften arbeitete, ohne mit den politischen Maßregeln der Regierung einverstanden zu sein. Er teilte meine Ansicht von der Notwendigkeit, die

---

* Markus Karsten Nikolaus von Niebuhr, geb. 1817, gest. 1860.

Frage der preußisch-österreichischen Rivalität auf dem Schlachtfelde zu entscheiden, weil sie in andrer Weise unlösbar sei. Er, der das vierte Korps bei Beaumont und Sedan führte, und sein Bruder Konstantin, dessen selbständig gefaßten Entschlüsse bei Vionville und Mars la Tour die französische Rheinarmee vor Metz zum Stehen brachten, waren Musterbilder von Generälen. Wenn ich ihn gelegentlich nach seiner Meinung über den Ausgang einer ersten Hauptschlacht zwischen uns und den Österreichern fragte, so antwortete er: »Wir laufen sie über, daß sie die Beine gen Himmel kehren.« Und seine Zuversicht hat dazu beigetragen, mir in den schwierigen Entschließungen von 1864 und 1866 den Mut zu stärken. Der Antagonismus, in welchem sein lediglich durch stattliche und patriotische Erwägungen bestimmter Einfluß auf den Prinzen mit dem der Prinzessin stand, brachte ihn zuweilen in eine Erregung, der er in Worten Luft machte, welche ich nicht wiederholen will, welche aber die ganze Entrüstung des patriotischen Soldaten über politisierende Damen in einer die Strafgesetze streifenden Sprache zum Ausdruck brachten. Daß der Prinz diesen seinen Adjutanten seiner Gemahlin gegenüber hielt, war ein Ergebnis der Eigenschaft, die er auch als König und Kaiser bewährte, daß er für treue Diener ein treuer Herr war.

7. KAPITEL

UNTERWEGS ZWISCHEN FRANKFURT UND BERLIN

I

Die Entfremdung, die zwischen dem Minister Manteuffel und mir nach meiner Wiener Mission und infolge der Zuträgerei von Klentze und anderen entstanden war, hatte die Folge, daß der König mich immer häufiger zur »Territion« kommen ließ, wenn der Minister ihm nicht zu Willen sein wollte. Ich habe auf den Reisen zwischen Frankfurt und Berlin über Guntershausen in einem Jahre 2000 Meilen gemacht, damals stets die neue Zigarette an der vorhergehenden entzündet oder gut schlafend. Der König erforderte nicht nur meine Ansicht über Fragen der deutschen und der auswärtigen Politik, sondern beauftragte mich auch gelegentlich, wenn ihm Entwürfe des Auswärtigen Amtes vorlagen, mit der Ausarbeitung von Gegenprojekten. Ich besprach diese Aufträge und meine entsprechenden Redaktionen dann mit Manteuffel, der es in der Regel ablehnte, Änderungen daran vorzunehmen, wenn auch unsre politischen Ansichten auseinandergingen. Er hatte mehr Entgegenkommen für die Westmächte und die österreichischen Wünsche, während ich, ohne russische Politik zu vertreten, keinen Grund sah, unsern langjährigen Frieden mit Rußland für andre als preußische Interessen in Frage zu stellen, und ein etwaiges Eintreten Preußens gegen Rußland für Interessen, die uns fernlagen, als das Ergebnis unsrer Furcht vor den Westmächten und unsres bescheidnen Respekts vor England betrachtete. Manteuffel vermied es, durch schärferes Vertreten seiner Auffassung den König noch mehr zu verstimmen oder durch Eintreten für meine angeblich russische Auffassung die Westmächte und Österreich zu reizen, er effacierte sich lieber. Moustier kannte diese Stellung, und mein Chef überließ ihm gelegentlich die Aufgabe, mich zur westmächtlichen Politik und zur Vertretung derselben beim Könige zu bekehren. Bei einem Besuche, den ich Moustier machte, riß ihn die Lebhaftigkeit seines Temperaments zu der bedrohlichen Äußerung hin: »La politique que vous faites, va vous conduire à Iéna.« Worauf ich antwortete: »Pourquoi pas à Leipzig ou à Rossbach?« Moustier war eine so unabhängige Sprache in Berlin nicht gewohnt und wurde stumm und bleich vor Zorn. Nach einigem Schweigen setzte ich hinzu: »Enfin toute nation a perdu et gagné des batailles. Je ne suis pas venu pour faire avec vous un cours d'histoire.« Die Unterhaltung kam nicht wieder in Fluß. Moustier beschwerte sich über mich bei Manteuffel, der die Beschwerde an den König brachte. Dieser aber lobte mich Manteuffel gegenüber, später auch direkt, wegen der richtigen Antwort, die ich dem Franzosen gegeben hatte.

Die leistungsfähigen Kräfte der Bethmann-Hollwegschen Partei, Goltz, Pourtalès, zuweilen Usedom, wurden durch den Prinzen von Preußen auch bei dem Könige zu einer gewissen Geltung gebracht. Es kam vor, daß notwendige Depeschen nicht von Manteuffel, sondern von dem Grafen Albert Pourtalès entworfen wurden, daß der König mir dessen Entwürfe zur Revision gab, daß ich über die Amendierung wieder mit Manteuffel Fühlung nahm, daß der den Unterstaatssekretär Le Cocq zuzog, daß dieser die Fassung aber lediglich von dem Standpunkte französischer Stilistik prüfte und eine tagelange Verzögerung mit der Anführung rechtfertigte, er habe den genau angemessenen französischen Ausdruck noch nicht gefunden, der zwischen dunkel, unklar, zweifelhaft und bedenklich die richtige Mitte hielte – als ob es auf solche Lappalien damals angekommen wäre.

II

Ich suchte mich der Rolle, welche der König mich spielen ließ, in schicklicher Weise zu entziehen und die Verständigung zwischen ihm und Manteuffel nach Möglichkeit anzubahnen; so in den ernsten Zerwürfnissen, welche über Rhino Quehl entstanden. Nachdem durch Wiederherstellung des Bundestags nationale Sonderbestrebungen Preußens einstweilen behindert waren, ging man in Berlin an eine Restauration der inneren Zustände, mit welcher der König gezögert hatte, solange er darauf bedacht war, sich die Liberalen in den übrigen deutschen Staaten nicht zu entfremden. Über das Ziel und die Gangart der Restauration zeigte sich aber sofort zwischen dem Minister Manteuffel und der »kleinen aber mächtigen Partei« eine Meinungsverschiedenheit, welche sich merkwürdigerweise in einen

Streit über Halten oder Fallenlassen einer verhältnismäßig untergeordneten Persönlichkeit zuspitzte und zu einem scharfen, öffentlichen Ausbruch
führte. In demselben Briefe vom 11. Juli 1851, durch welchen er mich von
meiner Ernennung zum Bundestagsgesandten benachrichtigte, schrieb
Manteuffel:

»Was unsre Innern Verhältnisse, namentlich die ständischen Dinge betrifft, so würde die Sache ganz leidlich gehen, wenn man darin mit etwas
mehr Maß und Geschick verführe. Westphalen ist in der Sache vortrefflich,
ich schätze ihn sehr hoch, und wir sind im wesentlichen einverstanden; die
Fehde von Klützow scheint mir keine recht glückliche zu sein, und es sind in
der Form wohl manche nicht notwendige Verstöße vorgekommen. Weit
schlimmer aber noch ist die Attitüde, welche dabei die Kreuzzeitung ein-
nimmt. Nicht allein triumphiert sie in ungeschickter und aufregender Weise, sondern sie will auch zu Extremen drängen, die ihr wahrscheinlich selber nicht behagen würden. Wenn es z.B. möglich wäre und gelänge, den
Vereinigten Landtag mit allen seinen Konsequenzen pure wiederherzustellen – und weiter könnte man doch nicht gehen –, was wäre damit wohl gewonnen? Ich finde die Position der Regierung viel günstiger, wenn sie, bis
eine gründliche organische Umgestaltung sich als notwendig ergeben hat,
die Sache gewissermaßen in der Schwebe hält. Ich hoffe und wünsche, daß
man dann auch von den Provinzialständen los und etwa auf Kommunal-
stände nach alten historischen Begrenzungen, die auch in der Rheinprovinz
noch nicht verwischt und in allen alten Provinzen noch sehr erkennbar sind,
zurückkommen und aus diesen die Landesvertretung hervorgehen lassen
wird. Das sind aber Dinge, die man nicht im Sprunge machen kann, wenigstens nicht ohne große Stöße, die man doch zu vermeiden Anlaß hat. Die
Kreuzzeitung hat mir nun förmlich Fehde ankündigen und als Preis und
Zeichen der Unterwerfung die Entlassung des etc. Quehl fordern lassen,
ohne zu bedenken, daß selbst, wenn ich einen fleißigen und aufopfernden
Menschen preisgeben wollte, was nicht meine Absicht ist, ich es unter solchen Verhältnissen gar nicht könnte.«

Rhino Quehl war ein Journalist, durch den Manteuffel schon während
des Erfurter Parlamentes seine Politik hatte in der Presse vertreten lassen,
voller Ideen und Anregungen, richtigen und falschen, eine sehr geschickte
Feder führend, aber mit einer zu starken Hypothek von Eitelkeit belastet.
Die weitere Entwicklung des Konflikts zwischen Manteuffel und Quehl auf
der einen, der Kreuzzeitung und der Kamarilla auf der anderen Seite und

die ganze innere Situation wird aus den nachstehenden brieflichen Äußerungen von Gerlach ersichtlich:

»17. Mai 1852

Ich halte Manteuffel für einen braven Mann, aber ein sonderbares politisches Leben ist das seinige doch. Er hat die Dezemberverfassung unterzeichnet, sich zur Unionspolitik bekannt, Gemeindeordnung und Ablösungsgesetz mit Rücksichtslosigkeit durchgesetzt, den Bonapartismus amnestiert usw., daß er in diesen Dingen nicht konsequent gewesen, gereicht ihm zum Ruhm, aber wenn auch Se. Majestät einmal sagten, die Konsequenz sei die elendste aller Tugenden, so ist die Manteuffelsche Inkonsequenz doch etwas stark. Man spricht gegen die Kammern und gegen den Konstitutionalismus. Seit der Mitte des 18. Jahrhunderts bis jetzt aber sind alle Regierungen revolutionär gewesen, außer England bis zur Reform und Preußen in geringen Unterbrechungen, 1823 und 1847. Die Kreuzzeitung hat in ihren kleinen Apologien der Kammern in Wahrheit nicht unrecht, und doch sehnt sich unser Premier nach dem Bonapartismus, der doch ganz gewiß keine Zukunft hat.

Manteuffel sagt übrigens gestern, er wolle Sie herbescheiden; wenn Sie nur noch zur rechten Zeit kämen, um den Kaiser und den Grafen Nesselrode kennenzulernen. Wichtiger aber als alles das ist, daß Sie Manteuffel von Quehl befreien, denn er ist jetzt noch unentbehrlich und mit Quehl nicht zu halten. Es wird ihn nichts kosten zu behaupten, er wisse nichts von dem Artikel der »Zeit«, ja, daß dieses Blatt ihn nichts anginge, aber damit kann man sich nicht abfertigen lassen, da Thile, der Redakteur, durch Quehl und Manteuffel angestellt ist. Ich fürchte auch die absolutistischen Velleitäten von Manteuffel jun.

19. Mai 1852

Infolge des Zeitungsartikels, von dem Ihr letztes Schreiben an mich handelt, ist wiederum von mehreren Seiten her in Manteuffel eingeredet worden, um ihn zu bewegen, sich von Quehl zu trennen. Ich hatte mich hierbei nicht beteiligt, weil ich schon einmal über diesen Mann mit ihm aneinander gewesen war und wir damals gewissermaßen einen Vertrag geschlossen hatten, dieses Thema nicht zu berühren. Gestern fing jedoch Manteuffel selbst mit mir davon an, verteidigte Quehl auf das entschiedenste, erklärte, lieber abtreten als sich von ihm trennen zu wollen, sprach seinen Haß gegen die Kreuzzeitung unverhohlen aus und machte auch einige bedenkliche Äußerungen über den Gang des Ministeriums des Innern und über einige uns gleichwertige Persönlichkeiten.

21. Juli 1852

Soeben erhalte ich Ihren Brief Ofen-Frankfurt vom 25. Juni und 19. Juli, dessen Anfang interessant ist wie das Ende. Aber von mir verlangen Sie das Unmögliche. Ich soll Ihnen die hiesige Lage der Dinge erklären, die so verwickelt und durcheinander ist, daß man sie an Ort und Stelle nicht versteht. Wageners Auftreten gegen Manteuffel ist nicht zu rechtfertigen, wenn er sich nicht ganz von der Partei isolieren will. Ein Blatt wie die Kreuzzeitung darf nur dann gegen einen Premierminister auftreten, wenn die ganze Partei in die Opposition geworfen ist, wie das bei Radowitz der Fall war. – Ein solches bellum omnium contra omnes kann nicht bleiben. Wagener wird nolens volens müssen mit dem preußischen Wochenblatt Chorus machen, was ein großes Übel ist; Hinkeldey und der kleine Manteuffel, sonst entschiedene Feinde, alliierten sich über die Kreuzzeitung wie Herodes und Pilatus. Das Traurigste ist mir der Minister Manteuffel, der kaum zu halten ist und doch gehalten werden muß, denn seine präsumtiven Nachfolger sind schrecklich. Alles schreit, er soll Quehl entlassen. Ich glaube, damit wird wenig gewonnen sein, Quehls etwaiger Nachfolger Fr(antz) ist vielleicht noch schlimmer. Wenn Manteuffel sich nicht zu Allianzen mit honetten Leuten entschließt, ist ihm nicht zu helfen.

8. Oktober 1852

Ich habe Manteuffels sonderbares Benehmen mit seinen Kreaturen, ich habe die Anstellung von Radowitz benutzt, um offen mit ihm zu reden, es ist aber nichts dabei herausgekommen. Ich habe ihm gesagt, daß ich nicht zu denen gehöre, welche Quehl in das Elend schicken wollten, aber er möge sich doch mit ordentlichen Leuten in Verbindung setzen und sich in der Gemeinschaft mit ihnen stärken. Aber vergebens. Jetzt treibt er wieder sein Wesen mit dem Bonapartisten Frantz. Ich will das, was Wagener tut, nicht rechtfertigen, besonders nicht sein eigensinniges Widerstreben gegen jeden

Rat und jede Warnung, die ihm zukommt, aber darin hat er recht, daß Manteuffel die konservative Partei gründlich zerstört und ihn, Wagener, auf das äußerste reizt. Es ist doch eine merkwürdige Erscheinung, daß die Kreuzzeitung die einzige Zeitung in Deutschland ist, die verfolgt und konfisziert wird. Von dem, was mich bei dem allem am meisten affiziert, von der Wirkung dieser Lage der Dinge auf S. M., will ich gar nicht reden. Sinnen Sie doch auf Mittel, Menschen heranzuziehen, die das Ministerium stärken. Kommen Sie doch einmal wieder her und sehen Sie sich selbst die Dinge an.

25. Februar 1853

Ich habe letzt S. M. darauf aufmerksam gemacht, wie es doch nicht gut wäre, daß Wagener, der alles für die gute Sache gewagt habe, nächstens im Gefängnis sitzen, während sein Gegner Quehl durch das bloße vis inertiae Geheimer Rat würde. Niebuhren ist es denn auch gelungen, den König mit Wagener auszusöhnen, obschon letzterer dabei bleibt, die Redaktion der Kreuzzeitung niederlegen zu wollen. Manteuffel hat eine Tendenz nach unten, via Quehl, Levinstein usw., weil er an den Wahrheiten, die von oben kommen, zweifelt, statt daran zu glauben. Er sagt mit Pilatus: Was ist Wahrheit? Und sucht sie dann bei Quehl und Konsorten. Er läßt sich ja schon jetzt bei jeder Gelegenheit durch Quehl zu einer sehr üblen heimlichen und passiven Opposition gegen Westphalen und dessen Maßregeln, die doch das Mutigste und Beste enthalten, was in unsrer Administration seit 1848 geschehen ist, bewegen. Er leidet, daß Quehl die Presse auf das schamloseste gegen Westphalen, Raumer usw. benutzt und, wie man mich versichert, sich dafür bezahlen läßt. So kann es fast nicht ausbleiben, daß Quehl und Konsorten zuletzt Manteuffels Sturz bewirken, den ich schon aus dem einfachen Grunde für ein Unglück halte, daß ich durchaus keinen möglichen Nachfolger weiß.

(Potsdam, 28. Februar 1853)

Ich tue mein Mögliches, die Kreuzzeitung zu erhalten oder zunächst vielmehr Wagenern der Kreuzzeitung zu erhalten. Er sagt, er könne diese Sache den Intrigen von Quehl gegenüber nicht fortführen. Von den königlichen Geldern, über welche dieser Mann durch das Vertrauen Manteuffels disponiert, gibt er den Mitarbeitern Wageners bedeutende Remunerationen und entzieht sie der Kreuzzeitung; ja er soll die Gesandten auffordern lassen, die auswärtigen Korrespondenzen der Kreuzzeitung zu ermitteln und sie ihr abspenstig zu machen.

20. Juni 1853

Die innern Verhältnisse mißfallen mir sehr. Ich fürchte, Quehl siegt über Westphalen und Raumer ganz einfach dadurch, daß Manteuffel sich bei dem Könige als unentbehrlich geltend macht, eine Ansicht, die S. M. aus richtigen und unrichtigen Gründen anerkennt.

30. Juni 1853

Wenn ich die verschiedenen Nachrichten über die Quehlschen Intrigen miteinander vergleiche, wenn ich auf die Notiz etwas gebe, daß Quehl eine Art von Vertrag mit der Hollwegschen Partei geschlossen, wonach Manteuffel geschont, die andern mißliebigen Minister Raumer, Westphalen, Bodelschwingh, rücksichtslos angegriffen wurden, wenn ich ferner beachte, daß Manteuffel über sein Verhältnis zum Prinzen von Preußen ein böses Gewissen gegen mich hat, daß er jetzt Niebuhr dichter an sein Herz schließt als mich, während er sich sonst gegen mich oft über Niebuhr beklagte, wenn ich endlich beachte, daß Quehl geradezu den Prinzen von Preußen und seinen Herrn Sohn als mit sich und mit Manteuffel übereinstimmend [ansieht] und sich demgemäß äußert, was ich aus der zuverlässigsten Quelle weiß, wenn dies alles auf Radowitz sieht (sic), so fühle ich den Boden mir unter den Füßen schwanken, obschon der König schwerlich für diese Wirtschaft zu gewinnen ist und mir persönlich dies alles, Gott sei Dank, ziemlich gleichgültig ist. Sie aber, mein verehrter Freund, der Sie noch jung sind, müssen sich rüsten und stärken, dies Lügengewebe zu passender Zeit zur Rettung des Landes zu zerreißen.

17. Juli 1853

Q. wird jetzt schon der Hof gemacht, und er hat Exzellenzen in seinem Vorzimmer und auf seinem Sofa. Auf der andern Seite halte ich es nicht für möglich, daß M. eines Tags Q. darangibt, denn Dankbarkeit ist keine charakteristische Eigenschaft dieses zweifelnden und daher oft desperierenden

Staatsmannes. Was soll aber werden, wenn M. geht. Es war [wäre] ein Ministerium zu finden, aber schwerlich eines, was auch *nur vier Wochen mit S. M.* sich hielte. Aus diesen Gründen und bei meiner aufrichtigen Achtung und Liebe, die ich für Manteuffel habe, möchte ich es nicht auf mein Gewissen nehmen, seinen Sturz veranlaßt zu haben. Denken Sie einmal über diese Dinge nach und schreiben Sie mir.«

Bald nach dem Datum des letzten Briefes war die Verstimmung zwischen dem Könige und Manteuffel so akut geworden, daß der letztere sich schmollend auf sein Gut Drahnsdorf zurückzog. Um ihn zu einem »gehorsamen Minister« zu machen, benutzte der König diesmal nicht meine Ministerkandidatur als Schreckbild, sondern beauftragte mich, den Grafen Albrecht von Aevensleben*, den »alten Lerchenfresser«, wie er ihn nannte, in Erxleben aufzusuchen und zu fragen, ob er den Vorsitz in einem neuen Ministerium übernehmen wolle, in dem ich das auswärtige Ressort erhalten solle. Der Graf hatte kurz vorher mir unter sehr abfälligen Äußerungen über den König erklärt, daß er während der Regierung Sr. Majestät unter keinen Umständen in irgendein Kabinett treten werde. Ich sagte dies dem Könige, und meine Reise unterblieb. Später aber, als dieselbe Kombination wieder auftauchte, hat er sich doch bereit erklärt, sie zu akzeptieren; der König vertrug sich dann aber mit Manteuffel, der inzwischen »Gehorsam« gelobt hatte. Statt der Sendung nach Erxleben reiste ich aus eigenem Antriebe zu Manteuffel aufs Land und redete ihm zu, sich von Quehl zu trennen und stillschweigend ohne Explikation mit Sr. Majestät seine amtliche Funktion wieder aufzunehmen. Er erwiderte in dem Sinne seines Briefs vom 11. Juli 1851, daß er den fähigen, ihm mit Hingebung dienenden Mann nicht fallenlassen könne. Da ich herauszuhören glaubte, daß Manteuffel wohl noch andre Gründe habe, Quehl zu schonen, so sagte ich: »Vertrauen Sie mir die Vollmacht an, Sie von Quehl zu erlösen, ohne daß es zu einem Bruche zwischen Ihnen beiden kommt; wenn mir das gelingt, so bringen Sie dem Könige die Nachricht von Quehls Abgange und führen die Geschäfte fort, als wenn kein Dissensus zwischen Sr. Majestät und Ihnen vorgekommen wäre.« Er ging auf diesen Gedanken ein, und wir verabredeten, daß er Quehl, der sich gerade auf einer Reise in Frankreich befand, veranlassen werde, auf der Rückkehr mich in Frankfurt aufzusuchen, was geschah. Ich

---

* Geb. 1794, gest. 1858

benutzte die Pläne des Königs mit Alvensleben, um Quehl zu überzeugen, daß er, wenn er nicht abginge, schuld an dem Sturze seines Gönners sein werde, empfahl ihm, die Macht desselben, solange es noch Zeit sei, zu benutzen. Ich sagte ihm: »Schneiden Sie Ihre Pfeifen, wo Sie noch im Rohr sitzen, es dauert nicht lange mehr«, und ich brachte ihn dahin, seine Wünsche zu präzisieren: das Generalkonsulat in Kopenhagen mit einer starken Gehaltserhöhung. Ich benachrichtigte Manteuffel, und die Sache schien erledigt, zog sich aber bis zur endlichen Lösung noch einige Zeit hin, weil man in Berlin so ungeschickt gewesen war, die Sicherung der Stellung Manteuffels früher zu verlautbaren als das Ausscheiden Quehls. Letzterer hatte in Berlin seine und Manteuffels Stellung nicht so unsicher gefunden, wie ich sie geschildert hatte, und machte dann einige Schwierigkeiten, die verbessernd auf seine Stellung in Kopenhagen wirkten.

Ähnliche Verhandlungen drängten sich mir auf mit Agenten, welche bei dem Depeschendiebstahl in der französischen Botschaft benutzt worden waren, unter anderen mit Hassenkrug, der zur Zeit des Prozesses über diesen Diebstahl, anscheinend mit seiner eignen Zustimmung, in Frankreich polizeilich verhaftet und Jahr und Tag sequestriert wurde, bis die Sache vergessen war.

Der König haßte damals Manteuffel, behandelte ihn nicht mit der ihm sonst eignen Höflichkeit; er tat beißende Äußerungen über ihn. Wie er überhaupt die Stellung eines Ministers betrachtete, zeigt ein Wort über den Grafen Albert Pourtalès, den er auch als Schreckbild für Manteuffel benutzte: »Der wäre ein Minister für mich, wenn er nicht 30 000 Reichstaler Einkommen zu viel hätte; darin steckt die Quelle des Ungehorsams.« Wenn ich sein Minister geworden wäre, so würde ich mehr als andre dieser Auffassung ausgesetzt gewesen sein, weil er mich als seinen Zögling betrachtete und in meinem Royalismus als wesentlichstes Element den unbedingten »Gehorsam« betrachtete. Jede selbständige Meinung von mir würde ihn befremdet haben, war ihm doch schon mein Sträuben gegen definitive Übernahme des Wiener Postens als eine Art von Felonie erschienen. Eine lange nachwirkende Erfahrung der Art hatte ich zwei Jahre später zu machen.

Meine Berufungen nach Berlin wurden nicht immer durch die äußere Politik veranlaßt, mitunter auch durch Vorgänge im Landtage, in den ich bei der durch meine Ernennung zum Gesandten notwendig gewordenen Neuwahl am 13. Oktober 1851 wiedergewählt worden war.

III

Als es sich um die Verwandlung der Ersten Kammer in das Herrenhaus handelte, erhielt ich folgende, vom 20. April 1853 [1852] datierte Mitteilung Manteuffels:

»Bunsen hetzt den König immer mehr in die Pairie hinein. Er behauptet, die größten Staatsmänner in England glaubten, daß in wenigen Jahren der Kontinent in zwei Teile zerfallen würde: a) protestantische Staaten mit konstitutionellem System, getragen von den Säulen der Pairie, b) katholisch-jesuitisch-demokratisch-absolutistische Staaten. In die letzte Kategorie stellte er Österreich, Frankreich und Rußland. Ich halte das für ganz falsch. Solche Kategorien gibt es gar nicht. Jeder Staat hat seinen eignen Entwicklungsgang. Friedrich Wilhelm I. war weder katholisch noch demokratisch und doch absolut. Aber dergleichen Dinge machen großen Eindruck auf S. M. Das konstitutionelle System, welches die Majoritätenherrschaft proklamiert, halte ich für nichts weniger als protestantisch.«

»Charlottenburg, 21. April 1852
Ich erinnere Sie daran, teuerster Bismarck, *daß ich auf Sie und Ihre Hilfe zähle* bei der nahen Verhandlung in Zweiter Kammer über die Gestaltung der Ersten. Ich tue dies um so mehr, als ich leider aus allersicherster Quelle Kenntnis von den schmutzigen Intrigen habe, die in bewußtem (?) oder unbewußtem (?) Verein reudiger *Schafe* aus der Rechten und stänkriger *Böcke* aus der Linken angestellt werden, um meine Absichten zu zerstören. Es ist dies ein trauriger Anblick unter allen Verhältnissen, einer ›Zum-Haar-Ausraufen‹ aber auf dem Felde der teuer angeschafften Lügenmaschine des französischen Konstitutionalismus. Gott bessr' es! Amen.
Friedrich Wilhelm.«

Ich schrieb dem General Gerlach, ich sei eins der jüngsten Mitglieder unter diesen Leuten. Wenn ich die Wünsche Sr. Majestät früher gekannt hätte, hätte ich vielleicht einen Einfluß gewinnen können; aber der Befehl des Königs, von mir in Berlin ausgeführt und in der konservativen Partei beider Häuser vertreten, würde meine parlamentarische Stellung, die für den König und seine Regierung in andern Fragen von Nutzen sein könnte, zerstören, wenn ich rein als königlicher Beauftragter, ohne eigne Gedanken zu vertreten, meinen Einfluß in der kurzen Frist von zwei Tagen verwerten sollte. Ich fragte daher an, ob ich nicht den vom Könige erhaltnen Auftrag, mit dem Prinzen von Augustenburg zu verhandeln[23], als Grund für mein Wegbleiben von dem Landtage geltend machen dürfte. Ich erhielt durch die Telegraphen die Antwort, mich auf das Augustenburger Geschäft nicht zu berufen, sondern sofort nach Berlin zu kommen, reise also ab. Inzwischen war in Berlin auf Betrieb der konservativen Partei ein Beschluß gefaßt worden, welcher den Absichten des Königs zuwiderlief, und der von Sr. Majestät unternommene Feldzug schien damit verloren zu sein. Als ich mich bei dem General von Gerlach in dem Flügel des Charlottenburger Schlosses neben der Wache meldete, vernahm ich, daß der König ungehalten über mich sei, weil ich nicht sofort abgereist sei; wenn ich gleich erschienen wäre, so würde ich den Beschluß haben verhindern können. Gerlach ging, um mich zu melden, zum Könige und kam nach ziemlich langer Zeit zurück mit der Antwort: Se. Majestät wolle mich nicht sehen, ich solle aber warten. Dieser in sich widersprechende Bescheid ist charakteristisch für den König; er zürnte mir und wollte das durch Versagung der Audienz zu erkennen geben, aber doch auch zugleich die Wiederannahme zu Gnaden in kurzer Frist sicherstellen. Es war das eine Art von Erziehungsmethode, wie man in der Schule gelegentlich aus der Klasse gewiesen, aber wieder hineingelassen wurde. Ich war gewissermaßen im Charlottenburger Schlosse interniert, welcher Zustand mir durch ein gutes und elegant serviertes Frühstück erleichtert wurde. Die Einrichtung des königlichen Haushalts außerhalb Berlins, vorzugsweise in Potsdam und Charlottenburg, war die eines Grandseigneurs auf dem Lande. Man wurde bei jeder Anwesenheit zu den üblichen Zeiten nach Bedarf verpflegt, und wenn man zwischen diesen Zeiten einen Wunsch hatte, auch dann. Die Wirtschaftsführung war allerdings nicht auf russischem Fuße, aber doch durchaus vornehm und reichlich nach unsern Begriffen, ohne in Verschwendung auszuarten.

Nach etwa einer Stunde wurde ich durch den Adjutanten vom Dienst zum Könige berufen und etwas kühler als sonst, aber doch nicht so ungnädig empfangen, wie ich befürchtet hatte. Se. Majestät hatte erwartet, daß ich auf die erste Anregung erscheinen würde, und darauf gerechnet, daß ich imstande sein würde, in den 24 Stunden bis zur Abstimmung die konservative Fraktion wie auf militärisches Kommando kehrtmachen und in des Königs Richtung einschwenken zu lassen. Ich setzte auseinander, daß damit mein Einfluß auf die Fraktion über- und die Unabhängigkeit derselben unterschätzt werde. Ich hätte in dieser Frage persönlich keine Überzeugung, die der des Königs entgegenstände, und sei bereit, die letztere bei meinen Fraktionsgenossen zu vertreten, wenn er mir Zeit dazu lassen wolle und geneigt sei, seine Wünsche in neuer Gestalt nochmals geltend zu machen. Der König, sichtlich versöhnt, ging darauf ein und entließ mich mit dem Auftrage, Propaganda für seinen Plan zu machen. Letzteres geschah mit mehr Erfolg, als ich selbst erwartet hatte; der Widerspruch gegen die Umgestaltung der Körperschaft hatte nur die Führer der Fraktion zu Trägern, und seine Nachhaltigkeit beruhte nicht auf Überzeugung der Gesamtheit, sondern auf der Autorität, welche in jeder Fraktion die anerkannten Leiter zu haben pflegen – und nicht mit Unrecht, da sie in der Regel die besten Redner und gewöhnlich die einzigen arbeitsamen Geschäftsleute sind und den übrigen die Mühe abnehmen, die vorkommenden Fragen zu studieren. Ein Opponent in der Fraktion, der nicht das gleiche Ansehn hat, wird von dem Fraktionsführer, welcher gewöhnlich der schlagfertigere Redner ist, sehr leicht in einer Weise abgeführt, welche ihm für die Zukunft die Lust zur Auflehnung benimmt, wenn er nicht mit einem Mangel an Schüchternheit begabt ist, der bei uns gerade in den Klassen, denen die Konservativen meistens angehören, nicht häufig ist.

Ich fand unsere damals zahlreiche, ich glaube über 100 Köpfe starke Fraktion unter dem Banne der von den Führern festgelegten politischen Sätze. Ich selbst hatte mich, seit ich mich in Frankfurt auf der Defensive gegen Österreich, also auf einem von der Fraktionsleitung nicht gebilligten Wege befand, von derselben einigermaßen emanzipiert, und obschon in dieser Frage unser Verhältnis zu Österreich nicht im Spiele war, so hatte die Meinungsverschiedenheit über dieses Verhältnis meinen Glauben an die Fraktionsleitung überhaupt erschüttert. Indessen überraschte mich doch die sofortige Wirkung, welche mein Plädoyer nicht sowohl für die vorliegende Auffassung des Königs als für das Zusammenhalten mit ihm hatte. Die Fraktionsleitung blieb bei der Abstimmung isoliert; fast die gesamte Fraktion war bereit, dem Könige auf seinem Wege zu folgen.

Wenn ich heut auf diese Vorgänge zurückblicke, so scheint es mir, daß die drei oder sechs Führer, gegen welche ich die konservative Fraktion aufwiegelte, im Grunde dem König gegenüber recht hatten. Die Erste Kammer war zur Lösung der Aufgaben, welche einer solchen im konstitutionellen Leben zufallen, befähigter als das heutige Herrenhaus. Sie genoß in der Bevölkerung eines Ansehens, welches das Herrenhaus sich bisher nicht erworben hat. Das letztere hat zu einer hervorragenden politischen Leistung nur in der Konfliktszeit Gelegenheit gehabt und sich damals durch die furchtlose Treue, mit welcher es zur Monarchie stand, auf dem defensiven Gebiete der Aufgabe eines Oberhauses völlig gewachsen gezeigt. Es ist wahrscheinlich, daß es in kritischen Lagen der Monarchie dieselbe tapfere Festigkeit beweisen wird. Ob dasselbe aber für Verhütung solcher Krisen in den scheinbar friedlichen Zeiten, in welchen sie sich vorbereiten können, denselben Einfluß ausüben wird, wie jene Erste Kammer getan hat, ist mir zweifelhaft. Es verrät einen Fehler in der Konstitution, wenn ein Oberhaus in der Einschätzung der öffentlichen Meinung ein Organ der Regierungspolitik oder selbst der königlichen Politik wird. Nach der preußischen Verfassung hat der König mit seiner Regierung an und für sich einen gleichwertigen Anteil an der Gesetzgebung wie jedes der beiden Häuser; er hat nicht nur sein volles Veto, sondern die ganze vollziehende Gewalt, vermöge deren die Initiative in der Gesetzgebung faktisch und die Ausführung der Gesetze auch rechtlich der Krone zufällt. Das Königtum ist, wenn es sich seiner Stärke bewußt ist und den Mut hat, dieselbe anzuwenden, mächtig genug für eine verfassungsmäßige Monarchie, ohne eines ihm gehorsamen Herrenhauses als einer Krücke zu bedürfen. Auch wenn das Herrenhaus in der Konfliktszeit sich für die ihm zugehenden Etatsgesetze die Beschlüsse des Abgeordnetenhauses angeeignet hätte, so wäre immer, um ein Etatsgesetz nach Art. 99 zustande zu bringen, die Zustimmung des dritten Faktors, des Königs, unentbehrlich gewesen, um dem Etat Gesetzeskraft zu geben. Nach meiner Überzeugung würde der König Wilhelm seine Zustimmung auch dann versagt haben, wenn das Herrenhaus in seinen Beschlüssen mit dem Abgeordnetenhause übereingestimmt hätte. Daß die »Erste Kammer« das getan haben würde, glaube ich nicht, vermute im Gegenteil, daß ihre durch Sachlichkeit und Leidenschaftslosigkeit überlegenen Debatten schon viel früher auf das Abgeordnetenhaus mäßigend eingewirkt und dessen Ausschreitungen zum Teil verhindert haben würden. Das Herrenhaus hat nicht dasselbe Schwergewicht in der öffentlichen Meinung, man war geneigt, in ihm eine Doublüre der Regierungsgewalt und eine parallele Ausdrucksform des königlichen Willens zu sehen.

Ich war schon damals solchen Erwägungen nicht unzugänglich, hatte im Gegenteil dem Könige gegenüber, als er seinen Plan wiederholt mit mir besprach, lebhaft befürwortet, neben einer gewissen Anzahl erblicher Mitglieder den Hauptbestand des Herrenhauses aus Wahlkorporationen hervorgehen zu lassen, deren Unterlage die 12 000 oder 13 000 Rittergüter, vervollständigt durch gleichwertigen Grundbesitz, durch die Magistrate bedeutender Städte und die Höchstbesteuerten ohne Grundbesitz nach einem hohen Zensus abgeben sollten, und daß der nichterbliche Teil der Mitglieder ebenso wie die des Abgeordnetenhauses der Wahlperiode und der *Auflösung* unterliegen solle. Der König wies diese Ansichten so weit und geringschätzig von sich, daß ich jede Hoffnung auf eingehende Erörterung derselben aufgeben mußte. Auf dem mir neuen Gebiete der Gesetzgebung hatte ich damals nicht die Sicherheit des Glaubens an die Richtigkeit eigner Auffassungen, welche erforderlich gewesen wäre, um mich in den mir gleichfalls neuen unmittelbaren Beziehungen zu dem Könige und in den Rücksichten auf meine amtliche Stellung zum Festhalten an abweichenden eignen Ansichten in Verfassungsfragen zu ermutigen. Um mich dazu unter Umständen berechtigt und verpflichtet zu fühlen, hätte ich einer längeren Erfahrung in Staatsgeschäften bedurft, als ich damals besaß. Wenn es sich 20 Jahre später um die Beibehaltung der Ersten Kammer oder Verwandlung derselben in das Herrenhaus gehandelt hätte, so würde ich aus der ersten Alternative eine Kabinettsfrage gemacht haben.

IV

Die Haltung, welche ich in der konservativen Fraktion angenommen hatte, griff störend in die Pläne ein, welche der König mit mir hatte oder zu haben behauptete. Als er zu Anfang des Jahres 1854 das Ziel, mich zum Minister zu machen, direkter ins Auge zu fassen begann, wurde seine Absicht nicht nur von Manteuffel bekämpft, sondern auch von der Kamarilla, deren Hauptpersonen der General Gerlach und Niebuhr waren. Diese, ebenso wie Manteuffel, waren nicht geneigt, den Einfluß auf den König mit mir zu teilen, und glaubten sich mit mir im täglichen Zusammenleben nicht so gut wie in der Entfernung zu vertragen. Gerlach wurde in dieser Voraussetzung bestärkt durch seinen Bruder, den Präsidenten, der die Gewohnheit hatte, mich als einen Pilatuscharakter zu bezeichnen auf der Basis: Was ist Wahrheit? also als einen unsicheren Fraktionsgenossen. Dieses Urteil über mich kam auch in den Kämpfen innerhalb der konservativen Fraktion und des intimern Komitees derselben mit Schärfe zum Ausdruck, als ich, auf Grund meiner Stellung als Bundestagsgesandter und weil ich im Besitz des Vertrags bei dem Könige über die deutsche Angelegenheiten sei, einen größe-ren Einfluß auf die Haltung der Fraktion in der deutschen und der auswärti-gen Politik verlangte, während der Präsident Gerlach und Stahl die absolute Gesamtleitung nach *allen* Seiten hin in Anspruch nahmen. Ich befand mich im Widerspruche mit beiden, mehr aber mit Gerlach als mit Stahl, und der erstere erklärte schon damals, vorauszusehen, daß unsre Wege sich trennen und wir als Gegner enden würden. – In Übereinstimmung habe ich mich in den wechselnden Phasen der konservativen Fraktion stets mit Below-Ho-hendorf und Alvensleben-Erxleben befunden.

Im Winter 1853 zu 1854 hielt der König mich lange fest; ich lag mehrere Monate im Wirtshause und verfiel dadurch äußerlich in die Kategorie der Streber, die am Sturze Manteuffels arbeiteten, den Prinzen von Preußen ge-gen seinen Bruder einzunehmen, für sich Stellen oder wenigstens Aufträge herauszuschlagen suchten und dann und wann von dem Könige als Rivalen Manteuffels cum spe succedendi behandelt wurden. Nachdem ich mehr-mals von dem Könige gegen Manteuffel in der Weise ausgespielt worden war, daß ich Gegenentwürfe von Depeschen zu machen hatte, bat ich Ger-lach, den ich in einem kleinen Vorzimmer neben dem Kabinett des Königs in dem längs der Spree hinlaufenden Flügel des Schlosses fand, mir die Er-laubnis zur Rückkehr nach Frankfurt zu erwirken. Gerlach trat in das Kabi-nett und sprach, der König rief: »Er soll in des Teufels Namen warten, bis ich ihm befehle abzureisen!« Als Gerlach herauskam, sagte ich lachend, ich hät-te den Bescheid schon. Ich blieb also noch eine Zeitlang in Berlin. Als es end-lich zur Abreise kam, hinterließ ich den Entwurf eines eigenhändigen, von dem Könige an den Kaiser Franz Joseph zu richtenden Schreibens, den ich auf Befehl Seiner Majestät ausgearbeitet, und den Manteuffel dem Könige vorzulegen übernommen hatte, nachdem er sich mit mir über den Inhalt verständigt haben würde. Der Schwerpunkt lag in dem Schlußsatze, aber auch ohne diesen bildete der Entwurf ein abgerundetes Aktenstück, freilich von wesentlich modifizierter Tragweite. Ich bat den Flügeladjutanten vom Dienst unter Mitteilung einer Abschrift des Konzepts, den König darauf auf-merksam zu machen, daß der Schlußsatz das entscheidende Stück des Er-lasses sei. Diese Vorsichtsmaßregel war im Auswärtigen Amte nicht be-kannt; die Kollationierung im Schlosse ergab, daß, wie ich befürchtet hatte, das Konzept geändert und der österreichischen Politik nähergerückt war. Während des Krimkrieges und der vorangegangenen Verhandlungen dreh-ten sich die Kämpfe in den Regierungskreisen häufig um eine westmächtlich-österreichische oder eine russische Phrase, die, kaum geschrieben, keine praktische Bedeutung mehr hatte.

Um eine ernstere, in den Verlauf der Dinge eingreifende Frage der Redaktion handelte es sich im September 1854. Der König befand sich in Rügen; ich war auf dem Wege von Frankfurt nach Reinfeld, wo meine Frau krank lag, als in Stettin ein höherer Postbeamter, der angewiesen war, auf mich zu fahnden, mir eine Einladung des Königs nach Putbus ausrichtete. Ich hätte mich gern gedrückt, der Postbeamte aber begriff nicht, wie ein Mann von altem preußischem Schlage sich einer solchen Aufforderung entziehen wolle. Ich ging nach Rügen, nicht ohne Sorge vor neuen Zumutungen, Minister zu werden und dadurch in unhaltbare Beziehungen zum Könige zu geraten. Der König empfing mich gnädig und setzte mich von einer vorliegenden Meinungsverschiedenheit über die durch den Rückzug der Russen aus den Donaufürstentümern entstandene Situation in Kenntnis. Es handelte sich um die Depesche des Grafen Buol vom 14. September und einen von Manteuffel vorgelegten Entwurf einer Antwort, den der König zu österreichisch fand. Auf Befehl machte ich einen andern Entwurf, der von Sr. Majestät genehmigt und nach Berlin geschickt wurde, um im Widerspruch mit dem leitenden Minister zunächst an den Grafen Arnim in Wien gesandt und dann den deutschen Regierungen mitgeteilt zu werden.[*] Die durch Annahme meines Entwurfs bekundete Stimmung des Königs zeigte sich auch in dem Empfang des Grafen Benckendorf, der mit Briefen und mündlichen Aufträgen in Putbus eintraf, und den ich mit der Nachricht hatte empfangen können, daß die Engländer und Franzosen in der Krim gelandet seien. »Freut mich«, erwiderte er, »da sind wir sehr stark.« Es wurde russische Strömung. Ich glaubte, politisch meine Schuldigkeit getan zu haben, hatte schlechte Nachrichten von meiner Frau und bat um die Erlaubnis abzureisen. Dieselbe wurde mir indirekt dadurch verweigert, daß ich auf das Gefolge übertragen wurde, ein hoher Gunstbeweis. Gerlach warnte mich, denselben nicht zu überschätzen. »Bilden Sie sich nur nicht ein«, sagte er, »daß Sie politisch geschickter gewesen sind als wir. Sie sind augenblicklich in Gunst, und der König schenkt Ihnen diese Depesche, wie er einer Dame ein Bouquet schenken würde.«

---

[*] Sie ist vom 21. September datiert und in Jasmund, Aktenstücke zur orientalischen Frage, Tl. I, S. 363, abgedruckt.

Wie wahr das war, erfuhr ich sofort, aber in vollem Umfange erst später nach und nach. Als ich darauf bestand abzureisen und in der Tat abreiste, erfolgte eine erste Ungnade des Königs; mir wäre meine Häuslichkeit doch mehr wert als das ganze Reich, hatte er zu Gerlach gesagt. Aber wie tief die Verstimmung gegangen war, wurde mir erst während und nach meiner Pariser Reise klar.[24] Mein beifällig aufgenommener Depeschenentwurf wurde telegraphisch angehalten und dann geändert.

8. KAPITEL

BESUCH IN PARIS

I

Im Sommer 1855 lud unser Gesandter in Paris, Graf Hatzfeld, mich zum Besuche der Industrieausstellung ein; er teilte den damals in diplomatischen Kreisen verbreiteten Glauben, daß ich ehestens der Nachfolger Manteuffels im Auswärtigen Amt werden würde. Wenn der König sich mit einem solchen Gedanken abwechselnd getragen hatte, so wußte man in intimen Hofkreisen doch damals schon, daß eine Wandlung vorgegangen sei. Der Graf Wilhelm Redern, den ich damals in Paris traf, sagte mir, die Gesandten glaubten noch immer, daß ich zum Minister bestimmt sei, er selbst habe das auch geglaubt; aber die Stimmung des Königs sei umgeschlagen, Näheres wisse er nicht. Wohl seit Rügen.

Der 15. August, Napoleonstag, wurde u.a. dadurch gefeiert, daß man russische Gefangene durch die Straßen führte. Am 19. traf die Königin von England ein, der zu Ehren ein großes Ballfest in Versailles stattfand, auf welchem ich ihr und dem Prinzen Albert vorgestellt wurde.

Der Prinz in seiner schwarzen Uniform, schön und kühl, sprach höflich mit mir, aber in seiner Haltung lag eine gewisse übelwollende Neugier, aus der ich abnahm, daß ihm meine antiwestmächtliche Einwirkung auf den König nicht unbekannt war. Nach der ihm eigenen Sinnesweise suchte er die Beweggründe meines Verhaltens nicht da, wo sie lagen, nämlich in dem Interesse an der Unabhängigkeit meines Vaterlandes von fremden Einflüssen, Einflüssen, welche in unsrer kleinstädtischen Verehrung für England und Furcht vor Frankreich einen empfänglichen Boden fanden sowie in dem Wunsche, uns von einem Kriege freizuhalten, den wir nicht in unsrem Interesse, sondern in Abhängigkeit von österreichischer und englischer Politik geführt haben würden. In den Augen des Prinzen war ich, was ich natürlich nicht dem momentanen Eindruck bei meiner Vorstellung, sondern anderweitiger Sach- und Aktenkunde entnahm, ein reaktionärer Parteimann, der sich auf die Seite Rußlands stellte, um eine absolutistische und Junkerpolitik zu fördern. Es konnte nicht befremden, daß diese Ansicht des Prinzen und der damaligen Parteigenossen des Herzogs von Coburg sich auf die Tochter des ersteren, welche demnächst unsre Kronprinzessin wurde, übertragen hatte.

Schon bald nach der Ankunft in Deutschland, im Februar 1858, konnte ich durch Mitglieder des königlichen Hauses und aus eignen Wahrnehmungen die Überzeugung gewinnen, daß die Prinzessin gegen mich persönlich voreingenommen war. Überraschend war mir dabei nicht die Tatsache, wohl aber die Form, wie ihr damaliges Vorurteil gegen mich im engen Familienkreise zum Ausdruck gekommen war: Sie traue mir nicht. Auf Abneigung wegen meiner angeblich antienglischen Gesinnung und wegen Ungehorsams gegen englische Einflüsse war ich gefaßt, mußte aber doch weitergehende Verleumdungen vermuten, als die Frau Prinzessin in einem Gespräch, welches sie mit mir, ihrem Tischnachbar, führte, in halb scherzendem Tone sagte, ich hätte den Ehrgeiz, König zu werden oder wenigstens Präsident einer Republik. Ich antwortete in demselben halb scherzenden Tone, ich sei für meine Person zum Republikaner verdorben, in den royalistischen Traditionen der Familie aufgewachsen und bedürfe zu meinem irdischen Behagen einer monarchischen Einrichtung, dankte aber Gott, daß ich nicht dazu berufen sei, wie ein König auf dem Präsentierteller zu leben, sondern bis an mein Ende ein getreuer Untertan des Königs zu sein. Daß diese meine Überzeugung aber allgemein erblich sein würde, ließe sich nicht verbürgen, nicht weil die Royalisten ausgehen würden, sondern vielleicht die Könige. Pour faire un civet, il faut un lièvre, et pour une monarchie, il faut un roi. Ich könnte nicht dafür gut sagen, daß in Ermangelung eines solchen die nächste Generation nicht republikanisch werden könne. Indem ich mich so äußerte, war ich nicht frei von Sorge in dem Gedanken an einen Thronwechsel ohne Übergang der monarchischen Traditionen auf den Nachfolger. Die Prinzessin vermied indessen jede ernsthafte Wendung und blieb in dem scherzenden Tone, liebenswürdig und unterhaltend wie immer; sie machte mir mehr den Eindruck, daß sie einen politischen Gegner necken wollte.

In der ersten Zeit meines Ministeriums habe ich noch öfter bei ähnlichen Tischgesprächen beobachtet, daß es der Prinzessin Vergnügen machte, meine patriotische Empfindlichkeit durch scherzhafte Kritik von Personen und Zuständen zu reizen.

Die Königin Viktoria sprach auf jenem Balle in Versailles mit mir deutsch. Ich hatte von ihr den Eindruck, daß sie in mir eine merkwürdige, aber unsympathische Persönlichkeit sah, doch war ihre Tonart ohne den Anflug von ironischer Überlegenheit, den ich bei dem Prinzen Albert durchzufühlen glaubte. Sie blieb freundlich und höflich wie jemand, der einen wunderlichen Kauz nicht unfreundlich behandeln will.

Bei dem Souper war mir im Vergleich mit Berlin die Einrichtung merkwürdig, daß die Gesellschaft in drei Klassen mit Abstufungen in dem Menü speiste und denjenigen Gästen, die überhaupt speisen sollten, die Zusicherung durch Überreichung einer Karte mit der Nummer beim Eintreten gegeben wurde. Die Karten der ersten Klasse enthielten auch den Namen der an dem betreffenden Tische versitzenden Dame. Diese Tische waren auf 15 bis 20 Personen eingerichtet. Ich erhielt beim Eintreten eine solche Karte zu dem Tische der Gräfin Valewska und später im Saale noch zwei von zwei andren patroness-Damen der Diplomatie und des Hofes. Es war also kein genauer Plan für die Plazierung der Gäste gemacht worden. Ich wählte den Tisch der Gräfin Valewska, zu deren Departement ich als auswärtiger Diplomat gehörte. Auf dem Wege zu dem betreffenden Saale stieß ich auf einen preußischen Offizier in der Uniform eines Gardeinfanterieregiments, der eine französische Dame führte und sich in lebhaftem Streit mit einem der kaiserlichen Haushofmeister befand, welcher beide, weil sie mit Karten nicht versehen, nicht passieren lassen wollte. Nachdem mir der Offizier auf mein Befragen die Sachlage erklärt und mir die Dame als eine Herzogin mit italienischem Titel aus dem ersten Empire bezeichnet hatte, sagte ich dem Hofbeamten, ich hätte die Karte des Herrn, und gab ihm eine der meinigen. Der Beamte wollte nun aber die Dame nicht passieren lassen, ich gab daher dem Offizier meine zweite Karte für seine Herzogin. Der Beamte bedeutete mich, »mais vous ne passerez pas sans carte«; als ich ihm die dritte vorgezeigt hatte, machte er ein verwundertes Gesicht und ließ uns alle drei durch. Ich empfahl meinen beiden Schützlingen, sich nicht an die Tische zu setzen, die auf den Karten angegeben waren, sondern zu sehn, wo sie sonst unterkämen, habe auch keine Reklamationen über meine Kartenverteilung zu hören bekommen. Die Unregelmäßigkeit war so groß, daß unser Tisch nicht voll besetzt wurde, was sich aus dem Mangel einer Verabredung der dames patronesses erklärt. Der alte Fürst Pückler hatte entweder keine Karte erhalten oder seinen Tisch nicht finden können; nachdem er sich an mein ihm bekanntes Gesicht gewandt hatte, wurde er von der Gräfin Valewska auf einen der leergebliebenen Plätze eingeladen. Das Souper war trotz der Dreiteilung weder nach dem Material noch nach der Zubereitung auf der Höhe dessen, was in Berlin bei ähnlichen Massenfesten geleistet wird; nur die Bedienung war ausreichend und prompt.

Am auffallendsten war mir der Unterschied in den Anordnungen für die Zirkulation. Das Versailler Schloß bietet dafür eine viel größere Leichtigkeit als das Berliner vermöge der größeren Zahl und, abgesehen von dem Weißen Saale, der größeren Ausdehnung der Räume. Hier war den Soupierenden Nr. 1 für ihren Rückzug derselbe Weg angewiesen wie den Hungrigen Nr. 2, deren stürmischer Anmarsch schon eine weniger höfische gesellschaftliche Gewöhnung verriet. Es kamen körperliche Zusammenstöße der gestickten und bebänderten Herren und reich eleganten Damen vor, die in Handgreiflichkeiten und Verbalinjurien übergingen, wie sie bei uns im Schloß unmöglich wären. Ich zog mich mit dem befriedigenden Eindruck zurück, daß trotz alles Glanzes des kaiserlichen Hofes der Hofdienst und die Erziehung und die Manieren der Hofgesellschaft bei uns wie in Petersburg und Wien höher standen als in Paris und daß die Zeiten hinter uns lagen, da man in Frankreich und am Pariser Hofe eine Schule der Höflichkeit und des guten Benehmens durchmachen konnte. Selbst die, namentlich im Vergleich mit Petersburg, veraltete Etikette kleiner deutscher Höfe war würdevoller als die imperialistische Praxis. Freilich habe ich diesen Eindruck schon unter Louis Philippe gehabt, während dessen Regierung es in Frankreich geradezu Mode wurde, sich in der Richtung übertriebener Ungeniertheit und des Verzichtes auf Höflichkeit besonders gegen Damen hervorzutun. War es nun auch in dieser Beziehung während des zweiten Kaiserreichs besser geworden, so blieben doch der Ton in der amtlichen und höfischen Gesellschaft und die Haltung des Hofs selbst gegen die drei östlichen großen Höfe zurück. Nur in den der amtlichen Welt fremden legitimistischen Kreisen war es zur Zeit Louis Philipps sowohl, wie Louis Napoleons anders, der Ton tadellos, höflich und gastlich, mit gelegentlichen Ausnahmen der jüngeren, mehr verpariserten Herren, die ihre Gewohnheiten nicht der Familie, sondern dem Klub entnahmen.

Der Kaiser, den ich bei meiner damaligen Anwesenheit in Paris zum ersten Male sah, hat mir bei verschiedenen Besprechungen damals nur in allgemeinen Worten seinen Wunsch und seine Absicht im Sinne einer französisch-preußischen Intimität zu erkennen gegeben. Er sprach davon, daß diese beiden benachbarten Staaten, die vermöge ihrer Bildung und ihrer Einrichtungen an der Spitze der Zivilisation ständen, aufeinander angewiesen seien. Eine Neigung, Beschwerden, die durch unsre Verweigerung des Anschlusses an die Westmächte hervorgerufen wären, mir gegenüber zum Ausdruck zu bringen, stand nicht im Vordergrunde. Ich hatte das Gefühl, daß der Druck, den *England* und *Österreich* in Berlin und Frankfurt ausübten, um uns zu Kriegsdiensten im westmächtlichen Lager zu nötigen, sehr viel stärker, man könnte sagen, leidenschaftlicher und gröber war als die in wohlwollender Form mir kundgegebenen Wünsche und Versprechungen, mit welchen der Kaiser unsre Verständigung speziell mit Frankreich befürwortete. Er war für unsre Sünden gegen die westmächtliche Politik viel nachsichtiger als England und Österreich. Er sprach nie Deutsch mit mir, auch später nicht.

Daß mein Besuch in Paris am heimatlichen Hofe mißfallen und die gegen mich bereits vorhandene Verstimmung besonders bei der Königin Elisabeth gesteigert hatte, konnte ich Ende September desselben Jahres wahrnehmen. Während der König die Rheinreise zum Dombaufest nach Köln machte, meldete ich mich in Koblenz und wurde mit meiner Frau von dem König zur Mitfahrt nach Köln auf dem Dampfschiff eingeladen, meine Frau aber von der Königin an Bord und in Remagen ignoriert. Der Prinz von Preußen, der das bemerkt hatte, gab meiner Frau den Arm und führte sie zu Tisch. Nach Aufhebung der Tafel bat ich um die Erlaubnis, nach Frankfurt zurückzukehren, die ich erhielt.

Erst im folgenden Winter, währenddessen der König sich mir wieder genähert hatte, fragte er mich einmal bei Tafel quer über den Tisch nach meiner Meinung über Louis Napoleon; sein Ton war ironisch. Ich antwortete: »Ich habe den Eindruck, daß der Kaiser Napoleon ein gescheiter und liebenswürdiger Mann, aber so klug nicht ist, wie die Welt ihn schätzt, die alles, was vorgeht, auf seine Rechnung schreibt, und wenn es in Ostasien zur unrechten Zeit regnet, das aus einer übelwollenden Machination des Kaisers erklären will. Man hat sich besonders bei uns daran gewöhnt, ihn als eine Art génie du mal zu betrachten, das immer nur darüber nachdenke, wie es in der Welt Unfug anrichten könne. Ich glaube, daß er froh ist, wenn er etwas Gutes in Ruhe genießen kann; sein Verstand wird auf Kosten seines Herzens überschätzt; er ist im Grund gutmütig, und es ist ihm ein ungewöhnliches Maß von Dankbarkeit für jeden geleisteten Dienst eigen.«

Der König lachte dazu in einer Weise, die mich verdroß und zu der Frage veranlaßte, ob ich mir gestatten dürfe, die augenblicklichen Gedanken Sr. Majestät zu erraten. Der König bejahte, und ich sagte: »Der frühere Minister des Auswärtigen, General von Canitz, hielt den jungen Offizieren in der Kriegsschule Vorträge über Napoleons Feldzüge. Ein strebsamer Zuhörer fragte ihn, warum Napoleon diese oder jene Bewegung unterlassen haben könne. Canitz antwortete: ›Ja, sehen Sie, wie dieser Napoleon eben war, ein seelensguter Kerl, aber dumm, dumm‹ – was natürlich die große Heiterkeit der Kriegsschüler erregte. Ich fürchte, daß Euer Majestät Gedanken über mich denen des Generals von Canitz über seinen Schüler ähnlich sind.«

Der König sagte lachend: »Sie mögen recht haben; aber ich kenne den jetzigen Napoleon nicht hinreichend, um Ihren Eindruck bestreiten zu können, daß sein Herz besser sei als sein Kopf.« Daß die Königin mit meiner Ansicht unzufrieden war, konnte ich aus den kleinen Äußerlichkeiten entnehmen, durch welche sich bei Hofe die Eindrücke kenntlich machen.

II

Das Mißvergnügen über meinen Verkehr mit Napoleon entsprang aus dem Begriff oder genauer gesprochen dem Worte *Legitimität,* das in dem modernen Sinne von Talleyrand geprägt und 1814 und 1815 mit großem Erfolg und zum Vorteil der Bourbonen als eine täuschende Zauberformel benutzt worden ist.

Ich schalte hier ein Schreiben von mir an Gerlach ein, das etwas später fällt, dessen Anlaß aber schon in den oben mitgeteilten Bruchstücken seiner Briefe zu erkennen ist.

»Frankfurt, den 2. Mai 1857
So einstimmig wir in betreff der Innern Politik sind, so wenig kann ich mich in Ihre Auffassung der äußern hineinleben, der ich im allgemeinen den Vorwurf mache, daß sie die Realitäten ignoriert. Sie gehen davon aus, daß ich einem vereinzelten Manne, der mir imponiere, das Prinzip opfere. Ich lehne mich gegen Vorder- und Nachsatz auf, der Mann imponiert mir durchaus nicht; die Fähigkeit, Menschen zu bewundern, ist in mir nur mäßig ausgebildet, und es ist vielmehr ein Fehler meines Auges, daß es schärfer für die

Schwächen als für die Vorzüge ist. Wenn mein letzter Brief etwa ein lebhaf-
teres Kolorit hat, so war das ein rhetorisches Hilfsmittel, um auf Sie zu wirken. Was aber das geopferte Prinzip betrifft, so kann ich mir das, was Sie damit meinen, konkret nicht recht formulieren und bitte Sie, diesen Punkt in
einer Antwort wiederaufzunehmen. Meinen Sie damit ein auf Frankreich
und seine Legitimität anzuwendendes Prinzip, so gestehe ich, daß ich dies
einem spezifisch preußischen Patriotismus vollständig unterordne. Frankreich mit seinen Herrschern interessiert mich nur insoweit, als es auf die
Lage meines Vaterlandes reagiert, und wir können Politik nur mit dem
Frankreich treiben, welches vorhanden ist, dieses aber aus den Kombinationen nicht ausschließen. Ein legitimer Monarch wie Ludwig XIV. ist ein ebenso feindseliges Element für uns wie Napoleon I., und wenn dessen jetziger
Nachfolger heute auf den Gedanken käme, zu abdizieren, so würde er uns
damit gar keinen Gefallen tun, und Heinrich V. würde nicht sein Nachfolger
sein; auch wenn man ihn auf den vakanten Thron hinauf setzte, würde er
sich nicht darauf behaupten. Ich kann als Romantiker eine Träne für sein
Geschick haben, als Diplomat würde ich sein Diener sein, wenn ich Franzose wäre, so aber zählt mir Frankreich, ohne Rücksicht auf die jeweilige Spitze, nur als ein Stein, und zwar ein unvermeidlicher in dem Schachspiel der
Politik, einem Spiele, in welchem ich nur meinem Könige und meinem Lande zu dienen den Beruf habe. Sympathien und Antipathien in betreff auswärtiger Mächte und Personen vermag ich vor meinem Pflichtgefühl im
auswärtigen Dienste meines Landes nicht zu rechtfertigen, weder an mir
noch an andern; es ist darin der Embryo der Untreue gegen den Herrn oder
das Land, dem man dient. Wenn man seine stehenden diplomatischen Beziehungen und die Unterhaltung des Einvernehmens im Frieden danach
zuschneiden will, so hört man auf, Politik zu treiben, und handelt nach persönlicher Willkür. Die Interessen des Vaterlandes dem eignen Gefühle von
Liebe und Haß gegen Fremde unterzuordnen, dazu hat meiner Ansicht nach
selbst der König nicht das Recht, hat es aber vor Gott und nicht vor mir zu
verantworten, wenn er es tut, und darum schweige ich über diesen Punkt.

Oder finden Sie das Prinzip, welches ich geopfert habe, in der Formel, daß
ein Preuße stets ein Gegner Frankreichs sein müsse? Aus dem Obigen geht
schon hervor, daß ich den Maßstab für mein Verhalten gegen fremde Regierungen nicht aus stagnierenden Antipathien, sondern nur aus der Schädlichkeit oder Nützlichkeit für Preußen entnehme. In der Gefühlspolitik ist
gar keine Reziprozität, sie ist eine ausschließlich preußische Eigentümlich-

keit; jede andre Regierung nimmt lediglich ihre Interessen zum Maßstab ihrer Handlungen, wie sie dieselben auch mit rechtlichen oder gefühlvollen Deduktionen drapieren mag. Man akzeptiert unsre Gefühle, beutet sie aus, rechnet darauf, daß sie uns nicht gestatten, uns dieser Ausbeutung zu entziehen, und behandelt uns danach, d.h., man dankt uns nicht einmal dafür und respektiert uns nur als brauchbare dupe.

Ich glaube, Sie werden mir Recht geben, wenn ich behaupte, daß unser Ansehen in Europa heute nicht dasselbe ist wie vor 1848; ich meine sogar, es war größer zu jeder Zeit zwischen 1763 und 1848, mit Ausnahme natürlich der Zeit von 1807 bis 1813. Ich räume ein, daß unser Machtverhältnis zu andern Großmächten, namentlich aggressiv, vor 1806 ein stärkeres war als jetzt, von 1815 bis 1848 aber nicht; damals waren ziemlich alle, was sie jetzt noch sind, und doch müssen wir sagen wie der Schäfer in Goethes Gedicht: ›Ich bin heruntergekommen und weiß doch selber nicht wie.‹ Ich will auch nicht behaupten, daß ich es weiß, aber viel liegt ohne Zweifel in dem Umstande, daß wir keine Bündnisse haben und keine auswärtige Politik treiben, das heißt, keine aktive, sondern uns darauf beschränken, die Steine, die in unsern Garten fallen, aufzusammeln und den Schmutz, der uns anfliegt, abzubürsten, wie wir können. Wenn ich von Bündnissen rede, so meine ich damit keine Schutz- und Trutzbündnisse, denn der Friede ist noch nicht bedroht; aber alle die Nuancen von Möglichkeit, Wahrscheinlichkeit oder Absicht, für den Fall eines Krieges dieses oder jenes Bündnis schließen, zu dieser oder jener Gruppe gehören zu können, bleiben doch die Basis des Einflusses, den ein Staat heutzutage üben kann. Wer sich in der für den Kriegsfall schwächeren Kombination befindet, ist nachgiebiger gestimmt; wer sich ganz isoliert, verzichtet auf Einfluß, besonders wenn es die schwächste unter den Großmächten tut. Bündnisse sind der Ausdruck gemeinsamer Interessen und Absichten. Ob wir Absichten und bewußte Ziele unsrer Politik überhaupt jetzt haben, weiß ich nicht; aber daß wir Interessen haben, daran werden uns andre schon erinnern. Die Wahrscheinlichkeit eines Bündnisses haben wir bisher nur mit denen, deren Interessen sich mit den unsrigen am mannigfachsten kreuzen und ihnen widersprechen, nämlich mit den deutschen Staaten und Österreich. Wollen wir unsre auswärtige Politik damit als abgeschlossen betrachten, so müssen wir uns mit dem Gedanken vertraut machen, in Friedenszeiten unsern europäischen Einfluß auf ein Siebzehntel der Stimmen des engern Rates im Bunde reduziert zu sehen und im Kriegsfalle mit der Bundesverfassung in der Hand allein im

Taxisschen Palais übrigzubleiben. Ich frage Sie, ob es in Europa ein Kabinett gibt, welches mehr als das Wiener ein geborenes und natürliches Interesse daran hat, Preußen nicht stärker werden zu lassen, sondern seinen Einfluß in Deutschland zu mindern; ob es ein Kabinett gibt, welches diesen Zweck eifriger und geschickter verfolgt, welches überhaupt kühner und zynischer nur seine eignen Interessen zur Richtschnur seiner Politik nimmt und welches uns, den Russen und den Westmächten zahlreichere und schlagendere Beweise von Perfidie und Unzuverlässigkeit für Bundesgenossen gegeben hat. Geniert sich denn Österreich etwa, mit dem Auslande jede seinem Vorteil entsprechende Verbindung einzugehen und sogar die Teilnehmer des Deutschen Bundes vermöge solcher Verbindungen offen zu bedrohen? Halten Sie die österreichische für eine aufopfernde, hingebende Politik überhaupt und insbesondere gegenüber außerösterreichischen Interessen? Finden Sie zwischen der Buol-Bachschen Regierungsweise und der Napoleonischen vom Standpunkt des ›Prinzips‹ einen Unterschied? Der Träger der letzteren sagte mir in Paris, es sei für ihn ›qui fais tous les efforts pour sortir de ce systéme de centralisation trop tendue qui en dernier lieu a pour pivot un gendarme secrétaier et que je considère comme une des causes principales des malheurs de la France‹ sehr merkwürdig zu sehen, wie Österreich die stärksten Anstrengungen mache, um in dies System hineinzugeraten. Ich frage noch weiter und bitte Sie, mich nicht mit einer ausweichenden Wendung abzufinden: Gibt es nächst Österreich Regierungen, die weniger den Beruf fühlen, etwas für Preußen zu tun, als die deutschen Mittelstaaten? Im Frieden haben sie das Bedürfnis, am Bunde und im Zollverein Rollen zu spielen, ihre Souveränität an unsern Grenzen geltend zu machen, sich mit von der Heydt zu zanken, und im Kriege wird ihr Verhalten durch Furcht oder Mißtrauen für oder gegen uns bedingt. Das Mißtrauen wird ihnen kein Engel ausreden können, solange es noch Landkarten gibt, auf die sie einen Blick werfen können. Und nun noch eine Frage: Glauben Sie denn und glaubt Se. Majestät der König wirklich noch an den Deutschen Bund und an seine Armee für den Kriegsfall? Ich meine nicht für den Fall eines französischen Revolutionskrieges gegen Deutschland im Bunde mit Rußland, sondern in einem Interessenkriege, bei dem Deutschland mit Preußen und Österreich auf ihren alleinigen Füßen zu stehen angewiesen wären. Was könnte Sie berechtigen, daran zu glauben, daß die Großherzöge von Baden und Darmstadt, die Könige von Württemberg und Bayern sich für Preußen und Österreich opfern werden, wenn die Macht nicht auf deren

Seite ist und wenn niemand an Einheit und Vertrauen zwischen Preußen und Österreich auch nur den mäßigsten Grund hat zu glauben? – Schwerlich wird der König Max in Fontainebleau dem Napoleon sagen, daß er nur über seine Leiche die Grenze Preußens passieren werde.

Ganz erstaunt bin ich, in Ihrem Briefe zu lesen, daß die Österreicher behaupten, sie hätten uns in Neuenburg mehr verschafft als die Franzosen.[25] Wenn sie gewollt hätten, so hätten sie es nicht gekonnt und mit Frankreich und England wahrlich keine Händel unsretwillen angefangen. Sie haben im Gegenteil uns in der Durchmarschfrage geniert, uns verleumdet und Baden abwendig gemacht, und jetzt in Paris sind sie mit England unsre Gegner gewesen. Ich weiß von den Franzosen und von Kisselef, daß in allen Besprechungen, wo Hübner ohne Hatzfeldt gewesen ist, er stets der erste war, sich dem englischen Widerspruch gegen uns anzuschließen; dann ist Frankreich gefolgt, dann Rußland. Warum sollte aber überhaupt jemand etwas für uns tun und sich für unsre Interessen einsetzen? Hatte denn jemand von uns etwas dafür zu hoffen oder zu fürchten, wenn er uns den Gefallen tat oder nicht? Daß man in der Politik aus Gefälligkeit oder aus allgemeinem Rechtsgefühl handelt, das dürfen andre von uns, wir aber nicht von ihnen erwarten.

Wollen wir so isoliert, unbeachtet, gelegentlich schlecht behandelt weiterleben, so habe ich freilich keine Macht, es zu ändern; wollen wir aber wieder zu Ansehn gelangen, so erreichen wir das unmöglich damit, daß wir unser Fundament lediglich auf den Sand des Deutschen Bundes bauen und den Einsturz in Ruhe abwarten. Solange jeder von uns die Überzeugung hat, daß ein Teil des europäischen Schachbrettes uns nach unsrem eignen Willen verschlossen bleibt oder daß wir uns einen Arm prinzipiell festbinden, während jeder andre zu unserm Nachteil benutzt, wird man diese unsre Gemütlichkeit ohne Dank und Furcht benutzen. Ich verlange gar nicht, daß wir mit Frankreich ein Bündnis schließen und gegen Deutschland konspirieren sollen; aber ist es nicht vernünftiger, mit den Franzosen, solange sie uns in Ruhe lassen, auf freundlichem Fuße zu stehen? Ich will nichts weiter, als andern Leuten den Glauben benehmen, *sie* könnten sich verbrüdern, mit wem sie wollten, aber wir würden eher Riemen aus unsrer Haut schneiden lassen, als dieselbe mit französischer Hilfe verteidigen. Höflichkeit ist eine wohlfeile Münze; wenn sie auch nur dahin führt, daß die andern nicht mehr glauben, sie seien Frankreichs gegen uns immer sicher und wir jederzeit hilfsbedürftig gegen Frankreich, so ist das für die Friedensdiplomatie ein großer Gewinn. Wenn wir diese Hilfsmittel verschmähen, sogar das Gegenteil tun, so weiß ich nicht, warum wir nicht lieber die Kosten der Diplomatie sparen und reduzieren, denn diese Kaste vermag mit allen Arbeiten nicht zuwege zu bringen, was der König mit geringer Mühe kann, nämlich Preußen eine angesehene Stellung im Frieden durch den Anschein von freundlichen Beziehungen und möglichen Verbindungen wiederzugeben. Nicht minder vermag Se. Majestät durch ein Zurschautragen kühler Verhältnisse leicht alle Arbeit der Diplomatie zu lähmen; denn was soll ich hier oder einer unsrer Gesandten anderwärts durchsetzen, wenn wir den Eindruck machen, ohne Freunde zu sein oder lediglich auf Österreichs Freundschaft zu rechnen. Man muß nach Berlin kommen, um nicht ausgelacht zu werden, wenn man von Österreichs Unterstützung in irgendeiner für uns erheblichen Frage sprechen will, und selbst in Berlin kenne ich auch nur einen sehr kleinen Kreis, in dem das Gefühl der Bitterkeit nicht durchbräche, sobald von unsrer auswärtigen Politik die Rede ist. Unser Rezept für alle Übel ist, uns an die Brust des Grafen Buol zu werfen und ihm unser brüderliches Herz auszuschütten. Ich erlebte in Paris, daß ein Graf X. gegen seine Frau auf Scheidung klagte, nachdem er sie, eine ehemalige Kunstreiterin, *zum zweiten* (24.) *Male* in flagrantem Ehebruch betroffen hatte; er wurde als ein Muster von galantem und nachsichtigem Ehemann von seinem Advokaten vor Gericht gerühmt, aber gegen unsern Edelmut mit Österreich kann er sich doch nicht messen.

Unsre innern Verhältnisse leiden unter ihren eignen Fehlern kaum mehr als unter dem peinlichen und allgemeinen Gefühl unsres Verlustes an Ansehn im Auslande und der gänzlich passiven Rolle unsrer Politik. Wir sind eine eitle Nation, und es ist uns schon empfindlich, wenn wir nicht renommieren können; einer Regierung, die uns nach außen hin Bedeutung gibt, halten wir vieles zugute und lassen uns von ihr viel dafür gefallen, selbst im Beutel. Aber wenn wir uns im Innern sagen müssen, daß wir mehr durch unsre guten Säfte die Krankheiten ausstoßen, welche unsre ministeriellen Ärzte uns einimpfen, als daß wir von ihnen geheilt und zu gesunder Diät geleitet werden, so sucht man im Auswärtigen vergebens nach einem Troste dafür. Sie sind doch au fait unserer Politik; können Sie mir nun ein Ziel nennen, welches dieselbe sich etwa gesteckt hat, auch nur einen Plan auf einige Monate hinaus? Weiß man gerade rebus sie stantibus, was man eigentlich will? Weiß das irgend jemand in Berlin, und glauben Sie, daß bei den Leitern eines anderen Staates dieselbe Leere an positiven Zwecken und Ideen vorhanden ist? Können Sie mir ferner einen Verbündeten nennen, auf welchen Preußen zählen könnte, wenn es heute zum Kriege käme, oder der für uns spräche bei einem Anliegen, wie etwa das Neuenburger, oder der irgend etwas täte, weil er auf unsern Beistand rechnet oder unsre Feindschaft fürchtet? Wir sind die gutmütigsten, ungefährlichsten Politiker, und doch traut uns eigentlich niemand; wir gelten für unsichere Genossen und ungefährliche Feinde, ganz als hätten wir uns im Äußeren so betragen und wären so krank wie Österreich. Oder können Sie mir eine Absicht nennen, die wir seit dem Radowitzschen Dreikönigsbündnis in auswärtiger Politik gehabt haben? Doch, den Jadebusen; der bleibt aber bisher ein totes Wasserloch, und den Zollverein werden wir uns von Österreich ganz freundlich ausziehen lassen, weil wir nicht den Entschluß haben, einfach nein zu sagen. Ich wundere mich, wenn es bei uns noch Diplomaten gibt, denen der Mut, einen Gedanken zu haben, denen die sachliche Ambition, etwas leisten zu wollen, nicht schon erstorben ist, und ich werde mich ebensogut wie meine Kollegen darin finden, einfältig meine Instruktion zu vollziehen, den Sitzungen beizuwohnen und mich der Teilnahme für den allgemeinen Gang der Politik zu entschlagen; man bleibt gesünder dabei und verbraucht weniger Tinte.

Sie werden wahrscheinlich sagen, daß ich aus dépit, weil Sie nicht meiner Meinung sind, schwarzsehe und räsoniere; aber ich würde wahrlich ebensogern meine Bemühungen an die Durchführung fremder Ideen setzen, wenn ich solche nur fände. So weiter zu vegetieren, dazu bedürfen wir eigentlich des ganzen Apparats unsrer Diplomatie nicht. Die Tauben, die uns gebraten anfliegen, entgehen uns ohnehin schwerlich. Mein Streben geht nur dahin, daß wir solche Dinge zulassen und nicht von uns weisen, welche geeignet sind, bei den Kabinetten in Friedenszeit den Eindruck zu machen, daß wir uns mit Frankreich nicht schlecht stehen, damit man auf unsre Beistandsbedürftigkeit gegen Frankreich nicht zählen und uns deshalb drücken dürfe, und daß uns, wenn man unwürdig mit uns umgehen will, alle Bündnisse offenstehen. Wenn ich nun melde, daß diese Vorteile gegen Höflichkeit und gegen den *Schein* der Reziprozität zu haben sind, so erwarte ich, daß man mir entweder nachweist, es seien das keine Vorteile, es entspreche vielmehr unsern Interessen besser, wenn fremde und deutsche Höfe berechtigt sind, von der Annahme auszugehen, daß wir gegen Westen unter allen Umständen feindlich sein müssen und Bündnisse, eventuell Hilfe, dagegen brauchen, und wenn sie diese Annahme als Basis ihrer gegen uns gerichteten

Operationen ausbeuten. Oder ich erwarte, daß man andre Pläne und Absichten hat, in deren Kombination der Anschein eines guten Vernehmens
mit Frankreich nicht paßt. Ich weiß nicht, ob die Regierung einen Plan hat,
und glaube es nicht; wenn man aber diplomatische Annäherungen einer
großen Macht nur deshalb von sich abhält und die politischen Beziehungen
zweier großen Mächte nur danach regelt, ob man Antipathien oder Sympathien für Zustände und Personen hat, die man nicht ändern kann und will,
so drücke ich mich mit Zurückhaltung aus, indem ich sage: ›Ich habe dafür
kein Verständnis als Diplomat und finde mit der Annahme eines solchen
Systems in auswärtigen Beziehungen das ganze Gewerbe der Diplomatie
bis auf das Konsulatswesen überflüssig und kassiert‹. Sie sagen mir, ›der
Mann ist unser natürlicher Feind, und daß er es ist und bleiben wird, wird
sich bald zeigen‹; ich könnte das bestreiten und mit demselben Rechte sagen: ›Österreich und England sind unsre Feinde, und daß sie es sind, zeigt
sich schon längst, bei Österreich natürlicher –, bei England unnatürlicher-
weise‹. Aber ich will das auf sich beruhen lassen und annehmen, Ihr Satz
wäre richtig, so kann ich es doch nicht für richtig halten, unsre Befürchtungen schon im Frieden von Frankreich und von andern erkennen zu lassen,
sondern finde es, bis der von Ihnen vorhergesehene Bruch wirklich eintritt,
immer noch nützlich, die Leute glauben zu lassen, daß ein Krieg gegen
Frankreich uns nicht notwendig über kurz oder lang bevorsteht, daß er wenigstens nicht von Preußens Lage Unzertrennliches, daß die Spannung gegen Frankreich nicht ein organischer Fehler, eine angeborene schwache Seite unsrer Natur ist, auf die jeder andre mit Sicherheit spekulieren kann.
Sobald man uns für kühl mit Frankreich hält, wird auch der Bundeskollege
hier kühl für mich.

v. B.«

Gerlach antwortete wie folgt:

»Berlin, 6. Mai 1857
Ihr Brief vom 2. hat auf der einen Seite mir eine große Freude gemacht, da
ich daraus sehe, daß es Ihnen am Herzen liegt, mit mir in Einigkeit zu bleiben oder zu kommen, woraus sich die meisten Menschen wenig machen,
auf der andern Seite aber auch zum Widerspruch und zur eignen Rechtfertigung aufgefordert.

Zunächst bilde ich mir ein, doch immer noch im innersten Grunde mit

Ihnen einig zu sein. Wäre das nicht der Fall, so würde ich mich auf eine gründliche Widerlegung nicht einlassen, indem eine solche doch zu nichts führen könnte. Haben Sie das Bedürfnis, mit mir prinzipiell nicht auseinanderzugehen, so liegt es uns doch zunächst ob, dieses Prinzip aufzusuchen und sich nicht an Negationen zu halten, wie z.B. ›Ignorieren von Realitäten‹, ›Ausschließen von Frankreich aus den politischen Kombinationen‹. Ebensowenig dürften wir das gemeinschaftliche Prinzip in dem ›preußischen Patriotismus‹, ›in der Schädlichkeit und Nützlichkeit für Preußen‹, ›in dem ausschließlichen Dienst des Königs und des Landes‹ finden, denn das sind Dinge, die sich von selbst verstehen und bei denen Sie doch auf die Antwort gefaßt sein müssen, daß ich diese Dinge in meiner Politik noch besser und mehr als in der Ihrigen und in jeder andern zu finden glaube. Mir ist aber das Aufsuchen des Prinzips gerade deshalb von der größten Wichtigkeit, weil ich, ohne ein solches gefunden zu haben, alle politischen Kombinationen für fehlerhaft, unsicher und in hohem Grade gefährlich halte, wovon ich mich in den letzten zehn Jahren und gerade durch den Erfolg überzeugt habe.

Jetzt muß ich etwas weit ausholen, und zwar bis zu Karl dem Großen, also über 1000 Jahre. Damals war das Prinzip der europäischen Politik die Ausbreitung der christlichen Kirche. Karl der Große huldigte demselben in seinen Kriegen mit den Sarazenen, Sachsen, Avaren usw., und seine Politik war wahrlich nicht unpraktisch. Seine Nachfolger stritten sich prinzipienlos untereinander, und wieder waren es die großen Fürsten des Mittelalters, welche dem alten Prinzip treu blieben. Die preußische Macht wurde gegründet durch die Kämpfe der brandenburgischen Markgrafen und des deutschen Ordens gegen diejenigen Völker, welche sich dem Kaiser, dem Vikarius der Kirche, nicht unterwerfen wollten, und das dauerte, bis daß der Verfall der Kirche zu dem Territorialismus, zum Verfall des Reiches, zur Spaltung in der Kirche führte. Seitdem war nicht mehr ein allgemeines Prinzip in der Christenheit. Von dem ursprünglichen Prinzip war noch allein der Widerstand gegen die gefährliche Macht der Türken übrig, und Österreich sowie später Rußland waren wahrlich nicht unpraktisch, als sie diesem Prinzipe gemäß die Türken bekämpften. Die Türkenkriege begründeten die Macht dieser Reiche, und wäre man diesem Prinzip, das türkische Reich zu bekämpfen, treu geblieben: Europa oder die Christenheit wären nach menschlichen Begriffen dem Orient gegenüber in einer besseren Lage als jetzt, wo uns von dort die größten Gefahren drohen. Vor der französischen Revolution, dem schroffen und sehr praktischen Abfall von der Kirche Christi zunächst in der Politik, war eine Politik ›der Interessen‹ des sogenannten Patriotismus, und wohin diese führte, haben wir gesehen. Etwas Elenderes als die Politik Preußens von 1778 bis zur Französischen Revolution hat es nie gegeben; ich erinnere an die Subsidien, die Friedrich II. an Rußland zahlte, die einem Tribut gleichkamen, an den Haß gegen England. Bei Holland hielt 1787 noch das alte Ansehen Friedrichs II.; die Reichenbacher Konvention[26] war aber schon eine durch Abweichung von dem Prinzip veranlaßte Blamage. Die Kriege des Großen Kurfürsten waren im protestantischen Interesse, und die Kriege Friedrich Wilhelms III. gegen Frankreich waren recht eigentlich Kriege gegen die Revolution. Den protestantischen Charakter hatten wesentlich auch die drei Schlesischen Kriege 1740 bis 1763, wenn auch bei allem diesen die Interessen des Territorialismus und das Gleichgewicht mitspielten.

Das Prinzip, was durch die Revolution, welche die Tour durch Europa machte, der europäischen Politik gegeben wurde, ist das nach meiner Meinung bis heute gültige. Es war wahrlich nicht unpraktisch, dieser Auffassung treu zu bleiben. England, was dem Kampfe gegen die Revolution bis 1815 treu blieb und sich durch den alten Bonaparte nicht beirren ließ, stieg zur höchsten Macht; Österreich kam nach vielen unglücklichen Kriegen dennoch gut aus der Fechtschule; Preußen hat schwer an den Folgen des Baseler Friedens gelitten und nur durch 1813-1815 sich rehabilitiert, noch viel mehr Spanien, was daran zugrunde gegangen; und nach Ihrer eignen Ansicht sind die deutschen Mittelstaaten leider im Wiener Kongreß aus Halbheit und Eifersucht oktroyierte [protegierte] und geschützte Produkte der Revolution und des ihr folgenden Bonapartismus, der [die] Materia peccans, in Deutschland. Hätte man prinzipienmäßig in Wien Belgien an Österreich und die fränkischen Fürstentümer an Preußen zurückgegeben: Deutschland wäre in einer andern Lage als jetzt, besonders wenn man gleichzeitig die Mißgeburten Bayern, Württemberg, [Baden], Darmstadt auf ihre natürliche Größe zurückgeführt hätte; damals aber zog man Arrondierung usw., lauter mechanische Interessen, dem Prinzipe vor.

Sie haben sich aber gewiß bei meiner weitläufigen Deduktion schon gelangweilt, ich will daher der neuesten Zeit entgegengehen. Finden Sie es denn eine glückliche Lage der Dinge, daß jetzt, wo Preußen und Österreich sich feindlich entgegenstehen, Bonaparte bis Dessau hin regiert und nichts in Deutschland geschieht, ohne bei ihm anzufragen? Kann uns ein Bündnis mit Frankreich den Zustand der Dinge ersetzen, welcher von 1815-1848 bestanden hat, wo sich keine fremde Macht in die deutschen Angelegenheiten mischte? Daß Österreich und die deutschen Mittelstaaten nichts für uns tun werden, davon bin ich wie Sie überzeugt. Ich glaube nur außerdem noch, daß Frankreich, das heißt Bonaparte, *auch* nichts für uns tun wird. Daß man unfreundlich und unhöflich gegen ihn ist, billige ich so wenig als Sie, daß man Frankreich aus den politischen Kombinationen ausschließt, ist Wahnsinn. Daraus folgt aber noch nicht, daß man Bonapartes Ursprung vergißt, ihn nach Berlin einladet und dadurch im In- und Auslande alle Begriffe verwirrt. In der Neufchâteler Sache hat er sich insofern gut benommen, daß er den Krieg verhindert und offen gesagt hat, daß er nicht mehr tun würde. Ob es aber nicht besser um diese Angelegenheit stände, wenn wir uns nicht von einer ›Gefühlspolitik‹ hätten leiten lassen, sondern die Sache an die europäischen Mächte, die das Londoner Protokoll unterzeichnet, gebracht hätten, ohne uns vorher unter die Flügel Bonapartes geduckt zu haben, das ist doch noch sehr fraglich, und das hatte [hat] Österreich denn doch wirklich gewollt. Den Gefangenen, für die man sich verwenden konnte, wäre doch kein Leid geschehen.

Dann klagen Sie unsre Politik der Isoliertheit an. Dieselbe Anklage erhob der Freimaurer Usedom, als er uns in den Vertrag vom 2. Dezember hineintreiben wollte, und Manteuffel, jetzt Usedoms entschiedener Feind, war sehr von diesem Gedanken imponiert. Sie damals aber Gott sei Dank nicht. Österreich schloß damals den Dezembervertrag mit, was hat es ihm genutzt? Es taumelt umher nach Bündnissen. Eine Quasi-Allianz schloß es gleich nach dem Pariser Frieden, jetzt soll es eine geheime mit England geschlossen haben. Ich sehe dabei keinen Gewinn, sondern nur Verlegenheit. Letztere Allianz kann nur für den Fall gültig werden, daß die französisch-englische auseinandergeht, und auch nur bis dahin wird Palmerston sich nicht abhalten lassen, mit Sardinien und Italien zu kokettieren.

Mein politisches Prinzip ist und bleibt der Kampf gegen die Revolution. Sie werden Bonaparte nicht davon überzeugen, daß er nicht auf der Seite der Revolution steht. Er will auch nirgends anders stehen, denn er hat davon seine entschiedenen Vorteile. Es ist hier also weder von Sympathie noch von Antipathie die Rede. Diese Stellung Bonapartes ist eine ›Realität‹, die Sie nicht ›ignorieren‹ können. Daraus folgt aber keineswegs, daß man nicht höflich und nachgiebig, anerkennend und rücksichtsvoll gegen ihn sein, nicht, daß man sich zu bestimmten Dingen mit ihm verbinden kann. Wenn aber mein Prinzip wie das des Gegensatzes gegen die Revolution ein richtiges ist, und ich glaube, daß Sie es auch als ein solches anerkennen, so muß man es auch in der Praxis stets festhalten, damit, wenn die Zeit kommt, wo es praktisch wird, und diese Zeit muß kommen, wenn das Prinzip richtig ist, diejenigen, die wie vielleicht bald Österreich und auch England es anerkennen müssen, dann wissen, was sie von uns zu halten haben. Sie sagen selbst, daß man sich auf uns nicht verlassen kann, und es ist doch nicht zu verkennen, daß nur der zuverlässig ist, welcher nach bestimmten Grundsätzen und nicht nach schwankenden Begriffen von Interessen usw. handelt. England und in seiner Art auch Österreich waren von 1793 bis 1813 völlig zuverlässig und fanden daher immer Verbündete trotz aller Niederlagen, welche die Franzosen ihnen beibrachten.

Was nun unsre deutsche Politik anbetrifft, so glaube ich, daß es doch unser Beruf ist, den kleinen Staaten die preußische Überlegenheit zu zeigen und sich nicht alles gefallen zu lassen, so in den Zollvereins-Verhältnissen und bei vielen andern Gelegenheiten, bis zu den Jagdeinladungen, bis zu den Prinzen, die in unsre Dienste treten usw. Hier, d.h. in Deutschland, ist auch der Ort, wo man Österreich, wie es mir scheint, entgegentreten muß; gleichzeitig wäre aber auch jede Blöße gegen Österreich zu vermeiden. Dies wäre meine Erwiderung auf Ihren Brief.

Wenn ich aber noch über unsre außerdeutsche Politik reden soll, so kann ich es nicht auffallend und auch nicht ängstlich finden, wenn wir da in einer Zeit isoliert stehen, wo alle Verhältnisse auf den Kopf gestellt sind, England und Frankreich für jetzt noch so eng verbunden sind, daß Frankreich nicht den Mut hat, an Sicherheiten gegen die Schweizer Radikalen zu denken, weil England es übelnehmen könnte, unterdessen aber dasselbe England in Furcht mit seinen Landungsvorbereitungen setzt und entschiedene Schritte zu einer russischen Allianz macht; Österreich in einem Bunde mit England, was dennoch fortwährend Italien aufwiegelt usw. Wohin sollen wir uns da wenden nach Ihrer Ansicht, etwa, wie es der hier anwesende Plonplon angedeutet haben soll, zu einer Allianz mit Frankreich und Rußland gegen Österreich und England? Aus einer solchen Allianz folgt aber unmittelbar ein überwiegender Einfluß Frankreichs in Italien, die gänzliche Revolutionierung dieses Landes und ebenfalls ein überwiegender Einfluß von Bonaparte in Deutschland. An diesem Einfluß würde man uns in den untergeordneten Sphären einigen Anteil lassen, aber keinen großen und keinen langen. Wir haben ja schon einmal Deutschland unter russisch-französischem Einflusse gesehen, 1801 bis 1803, wo die Bistümer säkularisiert und nach Pariser und Petersburger Vorschriften verteilt wurden; Preußen, was sich damals gut mit den beiden Staaten und schlecht mit Österreich und England stand, erhielt auch etwas ab bei der Teilung, aber nicht viel, und sein Einfluß war geringer als je.

L. v. G.«

Von meiner Erwiderung ist das nachstehende Konzept vorhanden, das in der Reinschrift einige Zusätze erhalten zu haben scheint.

»Frankfurt, Mai 1857

Bei Beantwortung Ihrer beiden letzten Briefe (von denen nur der eine erhalten ist) leide ich unter dem Gefühl der Unvollkommenheit des menschlichen Ausdrucks, besonders des schriftlichen; jeder Versuch, sich klar zu machen, ist der Vater neuer Mißverständnisse; es ist uns nicht gegeben, den ganzen innern Menschen zu Papier oder über die Zunge zu bringen, und die Bruchstücke, die wir zutage fördern, sind wir nicht imstande, den andern so wahrnehmbar zu machen, wie wir sie selbst empfangen, teils wegen der Inferiorität der Sprache gegen den Gedanken, teils weil die äußern Tatsachen, die wir in Bezug nehmen, sich selten zweien Personen unter demselben Lichte darstellen, sobald der eine nicht die Anschauung des andern auf Glauben annimmt, sondern selbst urteilt.

Ich schicke dies als Erklärung meines Zögerns mit der Antwort voraus. Den Abhaltungen, die in andern Geschäften, Besuchen, schönem Wetter und Kinderkrankheit lagen, kam jenes Gefühl zu Hilfe und entmutigte mich, Ihrer negierenden Kritik mit neuen Argumenten gegenüberzutreten, von denen jedes ohne Zweifel seine Blößen und Halbheiten an sich tragen wird.

Das Prinzip des Kampfes gegen die Revolution erkenne auch ich als das meinige an, aber ich halte es nicht für richtig, Louis Napoleon als den alleinigen oder auch (κατ᾽ ἐξοχήν) als den Repräsentanten der Revolution anzusehen, und sehe nicht die Möglichkeit ein, das Prinzip in der Politik als ein solches durchzuführen, daß die entferntesten Konsequenzen desselben immer noch jede andre Rücksicht durchbrechen, es gewissermaßen als den einzigen Trumpf im Spiele anzusehen, von dem die niedrigste Karte die höchste jeder andern Farbe sticht.

Wie viele Existenzen gibt es noch in der heutigen politischen Welt, die nicht auf revolutionärem Fundamente stehen? Ich will nicht von Spanien,

Portugal, Brasilien, den amerikanischen Republiken, Belgien, Holland, der Schweiz, Griechenland, Schweden und dem noch heute mit Bewußtsein in der Gloriarevolution[27] von 1688 fußenden England reden; selbst für das Terrain, welches die heutigen deutschen Fürsten teils dem Kaiser und dem Reiche, teils ihren Mitständen, den Standesherrn, teils ihren eignen Landständen abgenommen, läßt sich kein vollständig legitimer Besitztitel nachweisen, und in unsrem eignen staatlichen Leben können wir der Berührung mit der Revolution, der Benutzung revolutionärer Unterlagen an keinem Tage entgehen. Viele der angedeuteten Zustände sind eingealtert, und wir haben uns daran gewöhnt; es geht uns damit wie mit allen den Wundern, die uns täglich 24 Stunden lang umgeben und uns deshalb nicht mehr als Wunder erscheinen, und niemanden abhalten, den Begriff des ›Wunders‹ auf Erscheinungen einzuschränken, welche durchaus nicht wunderbarer sind als die eigne Geburt und das tägliche Leben der Menschen.

Wenn ich ein Prinzip als allgemein durchgreifend anerkennen soll, so muß es auch zu allen Zeiten wahr sein und der Grundsatz quod ab initio non valet tractu [lapsu] temporis convalescere nequit bleibt der Doktrin gegenüber richtig. Aber selbst wenn die revolutionären Erscheinungen der Vergangenheit noch nicht den Grad von Verjährung hätten, daß man von ihnen sagen konnte, wie die Hexe im Faust von ihrem Höllentrank: ›Hier habe ich eine Flasche, aus der ich selbst zuweilen nasche, die auch nicht mehr im mindesten stinkt‹, hat man nicht immer die Keuschheit, sich liebender Berührungen zu enthalten; Cromwell wurde von sehr antirevolutionären Potentaten Herr Bruder genannt und seine Freundschaft gesucht, wenn sie nützlich erschien. Mit den Generalstaaten waren sehr ehrbare Fürsten im Bündnis, bevor sie von Spanien anerkannt wurden. Wilhelm von Oranien und seine Nachfolger galten, auch während die Stuarts noch prätendierten, unsern Vorfahren für durchaus koscher und den Nordamerikanischen Freistaaten haben wir schon in dem Haager Vertrage von 1785 ihren revolutionären Ursprung verziehen. Der König von Portugal hat uns in Berlin besucht, und mit dem Hause Bernadotte hätten wir uns verschwägert, wenn nicht zufällig Hindernisse eintraten. Wann und nach welchen Kennzeichen haben alle diese Mächte aufgehört, revolutionär zu sein? Es scheint, daß man ihnen die illegitime Geburt verzeiht, sobald man keine Gefahr von ihnen besorgt, und daß man sich alsdann auch nicht daran stößt, wenn sie sich fortwährend ohne Buße, ja mit Rühmen zu ihrer Wurzel im Unrecht bekennen.

Ich sehe nicht, daß *vor* der französischen Revolution ein Staatsmann, auch der gewissenhafteste, auf den Gedanken gekommen wäre, sein gesamtes politisches Streben, sein Verhalten im Innern und nach außen dem Prinzip des ›Kampfes gegen die Revolution‹ unterzuordnen und die Beziehungen seines Landes zu andern an diesem Probierstein allein zu prüfen; und doch waren die Grundsätze der amerikanischen Revolution und der englischen von 1648, abgesehen von dem nach dem Nationalcharakter verschiedenen äußerlichen Unfug mit der Religion, ziemlich dieselben wie die, welche die Unterbrechung der Kontinuität des Rechtes in Frankreich herbeiführten. Ich kann nicht annehmen, daß es nicht vor 1789 einige ebenso christliche und konservative Politiker, ebenso richtige Erkenner des Bösen gegeben hätte, wie wir es sind, und daß die Wahrheit eines von uns als Grundlage *aller* Politik hinzustellenden Prinzips ihnen entgangen sein sollte. Ich finde auch nicht, daß wir auf alle revolutionären Erscheinungen seit 1789 das Prinzip ebenso rigoros anwenden wie auf Frankreich. Die analogen Rechtszustände in Österreich, das Prosperieren der Revolution in Portugal, Spanien, Belgien und in dem durchaus revolutionären heutigen Dänemark halten uns nicht ab, die persönlichen Beziehungen unsres Königs zu den Monarchen dieser Länder milder zu beurteilen als die zu Napoleon III. Was steckt aber in dem letzteren Besonderes? Die Familie Bonaparte hat weder die Revolution in die Welt gebracht, noch würde die Revolution damit beseitigt oder auch nur eingedeicht sein, wenn man jene Familie vertilgte; die Revolution ist viel älter und viel breiter in der Grundlage als die Bonapartes und Frankreich; will man ihr einen irdischen Ursprung anweisen, so wäre der nicht einmal in letzterem Lande zu suchen, sondern in England, wenn nicht noch früher in Deutschland oder in Rom, je nachdem man die Auswüchse der Reformation oder die der Römischen Kirche und die Einführung des Römischen Rechtes in die germanische Welt als schuldig ansehen will. Der erste Napoleon hat damit begonnen, die Revolution in Frankreich für seinen Ehrgeiz richtig zu benutzen, und dann mit falschen Mitteln bekämpft; gefördert wenigstens hat er sie nicht in dem Grade wie die drei Louis vor ihm durch die Einführung des Absolutismus unter Ludwig XIV., durch die Unwürdigkeiten der Regentschaft unter Ludwig XV., durch die Schwäche Ludwigs XVI., der am 14. September 1791 mit Annahme der Verfassung die Revolution für beendigt erklärte. Das Haus Bourbon hat mehr für die Revolution getan als alle Bonapartes. Der Bonapartismus ist nicht der Vater der Revolution, er ist nur wie jeder Absolutismus ein fruchtbares Feld für die Saat derselben; ich will ihn mit diesem Räsonnement keineswegs außerhalb des Gebietes der revolutionären Erscheinungen stellen, sondern ihn nur frei von den Zutaten zur Anschauung bringen, die seinem Wesen nicht notwendig eigen sind. So sehe ich auch in ungerechten Kriegen und Eroberungen kein eigentümliches Attribut der Familie Bonaparte. Der Trieb zum Erobern ist England, Nordamerika, Rußland und andern nicht minder eigen wie dem napoleonischen Frankreich, findet bei den legitimsten Monarchien seine Schranke schwerlich in der eigenen Bescheidenheit und Gerechtigkeitsliebe. Bei Napoleon III. scheint er nicht als Instinkt zu dominieren; er ist kein Feldherr, und im großen Kriege an seiner Grenze würde es nicht fehlen, daß die Blicke der französischen Armee, der Trägerin seiner Herrschaft, sich mehr auf einen glücklichen General lenkten als auf den Kaiser. Er wird den Krieg nur dann suchen, wenn er sich durch innere Gefahren dazu genötigt glaubt; diese Nötigung würde für einen legitimen König, der jetzt zur Regierung käme, aber von Hause aus vorhanden sein.

Weder die Erinnerung an die Eroberungssucht des Onkels noch die Tatsache des ungerechten Ursprungs seiner Macht berechtigt mich also, den gegenwärtigen Kaiser der Franzosen als den ausschließlichen Repräsentanten der Revolution, als vorzugsweises Objekt des Kampfes gegen dieselbe zu betrachten. Den zweiten Makel teilt er mit vielen bestehenden Gewalten, des ersteren ist er bisher nicht verdächtiger als andre. Sie, verehrter Freund, werfen ihm vor, daß er sich nicht halten könne, wenn nicht ringsum alles so sei wie bei ihm. Auch das kann ich nicht unterschreiben. Der Bonapartismus unterscheidet sich dadurch von der Republik, daß er nicht das Bedürfnis hat, seine Regierungsgrundsätze gewaltsam zu propagieren. Selbst der erste Napoleon hat den Ländern, die nicht direkt oder indirekt zu Frankreich geschlagen wurden, seine Regierungsform nicht aufgedrängt; man ahmte sie im Wetteifer freiwillig nach. Fremde Staaten mit Hilfe der Revolution zu bedrohen ist seit einer ziemlichen Reihe von Jahren das Gewerbe Englands, nicht Bonapartes. Letzterer würde durch Ausbreitung revolutionärer Institutionen bei seinen Nachbarn Gefahren für sich selbst schaffen und wird vielmehr im Interesse der Erhaltung seiner Herrschaft und Dynastie bemüht sein, festere Grundlagen als die der Revolution für sich zu gewinnen. Ob er das kann, ist freilich eine andre Frage. Gewiß ist mir, daß er gegen die Fehler des bonapartistischen Regierungssystems nicht blind ist, denn er spricht über sie und beklagt sie. Indessen, die jetzige Regierungsform ist für Frankreich nichts Willkürliches, was Louis Napoleon einrichten oder ändern könnte; sie war für ihn Gegebenes und ist wahrscheinlich die einzige Methode, nach der Frankreich lange Zeit regiert werden kann; für alles andre fehlt die Unterlage entweder von Hause aus im französischen Charakter, oder sie ist zerschlagen und verlorengegangen; und wenn Heinrich V. jetzt auf den Thron gelangt, er würde, wenn überhaupt, auch nicht anders regieren können. Louis Napoleon hat die revolutionären Zustände des Landes nicht geschaffen, hat auch die Herrschaft nicht in Auflehnung gegen eine rechtmäßig bestehende Autorität gewonnen, sondern sie wie ein herrenloses Gut aus dem Strudel der Anarchie herausgefischt. Wenn er sie jetzt niederlegen wollte, so würde er Europa in Verlegenheit setzen, und man würde ihn ziemlich einstimmig bitten zu bleiben; und wenn er sie an den Herzog von Bordeaux zedierte, so würde dieser sie ebensowenig erhalten können, als er sie zu erwerben vermochte. Wenn Louis Napoleon sich den élu de sept millions nennt, so erwähnt er damit eine Tatsache, die er nicht wegleugnen kann; er vermag sich keinen andern Ursprung zu geben, als er hat; daß er aber, nachdem er einmal im Besitz der Herrschaft ist, dem Prinzip der Volkssouveränität praktisch huldigte und von dem Willen der Massen das Gesetz empfinge, wie es jetzt in England mehr und mehr geschieht, das kann man von ihm nicht sagen.

Es ist natürlich, daß die brutale Unterdrückung, die schändliche Behandlung unsres Landes durch den ersten Napoleon in allen, die es erlebt haben, einen unauslöschlichen Eindruck hinterlassen hat und daß in deren Augen das böse Prinzip, welches wir heut in Gestalt der Revolution bekämpfen, sich mit der Person und dem Geschlechte dessen identifiziert, den man l'heureux soldat héritier de la révolution nannte. Aber Ludwig XIV. hat nach seinen Kräften nicht weniger heidnisch in Deutschland gewirtschaftet und mit nicht weniger Recht den Haß aller rechtschaffenen Leute auf sich gezogen als Napoleon, und letzterer, wenn er mit seinen Anlagen und Neigungen als Sohn Ludwigs XVI. geboren wäre, hätte uns vermutlich auch das Leben sauer genug gemacht. Ich glaube, Sie bürden dem jetzigen Napoleon zu viel auf, wenn Sie gerade in ihm und nur in ihm die zu bekämpfende Revolution personifizieren und aus diesem Grunde eine Art von Proskription über ihn aussprechen, so daß es wider die Ehre sei, mit ihm umzugehen. Jedes Kennzeichen der Revolution, welches er an sich trägt, finden Sie auch an andern Stellen wieder, ohne daß Sie Ihren Haß mit derselben Strenge der Doktrin auch dahin richteten. Das bonapartistische Regiment im Innern mit seiner Zentralisation, seiner Vernichtung der Selbständigkeiten, seinem gleichmachenden Druck, seiner Nichtachtung von Recht und Freiheit, seiner offiziellen Lüge, seiner Korruption, seinen gefügigen und überzeugungslosen Schreibern blüht in dem von Ihnen mit unverdienter Vorliebe betrachteten Österreich ebenso wie in Frankreich und wird an der Donau aus freier Machtvollkommenheit mit Bewußtsein ins Leben gerufen, während Louis Napoleon es in Frankreich als vorhandene und, wie er selbst sagt, ihm selbst unwillkommene, aber nicht leicht zu ändernde Tatsache vorfand.

Ich finde das ›Besondere‹, welches uns heutzutage gerade die Französische Revolution vorzugsweise als Revolution bezeichnen läßt, hiernach auch nicht in der Familie Bonaparte, sondern in der örtlichen und zeitlichen Nähe der Ereignisse und der Größe und Macht des Landes, in welchem sie sich zugetragen. Deshalb sind sie gefährlicher, aber ich finde es deshalb noch nicht schlechter, mit Louis Napoleon in Beziehung zu sein, als mit andern von der Revolution erzeugten Existenzen, welche obenein für Ausbreitung derselben noch heute tätig sind. Mit diesem allen will ich keine Apologie von Personen und Zuständen in Frankreich geben; ich habe für die ersteren keine Vorliebe und halte die letzteren für ein Unglück des Landes; ich will nur erklären, warum es mir nach meiner Auffassung der Verhältnisse weder sündlich noch ehrenrührig scheint, mit Louis Napoleon als dem von uns anerkannten Souverän eines wichtigen Landes in nähere Verbindung zu treten, wenn es die Politik so mit sich bringt. Daß diese Verbindung *an sich* etwas Wünschenswertes sei, habe ich nicht behauptet, sondern nur, daß alle andern Chancen schlechter sind und daß wir, um sie zu bessern, durch die Wirklichkeit oder den Schein intimer Beziehung zu Frankreich hindurchmüssen. Nur durch dieses Mittel können wir meines Erachtens Österreich so weit zur Vernunft und von seinem überspannten Schwarzenbergschen Ehrgeiz zurückbringen, daß es die Verständigung mit uns statt unsrer Übervorteilung erstrebt, und nur durch dieses Mittel können wir die Wiederbelebung direkter Beziehungen der Rheinbundstaaten zu Frankreich hemmen, und England wird anfangen zu erkennen, wie wichtig ihm die Allianz Preußens ist, wenn es zu fürchten beginnt, daß es sie an Frankreich verliert.

Also auch wenn ich auf Ihr Programm einer österreichisch-englischen Verbindung eingehe, müssen wir die Vorbereitung dazu bei Frankreich anfangen, um jene Mächte erst zur Erkenntnis zu bringen.

Sie sehen voraus, verehrter Freund, daß wir eine geringe Rolle in einer preußisch-russisch-französischen Allianz spielen werden; ich habe eine solche Allianz nie als etwas Wünschenswertes hingestellt, sondern als eine Tatsache, die wahrscheinlich früher oder später eintreten wird, ohne daß wir sie hindern können, mit der man also rechnen, über deren Wirkung man sich klarwerden muß; ich habe hinzugefügt, daß wir sie, nachdem Frankreich um unsre Freundschaft wirbt, durch scheinbares oder wirkliches Eingehen auf diese Werbung vielleicht hindern, abschwächen, jedenfalls vermeiden können, als der ›Dritte‹ in dieselbe zu treten. Verhältnismäßig schwach werden wir in jeder Verbindung mit den übrigen Großmächten erscheinen, solange wir eben nicht stärker sind, als wir sind. Österreich und England werden, wenn wir in ihrem Bunde figurieren, ihre Überlegenheit auch nicht gerade in unsrem Interesse benutzen, das haben wir auf dem Wiener Kongreß erleben können. Österreich kann uns keine Bedeutung in Deutschland gönnen und England keine Chance maritimer Entwicklung.

Sie parallelisieren mich mit Haugwitz und der damaligen Defensivpolitik. Die Verhältnisse damals waren aber andre. Frankreich war schon im Besitz der drohendsten Übermacht und an seiner Spitze ein notorisch gefährlicher Eroberer; dabei war auf England zu rechnen. Ich habe den Mut, den Baseler Frieden durchaus nicht zu tadeln; mit dem damaligen Österreich und seinen Thugut, Lehrbach und Cobenzi war ebensowenig etwas zu machen wie mit dem heutigen. Daß wir 1815 verhältnismäßig schlecht davonkamen, kann ich nicht dem Baseler Frieden zuschreiben, sondern den uns entgegenstehenden Interessen von Österreich und England und unsrer physischen Schwäche im Vergleich mit den andern großen Mächten. Die Rheinbundstaaten hatten noch viel mehr ›gebastelt‹ als wir und kamen ganz vorzüglich gut fort. Daß man 1805 nicht losschlug, war eine riesige Dummheit, wir hätten schnell und nachdrücklich bis zum letzten Hauch auf die Franzosen fallen müssen; aber stillzusitzen war noch unverständiger, als *für* Frankreich Partei zu nehmen. Nachdem wir indes diese Gelegenheit hatten vorübergehen lassen, so mußten wir auch 1806 Friede à tout prix halten und eine bessere abwarten.

Ich bin gar nicht für Defensivpolitik, ich sage nur, daß wir ohne aggressive Absichten und Verpflichtungen auf die Annäherungsversuche Frankreichs eingehen können, daß diese Stellung gerade den Vorteil hat, uns jede Tür offenzuhalten, bis die Lage der Dinge fester und durchsichtiger wird, und daß ich für jetzt diese Richtung nicht als konspirierend gegen andre, sondern als vorsorglich für unsre Notwehr auffasse.

Sie sagen, Frankreich werde auch nicht mehr für uns tun als Österreich und die Mittelstaaten, ich glaube, daß niemand etwas für uns tut, der nicht zugleich *sein* Interesse dabei findet. Die Interessen, die Österreich und die Mittelstaaten verfolgen, laufen aber den unsrigen so stracks zuwider, daß gar kein Arrangement darüber zu denken ist, bevor Österreich nicht eine bescheidenere Politik uns gegenüber einschlägt, wozu bisher wenig Aussicht ist. Sie stimmen mit mir darin überein, daß wir ›den kleineren Staaten die Überlegenheit Preußens zeigen müssen‹, aber welche Mittel haben wir dazu innerhalb der Bundesakte? Eine Stimme unter siebzehn und Österreich gegen uns.

Der Besuch Napoleons bei uns zu den Herbstmanövern würde aus allen den von mir in den letzten Jahren (Wochen) vorgetragenen Gründen hinreichen, dieser unsrer Stimme ein durchschlagendes Gewicht zu geben. Ohne etwas der Art halte ich es für sehr schwer, diejenigen wohlwollenden Beziehungen mit Frankreich zu erhalten, welche auch Sie für wünschenswert ansehen, denn man wirbt von dort um uns, man hofft auf diese Zusammenkunft, und ein Korb von uns muß eine auch für andre Höfe erkennbare Abkühlung bewirken, weil er den ›parvenu‹ an der empfindlichsten Stelle berührt.

Schlagen Sie mir eine andre Politik vor, und ich will sie ehrlich und vorurteilsfrei mit Ihnen diskutieren; aber die Passivität und Planlosigkeit unsrer Politik, die froh ist, wenn sie in Ruhe gelassen wird, können wir in der Mitte von Europa nicht durchführen.

v. B.«

9. KAPITEL

REISEN. REGENTSCHAFT

I

Im folgenden Jahre, 1856, begann der König, sich mir wieder zu nähern; Manteuffel, vielleicht auch andre, fürchteten, ich könnte auf seine und ihre Kosten Einfluß gewinnen. Unter diesen Verhältnissen machte mir Manteuffel den Vorschlag, ich solle das Finanzministerium übernehmen, er das Präsidium und das auswärtige Ressort behalten, später aber mit mir tauschen, so daß er als Vorsitzender Finanzminister, ich Auswärtiger würde. Er tat, als ginge der Vorschlag von ihm aus. Obwohl mir derselbe sonderbar erschien, lehnte ich nicht gerade ab, sondern erinnerte nur daran, daß die Zeitungen, als ich zum Bundesgesandten ernannt war, den Scherz des witzigen Dechanten von Westminster über Lord John Russell auf mich angewandt hatten: Der Mensch würde auch das Kommando einer Fregatte oder eine Steinoperation übernehmen. Wenn ich Finanzminister würde, so könnten dergleichen Urteile mit mehr Geltung auftreten, obschon ich die unterschreibende Tätigkeit Bodelschwinghs als Finanzminister allenfalls auch würde leisten können. Es komme alles darauf an, wie lange das Interimistikum dauern solle. In der Tat war der Vorschlag vom Könige ausgegangen; und als der Manteuffeln fragte, was er ausgerichtet hätte, antwortete derselbe: »Er hat mich geradezu ausgelacht.«

Wenn der König mir wiederholt mündlich das Portefeuille Manteuffels nicht anbot, sondern zu übernehmen befahl mit Worten wie: »Wenn Sie sich an der Erde winden, es hilft Ihnen nichts, Sie müssen Minister werden«, so behielt ich doch immer den Eindruck im Hintergrunde, daß diese Kundgebungen dem Bedürfnis entsprangen, Manteuffel zur Unterwerfung, zum »Gehorsam« zu bringen. Auch wenn es dem Könige ernst gewesen wäre, so würde ich doch das Gefühl gehabt haben, daß ich ihm gegenüber eine annehmbare Ministerstellung nicht dauernd würde haben können.

Im März 1857 waren in Paris die Konferenzen zur Schlichtung des zwischen Preußen und der Schweiz ausgebrochenen Streites eröffnet worden. Der Kaiser, über die Vorgänge in Berliner Hof- und Regierungskreisen stets wohl unterrichtet, wußte offenbar, daß der König mit mir auf vertrauterem Fuße stand als mit andern Gesandten und mich wiederholt als Ministerkandidaten ins Auge gefaßt hatte. Nachdem er in den Händeln mit der Schweiz eine für Preußen äußerlich, und namentlich im Vergleich mit der Österreichs, wohlwollende Haltung beobachtet hatte, schien er vorauszusetzen, daß er dafür auf ein Entgegenkommen Preußens in andern Dingen zu rechnen habe; er setzte mir auseinander, daß es ungerecht sei, ihn zu beschuldigen, daß er nach der Rheingrenze strebe. Das linksrheinische deutsche Ufer mit etwa drei Millionen Einwohnern würde für Frankreich Europa gegenüber eine unhaltbare Grenze sein; die Natur der Dinge würde Frankreich dann dahin treiben, auch Luxemburg, Belgien und Holland zu erwerben oder doch in eine sichere Abhängigkeit zu bringen. Das Unternehmen hinsichtlich der Rheingrenze werde daher Frankreich früher oder später zu einer Vermehrung von 10 bis 11 Millionen tätiger, wohlhabender Einwohner führen. Eine solche Verstärkung der französischen Macht werde von Europa unerträglich befunden werden – »devrait engendrer la coalition«, werde schwerer zu behalten als zu nehmen sein –, »un dépôt que l'Europe coalisée un jour viendrait reprendre«, eine solche an Napoleon I. erinnernde Prätension sei für die gegenwärtigen Verhältnisse zu hoch; man werde sagen, Frankreichs Hand sei gegen jedermann, und deshalb werde jedermanns Hand gegen Frankreich sein. Vielleicht werde er unter Umständen zur Befriedigung des Nationalstolzes »une petite rectification des frontières« verlangen, könne aber ohne solche leben. Wenn er wieder eines Krieges bedürfen sollte, würde er denselben eher in der Richtung nach Italien suchen. Einerseits habe dieses Land doch immer eine große Affinität mit Frankreich, andererseits sei das letztere an Landmacht und an Siegen zu Lande reich genug. Eine viel pikantere Befriedigung würden die Franzosen in einer Ausdehnung ihrer Seemacht finden. Er denke nicht daran, das Mittelmeer gerade zu einem französischen See zu machen, »mais à peu près«. Der Franzose sei kein Seemann von Natur, sondern ein guter Landsoldat, und eben deshalb seien Erfolge zur See ihm viel schmeichelhafter. Dies allein sei das Motiv, welches ihn hätte veranlassen können, zur Zerstörung der russischen Flotte im Schwarzen Meere zu helfen, da Rußland, wenn dereinst im Besitz eines so vortrefflichen Materials wie die griechischen Matrosen, ein zu gefährlicher Rivale im Mittelmeer werden würde. Ich hatte den Eindruck, daß der Kaiser in diesem Punkte nicht ganz aufrichtig war, daß ihm die Zerstörung der russischen Flotte eher leid tat, und daß er sich nachträglich eine Rechtfertigung für das Ergebnis des Krieges zurechtmachte, in den (er wie) England unter seiner Mitwirkung nach dem Ausdruck seines Auswärtigen Ministers wie ein steuerloses Schiff hineingetrieben war – we are drifting into war.

Als Ergebnis eines nächsten Krieges denke er sich ein Verhältnis der Intimität und Abhängigkeit Italiens zu Frankreich, vielleicht die Erwerbung einiger Küstenpunkte. Zu diesem Programm gehöre, daß Preußen ihm nicht entgegen sei. Frankreich und Preußen seien aufeinander angewiesen; er halte es für einen Fehler, daß Preußen 1806 nicht wie andre deutsche Mächte zu Napoleon gehalten hätte. Es sei wünschenswert, unser Gebiet durch die Erwerbung Hannovers und der Elbherzogtümer zu konsolidieren, um damit die Unterlage einer stärkeren preußischen Seemacht zu gewinnen. Es fehle an Seemächten zweiten Ranges, die durch Vereinigung ihrer Streitkräfte mit der französischen das jetzt erdrückende Übergewicht Englands aufhöben. Eine Gefahr für sie selbst und für das übrige Europa könne darin nicht liegen, weil sie sich ja zu einseitig egoistisch-französischen Unternehmungen nicht einigen würden, nur für die Freiheit der Meere von der englischen Übermacht. Zunächst wünsche er sich der Neutralität Preußens zu versichern für den Fall, daß er wegen Italiens mit Österreich in Krieg geriete. Ich möge den König über dieses alles sondieren.

Ich antwortete, ich sei doppelt erfreut, daß der Kaiser diese Andeutungen gerade mir gemacht habe, weil ich darin einen Beweis seines Vertrauens sehen dürfe, und zweitens, weil ich vielleicht der einzige preußische Diplomat sei, der es über sich nehmen würde, diese ganze Eröffnung zu Hause und auch seinem Souverän gegenüber zu verschweigen. Ich bäte ihn dringend, sich dieser Gedanken zu entschlagen; es läge außer aller Möglichkeit für den König Friedrich Wilhelm IV., auf dergleichen einzugehen; eine ablehnende Antwort sei unzweifelhaft, wenn demselben die Eröffnung gemacht würde. Dabei bleibe im letzteren Falle die große Gefahr einer Indiskretion im mündlichen Verkehr der Fürsten, einer Andeutung darüber, welchen Versuchungen der König widerstanden habe. Wenn eine andre deutsche Regierung in die Lage versetzt würde, über dergleichen Indiskretionen nach

Paris zu berichten, so werde das für Preußen so wertvolle gute Benehmen mit Frankreich gestört werden. »Mais ce ne serait plus une indiscrétion, se serait une trahison«, unterbrach er mich etwas beunruhigt. »Vous vous embourberiez!« fuhr ich fort.

Der Kaiser fand diesen Ausdruck schlagend und anschaulich und wiederholte ihn. Die Unterredung schloß damit, daß er mir für diese Offenheit seinen Dank aussprach und ich ihm absolutes Schweigen über seine Eröffnung zusagte. Bis zum Kriege 1870 ist von dieser Unterredung kein Wort über meine Lippen gekommen, erst in einer der langen Winternächte in Versailles wurde sie von mir einem hohen Herren erzählt und von einem meiner Begleiter aufgezeichnet.

II

In demselben Jahr benutzte ich die Ferien des Bundestages zu einem Jagdausflug nach Dänemark und Schweden. In Kopenhagen hatte ich am 6. August eine Audienz bei dem König Friedrich VII. Er empfing mich in Uniform, den Helm auf dem Kopfe, und unterhielt mich mit übertriebenen Schilderungen seiner Erlebnisse bei verschiedenen Gefechten und Belagerungen, bei denen er gar nicht zugegen gewesen war. Auf meine Sondierung, ob er glaube, daß die (zweite gemeinschaftliche vom 2. Oktober 1855 datierte) Verfassung halten werde, erwiderte er, er habe seinem Vater auf dem Totenbette zugeschworen, sie zu halten, wobei er vergaß, daß diese Verfassung beim Tode seines Vaters (1848) noch nicht vorhanden war. Während der Unterhaltung sah ich in einer anstoßenden Galerie einen weiblichen Schatten an der Wand; der König hatte nicht für mich, sondern für die Gräfin Danner geredet, über deren Verkehrsformen mit Sr. Majestät ich sonderbare Anekdoten hörte. Auch mit angesehenen Schleswig-Holsteinern hatte ich Gelegenheit, mich zu besprechen. Sie wollten von einem deutschen Kleinstaate nichts wissen; »da sei ihnen das bißchen Europäertum in Kopenhagen noch lieber«.

In Schweden stürzte ich bei der Jagd auf eine Felskante und erlitt eine ernste Verletzung des Schienbeins, die ich leider vernachlässigte, um nach Kurland auf die Elchjagd zu gehen. Auf der Rückreise traf ich in Berlin am 3. September gerade noch zur Zeit ein, um eine große Revue mitzumachen, auf der ich zum ersten Male die eben eingeführte weiße Uniform des damaligen »Schweren-Reiter«-Regiments trug.

Am 8. Juli hatte der König dem Kaiser von Österreich von Marienbad aus einen Besuch in Schönbrunn gemacht. Auf dem Rückwege war er am 13. Juli zum Besuch des Königs von Sachsen in Pillnitz eingetroffen, wo er an demselben Tage von »einem Unwohlsein« befallen wurde, was in den Bulletins der Leibärzte aus der bei großer Hitze zurückgelegten Reise erklärt wurde und die Abreise um mehrere Tage verzögerte. Nachdem der König am 17. nach Sanssouci zurückgekehrt war, bemerkte seine Umgebung Symptome einer geistigen Ermüdung, namentlich Edwin Manteuffel, der ängstlich bemüht war, jede Unterhaltung des Königs mit andern zu hindern oder zu unterbrechen. Die politischen Eindrücke, welche der König bei seinen Verwandten in Schönbrunn und Pillnitz erfahren, hatten auf sein Gemüt deprimierend, die Diskussionen angreifend eingewirkt. Bei dem Exerzieren am 17. September neben ihm reitend, hatte ich im Gespräch den Eindruck des Versiegens der Gedanken und Anlaß, in die Lenkung seines Pferdes im Schritt einzugreifen.

Der Zustand wurde dadurch verschlimmert, daß der König am 14. (September) den Kaiser von Rußland, einen starken Raucher, von dem Niederschlesisch-Märkischen Bahnhofe in dem kaiserlichen geschlossenen Salonwagen begleitet hatte, in Tabaksdampf, der ihm ebenso unerträglich war wie der Geruch des Siegellacks. Daß auch seine eigenhändigen Schreiben nicht in seiner Gegenwart gesiegelt wurden, hatte seine sehr bedenkliche Seite.

Es folgte, wie bekannt, ein Schlaganfall. In hohen militärischen Kreisen war die Vorstellung verbreitet, daß ein ähnlicher Zustand ihn schon in der Nacht vom 18. zum 19. März 1848 befallen habe. Die Ärzte berieten, ob sie einen Aderlaß machen sollten oder nicht, wovon sie im ersten Falle Störungen im Gehirn, im zweiten Tod befürchteten, und entschieden sich erst nach mehreren Tagen für den Aderlaß, der den König wieder zum Bewußtsein brachte.

Während dieser Tage, also mit der Möglichkeit eines sofortigen Regierungsantritts vor Augen, machte der Prinz von Preußen mit mir einen langen Spaziergang durch die neuen Anlagen und sprach mit mir darüber, ob er, wenn er zur Regierung komme, die Verfassung unverändert annehmen oder zuvor eine Revision derselben fordern solle. Ich sagte, die Ablehnung der Verfassung würde sich juristisch rechtfertigen lassen, aus dem Lehnrecht, nach welchem ein Erbe zwar an Verfügungen des Vaters, aber nicht des Bruders gebunden sei. Aus Gründen der Politik aber riete ich, nicht an der Sache zu rühren, nicht die mit einer, wenn auch bedingten, Ablehnung verbundene Unsicherheit unsrer staatlichen Zustände herbeizuführen. Man dürfe nicht die Befürchtung der Möglichkeit des Systemwechsels bei jedem Thronwechsel hervorrufen. Preußens Ansehen in Deutschland und seine europäische Aktionsfähigkeit würden durch einen Zwist zwischen der Krone und dem Landtage gemindert werden, die Parteinahme gegen den beabsichtigten Schritt in dem liberalen Deutschland eine allgemeine sein. Bei meiner Schilderung der zu befürchtenden Folgen ging ich von demselben Gedanken aus, den ich ihm 1866, als es sich um die Indemnität handelte, zu entwickeln hatte: daß Verfassungsfragen den Bedürfnissen des Landes und seiner politischen Lage in Deutschland untergeordnet wären, ein zwingendes Bedürfnis, an der unsrigen zu rühren, jetzt nicht vorliege; daß für jetzt die Machtfrage und innere Geschlossenheit die Hauptsache sei.

Als ich nach Sanssouci zurückkam, fand ich Edwin Manteuffel besorglich erregt über meine lange Unterhaltung mit dem Prinzen und die Möglichkeit weiterer Einmischung meinerseits. Er fragte mich, weshalb ich nicht auf meinen Posten ginge, wo ich in der gegenwärtigen Situation sehr nötig sein würde. Ich erwiderte:»Ich bin hier viel nötiger.«

Durch allerhöchsten Erlaß vom 23. Oktober wurde der Prinz von Preußen zunächst auf drei Monate mit der Stellvertretung des Königs beauftragt, die dann noch dreimal auf je drei Monate verlängert wurde und ohne nochmalige Verlängerung im Oktober 1858 abgelaufen wäre. Im Sommer war ein ernster Versuch im Werke, die Königin zu veranlassen, die Unterschrift des Königs zu einem Briefe an seinen Bruder zu beschaffen, in welchem zu sagen sei, daß er sich wieder wohl genug fühle, um die Regierung zu übernehmen, und dem Prinzen für die geführte Stellvertretung danke. Die letztere war durch einen Brief des Königs eingeleitet worden, konnte also, so argumentierte man, durch einen solchen wieder aufgehoben werden. Die Regierung würde dann, unter Kontrolle der königlichen Unterschrift durch Ihre Majestät die Königin, von den dazu berufenen oder sich darbietenden Herrn vom Hofe geführt werden. Zu diesem Plan wurde nämlich auch meine Mitwirkung in Anspruch genommen, die ich in der Form ablehnte, das würde eine Haremsregierung werden. Ich wurde von Frankfurt nach Baden-Baden gerufen und setzte dort den Prinzen von dem Plane in Kenntnis, ohne die Urheber zu nennen. »Dann nehme ich meinen Abschied!« rief der Prinz. Ich stellte ihm vor, daß das Ausscheiden aus seinen militärischen Ämtern nichts helfen, sondern die Sache schlimmer machen würde. Der Plan sei nur ausführbar, wenn das Staatsministerium dazu stillehielte. Ich riet daher, den Minister Manteuffel, der auf seinem Gute den Erfolg des ihm bekannten Plans abwartete, telegraphisch zu zitieren und durch geeignete Weisungen den Faden der Intrige zu zerschneiden. Der Prinz ging darauf ein. Nach Frankfurt zurückgekehrt, erhielt ich folgenden Brief Manteuffels:

»Berlin, den 20. Juli 1858

Ew. benachrichtige ich ergebenst, daß es meine Absicht ist, nächsten Donnerstag, den 22. ds. M., morgens früh 7 Uhr von hier nach Frankfurt zu gehen und am folgenden Morgen so zeitig als möglich nach Baden-Baden mich zu begeben. Es würde mir angenehm sein, wenn es Ew. konvenierte, mich zu begleiten. Wahrscheinlich werden mich meine Frau und mein Sohn begleiten, welche zur Zeit noch auf dem Lande sind, aber morgen hier ankommen.

Ich wünsche nicht, daß in Frankfurt von meiner Durchreise vorher gesprochen werde, wollte mir aber doch erlauben, Ew. durch diese Zeilen ein kleines Aviso zu geben.«

Der weitere Verlauf der Stellvertretungsfrage erhellt aus folgendem Briefe Manteuffels:

»Berlin, den 12. Oktober 1858

Unsere große Haupt- und Staatsaktion ist inmittelst wenigstens im ersten Akt erledigt. Die Sache hat mir viel Sorge, Unannehmlichkeit und unverdienten Verdruß gemacht. Noch gestern habe ich darüber von Gerlach einen ganz empfindlichen Brief erhalten. Er glaubt, daß damit die Souveränität halb zum Fenster hinausgeworfen sei. Ich kann das beim besten Willen nicht erkennen, meine Vorstellung von der Sache ist folgende:

Wir haben einen dispositionsfähigen, aber regierungsunfähigen König; derselbe sagt sich selbst und muß sich sagen, daß er seit länger als Jahresfrist nicht hat regieren können, daß die Ärzte und er selbst anerkennen müssen, der Zeitpunkt, wo er wieder werde selbst regieren können, lasse sich auch entfernt nicht angeben, daß eine unnatürliche Verlängerung der bisherigen Vollmachtserteilung nicht am Orte und dem Staate eine sich selbst allein verantwortliche Spitze notwendig sei; aus allen diesen Erwägungen gibt der König dem zunächst zur Krone Berufenen den Befehl, das zu tun, was für solchen Fall in der Landesverfassung vorgeschrieben ist. Die Bestimmungen der letzteren, welche gerade in diesem Punkte korrekt und monarchisch abgefaßt sind, werden demnächst zur Anwendung gebracht, und das, wenn auch nach der Erklärung des Königs überflüssige, immerhin aber in der Verfassung mit gutem Grunde vorgeschriebene Landtagsvotum wird eingeholt, aber streng auf Beantwortung der Frage beschränkt: Ist die Einsetzung einer Regentschaft notwendig? Mit andern Worten: Ist der König mit genügendem Grund von den Geschäften entfernt? Wie man diese Frage verneinen will, ist mir nicht ersichtlich; immerhin wird es noch manche, namentlich formale Schwierigkeiten zu überwinden geben. Namentlich fehlt es für die in der Verfassung vorgesehene gemeinschaftliche Sitzung an einer Geschäftsordnung. Diese wird man improvisieren müssen, indessen hoffe ich doch, daß man in etwa fünf Tagen mit der Beschlußfassung zustande sein wird, so daß dann der Prinz den Eid leisten und die Versammlung schließen können wird. Andre Vorlagen, namentlich solche, welche auf Geldbewilligungen sich beziehen, werden natürlich für diese Sitzung gar nicht beabsichtigt. Wenn Ihre Geschäfte es erlauben, so würde ich wünschen, daß Sie sich zum Landtage hier einfinden und womöglich vor dessen Eröffnung hier sind. *Ich höre von wunderbaren Anträgen der äußersten Rechten,* die man vielleicht im allgemeinen Interesse sowie in demjenigen dieser Herren verhindern könnte.

Westphalens Entlassung gerade im gegenwärtigen Momente ist mir sehr unerwünscht gewesen. Einmal schon hatte ich, als er selbige verlangte, sie gehindert. Jetzt wollte der Prinz sie ihm aus ganz freier Entschließung und ohne seinen Antrag erteilen und schickte mir ein darauf bezügliches Privatschreiben an Westphalen mit dem Befehle, sofort die Ausfertigung vorzulegen. Ich tat letzteres indes nicht und sandte auch das eigenhändige Schreiben nicht ab, sondern machte bei dem Prinzen Gegenvorstellungen bezüglich der Opportunität des Momentes, Gegenvorstellungen, welche nach nicht geringer Mühe auch durchschlugen. Ich ward ermächtigt, die Maßregel wenigstens aufzuhaken und den Brief bei mir liegenzulassen. Da schrieb Westphalen am 8. d. Mts. an den Prinzen sowohl wie an mich ein ganz wunderbares Schreiben, worin er mit Zurücknahme früherer Erklärungen seine Kontrasignatur der zu erlassenden und bereits festgelegten Ordres davon abhängig machte, daß auch noch die vom Prinzen zu erlassenden Ordres speziell dem Könige zur Genehmigung vorgelegt würden, ein Verlangen, welches in der Tat mit Rücksicht auf den in den letzten Tagen verschlimmerten geistigen Zustand des Königs an Widersinnigkeit grenzte. Da verlor der Prinz die Geduld und machte mir Vorwürfe, nicht sogleich sein

Schreiben abgeschickt zu haben, und die Sache war nun nicht mehr zu halten. Flottwells Wahl ist ohne all mein Zutun aus dem Prinzen selbständig hervorgegangen, sie hat, wie manches gegen sich, so auch manches für sich.«

Ich stellte mich zu dem Landtage ein und trat in einer Fraktionssitzung gegen die Herren, von welchen der Versuch ausging, sich der verfassungsmäßigen Votierung der Regentschaft zu widersetzen, mit Entschiedenheit für die Annahme der Regentschaft ein, die denn auch stattfand.

Nachdem am 9. Oktober der Prinz von Preußen die Regentschaft übernommen hatte, fragte Manteuffel mich, was er tun solle, um eine unfreiwillige Verabschiedung zu vermeiden, und gab mir auf mein Verlangen seine letzte Korrespondenz mit dem Regenten zu lesen. Meine Antwort, es sei ganz klar, daß der Prinz ihm den Abschied geben wolle, hielt er für unaufrichtig, vielleicht für ehrgeizig. Am 6. November wurde er entlassen. Es folgte ihm der Fürst von Hohenzollern mit dem Ministerium der »Neuen Ära«.

III

Im Dezember 1858 machte mir auf einem Balle bei Moustier oder Karolyi der Graf Stillfried scherzhafte Anspielungen, aus denen ich schloß, daß meine Versetzung von Frankfurt nach Petersburg erfolgen werde, und fügte dazu die wohlwollende Bemerkung: Per aspera ad astra. Die Wissenschaft des Grafen beruhte ohne Zweifel auf seinen intimen Beziehungen zu allen Katholiken im Haushalte der Prinzessin, vom ersten Kammerherrn bis zum Kammerdiener. Meine Beziehungen zu den Jesuiten waren damals noch ungetrübt, und ich besaß noch Stillfrieds Wohlwollen. Ich verstand die durchsichtige Anspielung, begab mich am folgenden Tage zu dem Regenten und sagte offen, ich hörte, daß ich nach Petersburg versetzt werden sollte, bat um Erlaubnis, mein Bedauern darüber auszusprechen für den Fall, daß es noch rückgängig gemacht werden könnte. Die erste Gegenfrage war: »Wer hat Ihnen das gesagt?« Ich erwiderte, ich würde indiskret sein, wenn ich die Person nennen wollte, ich habe es aus dem Jesuitenlager gehört, mit dem ich alte Fühlung hätte, und ich bedauerte es, weil ich glaubte, in Frankfurt, in diesem Fuchsbau des Bundestages, dessen Ein- und Ausgänge ich bis auf die Notröhren kennengelernt hätte, brauchbarere Dienste leisten zu können als irgendeiner meiner Nachfolger, der die sehr komplizierte Stellung, die auf den Beziehungen zu vielen Höfen und Ministern beruhe, erst

wieder kennenlernen müsse, da ich meine achtjährige Erfahrung auf diesem Gebiete, die ich in bewegten Zuständen gemacht, nicht vererben könnte. Mir wäre jeder deutsche Fürst und jeder deutsche Minister und die Höfe
der bundesfürstlichen Residenz persönlich bekannt, und ich erfreute mich,
soweit es für Preußen erreichbar sei, eines Einflusses in der Bundesver-
sammlung und an den einzelnen Höfen. Dieses erworbene und erkämpfte
Kapital der preußischen Diplomatie würde zwecklos zerstört durch meine
Abberufung von Frankfurt. Die Ernennung von Usedom werde das Vertrau-
en der deutschen Höfe abschwächen, weil er unklar liberal und mehr anek-
dotenerzählender Höfling als Staatsmann sei; und Frau von Usedom würde
uns durch ihre Exzentrizität Verlegenheit und unerwünschte Eindrücke in
Frankfurt zuziehen.

Worauf der Regent: »Das ist es ja eben, daß die ›hohe Befähigung‹ Usedoms sich nirgendwo anders verwerten läßt, weil seine Frau an jedem Hofe
Verlegenheiten herbeiführen würde.« Letzteres geschah nicht bloß an Höfen, sondern auch in dem duldsamen Frankfurt, und die Unannehmlichkeiten, welche sie in Überschätzung ihrer gesandtschaftlichen Prärogative Privatleuten bereitete, arteten bis zu öffentlichen Skandalen aus. Aber Frau
von Usedom war geborene Engländerin und fand deshalb bei der Inferiorität des deutschen Selbstgefühls bei Hofe eine Nachsicht, deren sich keine
deutsche Frau zu erfreuen gehabt haben würde.

Meine Erwiderung dem Regenten gegenüber lautete ungefähr: »Dann ist
es also ein Fehler, daß ich nicht auch eine taktlose Frau geheiratet habe,
sonst würde ich auf den Posten, auf dem ich mich heimisch fühle, denselben
Anspruch haben wie Graf Usedom.«

Darauf der Regent: »Ich begreife nicht, wie Sie die Sache so bitter auffassen können; Petersburg hat doch immer für den obersten Posten der preußischen Diplomatie gegolten, und Sie sollten es als einen Beweis hohen Vertrauens aufnehmen, daß ich Sie dahin schicke.«

Darauf ich: »Sobald Ew. Königliche Hoheit mir dieses Zeugnis geben, so
muß ich natürlich schweigen, kann aber doch bei der Freiheit des Wortes,
die Ew. Königliche Hoheit mir jederzeit gestattet haben, nicht umhin, meine
Sorge über die heimische Situation und ihren Einfluß auf die deutsche Frage auszusprechen. Usedom ist ein brouillon, kein Geschäftsmann. Seine Instruktion wird er von Berlin erhalten; wenn Graf Schlieffen Dezernent für
deutsche Sachen wäre und bliebe, so werden die Instruktionen gut sein; an
gewissenhafte Ausführung derselben glaube ich bei Usedom nicht.«

Gleichwohl wurde er nach Frankfurt ernannt. Daß ich ihm mit meinem Urteil nicht Unrecht getan, bewies sein späteres Verhalten in Turin und Florenz. Er posierte gern als Stratege, auch als »verfluchter Kerl« und tief eingeweihter Verschwörer, hatte Verkehr mit Garibaldi und Mazzini und tat sich etwas darauf zugute. In der Neigung zu unterirdischen Verbindungen nahm er in Turin einen angeblichen Mazzinisten, in der Tat österreichischen Spitzel, als Privatsekretär an, gab ihm die Akten zu lesen und den Chiffre in die Hände. Er war Wochen und Monate von Turin abwesend, hinterließ Blanquets, auf welche die Legationssekretäre Berichte schrieben; so gelangten an das Auswärtige Amt Berichte mit seiner Unterschrift über Unterredungen, die er mit den italienischen Ministern gehabt haben sollte, ohne daß er diese Herren in der betreffenden Zeit gesehen hatte. Aber er war ein hoher Freimaurer. Als ich im Februar 1869 die Abberufung eines so unbrauchbaren und bedenklichen Beamten verlangte, stieß ich bei dem Könige, der die Pflichten gegen die Brüder mit einer fast religiösen Treue erfüllte, auf einen Widerstand, der auch durch meine mehrtägige Enthaltung von amtlicher Tätigkeit nicht zu überwinden war und mich zu der Absicht brachte, meinen Abschied zu erbitten. Indem ich jetzt nach mehr als 20 Jahren die betreffenden Papiere wieder lese, befällt mich eine Reue darüber, daß ich damals, zwischen meine Überzeugung von dem Staatsinteresse und meine persönliche Liebe zu dem König gestellt, der ersteren gefolgt bin und folgen mußte. Ich fühle mich heute beschämt von der Liebenswürdigkeit, mit welcher der König meine amtliche Pedanterie ertrug. Ich hätte ihm und seinem Maurerglauben den Dienst in Turin opfern sollen. Am 22. Februar schrieb mir S. M.: »Überbringer dieser Zeilen [Kabinettsrat Wehrmann] hat mir Mitteilung von dem Auftrage gemacht, den Sie ihm für sich gegeben haben. Wie können Sie nur daran denken, daß ich auf Ihren Gedanken eingehen könnte! *Mein größtes Glück ist es ja,* mit Ihnen zu leben und immer fest einverstanden zu sein. Wie können Sie sich Hypochondrien darüber machen, daß meine einzige Differenz Sie bis zum extremsten Schritt verleitet! Noch aus Varzin schrieben Sie mir in der Differenz wegen der Deckung des Defizits, daß Sie zwar andrer Meinung wie ich seien, daß Sie aber bei Übernahme Ihrer Stellung es sich zur Pflicht gemacht hätten, wenn Sie pflichtmäßig Ihre Ansichten geäußert, Sie sich meinen Beschlüssen immer fügen würden. Was hat denn diesmal Ihre so edel ausgesprochene Absicht von vor 3 Monaten so gänzlich verändert? Es gibt nur eine einzige Differenz, ich wiederhole es, die in F. a./M.* Die Usedomiana habe ich gestern noch ganz eingehend nach Ihrem Wunsch besprochen schriftlich; die Hausangelegenheit wird sich schlichten; in der Stellenbesetzung waren wir einig, aber die Individuen wollen nicht! Wo ist da also Grund zum Extreme?

Ihr Name stehet in Preußens Geschichte schöner als der irgendeines Preußischen Staatsmannes. Den soll ich lassen? Niemals. Ruhe und *Gebet* wird alles ausgleichen.

Ihr treuester *Freund* W.«

Von dem folgenden Tage ist der nachstehende Brief Roons:

»Berlin, 23. Februar 1869

Seit ich Sie gestern abend verließ, mein verehrter Freund, bin ich unausgesetzt mit Ihnen und Ihrer Entschließung beschäftigt. Es läßt mir keine Ruhe. Ich muß Ihnen nochmals zurufen: Fassen Sie Ihr Schreiben so, daß ein Einlenken möglich bleibt. Vielleicht haben Sie es noch nicht abgeschickt und können noch daran ändern. Bedenken Sie, daß das gestern empfangene fast zärtliche Billet den Anspruch der Wahrhaftigkeit macht, sei es auch nicht mit voller Berechtigung. Es ist so geschrieben und mit dem Anspruch, nicht als falsche Münze betrachtet zu werden, sondern als gute und vollgültige, und erwägen Sie, daß das beigemischte unechte Gut nichts andres ist als das Kupfer der falschen Scham, die nicht eingestehen *will* und in Betracht der Stellung des Schreibers auch vielleicht nicht *kann:* ›Ich, ich habe sehr Unrecht getan und will mich bessern.‹

Es ist ganz unzulässig, daß Sie die Schiffe verbrennen. Sie *dürfen* das nicht. Sie würden sich damit vor dem Lande ruinieren, und Europa würde lachen. Die Motive, die Sie leiten, würden nicht gewürdigt werden; man würde sagen: Er verzweifelte, sein Werk zu vollenden; deshalb ging er. Ich mag mich nicht ferner wiederholen, höchstens noch in dem Ausdruck meiner unwandelbaren und treuen Abhängigkeit.

Ihr von Roon.«

---

* Höhe der Kontribution, welche Frankfurt am Main zahlen sollte.

Nachdem ich meinen Antrag auf Verabschiedung zurückgenommen hatte, erhielt ich folgenden Brief:

»Berlin, 26. Februar 1869

Als ich Ihnen am 22. in meiner Bestürzung über Wehrmanns Mitteilung ein sehr flüchtiges, aber desto eindringlicheres Billet schrieb, um Sie von Ihrem Verderben drohenden Vorhaben abzuhalten, konnte ich annehmen, daß Ihre Antwort in ihrem Endresultat meinen Vorstellungen Gehör geben würde – und ich habe mich nicht geirrt. Danke, herzlichsten Dank, daß Sie meine Erwartungen nicht täuschten!

Was nun die Hauptgründe betrifft, die Sie momentan an Ihren Rücktritt denken ließen, so erkenne ich die Triftigkeit derselben vollkommen an, und Sie werden sich erinnern, in wie eindringlicher Art ich Sie im Dezember v.J. bei Wiederübernahme der Geschäfte aufforderte, sich jede mögliche Erleichterung zu verschaffen, damit Sie nicht von neuem der vorauszusehenden Last und Masse der Arbeit unterlägen. Leider scheint es, daß Sie eine solche Erleichterung (nicht einmal die Abbürdung Lauenburgs) nicht für angänglich gefunden haben und daß meine desfalsigen Befürchtungen sich in erhöhtem Maß bewahrheitet haben, und zwar in einem solchen Grade, daß Sie zu unheilvollen Gedanken und Beschlüssen gelangen sollten. Wenn Ihrer Schilderung nach nun noch Erschwernisse in Bewältigung einzelner Geschäftsmomente eingetreten sind, so bedauert das niemand mehr wie ich. Eine derselben ist die Stellung Sulzers. Schon vor längerer Zeit habe ich die Hand zu dessen anderweitiger Plazierung geboten, so daß es meine Schuld nicht ist, wenn dieselbe nicht erfolgt ist, nachdem Eulenburg sich selbst auch von derselben überzeugt hat. Wenn eine ähnliche Geschäftsvermehrung Ihnen die Usedomsche Angelegenheit verursachte, so kann dies auch mir nicht zur Last gelegt werden, da dessen Verteidigungsschrift, die ich doch nicht veranlassen konnte, eine Beleuchtung Ihrerseits verlangte. Wenn ich nicht sofort auf die Erledigung des von Ihnen beantragten Gegenstandes einging, so mußten Sie wohl aus der Überraschung, welche ich Ihrer Mitteilung entgegenbrachte, als Sie mir Ihren *bereits getanen* Schritt gegen Usedom anzeigten, darauf vorbereitet sein. Es waren Mitte Januar, als Sie mir diese Anzeige machten, kaum drei Monate verflossen, seitdem die La Marmorasche Episode sich *anfing* zu beruhigen, so daß meine Ihnen im Sommer geschriebene Ansicht über Usedoms Verbleiben in Turin noch dieselbe war. Die mir unter dem 14. Februar gemachten Mitteilungen über

Usedoms Geschäftsbetrieb, der seine Enthebung vom Amt nunmehr erfordere, wenn nicht eine Disziplinaruntersuchung gegen ihn verhängt werden solle, ließ ich einige Tage ruhen, da mir inzwischen die Mitteilung geworden war, daß Keudell mit Ihrem Vorwissen Usedom aufgefordert, einen Schritt entgegenzutun. Und dennoch, ehe noch eine Antwort aus Turin anlangte, befragte ich Sie schon am 21. Februar, wie Sie sich die Wiederbesetzung dieses Gesandtschaftspostens dächten, womit ich also aussprach, daß ich auf die Vakantwerdung desselben einginge. Und dennoch taten Sie schon am 22. d.M. den entscheidenden Schritt gegen Wehrmann, zu welchem die Usedomiade mit Veranlassung sein sollte. Eine andre Veranlassung wollen Sie in dem Umstande finden, daß ich nach Empfang des Staatsministerialberichts in der Angelegenheit Fa/M, vor Feststellung meiner Ansicht, nicht noch einmal Ihren Vortrag verlangt hätte. Da aber Ihre und der Staatsminister Gründe so entscheidend durch die Vorlage des Gesetzentwurfs und den Begleitungsbericht dargelegt waren, ja, meine Unterschrift in derselben Stunde verlangt wurde, als mir diese Vorlage gemacht ward, um sie sofort in die Kammer zu bringen, so schien mir nochmaliger Vortrag nicht angezeigt, um meine Ansicht und Absicht festzustellen. Wäre mir, *bevor* im Staatsministerium dieser in der Fa/M-Frage einzuschlagende Weg, der ganz von meiner früheren Kundgebung abwich, festgestellt wurde, Vortrag gehalten worden*, so würde durch den Ideenaustausch ein Ausweg aus den verschiedenen Auffassungen erzielt worden sein, und die Divergenz und der Mangel des Zusammenwirkens, das Umarbeiten etc., was Sie mit Recht so sehr bedauern, zu vermeiden gewesen. Alles, was Sie bei dieser Gelegenheit über die Schwierigkeit des Imgangehaltens der konstitutionellen Staatsmaschine sagen usw., unterschreibe ich durchaus, nur kann ich die Ansicht nicht gelten lassen, daß *mein so* nötiges Vertrauen zu Ihnen und den anderen Räten der Krone mangele! Sie selbst sagen, daß es zum erstenmal vorkomme seit 1862, daß eine Differenz eingetreten sei zwischen uns, und das sollte genügen als Beweis, daß ich kein Vertrauen zu meinen Regierungsorganen mehr hätte? Niemand schlägt das Glück höher an als ich, daß in einer sechsjährigen so bewegten Zeit dergleichen Differenzen nicht eingetreten sind; aber wir sind dadurch verwöhnt worden – so daß der jetzige Moment, mehr als gerechtfertigt ist, ein Ebranlement erzeugt. Ja, kann ein Monarch

---

* Dazu wäre Freiheit der Zeit erforderlich gewesen.

seinem Premier ein größeres Vertrauen beweisen als ich, der Ihnen zu so verschiedenen Malen und nun auch jetzt zuletzt noch privat Briefe zusendet, die über momentan schwebende Fragen sprechen, damit Sie sich überzeugen, daß ich nichts der Art hinter Ihrem Rücken betreibe. Wenn ich Ihnen den Brief des Generals von Manteuffel in der Memeler Angelegenheit* sende, weil er mir ein Novum zu enthalten schien und ich deshalb *Ihre* Ansicht hören wollte, wenn ich Ihnen General von Boyens Brief mitteilte, ebenso einige Zeitungsausschnitte, bemerkend, daß diese Piecen *genau das wiedergäben, was* ich unverändert seit Jahr und Tag *überall* und *offiziell* ausgesprochen hätte – so sollte ich glauben, daß ich mein Vertrauen kaum steigern könnte. Daß ich aber überhaupt mein Ohr den Stimmen verschließen sollte, die in gewissen gewichtigen Augenblicken sich vertrauensvoll an mich wenden – das werden Sie selbst nicht verlangen.

Wenn ich hier einige der Punkte heraushebe, die Ihr Schreiben als Gründe anführt, die Ihre jetzige Gemütsstimmung herbeiführten, während ich andere unerörtert ließ, so komme ich noch auf Ihre eigne Äußerung zurück, daß Sie Ihre Stimmung eine krankhafte nennen; Sie fühlen sich müde, erschöpft, Sehnsucht nach Ruhe beschleicht Sie. Das alles verstehe ich vollkommen, denn ich fühle es Ihnen nach – kann und darf ich deshalb daran denken, mein Amt niederzulegen? Ebensowenig dürfen Sie es. Sie gehören sich nicht allein, sich selbst an; Ihre Existenz ist mit der Geschichte Preußens, Deutschlands, Europas zu eng verbunden, als daß Sie sich von einem Schauplatz zurückziehen dürfen, den Sie mitschaffen halfen. Aber damit Sie sich dieser Schöpfung auch ganz widmen können, *müssen* Sie sich Erleichterung der Arbeit verschaffen, und bitte ich Sie inständigst, mir dieserhalb Vorschläge zu machen. So sollten Sie sich von den Staatsministerialsitzungen losmachen, wenn gewöhnliche Dinge verhandelt werden. Delbrück steht Ihnen so getreu zur Seite, daß er Ihnen manches abnehmen könnte. Reduzieren Sie Ihre Vorträge bei mir auf das Wichtigste usw. Vor allem aber zweifeln Sie nie an meinem unveränderten Vertrauen und an meiner unauslöschlichen Dankbarkeit!

Ihr
Wilhelm.«

---

* Es handelte sich um die Eisenbahn Memel-Tilsit. Der König war durch einen Brief des Generals von Manteuffel bestimmt worden, von einer auf Vortrag der Ressortminister getroffenen Entscheidung wieder abzugehen.

Usedom wurde zur Disposition gestellt. Se. Majestät überwand in diesem Falle die Tradition der Verwaltung des königlichen Hausvermögens so weit, daß er ihm die finanzielle Differenz zwischen dem amtlichen Einkommen und dem Wartegeld aus der Privatschatulle regelmäßig zahlen ließ.

IV

Ich kehre zu dem Gespräch mit dem Regenten zurück. Nachdem ich mich über den bundestäglichen Posten geäußert, ging ich auf die Gesamtsituation über und sagte: »E. K. H. haben im ganzen Ministerium keine einzige staatsmännische Kapazität, nur Mittelmäßigkeiten, beschränkte Köpfe.«

Der Regent: »Halten Sie Bonin für einen beschränkten Kopf?«

Ich: »Das nicht; aber er kann nicht ein Schubfach in Ordnung halten, viel weniger ein Ministerium. Und Schleinitz ist ein Höfling, kein Staatsmann.«

Der Regent empfindlich: »Halten Sie mich etwa für eine Schlafmütze? Mein auswärtiger Minister und mein Kriegsminister werde ich selbst sein; das verstehe ich.«

Ich deprezierte und sagte: »Heutzutage kann der fähigste Landrat seinen Kreis nicht verwalten ohne einen intelligenten Kreissekretär und wird immer auf einen solchen halten; die preußische Monarchie bedarf des Analogen in viel höherem Maße. Ohne intelligente Minister werden Ew. K. H. in dem Ergebnis keine Befriedigung finden. Das Innere berührt mich weniger; aber wenn ich an Schwerin denke, so habe ich auch meine Sorgen. Er ist ehrlich und tapfer und würde, wenn er Soldat wäre, wie sein Vorfahr bei Prag fallen; aber ihm fehlt die Besonnenheit. Sehen Ew. K. H. sein Profil an; dicht über den Augenbrauen springt die Schnelligkeit der Konzeption hervor, die Eigenschaft, welche die Franzosen mit primesautier bezeichnen, aber darüber fehlt die Stirn, in welcher die Phrenologen die Besonnenheit suchen. Schwerin ist ein Staatsmann ohne Augenmaß und hat mehr Fähigkeit einzureißen als aufzubauen.«

Die Beschränktheit der übrigen gab mir der Prinz zu. Im ganzen blieb er bei dem Bestreben, mir meine Mission nach Petersburg im Licht einer Auszeichnung erscheinen zu lassen, und machte mir den Eindruck, als fühle er eine Erleichterung, daß auf diese Weise die auch für ihn unerfreuliche Frage meiner Versetzung durch meine Initiative der Besprechung erledigt war. Die Audienz endete in gnädiger Form auf seiten des Regenten und auf mei-

ner Seite mit dem Gefühl ungetrübter Anhänglichkeit an den Herrn und gesteigerter Geringschätzung gegen die Streber, deren von der Prinzessin unterstützten Einflüssen er damals unterlag.

In der neuen Ära hatte die hohe Frau zunächst ein Ministerium vor sich,
als dessen Begründerin und Patronin sie sich ansehen durfte. Aber auch unter diesem Kabinett blieb ihr Einfluß nicht dauernd gouvernemental, sondern gewann bald die Natur einer Begünstigung derjenigen Minister, welche der obersten Staatsleitung unbequem waren. Am meisten war dies
vielleicht der Graf Schwerin, beeinflußt von dem damaligen Oberbürgermeister Winter in Danzig und andern liberalen Beamten. Er trieb die ministerielle Unabhängigkeit gegen den Regenten so weit, daß er schriftliche
Befehle schriftlich damit erledigend beantwortete, dieselben seien nicht
kontrasigniert. Als das Ministerium den Regenten einmal zu einer ihm wi-
derwärtigen Unterschrift genötigt hatte, leistete er dieselbe in unlesbarer
Gestalt und zerstampfte die Feder darauf. Graf Schwerin ließ eine zweite
Reinschrift machen und bestand auf einer leserlichen Unterschrift. Der Regent unterschrieb nun wie gewöhnlich, knüllte aber das Blatt zusammen
und warf es in die Ecke, aus der es hervorgeholt und, nachdem es geglättet,
zu den Akten genommen wurde. Auch an meinem Abschiedsgesuch von
1877 war zu sehen, daß der Kaiser es zum Knäuel geballt hatte, bevor er darauf antwortete.

V

Ich wurde am 29. Januar 1859 zum Gesandten in Petersburg ernannt, ver-
ließ Frankfurt aber erst am 4. März und verweilte bis zum 23. desselben
Monats in Berlin. Während dieser Zeit hatte ich Gelegenheit, von der Ver-
wendung der österreichischen geheimen Fonds, der ich bis dahin nur in der
Presse begegnet war, einen praktischen Eindruck zu gewinnen. Der Bankier
Levinstein, welcher seit Jahrzehnten bei meinen Vorgesetzten und in deren
vertraulichen Aufträgen in Wien und Paris mit den Leitern der auswärtigen
Politik und mit dem Kaiser Napoleon in Person verkehrt hatte, richtet am
Morgen des Tages, auf den meine Abreise festgesetzt war, das nachstehende
Schreiben an mich:

»Ew. Exzellenz erlaube ich mir noch hiemit ganz ergebenst gutes Glück
zu Ihrer Reise und Ihrer Mission zu wünschen, hoffend, daß wir Sie bald

wieder hier begrüßen werden, da Sie im Vaterlande wohl nützlicher zu wirken vermögen als in der Ferne.

Unsre Zeit bedarf der Männer, bedarf Tatkraft, das wird man hier vielleicht etwas zu spät einsehen. Aber die Ereignisse in unsrer Zeit gehen rasch, und ich fürchte, daß für die Dauer doch der Friede kaum zu erhalten sein wird, wie man auch für einige Monate kitten wird.

Ich habe heut eine kleine Operation gemacht, die, wie ich hoffe, gute Früchte tragen soll, ich werde später die Ehre haben, sie Ihnen mitzuteilen. –

In Wien ist man sehr unbehaglich wegen Ihrer Petersburger Mission, weil man Sie für einen prinzipiellen Gegner hält.

Sehr gut wäre es, dort ausgesöhnt zu sein, weil doch früher oder später jene Mächte sich mit uns gut verstehen werden.

Wollen Ew. Exzellenz nur in *einigen* beliebigen Zeilen an mich sagen, daß Sie *persönlich nicht* gegen Österreich eingenommen sind, so würde das von unberechenbarem Nutzen sein. – Herr von Manteuffel sagt immer, ich sei zähe in der Ausführung einer Idee und ruhe nicht, bis ich zum Ziele gekommen – doch fügte er hinzu, ich wäre weder ehr- noch geldgeizig. Bis jetzt, Gott sei Dank, ist es mein Stolz, daß noch niemand aus einer Verbindung mit mir irgendeinen Nachteil gehabt.

Für die Dauer Ihrer Abwesenheit biete ich Ihnen meine Dienste zur Besorgung Ihrer Angelegenheiten, sei es hier oder sonstwo, mit Vergnügen an. Uneigennütziger und redlicher sollen Sie gewiß anderswo nicht bedient werden.

Mit aufrichtiger Hochachtung bin ich

Ew. Exzellenz

B. 23./3. 59

ganz ergebenster

Levinstein.«

Ich ließ den Brief unbeantwortet und erhielt im Laufe des Tages, vor meiner Abfahrt zum Bahnhofe, im Hotel Royal, wo ich logierte, den Besuch des Herrn Levinstein. Nachdem er sich durch Vorzeigung eines eigenhändigen Einführungsschreibens des Grafen Buol legitimiert hatte, machte er mir den Vorschlag zur Beteiligung an einem Finanzgeschäft, welches mir »jährlich 20 000 Taler mit Sicherheit abwerfen« würde. Auf meine Erwiderung, daß ich keine Kapitalien anzulegen hätte, erfolgte die Antwort, daß Geldeinschüsse zu dem Geschäft nicht erforderlich seien, sondern daß meine Einlage darin bestehen würde, daß ich mit der preußischen auch die österreichische Politik am russischen Hofe befürwortete, weil die fraglichen Geschäfte nur gelingen könnten, wenn die Beziehungen zwischen Rußland und Österreich günstig wären. Mir war daran gelegen, irgendwelches schriftliche Zeugnis über dieses Anerbieten in die Hand zu bekommen, um durch dasselbe dem Regenten den Beweis zu liefern, wie gerechtfertigt mein Mißtrauen gegen die Politik des Grafen Buol war. Ich hielt deshalb dem Levinstein vor, daß ich bei einem so bedenklichen Geschäft doch eine stärkere Sicherheit haben müßte als seine mündliche Äußerung, auf Grund der wenigen Zeilen von der Hand des Grafen Buol, die er an sich behalten habe. Er wollte sich nicht dazu verstehen, mir eine schriftliche Zusage zu beschaffen, erhöhte aber sein Anerbieten auf 30 000 Taler jährlich. Nachdem ich mich überzeugt hatte, daß ich schriftliches Beweismaterial nicht erlangen würde, ersuchte ich Levinstein, mich zu verlassen, und schickte mich zum Ausgehen an. Er folgte mir auf der Treppe unter beweglichen Redensarten über das Thema: »Sehen Sie sich vor, es ist nicht angenehm, die ›Kaiserliche Regierung‹ zum Feinde zu haben.« Erst als ich ihn auf die Steilheit der Treppe und auf meine körperliche Überlegenheit aufmerksam machte, stieg er vor mir schnell die Treppe hinab und verließ mich.

Dieser Unterhändler war mir persönlich bekannt geworden durch die Vertrauensstellung, welche er seit Jahren im Auswärtigen Ministerium eingenommen, und durch die Aufträge, welche er von dort für mich zur Zeit Manteuffels erhielt. Er pflegte seine Beziehungen in den unteren Stellen durch übermäßige Trinkgelder.

Als ich Minister geworden war und das Verhältnis des Auswärtigen Amts zu Levinstein abgebrochen hatte, wurden wiederholt Versuche gemacht, dasselbe wieder in Gang zu bringen, namentlich von dem Konsul Bamberg in Paris, der mehrmals zu mir kam und mir Vorwürfe darüber machte, daß ich einen »so ausgezeichneten Mann«, der eine solche Stellung an den europäischen Höfen habe, wie Levinstein, so schlecht behandeln könnte.

Ich fand auch sonst Anlaß, Gewohnheiten, die in dem Auswärtigen Ministerium eingerissen waren, abzustellen. Der langjährige Portier des Dienstgebäudes, ein alter Trunkenbold, konnte als Beamter nicht ohne weiteres entlassen werden. Ich brachte ihn dahin, den Abschied zu nehmen, durch die Drohung, ihn dafür zur Untersuchung zu ziehen, daß er mich »für Geld zeige«, indem er gegen Trinkgeld jedermann zu mir lasse. Seinen Protest brachte ich mit der Bemerkung zum Schweigen: »Haben Sie mir, als ich Gesandter war, nicht jederzeit Herrn von Manteuffel für einen Taler und, wenn das Verbot besonders streng war, für zwei Taler gezeigt?« Von meiner eigenen Dienerschaft wurde mir gelegentlich gemeldet, welche unverhältnismäßigen Trinkgelder Levinstein an sie verschwendete. Tätige Agenten und Geldempfänger auf diesem Gebiete waren einige von Manteuffel und Schleinitz übernommene Kanzleidiener, unter ihnen ein für seine subalterne Amtsstellung hervorragender Maurer. Graf Bernstorff hatte während seiner kurzen Amtszeit der Korruption im Auswärtigen Amte kein Ende machen können, war auch wohl geschäftlich und gräflich zu stark präokkupiert, um diesen Dingen nahezutreten. Ich habe meine Begegnung mit Levinstein, meine Meinung über ihn, seine Beziehungen zu dem Auswärtigen Ministerium später dem Regenten mit allen Details zur Kenntnis gebracht, sobald ich die Möglichkeit hatte, dies mündlich zu tun, was erst Monate später der Fall war. Von einer schriftlichen Berichterstattung versprach ich mir keinen Erfolg, da die Protektion Levinsteins durch Herrn von Schleinitz nicht bloß zum Regenten hinauf, sondern an die Umgebung der Frau Prinzessin* hinanreichte, welche bei ihren Darstellungen der Sachlage keinen Beruf fühlte, die Unterlagen objektiv zu prüfen, sondern geneigt war, die Anwaltschaft für meine Gegner zu übernehmen.

---

* Vgl. was in dem Prozeß gegen den Hofrat Manché, Oktober 1891, in betreff der Palastdame zur Sprache gekommen ist.

10. KAPITEL

PETERSBURG

I

Es ist in der Geschichte der europäischen Staaten wohl kaum noch einmal vorgekommen, daß ein Souverän einer Großmacht einem Nachbarn dieselben Dienste erwiesen hat, wie der Kaiser Nikolaus der österreichischen Monarchie. In der gefährdeten Lage, in welcher diese sich 1849 befand, kam er ihr mit 200 000 Mann zu Hilfe, unterwarf Ungarn, stellte dort die königliche Gewalt wieder her und zog seine Truppen zurück, ohne einen Vorteil oder eine Entschädigung zu verlangen, ohne die orientalischen und polnischen Streitfragen beider Staaten zu erwähnen. Dieser uninteressierte Freundschaftsdienst auf dem Gebiet der inneren Politik Österreich-Ungarns wurde von dem Kaiser Nikolaus in der auswärtigen Politik in den Tagen von Olmütz auf Kosten Preußens unvermindert fortgesetzt. Wenn er auch nicht durch Freundschaft, sondern ebensowohl durch die Erwägung kaiserlich russischer Politik beeinflußt war, so war es immerhin mehr, als ein Souverän für einen andern zu tun pflegt, und nur in einem so eigenmächtigen und übertrieben ritterlichen Autokraten erklärlich. Nikolaus sah damals auf den Kaiser Franz Joseph als auf seinen Nachfolger und Erben in der Führung der konservativen Trias. Er betrachtete die letztere als solidarisch der Revolution gegenüber und hatte bezüglich der Fortsetzung der Hegemonie mehr Vertrauen zu Franz Joseph als zu seinem eignen Nachfolger. Noch geringer war seine Meinung von der Veranlagung unsres Königs Friedrich Wilhelm für die Führerrolle auf dem Gebiet praktischer Politik; er hielt denselben zur Leitung der monarchischen Trias für so wenig geeignet wie den eignen Sohn und Nachfolger. Er handelte in Ungarn und in Olmütz in der Überzeugung, daß er nach Gottes Willen den Beruf habe, der Führer monarchischen Widerstandes gegen die von Westen vordringende

Revolution zu sein. Er war eine ideale Natur, aber verhärtet in der Isolierung der russischen Autokratie, und es ist wunderbar genug, daß er sich unter allen Eindrücken von den Dekabristen[28] an durch alle folgenden Erlebnisse hindurch diesen idealen Schwung erhalten hatte.

Wie er über seine Stellung zu seinen Untertanen empfand, ergibt sich aus einer Tatsache, die mir Friedrich Wilhelm IV. selbst erzählt hat. Der Kaiser Nikolaus bat ihn um Zusendung von zwei Unteroffizieren der preußischen Garde, behufs Ausführung gewisser ärztlich vorgeschriebener Knetungen, die auf dem Rücken des Patienten vorgenommen werden mußten, während dieser auf dem Bauche lag. Er sagte dabei: »Mit meinen Russen werde ich immer fertig, wenn ich ihnen ins Gesicht sehen kann, aber auf den Rücken ohne Augen möchte ich mir sie doch nicht kommen lassen.« Die Unteroffiziere wurden in diskreter Weise gestellt, verwendet und reich belohnt. Es zeigt dies, wie trotz der religiösen Hingebung des russischen Volkes für seinen Zaren der Kaiser Nikolaus doch auch dem gemeinen Manne unter seinen Untertanen seine persönliche Sicherheit unter vier Augen nicht unbeschränkt anvertraute; und es ist ein Zeichen großer Charakterstärke, daß er von diesen Empfindungen sich bis an sein Lebensende nicht niederdrücken ließ. Hätten wir damals auf dem Throne eine Persönlichkeit gehabt, die ihm ebenso sympathisch gewesen wäre wie der junge Kaiser Franz Joseph, so hätte er vielleicht in dem damaligen Streit um die Hegemonie in Deutschland für Preußen ebenso Partei genommen, wie er es für Österreich getan hat. Vorbedingung dazu wäre gewesen, daß Friedrich Wilhelm IV. den Sieg seiner Truppen im März 1848 festgehalten und ausgenutzt hätte, was ja möglich war ohne weitere Repressionen derart, wie Österreich sie in Prag und Wien durch Windischgrätz und in Ungarn durch russische Hilfe zu bewirken genötigt war.

In der Petersburger Gesellschaft ließen sich zu meiner Zeit drei Generationen unterscheiden. Die vornehmste, die europäisch und klassisch gebildeten Grandseigneurs aus der Regierungszeit Alexanders I., war im Aussterben. Zu derselben konnte man noch rechnen Mentschikow, Woronzow, Bludow, Nesselrode und, was Geist und Bildung betrifft, Gortschakow, dessen Niveau durch seine übertriebene Eitelkeit etwas herabgedrückt war im Vergleich mit den übrigen Genannten, Leuten, die klassisch gebildet waren, gut und geläufig nicht nur französisch, sondern auch deutsch sprachen und der Creme europäischer Gesittung angehörten.

Die Generation, die mit dem Kaiser Nikolaus gleichaltrig war oder doch seinen Stempel trug, pflegte sich in der Unterhaltung auf Hofangelegenheiten, Theater, Avancement und militärische Erlebnisse zu beschränken. Unter ihnen sind als der älteren Kategorie geistig näherstehende Ausnahmen zu nennen der alte Fürst Orlow, hervorragend an Charakter, Höflichkeit und Zuverlässigkeit für uns; der Graf Adlerberg Vater und sein Sohn, der nachherige Hofminister, mit Peter Schuwalow der einsichtigste Kopf, mit dem ich dort in Beziehungen gekommen bin, und dem nur Arbeitsamkeit fehlte, um eine leitende Rolle zu spielen; der Fürst Suworow, der wohlwollendste für uns Deutsche, bei dem der russische General nikolaitischer Tradition stark, aber nicht unangenehm, mit burschikosen Reminiszenzen deutscher Universitäten versetzt war; mit ihm dauernd im Streit und doch in gewisser Freundschaft Tschewkin, der Eisenbahngeneral, von einer Schärfe und Feinheit des Verständnisses, wie sie bei Verwachsenen mit der ihnen eigentümlichen klugen Kopfbildung nicht selten gefunden wird; endlich der Baron Peter von Meyendorff, für mich die sympathischste Erscheinung unter den älteren Politikern, früher Gesandter in Berlin, der nach seiner Bildung und der Feinheit seiner Formen mehr dem alexandrinischen Zeitalter angehörte und in demselben durch Intelligenz und Tapferkeit sich aus der Stellung eines jungen Offiziers in einem Linienregimente, in welchem er die französischen Kriege mitgemacht, zu einem Staatsmanne emporgearbeitet hatte, dessen Wort bei dem Kaiser Nikolaus erheblich ins Gewicht fiel. Die Annehmlichkeit seines gastfreien Hauses in Berlin wie in Petersburg wurde wesentlich erhöht durch seine Gemahlin, eine männlich kluge, vornehme, ehrliche und liebenswürdige Frau, die noch in höherem Grade als ihre Schwester, Frau von Vrints in Frankfurt, den Beweis lieferte, daß in der gräflich Buolschen Familie der erbliche Verstand ein Kunkellehn war. Ihr Bruder, der österreichische Minister Graf Buol, hatte daran nicht den Anteil geerbt, der zur Leitung der Politik einer großen Monarchie unentbehrlich ist. Die beiden Geschwister standen einander persönlich nicht näher als die russische und die österreichische Politik. Als ich 1852 in besonderer Mission in Wien beglaubigt war, war das Verhältnis zwischen ihnen noch derart, daß Frau von Meyendorff geneigt war, mir das Gelingen meiner für Österreich freundlichen Mission zu erleichtern, wofür ohne Zweifel die Instruktionen ihres Gemahls maßgebend waren. Der Kaiser Nikolaus wünschte damals unsre Verständigung mit Österreich. Als ein oder zwei Jahre später zur Krimzeit von meiner Ernennung nach Wien die Rede war, fand das Verhältnis zwischen ihr und ihrem Bruder in den Worten Ausdruck: Sie hoffe, daß ich nach Wien kommen und »dem Karl ein Gallenfieber anärgern würde«. Frau von Meyendorff war als Frau ihres Gemahls patriotische Russin und würde auch ohnedies schon nach ihrem persönlichen Gefühl die feindselige und undankbare Politik nicht gebilligt haben, zu welcher der Graf Buol Österreich bewogen hatte.

Die dritte Generation, die der jungen Herren, zeigte in ihrem gesellschaftlichen Auftreten meist weniger Höflichkeit, mitunter schlechte Manieren und in der Regel stärkere Abneigung gegen deutsche, insbesondere preußische Elemente als die beiden älteren Generationen. Wenn man, des Russischen unkundig, sie deutsch anredete, so waren sie geneigt, ihre Kenntnisse dieser Sprache zu verleugnen, unfreundlich oder gar nicht zu antworten und Zivilisten gegenüber unter das Maß von Höflichkeit herabzugehen, welches sie in den Uniform oder Orden tragenden Kreisen untereinander beobachteten. Es war eine zweckmäßige Einrichtung der Polizei, daß die Dienerschaft der Vertreter auswärtiger Regierungen durch Tressen und das der Diplomatie vorbehaltene Kostüm eines Livreejägers gekennzeichnet war. Die Angehörigen des diplomatischen Korps würden sonst, da sie nicht die Gewohnheit hatten, auf der Straße Uniform oder Orden zu tragen, sowohl von der Polizei als von Mitgliedern der höheren Gesellschaft denselben zu Konflikten führenden Unannehmlichkeiten ausgesetzt gewesen sein, welche ein ordensloser Zivilist, der nicht als vornehmer Mann bekannt war, im Straßenverkehr und auf Dampfschiffen leicht erleben konnte.

In dem napoleonischen Paris habe ich dieselbe Beobachtung gemacht. Wenn ich länger dort gewohnt hätte, so würde ich mich haben daran gewöhnen müssen, nach französischer Sitte mich nicht ohne Andeutung einer Dekoration auf der Straße zu Fuß zu bewegen. Ich habe auf den Boulevards erlebt, daß bei einer Festlichkeit einige Hundert Menschen sich weder vorwärts noch rückwärts bewegen konnten, weil sie infolge mangelhafter Anordnung zwischen zwei in verschiedener Richtung marschierende Truppenteile geraten waren, und daß die Polizei, welche das Hemmnis nicht wahrgenommen hatte, auf diese Masse gewalttätig mit Faustschlägen und den in Paris so üblichen coups de pied einstürmte, bis sie auf einen »Monsieur décoré« stieß. Das rote Bändchen bewog die Polizisten, die Protestationen des Trägers wenigstens anzuhören und sich endlich überzeugen zu lassen, daß der anscheinend widerspenstige Volkshaufen zwischen zwei Truppenteilen eingeklemmt war und deshalb nicht ausweichen konnte. Der

Führer der aufgeregten Polizisten zog sich durch den Scherz aus der Affäre, daß er, auf die bis dahin von ihm nicht bemerkten im pas gymnastique defilierenden chasseurs de Vincennes deutend, sagte: »Eh bien, il faut enfoncer ca!« Das Publikum, einschließlich der Mißhandelten, lachte, die von Tätlichkeiten Verschonten entfernten sich mit einem dankbaren Gefühl für den décoré, dessen Anwesenheit sie gerettet hatte.

Auch in Petersburg würde ich für zweckmäßig gehalten haben, auf der Straße die Andeutung eines höheren russischen Ordens zu tragen, wenn die großen Entfernungen es nicht mit sich gebracht hätten, daß man in den Straßen mehr zu Wagen mit Tressenlivree als zu Fuße sich zeigte. Schon zu Pferde, wenn in Zivil und ohne Reitknecht, lief man Gefahr, von den durch ihr Kostüm kenntlichen Kutschern der höheren Würdenträger wörtlich und tätlich angefahren zu werden, wenn man mit ihnen in unvermeidliche Berührung geriet; und wer hinreichend Herr seines Pferdes war und eine Gerte in der Hand hatte, tat wohl, sich bei solchen Konflikten als gleichberechtigt mit den Insassen des Wagens zu legitimieren. Von den wenigen Reitern in der Umgebung von Petersburg konnte man in der Regel annehmen, daß sie deutsche oder englische Kaufleute waren und in dieser ihrer Stellung ärgerliche Berührungen nach Möglichkeit vermieden und lieber ertrugen, als sich bei den Behörden zu beschweren. Offiziere machten nur in ganz geringer Zahl von den guten Reitwegen auf den Inseln und weiter außerhalb der Stadt Gebrauch, und die es taten, waren in der Regel deutschen Herkommens. Das Bemühen höheren Ortes, den Offizieren mehr Geschmack am Reiten beizubringen, hatte keinen dauernden Erfolg und bewirkte nur, daß nach einer jeden Anregung derart die kaiserlichen Equipagen einige Tage lang mehr Reitern als gewöhnlich begegneten. Eine Merkwürdigkeit war es, daß als die besten Reiter unter den Offizieren die beiden Admiräle anerkannt waren, der Großfürst Constantin und der Fürst Mentschikow.

Auch abgesehen von der Reiterei mußte man wahrnehmen, daß in guten Manieren und gesellschaftlichem Tone die jüngere zeitgenössische Generation zurückstand gegen die vorhergehende des Kaisers Nikolaus und beide wieder in europäischer Bildung und Gesamterziehung gegen die alten Herren aus der Zeit Alexanders I. Dessenungeachtet blieb innerhalb der Hofkreise und der »Gesellschaft« der vollendete gute Ton in Geltung und in den Häusern der Aristokratie, namentlich soweit in diesen die Herrschaft der Damen reichte. Aber die Höflichkeit der Formen verminderte sich erheblich, wenn man mit jüngeren Herren in Situationen geriet, welche nicht durch den Einfluß des Hofes oder vornehmer Frauen kontrolliert waren. Ich will nicht entscheiden, wie weit das Wahrgenommene aus einer sozialen Reaktion der jüngeren Gesellschaftsschicht gegen die früher wirksam gewesenen deutschen Einflüsse oder aus einem Sinken der Erziehung in der jüngeren russischen Gesellschaft seit der Epoche des Kaisers Alexander I. zu erklären ist, vielleicht auch aus der Kontagion, welche die soziale Entwicklung der Pariser Kreise auf die der höheren russischen Gesellschaft auszuüben pflegt. Gute Manieren und vollkommene Höflichkeit sind in den herrschenden Kreisen von Frankreich außerhalb des Faubourg St. Germain heute nicht mehr so verbreitet, wie es früher der Fall war und wie ich sie in Berührung mit älteren Franzosen und mit französischen und noch gewinnender bei russischen Damen kennengelernt habe. Da übrigens meine Stellung in Petersburg mich nicht zu einem intimen Verkehr mit der jüngsten erwachsenen Generation nötigte, so habe ich von meinem dortigen Aufenthalt nur die angenehme Erinnerung behalten, welche ich der Liebenswürdigkeit des Hofes, der älteren Herren und der Damen der Gesellschaft verdanke.

Die antideutsche Stimmung der jüngeren Generation hat sich demnächst mir und andern auch auf dem Gebiete der politischen Beziehungen zu uns fühlbar gemacht, in verstärktem Maße, seit mein russischer Kollege, Fürst Gortschakow, seine ihn beherrschende Eitelkeit auch mir gegenüber herauskehrte. Solange er das Gefühl hatte, in mir einen jüngeren Freund zu sehen, an dessen politischer Erziehung er einen Anteil beanspruchte, war sein Wohlwollen für mich unbegrenzt, und die Formen, in denen er mir Vertrauen zeigte, überschritten die unter Diplomaten zulässige Grenze, vielleicht aus Berechnung, vielleicht aus Ostentation einem Kollegen gegenüber, an dessen bewunderndes Verständnis mir gelungen war ihn glauben zu machen. Diese Beziehungen wurden unhaltbar, sobald ich als preußischer Minister ihm die Illusion seiner persönlichen und staatlichen Überlegenheit nicht mehr lassen konnte. Hinc irae[29]. Sobald ich selbständig als Deutscher oder Preuße oder als Rivale im europäischen Ansehen und in der geschichtlichen Publizistik aufzutreten begann, verwandelte sich sein Wohlwollen in Mißgunst.

Ob diese Wandlung erst nach 1870 begann oder ob sie sich vor diesem Jahre meiner Wahrnehmung entzogen hatte, lasse ich dahingestellt. Wenn ersteres der Fall war, so kann ich als ein achtbares und für einen russischen Kanzler berechtigtes Motiv den Irrtum der Berechnung in Anschlag bringen, daß die Entfremdung zwischen uns und Österreich auch nach 1866 dauernd fortbestehen werde. Wir haben 1870 der russischen Politik bereitwillig beigestanden, um sie im Schwarzen Meere von den Beschränkungen zu lösen, welche der Pariser Vertrag ihr auferlegt hatte. Dieselben waren unnatürlich, und das Verbot der freien Bewegung an der eignen Meeresküste für eine Macht wie Rußland auf die Dauer unerträglich, weil demütigend. Außerdem lag und liegt es nicht in unserm Interesse, Rußland in der Verwendung seiner überschüssigen Kräfte nach Osten hin hinderlich zu sein; wir sollen froh sein, wenn wir in unserer Lage und geschichtlichen Entwicklung in Europa Mächte finden, mit denen wir auf keine Art von Konkurrenz der politischen Interessen angewiesen sind, wie das zwischen uns und Rußland bisher der Fall ist. Mit Frankreich werden wir nie sicheren Frieden haben, mit Rußland nie die Notwendigkeit des Krieges, wenn nicht liberale Dummheiten oder dynastische Mißgriffe die Situation fälschen.

II

Wenn ich in Petersburg auf einem der kaiserlichen Schlösser Zarskoe oder Peterhof anwesend war, auch nur, um mit dem daselbst im Sommerquartier lebenden Fürsten Gortschakow zu konferieren, so fand ich in der mir angewiesenen Wohnung im Schlosse für mich und einen Begleiter ein Frühstück von mehreren Gängen angerichtet, mit drei oder vier Sorten hervorragend guter Weine; andre sind mir in der kaiserlichen Verpflegung überhaupt niemals vorgekommen. Gewiß wurde in dem Haushalte viel gestohlen, aber die Gäste des Kaisers litten darunter nicht; im Gegenteil, ihre Verpflegung war auf reiche Brosamen für den »Dienst« berechnet. Keller und Küche waren absolut einwandfrei, auch in Vorkommnissen, wo sie unkontrolliert blieben. Vielleicht hatten die Beamten, denen die nicht getrunkenen Weine verblieben, durch lange Erfahrung schon einen zu durchgebildeten Geschmack gewonnen, um Unregelmäßigkeiten zu dulden, unter welchen die Qualität der Lieferung gelitten hätte. Die Preise der Lieferungen waren nach allem, was ich erfuhr, allerdings gewaltig hoch. Von der Gastfreiheit des Haushalts bekam ich eine Vorstellung, wenn meine Gönnerin, die Kaiserin-Witwe, Schwester unsres Königs, mich einlud. Dann waren für die mit mir eingeladenen Herren der Gesandtschaft zwei und für mich drei Diners der kaiserlichen Küche entnommen. In meinem Quartier wurden für mich und meine Begleiter Frühstücke und Diners angerichtet und berechnet, wahr-scheinlich auch gegessen und getrunken, als ob meine und der Meinigen Einladung zu der Kaiserin gar nicht erfolgt sei. Das Kuvert für mich wurde einmal in meinem Quartier mit allem Zubehör auf- und abgetragen, das zweitemal an der Tafel der Kaiserin in Gemeinschaft mit denen meiner Be-gleitung aufgelegt, und auch dort kam ich mit demselben nicht in Berüh-rung, da ich vor dem Bette der kranken Kaiserin ohne meine Begleiter in kleiner Gesellschaft zu speisen hatte. Bei solchen Gelegenheiten pflegte die damals in der ersten Blüte jugendlicher Schönheit stehende Prinzessin Leuchtenberg, später Gemahlin des Prinzen Wilhelm von Baden, an Stelle ihrer Großmutter mit der ihr eignen Grazie und Heiterkeit die Honneurs zu machen. Auch erinnere ich mich, daß bei einer andern Gelegenheit eine vierjährige Großfürstin sich um den Tisch von vier Personen bewegte und sich weigerte, einem hohen General die gleiche Höflichkeit wie mir zu er-weisen. Es war mir sehr schmeichelhaft, daß dieses großfürstliche Kind auf die großmütterliche Vorhaltung antwortete: In bezug auf mich: on milü [er ist lieb], in bezug auf den General aber hatte sie die Naivität zu sagen: on wonjaet [er stinkt], worauf das großfürstliche enfant terrible entfernt wur-de.

Es ist vorgekommen, daß preußische Offiziere, welche lange in einem der kaiserlichen Schlösser wohnten, von russischen guten Freunden vertraulich befragt wurden, ob sie wirklich so viel Wein und dergleichen verbrauchten, wie für sie entnommen werde; dann würde man sie um ihre Leistungsfähig-keit beneiden und ferner dafür sorgen. Diese vertrauliche Erkundigung traf auf Herren von sehr mäßigen Gewohnheiten; und mit ihrem Einverständ-nisse wurden die von ihnen bewohnten Gemächer untersucht; in Wand-schränken, mit denen sie unbekannt waren, fanden sich zurückgelegte Vor-räte hochwertiger Weine und sonstiger Bedürfnisse in Massen.

Bekannt ist, daß dem Kaiser einmal das ungewöhnliche Quantum von Talg aufgefallen war, welches jedesmal in den Rechnungen erschien, wenn der Prinz von Preußen zum Besuche dort war, und daß schließlich ermittelt wurde, daß er bei seinem ersten Besuche sich durchgeritten und am Abend das Verlangen nach etwas Talg gestellt hatte. Das verlangte Lot dieses Stof-fes hatte sich bei späteren Besuchen in Pud verwandelt. Die Aufklärung er-folgte zwischen den hohen Herrschaften persönlich und hatte eine Heiter-keit zur Folge, welche den beteiligten Sündern zugute kam.

Von einer andern russischen Eigentümlichkeit gab es bei meiner ersten

Anwesenheit in Petersburg 1859 eine Probe. In den ersten Tagen des Früh-
lings machte damals die zum Hofe gehörige Welt ihren Spaziergang in dem
Sommergarten zwischen dem Pauls-Palais und der Newa. Dort war es dem
Kaiser aufgefallen, daß in der Mitte eines Rasenplatzes ein Posten stand. Da
der Soldat auf die Frage, weshalb er da stehe, nur die Auskunft zu geben
wußte: »Es ist befohlen«, so ließ sich der Kaiser durch seinen Adjutanten auf
der Wache erkundigen, erhielt aber auch keine andre Aufklärung, als daß
der Posten Winter und Sommer gegeben werde. Der ursprüngliche Befehl
sei nicht mehr zu ermitteln. Die Sache wurde bei Hofe zum Tagesgespräch
und gelangte auch zur Kenntnis der Dienerschaft. Aus dieser meldete sich
ein alter Pensionär und gab an, daß sein Vater ihm gelegentlich im Sommergarten gesagt habe, während sie an der Schildwache vorbeigegangen: Da
steht er noch immer und bewacht die Blume; die Kaiserin Katharina hat an
der Stelle einmal ungewöhnlich früh im Jahre ein Schneeglöckchen wahrgenommen und befohlen, man solle sorgen, daß es nicht abgepflückt werde.
Dieser Befehl war durch Aufstellung einer Schildwache zur Ausführung gebracht worden, und seitdem hatte der Posten jahraus jahrein gestanden.
Dergleichen erregt unsre Kritik und Heiterkeit, ist aber ein Ausdruck der
elementaren Kraft und Beharrlichkeit, auf welchen die Stärke des russischen Wesens dem übrigen Europa gegenüber beruht. Man erinnert sich
dabei der Schildwachen, die während der Überschwemmung in Petersburg
1825, im Schipkapasse 1877, nicht abgelöst wurden und von denen die einen
ertranken, die andern auf ihren Posten erfroren.

III

Während des italienischen Krieges glaubte ich noch an die Möglichkeit, in
der Stellung eines Gesandten in Petersburg, wie ich es von Frankfurt aus
mit wechselndem Erfolge versucht hatte, auf die Entschließung in Berlin
einwirken zu können, ohne mir klarzumachen, daß die übermäßigen Anstrengungen, die ich mir zu diesem Zwecke in meiner Berichterstattung auf-
erlegte, ganz fruchtlos sein mußten, weil meine Immediatberichte und meine in Form eigenhändiger Briefe gefaßten Mitteilungen entweder gar nicht
zur Kenntnis des Regenten gelangten oder mit Kommentaren, welche jeden
Eindruck hinderten. Meine Ausarbeitungen hatten außer einer Komplizie-
rung der Krankheit, in welche ich durch ärztliche Vergiftung gefallen war,

nur die Folge, daß die Genauigkeit meiner Berichte über die Stimmungen des Kaisers verdächtigt wurde und, um mich zu kontrollieren, der Graf Münster, früher Militärbevollmächtigter in Petersburg, dorthin geschickt wurde. Ich war imstande, dem mir befreundeten Inspizienten zu beweisen, daß meine Meldungen auf der Einsicht eigenhändiger Bemerkungen des Kaisers am Rande der Berichte russischer Diplomaten beruhten, die Gortschakow mir vorgelegt hatte, und daneben auf mündlichen Mitteilungen persönlicher Freunde, die ich in dem Kabinett und am Hofe besaß. Die eigenhändigen Marginalien des Kaisers waren mir vielleicht mit berechneter Indiskretion vorgelegt worden, damit ihr Inhalt auf diesem weniger verstimmenden Wege nach Berlin gelangen sollte.

Diese und andre Formen, in denen ich von besonders wichtigen Mitteilungen Kenntnis erhielt, sind charakteristisch für die damaligen politischen Schachzüge. Ein Herr, welcher mir gelegentlich eine solche vertraute, wandte sich beim Abschiede in der Tür um und sagte: »Meine erste Indiskretion nötigt mich zu einer zweiten. Sie werden die Sache natürlich nach Berlin melden, benutzen Sie aber dazu nicht Ihren Chiffre Nr. soundso, den besitzen wir seit fünf Jahren, und nach Lage der Dinge würde man bei uns auf mich als Quelle schließen. Außerdem werden Sie mir den Gefallen tun, den kompromittierten Chiffre nicht plötzlich fallenzulassen, sondern ihn noch einige Monate lang zu unverfänglichen Telegrammen zu benutzen.« Damals glaubte ich zu meiner Beruhigung aus diesem Vorgange die Wahrscheinlichkeit zu entnehmen, daß nur dieser eine unsrer Chiffres sich im russischen Besitze befand. Die Sicherstellung des Chiffres war in Petersburg besonders schwierig, weil jede Gesandtschaft russische Diener und Subalterne notwendig im Innern des Hauses verwenden mußte und die politische Polizei unter diesen sich leicht Agenten verschaffte.

Zur Zeit des österreichisch-französischen Krieges klagte mir der Kaiser Alexander in vertraulichem Gespräche über den heftigen und verletzenden Ton, in welchem die russische Politik in Korrespondenzen deutscher Fürsten an kaiserliche Familienglieder kritisiert werde. Er schloß die Beschwerde über seine Verwandten mit den entrüsteten Worten: »Das Beleidigende für mich in der Sache ist, daß die deutschen Herren Vettern ihre Grobheiten mit der Post schicken, damit sie sicher zu meiner persönlichen Kenntnis gelangen.« Der Kaiser hatte kein Arg bei diesem Eingeständnis und war unbefangen der Meinung, daß es sein monarchisches Recht sei, auch auf diesem Wege von der Korrespondenz Kenntnis zu erhalten, deren Trägerin die russische Post war.

Auch in Wien haben früher ähnliche Einrichtungen bestanden. Vor Erbauung der Eisenbahnen hat es Zeiten gegeben, in welchen nach Überschreitung der Grenze ein österreichischer Beamter zu dem preußischen Kurier in den Wagen stieg und unter Assistenz des letzteren die Depeschen mit gewerbsmäßigem Geschicke geöffnet, geschlossen und exzerpiert wurden, bevor sie an die Gesandtschaft in Wien gelangten. Noch nach dem Aufhören dieser Praxis galt es für eine vorsichtige Form amtlicher Mitteilung von Kabinett zu Kabinett nach Wien oder Petersburg, wenn dem dortigen preußischen Gesandten mit einfachem Postbriefe geschrieben wurde. Der Inhalt wurde von beiden Seiten als insinuiert angesehen, und man bediente sich dieser Form der Insinuation gelegentlich dann, wenn die Wirkung einer unangenehmen Mitteilung im Interesse der Tonart des formalen Verkehrs abgeschwächt werden sollte. Wie es in der Post von Thurn und Taxis mit dem Briefgeheimnis bestellt war, wird aus meinem Briefe an den Minister von Manteuffel vom 11. Januar 1858 anschaulich:

»Ich habe schon telegraphisch die dringende Bitte ausgesprochen, meinen vertraulichen Bericht, betreffend die Beschwerde Lord Bloomfields in der Bentinckschen Sache, nicht durch die Post an den Grafen Flemming in Karlsruhe zu schicken und so zu Österreichs Kenntnis zu bringen. Sollte meine Bitte zu spät eingetroffen sein, so werde ich nach mehreren Richtungen hin in unangenehme Verlegenheit geraten, welche kaum anders als in einem persönlichen Konflikt zwischen dem Grafen Rechberg und mir ihre Lösung finden könnte. – Wie ich ihn beurteile und wie es die österreichische Auffassung des Briefgeheimnisses überhaupt mit sich bringt, wird er sich durch den Umstand, daß diese Beweise einem geöffneten Briefe entnommen sind, von der Produktion derselben nicht abhalten lassen. Ich traue ihm vielmehr zu, daß er sich ausdrücklich darauf beruft, die Depesche könne nur in der Absicht auf die Post gegeben sein, damit sie zur Kenntnis der kaiserlichen Regierung gelange.«

Als ich 1852 die Gesandtschaft in Wien zu leiten hatte, stieß ich dort auf die Gewohnheit, wenn der Gesandte eine Mitteilung zu machen hatte, die Instruktion, durch welche er von Berlin aus dazu beauftragt war, dem österreichischen Minister des Auswärtigen im Original einzureichen. Diese für den Dienst ohne Zweifel nachteilige Gewohnheit, bei der eigentlich die vermittelnde Amtstätigkeit des Gesandten als überflüssig erschien, war dergestalt tief eingerissen, daß der damalige, seit Jahrzehnten in Wien einheimische Kanzleivorstand der Gesandtschaft aus Anlaß des von mir ergangenen Verbots mich aufsuchte, um mir vorzustellen, wie groß das Mißtrauen der kaiserlichen Staatskanzlei sein werde, wenn wir plötzlich in der langjährigen Gepflogenheit eine Änderung eintreten ließen; man würde namentlich mir gegenüber zweifelhaft werden, ob meine Einwirkung auf den Grafen Buol wirklich dem Text meiner Instruktionen und also den Intentionen der Berliner Politik entspräche.

Um sich selbst gegen Untreue der Beamten des auswärtigen Ressorts zu schützen, hat man in Wien zuweilen sehr drastische Mittel angewandt. Ich habe einmal ein geheimes österreichisches Aktenstück in Händen gehabt, aus dem mir dieser Satz erinnerlich geblieben ist:

»Kaunitz ne sachant pas démêler, lequel de ses quatre commis l'avait trahi, les fit noyer tous les quatre dans le Danube moyennant un bateau à soupape.«

Vom Ersäufen war auch die Rede in einer scherzenden Unterhaltung, die ich 1853 oder 1854 mit dem russischen Gesandten in Berlin, Baron von Budberg, hatte. Ich erwähnte, daß ich einen Beamten im Verdacht hätte, bei den ihm aufgetragnen Geschäften das Interesse eines andern Staates zu vertreten. Budberg sagte: »Wenn der Mann Ihnen unbequem ist, so schicken Sie ihn nur einmal bis an das Ägäische Meer, dort haben wir Mittel, ihn verschwinden zu lassen« – und fuhr auf meine etwas ängstliche Frage: »Sie wollen ihn doch nicht ersäufen?« lachend fort: »Nein, er würde im Innern Rußlands verschwinden, und da er anstellig zu sein scheint, später als zufriedener russischer Beamter wieder zum Vorschein kommen.«

IV

In der ersten Hälfte des Juni 1859 machte ich einen kurzen Ausflug nach Moskau. Bei diesem Besuche der alten Hauptstadt, der in die Zeit des italienischen Kriegs fiel, war ich Zeuge einer merkwürdigen Probe von dem damaligen Hasse der Russen gegen Österreich. Während der Gouverneur Fürst Dolgoruki mich in einer Bibliothek umherführte, bemerkte ich auf der Brust eines subalternen Beamten unter vielen militärischen Dekorationen auch das eiserne Kreuz. Auf meine Frage nach dem Erwerb desselben nannte er die Schlacht von Kulm, nach welcher Friedrich Wilhelm III. eine

Anzahl etwas abweichend gestalteter eiserner Kreuze an russische Soldaten hatte verteilen lassen, das sogenannte Kulmer Kreuz. Ich beglückwünschte den alten Soldaten, daß er nach 46 Jahren noch so rüstig sei, und erhielt die Antwort, er würde noch jetzt, wenn der Kaiser es erlaubte, den Krieg mitmachen. Ich fragte, mit wem er dann gehen würde, mit Italien oder mit Österreich, worauf er strammstehend mit Enthusiasmus erklärte: »Immer gegen Österreich.« Ich machte ihn darauf aufmerksam, daß Österreich doch bei Kulm unser und Rußlands Freund und Italien unser Gegner gewesen sei, worauf er, immer in militärisch strammer Haltung und mit der lauten und weit hörbaren Stimme, die der russische Soldat im Gespräch mit Offizieren hat, antwortete: »Ein ehrlicher Feind ist besser als ein falscher Freund.« Diese unverfrorene Antwort begeisterte den Fürsten Dolgoruki dergestalt, daß im nächsten Moment General und Unteroffizier in der Umarmung lagen und die herzlichsten Küsse auf beide Wangen austauschten. So war damals bei General und Unteroffizier die russische Stimmung gegen Österreich.

Eine Erinnerung an den Ausflug nach Moskau ist der nachstehende Briefwechsel mit dem Fürsten Obolenski.

Moscou, le »2« Juin 1859

En visitant dernièrement les antiquités de Moscou, votre Excellence a porté une grande attention aux monuments de notre ancienne vie politique et morale. Les vieils édifices du Kremlin, les objets de la vie domestique des Tzars, les précieux manuscrits grecs de la bibliothèque des Patriarches de Russie, – tout enfin a excité Sa curiosité éclairée. Les remarques scientifiques de V. E. au sujet de ces monuments ont prouvé qu'outre Ses grandes connaissances diplomatiques Elle en réunissent d'aussi profondes en archéologie.

Une pareille attention de la part d'un étranger pour nos antiquités m'est doublement chère, comme à un Russe et comme à un homme qui consacre ses loisirs aux recherches archéologiques. Permettez-mois d'offrir à V. E. en souvenir de Son court séjour à Moscou et de l'agréable connaissance que j'ai eu l'honneur de faire avec Elle, un exemplaire du »Livre contenant la description de l'élection et de l'avènement au trône du Tzar Michel Feodorowitch«. Elle y verra, sur des dessins quoique peu artistiques mais curieux par leur ancienneté, les mêmes édifices et objets qui L'intéressaient tant au Kremlin.

Agréez p.p.

P. M. Obolenski.

Pétersbourg.

Je serais bien ingrat, si, après toutes les bontés dont vous m'avez comblé à Moscou, j'avais laissé quatre semaines sans des raisons majeures s'écouler avant de répondre à la lettre dont V. E. m'a honoré. J'ai été saisi après mon retour d'une maladie grave, une espèce de goutte, qui par de fortes douleurs rhumatismales m'a tenu à l'état de perclus depuis près d'un mois avec des intervalles minimes et absorbés par les affaires courantes restées en arrière. Encore aujourd'hui je me trouve hors d'état de marcher, mais mieux portant du reste, de sorte que je tâcherai d'obéir à un ordre de mon gouvernement qui m'appelle à Berlin. Pardonnez ces détails, mon Prince, mais ils sont nécessaires pour expliquer mon silence.

J'avais espéré que par ce retard de ma réponse je serais mis a même d'y joindre celle que j'attends de Berlin à l'envoi dont vous avez bien voulu me charger à destination de Sa Majesté le Roi. Je ne la tiens pas encore, mais je ne puis partir, mon Prince, sans vous dire, combien je suis touché de la manière digne et aimable à la fois dont vous faites les honneurs du département que vous dirigez, et de la capitale que vous habitez, en montrant à l'étranger un noble modèle de l'hospitalité nationale. Le magnifique ouvrage que vous avez bien voulu me donner, restera toujours un ornement précieux de ma bibliothèque et un objet auquel se rattache le souvenir d'un gentilhomme russe qui sait si bien concilier l'illustration du savant avec les qualités qui distinguent le grand-seigneur.

Agréez p.p.

von Bismarck.

V

Neuling in dem Klima von Petersburg, ging ich im Juni 1859 nach anhaltendem Reiten in einer überheizten Reitbahn ohne Pelz nach Hause, hielt mich auch noch unterwegs auf, um exerzierenden Rekruten zuzusehen. Am folgenden Tage hatte ich Rheumatismus in allen Gliedern, mit dem ich längere Zeit zu kämpfen hatte. Als die Zeit herankam abzureisen, um meine Frau nach Petersburg zu holen, war ich übrigens wiederhergestellt, nur daß sich an dem linken Beine, welches ich auf dem Jagdausflug nach Schweden im Jahre 1857 durch einen Sturz vom Felsen beschädigt hatte und welches infolge unvorsichtiger Behandlung der Locus minoris resistentiae geworden war, ein geringfügiger Schmerz fühlbar machte. Der durch die frühere Großherzogin von Baden mir bei der Abreise empfohlene Dr. Walz erbot sich, mir ein Mittel dagegen zu verschreiben, und begegnete meiner Erklärung, ich fühle kein Bedürfnis, etwas anzuwenden, da der Schmerz gering sei, mit der Versicherung, die Sache könne auf der Reise schlimmer werden, und es sei ratsam vorzubeugen. Das Mittel sei ein ganz leichtes; er werde mir ein Pflaster in die Kniekehle legen, welches in keiner Weise belästige, nach einigen Tagen von selbst abfallen und nur eine Röte hinterlassen werde. Mit der Vorgeschichte dieses aus Heidelberg stammenden Arztes noch unbekannt, gab ich leider seinem Zureden nach. Vier Stunden, nachdem ich das Pflaster aufgelegt und fest geschlafen hatte, wachte ich über heftige Schmerzen auf, riß das Pflaster ab, ohne seine Bestandteile von der schon wund gefressenen Kniekehle entfernen zu können. Walz kam einige Stunden später und versuchte mir mit irgendeiner metallischen Klinge die schwarze Pflastermasse aus der handgroßen Wunde durch Schaben zu entfernen. Der Schmerz war unerträglich und der Erfolg unvollkommen, die korrosive Wirkung des Giftes dauerte fort. Ich wurde mir über die Unwissenheit und Gewissenlosigkeit meines Arztes klar trotz der hohen Empfehlung, die mich bestimmt hatte, ihn zu wählen. Er selbst versicherte mit entschuldigendem Lächeln, die Salbe sei wohl etwas zu stark gepfeffert worden; es sei ein Versehen des Apothekers. Ich ließ von dem letzteren das Rezept erbitten und erhielt die Antwort, Walz habe dasselbe wieder an sich genommen; letzterer besaß es nach seiner Aussage nicht mehr. Ich konnte also nicht ermitteln, wer der Giftmischer gewesen war, und erfuhr nur von dem Apotheker, der Hauptbestandteil der Salbe sei der Stoff gewesen, der zur Herstellung von sogenannten immerwährenden spanischen Fliegen verwendet werde, und nach seiner Erinnerung sei derselbe allerdings in einer ungewöhnlich starken Dosis verschrieben gewesen. Es ist mir später die Frage gestellt worden, ob meine Vergiftung eine absichtliche gewesen sein könne; ich schreibe sie lediglich der Unwissenheit und Dreistigkeit des ärztlichen Schwindlers zu.

Um bei deutschen Ärzten Hilfe zu suchen, reiste ich im Juli auf dem Seewege über Stettin nach Berlin; heftige Schmerzen veranlaßten mich, den berühmten Chirurgen [Pirogow?], der mit an Bord war, zu fragen; er wollte mir das Bein amputieren, und auf meine Frage, ob über oder unter dem Knie, bezeichnete er eine Stelle hoch darüber. Ich lehnte ab und wurde, nachdem in Berlin verschiedene Behandlungen erfolglos versucht waren, durch die Bäder von Nauheim unter Leitung des Professors Beneke aus Marburg so weit wiederhergestellt, daß ich gehen, auch reiten konnte. Während ich auf der Rückreise nach Petersburg Herrn von Below in Hohendorf im November einen Besuch machte, riß sich nach ärztlicher Meinung der Thrombus los, der sich in der zerstörten Vene gebildet und festgesetzt hatte, geriet in den Blutumlauf und verursachte eine Lungenentzündung, die von den Ärzten für tödlich gehalten, aber in einem Monate langen Siechtum überwunden wurde. Merkwürdig sind mir heute die Eindrücke, die damals ein sterbender Preuße über Vormundschaft hatte. Mein erstes Bedürfnis nach meiner ärztlichen Verurteilung war die Niederschrift einer letztwilligen Verfügung, durch welche jede gerichtliche Einmischung in die eingesetzte Vormundschaft ausgeschlossen wurde. Hierüber beruhigt, sah ich meinem Ende mit der Bereitwilligkeit entgegen, die unerträgliche Schmerzen gewähren. Zu Anfang des März war ich soweit, nach Berlin reisen zu können, wo ich, meine Genesung abwartend, an den Sitzungen des Herrenhauses teilnahm und bis in den Mai 1860 verweilte.

11. KAPITEL

ZWISCHENZUSTAND

I

Während dieser Wochen regten der Fürst von Hohenzollern und Rudolf von Auerswald bei dem Regenten meine Ernennung zum Minister des Auswärtigen an. Es fand infolgedessen im Palais eine Art von Conseil statt, das aus dem Fürsten Auerswald, Schleinitz und mir bestand. Der Regent leitete die Besprechung mit der Aufforderung an mich ein, das Programm zu entwikkeln, zu welchem ich riete. Ich legte dasselbe in der Richtung, die ich später als Minister verfolgt habe, insoweit offen dar, daß ich als die schwächste Seite unsrer Politik ihre Schwäche gegen Österreich bezeichnete, von der sie seit Olmütz und besonders in den letzten Jahren während des italienischen Krieges beherrscht gewesen sei. Könnten wir unsre deutsche Aufgabe im Einverständnis mit Österreich lösen, um so besser. Die Möglichkeit würde aber erst vorliegen, wenn man in Wien die Überzeugung hätte, daß wir im entgegengesetzten Falle auch den Bruch und den Krieg nicht fürchteten. Die zur Durchführung unsrer Politik wünschenswerte Fühlung mit Rußland zu bewahren würde gegen Österreich leichter sein als mit Österreich. Unmöglich aber schiene mir das auch im letzteren Falle nicht, nach meiner in Petersburg gewonnenen Kenntnis des russischen Hofes und der dort leitenden Einflüsse. Wir hätten dort aus dem Krimkriege und den polnischen Verwicklungen her einen Saldo, welcher bei geschickter Ausnutzung uns die Möglichkeit lassen könnte, mit Österreich uns zu verständigen, ohne mit Rußland zu brechen; ich fürchtete nur, daß die Verständigung mit Österreich wegen der dortigen Überschätzung der eignen und Unterschätzung der preußischen Macht mißlingen werde, wenigstens so lange, als man in Österreich nicht von dem vollen Ernst unsrer eventuellen Bereitschaft auch zu Bruch und Krieg überzeugt sei. Der Glaube an solche Möglichkeit sei in den letzten Jahrzehnten unsrer Politik unter Manteuffel und Schleinitz in Wien verlorengegangen, man habe sich dort auf der in Olmütz errungenen Basis als auf einer dauernden eingelebt und nicht gemerkt oder vergessen, daß die Olmützer Konvention ihre Rechtfertigung hauptsächlich in der vorübergehenden Ungunst unsrer Situation fand, welche durch die Verzettelung unsrer Cadres und durch die Tatsache hervorgerufen war, daß das ganze Schwergewicht der russischen Macht zur Zeit jener Konvention in die Waagschale Österreichs gefallen war, wohin sie nach dem Krimkriege nicht mehr fiel. Die österreichische Politik uns gegenüber sei aber nach 1856 ebenso anspruchsvoll geblieben, wie zu der Zeit, wo der Kaiser Nikolaus für sie gegen uns einstand. Wir hätten uns der österreichischen Illusion, solange Manteuffel und Schleinitz die Geschäfte führten, in einer Weise unterworfen, welche an das Experiment erinnerte, ein Huhn durch einen Kreidestrich zu fesseln. Die österreichische Zuversicht, ein geschickter Gebrauch der Presse und ein großer Reichtum an geheimen Fonds ermögliche dem Grafen Buol die Aufrechthaltung der österreichischen Phantasmagorie und das Ignorieren der starken Stellung, in welcher Preußen sich befinden werde, sobald es bereit sei, den Zauber des Kreidestrichs zu brechen. Worauf sich die Erwähnung der österreichischen geheimen Fonds bezog, war dem Regenten bekannt.

Nachdem ich meine Auffassung entwickelt hatte, erging an Schleinitz die Aufforderung, die seinige gegenüberzustellen. Es geschah das in Anknüpfung an das Testament Friedrich Wilhelms III., also unter geschickter Berührung einer Saite, die im Gemüt des Regenten ihren Anklang nie versagte, unter Schilderung der Bedenken und Gefahren, welche von Westen (Paris) und im Innern drohten, wenn die Beziehungen zu Österreich trotz aller berechtigten Gründe zur Empfindlichkeit nicht erhalten würden. Die Gefahren russisch-französischer Verbindungen, die schon damals in der Öffentlichkeit eine Rolle spielten, wurden entwickelt, die Möglichkeit preußisch-russischer Verbindungen als von der öffentlichen Meinung verurteilt dargestellt. Charakteristisch war, daß, sobald Schleinitz sein letztes Wort eines geläufigen und offenbar vorbereiteten Vortrages gesprochen hatte, der Regent wiederum das Wort nahm und in klarer Entwicklung erklärte, daß er sich in Erinnerung an die väterlichen Traditionen für die Darstellung des Ministers von Schleinitz entscheide, und damit wurde die Erörterung kurzerhand geschlossen.

Die Schnelligkeit, mit welcher er sich entschied, nachdem das letzte Wort des Ministers gefallen war, ließ mich annehmen, daß die ganze mise en scène vorher verabredet war und nach dem Willen der Prinzessin sich entwickelt hatte, um den Ansichten des Fürsten von Hohenzollern und Auerswalds eine äußerliche Berücksichtigung zu gewähren, während sie schon damals sich mit diesen beiden und deren Neigung, das Kabinett durch meine Zuziehung zu stärken, nicht im Einklang befand.

In der Politik der Prinzessin, welche für ihren Gemahl und für den Minister von erheblichem Gewicht war, gaben, wie ich annahm, eher gewisse Abneigungen den Ausschlag als positive Ziele. Die Abneigungen richteten sich gegen Rußland, gegen Louis Napoleon, mit dem Beziehungen zu unterhalten ich im Verdacht stand, gegen mich, wegen Neigung zu unabhängiger Meinung und wegen wiederholter Weigerung, Ansichten der hohen Frau bei ihrem Gemahl als meine eignen zu vertreten. Ihre Geneigtheiten wirkten in demselben Sinne. Herr von Schleinitz war politisch ihr Geschöpf, ein von ihr abhängiger Höfling ohne eigne politische Überzeugung.

II

Der Fürst von Hohenzollern, der sich überzeugte, daß die Prinzessin und Schleinitz durch sie stärker waren als er, zog sich bald nachher von den Geschäften tatsächlich zurück, wenn er auch dem Namen nach bis zum September 1862 Ministerpräsident blieb. Die Leitung ging damit auch äußerlich auf Auerswald über, mit dem ich während der Zeit, die ich noch in Berlin zubrachte, in freundlichem Verkehr blieb. Er war von besonders liebenswürdigen Formen und hervorragender politischer Begabung; und nachdem ich zwei Jahre später Ministerpräsident geworden war, leistete er mir einen wohlwollenden Beistand namentlich dadurch, daß er bei dem Kronprinzen die Bedenken und Besorgnisse über die Zukunft unsres Landes bekämpfte, die demselben von England aus gegen mich als Russenfreund beigebracht worden waren und die später zu dem Danziger Pronunciamento führten. Auf seinem Sterbebette ließ er den Kronprinzen zu sich bitten, warnte eindringlich vor den Gefahren, welche die Opposition der Monarchie bereiten könnte, und bat den Prinzen, an mir festzuhalten.

Im Sommer 1861 war es innerhalb des Ministeriums zu einem Kampfe gekommen, der in dem nachstehenden Brief des Kriegsministers von Roon vom 27. Juni geschildert ist:

»Berlin, den 27. Juni 1861

Sie sind wohl im allgemeinen über die jetzt kritische Huldigungsfrage orientiert. Sie ist zum Brechen scharf zugespitzt. Der König kann nicht nachgeben, ohne sich und die Krone für immer zu ruinieren. Die Mehrzahl der Minister kann es ebensowenig; sie würden sich die unmoralischen Bäuche aufschlitzen, sich politisch vernichten. Sie *können* nicht anders als ungehorsam sein und bleiben. Bis jetzt haben ich, der ich eine ganz entgegengesetzte Position zur brennenden Frage eingenommen, und (Edwin) Manteuffel mit Mühe verhindert, daß der König sich beuge. Er würde es tun, wenn ich dazu riete, aber ich hoffe zu Gott, daß er meine Zunge lahme, bevor sie zustimmt. Aber ich stehe allein, ganz allein; Edwin Manteuffel geht heute auf die Festung[30]. Gestern endlich hat mir der König erlaubt, mich für ihn nach andern Ministern umzusehen. Er ist der trostlosen Ansicht, er fände, außer bei Stahl und Cp., keine Männer, die die Huldigung mit Eidesleistung für zulässig erachten. Ich frage nun, ob Sie die althergebrachte Erbhuldigung für ein Attentat gegen die Verfassung halten? Antworten Sie darauf mit ›Ja‹, so habe ich mich getäuscht, wenn ich annahm, daß Sie meiner Ansicht seien. Treten Sie dieser aber bei und meinen Sie, daß es ein doktrinärer Schwindel, eine Folge politischer Engagements und politischer Parteistellung [sei], wenn die lieben Gespielen[31] sich nicht in der Lage zu befinden glauben: So werden Sie auch nicht Anstand nehmen, in den Rat des Königs einzutreten und die Huldigungsfrage in korrekter Weise zu lösen. Dann werden Sie auch Mittel finden, die beabsichtigte Urlaubsreise unverzüglich anzutreten und mich ungesäumt durch den Telegraphen zu benachrichtigen. Die Worte ›Ja, ich komme!‹ reichen aus, besser noch, wenn Sie das Datum Ihrer Ankunft hinzufügen können. Schleinitz geht unter allen Umständen, ganz abgesehen von der Huldigungsfrage. *Das steht fest!* Aber es ist fraglich, ob Sie sein oder Schwerins Portefeuille zu übernehmen haben werden. S. M. scheint für letzteres mehr als für ersteres disponiert. Doch ist das Cura posterior. Es kommt darauf an, den König zu überzeugen, daß er ohne affichierten Systemwechsel ein Ministerium finden kann, wie er es braucht. Ich habe außerdem ähnliche Fragen an Präsident von Möller und von Selchow gerichtet, bin aber noch ohne Antwort. Es ist eine trostlose Lage! Der König leidet entsetzlich. Die nächsten aus seiner Familie sind gegen ihn und raten zu einem faulen Frieden. Gott verhüte, daß er nachgibt. Täte er es, so steuerten wir mit vollen Segeln in das Schlammeer des parlamentarischen Regiments.

Ich zittere vor Geschäftsaufregung, denn die vermehrten Lasten erdrük-
ken mich fast im Verein mit dieser politischen Misere, indes – ein braves
Pferd stürzt, aber versagt nicht. – Die Geschäftsnot entschuldige daher auch
die Kürze dieser Zeilen. Daher nur noch das eine, daß ich die Brücke hinter
mir abgebrochen habe, daß ich daher gehe, wenn der König nachgibt, obwohl sich dies eigentlich von selbst versteht.

Dieser Brief soll Ihnen durch den Englischen Kurier zugehen, wie Schlieffen verheißt. Antworten Sie mir sogleich durch den Telegraphen.«

Ich antwortete am 2. Juli:

»Ihr Schreiben durch den Engländer kam erst gestern in Sturm und Regen
hier an und störte mich in dem Behagen, mit welchem ich an die ruhige Zeit
dachte, die ich in Reinfeld mit Kissinger und demnächst in Stolpmünde zu
verbringen beabsichtigte. In den Streit wohltuender Gefühle für junge Au-
erhähne einerseits und Wiedersehn von Frau und Kindern andrerseits tönte
Ihr Kommando: ›An die Pferde‹ mit schrillem Mißklang. Ich bin geistesträ-
ge, matt und kleinmütig geworden, seit mir das Fundament der Gesundheit
abhanden gekommen ist. Doch zur Sache. In dem Huldigungsstreit verstehe ich nicht recht, wie er so wichtig hat werden können, für beide Teile. Es ist
mir rechtlich gar nicht zweifelhaft, daß der König in keinen Widerstreit mit
der Verfassung tritt, wenn er die Huldigung in herkömmlicher Form annimmt. Er hat das Recht, sich von jedem einzelnen seiner Untertanen und
von jeder Korporation im Lande huldigen zu lassen, wann und wo es ihm
gefällt, und wenn man meinem Könige ein Recht bestreitet, welches er ausüben will und kann, so fühle ich mich verpflichtet, es zu verfechten, wenn
ich auch an sich nicht von der praktischen Wichtigkeit seiner Ausführung
durchdrungen bin. In diesem Sinne telegraphierte ich, daß ich den ›Besitztitel‹, auf dessen Grund ein neues Ministerium sich etablieren soll, für richtig
halte, und sehe die Weigerung der andern Partei und die Wichtigkeit, welche
sie auf Verhütung des Huldigungsaktes legt, als doktrinäre Verbissenheit
an. Wenn ich hinzufügte, daß ich die ›sonstige Vermögenslage nicht kenne‹,
so meinte ich damit nicht die Personen und Fähigkeiten, mit denen wir das
Geschäft übernehmen könnten, sondern das Programm, auf dessen Boden
wir zu wirtschaften haben würden. Darin wird m. E. die Schwierigkeit liegen. Meinem Eindruck nach lag der Hauptmangel unsrer bisherigen Politik
darin, daß wir liberal in Preußen und konservativ im Auslande auftraten,

die Rechte unsres Königs wohlfeil, die fremder Fürsten zu hoch hielten: eine natürliche Folge des Dualismus zwischen der konstitutionellen Richtung der Minister und der legitimistischen, welche der persönliche Wille Seiner Majestät unsrer auswärtigen Politik gab. Ich würde mich nicht leicht zu der Erbschaft Schwerins entschließen, schon weil ich mein augenblickliches Gesundheitskapital dazu nicht ausreichend halte. Aber selbst wenn es der Fall wäre, würde ich auch im Innern das Bedürfnis einer andern Färbung unsrer auswärtigen Politik fühlen. Nur durch eine Schwenkung in unsrer ›auswärtigen‹ Haltung kann, wie ich glaube, die Stellung der Krone im Innern von dem Andrang degagiert werden, dem sie auf die Dauer sonst tatsächlich nicht widerstehen wird, obschon ich an der Zulänglichkeit der Mittel dazu nicht zweifle. Die Pression der Dämpfe im Innern muß ziemlich hoch gespannt sein, sonst ist es gar nicht verständlich, wie das öffentliche Leben bei uns von Lappalien wie Stieber, Schwark, Macdonald, Patzke[32], Twesten u. dgl. so aufgeregt werden konnte, und im Auslande wird man nicht begreifen, wie die Huldigungsfrage das Kabinett sprengen konnte. Man sollte glauben, daß eine lange und schwere Mißregierung das Volk gegen seine Obrigkeit so erbittert hätte, daß bei jedem Luftzug die Flamme aufschlägt. Politische Unreife hat viel Anteil an diesem Stolpern über Zwirnsfäden; aber seit vierzehn Jahren haben wir der Nation Geschmack an Politik beigebracht, ihr aber den Appetit nicht befriedigt, und sie sucht die Nahrung in den Gossen. Wir sind fast so eitel wie die Franzosen; können wir uns einreden, daß wir auswärts Ansehn haben, so lassen wir uns im Hause viel gefallen; haben wir das Gefühl, daß jeder Würzburger[33] uns hänselt und geringschätzt und daß wir es dulden aus Angst, weil wir hoffen, daß die Reichsarmee uns vor Frankreich schützen wird, so sehen wir innere Schäden an allen Ecken, und jeder Preßbengel, der den Mund gegen die Regierung aufreißt, hat recht. Von den Fürstenhäusern von Neapel bis Hannover wird uns keins unsre Liebe danken, und wir üben an ihnen recht evangelische Feindesliebe, auf Kosten der Sicherheit des eignen Thrones. Ich bin meinem Fürsten treu bis in die Vendée, aber gegen alle andern fühle ich in keinem Blutstropfen eine Spur von Verbindlichkeit, den Finger für sie aufzuheben. In dieser Denkungsweise fürchte ich von der unsres allergnädigsten Herrn so weit entfernt zu sein, daß er mich schwerlich zum Rate seiner Krone geeignet finden wird. Deshalb wird er mich, wenn überhaupt, lieber im Innern verwenden. Das bleibt sich aber m. E. ganz gleich, denn ich verspreche mir von der Gesamtregierung keine gedeihlichen Resultate, wenn

unsre auswärtige Haltung nicht kräftiger und unabhängiger von dynastischen Sympathien wird, an denen wir aus Mangel an Selbstvertrauen eine
Anlehnung suchen, die sie nicht gewähren können und die wir nicht brauchen. Wegen der Wahlen ist es schade, daß der Bruch sich gerade so gestaltet;
die gut königliche Masse der Wähler wird den Streit über die Huldigung
nicht verstehen und die Demokratie ihn entstellen. Es wäre besser gewesen,
in der Militärfrage stramm zu halten gegen Kühne[34], mit der Kammer zu
brechen, sie aufzulösen und damit der Nation zu zeigen, wie der König zu
den Leuten steht. Wird der König zu solchem Mittel im Winter greifen wollen, wenn's paßt? Ich glaube nicht an gute Wahlen für diesmal, obschon grade die Huldigungen dem König manches Mittel gewähren, darauf zu wirken. Aber rechtzeitige Auflösung nach handgreiflichen Ausschreitungen
der Majorität ist ein heilsames Mittel, vielleicht das richtigste, zu dem man
gelangen kann, um gesunden Blutumlauf herzustellen.

Ich kann mich schriftlich über eine Situation, die ich nur ungenügend
kenne, nicht erschöpfend aussprechen, mag auch manches nicht zu Papier
bringen, was ich sagen möchte. Nachdem der Urlaub heut bewilligt, reise ich
Sonnabend zu Wasser und hoffe Dienstag früh in Lübeck zu sein, abends in
Berlin. Früher kann ich nicht, weil der Kaiser mich noch sehn will. Diese Zeilen nimmt der englische Kurier wieder mit. Mündlich also Näheres. Bitte
mich der Frau Gemahlin zu empfehlen. In treuer Freundschaft der Ihrige

v. Bismarck.«

Ich hatte fünf Tage lang keine Zeitungen gesehen, als ich in Lübeck um fünf
Uhr morgens eintraf und aus der im Bahnhofe allein vorhandenen schwedischen Ystädter Zeitung ersah, daß der König und die Minister Berlin verlassen hatten, die Krisis also beigelegt sein mußte. Am 3. Juli hatte der König
das Manifest erlassen, daß er das Herkommen der Erbhuldigung festhalte,
aber in Betracht der Veränderungen, welche in der Verfassung der Monarchie unter der Regierung seines Bruders eingetreten, beschlossen habe, anstatt der Erbhuldigung die feierliche Krönung zu erneuern, durch welche
die erbliche Königswürde begründet sei. Über den Verlauf der Krisis schrieb
mir Roon am 24. Juli von Brunnen (Kanton Schwyz):

»Ich habe gelobt, Ihnen am ersten Regentage zu antworten, und muß es
daher leider schon heute tun, und zwar aus einem versiegenden Tintenfaß,
welches ich, falls nicht andre Hilfe kommt, auf einige Minuten zum Fenster
hinaushalten werde, um seiner Armut aufzuhelfen. – Daß wir uns immer

wieder verfehlten, halte ich kaum für providentiell, lieber für sehr fatal. Die Depesche aus Frankfurt kam, dank der Dummheit des Dienstpersonals, erst am 17. nach acht Uhr früh in meine Hände und meine sofortige Antwort darauf nach einigen Stunden als unbestellbar zurück. Um so bedenklicher wurde ich wegen meiner Abreise. Aber ich konnte sie nicht verschieben. Schleinitz im Dienste der Königin Augusta hat uns vor der Hand sehr geschadet. Das Geschwür war reif. Schl. selbst, überzeugt von der Unhaltbarkeit des gegenwärtigen Systems, hat vornehmlich deshalb seinen Abtritt genommen, wie die Ratten ein baufälliges Schiff zu verlassen pflegen. Aber er und v. d. Heydt stimmten darin überein, daß man tote abgenutzte Leute nicht durch den galvanischen Strich eines vermeintlichen Märtyrertums wieder lebendig machen dürfe, und darum gegen mich Schl., unterstützt von der K. A. und der Großfürstin Helene, haben obgesiegt mit Hilfe der wieder aufgenommenen Krönungsidee, für welche die Mäntel schon im Februar bestellt worden waren. Der schlecht maskierte Rückzug wurde nun angetreten und die fast fertige Ministerliste ad acta gelegt. Übrigens bin ich zu glauben sehr geneigt, daß Schl., wie die K. A. und selbst der Fürst Hohenzollern, an den nahen Untergang des jetzigen Lügensystems glauben und ihn zu befördern geneigt sind. Daß Schl. ausgetreten, ist in jeder Beziehung ein Fortschritt, wiewohl er nicht auf dem doktrinären Boden von Patow, Auerswald und Schwerin steht. Abgesehen von seiner Impotenz im Handeln stützte seine Anwesenheit das Ministerium nach oben. Der Mignon *durfte* nicht fallen; wohlan! Er ist nun im Hafen. Wenn Graf Bernstorff nur halb der Mann ist, für den er von vielen ausgegeben wird, so ist dieser zweite Keil wirksamer als der erste, oder er bleibt nicht vier Monate im Amte. Daß ich mich in der Huldigungsfrage mit meinen Gespielen für immer auch äußerlich entzweit, wissen Sie wohl durch Manteuffel oder Alvensleben. Wenn ich dennoch in ›dieser Gesellschaft‹ bleibe, so geschieht es, weil der K. darauf besteht und ich, unter den jetzigen Umständen von jeder Rücksicht entbunden, nunmehr mit offenem Visier fortkämpfen kann. Es sagt meiner Natur mehr zu, daß die Herren *wissen*, ich bin gegen ihre Rezepte, als daß sie es, wie bisher, bloß *glauben*. Gott möge weiter helfen! Ich kann wenig mehr tun, als ein ehrlicher Mann bleiben und in meinen Ressorts tätig sein und Vernünftiges wirken. – Das größte Unglück in aller dieser Misere ist indes die Mattigkeit und Abgespanntheit unsres Königs. Er ist mehr wie je in der Botmäßigkeit der K. und ihrer Gehilfen. Wird er nicht körperlich wieder frischer, so ist alles verloren, und wir schwanken weiter in das Joch des Parlamentarismus und der Republik und der Präsidentschaft Patow. Ich sehe *keine, keine* Rettung, wenn uns Gott der Herr nicht hilft. In dem Prozeß der allgemeinen Zersetzung vermag ich nur noch einen widerstandsfähigen Organismus zu erkennen, die Armee. Sie unverfault zu erhalten: Das ist die Aufgabe, die ich noch für lösbar erachte, aber freilich nur noch auf einige Zeit. Auch sie wird verpestet werden, wenn sie nicht zu Taten kommt, wenn ihr nicht von oben gesunde Lebensluft zugeführt wird, und das, auch das wird alle Tage schwieriger. Habe ich darin recht, und ich glaube es, so kann man auch nicht tadeln, daß ich in *dieser* Gesellschaft weiter diene. Ich will damit nicht sagen, daß ein andrer mein Amt nicht mit gleicher oder größerer Einsicht und Energie zu verwalten vermöchte, aber auch der Fähigste wird ein Jahr zu seiner Orientierung brauchen und – ›die Toten reiten schnell‹. Wie gern ich mich zurückzöge, brauche ich niemand zu versichern, der mich genauer kennt. In meiner Natur liegt viel mehr Neigung zur Behaglichkeit, als vor Gott recht ist, und dies würde ich mit meiner verdienten reichlichen Pension finden, da ich weder verwöhnt bin noch ehrbedürftig. Wie sehr ich zur Faulheit neige, fühle ich jetzt, nachdem ich, wie ein abgetriebenes Arbeitsroß, des Zaumes und Geschirrs ledig, auf die Koppel gelassen bin. Fällt nichts Besonderes vor, so will ich erst in den ersten Septembertagen in mein Joch zurückkehren. Dann, denke ich, verfehlen wir uns nicht wieder. Zwar muß ich schon am 9. September wieder nach dem Rhein zu den Manövern, aber doch nur auf zehn, elf Tage. Ob der König, wie er will (?), auch Anfang September auf einige Tage nach B. gehen wird, scheint eine offene Frage. Mir scheint, es sei unerläßlich, wenn überhaupt noch von königlichem Regiment in Preußen die Rede ist.

Nach Ihrem Schreiben darf ich hoffen, daß Sie nicht vor der Krönung nach Petersburg zurückkehren werden. Ich halte es für einen großen politischen Fehler, daß die Kreuzzeitung das Krönungsmanifest so schonungslos kritisiert hat.* Ein nicht geringerer würde es sein, wenn die Anhänger des Blatts bei der Zeremonie fehlten. Das sagen Sie Moritz. Man hat durch jenen unglücklichen Artikel viel Terrain verloren; es muß wiedergewonnen werden.

Zum Schluß noch die besten Wünsche für Ihre verschiedenen Kuren. Möchten Sie recht gestärkt daraus hervorgehen! Die Zeit ist nahe, wo Sie

---

* Der König hat seit jenem Artikel die Kreuzzeitung nicht wieder gelesen.

alle Ihre Kräfte gebrauchen werden, zum Heile Ihres Landes. – Ihrer Frau Gemahlin meine, unsre respektvollsten freundlichsten Grüße!

Diesen Brief sende ich über Zimmerhausen und rekommandiert; er *darf* nicht in unrechte Hände fallen!«

Vor Empfang dieses Briefes hatte ich mich nach Koblenz begeben, um mich bei dem Könige zu melden. Er schien von meinem Erscheinen unangenehm überrascht in der Meinung, ich komme wegen der Ministerkrisis. Ich erwähnte, ich hätte gehört, dieselbe sei beigelegt, und sagte, ich sei nur gekommen, um seine persönliche Zustimmung dazu zu erbitten, daß ich meinen Urlaub [bis] nach der im Herbst bevorstehenden Krönung, also über die gegebenen drei Monate hinaus, ausdehnen dürfe. Der König sagte das in freundlicher Weise zu und lud mich persönlich zur Tafel.

Nachdem ich den Juli gleichzeitig mit dem Könige in Baden-Baden, den August und September in Stolpmünde und Reinfeld zugebracht hatte, traf ich am 13. Oktober in Königsberg ein, wo am 20. die Krönung vor sich ging.

Während der Festlichkeiten sah ich, daß in der Stimmung der Königin eine Veränderung vorgegangen war, die vielleicht mit dem inzwischen erfolgten Rücktritt von Schleinitz zusammenhing. Sie ergriff die Initiative zur Besprechung nationaldeutscher Politik mit mir. Ich begegnete dort zum ersten Male dem Grafen Bernstorff als Minister, der zu einer bestimmten Entschließung über seine Politik noch nicht gelangt zu sein schien und mir in unsern Gesprächen den Eindruck machte, als ringe er nach einer Meinung. Die Königin zeigte sich gegen mich freundlicher als seit langen Jahren, sie zeichnete mich in augenfälliger Weise aus, offenbar über die im Augenblick von dem Könige gewünschte Linie hinaus. In einem Moment, der zeremoniell für Unterhaltung kaum Zeit bot, blieb sie vor mir, der ich in dem Haufen stand, stehen und begann mit mir ein Gespräch über deutsche Politik, welchem der sie führende König, eine Zeitlang vergebens, ein Ende zu machen suchte. Das Verhalten beider Herrschaften bei dieser und andern Gelegenheiten bewies, daß damals eine Meinungsverschiedenheit über die Behandlung der deutschen Frage zwischen ihnen bestand; ich vermute, daß der Graf Bernstorff Ihrer Majestät nicht sympathisch war. Der König vermied, mit mir über Politik zu reden, wahrscheinlich in der Besorgnis, durch Beziehungen zu mir in eine reaktionäre Beleuchtung zu geraten. Diese Besorgnis beherrschte ihn noch im Mai 1862 und sogar noch im September 1862. Er hielt mich für fanatischer, als ich war. Nicht ohne Einfluß war wohl auch die

Erinnerung an meine Kritik der Befähigung des neuen Kabinetts, die ich ihm vor meinem Abgange nach Petersburg gegeben hatte.

III

Schon in der Berufung des Prinzen Adolf von Hohenlohe-Ingelfingen zum Vertreter des Ministerpräsidenten Fürsten Hohenzollern, März 1862, lag eine Art von ministerieller Wechselreiterei, die auf kurze Verfallzeit berechnet war. Der Prinz war ein kluger Herr, liebenswürdig, dem Könige unbedingt ergeben, und hatte sich an unsrer innern Politik, wenn auch mehr dilettantisch, doch lebhafter beteiligt als die meisten seiner Genossen von standesherrlichem Adel; aber er war der Stelle eines Ministerpräsidenten in bewegten Zeiten körperlich und vielleicht auch geistig nicht mehr gewachsen, suchte diesen Eindruck, als ich ihn im Mai 1862 sah, mir gegenüber absichtlich zu verstärken, während er mich beschwor, ihn durch schleunige Übernahme des Ministeriums von seinem Martyrium zu erlösen, unter dem er zusammenbreche.

Ich kam damals noch nicht in die Lage, seinen Wunsch erfüllen zu können, hatte auch keinen Drang dazu. Schon als ich im April von Petersburg nach Berlin berufen wurde, hatte ich nach den Windungen unsrer parlamentarischen Politik annehmen können, daß diese Frage an mich herantreten würde. Ich kann nicht sagen, daß mich diese Aussicht angesprochen, tatenfreudig gestimmt hätte, mir fehlte der Glaube an dauernde Festigkeit Sr. M. häuslichen Einflüssen gegenüber; ich erinnere mich, daß ich in Eydtkuhnen den Schlagbaum der heimatlichen Grenze nicht mit dem freudigen Gefühl passierte wie bis dahin bei jedem ähnlichen Vorkommnis. Ich war bedrückt von der Sorge, schwierigen und verantwortlichen Geschäften entgegenzugehen und auf die angenehme und nicht notwendig verantwortliche Stellung eines einflußreichen Gesandten zu verzichten. Dabei konnte ich mir keine sichere Berechnung machen von dem Gewicht und der Richtung des Beistandes, den ich im Kampfe mit der steigenden Flut der Parlamentsherrschaft bei dem Könige und seiner Gemahlin, bei den Kollegen und im Lande finden werde. Meine Lage, in Berlin im Gasthofe wie einer der intrigierenden Gesandten aus der Manteuffelschen Zeit im Lichte eines Bewerbers vor Anker zu liegen, widerstrebte meinem Selbstgefühl. Ich bat den Grafen von Bernstorff, mir entweder ein Amt oder meine Entlassung zu verschaffen. Er hatte die Hoffnung, bleiben zu können, noch nicht aufgegeben, er beantragte und erhielt in wenig Stunden meine Ernennung nach Paris.

Am 24. Mai 1862 ernannt, übergab ich am 1. Juni in den Tuilerien mein Beglaubigungsschreiben. Von dem folgenden Tage ist nachstehender Brief an Roon:

»Ich bin glücklich angekommen, wohne hier wie eine Ratte in der leeren Scheune und bin von kühlem Regenwetter eingesperrt. Gestern hatte ich feierliche Audienz, mit Auffahrt in kaiserlichen Wagen, Zeremonie, aufmarschierten Würdenträgern. Sonst kurz und vertraulich [erbaulich], ohne Politik, die auf un de ces jours und Privataudienz verschoben wurde. Die Kaiserin sieht sehr gut aus, wie immer. Gestern abend kam der Feldjäger, brachte mir aber nichts aus Berlin als einige lederne Dinge von Depeschen über Dänemark. Ich hatte mich auf einen Brief von Ihnen gespitzt. Aus einem Schreiben, welches Bernstorff an Reuß[35] gerichtet hat, ersehe ich, daß der Schreiber auf meinen dauernden Aufenthalt hier und den seinigen in Berlin mit Bestimmtheit rechnet und daß der König irrt, wenn er annimmt, daß jener je eher je lieber nach London zurückverlange. Ich begreife ihn nicht, warum er nicht ganz ehrlich sagt, ich wünsche zu bleiben oder ich wünsche zu gehen, keins von beiden ist ja eine Schande. Beide Posten gleichzeitig zu behalten, ist schon weniger vorwurfsfrei. Sobald ich etwas zu berichten, d.h. den Kaiser unter vier Augen gesprochen habe, werde ich dem Könige eigenhändig schreiben. Ich schmeichle mir noch immer mit der Hoffnung, daß ich Seiner Majestät weniger unentbehrlich erscheinen werde, wenn ich ihm eine Zeitlang aus den Augen bin, und daß sich noch ein bisher verkannter Staatsmann findet, der mir den Rang abläuft, damit ich hier noch etwas reifer werde. Ich warte in Ruhe ab, ob und was über mich verfügt wird. Geschieht in einigen Wochen nichts, so werde ich um Urlaub bitten, um meine Frau zu holen, möchte [muß] aber doch Sicherheit haben, wie lange ich hier bleibe. Auf achttägige Kündigungen kann ich mich hier dauernd nicht einrichten.

Der Gedanke, mir ein Ministerium ohne Portefeuille zu geben, wird hoffentlich allerhöchsten Ortes nicht Raum gewinnen; bei der letzten Audienz war davon nicht die Rede; die Stellung ist nicht praktisch: nichts zu sagen und alles zu tragen haben, in alles unberufen hineinstänkern und von jedem abgebissen, wo man wirklich mitreden will. Mir geht Portefeuille über Präsidium; letzteres ist doch nur eine Reservestellung; auch würde ich nicht gern einen Kollegen haben, der halb in London wohnt. Will er nicht ganz dahin ziehen, so gönne ich ihm von Herzen zu bleiben, wo er ist, und halte es nicht [für] freundschaftlich, ihn zu drängen.

Herzliche Grüße an die Ihrigen. Ihr treuer Freund und bereitwilliger, aber nicht mutwilliger Kampfgenosse, wenn's sein muß; im Winter noch lieber als bei der Hitze!«

Unter dem 4. Juni schrieb mir Roon von Berlin:

»Am Sonntage sprach mir Schleinitz über den Ersatz für Hohenlohe und meinte, Ihre Zeit wäre noch nicht gekommen. Als ich ihn fragte, wer denn als Haupt des Ministeriums fungieren solle, zuckte er die Achsel, und als ich hinzusetzte, es bleibe dann nichts übrig, als daß er selbst sich erbarmte, schlüpfte er darüber hinweg, nicht abwehrend, nicht zustimmend. Daß mich das beunruhigte, kann Sie nicht wundern. Ich nahm daher gestern Gelegenheit, an maßgebender Stelle die Ministerpräsidentenfrage auf die Bahn zu bringen, und fand die alte Hinneigung zu Ihnen neben der alten Unentschlossenheit. Wer kann da helfen? Und wie soll das werden? – – Keine regierungsfähige Partei! Die Demokraten sind selbstverständlich ausgeschlossen, aber die große Majorität besteht aus Demokraten und solchen, die es werden wollen, wenngleich ihr Adreßentwurf von Loyalitätsversicherungen trieft. Daneben die Konstitutionellen, d.h. die Eigentlichen, ein Häuflein von wenig mehr als 20, Vincke an der Spitze, zirka 15 Konservative, 30 Katholiken, einige 20 Polen. Wo also findet eine *mögliche* Regierung die nötige Unterstützung? Unter diesen Umständen, so sagt meine Logik, muß die jetzige Regierung im Amt bleiben, so schwierig es auch sein mag. Und eben deshalb muß sie sich verstärken und zwar je eher je lieber. – Daß Graf Bernstorff zwei große Posten in Beschlag habe, scheint mir nun nicht durch Preußens Interesse geboten zu sein. Ich werde mich daher sehr freuen, wenn Sie nächstens zum Ministerpräsidenten ernannt werden, obgleich ich überzeugt bin, daß B. dann binnen kurzem aus seiner Doppelstellung treten und nicht länger den Koloß, mit einem Fuß in Berlin, und einem in London, spielen wird. Ich schiebe es Ihnen ins Gewissen, keinen Gegenzug zu tun, da es schließlich dahin führen könnte und würde, den König in die offenen Arme der Demokraten zu treiben. Zum 11. ds M. ist Hohenlohes Urlaub um. Er wird nicht wiederkommen, sondern nur ein Entlassungsgesuch. Und dann hoffe ich, wird der Telegraph Sie herrufen. Alle Patrioten ersehnen dies.«

Meine Antwort lautet:

»Paris, Pfingsten 62

Lieber Roon!

Ich habe Ihren Brief durch Stein (damals Militärbevollmächtigter) richtig erhalten, offenbar unerbrochen, denn ich konnte ihn ohne teilweise Zerstörung nicht öffnen. Sie können versichert sein, daß ich durchaus keine Gegenzüge und Manöver mache; wenn ich nicht aus allen Anzeichen ersähe, daß Bernstorff gar nicht daran denkt auszuscheiden, so würde ich mit Gewißheit erwarten, daß ich in wenig Tagen Paris verließe, um über London nach Berlin zu gehen, und ich würde keinen Finger rühren, um dem entgegenzuarbeiten. Ich rühre auch so keinen; aber ich kann doch auch nicht den König mahnen, mir Bernstorffs Stelle zu geben, und wenn ich ohne Portefeuille einträte, so hätten wir, Schleinitz eingerechnet, drei auswärtige Minister, von denen jeder Verantwortung gegenüber der eine sich stündlich ins Hausministerium, der andre nach London zurückzuziehen bereit ist. Mit Ihnen weiß ich mich einig, mit Jagow glaube ich es werden zu können, die Fachministerien würden mir nicht Anstoß geben; über auswärtige Dinge aber habe ich ziemlich bestimmte Ansichten; Bernstorff vielleicht auch, aber ich kenne sie nicht und vermag mich in seine Methode und seine Formen nicht einzuleben, ich habe auch kein Vertrauen zu seinem richtigen Augenmaß für die politischen Dinge, er also wahrscheinlich zu den meinigen auch nicht. So sehr lange kann die Ungewißheit übrigens nicht mehr dauern; ich warte bis nach dem 11., ob der König bei der Auffassung vom 26. v. M. bleibt oder sich anderweit versorgt. Geschieht bis dahin nichts, so schreibe ich Sr. M. in der Voraussetzung, daß mein hiesiges Verhältnis definitiv wird und ich meine häuslichen Einrichtungen danach treffe, mindestens bis zum Winter oder länger hier zu bleiben. Meine Sachen und Wagen sind noch in Petersburg, ich muß sie irgendwo unterbringen; außerdem habe ich die Gewohnheiten eines achtbaren Familienvaters, zu dem gehört, daß man irgendwo einen festen Wohnsitz hat, und der fehlt mir eigentlich seit Juli v. J., wo mir Schleinitz zuerst sagte, daß ich versetzt würde. Sie tun mir unrecht, wenn Sie glauben, daß ich mich sträube; ich habe im Gegenteil lebhafte Anwandlungen von dem Unternehmungsgeist jenes Tieres, welches auf dem Eise tanzen geht, wenn es ihm zu wohl wird. –

Ich bin den Adreßdebatten einigermaßen gefolgt und habe den Eindruck, daß sich die Regierung in der Kommission, vielleicht auch im Plenum, mehr hergegeben hat, als nützlich war. Was liegt eigentlich an einer schlechten

Adresse? Die Leute glauben, mit der angenommenen einen Sieg erfochten
zu haben. In einer Adresse führt eine Kammer Manöver mit markiertem
Feinde und Platzpatronen auf. Nehmen die Leute das Scheingefecht für ernsten Sieg und zerstreuen sich plündernd und marodierend auf königlichem
Rechtsboden, so kommt wohl die Zeit, daß der markierte Feind seine Batte-
rien demaskiert und scharf schießt. Ich vermisse etwas Gemütlichkeit in
unsrer Auffassung; Ihr Brief atmet ehrlichen Kriegerzorn, geschärft von des
Kampfes Staub und Hitze. Sie haben, ohne Schmeichelei, vorzüglich geantwortet, aber es ist eigentlich schade drum, die Leute verstehn kein Deutsch.
Unsern freundschaftlichen Nachbar hier habe ich ruhig und behäbig gefunden, sehr wohlwollend für uns, sehr geneigt, die Schwierigkeiten der ›deutschen Frage‹ zu besprechen; er kann seine Sympathien keiner der bestehenden Dynastien versagen, aber er hofft, daß Preußen die große ihm gestellte
Aufgabe mit Erfolg lösen werde, die deutsche nämlich, dann werde die Regierung auch im Innern Vertrauen gewinnen. Lauter schöne Worte. Um zu
erklären, daß ich mich bisher nicht recht wohnlich einrichte, sage ich den
Fragern, daß ich in kurzem für einige Monate Urlaub zu nehmen denke, um
dann mit meiner Frau wiederzukommen.

10. Juni. Die Antwort Sr. M. auf die Adresse macht in ihrer zurückhalten-
den Gemessenheit einen sehr würdigen Eindruck, und kühl, keine Gereiztheit. Anspielungen auf Schleinitz' Eintritt für Hohenlohe finden sich in
mehreren Blättern. Ich gönne es ihm von Herzen, und Hausminister bleibt
er dabei doch.

Ich schicke diesen Brief morgen mit dem Feldjäger, der dann in Aachen
bleibt, bis er wieder etwas aus Berlin herzubringen bekommt. Meine Empfehlungen an Ihre Damen; den Meinigen gehts gut. In alter Treue

Ihr

v. B.«

Am 26. Juni hatte der Kaiser mich nach Fontainebleau eingeladen und
machte mit mir einen längeren Spaziergang. Im Laufe der Unterhaltung
über politische Fragen des Tages und der letzten Jahre fragte er mich unerwartet, ob ich glaubte, daß der König geneigt sein würde, auf eine Allianz
mit ihm einzugehen. Ich antwortete, der König hätte die freundschaftlichsten Gesinnungen für ihn, und die Vorurteile, die früher in der öffentlichen
Meinung bei uns in betreff Frankreichs geherrscht hätten, seien so ziemlich
verschwunden; aber Allianzen seien das Ergebnis der Umstände, nach de-

nen das Bedürfnis oder die Nützlichkeit zu beurteilen sei. Eine Allianz setze
ein Motiv, einen bestimmten Zweck voraus. Der Kaiser bestritt die Notwendigkeit einer solchen Voraussetzung; es gäbe Mächte, die freundlich zueinander ständen, und andre, bei denen das weniger der Fall sei. Angesichts einer ungewissen Zukunft müsse man sein Vertrauen nach irgendeiner Seite
richten. Er spreche von einer Allianz nicht mit der Absicht eines abenteuerli-
chen Projekts; aber er finde zwischen Preußen und Frankreich eine Konfor-
mität der Interessen und darin die Elemente einer entente intime et durable.
Es würde ein großer Fehler sein, die Ereignisse *schaffen* zu wollen; man
könne ihre Richtung und Stärke nicht vorausberechnen, aber man könne
sich ihnen gegenüber einrichten, se prémunir, en avisant aux moyens pour
leur faire face et en profiter. Dieser Gedanke einer »diplomatischen Allianz«, in welcher man die Gewohnheit gegenseitigen Vertrauens annähme
und für schwierige Lagen aufeinander zu rechnen lernte, wurde von dem
Kaiser weiter ausgesponnen. Dann plötzlich stehenbleibend, sagte er:

»Sie können sich nicht vorstellen, quelles singulières ouvertures m'a fait
faire l'Autriche, il y a peu de jours. Es scheint, daß das Zusammentreffen Ihrer Ernennung und der Ankunft des Herrn von Budberg in Paris einen pani-
schen Schrecken in Wien erzeugt hat. Der Prinz Metternich hat mir gesagt,
er habe Instruktionen erhalten, die so weit gingen, daß er selber darüber erschrocken sei; er habe unbegrenzte Vollmachten, wie sie je ein Souverän seinem Vertreter anvertraut, in betreff aller und jeder Frage, die ich anregen
würde, sich mit mir um jeden Preis zu verständigen. Ich wurde durch diese
Eröffnung in einige Verlegenheit gesetzt, denn abgesehen von der Unverträglichkeit der Interessen beider Staaten habe ich eine fast abergläubische
Abneigung dagegen, mich mit den Geschicken Österreichs zu verflechten.«

Ganz aus der Luft gegriffen konnten diese Auslassungen des Kaisers
nicht sein, wenn er auch erwarten durfte, daß ich meine gesellschaftlichen
Beziehungen zu Metternich nicht bis zum Bruch des mir gewährten Vertrauens ausnutzen werde. Unvorsichtig war diese Eröffnung an den preußischen Gesandten jedenfalls, mochte sie wahr oder übertrieben sein. Ich war
schon in Frankfurt zu der Überzeugung gelangt, daß die Wiener Politik unter Umständen vor keiner Kombination zurückschrecke; daß sie Venetien
oder das linke Rheinufer opfern würde, wenn damit auf dem rechten eine
Bundesverfassung mit gesichertem Übergewicht Österreichs über Preußen
zu erkaufen sei, daß die deutsche Phrase in der Hofburg ihren Kurs habe,
solange man sie als Leitseil für uns oder die Würzburger gebrauchte. Wenn

eine französisch-österreichische Koalition nicht schon jetzt gegen uns bestände, so hätten wir das nicht Österreich, sondern Frankreich zu danken, und nicht einer etwaigen Vorliebe Napoleons für uns, sondern seinem Mißtrauen, ob Österreich imstande sein werde, mit dem zur Zeit mächtigen Winde der Nationalität zu segeln. Aus alledem zog ich in dem Berichte, welchen ich dem Könige erstattete, nicht die Konsequenz, daß wir irgendein Bündnis mit Frankreich jetzt zu suchen hätten, wohl aber die, daß wir auf treue Bundesgenossenschaft Österreichs gegen Frankreich nicht zählen durften und daß wir nicht hoffen könnten, die freie Zustimmung Österreichs zur Verbesserung unserer Stellung in Deutschland zu erlangen.

In Ermangelung jeder Art politischer Aufträge und Geschäfte ging ich auf kurze Zeit nach England und trat am 25. Juli eine längere Reise durch das südliche Frankreich an. In diese Zeit fällt die nachstehende Korrespondenz.

»Paris, 15. Juli 62

Lieber Roon!

Ich habe mir neulich viele Fragen darüber vorgelegt, warum Sie telegraphisch sich erkundigten, ob ich Ihren Brief vom 26. v. M. erhalten hätte. Ich habe nicht darauf geantwortet, weil ich etwas Neues über den Hauptgegenstand nicht geben, sondern nur empfangen konnte. Seitdem ist mir ein Kurier zugegangen, der mir seit 14 Tagen telegraphisch angemeldet war und in dessen Erwartung ich 8 Tage zu früh von England zurückkam. Er brachte einen Brief von Bernstorff, in Antwort auf ein Urlaubsgesuch von mir. Ich bin hier jetzt überflüssig, weil kein Kaiser, kein Minister, kein Gesandter mehr hier ist. Ich bin nicht sehr gesund, und diese provisorische Existenz mit Spannung ›ob und wie‹ ohne eigentliche Geschäfte beruhigt die Nerven nicht. Ich ging meiner Ansicht nach auf 10 bis 14 Tage her und bin nun 7 Wochen hier, ohne zu wissen, ob ich in 24 Stunden noch hier wohne. Ich will mich dem Könige nicht aufdrängen, indem ich in Berlin vor Anker liege, und gehe nicht nach Hause, weil ich fürchte, auf der Durchreise durch Berlin im Gasthof auf unbestimmte Zeit angenagelt zu werden. Aus Bernstorffs Brief ersehe ich, daß es dem Könige vorderhand nicht gefällt, mir das Auswärtige zu übertragen, und daß Se. Majestät sich noch nicht über die Frage schlüssig gemacht habe, ob ich an Hohenlohes Stelle treten soll, diese Frage aber auch nicht durch Erteilung eines Urlaubs auf 6 Wochen negativ präjudizieren will. Der König ist, wie mir Bernstorff schreibt, zweifelhaft, ob ich während der gegenwärtigen Session nützlich sein könne und ob nicht meine Berufung, wenn sie überhaupt erfolgt, zum Winter aufzuschieben sei. – Unter diesen Umständen wiederhole ich heut mein Gesuch um 6 Wochen Urlaub, was ich mir wie folgt motiviere. Einmal bin ich wirklich einer körperlichen Stärkung durch Berg- und Seeluft bedürftig; wenn ich in die Galeere eintreten soll, so muß ich etwas Gesundheitsvorrat sammeln, und Paris ist mir bis jetzt schlecht bekommen mit dem Hunde-Bummelleben als Garçon. Zweitens muß der König Zeit haben, sich ruhig aus eigner Bewegung zu entschließen, sonst macht Se. Majestät für die Folgen die verantwortlich, die ihn drängen. Drittens will Bernstorff jetzt nicht abgehen, der König hat ihn wiederholt aufgefordert zu bleiben und erklärt, daß er mit mir wegen des Auswärtigen gar nicht gesprochen habe; die Stellung als Minister ohne Portefeuille finde ich aber nicht haltbar. Viertens kann mein Eintritt, der jetzt zwecklos und beiläufig erscheinen würde, in einem späteren Moment als eindrucksvolles Manöver verwertet werden.

Ich denke mir, daß das Ministerium allen Streichungen im Militäretat ruhig und deutlich opponiert, aber keine Krisis über dieselben herbeiführt, sondern die Kammer das Budget vollständig durchberaten läßt. Das wird, wie ich annehme, im September geschehen sein. Dann geht das Budget, von dem ich voraussetze, daß es für die Regierung nicht annehmbar ist, an das Herrenhaus, falls man sicher ist, daß die verstümmelte Budgetvorlage dort abgelehnt wird. Dann, oder andernfalls schon vor der Beratung im Herrenhause, könnte man es, mit einer Königlichen Botschaft, welche mit sachlicher Motivierung die Zustimmung der Krone zu einem derartigen Budgetgesetz verweigert, an die Abgeordneten zurückgeben, mit der Aufforderung zu neuer Beratung. Eine 30tägige Vertagung des Landtages würde vielleicht an diesem Punkte, oder schon früher, einzuschalten sein. Je länger sich die Sache hinzieht, desto mehr sinkt die Kammer in der öffentlichen Achtung, da sie den Fehler begangen hat und noch weiter begehen wird, sich in Kleinigkeiten zu verbeißen, und da sie keinen Redner hat, der nicht die Langeweile des Publikums vermehrte. Kann man sie dahin bringen, daß sie sich in solche Lappalie wie die Kontinuität des Herrenhauses verbeißt und darüber Krieg anfängt und die Erledigung der eigentlichen Geschäfte verschleppt, so ist es ein Glück. Sie wird müde werden, hoffen, daß der Regierung der Atem ausgeht. Wenn sie mürbe wird, fühlt, daß sie das Land langweilt, dringend auf Konzessionen seitens der Regierung hofft, um aus der schiefen Stellung erlöst zu werden, dann ist m. E. der Moment gekommen, ihr durch meine Ernennung zu zeigen, daß man weit entfernt ist, den Kampf aufzugeben, sondern ihn mit frischen Kräften aufnimmt. Das Zeigen eines neuen Bataillons in der ministeriellen Schlachtordnung macht dann vielleicht einen Eindruck, der jetzt nicht erreicht würde; besonders, wenn vorher etwas mit Redensarten von Oktroyieren und Staatsstreicheln gerasselt ist, so hilft mir meine alte Reputation von leichtfertiger Gewalttätigkeit, und man denkt ›nanu geht's los‹. Dann sind alle Zentralen und Halben zum Unterhandeln geneigt.

Das alles beruht mehr auf instinktivem Gefühl, als daß ich beweisen könnte, es sei so; und ich gehe nicht so weit, zu irgend etwas, das mir der König befiehlt, deshalb auf eigne Faust nein zu sagen. Wenn ich aber um meine Ansicht gefragt werde, so bin ich dafür, noch einige Monate hinter dem Busch gehalten zu werden.

Vielleicht ist dies alles Rechnung ohne den Wirt, vielleicht entschließt sich Se. Majestät niemals dazu, mich zu ernennen, denn ich sehe nicht ein, warum es überhaupt geschehen sollte, nachdem es seit 6 Wochen nicht geschehen ist. Daß ich aber hier den heißen Staub von Paris schlucken, in Cafés und Theatern gähnen oder mich in Berlin wieder als politischer Dilettant ins Hotel Royal einlagern soll, dazu fehlt aller Grund, die Zeit ist besser im Bade zu verwenden.

Ich bin doch erstaunt von der politischen Unfähigkeit unsrer Kammern, und wir sind doch ein sehr gebildetes Land; ohne Zweifel zu sehr; die andern sind bestimmt auch nicht klüger als die Blüte unsrer Klassenwahlen, aber sie haben nicht dies kindliche Selbstvertrauen, mit dem die Unsrigen ihre ... Unfähigkeit in voller Nacktheit als mustergültig an die Öffentlichkeit bringen. Wie sind wir Deutschen doch in den Ruf schüchterner Bescheidenheit gekommen? Es ist keiner unter uns, der nicht vom Kriegführen bis zum Hundeflöhen alles besser verstände als sämtliche gelernte Fachmänner, während es doch in andern Ländern viele gibt, die einräumen, von manchen Dingen weniger zu verstehen als andre, und deshalb sich bescheiden und schweigen.

Den 16. Ich muß heute schleunig schließen, nachdem meine Zeit von andern Geschäften fortgenommen ist.

Mit herzlichen Empfehlungen an die Ihrigen bin ich in alter Treue

Ihr v. B.«

»Toulouse, 12. September

Meine Kreuz- und Querzüge in den Pyrenäen haben gemacht, daß ich Ihren Brief vom 31. erst heut hier vorfinde. Ich hatte auch auf einen von Bernstorff gehofft, der mir vor vier Wochen schrieb, daß sich im September die Frage wegen des Personalwechsels jedenfalls entscheiden müsse. Ihre Zeilen lassen mich leider vermuten, daß die Ungewißheit um Weihnachten noch dieselbe sein wird wie jetzt. Meine Sachen liegen noch in Petersburg und werden dort einfrieren, meine Wagen sind in Stettin, meine Pferde bei Berlin auf dem Lande, meine Familie in Pommern, ich selbst auf der Landstraße. Ich gehe jetzt nach Paris zurück, obschon ich dort weniger wie je zu tun habe, mein Urlaub ist aber um. Mein Plan ist nun, Bernstorff vorzuschlagen, daß ich nach Berlin komme, um das Weitere mündlich zu besprechen. Ich habe das Bedürfnis, einige Tage in Reinfeld zu sein, nachdem ich die Meinigen seit dem 8. Mai nicht gesehen habe. Bei der Gelegenheit muß ich ins klare kommen. Ich wünsche nichts lieber, als in Paris zu bleiben, nur muß ich wissen, daß ich Umzug und Einrichtung nicht auf einige Wochen und Monate bewirke, dazu ist mein Hausstand zu groß. Ich habe mich niemals geweigert, das Präsidium ohne Portefeuille anzunehmen, sobald es der König befiehlt; ich habe nur gesagt, daß ich die Einrichtung für eine unzweckmäßige halte. Ich bin noch heute bereit, ohne Portefeuille einzutreten, aber ich sehe gar keine ernstliche Absicht dazu. Wenn mir Se. Majestät sagen wollte: am l. November oder 1. Januar oder 1. April – so wüßte ich, woran ich wäre, und bin wahrlich kein Schwierigkeitsmacher, ich verlange nur $1/100$ der Rücksicht, die Bernstorff so reichlich gewährt wird. In dieser Ungewißheit verliere ich alle Lust an den Geschäften, und ich bin Ihnen von Herzen dankbar für jeden Freundschaftsdienst, den Sie mir leisten, um ihr ein Ende zu machen.

Ich hatte nicht gehört, daß der König zum 13. nach Karlsruhe geht. Ich würde Se. Majestät dort nicht mehr treffen, wenn ich mich hinbegeben wollte, auch weiß ich aus Erfahrung, daß solche Erscheinungen nicht willkommen sind; der Herr schließt daraus auf ehrgeizig drängende Absichten bei mir, die mir weiß Gott fernliegen. Ich bin so zufrieden, Sr. M. Gesandter in Paris zu sein, daß ich nichts erbitten möchte als die Gewißheit, es wenigstens bis 1875 zu sein. Schaffen Sie mir diese oder jede andre Gewißheit, und ich male Engelsflügel an Ihre Photographie! –

Was verstehen Sie unter ›Ende dieser Session‹? Läßt sich das so bestimmt voraussehen, wird sie nicht in die Wintersession ohne Pause übergehen?

Und kann man die Kammern schließen ohne Resultat über das Budget? Ich will die Frage nicht gerade verneinen, es kommt auf den Feldzugsplan an.

Ich reise eben nach Montpellier ab, von dort über Lyon nach Paris. Bitte schreiben Sie mir dahin, und grüßen Sie herzlich die Ihrigen. In treuer Freundschaft

Ihr

v. B.«

In Paris erhielt ich folgendes Telegramm, dessen Unterschrift auf einer Verabredung beruhte:

Berlin, le 18. Septembre

Periculum in mora. Dépêchez-vous.

L'oncle de Maurice Henning.

Henning war der zweite Vorname Moritz Blanckenburgs, des Neffen von Roon. Obwohl die Fassung es zweifelhaft ließ, ob die Aufforderung aus der eignen Initiative Roons hervorgegangen oder von dem Könige veranlaßt war, zögerte ich nicht abzureisen.

Am 20. (19.?) September morgens in Berlin angelangt, wurde ich zu dem Kronprinzen beschieden. Auf seine Frage, wie ich die Situation ansähe, konnte ich nur sehr zurückhaltend antworten, weil ich während der letzten Wochen keine deutschen Zeitungen gelesen und in einer Art von dépit mich über heimische Angelegenheiten nicht informiert hatte. Meine Verstimmung hatte ihren Grund darin, daß der König mir in Aussicht gestellt hatte, mir in spätestens sechs Wochen Gewißheit über meine Zukunft, d.h. darüber zu geben, ob ich in Berlin, Paris oder London mein Domizil haben sollte, daß darüber aber schon ein Vierteljahr verflossen war und ich im Herbst noch immer nicht wußte, wo ich im Winter wohnen würde. Ich war mit der Situation in ihren Einzelheiten nicht so vertraut, daß ich dem Kronprinzen ein programmartiges Urteil hätte abgeben können; außerdem hielt ich mich auch nicht für berechtigt, mich gegen ihn früher zu äußern als gegen den König. Den Eindruck, den die Tatsache meiner Audienz gemacht hatte, ersah ich zunächst aus der Mitteilung Roons, daß der König mit Bezug auf mich zu ihm gesagt habe: »Mit dem ist es auch nichts, er ist ja schon bei meinem Sohne gewesen.« Die Tragweite dieser Äußerung wurde mir nicht so-

fort verständlich, weil ich nicht wußte, daß der König sich mit dem Gedanken der Abdikation trug und voraussetzte, daß ich davon gewußt oder etwas
vermutet hätte und mich deshalb mit seinem Nachfolger zu stellen gesucht
habe.

In der Tat war mir jeder Gedanke an Abdikation des Königs fremd, als ich
am folgenden Tage, dem 20. September, in Babelsberg empfangen wurde,
und die Situation wurde mir erst klar, als Se. Majestät dieselbe ungefähr mit
den Worten präzisierte: »Ich will nicht regieren, wenn ich es nicht vermag,
wie ich es vor Gott, meinem Gewissen und meinen Untertanen verantworten kann. Das kann ich aber nicht, wenn ich nach dem Willen der heutigen
Majorität des Landtags regieren soll, und ich finde keine Minister mehr, die
bereit wären, meine Regierung zu führen, ohne sich und mich der parlamentarischen Mehrheit zu unterwerfen. Ich habe mich deshalb entschlossen, die Regierung niederzulegen, und meine Abdikationsurkunde, durch
die angeführten Gründe motiviert, bereits entworfen.« Der König zeigte mir
das auf dem Tisch liegende Aktenstück in seiner Handschrift, ob bereits
vollzogen oder nicht, weiß ich nicht. Se. Majestät schloß, indem er wiederholte, ohne geeignete Minister könne er nicht regieren.

Ich erwiderte, es sei Sr. Majestät schon seit dem Mai bekannt, daß ich bereit sei, in das Ministerium einzutreten, ich sei gewiß, daß Roon mit mir bei
ihm bleiben werde, und ich zweifelte nicht, daß die weitere Vervollständigung des Kabinetts gelingen werde, falls andre Mitglieder sich durch meinen Eintritt zum Rücktritt bewogen finden sollten. Der König stellte nach
einigem Erwägen und Hin- und Herreden die Frage, ob ich bereit sei, als Minister für die Militärreorganisation einzutreten, und nach meiner Bejahung
die weitere Frage, ob auch gegen die Majorität des Landtags und deren Beschlüsse. Auf meine Zusage erklärte er schließlich: »Dann ist es meine
Pflicht, mit Ihnen die Weiterführung des Kampfes zu versuchen, und ich ab-
diziere nicht.« Ob er das auf dem Tisch liegende Schriftstück vernichtet oder
in rei memoriam aufbewahrt hat, weiß ich nicht.

Der König forderte mich auf, ihn in den Park zu begleiten. Auf diesem
Spaziergange gab er mir ein Programm zu lesen, was in seiner engen Schrift
acht Folioseiten füllte, alle Eventualitäten der damaligen Regierungspolitik
umfaßte und auf Details wie die Reform der Kreistage einging. Ich lasse es
dahingestellt sein, ob dieses Elaborat schon Erörterungen mit meinen Vor-
gängern zur Unterlage gedient hatte oder ob dasselbe zur Sicherstellung
gegen eine mir zugetraute konservative Durchgängerei dienen sollte. Ohne

Zweifel war, als er damit umging, mich zu berufen, eine Befürchtung der Art in ihm von seiner Gemahlin geweckt worden, von deren politischer Begabung er ursprünglich eine hohe Meinung hatte, welche aus der Zeit datierte, wo Sr. Majestät nur eine kronprinzliche Kritik der Regierung des Bruders, ohne Pflicht zu eigner besserer Leistung, zugestanden hatte. In der *Kritik* war die Prinzessin ihrem Gemahl überlegen. Die ersten Zweifel an dieser geistigen Überlegenheit waren ihm gekommen, als er genötigt war, nicht mehr nur zu kritisieren, sondern selbst zu handeln und die amtliche Verantwortung für das Bessermachen zu tragen. Sobald die Aufgaben beider Herrschaften *praktisch* wurden, hatte der gesunde Verstand des Königs begonnen, sich *allmählich* von der schlagfertigen weiblichen Beredsamkeit mehr zu emanzipieren.

Es gelang mir, ihn zu überzeugen, daß es sich für ihn nicht um Konservativ oder Liberal in dieser oder jener Schattierung, sondern um königliches Regiment oder Parlamentsherrschaft handle und daß die letztere notwendig und auch durch eine Periode der Diktatur abzuwenden sei. Ich sagte: »In dieser Lage werde ich, selbst wenn Ew. Majestät mir Dinge befehlen sollten, die ich nicht für richtig hielte, Ihnen zwar diese meine Meinung offen entwickeln, aber wenn Sie auf der Ihrigen schließlich beharren, lieber mit dem Könige untergehen als Ew. Majestät im Kampfe mit der Parlamentsherrschaft im Stiche lassen.« Diese Auffassung war damals durchaus lebendig und maßgebend in mir, weil ich die Negation und die Phrase der damaligen Opposition für politisch verderblich hielt im Angesicht der nationalen Aufgaben Preußens und weil ich für Wilhelm I. persönlich so starke Gefühle der Hingebung und Anhänglichkeit hegte, daß mir der Gedanke, in Gemeinschaft mit ihm zugrunde zu gehen, als ein nach Umständen natürlicher und sympathischer Abschluß des Lebens erschien.

Der König zerriß das Programm und war im Begriff, die Stücke von der Brücke in die trockene Schlucht im Park zu werfen, als ich daran erinnerte, daß diese Papiere mit der bekannten Handschrift in sehr unrechte Hände geraten könnten. Er fand, daß ich Recht hätte, steckte die Stücke in die Tasche, um sie dem Feuer zu übergeben, und vollzog an demselben Tage meine Ernennung zum Staatsminister und interimistischen Vorsitzenden des Staatsministeriums, die am 23. veröffentlicht wurde. Meine Ernennung zum Ministerpräsidenten behielt der König vor, bis er mit dem Fürsten von Hohenzollern, der staatsrechtlich diese Stellung noch innehatte, die desfallsige Korrespondenz beendet haben werde.

ZWEITES BUCH

1. KAPITEL

RÜCKBLICK AUF DIE PREUSSISCHE POLITIK

I

Die königliche Autorität hatte bei uns unter dem Mangel an Selbständigkeit und Energie unsrer auswärtigen und namentlich unsrer deutschen Politik gelitten; in demselben Boden wurzelte die Ungerechtigkeit der bürgerlichen Meinung über die Armee und deren Offiziere und die Abneigung gegen militärische Vorlagen und Ausgaben. In den parlamentarischen Fraktionen fand der Ehrgeiz der Führer, Redner und Ministerkandidaten Nahrung und Deckung hinter der nationalen Verstimmung. Klare Ziele hatten unsrer Politik seit dem Tode Friedrichs des Großen entweder gefehlt, oder sie waren ungeschickt gewählt oder betrieben; letzteres von 1786 bis 1806, wo unsre Politik planlos begann und traurig endete. Man entdeckt in ihr bis zum vollen Ausbruch der Französischen Revolution keine Andeutung einer national-deutschen Richtung. Die ersten Spuren einer solchen, die sich im Fürstenbunde[36], in den Ideen von einem preußischen Kaisertum, in der Demarkationslinie[37], in der Erwerbung *deutscher* Landstriche finden, sind Ergebnisse nicht nationaler, sondern preußisch-partikularistischer Bestrebungen. Im Jahre 1788 lag das stärkere Interesse noch nicht auf deutsch-nationalem Gebiete, sondern in dem Gedanken polnischer territorialer Erwerbungen, und bis in den Krieg von 1792 hinein war das Mißtrauen zwischen Preußen und Österreich weniger durch deutsche als durch polnische Rivalität beider Mächte genährt. In den Händen der Thugut-Lehrbachschen Periode spielte der Streit um den Besitz polnischer Gebiete, namentlich Krakaus, eine mehr in die Augen fallende Rolle als der in der zweiten Hälfte dieses Jahrhunderts im Vordergrunde stehende Streit um die Hegemonie in Deutschland.

Die Frage der Nationalität stand damals mehr im Hintergrunde; der preußische Staat eignete sich neue polnische Untertanen mit gleicher, wenn nicht mit größerer Bereitwilligkeit wie deutsche an, wenn es nur Untertanen waren, und auch Österreich trug kein Bedenken, die Erfolge der gemeinsamen Kriegsführung gegen Frankreich in Frage zu stellen, sobald es befürchten mußte, daß ihm zur Wahrnehmung seiner polnischen Interessen die nötigen Streitkräfte Preußen gegenüber fehlen würden, wenn es sie an der französischen Grenze verwenden wollte. Es ist schwer zu sagen, ob die damalige Situation nach Maßgabe der Ansichten und Fähigkeiten der in Österreich und Rußland leitenden Persönlichkeiten der preußischen Politik die Möglichkeit bot, nützlichere Wege einzuschlagen als den des Veto gegen die Orientpolitik seiner beiden östlichen Nachbarn, wie in der Konvention von Reichenbach, 10. Dezember, geschah. Ich kann mich des Eindrucks nicht erwehren, daß dieses Veto ein Akt unfruchtbaren Selbstgefühls nach Art des französischen Prestige war, in welchem die von Friedrich dem Großen geerbte Autorität zwecklos verpufft wurde, ohne daß Preußen einen andern Vorteil von dieser Kraftleistung gehabt hätte als den einer befriedigten Eitelkeit über Betätigung seiner großmächtlichen Stellung den beiden Kaisermächten gegenüber, show of power.

Wenn Österreich und Rußland im Orient Beschäftigung fanden, so hätte es, möchte ich glauben, im Interesse ihres damals weniger mächtigen Nachbarn gelegen, sie darin nicht zu stören, sondern beide in der Richtung ihrer orientalischen Bestrebungen eher zu fördern und zu befestigen und ihren Druck auf unsere Grenzen dadurch abzuschwächen. Preußen war nach seinen militärischen Einrichtungen damals schneller schlagfertig als seine Nachbarn und hätte diese Schlagfertigkeit wie bei manchen späteren Gelegenheiten nutzbar machen können, wenn es sich verfrühter Parteinahme enthalten und seiner damaligen verhältnismäßigen Schwäche entsprechend sich lieber en vedette gestellt hätte, anstatt sich das Prestige des Richteramtes zwischen Österreich, Rußland und der Pforte beizulegen.

Der Fehler in Situationen der Art hat gewöhnlich in der Ziellosigkeit und Unentschlossenheit gelegen, womit an die Benutzung und Ausbeutung herangetreten wurde. Der Große Kurfürst und Friedrich der Große hatten klare Vorstellungen von der Schädlichkeit halber Maßregeln in Fällen, wo es sich um Parteinahme oder um Androhung derselben handelte. Solange Preußen nicht zu einem der deutschen Nationalität annähernd entsprechenden Staatsgebilde gelangt war, solange es nicht nach dem Ausdruck, dessen sich der Fürst Metternich mir gegenüber bediente, zu den »saturierten« Staaten gehörte, mußte es seine Politik mit dem angeführten Worte Friedrichs des

Großen en vedette einrichten. Nun hat aber eine vedette eine Existenzbe-
rechtigung nur mit einer schlagfertigen Truppe hinter sich; ohne eine solche
und ohne den Entschluß, sie aktiv zu verwenden, sei es für, sei es gegen eine
der streitenden Parteien, konnte die preußische Politik von dem Einwerfen
ihres europäischen Gewichtes bei Gelegenheiten wie die von Reichenbach
keinen materiellen Vorteil, weder in Polen, noch in Deutschland, sondern
nur die Verstimmung und das Mißtrauen seiner beiden Nachbarn erzielen.
Noch heute erkennt man in geschichtlichen Urteilen chauvinistischer
Landsleute die Genugtuung, mit welcher die schiedsrichterliche Rolle, die
von Berlin aus auf den Streit im Orient ausgeübt werden konnte, das preußische Selbstgefühl erfüllte; die Reichenbacher Konvention gilt ihnen als
ein Höhepunkt auf dem Niveau friderizianischer Politik, von welchem an
der Abstieg und das Sinken durch die Pillnitzer Verhandlungen[38], den Bas-
ler Frieden, bis nach Tilsit erfolgte.

Wenn ich Minister Friedrich Wilhelms II. gewesen wäre, so würde ich
eher dazu geraten haben, den Ehrgeiz Österreichs und Rußlands in der
Richtung auf den Orient zu unterstützen, aber als Kaufpreis dafür materielle Konzessionen zu verlangen, sei es auch nur auf dem Gebiet der polnischen Frage, an welcher man damals Geschmack fand, und mit Recht, so
lange man Danzig und Thorn nicht besaß und an die deutsche Frage noch
nicht dachte. An der Spitze von 100 000 oder mehr schlagfertigen Soldaten
mit der Drohung, dieselben nötigenfalls in Tätigkeit zu setzen und den
Krieg gegen Frankreich Österreich allein zu überlassen, würde die preußische Politik in der damaligen Situation immer Besseres haben erreichen
können als den diplomatischen Triumph von Reichenbach.

Man findet, daß die Geschichte des Hauses Österreich seit Karl V. eine
Reihe versäumter Gelegenheiten zeigt, für welche man in den meisten Fällen die jedesmaligen Beichtväter der regierenden Herrn verantwortlich
machte; aber die Geschichte Preußens, allein innerhalb der letzten 100 Jahre, ist nicht weniger reich an solchen Versäumnissen. Wenn die Gelegenheit
zur Zeit der Reichenbacher Konvention, richtig benutzt, keinen befriedigenden, aber doch immer einen Fortschritt in der Laufbahn Preußens gebracht
haben könnte, so war eine Evolution in größerem Stile schon 1805 möglich,
wo die preußische Politik besser militärisch als diplomatisch gegen Frankreich für Österreich und Rußland hätte eingesetzt werden können, aber
nicht gratis. Die Bedingungen, unter denen man den Beistand leisten oder
geleistet haben sollte, konnte nicht ein Minister wie Haugwitz, sondern nur

ein Feldherr an der Spitze von 150 000 Mann in Böhmen oder Bayern durchsetzen. Was 1806 post festum geschah, konnte 1805 von entscheidender Wirkung sein. Was in Österreich die Beichtväter, das haben in Preußen Kabinettsräte und ehrliche, aber beschränkte Generaladjutanten an versäumten Gelegenheiten zustande gebracht.

II

Auch die Dienste, welche die preußische Politik der russischen bei dem Frieden von Adrianopel und bei Unterdrückung des polnischen Aufstandes 1831 erwiesen hat, gratis zu leisten, lag um so weniger Veranlassung vor, als die unfreundlichen Machenschaften, die kurz vorher zwischen dem Kaiser Nikolaus und Karl X. stattgefunden hatten, dem Berliner Kabinett nicht unbekannt waren. Die Gemütlichkeit der fürstlichen Familienbeziehungen war bei uns in der Regel stark genug, um russische Sünden zu decken, es fehlte aber die Gegenseitigkeit. Im Jahre 1813 hatte Rußland ohne Zweifel einen Anspruch auf preußische Dankbarkeit erworben; Alexander I. war im Februar 1813 und bis zum Wiener Kongreß seiner Zusage, Preußen zu dem Status quo ante wiederherzustellen, im großen und ganzen treu geblieben, gewiß ohne die russischen Interessen zu vergessen, aber doch so, daß dankbare Erinnerungen Friedrich Wilhelms für ihn natürlich blieben. – Solche Erinnerungen waren in meinen Knabenjahren bis zum Tode Alexanders, 1825, auch in unserem Publikum noch sehr lebhaft; russische Großfürsten, Generale und gelegentlich in Berlin erscheinende Soldatenabteilungen genossen noch ein Erbteil der Popularität, mit welcher 1813 die ersten Kosaken bei uns empfangen worden waren.

Flagrante Undankbarkeit, wie der Fürst Schwarzenberg sie proklamierte, ist in der Politik wie im Privatleben nicht nur unschön, sondern auch unklug. Wir haben aber unsre Schuld ausgeglichen, nicht nur zur Zeit der Notlage der Russen bei Adrianopel 1829 und durch unser Verhalten in Polen 1831, sondern in der ganzen Zeit unter Nikolaus I., welcher der deutschen Romantik und Gemütlichkeit ferner stand als Alexander I., wenn er auch mit seinen preußischen Verwandten und mit preußischen Offizieren freundlich verkehrte. Unter seiner Regierung haben wir als russische Vasallen gelebt, 1831, wo Rußland ohne uns kaum mit den Polen fertig geworden wäre, namentlich

aber in allen europäischen Konstellationen von 1831 bis 1850, wo wir immer
russische Wechsel akzeptiert und honoriert haben, bis nach 1848 der junge
österreichische Kaiser dem russischen besser gefiel als der König von Preußen, wo der russische Schiedsrichter kalt und hart gegen Preußen und deutsche Bestrebungen entschied und sich für die Freundschaftsdienste von 1813
voll und schließlich bezahlt machte, indem er uns die Olmützer Demütigung
aufzwang. Später kamen wir Rußland gegenüber im Krimkriege, im polnischen Aufstande von 1863 bedeutend in Vorschuß, und wenn wir in dem genannten Jahre Alexanders II. eigenhändiger Aufforderung zum Kriege nicht
Folge leisteten und er darüber und in der dänischen Frage Empfindlichkeit
bewies, so zeigt dies nur, wie weit der russische Anspruch schon über Gleichberechtigung hinaus gediehen war und Unterordnung verlangte.

Das Defizit auf unsrer Seite war einmal durch Verwandtschaftsgefühl,
durch die Gewohnheit der Abhängigkeit, in welcher die geringere Energie
von der größeren stand, sodann durch den Irrtum bedingt, als ob Nikolaus
dieselben Gesinnungen wie Alexander I. für uns hege und dieselben Ansprüche auf Dankbarkeit aus der Zeit der Freiheitskriege habe. In der Tat
aber trat während der Regierung des Kaisers Nikolaus kein im deutschen
Gemüt wurzelndes Motiv hervor, unsre Freundschaft mit Rußland auf dem
Fuße der Gleichheit zu pflegen und mindestens einen analogen Nutzen daraus zu ziehen wie Rußland aus unsrer Dienstleistung. Etwas mehr Selbstgefühl und Kraftbewußtsein würde unsern Anspruch auf Gegenseitigkeit in
Petersburg zur Anerkennung gebracht haben, um so mehr, als 1830 nach
der Juli-Revolution Preußen, trotz der Schwerfälligkeit seines Landwehr-
Systems, diesem überraschenden Ereignis gegenüber reichlich ein Jahr lang
ohne Zweifel der stärkste, vielleicht der einzige zum Schlagen befähigte Mi-
litärstaat in Europa war. Wie sehr nicht nur in Österreich, sondern auch in
Rußland die militärischen Einrichtungen in 15 Friedensjahren vernachlässigt worden waren, vielleicht mit alleiniger Ausnahme der Garde des Kaisers und der polnischen Armee des Großfürsten Constantin, bewies die
Schwäche und Langsamkeit der Rüstung des gewaltigen russischen Reichs
gegen den Aufstand des kleinen Warschauer Königreichs.

Ähnliche Verhältnisse fanden damals in der französischen und mehr noch
in der österreichischen Armee statt. Österreich brauchte nach der Juli-Revolution mehr als ein Jahr, um den Verfall seiner Heereseinrichtungen so weit aus-
zubessern, daß es eben nur seine italienischen Interessen zu schützen imstande war. Die österreichische Politik war unter Metternich geschickt genug, um

jede Entschließung der drei östlichen Großmächte so lange zu verschleppen, bis Österreich sich hinlänglich gerüstet fühlte, um mitzureden. Nur in Preußen funktionierte die militärische Maschine, so schwerfällig sie war, mit voller Genauigkeit, und hätte die preußische Politik eigne Entschlüsse zu fassen vermocht, so würde sie Kraft genug gefunden haben, die Lage von 1830 in Deutschland und den Niederlanden nach ihrem Ermessen zu präjudizieren. Aber eine selbständige preußische Politik hat in der Zeit von 1806 bis in die vierziger Jahre überhaupt nicht bestanden; unsre Politik wurde abwechselnd in Wien und in Petersburg gemacht. Soweit sie in Berlin von 1786 bis 1806 und 1842 bis 1862 selbständig ihre Wege suchte, wird sie vor der Kritik vom Standpunkte eines strebsamen Preußen kaum Anerkennung finden.

III

Die Eigenschaft einer Großmacht konnten wir uns vor 1866 nur cum grano salis beimessen, und wir hielten nach dem Krimkriege für nötig, uns um eine äußerliche Anerkennung derselben durch Antichambrieren im Pariser Kongresse zu bewerben. Wir bekannten, daß wir eines Attestes anderer Mächte bedurften, um uns als Großmacht zu fühlen. Dem Maßstabe der Gortschakowschen Redensart bezüglich Italiens, »une grande puissance ne se reconnaît pas, eile se révèle«, fühlten wir uns nicht gewachsen. Die révélation, daß Preußen eine Großmacht sei, war vorher zu Zeiten in Europa anerkannt gewesen (vgl. Buch II, Kapitel 5), aber sie erlitt durch lange Jahre kleinmütiger Politik eine Abschwächung, die schließlich in der kläglichen Rolle, welche Manteuffel in Paris übernahm, ihren Ausdruck fand. Seine verspätete Zulassung konnte die Wahrheit nicht entkräften, daß eine Großmacht zu ihrer Anerkennung vor allen Dingen der Überzeugung und des Mutes, eine solche zu sein, bedarf. Ich habe es als einen bedauerlichen Mangel an Selbstbewußtsein angesehen, daß wir nach allen uns widerfahrenen Geringschätzungen von seiten Österreichs und der Westmächte überhaupt das Bedürfnis empfanden, auf dem Kongresse zugelassen zu werden und seinen Beschlüssen unsre Unterschrift hinzuzufügen. Unsre Stellung 1870 in den Londoner Besprechungen über das Schwarze Meer würde die Richtigkeit dieser Ansicht bezeugt haben, wenn Preußen sich nicht in den Pariser Kongreß in würdeloser Weise eingedrängt hätte. Als Manteuffel aus Paris zurückkehrte und am 20. und 21. April in Frankfurt mein Gast war, habe ich mir erlaubt, ihm mein Bedauern darüber auszusprechen, daß er nicht das victa Catoni zur Richtschnur genommen und uns die richtige unabhängige Stellung für die Eventualität der nach Lage der Dinge vorauszusehenden russisch-französischen gegenseitigen Annäherung angebahnt habe. Daß der Kaiser Napoleon damals die russische Freundschaft schon in Aussicht nahm, daß für maßgebende Kreise in England der Friedensschluß verfrüht erschien, konnte in dem Auswärtigen Amte in Berlin nicht zweifelhaft sein. Wie würdig und unabhängig wäre unsre Stellung gewesen, wenn wir uns nicht in den Pariser Kongreß in einer demütigenden Weise eingedrängt, sondern bei mangelnder rechtzeitiger Einladung unsre Beteiligung versagt hätten. Bei angemessener Zurückhaltung würden wir in der neuen Gruppierung umworben worden sein, und schon äußerlich wäre unsere Stellung eine würdigere gewesen, wenn wir unsre Einschätzung als europäische Großmacht nicht von diplomatischen Gegnern abhängig gemacht, sondern lediglich auf unser Selbstbewußtsein basiert hätten, indem wir uns des Anspruchs auf Beteiligung an europäischen Abmachungen enthielten, welche für Preußen kein Interesse hatten, als höchstens nach Analogie der Reichenbacher Konvention das der Eitelkeit des Prestiges und des Mitredens in Dingen, die unsre Interessen nicht berührten.

IV

Die versäumten Gelegenheiten, welche in die beiden Zeiträume von 1786 bis 1806 und von 1842 bis 1862 fallen, sind den Zeitgenossen nur selten verständlich geworden, noch seltener ist die Verantwortlichkeit dafür sofort richtig verteilt worden. Erst die Ausschüttung der Archive und die Denkwürdigkeiten Mithandelnder und Mitwissender setzten 50 bis 100 Jahre später die öffentliche Meinung in den Stand, für die einzelnen Mißgriffe das πρῶτονψεῦδος, die Gabelung auf dem unrichtigen Weg zu erkennen. Friedrich der Große hinterließ ein reiches Erbe von Autorität und vom Glauben an die preußische Politik und Macht. Seine Erben konnten, wie heut der neue Kurs von der Erbschaft des alten, zwei Jahrzehnte hindurch davon zehren, ohne sich über die Schwächen und Irrtümer ihrer Epigonenwirtschaft klarzuwerden; noch in die Schlacht von Jena hinein trugen sie sich mit der Überschätzung des eignen militärischen und politischen Könnens. Erst der Zusammenbruch der folgenden Wochen brachte den Hof und das Volk zu dem Bewußtsein, daß Ungeschick und Irrtum in der Staatsleitung obgewaltet hatten. Wessen Ungeschick und wessen Irrtum aber, wer persönlich die Verantwortung für diesen gewaltigen und unerwarteten Zusammenbruch trug, darüber kann selbst heut noch gestritten werden.

In einer absoluten Monarchie, und Preußen war damals eine solche, hat an der Verantwortlichkeit für die Politik außer dem Souverän niemand einen genau nachweislichen Anteil; faßt oder genehmigt derselbe verhängnisvolle Beschlüsse, so kann niemand beurteilen, ob dieselben das Ergebnis eignen monarchischen Willens oder des Einflusses sind, welchen die verschiedenartigsten Persönlichkeiten männlichen und weiblichen Geschlechts, Adjutanten, Höflinge und politische Intriganten, Schmeichler, Schwätzer und Ohrenbläser auf den Monarchen geübt haben. Die allerhöchste Unterschrift deckt schließlich alles; *wie* sie erreicht worden ist, erfährt kein Mensch. Dem jedesmaligen Minister die Verantwortlichkeit für das Geschehene aufzuerlegen, ist für monarchische Auffassungen der nächstliegende Ausweg. Aber selbst wenn die Form des Absolutismus der Form der Verfassung Platz gemacht hat, ist die sogenannte Ministerverantwortlichkeit keine von dem Willen des unverantwortlichen Monarchen unabhängige. Gewiß kann ein Minister abgehen, wenn er die königliche Unterschrift für das, was er für notwendig hält, nicht erlangen kann; aber er übernimmt durch sein Abtreten die Verantwortlichkeit für die Konsequenzen desselben, die vielleicht auf andren Gebieten viel tiefgreifender sind als auf dem gerade streitigen.

Er ist außerdem durch die kollegiale Form des Staatsministeriums mit ihren Majoritätsabstimmungen zu Kompromissen und zu Nachgiebigkeit seinen Kollegen gegenüber nach der preußischen Ministerverfassung täglich genötigt. Eine wirkliche Verantwortlichkeit in der großen Politik aber kann nur ein einzelner leitender Minister, niemals ein anonymes Kollegium mit Majoritätsabstimmung leisten. Die Entscheidung über Wege und Abwege liegt oft in minimalen, aber einschneidenden Wendungen zuweilen schon in der Tonart und der Wahl der Ausdrücke eines internationalen Aktenstückes. Schon bei geringer Abweichung von der richtigen Linie wächst die Entfernung von derselben oft so rapide, daß der verlassene Strang nicht wieder erreicht werden kann und die Umkehr bis zu dem Gabelpunkt, wo er verlassen wurde, unausführbar ist. Das übliche Amtsgeheimnis deckt die Umstände, unter welchen eine Entgleisung stattgefunden hat, Menschenalter hindurch, und das Ergebnis der Unklarheit, in welcher der pragmatische Zusammenhang der Dinge bleibt, erzeugt bei leitenden Ministern, wie das bei manchen meiner Vorgänger der Fall war, Gleichgültigkeit gegen die sachliche Seite der Geschäfte, sobald die formale durch königliche Unterschrift bzw. parlamentarische Vota gedeckt erschien. Bei andern wieder führt der Kampf zwischen dem eignen Ehrgefühl und der Verstrickung der Kompetenzverhältnisse zu tödlichen Nervenfiebern, wie bei dem Grafen Brandenburg, oder zu Symptomen von Geistesstörung, wie in einigen früheren Fällen.

Es ist schwer zu sagen, wie die Verantwortlichkeit für unsre Politik während der Regierung Friedrich Wilhelms IV. mit Gerechtigkeit zu verteilen sei. Rein menschlich gesprochen, wird sie in der Hauptsache auf dem Könige selbst beruhen bleiben, denn er hat überlegene, ihn und die Geschäfte leitende Ratgeber zu keiner Zeit gehabt. Er behielt sich die Auswahl unter den Ratschlägen nicht nur jedes einzelnen Ministers, sondern auch unter den viel zahlreicheren vor, welche ihm von mehr oder weniger geistreichen Adjutanten, Kabinettsräten, Gelehrten (und) unehrlichen Strebern und ehrlichen Phantasten und Höflingen vorgetragen wurden. Und diese Auswahl behielt er sich oft *lange* vor. Es ist oft weniger schädlich, etwas Unrichtiges als nichts zu tun. Ich habe nie den Mut gehabt, die Gelegenheiten, welche mir dieser persönlich so liebenswürdige Herr mehrmals, zuweilen scharf und beinahe zwingend, in den Jahren 1852 bis 1856 geboten hat, sein Minister zu werden, zu benutzen bzw. ihre Verwirklichung zu fördern. Wie er mich betrachtete, hätte ich ihm gegenüber keine Autorität gehabt, und seine reiche Phantasie war flügellahm, sobald sie sich auf dem Gebiete praktischer Entschlüsse geltend machen sollte. Mir fehlte die schmiegsame Gefügigkeit zur Übernahme und ministeriellen Vertretung von politischen Richtungen, an die ich nicht glaubte, oder für deren Durchführung ich dem Könige den Entschluß und die Konsequenz nicht zutraute. Er unterhielt und förderte die Elemente des Zwiespalts zwischen seinen einzelnen Ministern; und die Friktionen zwischen Manteuffel, Bodelschwingh und Heydt, die in triangulärem Kampfe miteinander standen, waren dem Könige angenehm und ein politisches Hilfsmittel in kleinen Detailgefechten zwischen königlichem und ministeriellem Einfluß. Manteuffel hat mit vollem Bewußtsein die Kamarillatätigkeit von Gerlach, Rauch, Niebuhr, Bunsen, Edwin Manteuffel geduldet; er trieb seine Politik mehr defensiv als im Hinblick auf bestimmte Ziele, fortwurstelnd, wie Graf Taaffe sagt, und beruhigt, wenn er durch allerhöchste Unterschrift gedeckt war; doch hat der reine Absolutismus ohne Parlament immer noch das Gute, daß ihm ein Gefühl der Verantwortlichkeit für eigne Taten bleibt. Gefährlicher ist der durch gefügige Parlamente Unterstützte, der keiner andern Rechtfertigung als der Verweisung auf Zustimmung der Majorität bedarf.

V

Die nächste günstige Situation nach dem Krimkriege bot unsrer Politik der italienische Krieg. Ich glaube freilich nicht, daß der König Wilhelm schon 1859 geneigt gewesen sein würde, in plötzlicher Entschließung den Abstand zu überschreiten, welcher seine damalige Politik von derjenigen trennte, die später zur Herstellung des Deutschen Reichs geführt hat. Wenn man die damalige Stellung nach dem Maßstabe beurteilt, welchen die Haltung des auswärtigen Ministers von Schleinitz in dem demnächstigen Abschluß des Garantievertrages von Teplitz mit Österreich und in der Weigerung der Anerkennung Italiens bezeichnet, so kann man mit Recht bezweifeln, ob es damals möglich gewesen sein würde, den Regenten zu einer Politik zu bewegen, welche die Verwendung der preußischen Kriegsmacht von Konzessionen in der deutschen Bundespolitik abhängig gemacht hätte. Die Situation wurde nicht unter dem Gesichtspunkte einer vorwärtsstrebenden preußischen Politik betrachtet, sondern in dem gewohnheitsmäßigen Bestreben, sich den Beifall der deutschen Fürsten, des Kaisers von Österreich und zugleich der deutschen Presse zu erwerben, in dem unklaren Bemühen um einen idealen Tugendpreis für Hingebung an Deutschland, ohne irgendeine klare Ansicht über die Gestalt des Zieles, die Richtung, in der, und die Mittel, durch welche es zu suchen wäre.

Unter dem Einflusse seiner Gemahlin und der Wochenblattspartei war der Regent 1859 nahe daran, sich an dem italienischen Kriege zu beteiligen. Wäre das geschehen, so würde der Krieg von einem österreichisch-französischen in der Hauptsache zu einem preußisch-französischen am Rhein. Rußland in dem damals noch sehr lebendigen Hasse gegen Österreich würde mindestens gegen uns demonstriert, und Österreich, sobald wir in Krieg mit Frankreich verwickelt waren, würde, am längeren Ende des politischen Hebels stehend, erwogen haben, wie weit wir siegen durften. Was zu Thuguts Zeit Polen, war damals Deutschland auf dem Schachbrett. Mein Gedanke war, immerhin zu rüsten, aber zugleich Österreich ein Ultimatum zu stellen, entweder unsre Bedingungen in der deutschen Frage anzunehmen oder unsern Angriff zu gewärtigen. Aber die Fiktion einer fortdauernden und aufopfernden Hingebung für »Deutschland« nur in Worten, nie in Taten, der Einfluß der Königin und ihres den österreichischen Interessen ergebenen Ministers von Schleinitz, dazu die damals gang und gäbe Phraseologie der Parlamente, der Vereine und der Presse erschwerten es dem Regenten, die

Lage nach seinem eignen klaren und hausbacknen Verstande zu prüfen, während sich in seiner politischen und persönlichen Umgebung niemand befand, der ihm die Nichtigkeit des ganzen Phrasenschwindels klargemacht und ihm gegenüber die Sache des gesunden deutschen Interesses vertreten hätte. Der Regent und sein damaliger Minister glaubten an die Berechtigung der Redensart: Il y a quelqu'un, qui a plus d'esprit que Monsieur de Talleyrand, c'est tout le monde. Tout le Monde braucht aber in der Tat zu viel Zeit, um das Richtige zu erkennen, und in der Regel ist der Moment, in dem diese Erkenntnis benutzt werden konnte, schon vorüber, wenn tout le monde dahinterkommt, was eigentlich hätte getan werden sollen.

VI

Erst die inneren Kämpfe, welche der Regent und spätere König durchzumachen hatte, erst die Überzeugung, daß seine Minister der neuen Ära nicht nur nicht imstande waren, seine Untertanen glücklich und zufrieden zu machen, aber im Gehorsam zu erhalten, die von ihm erstrebte und gehoffte Zufriedenheit im Lande herzustellen und in den Wahlen und Parlamenten zum Ausdruck zu bringen, erst die Schwierigkeiten, welche den König 1862 zu dem Entschlusse der Abdikation brachten, übten auf das Gemüt und das gesunde Urteil des Königs den nötigen Einfluß, um seine monarchischen Auffassungen von 1859 über die Brücke der dänischen Frage zu dem Standpunkte von 1866 überzuleiten, vom Reden zum Handeln, von der Phrase zur Tat.

Die Leitung der auswärtigen Politik in den an sich schwierigen europäischen Situationen wurde für einen Minister, welcher kühle und praktische Politik ohne dynastische Sentimentalität und ohne höfischen Byzantinismus treiben wollte, durch mächtige Querwirkungen sehr erschwert, welche am stärksten und wirksamsten von der Königin Augusta und deren Minister Schleinitz geübt wurden, und durch andre fürstliche Einflüsse und Familienkorrespondenzen neben den Insinuationen feindlicher Elemente am Hofe, von den jesuitischen Organen (Nesselrode, Stillfried etc.), von Intriganten und befähigten Rivalen, wie Goltz und Harry Arnim, und unbefähigten, wie früheren Ministern, und Parlamentariern, die es werden wollten. Es gehörte die ganze ehrliche und vornehme Treue des Königs für seinen ersten Diener dazu, daß er in seinem Vertrauen zu mir nicht wankend wurde.

In den ersten Tagen des Oktobers fuhr ich dem Könige, der sich zum 30. September, dem Geburtstage seiner Gemahlin, nach Baden-Baden begeben hatte, bis Jüterbog entgegen und erwartete ihn in dem noch unfertigen, von Reisenden dritter Klasse und Handwerkern gefüllten Bahnhofe, im Dunkeln auf einer umgestürzten Schiebkarre sitzend. Meine Absicht, indem ich die Gelegenheit zu einer Unterredung suchte, war, Se. Majestät über eine aufsehenerregende Äußerung zu beruhigen, welche ich am 30. September in der Budgetkommission getan hatte und die zwar nicht stenographiert, aber in den Zeitungen ziemlich getreu wiedergegeben war.

Ich hatte für Leute, die weniger erbittert und von Ehrgeiz verblendet, deutlich genug gesagt, wo ich hinauswollte. Wir könnten – das war der Sinn meiner Rede – wie schon ein Blick auf die Karte zeigte, mit unsrem schmalen langgestreckten Leibe Preußen die Rüstung, deren Deutschland zu seiner Sicherheit bedürfe, allein nicht länger tragen; dieselbe müsse sich auf alle Deutschen gleichmäßig verteilen. Dem Ziele würden wir nicht durch Reden, Vereine, Majoritätsbeschlüsse näher kommen, sondern es werde ein ernster Kampf nicht zu vermeiden sein, ein Kampf, der nur durch Blut und Eisen erledigt werden könne. Um uns darin Erfolg zu sichern, müßten die Abgeordneten das möglichst große Gewicht von Blut und Eisen in die Hand des Königs von Preußen legen, damit er es nach seinem Ermessen in die eine oder die andre Waagschale werfen könne. Ich hatte demselben Gedanken schon im Abgeordnetenhause 1849 Kinkel gegenüber auf der Tribüne Ausdruck gegeben bei Gelegenheit einer Amnestiedebatte.

Roon, der zugegen war, sprach beim Nachhausegehen seine Unzufriedenheit mit meinen Äußerungen aus, sagte u.a., er hielte dergleichen »geistreiche Exkurse« unsrer Sache nicht für förderlich. Meine eignen Gedanken bewegten sich zwischen dem Wunsche, Abgeordnete für eine energische nationale Politik zu gewinnen, und der Gefahr, den König in seiner vorsichtigen und gewaltsame Mittel scheuenden Veranlagung mißtrauisch gegen mich und meine Absichten zu machen. Um dem vermutlichen Eindruck der Presse auf ihn beizeiten entgegenzuwirken, fuhr ich ihm nach Jüterbog entgegen.

Ich hatte einige Mühe, durch Erkundigungen bei kurz angebundenen Schaffnern des fahrplanmäßigen Zuges den Wagen zu ermitteln, in welchem der König allein in einem gewöhnlichen Coupé erster Klasse saß. Er war unter der Nachwirkung des Verkehrs mit seiner Gemahlin sichtlich in gedrückter Stimmung, und als ich um die Erlaubnis bat, die Vorgänge während seiner Abwesenheit darzulegen, unterbrach er mich mit den Worten:

»Ich sehe ganz genau voraus, wie das alles endigen wird. Da vor dem Opernplatz, unter meinen Fenstern, wird man Ihnen den Kopf abschlagen und etwas später mir.«

Ich erriet, und es ist mir später von Zeugen bestätigt worden, daß er während des achttägigen Aufenthalts in Baden mit Variationen über das Thema Polignac, Strafford, Ludwig XVI.[39] bearbeitet worden war. Als er schwieg, antwortete ich mit der kurzen Phrase »Et après, sire?« – »Ja, après, dann sind wir tot!« erwiderte der König. »Ja«, fuhr ich fort, »dann sind wir tot, aber sterben müssen wir früher oder später doch, und können wir anständiger umkommen? Ich selbst im Kampf für die Sache meines Königs, und Ew. Majestät, indem Sie Ihre königlichen Rechte von Gottes Gnaden mit dem eignen Blute besiegeln, ob auf dem Schafott oder auf dem Schlachtfelde, ändert nichts an dem rühmlichen Einsetzen von Leib und Leben für die von Gottes Gnaden verliehenen Rechte. Ew. Majestät müssen nicht an Ludwig XVI. denken; der lebte und starb in einer schwächlichen Gemütsverfassung und macht kein gutes Bild in der Geschichte. Karl I. dagegen, wird er nicht immer eine vornehme historische Erscheinung bleiben, wie er, nachdem er für sein Recht das Schwert gezogen, die Schlacht verloren hatte, ungebeugt seine königliche Gesinnung mit seinem Blute bekräftigte? Ew. Majestät sind in der Notwendigkeit zu fechten. Sie können nicht kapitulieren, Sie müssen, und wenn es mit körperlicher Gefahr wäre, der Vergewaltigung entgegentreten.«

Je länger ich in diesem Sinne sprach, desto mehr belebte sich der König und fühlte sich in die Rolle des für Königtum und Vaterland kämpfenden Offiziers hinein. Er war äußern und persönlichen Gefahren gegenüber von einer seltenen und ihm absolut natürlichen Furchtlosigkeit, auf dem Schlachtfelde wie Attentaten gegenüber; seine Haltung in jeder äußeren Gefahr hatte etwas Herzerhebendes und Begeisterndes. Der ideale Typus des preußischen Offiziers, der dem sichern Tode im Dienst mit dem einfachen Worte »Zu Befehl« selbstlos und furchtlos entgegengeht, der aber, wenn er auf eigne Verantwortung handeln soll, die Kritik des Vorgesetzten oder der Welt mehr als den Tod und dergestalt fürchtet, daß die Energie und Richtigkeit seiner Entschließung durch die Furcht vor Verweis und Tadel beeinträchtigt wird, dieser Typus war in ihm im höchsten Grade ausgebildet. Er hatte sich bis dahin auf seiner Fahrt nur gefragt, ob er vor der überlegenen Kritik seiner Frau Gemahlin und ob er der öffentlichen Meinung in Preußen mit dem Wege, den er mit mir einschlug, würde bestehen können. Demgegenüber war die Wirkung unsrer Unterredung in dem dunklen Coupé, daß er die ihm nach der Situation zufallende Rolle mehr vom Standpunkt des Offiziers auffaßte. Er fühlte sich bei dem Portepee gefaßt und in der Lage eines Offiziers, der die Aufgabe hat, einen bestimmten Posten auf Tod und Leben zu behaupten, gleichviel, ob er auf demselben umkommt oder nicht. Damit war er auf einen seinem ganzen Gedankengange vertrauten Weg gestellt und fand in wenigen Minuten die Sicherheit wieder, um die er in Baden gebracht worden war, und selbst seine Heiterkeit. Das Leben für König und Vaterland einzusetzen war die Pflicht des preußischen Offiziers, um so mehr die des Königs als des ersten Offiziers im Lande. Sobald er seine Stellung unter dem Gesichtspunkte der Offiziersehre betrachtete, hatte dieselbe für ihn ebensowenig Bedenkliches wie für jeden normalen preußischen Offizier die instruktionsmäßige Verteidigung eines vielleicht verlorenen Postens. Er war der Sorge vor der »Manöverkritik«, welche von der öffentlichen Meinung, der Geschichte und der Gemahlin an seinem politischen Manöver geübt werden könnte, überhoben. Er fühlte sich ganz in der Aufgabe des ersten Offiziers der preußischen Monarchie, für den der Untergang im Dienste derselben ein ehrenvoller Abschluß der ihm gestellten Aufgabe ist. Der Beweis der Richtigkeit meiner Beurteilung ergab sich darin, daß der König, den ich in Jüterbog matt, niedergeschlagen und entmutigt gefunden hatte, schon vor der Ankunft in Berlin in eine heitere, man kann sagen, fröhliche und kampflustige Stimmung geriet, die sich den empfangenden Ministern und Beamten gegenüber auf das unzweideutigste erkennbar machte.

Wenn auch die abschreckenden geschichtlichen Reminiszenzen, welche man dem Könige in Baden als Beweise beschränkter Ungeschicklichkeit vorgehalten hatte, auf unsre Verhältnisse nur eine unehrliche oder phantastische Anwendung finden konnten, so war unsre Situation doch ernst genug. Einzelne fortschrittliche Zeitungen hofften, mich zum Besten des Staates Wolle spinnen zu sehen, und am 17. Februar 1863 erklärte das Abgeordnetenhaus mit 274 gegen 45 Stimmen die Minister für verfassungswidrige Ausgaben mit ihrer Person und ihrem Vermögen haftbar. Mir wurde der Plan suggeriert, meinen Grundbesitz, um ihn zu retten, auf meinen Bruder zu übertragen; ich stand aber davon ab, weil mein Sitz im Herrenhause an denselben geknüpft war. Die Zession an meinen Bruder, um das Objekt der bei einem Thronwechsel nicht absolut unmöglichen Konfiskation meines Vermögens zu entziehen, hätte einen Eindruck von Ängstlichkeit und Geldsorge gemacht, der mir widerstrebte.

2. KAPITEL

DYNASTIEN UND STÄMME

————————

Niemals, auch in Frankfurt nicht, bin ich darüber im Zweifel gewesen, daß der Schlüssel zur deutschen Politik bei den Fürsten und Dynastien lag und nicht bei der Publizistik in Parlament und Presse oder bei der Barrikade. Die Kundgebungen der öffentlichen Meinung der Gebildeten in Parlament und Presse konnten fördernd und aufhaltend auf die Entschließung der Dynastien wirken, aber sie förderten zugleich das Widerstreben der letzteren vielleicht häufiger, als daß sie eine Pression in nationaler Richtung ausgeübt hätten. Schwächere Dynastien suchten Schutz in Anlehnung bei der nationalen Sache, Herrscher und Häuser, die sich zum Widerstande fähiger fühlten, mißtrauten der Bewegung, weil mit der Förderung der deutschen Einheit eine Verminderung der Unabhängigkeit zugunsten der Zentralgewalt oder der Volksvertretung in Aussicht stand. Die preußische Dynastie konnte voraussehen, daß ihr die Hegemonie mit einer Vermehrung von Ansehen und Macht im künftigen Deutschen Reiche schließlich zufallen würde. Ihr kam die von den andern Dynastien besorgte capitis deminutio voraussichtlich zugute, soweit sie nicht durch ein nationales Parlament absorbiert wurde. Seit im Frankfurter Bundestage die dualistische Auffassung Österreich-Preußens, unter deren Eindruck ich dorthin gekommen war, dem Gefühl der Notwendigkeit Platz gemacht hatte, unsre Stellung gegen präsidiale Angriffe und Überlistungen zu wahren, nachdem ich den Eindruck erhalten hatte, daß die gegenseitige Anlehnung von Österreich und Preußen ein Jugendtraum war, entstanden durch Nachwirkung der Freiheitskriege und der Schule, nachdem ich mich überzeugt hatte, daß dasjenige Österreich, mit welchem ich bis dahin gerechnet, für Preußen nicht existierte: gewann ich die Überzeugung, daß auf der Basis der bundestäglichen Autorität nicht einmal die vormärzliche Stellung Preußens im Bunde zurückzugewinnen, geschweige denn eine Reform der Bundesverfassung möglich sein werde, durch welche das deutsche Volk der Verwirklichung seines Anspruchs auf völkerrechtliche Existenz als eine der großen europäischen Nationen Aussicht erhalten hätte.

Ich erinnere mich eines Wendepunkts, der in meinen Ansichten eintrat, als ich in Frankfurt die mir bis dahin unbekannte Depesche des Fürsten Schwarzenberg vom 7. Dezember 1850 zu lesen bekam, in welcher er die Olmützer Ergebnisse so darstellt, als ob es von ihm abgehangen hätte, Preußen »zu demütigen« oder großmütig zu pardonieren. Der mecklenburgische Gesandte, Herr von Örtzen, mein ehrlicher und konservativer Gesinnungsgenosse in dualistischer Politik, mit dem ich darüber sprach, suchte mein durch diese Schwarzenbergische Depesche verletztes preußisches Gefühl zu besänftigen. Trotz der für preußisches Gefühl demütigenden Inferiorität unsres Auftretens in Olmütz und Dresden war ich noch gut österreichisch nach Frankfurt gekommen; der Einblick in die Schwarzenbergische Politik »avilir, après démolir«, den ich dort aktenmäßig gewann, enttäuschte meine jugendlichen Illusionen. Der gordische Knoten deutscher Zustände ließ sich nicht in Liebe dualistisch lösen, nur militärisch zerhauen; es kam darauf an, den König von Preußen, bewußt oder unbewußt, und damit das preußische Heer für den Dienst der nationalen Sache zu gewinnen, mochte man vom borussischen Standpunkte die Führung Preußens oder auf dem nationalen die Einigung Deutschlands als die Hauptsache betrachten; beide Ziele deckten einander. Das war mir klar, und ich deutete es an, als ich in der Budgetkommission (30. September 1862) die vielfach entstellte Äußerung über Blut und Eisen tat.

Preußen war nominell eine Großmacht, jedenfalls die fünfte, und hatte diese Stellung durch die geistige Überlegenheit Friedrichs des Großen erlangt und durch die gewaltigen Leistungen der Volkskraft 1813 rehabilitiert. Ohne die ritterliche Haltung des Kaisers Alexander I., die er von 1812 unter Steinschem, jedenfalls deutschem Einfluß bis zum Wiener Kongreß beobachtete, wäre es fraglich geblieben, ob die nationale Begeisterung der vier Millionen Preußen des Tilsiter Friedens und andrer vielleicht gleichen Zahl von sympathizers in altpreußischen oder deutschen Ländern genügt hätte, von der damaligen Humboldtschen und Hardenbergschen Diplomatie und der Schüchternheit Friedrich Wilhelms III. so verwertet zu werden, daß auch nur die künstliche Neubildung Preußens, so wie 1815 geschah, zustande gekommen wäre. Das Körpergewicht Preußens entsprach damals nicht seiner geistigen Bedeutung und seiner Leistung in den Freiheitskriegen.

Deutscher Patriotismus bedarf in der Regel, um tätig und wirksam zu werden, der Vermittlung dynastischer Anhänglichkeit; unabhängig von letzterer kommt er praktisch nur in seltenen Fällen zur Hebung, wenn auch theoretisch täglich, in Parlamenten, Zeitungen und Versammlungen; in praxi bedarf der Deutsche einer Dynastie, der er anhängt, oder einer Reizung, die in ihm den Zorn weckt, der zu Taten treibt. Letztere Erscheinung ist aber ihrer Natur nach keine dauernde Institution. Als Preuße, Hannoveraner, Württemberger, Bayer, Hesse ist er früher bereit, seinen Patriotismus zu dokumentieren wie als Deutscher; und in den unteren Klassen und in Parlamentsfraktionen wird es noch lange dauern, ehe das anders wird. Man kann nicht sagen, daß die hannoversche, die hessische Dynastie und andre sich besonders bemüht hätten, sich das Wohlwollen ihrer Untertanen zu erwerben, aber dennoch wird der deutsche Patriotismus der letzteren wesentlich bedingt durch ihre Anhänglichkeit an die Dynastie, nach welcher sie sich nennen. Es sind nicht Stammesunterschiede, sondern dynastische Beziehungen, auf denen die zentrifugalen Elemente ursprünglich beruhen. Es kommt nicht die Anhänglichkeit an schwäbische, niedersächsische, thüringische Eigentümlichkeit zur Hebung, sondern die durch die Dynastien Braunschweig, Brabant, Wittelsbach zu einem dynastischen Anteil an dem Körper der Nation gesonderten Konvolute der Herrschaft einer fürstlichen Familie. Der Zusammenhang des Königreichs Bayern beruht nicht nur auf dem bajuwarischen Stamme, wie er im Süden Bayerns und in Österreich vorhanden ist, sondern der Augsburger Schwabe, der Pfälzer Alemanne und der Mainfranke, sehr verschiedenen Geblüts, nennen sich mit derselben Genugtuung Bayern wie der Altbayer in München und Landshut, lediglich weil sie mit den letzteren durch gemeinschaftliche Dynastie seit drei Menschenaltern verbunden sind. Die meisten ausgeprägten Stammeseigentümlichkeiten, die niederdeutsche, plattdeutsche, sächsische, sind durch dynastische Einflüsse schärfer und tiefer als die übrigen Stämme geschieden. Die deutsche Vaterlandsliebe bedarf eines Fürsten, auf den sich ihre Anhänglichkeit konzentriert. Wenn man den Zustand fingierte, daß sämtliche deutsche Dynastien plötzlich beseitigt wären, so wäre nicht wahrscheinlich, daß das deutsche Nationalgefühl alle Deutschen in den Friktionen europäischer Politik völkerrechtlich zusammenhalten würde, auch nicht in der Form föderierter Hansastädte und Reichsdörfer. Die Deutschen würden fester geschmiedeten Nationen zur Beute fallen, wenn ihnen das Bindemittel verlorenginge, welches in dem gemeinsamen Standesgefühl der Fürsten liegt.

Die geschichtlich am stärksten ausgeprägte Stammeseigentümlichkeit in Deutschland ist wohl die preußische, und doch wird niemand die Frage mit Sicherheit beantworten können, ob der staatliche Zusammenhang Preußens fortbestehen würde, wenn man sich die Dynastie Hohenzollern und jeden, der ihr rechtlich nachfolgen könnte, verschwunden denkt. Ist es wohl sicher, daß der östliche und der westliche Teil, daß Pommern, Hannoveraner, Holsteiner und Schlesier, daß Aachen und Königsberg, im untrennbaren preußischen Nationalstaat verbunden, ohne die Dynastie so weiterleben würden? Würde Bayern, isoliert gedacht, geschlossen zusammenhalten, wenn die Wittelsbacher Dynastie spurlos verschwunden wäre? Einige Dynastien haben manche Erinnerungen, die nicht gerade geeignet sind, die heterogenen Teile, aus welchen diese Staaten geschichtlich gebildet sind, mit Anhänglichkeit zu erfüllen. Das Land Schleswig-Holstein hat gar keine dynastischen Erinnerungen, namentlich nicht im antigottorpischen Sinne, und doch hat die Aussicht, einen selbständigen kleinen Hof mit Ministern, Hofmarschällen und Orden neu bilden zu können und auf Kosten der preußischen und österreichischen Bundesleistungen eine kleinstaatliche Existenz zu führen, recht starke partikularistische Bewegungen in den Elbherzogtümern hervorgerufen. Das Großherzogtum Baden hat seit dem Herzog Ludwig vor Belgrad kaum eine dynastische Erinnerung; das rasche Anwachsen dieses kleinen Fürstentums unter französischer Protektion im Rheinbunde, das Hofleben der letzten Fürsten der alten Linie, die eheliche Verbindung mit dem Hause Beauharnais, die Kaspar-Hauser-Geschichte, die revolutionären Vorgänge von 1832, die Vertreibung des bürgerfreundlichen Herzogs Leopold, die Vertreibung des regierenden Hauses 1849 haben den Zwang der dynastischen Fügsamkeit im Lande nicht brechen können, und Baden hat 1866 seinen Krieg gegen Preußen und die deutsche Idee geführt, weil die dynastischen Interessen des regierenden Hauses es unabweislich machten.

Die andern europäischen Völker bedürfen einer solchen Vermittlung für ihren Patriotismus und ihr Nationalgefühl nicht. Polen, Ungarn, Italiener, Spanier, Franzosen würden unter einer jeden Dynastie oder ganz ohne eine solche ihren einheitlichen Zusammenhang als Nation bewahren. Die germanischen Stämme des Nordens, die Schweden und Dänen, haben sich von dynastischer Sentimentalität ziemlich frei erwiesen, und in England gehört zwar der äußerliche Respekt vor der Krone zu den Erfordernissen der guten Gesellschaft und wird die formale Erhaltung des Königtums von allen den

Parteien, die bisher an der Herrschaft Anteil gehabt haben, für nützlich gehalten. Aber ich glaube nicht, daß das Volk zerfallen oder daß ähnliche Gefühle, wie zur Zeit der Jakobiten[40], sich tatkräftig geltend machen würden, wenn die geschichtliche Entwicklung einen Dynastiewechsel oder den Übergang zur Republik für das britische Volk nötig oder nützlich erscheinen ließe.

Das Vorwiegen der dynastischen Anhänglichkeit und die Unentbehrlichkeit einer Dynastie als Bindemittel für das Zusammenhalten eines bestimmten Bruchteils der Nation unter dem Namen der Dynastie ist eine spezifisch reichsdeutsche Eigentümlichkeit. Die besonderen Nationalitäten, die sich bei uns auf der Basis des dynastischen Familienbesitzes gebildet haben, begreifen in sich in den meisten Fällen Heterogene, deren Zusammengehörigkeit weder auf der Gleichheit des Stammes noch auf der Gleichheit der geschichtlichen Entwicklung beruht, sondern ausschließlich auf der Tatsache einer in vielen Fällen anfechtbaren Erwerbung durch die Dynastie nach dem Rechte des Stärkeren oder des erbrechtlichen Anfalls vermöge der Verwandtschaft, der Erbverbrüderung oder der bei Wahlkapitulationen von dem kaiserlichen Hofe erlangten Anwartschaft. Welches immer der Ursprung dieser partikularistischen Zusammengehörigkeit in Deutschland ist, das Ergebnis derselben bleibt die Tatsache, daß der einzelne Deutsche leicht bereit ist, seinen deutschen Nachbarn und Stammesgenossen mit Feuer und Schwert zu bekämpfen und persönlich zu töten, wenn infolge von Streitigkeiten, die ihm selbst nicht verständlich sind, der dynastische Befehl dazu ergeht. Die Berechtigung und Vernünftigkeit dieser Eigentümlichkeit zu prüfen, ist nicht die Aufgabe eines deutschen Staatsmannes, solange dieselbe sich kräftig genug erweist, um mit ihr rechnen zu können. Die Schwierigkeit, sie zu zerstören und zu ignorieren oder die Einheit theoretisch zu fördern, ohne Rücksicht auf dieses praktische Hemmnis, ist für die Vorkämpfer der Einheit oft verhängnisvoll gewesen, namentlich bei Benutzung der günstigen Umstände der nationalen Bewegung von 1848 bis 1850. Ich habe ein volles Verständnis für die Anhänglichkeit der heutigen welfischen Partei an die alte Dynastie, und ich weiß nicht, ob ich ihr, wenn ich als Alt-Hannoveraner geboren wäre, nicht angehörte. Aber ich würde auch in dem Falle immer der Wirkung des nationalen deutschen Gefühls mich nicht entziehen können und mich nicht wundern, wenn die Vis major der Gesamtnationalität meine dynastische Mannestreue und persönliche Vorliebe schonungslos vernichtete. Die Aufgabe, mit Anstand zugrunde zu gehen, fällt in der Politik, und nicht bloß in der deutschen, auch andern und stärker berechtigten Gemütsregungen zu, und die Unfähigkeit, sie zu erfüllen, vermindert einigermaßen die Sympathie, welche die kurbraunschweigische Vasallentreue mir einflößt. Ich sehe in dem deutschen Nationalgefühl immer die stärkere Kraft überall, wo sie mit dem Partikularismus in Kampf gerät, weil der letztere, auch der preußische, selbst doch nur entstanden ist in Auflehnung gegen das gesamtdeutsche Gemeinwesen, gegen Kaiser und Reich, im Abfall von beiden, gestützt auf päpstlichen, später französischen, in der Gesamtheit welschen Beistand, welche alle dem deutschen Gemeinwesen gleich schädlich und gefährlich waren. Für die welfischen Bestrebungen ist für alle Zeit ihr erster Merkstein in der Geschichte, der Abfall Heinrichs des Löwen vor der Schlacht bei Legnano, entscheidend, die Desertion von Kaiser und Reich im Augenblick des schwersten und gefährlichsten Kampfes aus persönlichem und dynastischem Interesse.

Dynastische Interessen haben in Deutschland insoweit eine Berechtigung, als sie sich dem allgemeinen nationalen Reichsinteresse anpassen; sie können mit demselben sehr wohl Hand in Hand gehen, und ein reichstreuer Herzog im alten Sinne ist dem Ganzen unter Umständen nützlicher als direkte Beziehungen des Kaisers zu den herzoglichen Hintersassen. Soweit aber die dynastischen Interessen uns mit neuer Zersplitterung und Ohnmacht der Nation bedrohen sollten, müßten sie auf ihr richtiges Maß zurückgeführt werden. Das deutsche Volk und sein nationales Leben können nicht unter fürstlichen Privatbesitz verteilt werden. Ich bin mir jederzeit klar darüber gewesen, daß diese Erwägung auf die kurbrandenburgische Dynastie dieselbe Anwendung findet wie auf die bayrische, die welfische und andre; ich würde gegen das brandenburgische Fürstenhaus keine Waffen gehabt haben, wenn ich ihm gegenüber mein deutsches Nationalgefühl durch Bruch und Auflehnung hätte betätigen müssen; die geschichtliche Prädestination lag aber so, daß meine höfischen Talente hinreichten, um den König und damit schließlich sein Heer der deutschen Sache zu gewinnen. Ich habe gegen den preußischen Partikularismus vielleicht noch schwierigere Kämpfe durchzuführen gehabt als gegen den der übrigen deutschen Staaten und Dynastien, und mein angeborenes Verhältnis zu dem Kaiser Wilhelm I. hat mir diese Kämpfe erschwert. Doch ist es mir schließlich stets gelungen, trotz der starken dynastischen, aber dank der dynastisch berechtigten und in entscheidenden Momenten immer stärker werdenden nationalen Strebungen des Kaisers seine Zustimmung für die deutsche Seite unsrer Entwicklung zu gewinnen, auch wenn eine mehr dynastische und partikularistische von allen andern Seiten geltend gemacht wurde. In der Nikolsburger Situation wurde mir dies nur mit dem Beistande des damaligen Kronprinzen möglich. Die territoriale Souveränität der einzelnen Fürsten hatte sich im Laufe der deutschen Geschichte zu einer unnatürlichen Höhe entwickelt; die einzelnen Dynastien, Preußen nicht ausgenommen, hatten an sich dem deutschen Volke gegenüber auf Zerstücklung des letzteren für ihren Privatbesitz, auf den souveränen Anteil am Leibe des Volkes niemals ein höheres historisches Recht, als unter den Hohenstaufen und unter Karl V. in ihrem Besitz war. Die unbeschränkte Staatssouveränität der Dynastien, der Reichsritter, der Reichsstädte und Reichsdörfer war eine revolutionäre Errungenschaft auf Kosten der Nation und ihrer Einheit. Ich habe stets den Eindruck des Unnatürlichen von der Tatsache gehabt, daß die Grenze, welche den niedersächsischen Altmärker bei Salzwedel von dem kurbraunschweigischen Niedersachsen bei Lüchow, in Moor und Heide dem Auge unerkennbar, trennt, doch den zu beiden Seiten plattdeutsch redenden Niedersachsen an zwei verschiedene, einander unter Umständen feindliche völkerrechtliche Gebilde verweisen will, deren eines von Berlin und das andre früher von London, später von Hannover regiert wurde, das eine Augen rechts nach Osten, das andre Auge links nach Westen bereitstand, und daß friedliche und gleichartige, im Konnubium verkehrende Bauern dieser Gegend, der eine für welfisch-habsburgische, der andre für hohenzollernsche Interessen aufeinander schießen sollen. Daß dies überhaupt möglich war, beweist die Tiefe und Gewalt des Einflusses dynastischer Anhänglichkeit auf den Deutschen. Daß die Dynastien jederzeit stärker geblieben sind als Presse und Parlamente, hat sich durch die Tatsache bestätigt, daß 1866 Bundesländer, deren Dynastien im Bereich des österreichischen Einflusses lagen, ohne Rücksicht auf nationale Bestrebungen mit Österreich, und nur solche, welche »unter den preußischen Kanonen« lagen, mit Preußen gingen. Von den letzteren machten allerdings Hannover, Hessen und Nassau Ausnahmen, weil sie Österreich für stark genug hielten, um alle Zumutungen Preußens siegreich abweisen zu können. Sie haben infolgedessen die Zeche bezahlt, da es nicht gelang, dem Könige Wilhelm die Vorstellung annehmbar zu machen, daß Preußen an der Spitze des Norddeutschen Bundes einer Vergrößerung seines Gebietes kaum bedürfen würde. Gewiß aber ist, daß auch 1866 die materielle Macht der Bundesstaaten noch den Dynastien und nicht den Parlamenten folgte und daß sächsisches, hannoversches und hessisches Blut nicht für die deutsche Einheit, sondern dagegen vergossen ist.

Die Dynastien bildeten überall den Punkt, um welchen der deutsche Trieb nach Sonderung in engeren Verbänden seine Kristalle ansetzte.

3. KAPITEL

KONFLIKTSMINISTERIUM

I

Bei der Verteilung der Ministerien, wofür die Auswahl an Kandidaten klein war, verursachte das Finanzministerium den geringsten Aufenthalt; es wurde Herrn Karl von Bodelschwingh – Bruder des im März [1848] abgetretenen Ministers des Innern, Ernst v. B. – zugeteilt, der es unter Manteuffel von 1851 bis 1858 gehabt hatte. Es zeigte sich freilich bald, daß er und der Graf Itzenplitz, dem das Handelsministerium zufiel, nicht imstande waren, ihre Ministerien zu leiten. Beide beschränkten sich darauf, die Beschlüsse der sachkundigen Räte mit ihrer Unterschrift zu versehen und nach Möglichkeit die Divergenzen zu vermitteln, in welche die Beschlüsse der teils liberalen, teils in engen Ressortgesichtspunkten befangenen Räte mit der Politik des Königs und des Staatsministeriums geraten konnten. Die sehr sachkundigen Mitglieder des Finanzministeriums gehörten innerlich der Mehrzahl nach der Opposition gegen das Konfliktsministerium an, betrachteten dasselbe als eine kurze Episode in der liberalen Fortbildung der bürokratischen Regierungsmaschine; und wenn die tüchtigsten unter ihnen zu gewissenhaft waren, um die Tätigkeit der Regierung zu hemmen, so leisteten sie doch einen passiven Widerstand, wo ihr amtliches Pflichtgefühl ihnen einen solchen erlaubte und der immerhin nicht unerheblich war. Aus dieser Sachlage ergab sich das wunderliche Verhältnis, daß Herr von Bodelschwingh, der nach seiner persönlichen Stellung die äußerste Rechte unter uns Ministern bildete, in der Regel mit seinem Votum die äußerste Linke einnahm.

Ebenso war der Handelsminister Graf Itzenplitz nicht imstande, das Steuer seines überladenen ministeriellen Fahrzeugs selbständig zu führen, sondern trieb in der Strömung, welche seine Untergebenen ihm herstellten. Wenn es vielleicht unmöglich war, für die mannigfaltigen Verzweigungen

des damaligen Handelsministeriums einen Chef zu finden, der in allen ihm
unterstellten Disziplinen zur Führung seiner Untergebenen befähigt gewesen wäre, so stand der Graf Itzenplitz den von ihm zu lösenden Aufgaben
viel fremder gegenüber als z.B. von der Heydt und verfiel ziemlich hilflos
der in technischen Fragen sachkundigen Leitung der Dezernenten, namentlich Delbrücks. Außerdem war er eine weiche Natur, ohne die zur Leitung
eines so großen Ressorts nötige Energie; selbst den Unredlichkeiten gegenüber, welche damals einzelnen hervorragenden Mitarbeitern des Handelsministeriums schuldgegeben wurden und welche den persönlich ehrliebenden Chef aufs höchste beunruhigten, wurde ihm das Einschreiten sehr
schwer, weil die technische Leistung der ihm selbst verdächtigen Beamten
ihm unentbehrlich schien. Unterstützung meiner Politik hatte ich persönlich von den in Rede stehenden beiden Kollegen nicht zu erwarten, weder
nach ihrem Verständnis für dieselbe noch nach dem Maße von Wohlwollen,
welches sie für mich als jüngeren und ursprünglich dem Geschäft nicht angehörigen Präsidenten übrig hatten.

Als Minister des Innern fand ich Herrn von Jagow vor, der durch die Lebhaftigkeit seines Tones, seinen Wortreichtum und die rechthaberische Färbung seiner Diskussion sich binnen kurzem die Abneigung seiner Kollegen
in dem Grade zuzog, daß er durch den Grafen Fritz Eulenburg ersetzt werden mußte. Charakteristisch für ihn ist ein Erlebnis, das wir mit ihm hatten,
nachdem er ausgeschieden und in die Stelle des Oberpräsidenten in Potsdam
eingerückt war. In wichtigen Angelegenheiten der Stadt Berlin schwebten
Verhandlungen, in welchen er das ressortmäßige Mittelglied zwischen der
Regierung und den Gemeindebehörden war. Die Dringlichkeit der Sache
brachte es mit sich, daß das Staatsministerium den Oberbürgermeister ersuchte, sich nach Potsdam zu begeben und über einen entscheidenden
Punkt die Anträge des Oberpräsidenten mündlich einzuholen und darüber
in einer zu dem Zweck angesagten Abendsitzung des Ministeriums zu berichten.

Der Oberbürgermeister hatte eine zweistündige Audienz; aber zur Berichterstattung darüber in der Sitzung erscheinend, erklärte er, eine solche
nicht machen zu können, weil er während der zwei Stunden, die zwischen
den beiden Zügen lagen, dem Herrn Oberpräsidenten gegenüber nicht zu
Worte gekommen sei. Er habe es wiederholt und bis zur Unhöflichkeit versucht, seine Frage zu stellen, sei aber von dem Vorgesetzten stets und mit
steigender Energie mit den Worten zur Ruhe verwiesen worden: »Erlauben

Sie, ich bin noch nicht fertig, bitte mich ausreden zu lassen.« Dieser Bericht des Oberbürgermeisters erzeugte einen geschäftlichen Verdruß, rief aber doch in der Erinnerung an eigne frühere Erlebnisse einige Heiterkeit hervor.

Mein landwirtschaftlicher Kollege von Selchow entsprach in seiner Begabung nicht dem Rufe, welcher ihm in der Provinzialverwaltung vorhergegangen war. Der König hatte ihm das zur Zeit wichtigste Ministerium des Innern zugedacht. Nach einer längeren Unterredung, in welcher ich die Bekanntschaft des Herrn von Selchow machte, bat ich Se. Majestät, davon abzustehen, weil ich ihn der Aufgabe nicht für gewachsen hielt, und schlug statt seiner den Grafen Friedrich Eulenburg vor. Beide Herren standen mit dem Könige in maurerischen Beziehungen und wurden bei den Schwierigkeiten, welche die Vervollständigung des Ministeriums hatte, erst im Dezember zum Eintritt bewogen. Der König hatte Zweifel an Graf Eulenburgs Sachkunde auf dem Gebiete des Innern, wollte ihm das Handelsministerium (und) dem Grafen Itzenplitz die Landwirtschaft und Selchow das Innere geben. Ich entwickelte demgegenüber, daß die ressortmäßige Sachkunde als Handelsminister bei Eulenburg und Selchow auf ziemlich gleicher Stufe stehen und jedenfalls mehr bei ihren Räten als bei ihnen selbst zu suchen sein würde, daß ich in diesem Falle viel mehr Gewicht auf persönliche Begabung, Geschick und Menschenkenntnis legte als auf technische Vorbildung. Ich gäbe zu, daß Eulenburg arbeitsscheu und vergnügungssüchtig sei; er sei aber auch gescheit und schlagfertig, und wenn er als Minister des Innern in der nächsten Zeit als der Vorderste auf der Bresche stehen müsse, so werde das Bedürfnis, sich zu wehren und die Schläge, die er bekommen, zu erwidern, ihn aus seiner Untätigkeit herausspornen. Der König gab mir endlich nach, und ich glaube auch noch heute, daß meine Wahl den Umständen nach richtig war; denn wenn ich auch unter dem Mangel an Arbeitsamkeit und Pflichtgefühl meines Freundes Eulenburg mitunter schwer gelitten habe, so war er doch in den Zeiten seiner Arbeitslust ein tüchtiger Gehilfe und immer ein feiner Kopf, nicht ohne Ehrgeiz und Empfindlichkeit, auch mir gegenüber. Wenn die Periode der Entsagung und angestrengten Arbeit länger als gewöhnlich dauerte, so verfiel er in nervöse Krankheiten. Jedenfalls waren er und Roon die Hervorragendsten in dem Konfliktsministerium.

Roon aber war der einzige unter meinen späteren Kollegen, der bei meinem Eintritt in das Amt sich der Wirkung und des Zweckes desselben und des gemeinsamen Operationsplanes bewußt war und den letzteren mit mir besprach. Er war unerreicht in der Treue, Tapferkeit und Leistungsfähigkeit, womit er vor und nach meinem Eintritt die Krisis überwinden half, in welche der Staat durch das Experiment der neuen Ära geraten war. Er verstand sein Ressort und beherrschte es, war der beste Redner unter uns, ein Mann von Geist und unerschütterlich in der Gesinnung eines ehrliebenden preußischen Offiziers. Mit vollem Verständnis für politische Fragen wie Eulenburg, war er konsequenter, sicherer und besonnener als dieser. Sein Privatleben war einwandfrei. Ich war mit ihm von meinen Kinderjahren her, als er, mit topographischen Aufnahmen beschäftigt, sich im Hause meiner Eltern aufhielt, persönlich befreundet und habe nur unter seinem Jähzorn zuweilen gelitten, der sich leicht bis zur Gefährdung seiner Gesundheit steigerte. In der Zeit, während der ich krankheitshalber das Präsidium an ihn abgegeben hatte, 1873, machten sich Streber, wie H. Arnim und jüngere Militärs, dieselben, die mit ihren Verbündeten in der »Kreuzzeitung« und durch die »Reichsglocke« gegen mich arbeiteten, an ihn heran und suchten ihn mir zu entfremden. Seine Präsidialstellung nahm ohne meine Mitwirkung ein Ende auf die Initiative meiner übrigen Kollegen, welche bei ihm, dessen Heftigkeit sich mit den Jahren steigerte und der seinerseits von unsern Mitarbeitern in Zivil nicht imponiert war, die Formen vermißten, auf welche sie im kollegialen Verkehr Anspruch machten, und bei mir, und durch Eulenburg vertraulich bei dem Könige, anregten, daß ich das Präsidium wieder übernehmen möchte. Daraus entstand zu meinem Bedauern und ohne meine Absicht, hauptsächlich durch Zwischenträgereien, in Roons letzten Jahren nicht gerade eine Erkältung, doch eine Zurückhaltung und bei mir die Empfindung, daß mein bester Freund und Kamerad den Lügen und Verleumdungen, welche über mich systematisch verbreitet wurden, nicht mit der Entschiedenheit entgegentrat, welche ich, wie ich glaube, im umgekehrten Falle betätigt haben würde.

Der Kultusminister von Mühler hatte viel Ähnlichkeit mit Goßler in der Art, wie er sich geschäftlich gab, nur daß die Energie und die geschäftliche Liebhaberei seiner gescheiten und, wenn sie wollte, liebenswürdigen Frau auf ihn wirkte und er ihrer stärkeren Willenskraft vielleicht unterlag; ich wußte das anfangs allerdings nicht aus direkter Wahrnehmung, sondern konnte es nur nach dem Eindrucke schließen, den beide Persönlichkeiten mir im Verkehr gemacht hatten. Ich erinnere mich, daß ich schon in Gastein im August 1865 bis zur Unhöflichkeit darauf bestehen mußte, allein mit Herrn von Mühler über einen königlichen Befehl zu sprechen, ehe es mir gelang, die Frau Ministerin zu bewegen, uns allein zu lassen. Das Vorkommen einer solchen Nötigung hatte seinerseits Verstimmungen zur Folge, die sich bei seiner sachkundigen Behandlung der Dinge auf mein geschäftliches Verhältnis zunächst nicht übertrugen, aber doch die Ergebnisse unsres persönlichen Verkehrs beeinträchtigten. Frau von Mühler empfing ihre politische Direktion nicht von ihrem Gemahle, sondern von Ihrer Majestät, mit welcher Fühlung zu erhalten sie vor allem bestrebt war. Die Hofluft, die Rangfragen, die äußerliche Kundgebung allerhöchster Intimität haben nicht selten auf Ministerfrauen einen Einfluß, der sich in der Politik fühlbar macht; die persönliche, der Staatsräson in der Regel zuwiderlaufende Politik der Kaiserin Augusta fand in Frau von Mühler eine bereitwillige Dienerin, und Herr von Mühler, wenn auch nur ein einsichtiger und ehrlicher Beamter, war doch nicht fest genug in seinen Überzeugungen, um nicht dem Hausfrieden Konzessionen auf Kosten der Staatspolitik zu machen, wenn es in unauffälliger Weise geschehen konnte.

Der Justizminister Graf Lippe hatte vielleicht von seiner Tätigkeit als Staatsanwalt die Gewohnheit beibehalten, auch das Schärfste mit lächelnder Miene, mit einem höhnischen Ausdrucke von Überlegenheit zu sagen, und verstimmte dadurch die Parlamente und die Kollegen. Er stand nächst Bodelschwingh am weitesten rechts unter uns und war in Vertretung seiner Richtung schärfer als dieser, weil er in seinem Ressort sachkundig genug war, um seiner persönlichen Überzeugung folgen zu können, während Bodelschwingh den Geschäftsgang des Finanzministeriums ohne den willigen Beistand seiner sachkundigen Räte nicht beherrschen konnte, diese Räte aber in ihrer politischen Auffassung weiter links standen als ihr Chef und das ganze Ministerium.

II

Die staatsrechtliche Frage, um welche es sich in dem Konflikte handelte, und die Auffassung derselben, welche das Ministerium gewonnen und der König gutgeheißen hatte, ist in einem Schreiben Sr. Majestät an den Oberstleutnant Freiherrn von Vincke auf Olbendorf bei Grottkau dargelegt, welches seinerzeit in der Presse erwähnt, aber, soviel ich mich erinnere, nicht vollständig veröffentlicht worden ist, was dasselbe um so mehr verdient, als sich daraus die Haltung des Königs in der Frage der Indemnität erklärt.

Herr von Vincke hatte ein Glückwunschschreiben zu Neujahr 1863 mit folgenden Sätzen geschlossen: »Das Volk hängt treu an Ew. M., aber es hält auch fest an dem Recht, welches ihm der Artikel 99 der Verfassung unzweideutig gewährt. Möge Gott die unglücklichen Folgen eines großen Mißverständnisses in Gnaden abwenden.«

Der König antwortete am 2. Januar:

»Für Ihre freundlichen Glückwünsche beim Jahreswechsel danke ich Ihnen bestens. Daß der Blick in das neue Jahr nicht freundlich ist, bedarf keines Beweises. Daß aber auch Sie in das Horn stoßen, daß ich nicht die Stimmung des bei weitem größten Teils des Volkes kenne, ist mir unbegreiflich, und Sie müssen meine Antworten an die vielen Loyalitätsdeputationen nicht gelesen haben. Immer und immer habe ich es wiederholt, daß mein Vertrauen zu meinem Volk unerschüttert sei, weil ich wüßte, daß es mir vertraue; aber diejenigen, welche mir die Liebe und das Vertrauen desselben rauben wollten, die verdamme ich, weil ihre Pläne nur ausführbar sind, wenn dies Vertrauen erschüttert wird. Und daß zu diesem Zwecke jenen alle Wege recht sind, weiß die ganze Welt, denn nur Lüge und Trug und Lug kann ihre Pläne zur Reife bringen. Sie sagen ferner: das Volk verlange die Ausführung des § 99 der Verfassung[41]. Ich möchte wohl wissen, wie viele Menschen im Volke den § 99 kennen oder ihn je haben nennen hören! Das ist aber einerlei und tut nichts zur Sache, da für die Regierung der § existiert und befolgt werden muß. Wer hat denn aber die Ausführung des § unmöglich gemacht? Habe ich nicht von der Winter- zur Sommersession die Konzession von 4 Millionen gemacht und danach das Militärbudget – leider – modifiziert? Habe ich nicht mehrere andere Konzessionen – leider – gemacht, um das Entgegenkommen der Regierung dem neuen Hause zu beweisen? Und was ist die Folge gewesen? Daß das Abgeordnetenhaus getan hat, als hätte ich nichts getan, um entgegenzukommen, um nur immer mehr und neue Konzessionen zu erlangen, die zuletzt dahin führen sollten, daß die Regierung unmöglich würde. Wer einen solchen Gebrauch von seinem Recht macht, d.h. das Budget so reduziert, daß alles im Staate aufhört, der gehört ins Tollhaus! Wo steht es in der Verfassung, daß nur die Regierung Konzessionen machen soll und die Abgeordneten niemals? Nachdem ich die meinigen in unerhörter Ausdehnung gemacht hatte, war es am Abgeordnetenhaus, die seinigen zu machen. Dies aber wollte es unter keiner Bedingung, und die sogenannte Episode[42] bewies wohl mehr wie sonnenklar, daß uns eine Falle nach der anderen gelegt werden sollte, in welche sogar Ihr Vetter Patow und Schwerin fielen. 234 000 Reichstaler sollten noch pro 1862 abgesetzt werden, um das Budget annehmen zu können, während der Kern der Frage erst pro 1863 zur Sprache kommen sollte; dies lag gedruckt vor; und als ich darauf eingehe, erklärt nun erst Bockum-Dolffs, daß ihrerseits, d.h. seiner politischen Freunde, dies Eingehen nur angenommen werden könne, wenn sofort in der Kommission die Zusage und anderentags im Plenum das Gesetz einer zweijährigen Dienstzeit eingebracht werde. Und als ich darauf nicht eingehe, verhöhnt uns B. D. durch seine Presse: ›nun solle man sich die Unverschämtheit der Regierung denken, dem Hause zuzumuten, um 234 000 Reichstaler Frieden anzubieten!‹ Und doch lag nur dies Anerbieten seitens des *Hauses* vor! Ist jemals eine größere Infamie aufgeführt worden, um die Regierung zu verunglimpfen und das Volk zu verwirren?

Das Abgeordnetenhaus hat von seinem Recht Gebrauch gemacht und das Budget reduziert.

Das Herrenhaus hat von seinem Recht Gebrauch gemacht und das reduzierte Budget en bloc verworfen.

Was schreibt die Verfassung in einem solchen Falle vor?

Nichts!

Da, wie oben gezeigt, das Abgeordnetenhaus sein Recht zur Vernichtung der Armee und des Landes benutzte, so mußte ich wegen jenes ›Nichts‹ supplieren und als guter Hausvater das Haus weiter führen und *spätere Rechenschaft geben.* Wer hat also den § 99 unmöglich gemacht? Ich wahrlich nicht!

Wilhelm.«

4. KAPITEL

DIE ALVENSLEBENSCHE KONVENTION

Gegenüber der Bewegung in Polen, die gleichzeitig mit der Umwälzung in Italien und nicht ohne Zusammenhang mit derselben durch die Landestrauer[43], die kirchliche Feier vaterländischer Erinnerungstage und die Agitation der landwirtschaftlichen Vereine begann, war man in Petersburg ziemlich lange schwankend zwischen Polonismus und Absolutismus. Die den Polen freundliche Strömung hing zusammen mit dem in der höheren russischen Gesellschaft laut gewordenen Verlangen nach einer Verfassung. Man empfand es als eine Demütigung, daß die Russen, die doch auch gebildete Leute wären, Einrichtungen entbehren müßten, die bei allen europäischen Völkern existierten, und daß sie über ihre eignen Angelegenheiten nicht mitzureden hätten. Dies war die auch vom Fürsten Gortschakow vertretene Ansicht, dem parlamentarische Einrichtungen ein Feld für europäische Verwertung seiner Beredsamkeit gewährt haben würden, und dessen Popularitätsbedürfnis ihn widerstandsunfähig gegen liberale Strömungen in der russischen »Gesellschaft« machte. Er war bei der Freisprechung von Wera Sassulitsch[44] der erste, der zum Beifall der Zuhörer das Signal gab. Der Zwiespalt in der Beurteilung der polnischen Frage erstreckte sich bis in die höchsten militärischen Kreise und führte zwischen dem Generalgouverneur in Warschau, Graf Lambert, und seinem Generalstabschef, dem General Gerstenzweig, zu einer leidenschaftlichen Erörterung, welche mit dem nicht aufgeklärten gewaltsamen Tod des letzteren endete. Ich wohnte seiner Beisetzung in einer der evangelischen Kirchen Petersburgs bei. Diejenigen Russen, welche für sich eine Verfassung verlangten, machten zuweilen entschuldigend geltend, daß die Polen durch Russen nicht regierbar wären, als die Zivilisierteren erhöhten Anspruch auf Beteiligung an ihrer Regierung hätten.

Der Kampf der Meinungen war in Petersburg recht lebhaft, als ich im

April 1862 von dort abging, und blieb so während des ersten Jahres meines Ministeramts. Ich übernahm die Leitung des Auswärtigen Amts unter dem Eindruck, daß es sich bei dem am 1. Januar 1863 ausgebrochenen Aufstande nicht bloß um das Interesse unsrer östlichen Provinzen, sondern auch um die weitergreifende Frage handelte, ob im russischen Kabinett eine polenfreundliche oder eine antipolnische Richtung, ein Streben nach panslawistischer antideutscher Verbrüderung zwischen Russen und Polen oder eine gegenseitige Anlehnung der russischen und der preußischen Politik herrschte. In den Verbrüderungsbestrebungen waren die beteiligten Russen die Ehrlicheren; von dem polnischen Adel und der Geistlichkeit wurde schwerlich an einen Erfolg dieser Bestrebungen geglaubt oder ein solcher als das definitive Ziel ins Auge gefaßt. Es gab kaum einen Polen, für den die Verbrüderungspolitik mehr als eine taktische Evolution vorgestellt hätte, zu dem Zwecke, gläubige Russen zu täuschen, solange es notwendig oder nützlich sein würde. Die Verbrüderung wird von dem polnischen Adel und seiner Geistlichkeit nicht ganz, aber doch annähernd ebenso unwandelbar perhorresziert wie die mit den Deutschen. Letztere jedenfalls stärker, nicht bloß als Abneigung gegen die Race, als in der Meinung, daß die Russen in staatlicher Gemeinschaft von den Polen geleitet werden würden, die Deutschen aber nicht.

Für Preußens deutsche Zukunft war die Haltung Rußlands eine Frage von hoher Bedeutung. Eine polenfreundliche Richtung der russischen Politik war dazu angetan, die seit dem Pariser Frieden und schon früher gelegentlich angestrebte russisch-französische Fühlung zu beleben, und ein polenfreundliches, russisch-französisches Bündnis, wie es vor der Julirevolution in der Luft schwebte, hätte das damalige Preußen in eine schwierige Lage gebracht. Wir hatten das Interesse, im russischen Kabinett die Partei der polnischen Sympathien, auch solcher im Sinne Alexanders I., zu bekämpfen. Daß Rußland selbst keine Sicherheit gegen die polnische Verbrüderung gewährte, konnte ich aus den vertraulichen Gesprächen entnehmen, die ich teils mit Gortschakow, teils mit dem Kaiser selbst hatte. Der Kaiser Alexander war damals nicht abgeneigt, Polen teilweise aufzugeben; er hat mir das mit dürren Worten gesagt, wenigstens mit Bezug auf das linke Weichselufer, indem er, ohne Akzent darauf zu legen, Warschau ausnahm, welches immerhin als Garnison in der Armee seinen Reiz hätte und strategisch zu dem Festungsdreieck an der Weichsel gehörte. Polen wäre eine Quelle von Unruhe und europäischen Gefahren für Rußland, die Russifizierung sei nicht durchführbar wegen der konfessionellen Verschiedenheit und wegen des Mangels an administrativer Befähigung der russischen Organe. Bei uns gelinge es, das polnische Gebiet zu germanisieren (?), wir hätten die Mittel dazu, weil die deutsche Bevölkerung gebildeter sei als die polnische. Der Russe fühle nicht die nötige Überlegenheit, um die Polen zu beherrschen, man müsse sich auf das Minimum polnischer Bevölkerung beschränken, welches die geographische Lage zulasse, also auf die Weichselgrenze und Warschau als Brückenkopf.

Ich kann nicht darüber urteilen, inwieweit diese Darlegung des Kaisers reiflich erwogen war. Mit Staatsmännern besprochen wird sie gewesen sein, denn eine ganz selbständige, persönliche, politische Initiative mir gegenüber habe ich vom Kaiser nie erfahren. Dieses Gespräch fand zu einer Zeit statt, wo meine Abberufung schon wahrscheinlich war, und meine nicht bloß höfliche, sondern wahrheitsgemäße Äußerung, daß ich meine Abberufung bedauerte und gern in Petersburg bleiben würde, veranlaßte den Kaiser mißverständlich zu der Frage, ob ich geneigt sei, in russische Dienste zu treten. Ich verneinte das höflich unter Betonung des Wunsches, als preußischer Gesandter in der Nähe Sr. Majestät zu bleiben. Es wäre mir damals nicht unlieb gewesen, wenn der Kaiser zu dem Zwecke Schritte getan hätte, denn der Gedanke, der Politik der neuen Ära, sei es als Minister, sei es als Gesandter in Paris oder London ohne die Aussicht auf Mitwirkung an unsrer Politik zu dienen, hatte an sich nichts Verführerisches. Wie ich dem Lande und meiner Überzeugung in London oder Paris würde nützen können, wußte ich nicht, während mein Einfluß bei dem Kaiser Alexander und den hervorragenden seiner Staatsmänner nicht ohne Bedeutung für unsre Interessen war. Der Gedanke, Minister des Äußern zu werden, war mir unbehaglich, etwa wie der Eintritt in ein Seebad bei kaltem Wetter; aber alle diese Empfindungen waren nicht stark genug, um mich zu einem Eingriff in die eigne Zukunft oder zu einer Bitte an den Kaiser Alexander zu solchem Zwecke zu veranlassen.

Nachdem ich dennoch Minister geworden war, stand zunächst die innere Politik mehr im Vordergrunde als die äußere; in dieser aber lagen mir die Beziehungen zu Rußland dank meiner jüngsten Vergangenheit besonders nahe, und ich war bestrebt, unsrer Politik den Besitz an Einfluß in Petersburg, den wir dort besaßen, nach Möglichkeit zu erhalten. Es lag auf der Hand, daß die preußische Politik in deutscher Richtung damals von Österreich keine Unterstützung zu erwarten hatte. Es war nicht wahrscheinlich,

daß das Wohlwollen Frankreichs für unsre Stärkung und die deutsche Einigung auf die Dauer ehrlich sein werde, eine Überzeugung, die nicht hindern
durfte, vorübergehende, auf irrtümlichen Berechnungen beruhende Unterstützung und Förderung Napoleons utilitär anzunehmen. Mit Rußland waren wir in derselben Lage wie mit England, insoweit daß wir mit beiden
prinzipielle divergierende Interessen nicht hatten und durch langjährige
Freundschaft verbunden waren. Von England konnten wir platonisches
Wohlwollen und belehrende Briefe und Zeitungsartikel, aber schwerlich
mehr erwarten. Der zarische Beistand ging, wie die ungarische Expedition
des Kaisers Nikolaus gezeigt hatte, unter Umständen über die wohlwollende Neutralität hinaus. Daß sie [er] zu unsern Gunsten das tun würde, darauf
ließ sich nicht rechnen, wohl aber lag es nicht außerhalb der möglichen
Rechnung, daß Kaiser Alexander bei französischen Versuchen zum Eingreifen in die deutsche Frage uns in deren Abwehr wenigstens diplomatisch bei-
stehen würde. Die Stimmung dieses Monarchen, die mich zu der Annahme
berechtigte, hat sich noch 1870 erkennen lassen, während wir damals das
neutrale und befreundete England mit seinen Sympathien auf französischer Seite fanden. Wir hatten also nach meiner Meinung allen Grund, jede
Sympathie, welche Alexander II. im Gegensatz zu vielen seiner Untertanen
und höchsten Beamten für uns hegte, wenigstens insoweit zu pflegen, als
nötig war, um Rußlands Parteinahme gegen uns nach Möglichkeit zu verhüten. Es ließ sich damals nicht mit Sicherheit voraussehen, ob und wie lange dieses politische Kapital der zarischen Freundschaft sich werde praktisch
verwenden lassen. Jedenfalls aber empfahl der einfache gesunde Menschenverstand, dasselbe nicht in den Besitz unsrer Gegner geraten zu lassen, die wir in den Polen, den polonisierenden Russen und im letzten Abschluß wahrscheinlich auch in den Franzosen zu sehn hatten. Österreich
hatte damals in erster Linie die Rivalität mit Preußen auf deutschem Gebiet
im Auge und hatte sich mit der polnischen Bewegung leichter abfinden können als wir oder Rußland, weil der katholische Kaiserstaat ungeachtet der
Reminiszenzen[45] von 1846 und der auf die Köpfe polnischer Edelleute ge-
setzten Preise doch unter diesen und der Geistlichkeit immer viel mehr
Sympathie besaß als Preußen und Rußland.

Die Ausgleichung zwischen österreichisch-polnischen und russisch-pol-
nischen Verbrüderungsplänen wird stets eine schwierige bleiben; aber das
Verhalten der österreichischen Politik 1863 im Bunde mit den Westmächten
zugunsten der polnischen Bewegung bewies, daß Österreich die russische

Rivalität in einem wieder auferstandenen Polen nicht fürchtete. Hatte es doch dreimal, im April, im Juni und unter dem 12. August mit Frankreich und England gemeinsame Schritte zugunsten der Polen in Petersburg getan. »Wir haben«, heißt es in der österreichischen Note vom 18. Juni, »nach den Bedingungen geforscht, durch welche dem Königreiche Polen Ruhe und Frieden wiedergegeben werden könnte, und sind dahin gelangt, diese Bedingungen in den folgenden sechs Punkten zusammenzufassen, welche wir der Erwägung des Kabinetts von Sankt Petersburg empfehlen: 1. Vollständige und allgemeine Amnestie, 2. Nationale Vertretung, welche an der Gesetzgebung des Landes teilnimmt und wirksame Mittel der Kontrolle besitzt, 3. Ernennung von Polen zu den öffentlichen Ämtern in solcher Weise, daß eine besondere und nationale und dem Lande Vertrauen einflößende Administration gebildet werde, 4. Volle und gänzliche Gewissensfreiheit und Aufhebung der die Ausübung des katholischen Kultus treffenden Beschränkungen, 5. Ausschließender Gebrauch der polnischen Sprache als amtlicher Sprache in der Verwaltung, der Justiz und dem Unterrichtswesen, 6. Einführung eines regelmäßigen und gesetzlichen Rekrutierungssystems.« Den Vorschlag Gortschakows, daß Rußland, Österreich und Preußen sich ins Einvernehmen setzen möchten, um das Los ihrer betreffenden polnischen Untertanen festzustellen, wies die österreichische Regierung mit der Erklärung zurück, »daß das zwischen den drei Kabinetten von Wien, London und Paris hergestellte Einverständnis ein Band zwischen denselben bindet, von welchem Österreich sich jetzt nicht loslösen kann, um abgesondert mit Rußland zu unterhandeln«. Es war das die Situation, in welcher Kaiser Alexander Sr. Majestät in eigenhändigem Schreiben nach Gastein den Entschluß, den Degen zu ziehen, kundgab und Preußens Bündnis verlangte.

Es ist nicht zu bezweifeln, daß die damalige Intimität mit den beiden Westmächten zu dem Entschlusse des Kaisers Franz Joseph mitgewirkt hat, am 4. August den Vorstoß mit dem Fürstenkongreß gegen Preußen zu machen. Freilich hatte er sich dabei in einem Irrtum befunden, nicht gewußt, daß der Kaiser Napoleon der polnischen Sache schon überdrüssig und auf einen anständigen Rückzug bedacht war. Der Graf Goltz schrieb mir am 31. August:

»Sie werden aus meiner heutigen Expedition ersehen, daß ich mit Cäsar ein Herz und eine Seele bin (in der Tat war er noch nie, auch zu Anfang meiner Mission nicht, so liebenswürdig und vertraulich wie diesmal), daß

Österreich uns durch seinen Fürstentag, was unsre Beziehungen zu Frankreich anbetrifft, einen großen Dienst geleistet hat und daß es nur einer befriedigenden Beilegung der polnischen Differenzen bedarf, um, dank zugleich der Abwesenheit Metternichs und der heute erfolgten Abreise seiner hohen Freundin, in eine politische Lage zurückzugelangen, in welcher wir den kommenden Ereignissen mit Zuversicht entgegensehen können.

Ich habe auf die Andeutungen des Kaisers hinsichtlich der polnischen Angelegenheit nicht so weit eingehen können, als ich es gewünscht hätte. Er schien mir ein Meditationsanerbieten zu erwarten; aber die Äußerungen des Königs hielten mich zurück. Jedenfalls scheint es mir ratsam, das Eisen zu schmieden, solange es warm ist; der Kaiser hat jetzt bescheidenere Ansprüche als je, und es ist zu besorgen, daß er wieder zu stärkeren Anforderungen zurückkehrt, wenn etwa Österreich das Frankfurter Ungeschick durch eine erhöhte Bereitwilligkeit in der polnischen Frage wiedergutzumachen bemüht sein sollte. Er will jetzt nur aus der Sache mit Ehren herauskommen, erkennt die sechs Punkte selbst als schlecht an und wird daher bei ihrer praktischen Durchführung gern ein Auge zudrücken, weshalb es ihm vielleicht sogar ganz recht ist, wenn er nicht vermöge einer allzu bindenden Form gezwungen wird, ihre strenge Ausführung zu überwachen. Ich fürchte nur bei der bisherigen Behandlung der Sache, daß uns die Russen das Verdienst der Beilegung nehmen, indem sie ohne uns das tun, wozu wir (?) ihnen zureden wollten (?). Die Reise des Großfürsten, der offenbar nicht abberufen ist, ist mir in dieser Beziehung verdächtig. Wie, wenn der Kaiser Alexander jetzt eine Konstitution verkündigte und dem Kaiser Napoleon davon mittels autographischen verbindlichen Schreibens Anzeige machte? (Vgl. Ems 1870.) Es wäre dies immer noch besser als die Fortdauer der Differenz, aber ungünstiger für uns, als wenn wir vorher dem Kaiser Napoleon gesagt hätten: ›Wir sind bereit dazu zu raten; würdest du damit zufrieden sein?‹«

Dieser, schon 14 Tage vorher von dem General Fleury einem Mitgliede der preußischen Gesandtschaft geradezu gemachten Insinuation, dem Kaiser Alexander zu dem bezeichneten Schritte zu raten, haben wir keine Folge gegeben, und der diplomatische Feldzug der drei Mächte ist im Sande verlaufen. Der ganze Plan des Grafen Goltz schien mir weder politisch richtig noch würdig, mehr im Pariser Sinne als in unserm gedacht.

Österreich hat der polnischen Frage gegenüber nicht die Schwierigkeiten, die für uns in der gegenseitigen Durchsetzung polnischer und deutscher

Ansprüche in Posen und Westpreußen und in der Lage Ostpreußens mit der Frage einer Wiederherstellung polnischer Unabhängigkeit unlösbar verbunden sind. Unsre geographische Lage und die Mischung beider Nationalitäten in den Ostprovinzen einschließlich Schlesiens nötigen uns, die Eröffnung der polnischen Frage nach Möglichkeit hintanzuhalten, und ließ es auch 1863 ratsam erscheinen, die Eröffnung dieser Frage durch Rußland nicht zu fördern, sondern, soviel wir konnten, zu verhüten. Es hatte vor 1863 Zeiten gegeben, da man in Petersburg auf der Basis der Wielopolskischen Theorien[46] den Großfürsten Constantin und seine schöne Gemahlin als Vizekönige von Polen in Aussicht nahm – die Großfürstin trug damals polnisches Kostüm –, möglicherweise unter Herstellung der polnischen Verfassung, welche, von Alexander I. gegeben, unter dem alten Großfürsten Constantin in formaler Geltung war.

Die Militärkonvention, welche durch den General Gustav von Alvensleben im Februar 1863 in Petersburg abgeschlossen wurde, hatte für die preußische Politik mehr einen diplomatischen als einen militärischen Zweck. Sie repräsentierte einen im Kabinett des russischen Kaisers erfochtenen Sieg der preußischen Politik über die polnische, durch Gortschakow, Großfürst Constantin, Wielopolski und andre einflußreiche Personen vertreten[e]. Das Ergebnis beruhte auf direkter kaiserl. Entschließung im Gegensatz zu ministeriellen Bestrebungen. Ein Abkommen politisch-militärischer Natur, welches Rußland mit dem germanischen Gegner des Panslawismus gegen den polnischen »Bruderstamm« schloß, war ein entscheidender Schlag auf die Aussichten der polonisierenden Partei am russischen Hofe; und in diesem Sinne hat das militärisch ziemlich anodyne Abkommen seinen Zweck reichlich erfüllt. Ein militärisches Bedürfnis für dasselbe war an Ort und Stelle nicht vorhanden; die russischen Truppen waren stark genug, und die Erfolge der Insurgenten existierten zum großen Teil nur in den von Paris bestellten, in Myslowitz fabrizierten, bald von der Grenze, bald vom Kriegsschauplatze, bald aus Warschau datierten, zuweilen recht märchenhaften Berichten, die zuerst in einem Berliner Blatte erschienen und dann ihre Runde durch die europäische Presse machten. Die Konvention war ein gelungener Schachzug, welcher die Partie entschied, die innerhalb des russischen Kabinetts der antipolnische monarchische und der polonisierende panslawistische Einfluß gegeneinander spielten.

Der Fürst Gortschakow hatte der polnischen Frage gegenüber zuweilen absolutistische, zuweilen – man kann nicht sagen liberale, aber – parlamentarische Anwandlungen. Er hielt sich für einen großen Redner, war das auch und gefiel sich in der Vorstellung, wie Europa seine auf einer Warschauer oder russischen Tribüne entfaltete Beredsamkeit bewundern werde. Es wurde angenommen, daß liberale Konzessionen, welche den Polen eingeräumt würden, den Russen nicht vorenthalten werden könnten; die konstitutionell gestimmten Russen waren schon deshalb Polenfreunde.

Während die polnische Frage die öffentliche Meinung bei uns beschäftigte, und die Alvenslebensche Konvention die unverständige Entrüstung der Liberalen im Landtage erregte, wurde mir in einer Gesellschaft bei dem Kronprinzen Herr Hintzpeter vorgestellt. Da er im täglichen Verkehr mit den Herrschaften war und sich mir als ein Mann von konservativer Gesinnung zu erkennen gab, ließ ich mich auf ein Gespräch mit ihm ein, in welchem ich ihm meine Auffassung der polnischen Frage auseinandersetzte, in der Erwartung, daß er hin und wieder Gelegenheit finden werde, im Sinne derselben zu sprechen. Einige Tage darauf schrieb er mir, die Frau Kronprinzessin habe ihn gefragt, was ich so lange mit ihm gesprochen hätte. Er habe ihr alles erzählt und dann eine Aufzeichnung seiner Erzählung gemacht, die er mir mit der Bitte um Prüfung bzw. Berichtigung überschickte. Ich antwortete ihm, daß ich diese Bitte ablehnen müsse; wenn ich dieselbe erfüllte, so würde ich nach dem, was er selbst meldete, nicht zu ihm, sondern zu der Frau Kronprinzessin mich *schriftlich* über diese Frage äußern, was ich nur mündlich zu tun bereit sei.

5. KAPITEL

DANZIGER EPISODE

I

Kaiser Friedrich, der Sohn des Monarchen, den ich specie als meinen Herrn bezeichne, hatte es mir durch seine Liebenswürdigkeit und sein Vertrauen leichtgemacht, die Gefühle, die ich für seinen Herrn Vater hegte, auf ihn zu übertragen. Er war der verfassungsmäßigen Auffassung, daß ich als Minister die Verantwortlichkeit für seine Entschließungen trug, in der Regel zugänglicher, als sein Vater es gewesen. Auch war es ihm weniger durch Familientradition erschwert, politischen Bedürfnissen im Innern und im Auslande gerecht zu werden. Alle Behauptungen, daß zwischen dem Kaiser Friedrich und mir dauernde Verstimmungen existiert hätten, sind unbegründet. Eine vorübergehende entstand durch den Vorgang in Danzig, in dessen Besprechung ich mir, seitdem die hinterlassenen Papiere Max Dunckers* veröffentlicht worden sind, weniger Zurückhaltung auflege, als sonst geschehen wäre. Am 31. Mai 1863 reiste der Kronprinz zu einer militärischen Inspektion nach der Provinz Preußen ab, nachdem er den König schriftlich gebeten hatte, jede Oktroyierung zu vermeiden. Auf dem Zuge, mit welchem er fuhr, befand sich der Oberbürgermeister von Danzig, Herr von Winter, den der Prinz unterwegs in sein Coupé einlud und einige Tage später auf dessen Gute bei Kulm besuchte. Am 2. Juni folgte ihm die Kronprinzessin nach Graudenz; am Tage vorher war die Königliche Verordnung über die Presse auf Grund eines Berichtes des Staatsministeriums erschienen, welcher gleichzeitig veröffentlicht wurde. Am 4. Juni richtete Se. Kgl. Hoheit an den König ein Schreiben, in welchem er sich mißbilligend über

---

* R. Haym. Das Leben Max Dunckers. Berlin 1891.

diese Oktroyierung aussprach, sich über die unterlassene Zuziehung seiner zu den betreffenden Beratungen des Staatsministeriums beschwerte und über die Pflichten aussprach, welche ihm als dem Thronfolger seiner Meinung nach oblägen. Am 5. Juni fand im Rathause in Danzig der Empfang der städtischen Behörden statt, bei dem Herr von Winter sein Bedauern darüber aussprach, daß die Verhältnisse es nicht gestatteten, der Freude der Stadt ihren vollen lauten Ausdruck zu geben. Der Kronprinz sagte in seiner Antwort unter anderm:

»Auch ich beklage, daß ich in einer Zeit hergekommen bin, in welcher zwischen Regierung und Volk ein Zerwürfnis eingetreten ist, welches zu erfahren mich in hohem Grade überrascht hat. Ich habe von den Anordnungen, die dazu geführt haben, nichts gewußt. Ich war abwesend. Ich habe keinen Teil an den Ratschlägen gehabt, die dazu geführt haben. Aber wir alle, und ich am meisten, der ich die edlen und landesväterlichen Intentionen und hochherzigen Gesinnungen Seiner Majestät des Königs am besten kenne, wir alle haben die Zuversicht, daß Preußen unter dem Zepter Seiner Majestät des Königs der Größe sicher entgegengeht, die ihm die Vorsehung bestimmt hat.«

Exemplare der »Danziger Zeitung« mit einem Berichte über den Vorgang wurden an die Redaktionen Berliner und andrer Zeitungen versandt, welche das genannte Blatt bei seinem wesentlich lokalen Charakter nicht zu halten pflegten. Die Worte des Kronprinzen erhielten daher sofort eine weite Verbreitung und erregten im In- und Auslande ein begreifliches Aufsehen. Aus Graudenz übersandte er mir einen förmlichen Protest gegen die Preßverordnung und verlangte Mitteilung desselben an das Staatsministerium, die jedoch auf Befehl des Königs unterblieb. Am 7. ging ihm eine ernste Antwort Sr. Majestät auf die Beschwerdeschrift vom 4. zu. Er bat darauf den Vater um Verzeihung wegen eines Schrittes, den er um seiner und seiner Kinder Zukunft willen geglaubt hätte nicht unterlassen zu können, und stellte die Entbindung von allen seinen Ämtern anheim. Am 11. erhielt er die Antwort, die ihm die erbetene Verzeihung gewährte, seine Beschwerden über den Minister und sein Entlassungsgesuch überging und ihm für die Zukunft Schweigen zur Pflicht machte.

Während ich die Erregung des Königs als berechtigt anerkennen mußte, bemühte ich mich zu verhindern, daß er derselben Folge gebe durch staatliche oder auch nur öffentlich erkennbare Akte. Ich mußte es mir im dynastischen Interesse zur Aufgabe stellen, den König zu beruhigen und von Schritten, die an Friedrich Wilhelm I. und Küstrin erinnert hätten, abzuhalten. Es geschah das hauptsächlich am 10. Juni auf einer Fahrt von Babelsberg nach dem neuen Palais, wo Se. Majestät das Lehrbataillon besichtigte, und wurde die Unterhaltung wegen der Dienerschaft auf dem Bocke französisch geführt. Es gelang mir in der Tat, die väterliche Entrüstung durch die Staatsräson zu besänftigen, daß in dem vorliegenden Kampfe zwischen Königtum und Parlament ein Zwiespalt innerhalb des königlichen Hauses abgestumpft, ignoriert und totgeschwiegen werden, daß der Vater und König in höherem Maße dafür Sorge tragen müsse, daß die Interessen beider nicht geschädigt würden. »Verfahren Sie säuberlich mit dem Knaben Absalon!« sagte ich in Anspielung darauf, daß schon Geistliche im Lande über Samuelis Buch 2, Kapitel 15, Vers 3 und 4 predigten. »Vermeiden Ew. Majestät jeden Entschluß ab irato, nur die Staatsräson kann maßgebend sein.« Einen besonderen Eindruck schien es zu machen, als ich daran erinnerte, daß in dem Konflikte zwischen Friedrich Wilhelm I. und seinem Sohne dem letzteren die Sympathie der Zeitgenossen und der Nachwelt gehöre, daß es nicht ratsam sei, den Kronprinzen zum Märtyrer zu machen.

Nachdem die Sache durch den oben erwähnten Briefwechsel zwischen Vater und Sohn wenigstens äußerlich beigelegt war, erhielt ich ein aus Stettin vom 30. Juni datiertes Schreiben des Kronprinzen, welches meine ganze Politik in starken Ausdrücken verurteilte. Dieselbe sei ohne Wohlwollen und Achtung für das Volk, stütze sich auf sehr zweifelhafte Auslegungen der Verfassung, werde dieselbe dem Volk wertlos erscheinen lassen und dieses in Richtungen treiben, die außerhalb der Verfassung lägen. Auf der anderen Seite werde das Ministerium von gewagten Deutungen zu gewagteren fortschreiten, endlich dem Könige Bruch mit derselben anraten. Er werde den König bitten, sich, solange dieses Ministerium im Amte sei, der Teilnahme an den Sitzungen desselben enthalten zu dürfen.

Die Tatsache, daß ich, nachdem ich diese Äußerung des Thronfolgers erhalten hatte, auf dem eingeschlagenen Wege beharrte, war ein sprechender Beweis dafür, daß mir nichts daran lag, nach dem Thronwechsel, der ja sehr bald eintreten konnte, Minister zu bleiben. Gleichwohl nötigte der Kronprinz mich in einem später zu erwähnenden Gespräche, ihm das mit ausdrücklichen Worten zu sagen.

Zur Überraschung des Königs war am 16. oder 17. Juli in der »Times« zu lesen: »Der Prinz erlaubte sich bei Gelegenheit einer militärischen Dienstreise mit der Politik des Souveräns in Widerspruch zu treten und Maßregeln desselben in Frage zu stellen. Das mindeste, was er tun konnte, um diese Beleidigung wiedergutzumachen, war die Zurücknahme seiner Äußerungen. Dies forderte der König von ihm in einem Briefe, hinzufügend, daß er seiner Würden und Anstellungen beraubt werden würde, wenn er sich weigerte. Der Prinz, in Übereinstimmung, wie man sagt, mit Ihrer K. H. der Prinzessin, schrieb eine feste Antwort auf dieses Verlangen. Er weigerte sich, irgend etwas zurückzunehmen, bot die Niederlegung seines Kommandos und seiner Würden an und bat um Erlaubnis, sich mit seiner Frau und Familie an einen Ort zurückzuziehen, wo er frei von dem Verdacht sein könne, sich auf irgendeine Weise in Staatsangelegenheiten zu mischen. Dieser Brief, sagt man, sei ausgezeichnet, und der Prinz sei glücklich zu preisen im Besitz einer Gattin, welche nicht nur seine liberalen Ansichten teilt, sondern auch imstande ist, ihm in einem wichtigen und kritischen Augenblicke seines Lebens so viel Beistand zu leisten. Man könne sich nicht leicht eine schwierigere Stellung denken als die des prinzlichen Paares ohne jeden Ratgeber, mit einem eigenwilligen Souverän und einem verderblichen Kabinett auf einer Seite und einem aufgeregten Volke auf der andern.«

Die Nachforschungen nach dem Vermittler dieses Artikels haben zu keinem sichern Ergebnisse geführt. Eine Reihe von Umständen ließ den Verdacht auf den Legationsrat Meyer fallen. Die ausführlicheren Mitteilungen an die »Grenzboten« und die »Süddeutsche Post« des Abgeordneten Brater scheinen durch einen kleinen deutschen Diplomaten gegangen zu sein, der das Vertrauen der kronprinzlichen Herrschaften besaß, behielt und ein Vierteljahrhundert später durch indiskrete Veröffentlichung ihm anvertrauter Manuskripte des Prinzen mißbraucht hat.

Der Versicherung des Kronprinzen, um diese Veröffentlichung nicht gewußt zu haben, habe ich nie einen Zweifel entgegengebracht, auch nicht, nachdem ich gelesen, daß er in einem Briefe an Max Duncker vom 14. Juli* geschrieben hat, er wäre wenig überrascht, wenn man sich bismarckscherseits in Besitz von Abschriften des Briefwechsels zwischen ihm und dem Könige zu setzen gewußt hätte.

Die Urheberschaft der Veröffentlichung glaubte ich auf derselben Seite suchen zu müssen, von woher nach meiner Überzeugung der Kronprinz zu seiner Haltung bestimmt worden war. Wahrnehmungen während des fran-

---

* a.a.O. (Haym) S. 308

zösischen Krieges und neuerdings die Mitteilungen aus Dunckers Papieren haben meine damalige Auffassung bestätigt. Wenn eine ganze Schule von politischen Schriftstellern ein Vierteljahrhundert lang das, was sie die englische Verfassung nannten und wovon sie keine eindringende Kenntnis besaßen, den festländischen Völkern als Muster gepriesen und zur Nachahmung empfohlen hatten, so war es erklärlich, daß die Kronprinzessin und ihre Mutter das eigentümliche Wesen des preußischen Staates, die Unmöglichkeit, ihn durch wechselnde parlamentarische Gruppen regieren zu lassen, verkannten, war es erklärlich, daß aus diesem Irrtume sich der andre erzeugte, es würden sich in dem Preußen des 19. Jahrhunderts die innern Kämpfe und Katastrophen Englands im 17. wiederholen, wenn nicht das System, durch welches jene Kämpfe zum Abschluß kamen, bei uns eingeführt werde. Ich habe nicht feststellen können, ob die mir damals zugegangene Nachricht wahr ist, daß im April 1863 die Königin Augusta durch den Präsidenten Ludolf Camphausen und die Kronprinzessin durch den Baron von Stockmar kritisierende Denkschriften über die innern Zustände Preußens ausarbeiten lassen und zur Kenntnis des Königs gebracht haben; daß aber die Königin, zu deren Umgebung der Legationsrat Meyer gehörte, mit der Besorgnis vor Stuartischen Katastrophen erfüllt war, wußte ich und fand es schon 1862 ausgeprägt in der gedrückten Stimmung, in welcher der König aus Baden von der Geburtstagsfeier seiner Gemahlin zurückkehrte. Die im Kampfe mit dem Königtume liegende, von Tag zu Tag auf den Sieg rechnende Fortschrittspartei versäumte es nicht, in der Presse und durch die Personen einzelner Führer die Situation unter die Beleuchtung zu stellen, welche auf weibliche Gemüter besonders wirksam sein mußte.

II

In Gastein erhielt ich im August den Besuch des Kronprinzen, der, dort von englischen Einflüssen freier, sein Verhalten im Sinne seines ursprünglichen Mangels an Selbständigkeit und seiner Verehrung für den Vater bescheiden und liebenswürdig aus seiner ungenügenden politischen Vorbildung, seiner Fernhaltung von den Geschäften erklärte und ohne Rückhalt in den Formen eines Mannes sprach, der sein Unrecht einsieht und mit den Einwirkungen, die auf ihn stattgefunden hatten, entschuldigt.

Im September, nachdem der König mit mir über Baden, der Kronprinz direkt von Gastein nach Berlin zurückgekehrt war, gewannen die Einflüsse und Befürchtungen wieder die Oberhand, welche ihn zu dem Auftreten im Juni bewogen hatten. Den Tag, nachdem die Auflösung des Abgeordnetenhauses beschlossen worden, schrieb er mir:

»Berlin, 3/9 63

Ich habe Sr. M. die Ansichten heute mitgeteilt, welche ich Ihnen in meinem Schreiben aus Putbus (rectius Stettin) auseinandersetzte und die ich Sie bat, nicht eher dem Könige zu eröffnen, als bis ich selber dies getan. Ein folgenschwerer Entschluß ward gestern im Conseil gefaßt; in Gegenwart der Minister wollte ich Sr. M. nichts erwidern; heut ist es geschehen; ich habe meine Bedenken geäußert, habe meine schweren Befürchtungen für die Zukunft dargelegt. Der König weiß nunmehr, daß ich der entschiedene Gegner des Ministeriums bin.

Friedrich Wilhelm.«

Es kam nun auch die in dem Briefe des Kronprinzen vom 30. Juni angekündigte Bitte, von der Teilnahme an den Sitzungen des Staatsministeriums dispensiert zu werden, zur Erörterung. Wie das Verhältnis zwischen den beiden hohen Herren damals noch war, beweist der nachstehende Brief des Ministers von Bodelschwingh vom 11. September 1863:

»Ungewiß, zu welcher Stunde Sie von Ihrer aus so trüber Veranlassung* unternommenen Reise zurückkehren und ob bald nachher ich Sie sprechen kann, teile ich schriftlich mit, daß, nach durch den Flügeladjutanten mir gewordener Weisung Sr. M. ich dem Adjutanten Sr. K. H. des Kronprinzen in *Ihrem Auftrage* Ihre schleunige Abreise und deren Grund mit dem Ersuchen mitgeteilt, S. K. H. für den Fall davon Kenntnis zu geben, daß Ihre Bitte um Audienz bereits Sr. K. H. vorgetragen oder schon über die Audienz Bestimmung getroffen sei. S. M. haben, wie Prinz Hohenlohe mir sagte, nicht angemessen erachtet, seinerseits mit dem Kronprinzen über Ihre Abreise und die fragliche Audienz zu reden.«

Der König hatte sich dafür entschieden, daß der Kronprinz, wie seit 1861 geschehen war, auch ferner den Sitzungen des Staatsministeriums beiwoh-

---

* Tod meiner Schwiegermutter, ich war vom 6. bis zum 11. von Berlin abwesend.

nen solle, und mich beauftragt, ihn darüber zu verständigen. Ich nehme an, daß es zu der zu diesem Zweck erbetenen Audienz nicht gekommen ist; denn ich erinnere mich, daß ich das mißverständliche Erscheinen des Kronprinzen zu einer Ministersitzung, die an dem betreffenden Tage nicht stattfand, dazu benutzte, die Erörterung einzuleiten. Ich fragte ihn, weshalb er sich so fern von der Regierung halte; in einigen Jahren werde sie doch die seinige sein; wenn er etwa andre Prinzipien habe, so sollte er lieber den Übergang zu vermitteln suchen als opponieren. Er lehnte das scharf ab, wie es schien in der Vermutung, daß ich meinen Übergang in seine Dienste anbahnen wolle. Ich habe den feindlichen Ausdruck olympischer Hoheit, mit dem das geschah, Jahre hindurch nicht vergessen können und sehe noch heute den zurückgeworfenen Kopf, das gerötete Gesicht und den Blick über die linke Schulter vor mir. Ich unterdrückte meine eigne Aufwallung, dachte an Carlos und Alba (Akt 2, Auftritt 5) und antwortete, ich hätte in einer Anwandlung dynastischen Gefühls gesprochen, um ihn mit seinem Vater wieder in nähere Beziehung zu bringen, im Interesse des Landes und der Dynastie, das durch die Entfremdung geschädigt wäre; ich hätte im Juni getan, was ich gekonnt, um seinen Herrn Vater von Entschließungen ab irato abzuhalten, weil ich im Interesse des Landes und im Kampfe gegen die Parlamentsherrschaft die Übereinstimmung in der königlichen Familie zu erhalten wünschte. Ich sei ein treuer Diener seines Herrn Vaters und wünschte ihm, daß er, wenn er den Thron besteige, anstatt meiner ebenso treue Diener finde, wie ich für seinen Vater gewesen. Ich hoffte, er würde sich des Gedankens, als ob ich danach strebte, einmal sein Minister zu werden, entschlagen; ich werde es niemals sein. Ebenso rasch wie erregt, ebenso rasch wurde er weich und schloß das Gespräch mit freundlichen Worten.

Das Verlangen, an den Sitzungen des Staatsministeriums nicht weiter teilzunehmen, hielt er fest und richtete noch im Laufe des Septembers eine vielleicht nicht ohne fremde Einwirkung entstandene Denkschrift an den König, worin er seine Gründe in einer Weise entwickelte, die zugleich als eine Art von Rechtfertigung seines Verhaltens im Juni erschien. Es entstand darüber zwischen Sr. Majestät und mir eine private Korrespondenz, die mit folgendem Billet abschloß:

»Babelsberg, 7. 11. 1863
Anliegend sende ich Ihnen meine Antwort an meinen Sohn den Kronprinzen auf sein Memoir vom September. Zur besseren Orientierung sende ich

Ihnen das Memoir wiederum mit, sowie Ihre Notizen, die ich bei meiner Antwort benutzte.«

Von der Denkschrift habe ich eine Abschrift nicht entnommen, der Inhalt wird aber erkennbar aus meinen Marginalnotizen, die hier folgen:

Seite 1. Der Anspruch, daß eine *Warnung* Sr. Königlichen Hoheit die nach sehr ernster und sorgfältiger Erwägung gefaßten königlichen Entschließungen aufwiegen soll, legt der eignen Stellung und Erfahrung im Verhältnis zu der des Monarchen und Vaters ein unrichtiges Gewicht bei.

Niemand hat glauben können, daß Se. K. H. »an den Oktroyierungen Teil gehabt«, denn jedermann weiß, daß der Kronprinz kein *Votum* im Ministerium hat und daß die in älteren Zeiten übliche amtliche Stellung des Thronfolgers nach der Verfassung unmöglich geworden ist. Das Dementi in Danzig war daher überflüssig.

Seite 2. Die Freiheit der Entschließungen Sr. K. H. wird dadurch nicht verkümmert, daß S. K. H. den Sitzungen *beiwohnt*, sich durch Zuhören und eigne Meinungsäußerung au courant der Staatsgeschäfte hält, wie es die Pflicht jedes Thronerben ist. Die Erfüllung dieser Pflicht, wenn sie in den Zeitungen bekannt wird, kann überall nur eine gute Meinung von der Gewissenhaftigkeit hervorrufen, mit der der Kronprinz sich für seinen hohen und ernsten Beruf vorbereitet.

Die Worte »mit gebundenen Händen« usw. haben keinen Sinn.

Seite 2. »*Das Land*« kann gar nicht auf den Gedanken kommen, Se. K. H. mit dem Ministerium zu identifizieren, denn das Land weiß, daß der Kronprinz zu keiner *amtlichen* Mitwirkung bei den Beschlüssen berufen ist. Leider ist die Stellung, die S. K. H. *gegen* die Krone genommen hat, im Lande bekannt genug und wird von jedem Hausvater im Lande, welcher Partei er auch angehören mag, gemißbilligt als ein Lossagen von der väterlichen Autorität, deren Verkennung das Gefühl und das Herkommen verletzt. Sr. K. H. könnte nicht schwerer in der öffentlichen Meinung geschadet werden als durch Publikation dieses mémoires.

Seite 2. Die Situation Sr. K. H. ist allerdings eine »durchaus falsche«, weil es nicht der Beruf des Thronerben ist, die Fahne der Opposition gegen den König und den Vater aufzupflanzen, die »Pflicht«, aus derselben herauszukommen, kann aber nur auf dem Wege der Rückkehr zu einer normalen Stellung erfüllt werden.

Seite 3. Der Konflikt der Pflichten liegt nicht vor, denn die *erstere* Pflicht ist eine selbstgemachte; die Sorge für Preußens Zukunft liegt dem *Könige* ob, nicht dem Kronprinzen, und ob »Fehler« gemacht sind und auf welcher Seite, wird die Zukunft lehren. Wo die »Einsicht« Sr. Majestät mit der des Kronprinzen in Widerspruch tritt, ist die erstere stets die entscheidende, also kein Konflikt vorhanden. S. K. H. erkennt selbst an, daß in unsrer Verfassung »kein Platz für Opposition des Thronfolgers« ist.

Seite 4. Die Opposition innerhalb des Conseils schließt den Gehorsam gegen Se. Majestät nicht aus, sobald eine Sache entschieden ist. Minister opponieren auch, wenn sie abweichende Ansicht haben, gehorchen aber* doch der Entscheidung des Königs, obschon ihnen selbst die Ausführung des von ihnen Bekämpften obliegt.

Seite 4. Wenn S. K. H. weiß, daß die Minister nach dem Willen des Königs handeln, so kann S. K. H. sich auch darüber nicht täuschen, daß die Opposition des Thronfolgers gegen den regierenden *König selbst* gerichtet ist.

Seite 5. Zur Unternehmung eines »Kampfes« gegen den Willen des Königs fehlt dem Kronprinzen jeder Beruf und jede Berechtigung, gerade weil S. K. H. keinen amtlichen »Status« besitzt. Jeder Prinz des königlichen Hauses könnte mit demselben Rechte wie der Kronprinz für sich die »Pflicht« in Anspruch nehmen, bei abweichender Ansicht öffentlich Opposition gegen den König zu machen, um dadurch »seine und seiner Kinder« eventuelle Erbrechte gegen die Wirkung angeblicher Fehler der Regierung des Königs zu wahren, das heißt, um sich die Sukzession im Sinne Louis Philipps zu sichern, wenn der König durch eine Revolution gestürzt würde.

Seite 5. Über die Äußerungen des Ministerpräsidenten in Gastein hat derselbe sich näher zu erklären.

Seite 7. Der Kronprinz ist nicht als »Ratgeber« des Königs, sondern zu seiner eignen Information und Vorbereitung auf seinen künftigen Beruf von des Königs Majestät veranlaßt, den Sitzungen beizuwohnen.

Seite 7. Der Versuch, die Maßregeln der Regierung zu »neutralisieren«, wäre Kampf und Auflehnung gegen die Krone.

Seite 7. Gefährlicher als alle Angriffe der Demokratie und alles »Nagen« an den Wurzeln der Monarchie ist die Lockerung der Bande, welche das Volk noch mit der Dynastie verbinden, durch das Beispiel offen verkündeter

---

* Hier ist am Rande in der Hand des Königs der Zusatz: Wenn es nicht gegen ihr Gewissen läuft.

Opposition des Thronerben, durch die absichtliche Kundmachung der Uneinigkeit im Schoße der Dynastie. Wenn der Sohn und Thronerbe die Autorität des Vaters und des Königs anficht, wem soll sie dann noch heilig sein? Wenn dem Ehrgeiz für die Zukunft eine Prämie dafür in Aussicht gestellt ist, daß er in der *Gegenwart* vom Könige abfällt, so werden jene Bande zum eignen Nachteil des *künftigen* Königs gelockert, und die Lähmung der Autorität der jetzigen Regierung wird eine böse Saat für die zukünftige sein. Jede Regierung ist besser als eine in sich zwiespältige und gelähmte, und die Erschütterungen, welche der jetzige Kronprinz hervorrufen *kann*, treffen die Fundamente des Gebäudes, in welchem er selbst künftig als König zu wohnen hat.

Seite 7. Nach dem bisherigen *verfassungsmäßigen* Rechte in Preußen *regiert* der König und nicht die Minister. Nur die Gesetzgebung, nicht die Regierung ist mit den Kammern geteilt, vor denen die Minister den König vertreten. Es ist also ganz gesetzlich, wie *vor* der Verfassung, daß die Minister *Diener* des Königs, und zwar die berufenen *Ratgeber* Sr. Majestät, aber nicht die Regierer des preußischen Staates sind. Das preußische Königtum steht auch *nach* der Verfassung noch nicht auf dem Niveau des belgischen oder englischen, sondern bei uns regiert noch der König persönlich und *befiehlt* nach seinem Ermessen, soweit nicht die Verfassung ein andres bestimmt, und dies ist *nur* in betreff der Gesetzgebung der Fall.

Seite 8. Die Veröffentlichung von Staatsgeheimnissen verstößt gegen die Strafgesetze. Was als Staatsgeheimnis zu behandeln sei, hängt von den Befehlen des Königs über dienstliche Geheimhaltung ab.

Seite 8. Warum wird so großer Wert auf das Bekanntwerden »draußen im Lande« gelegt? Wenn S. K. H. nach pflichtmäßiger Überzeugung im Conseil seine Meinung sagt, so ist dem *Gewissen* Genüge geschehen. Der Kronprinz hat keine offizielle Stellung zu den Staatsgeschäften und keinen Beruf, sich öffentlich zu äußern; das Einverständnis S. K. H. mit den Beschlüssen der Regierung wird niemand, der unsre Staatseinrichtungen auch nur oberflächlich kennt, daraus folgern, daß S. K. H. *ohne Stimmrecht*, also ohne die Möglichkeit wirksamen Widerspruchs, die Verhandlungen des Conseils anhört.

Seite 8. »nicht besser erscheinen«; der Fehler der Situation liegt darin eben, daß auf das »Erscheinen« zu viel Wert gelegt wird; auf das Sein und das Können kommt es an, und das ist nur die Frucht ernster und besonnener Arbeit.

Seite 9. Die Teilnahme S. K. H. an den Conseils ist keine »aktive« Stellung, und »Abstimmungen« des Kronprinzen finden nicht statt.

Seite 9. Die Mitteilung an »berufene« (?) Personen ohne Ermächtigung Sr. Majestät würde gegen die Strafgesetze verstoßen. Das Recht der freien Meinungsäußerung wird ja Sr. K. H. nicht verschränkt, im Gegenteil, gewünscht; aber nur im Conseil, wo die Äußerung ja allein von Einfluß auf die zu lassenden Entschließungen sein kann. Den Gegensatz *vor dem Lande* offenzulegen«, kann nur eine Befriedigung des Selbstgefühls bezwecken und leicht die Folge haben, Unzufriedenheit und Unbotmäßigkeit zu fördern und dadurch der Revolution die Wege zu bahnen.

Seite 10. Erschweren wird S. K. H. den Ministern die Arbeit ohne Zweifel, und bequemer würde ihre Aufgabe sein, wenn S. K. H. sich nicht an den Sitzungen beteiligte. Aber kann Se. Majestät sich der Pflicht entziehn, so viel als in menschlichen Kräften steht, dafür zu tun, daß der Kronprinz die Geschäfte und Gesetze des Landes kennenlerne? Ist es nicht ein gefährliches Experiment, den künftigen König den Staatsangelegenheiten fremd werden zu lassen, während das Wohl von Millionen darauf beruht, daß er mit denselben vertraut sei? S. K. H. beweist in dem vorliegenden mémoire die Unbekanntschaft mit der Tatsache, daß die Teilnahme des Kronprinzen an den Conseils eine *verantwortliche* niemals ist, sondern nur eine informatorische, daß ein votum von S. K. H. niemals verlangt werden kann. Auf dem Verkennen dieses Umstandes beruht das ganze Räsonnement. Wenn der Kronprinz mit den Staatsangelegenheiten vertrauter wäre, so könnte es nicht geschehn, daß S. K. H. dem Könige mit Veröffentlichung der Conseilverhandlungen drohte, für den Fall, daß der König auf die Wünsche S. K. H. nicht einginge; also mit einer Verletzung der Gesetze und obenein der Strafgesetze. Und das wenige Wochen, nachdem S. K. H. selbst die Veröffentlichung des Briefwechsels mit Sr. Majestät in sehr strengen Worten gerügt hat.

Seite 11. Der erwähnte Vorwurf ist allerdings für jedermann im Volke ein sehr naheliegender; niemand klagt S. K. H. einer solchen Absicht an, aber wohl sagt man, daß *andre,* welche solche Absicht hegen, dieselbe durch die unbewußte Mitwirkung des Kronprinzen zu verwirklichen hoffen und daß ruchlose Attentate jetzt mehr als früher ihren Urhebern die Aussicht auf einen Systemwechsel gewähren.

Seite 12. Das Verlangen, rechtzeitige Kenntnis von den Vorlagen der Sitzungen zu haben, ist als ein begründetes jederzeit erkannt worden und wird stets erfüllt, ja, der Wunsch ist häufig laut geworden, daß S. K. H. die Hand dazu biete, genauer, als es bisher möglich war, au courant gehalten zu werden. Dazu muß der Aufenthalt Sr. K. H. jederzeit bekannt und erreichbar, der Kronprinz für die Minister persönlich zugänglich und die Diskretion gesichert sein. Besonders aber ist nötig, daß die vortragenden Räte, mit denen allein S. K. H. die schwebenden Staatssachen zu bearbeiten berechtigt sein kann, nicht Gegner, sondern Freunde der Regierung seien oder doch unparteiische Beurteiler ohne *intime* Beziehung zur Opposition im Landtage und in der Presse. Der schwierigste Punkt ist die *Diskretion,* besonders gegen das Ausland, solange nicht bei Sr. K. H. und bei Ihrer K. H. der Frau Kronprinzessin das Bewußtsein durchgedrungen ist, daß in regierenden Häusern die nächsten Verwandten nicht immer Landsleute sind, sondern notwendig und pflichtmäßig *andre* als die preußischen Interessen vertreten. Es ist hart, wenn zwischen Mutter und Tochter, zwischen Bruder und Schwester eine *Landesgrenze* als Scheidelinie der Interessen liegt; aber das Vergessen derselben ist immer gefährlich für den Staat.

Seite 12. Die »letzte Conseilsitzung« (am 3.) war keine Conseilsitzung, sondern nur eine den Ministern selbst vorher nicht bekannte Berufung zu Sr. Majestät.

Seite 13. Die Mitteilung an die Minister würde dem mémoire einen amtlichen Charakter geben, welchen Auslassungen der Thronfolger an sich nicht haben.

6. KAPITEL

DER FRANKFURTER FÜRSTENKONGRESS

I

Die ersten Versuche auf der Bahn, auf welcher das Bündnis mit Österreich 1879 erreicht wurde, fanden statt, während der Graf Rechberg Ministerpräsident, respektive Minister des Äußeren war (17. Mai 1859 bis 27. Oktober 1864). Da die persönlichen Beziehungen, in welchen ich zu ihm am Bundestage gestanden hatte, solchen Versuchen förderlich sein konnten und in einem Zeitpunkte förderlich gewesen sind, so schalte ich zwei Erlebnisse ein, die ich in Frankfurt mit ihm gehabt habe.

Nach einer Sitzung, in der ich Rechberg verstimmt hatte, blieb er mit mir allein im Saale und machte mir leidenschaftliche Vorwürfe über meine Unverträglichkeit: Ich sei mauvais coucheur und Händelsucher, und bezog sich dabei auf Fälle, in denen ich mich gegen präsidiale Übergriffe gewehrt hatte. Ich erwiderte ihm, ich wisse nicht, ob sein Zorn nur ein diplomatischer Schachzug oder ernst sei, aber die Äußerung desselben sei höchst persönlicher Art. »Wir können doch nicht«, sagte ich, »im Bockenheimer Wäldchen mit der Pistole die Diplomatie unsrer Staaten erledigen.« Darauf er mit großer Heftigkeit: »Wir wollen gleich hinausfahren; ich bin bereit, auf der Stelle.« Damit war für mich der Boden der Diplomatie verlassen, und ich antwortete ohne Heftigkeit: »Warum sollen wir fahren; hier im Garten des Bundespalais ist Platz genug, gegenüber wohnen preußische Offiziere und österreichische sind auch in der Nähe. Die Sache kann in dieser Viertelstunde vor sich gehen, ich bitte Sie nur um Erlaubnis, in wenigen Zeilen die Entstehung des Streites zu Papier zu bringen, und erwarte von Ihnen, daß Sie diese Aufzeichnung mit mir unterschreiben werden, da ich meinem Könige gegenüber nicht als ein Raufbold erscheinen möchte, der die Diplomatie seines Herrn auf der Mensur führt.« Damit begann ich zu schreiben, mein

Kollege ging mit raschen Schritten hinter mir auf und ab, während ich schrieb. Währenddessen verrauchte sein Zorn, und kam er zu einer ruhigen Betrachtung der Lage, die er herbeigeführt hatte. Ich verließ den Grafen mit der Äußerung, daß ich Herrn von Örtzen, den mecklenburgischen Gesandten, als meinen Zeugen zu ihm schicken würde, um das Weitere zu verhandeln. Örtzen legte den Streit versöhnlich bei.

Es ist auch von Interesse, zu erwähnen, wie es kam, daß ich späterhin das Vertrauen dieses zornigen, aber ehrliebenden Herrn und vielleicht, als wir beide Minister geworden waren, seine Freundschaft erworben habe. Bei einem geschäftlichen Besuche, den ich ihm machte, verließ er das Zimmer, um seinen Anzug zu wechseln, und überreichte mir eine Depesche, welche er eben von seiner Regierung erhalten hatte, mit der Bitte, sie zu lesen. Ich überzeugte mich aus dem Inhalt derselben, daß Rechberg sich vergriffen und mir ein Schriftstück gegeben hatte, das zwar die fragliche Sache betraf, aber nur für ihn bestimmt und offenbar von einem zweiten ostensiblen begleitet gewesen war. Als er wieder eingetreten war, gab ich ihm die Depesche zurück mit der Äußerung, er habe sich versehen und ich würde vergessen, was ich gelesen hätte; ich habe in der Tat vollkommenes Schweigen über sein Versehen beobachtet und in Berichten oder Gesprächen von dem Inhalt des geheimen Schriftstücks und seinem Versehen keinen auch nur indirekten Gebrauch gemacht. Seitdem behielt er Vertrauen zu mir.

Die Versuche zur Zeit des Ministeriums Rechberg würden, wenn erfolgreich, damals zu einer gesamtdeutschen Union auf der Basis des Dualismus haben führen können, zu dem Siebzigmillionenreich in Zentraleuropa mit zweiköpfiger Spitze, während die Schwarzenbergsche Politik auf etwas Ähnliches ausgegangen war, aber mit einheitlicher Spitze Österreichs und Hinabdrückung Preußens nach Möglichkeit auf den mittelstaatlichen Stand. Der letzte Anlauf dazu war der Fürstenkongreß von 1863. Wenn die Schwarzenbergsche Politik in der posthumen Gestalt des Fürstenkongresses schließlich Erfolg gehabt hätte, so würde zunächst die Verwendung des Bundestages zur Repression auf dem Gebiete der innern Politik Deutschlands voraussichtlich in den Vordergrund getreten sein, nach Maßgabe der Verfassungsrevisionen, welche der Bund schon in Hannover, Hessen, Luxemburg, Lippe, Hamburg u.a. in Angriff genommen hatte. Auch die preußische Verfassung konnte analog herangezogen werden, wenn der König nicht zu vornehm dazu gedacht hätte.

Unter einer dualistischen Spitze mit Gleichberechtigung Preußens und

Österreichs, wie sie als Konsequenz meiner Annäherung an Rechberg erstrebt werden konnte, würde unsre innere verfassungsmäßige Entwicklung von der Versumpfung in bundestägiger Reaktion und von der einseitigen Förderung absolutistischer Zwecke in den einzelnen Staaten nicht notwendig bedroht worden sein; die Eifersucht der beiden Großstaaten wäre der Schutz der Verfassungen gewesen. Preußen, Österreich und die Mittelstaaten würden *bei dualistischer Spitze* auf Wettbewerb um die öffentliche Meinung in der Gesamtnation wie in den einzelnen Staaten angewiesen geblieben sein und die daraus entspringenden Friktionen unser öffentliches Leben vor ähnlichen Erstarrungen bewahrt haben, wie sie auf die Zeiten der Mainzer Untersuchungskommission folgten. Die Zeit der liberalen österreichischen Preßtätigkeit im Wetteifer mit Preußen, wenn auch nur auf dem Gebiet der Phrase, ließ schon zu Anfang der fünfziger Jahre erkennen, daß der unentschiedene Kampf um die Hegemonie für die Belebung unsrer nationalen Gefühle und für die verfassungsmäßige Entwicklung nützlich war.

Aber die Herrschaft des Fürstentags von 1863 würde für eine Rivalität zwischen Preußen, Österreich und dem Parlamentarismus geringen Raum gelassen haben. Die Vorherrschaft Österreichs in der damals beabsichtigten Bundesreform würde auf Grund der dynastischen Befürchtungen vor Preußen und vor parlamentarischen Kämpfen, vermittelst einer dauernden und systematisch begründeten Bundesmajorität gesichert gewesen sein.

Das Ansehen Deutschlands nach außen hing in beiden Gestaltungen, der dualistischen und der österreichischen, von dem Grade fester Einigkeit ab, welchen die eine und die andre der Gesamtnation gewährt haben würde. Daß Österreich und Preußen, sobald sie einig, eine Macht in Europa darstellen, welche leichtfertig anzugreifen keine der andern Mächte geneigt war, hat der ganze Verlauf der dänischen Verwicklungen gezeigt. So lange Preußen allein, wenn auch in Verbindung mit dem stärksten Ausdruck der öffentlichen Meinung des deutschen Volkes, einschließlich der Mittelstaaten, die Sache in der Hand hatte, kam sie nicht vorwärts und führte zu Abschlüssen, wie der Waffenstillstand von Malmö und die Olmützer Konvention. Sobald es gelungen war, Österreich unter Rechberg für eine mit Preußen übereinstimmende Aktion zu gewinnen, wurde das Schwergewicht der beiden deutschen Großstaaten stark genug, um die Einmischungsgelüste, welche andre Mächte haben konnten, zurückzuhalten. England hatte im Laufe der neueren Geschichte jederzeit das Bedürfnis der Verbindung mit einer der kontinentalen Militärmächte gehabt und die Befriedigung desselben, je nach dem Standpunkt der englischen Interessen, bald in Wien, bald in Berlin gesucht, ohne, bei plötzlichem Übergang wie im Siebenjährigen Kriege, von einer Anlehnung an die andre, skrupulöse Bedenken gegen den Vorwurf des Imstichlassens alter Freunde zu hegen. Wenn aber die beiden Höfe einig und verbündet waren, so fand die englische Politik nicht ihres Dienstes, ihnen etwa im Bunde mit einer von den ihr gefährlichen Mächten, Frankreich und Rußland, feindlich gegenüberzutreten. Sobald aber die preußisch-österreichische Freundschaft gesprengt worden wäre, würde auch damals das Eingreifen des europäischen Seniorenkonvents in der dänischen Frage *unter englischer Führung* erfolgt sein. Es war deshalb, wenn unsre Politik nicht wiederum entgleisen sollte, von höchster Wichtigkeit, das Einverständnis mit Wien festzuhalten; in ihm lag unsre Deckung gegen englisch-europäisches Eingreifen.

Ich hatte im Dezember 1862 gegenüber dem Grafen Karolyi, mit dem ich auf vertrautem Fuß stand, mit offenen Karten gespielt. Ich sagte ihm:

»Unsre Beziehungen müssen entweder besser oder schlechter werden, als sie sind. Ich bin bereit zu einem gemeinschaftlichen Versuche, sie besser zu machen. Mißlingt derselbe durch Ihre Weigerung, so rechnen Sie nicht darauf, daß wir uns durch bundesfreundliche Redensarten werden fesseln lassen. Sie werden mit uns als europäische Großmacht zu tun bekommen; die Paragraphen der Wiener Schlußakte haben nicht die Kraft, die Entwicklung der deutschen Geschichte zu hemmen.«

Graf Karolyi, ein ehrlicher und unabhängiger Charakter, hat ohne Zweifel genau berichtet, was wir unter vier Augen vertraulich besprochen haben. In Wien aber hatte man seit der Olmützer und Dresdner Zeit und der Präpotenz Schwarzenbergs eine irrige Ansicht gewonnen; man hatte sich gewöhnt, uns für schwächer und namentlich für furchtsamer zu halten, als wir zu sein brauchen, und das Gewicht fürstlicher Verwandtschaft und Liebe in Fragen internationaler Politik für die Dauer zu hoch in Ansatz gebracht. Die älteren militärischen Vermutungen sprachen allerdings dafür, daß, wenn der sechsundsechziger Krieg schon 1850 geführt worden wäre, unsre Aussichten bedenklich gewesen sein würden. Mit unsrer Schüchternheit noch in den sechziger Jahren zu rechnen, war ein Irrtum, bei welchem der Thronwechsel außer Ansatz geblieben war.

Friedrich Wilhelm IV. hätte sich zu Mobilmachungen wohl ebenso leicht entschlossen wie 1850 und wie seine Nachfolger 1859, aber schwer zur Kriegführung. Unter ihm lag die Gefahr vor, daß ähnliche Tergiversation wie unter Haugwitz 1805 uns in falsche Lagen gebracht haben würde; auch nach wirklichem Bruch würde man in Österreich über unsre Unklarheiten und Vermittlungsversuche mit Entschlossenheit zur Tagesordnung übergegangen sein. Bei dem König Wilhelm war die Abneigung, mit den väterlichen Traditionen und den herkömmlichen Familienbeziehungen zu brechen, ebenso stark wie bei seinem Bruder, aber wenn er einmal unter der Leitung seines Ehrgefühls, dessen Empfindlichkeit ebenso in dem preußischen Portepee als im monarchischen Bewußtsein lag, zu Entschlüssen, die seinem Herzen schwer wurden, sich gezwungen gefühlt hatte, so war man sicher, wenn man ihm folgte, in keiner Gefahr von ihm im Stiche gelassen zu werden. Mit diesem Wechsel in dem Charakter der obersten Leitung wurde in Wien zuwenig gerechnet und zuviel mit dem Einfluß, welchen man durch die angebliche öffentliche Meinung, wie sie durch Preßagenten und subsidien erzeugt wurde, auf Berliner Entschließungen früher hatte ausüben können und durch Vermittlung fürstlicher Verwandten und Korrespondenzen des königlichen Hauses auch ferner auszuüben bereit und imstande war.

Zudem überschätzte man in Wien die abschwächende Wirkung, welche unser innerer Konflikt auf unsre auswärtige Politik und militärische Leistungsfähigkeit haben konnte. Die Abneigung gegen die Lösung des gordischen Knotens der deutschen Politik durch das Schwert war in weiten Kreisen eine starke, wie 1866 mannigfache Symptome, von dem Blindschen Attentat und dessen Beurteilung in den fortschrittlichen Blättern* bis zu den offenen Kundgebungen großer kommunaler Körperschaften und dem Ausfall der Wahlen, bezeugen. Aber in unsre Regimenter und deren Feuergefecht auf den Schlachtfeldern reichten diese Strömungen nicht hinein, und auf den Schlachtfeldern lag schließlich die Entscheidung. Auch die symptomatische Tatsache, daß in Berlin durch Vermittlung des früheren auswärtigen und damals Hausministers von Schleinitz noch während der ersten Gefechte in Böhmen diplomatische Zettlungen mit höfischer Beziehung stattfanden, blieb auf die militärische Seite der Kriegführung ohne jeden Einfluß.

---

* In den Berliner Bilderläden hing eine Lithographie aus, in der das Attentat so dargestellt war, daß der Teufel die für mich bestimmten Kugeln auffing mit den Worten: Der gehört mir!

Wenn das österreichische Kabinett die vertrauliche Eröffnung, welche ich dem Grafen Karolyi 1862 gemacht hatte, ohne irrtümliche Schätzung der Realitäten richtig gewürdigt und seine Politik dahin modifiziert hätte, die Verständigung mit Preußen anstatt dessen Vergewaltigung durch Majoritäten und andre Einflüsse zu suchen, so hätten wir wahrscheinlich eine Periode dualistischer Politik in Deutschland erlebt oder doch versucht. Es ist freilich zweifelhaft, ob eine solche ohne die klärende Wirkung der Erfahrungen von 1866 und 1870 sich in einem für das deutsche Nationalgefühl annehmbaren Sinne friedlich, unter dauernder Verhütung des innern Zwiespalts, hätte entwickeln können. Der Glaube an die militärische Überlegenheit Österreichs war in Wien und an den mittelstaatlichen Höfen zu stark für einen modus vivendi auf dem Fuße der Gleichheit mit Preußen. Der Beweis für Wien lag in den Proklamationen, welche in den Tornistern der österreichischen Soldaten neben den neuen, zum Einzuge in Berlin bestimmten Uniformen gefunden wurden und deren Inhalt die Sicherheit verriet, mit der man auf siegreiche Okkupation der preußischen Provinzen gerechnet hatte. Auch die Ablehnung der letzten durch den Bruder des Generals von Gablenz gemachten preußischen Friedensanerbietungen und deren finanzministerielle Begründung durch das Bedürfnis einer preußischen Kontribution, die damals bekundete Bereitwilligkeit, nach der ersten Schlacht zu verhandeln, kennzeichnet die Sicherheit, mit welcher man auf den Sieg in letzterer zählte.

II

Das Gesamtergebnis dieser in gleicher Richtung wirkenden Vorstellungen war denn auch das Gegenteil von einem Entgegenkommen des Wiener Kabinetts für dualistische Neigungen; Österreich ging über die preußische Anregung von 1862 zur Tagesordnung über mit der diametral entgegengesetzten Initiative zur Berufung des Frankfurter Fürstentags, durch welche anfangs August in Gastein der König Wilhelm und sein Kabinett überrascht wurden.

Nach den Mitteilungen von Fröbel[*], der sich als den Urheber des Fürsten-

---

* Julius *Fröbel*, Ein Lebenslauf. Stuttgart 1891. Teil II, S. 252, 255.

kongresses betrachtet und ohne Zweifel in die Vorbereitungen eingeweiht war, ist, so viel er weiß, den übrigen deutschen Fürsten vor Empfang der vom 31. Juli datierten Einladung der österreichische Plan nicht bekannt gewesen. Es wäre jedoch möglich, daß man den württembergischen Minister von Varnbüler bis zu einem gewissen Grade in das Geheimnis gezogen hatte. Dieser kluge und strebsame Politiker zeigte im Sommer 1863 Neigung, mit mir die Beziehungen zu erneuern, welche früher zwischen uns durch Vermittlung unsres gemeinschaftlichen Freundes von Below-Hohendorf entstanden waren. Er veranlaßte mich zu einer Zusammenkunft, die am 12. Juli in einer auf seinen Wunsch geheimnisvollen Form in einem kleinen böhmischen Dorfe westlich von Karlsbad vor sich ging und von der ich weiter keinen Eindruck behielt, als daß er mehr mich sondieren, als mir Vorschläge auf dem Gebiete der deutschen Frage machen wollte. Die wirtschaftlichen und finanziellen Fragen, in denen er mir 1878 den vollen Beistand seiner Sachkunde und Arbeitskraft geliehen hat, nahmen schon damals eine hervorragende Stelle in seiner Auffassung ein, allerdings in Anlehnung an großdeutsche Politik mit entsprechender Zolleinigung.

In Gastein saß ich am 2. August 1863 in den Schwarzenbergischen Anlagen an der tiefen Schlucht der Ache unter den Tannen. Über mir befand sich ein Meisennest, und ich beobachtete mit der Uhr in der Hand, wie oft in der Minute der Vogel seinen Jungen eine Raupe oder andres Ungeziefer zutrug. Während ich der nützlichen Tätigkeit dieses Tierchens zusah, bemerkte ich, daß auf der andern Seite der Schlucht, auf dem Schillerplatze, der König Wilhelm allein auf einer Bank saß. Als die Zeit herangekommen war, mich zu dem Diner bei dem König anzuziehen, ging ich in meine Wohnung und fand dort ein Briefchen Sr. Majestät vor, des Inhalts, daß er mich auf dem Schillerplatze erwarten wolle, um wegen der Begegnung mit dem Kaiser mit mir zu sprechen. Ich beeilte mich nach Möglichkeit, aber ehe ich das königliche Quartier erreichte, hatte bereits eine Unterredung der beiden hohen Herren stattgefunden. Wenn ich mich weniger lange bei der Naturbetrachtung aufgehalten und den König früher gesehen hätte, so wäre der erste Eindruck, den die Eröffnungen des Kaisers auf den König gemacht haben, vielleicht ein andrer gewesen.

Er fühlte zunächst nicht die Unterschätzung, welche in dieser Überrumpelung lag, in dieser Einladung, man könnte sagen Ladung, à courte échéance. Der österreichische Vorschlag gefiel ihm vielleicht wegen des darinliegenden Elementes fürstlicher Solidarität in dem Kampfe gegen den parlamentarischen Liberalismus, durch den er selbst in Berlin bedrängt wurde. Auch die Königin Elisabeth, die wir auf der Reise von Gastein nach Baden in Wildbad trafen, drang in mich, nach Frankfurt zu gehn. Ich erwiderte:»Wenn der König sich nicht anders entschließt, so werde ich gehn und dort seine Geschäfte machen, aber nicht als Minister nach Berlin zurückkehren.« Die Königin schien über diese Aussicht beunruhigt und hörte auf, meine Auffassung beim Könige zu bekämpfen.

Wenn ich meinen Widerstand gegen das Streben des Königs nach Frankfurt aufgegeben und ihn seinem Wunsche gemäß dorthin begleitet hätte, um in dem Fürstenkongreß die preußisch-österreichische Rivalität in eine gemeinsame Bekämpfung der Revolution und des Konstitutionalismus zu verwandeln, so wäre Preußen äußerlich geblieben, was es vorher war, hätte freilich unter dem österreichischen Präsidium durch bundestägliche Beschlüsse die Möglichkeit gehabt, seine Verfassung in analoger Weise revidieren zu lassen, wie das mit der hannoverschen, der hessischen und der mecklenburgischen und in Lippe, Hamburg, Luxemburg geschehen war, damit aber den nationaldeutschen Weg geschlossen.

- Es wurde mir nicht leicht, den König zum Fernbleiben von Frankfurt zu bestimmen. Ich bemühte mich darum auf der Fahrt von Wildbad nach Baden, wo wir im offenen kleinen Wagen, wegen der Leute vor uns auf dem Bock, die deutsche Frage französisch verhandelten. Ich glaubte den Herrn überzeugt zu haben, als wir in Baden anlangten. Dort aber fanden wir den König von Sachsen, der im Auftrage aller Fürsten die Einladung nach Frankfurt erneuerte. Diesem Schachzug zu widerstehen, wurde meinem Herrn nicht leicht. Er wiederholte mehrmals die Erwägung:»25 regierende Herrn und ein König als Kurier!« und er liebte und verehrte den König von Sachsen, der unter den Fürsten für diese Mission auch persönlich der Berufenste war. Erst um Mitternacht gelang es mir, die Unterschrift des Königs zu erhalten für die Absage an den König von Sachsen. Als ich den Herrn verließ, waren wir beide infolge der nervösen Spannung der Situation krankhaft erschöpft, und meine sofortige mündliche Mitteilung an den sächsischen Minister von Beust trug noch den Stempel dieser Erregung. Die Krisis war aber überwunden, und der König von Sachsen reiste ab, ohne meinen Herrn, wie ich es befürchtet hatte, nochmals aufzusuchen.

Nachdem der König auf der Rückreise von Baden-Baden nach Berlin so nahe an Frankfurt vorübergefahren war, daß der entschlossene Wille, sich nicht zu beteiligen, zutage lag, wurde die Mehrheit oder wurden wenigstens die mächtigsten Fürsten von einem Unbehagen erfaßt bei dem Gedanken an den Reformentwurf, der sie, wenn Preußen fernblieb, mit Österreich allein in einem Verbande ließ, in dem sie nicht durch die Rivalität der beiden Großmächte gedeckt waren. Das Wiener Kabinett muß an die Möglichkeit geglaubt haben, daß die übrigen Bundesfürsten auf die dem Kongreß am 17. August gemachte Vorlage auch dann eingehen würden, wenn sie in dem reformierten Bundesverhältnis schließlich mit Österreich allein geblieben wären. Man würde sonst nicht den in Frankfurt verbliebenen Fürsten die Zumutung gemacht haben, die österreichische Vorlage auch ohne Preußens Zustimmung anzunehmen und in die Praxis überzuführen. Die Mittelstaaten wollten aber in Frankfurt weder eine einseitig preußische noch eine einseitig österreichische Leitung, sondern für sich ein möglichst einflußreiches Schiedsamt im Sinne der Trias, welches jede der beiden Großmächte auf das Bewerben um die Stimmen der Mittelstaaten anwies. Die österreichische Zumutung, auch ohne Preußen abzuschließen, wurde beantwortet durch den Hinweis auf die Notwendigkeit neuer Verhandlungen mit Preußen und die Kundgebung der eignen Neigung zu solchen. Die Form der Beantwortung der österreichischen Wünsche war nicht glatt genug, um in Wien keine Empfindlichkeit zu erregen. Die Wirkung auf den Grafen Rechberg, vorbereitet durch die guten Beziehungen, in welchen unsre Frankfurter Kollegenschaft abgeschlossen hatte, war, daß er sagte, der Weg nach Berlin sei für Österreich nicht weiter und nicht schwieriger als für die Mittelstaaten.

Die durch die Ablehnung erzeugte Verstimmung war nach meinen Eindrücken hauptsächlich der Antrieb, welcher das Wiener Kabinett zu einer Verständigung mit Preußen im Widerspruche mit der bundestägigen Auffassung leitete. Diese neue Richtung entsprach dem österreichischen Interesse, auch wenn sie länger beibehalten worden wäre. Dazu wäre vor allem erforderlich gewesen, *daß Rechberg am Ruder bliebe.* Wäre damit eine dualistische Führung des Deutschen Bundes hergestellt worden, welcher sich die übrigen Staaten nicht versagt haben würden, sobald sie die Überzeugung gewonnen hätten, daß die Verständigung der beiden Vormächte ehrlich und dauerhaft war, so würden auch die Rheinbundgelüste einzelner süddeutscher Minister, die am schärfsten, was auch Graf Beust in seinen Denkwürdigkeiten sagen mag, in Darmstadt zum Ausdruck kamen, dem österreichisch-preußischen Einverständnis gegenüber verstummt sein.

III

Wenige Monate nach dem Frankfurter Kongreß starb der König Friedrich VII. von Dänemark. Das Mißlingen des österreichischen Vorstoßes, die Weigerung der übrigen Bundesstaaten, nach der preußischen Ablehnung mit Österreich allein in engere Beziehung zu treten, brachten den Gedanken einer dualistischen Politik der beiden deutschen Großmächte, infolge der Eröffnung der schleswig-holsteinischen Frage und Sukzession, in Wien der Erwägung nahe, und mit mehr Aussicht auf Verwirklichung, als im Dezember 1862 vorgelegen hatte. Graf Rechberg machte in der Verstimmung über die Weigerung der Bundesgenossen, sich ohne Mitwirkung Preußens zu verpflichten, einfach kehrt mit dem Bemerken, daß die Verständigung mit Preußen für Österreich noch leichter sei als für die Mittelstaaten. Darin hatte er für den Augenblick recht, für die Dauer aber doch nur dann, wenn Österreich bereit war, Preußen als gleichberechtigt in Deutschland tatsächlich zu behandeln und Preußens Beistand in den europäischen Interessen, die Österreich in Italien und im Orient hatte, durch die Gestattung freier Bewegung des preußischen Einflusses wenigstens in Norddeutschland zu vergelten. Der Anfang der dualistischen Politik gewährte derselben eine glänzende Betätigung in den gemeinsamen Kämpfen an der Schley, dem gemeinsamen Einrücken in Jütland und dem gemeinsamen Friedensschlüsse mit Dänemark. Das preußisch-österreichische Bündnis bewährte sich selbst unter der Abschwächung, welche in der Verstimmung der übrigen Bundesstaaten lag, doch als hinreichendes Schwergewicht, um die widerstrebende Verstimmung der anderen Großmächte, unter deren Deckung Dänemark dem gesamten Deutschtum den Handschuh hatte hinwerfen können, im Zaume zu halten.

Unser weiteres Zusammengehen mit Österreich war gefährdet zuerst bei dem heftigen Andrang militärischer Einflüsse auf den König, die ihn zum Überschreiten der jütischen Grenze auch ohne Österreich bewegen wollten. Mein alter Freund, der Feldmarschall Wrangel, schickte unchiffriert die gröbsten Injurien gegen mich telegraphisch an den König, in welchen in bezug auf mich von Diplomaten, die an den Galgen gehörten, die Rede war.

(Wir blieben infolge dieser Episode Jahre hindurch in persönlicher Verstimmung und gingen am Hofe schweigend nebeneinander her, bis bei einer der vielen Gelegenheiten, wo wir Tischnachbarn waren, mich der Feldmarschall verschämt lächelnd anredete: »Mein Sohn, kannst du gar nicht vergessen?« Ich antwortete: »Wie sollte ich es anfangen zu vergessen, was ich erlebt habe?« Darauf er nach längerem Schweigen: »Kannst du auch nicht vergeben?« Ich erwiderte: »Von ganzem Herzen.« Wir schüttelten uns die Hände und waren wieder Freunde wie in früheren Zeiten.)

Damals indessen gelang es mir, den König zu bestimmen, daß wir nicht um ein Haarbreit an Österreich vorbeigingen und namentlich nicht in Wien den Eindruck machten, als ob Österreich gegen seinen Willen von uns fortgerissen würde. Meine guten Beziehungen zu Rechberg und Karolyi ermöglichten es mir, das Einverständnis über den Einmarsch in Jütland herzustellen.

Trotz dieser Erfolge fand der Versuch des Dualismus seinen Kulminations- und Wendepunkt in einer Besprechung, welche beide Monarchen unter Zuziehung ihrer Minister, Rechbergs und meiner, im August 1864 in Schönbrunn hatten. Im Laufe derselben sagte ich dem Kaiser von Österreich:

»Zu einer politischen Gemeinschaft geschichtlich berufen, machen wir dynastisch und politisch beiderseits bessere Geschäfte, wenn wir zusammenhalten und diejenige Führung Deutschlands übernehmen, welche uns nicht entgehen wird, sobald wir einig sind. Wenn Preußen und Österreich sich die Aufgabe stellen, nicht bloß ihre gemeinsamen Interessen, sondern auch beiderseits jedes die Interessen des andern zu fördern, so kann das Bündnis der beiden deutschen Großstaaten von einer weittragenden deutschen und europäischen Wirksamkeit werden. Der Staat Österreich hat kein Interesse an der Gestaltung der dänischen Herzogtümer, dagegen ein erhebliches an seinen Beziehungen zu Preußen. Sollte aus dieser zweifellosen Tatsache nicht die Zweckmäßigkeit einer für Preußen wohlwollenden Politik hervorgehen, welche das bestehende Bündnis der beiden deutschen Großmächte konsolidiert und in Preußen Dankbarkeit für Österreich erweckt? Wenn die gemeinsame Erwerbung statt in Holstein in Italien läge, wenn der Krieg, den wir geführt haben, statt Schleswig-Holstein die Lombardei zur Verfügung der beiden Mächte gestellt hätte, so würde es mir nicht eingefallen sein, bei meinem Könige dahin zu wirken, daß Wünschen unsres Verbündeten ein Widerstand entgegengesetzt oder die Forderung eines Äquivalents erhoben würde, wenn ein solches nicht zu gleicher Zeit disponibel wäre. Ihm aber für Schleswig-Holstein altpreußisches Land abzutreten, das würde kaum möglich sein, selbst wenn die Einwohner es wünschten; in Glatz protestierten aber sogar die dort angesessenen Österreicher dagegen. Ich hätte das Gefühl, daß die vorteilhaften Ergebnisse der Freundschaft der deutschen Großmächte mit der holsteinischen Frage nicht abgeschlossen wären und daß dieselben, wenn jetzt in der äußersten Entfernung von dem österreichischen Interessengebiet gelegen, doch ein andermal sehr viel näher liegen könnten und daß es für Österreich nützlich sein werde, jetzt Preußen gegenüber freigebig und gefällig zu sein.«

Es schien mir, daß die von mir aufgestellte Perspektive auf den Kaiser Franz Joseph nicht ohne Eindruck blieb. Er sprach zwar von der Schwierigkeit, der öffentlichen Meinung in Österreich gegenüber ganz ohne Äquivalent aus der gegenwärtigen Situation hinauszugehen, wenn Preußen einen so großen Gewinn wie Schleswig-Holstein mache, schloß aber mit der Frage, ob wir wirklich fest entschlossen wären, diesen Besitz zu fordern und einzuverleiben. Ich hatte den Eindruck, daß er doch nicht für unmöglich hielte, uns seine Ansprüche auf das von Dänemark abgetretene Land zu zedieren, wenn ihm die Aussicht auf ein ferneres festes Zusammenhalten mit Preußen und auf Unterstützung analoger Wünsche Österreichs durch Preußen gesichert würde. Er stellte zur weitern Diskussion zunächst die Frage, ob Preußen denn wirklich fest entschlossen sei, die Herzogtümer zu preußischen Provinzen zu machen, oder ob wir mit gewissen Rechten in denselben (Februarbedingungen) zufrieden sein würden. Der König schwieg, und ich brach dieses Schweigen, indem ich dem Kaiser antwortete: »Es ist mir sehr erwünscht, daß Eure Majestät mir die Frage in Gegenwart meines allergnädigsten Herrn vorlegen; ich hoffe bei dieser Gelegenheit seine Ansicht zu erfahren.« Ich hatte nämlich bis dahin keine unumwundene Erklärung des Königs weder schriftlich noch mündlich über Sr. M. definitive Willensmeinung bezüglich der Herzogtümer erhalten.

Die mise en demeure durch den Kaiser hatte die Folge, daß der König zögernd und in einer gewissen Verlegenheit sagte: Er habe ja gar kein Recht auf die Herzogtümer und könne deshalb keinen Anspruch darauf machen. Durch diese Äußerung, aus welcher ich die Einwirkung der königlichen Verwandten und der hofliberalen Einflüsse heraushörte, war ich natürlich dem Kaiser gegenüber außer Gefecht gesetzt. Ich trat demnächst noch für das Festhalten der Einigkeit beider deutscher Großmächte ein, und es wurde eine dieser Richtung entsprechende kurze Redaktion, in welcher die Zukunft Schleswig-Holsteins unentschieden blieb, von Rechberg und mir entworfen und von den beiden hohen Herren genehmigt.

IV

Der Dualismus würde, wie ich ihn mir dachte, dem jetzt bestehenden Verhältnis ähnlich gewesen sein, jedoch mit dem Unterschiede, daß Österreich auf die Staaten, welche jetzt mit Preußen das Deutsche Reich bilden, bundesmäßigen Einfluß behalten haben würde. Rechberg war für Verstärkung des Gewichts von Mitteleuropa durch eine solche Verständigung der beiden Mächte gewonnen. Diese Gestaltung würde, im Vergleich zur Vergangenheit und wie die Dinge damals lagen, immerhin ein Fortschritt zum Besseren gewesen sein, aber Dauer nur versprochen haben, solange das Vertrauen zu den beiderseits leitenden Personen ungestört blieb. Graf Rechberg sagte mir bei meiner Abreise von Wien August 1864, daß seine Stellung angefochten sei; durch die Erörterungen des Ministeriums und die Haltung des Kaisers zu demselben sei er in die Lage geraten, fürchten zu müssen, daß seine Kollegen, namentlich Schmerling, ihn über Bord schieben würden, wenn er nicht für die Zollvereinsbestrebungen Österreichs, die den Kaiser vorzugsweise beschäftigten, wenigstens unsre Zusicherung beibringen könne, daß wir auf Verhandlungen in bestimmter Frist eingehen wollten. Ich hatte gegen ein solches pactum de contrahendo keine Bedenken, weil ich überzeugt war, daß dasselbe mir keine über die Grenzen des mir möglich Scheinenden hinausgehenden Zugeständnisse würde abdingen können, und weil die politische Seite der Frage im Vordergrunde stand. Die Zolleinigung hielt ich für eine unausführbare Utopie wegen der Verschiedenheit der wirtschaftlichen und administrativen Zustände beider Teile. Die Gegenstände, welche im Norden des Zollvereins die finanzielle Unterlage bildeten, gelangen in dem größeren Teile des österreichisch-ungarischen Gebietes gar nicht zum Verbrauch. Die Schwierigkeiten, welche die Verschiedenheit der Lebensgewohnheiten und der Konsumtion zwischen Nord- und Süddeutschland schon innerhalb des Zollvereins bedingten, mußten unüberwindlich werden, wenn beide Regionen mit den östlichen Ländern Österreich-Ungarns, von derselben Zollgrenze umschlossen werden sollten. Ein gerechter, der bestehenden Konsumtion zollpflichtiger Waren entsprechender Maßstab der Verteilung würde sich nicht vereinbaren lassen; jeder Maßstab würde entweder ungerecht für den Zollverein oder unannehmbar für die öffentliche Meinung in Österreich-Ungarn sein. Der bedürfnislose Slowake und Galizier einerseits, der Rheinländer und der Niedersachse anderseits sind für die Besteuerung nicht kommensurabel. Außerdem fehlte mir der Glaube an die Zuverlässigkeit des Dienstes auf einem großen Teile der österreichischen Grenzen.

Von der Unmöglichkeit der Zolleinigung überzeugt, hatte ich kein Bedenken, dem Grafen Rechberg den gewünschten Dienst zu erweisen, um ihn im Amte zu erhalten. Ich glaubte bei meiner Abreise nach Biarritz sicher zu sein, daß der König an meinem Votum festhalten werde; und mir sind noch heute die Motive nicht klar, welche meine Kollegen, den Finanzminister Karl von Bodelschwingh und den Handelsminister Grafen Itzenplitz, und ihren freihändlerischen spiritus rector Delbrück bestimmt haben, während meiner Abwesenheit den König auf einem ihm ziemlich fremden Gebiete mit so viel Entschiedenheit zu bearbeiten, daß durch unsre Ablehnung die Stellung Rechbergs, wie er es vorhergesagt hatte, erschüttert und er in dem auswärtigen Ministerium durch Mensdorff ersetzt wurde, der zunächst der Kandidat Schmerlings war, bis dieser dann durch reaktionäre und katholische Einflüsse selbst verdrängt wurde. Der König, so fest er auch in der inneren Politik geworden war, ließ sich damals noch von der durch seine Gemahlin vertretenen Doktrin beeinflussen, daß zur Lösung der deutschen Frage die Popularität das Mittel sei.

Über eine Konferenz, welche am 10. Oktober 1864 von Mitgliedern des Auswärtigen und des Handelsministeriums abgehalten wurde, schrieb mir Herr von Thile nach Biarritz:

»Ich fand in der heutigen Konferenz neu bestätigt, was freilich längst bekannt ist, daß die Herren Fachmänner bei aller ihrer, von mir gern anerkannten Virtuosität in Behandlung der fachlichen Seite die politische arg mißachten und z.B. die Eventualität eines Ministerwechsels in Wien wie eine Bagatelle behandeln. – Itzenplitz wankt in seinen Ansichten sehr. Wiederholt gelang es mir, ihn zu dem Geständnis zu bringen, daß uns der Artikel 25 finaliter und realiter zu nichts verpflichtet. Dann schreckte ihn aber jedesmal ein strafender Blick von Delbrück in seine Fachposition zurück.«

Zwei Tage später, am 12. Oktober, berichtete mir Abeken, der sich bei dem König in Baden-Baden befand, es sei ihm nicht gelungen, denselben für den Artikel 25 zu gewinnen; Se. Majestät scheue »das Geschrei«, welches sich über eine solche Konzession an Österreich erheben würde, und habe u.a. gesagt: »Die Ministerkrisis in Wien würden wir vielleicht vermeiden, aber dadurch in Berlin eine solche hervorrufen; Bodelschwingh und Delbrück würden wahrscheinlich ihre Entlassung geben, wenn wir den Artikel 25 zuließen.«

Und wieder zwei Tage später schrieb mir Graf Goltz aus Paris:

»Ist Rechbergs Stellung entschieden erschüttert (daß sie es bei dem Kaiser sei, muß ich noch bezweifeln), so dürfte für uns die Notwendigkeit eintreten, *hier* den Eröffnungen eines rein Schmerlingschen Ministeriums zuvorzukommen.«

V

Nicht ohne Bedeutung für den Wert dualistischer Politik war die Frage, auf welches Maß von Sicherheit im Innehalten dieser Linie wir bei Österreich rechnen konnten. Wenn man sich die Plötzlichkeit vergegenwärtigte, mit welcher Rechberg in der Verstimmung über den Mangel an Folgsamkeit der Mittelstaaten mit denselben gebrochen und sich mit uns ohne und gegen sie verbündet hatte, so konnte man die Möglichkeit nicht abweisen, daß ein Mangel an Übereinstimmung mit Preußen in Einzelfragen ebenso unerwartet zu einer neuen Schwenkung führen könnte. Über Mangel an Aufrichtigkeit habe ich bei dem Grafen Rechberg nie zu klagen gehabt, aber er war, wie Hamlet sagt, spleenetic und rash in einem ungewöhnlichen Grade; und wenn die persönliche Verstimmung des Grafen Buol über unfreundliche Formen des Kaisers Nikolaus mehr als überpolitische Differenzen hingereicht hatte, die österreichische Politik in der Linie der bekannten Schwarzenbergschen Undankbarkeit (Nous étonnerons l'Europe par notre ingratitude) dauernd festzuhalten, so durfte man sich der Möglichkeit nicht verschließen, daß die sehr viel schwächeren Bindemittel zwischen dem Grafen Rechberg und mir von irgendwelcher Flutwelle weggeschwemmt werden könnten. Der Kaiser Nikolaus hatte zu dem Glauben an die Zuverlässigkeit seiner Beziehungen zu Österreich viel stärkere Unterlagen als wir zur Zeit des dänischen Krieges. Er hatte dem Kaiser Franz Joseph einen Dienst erwiesen, wie kaum je ein Monarch seinem Nachbarstaat getan, und die Vorteile der gegenseitigen Anlehnung im monarchischen Interesse der Revolution gegenüber, der italienischen und ungarischen so gut wie der polnischen von 1846, fielen bei dem Zusammenhalten mit Rußland noch schwerer in das Gewicht als bei dem mit Preußen 1864 möglichen Bunde. Der Kaiser Franz Joseph ist eine ehrliche Natur, aber das österreichisch-ungarische Staatsschiff ist von so eigentümlicher Zusammensetzung, daß die Schwankungen desselben, denen der Monarch seine Haltung an Bord anbe-

quemen muß, sich kaum im voraus berechnen lassen. Die zentrifugalen
Einflüsse der einzelnen Nationalitäten, das Ineinandergreifen der vitalen
Interessen, welche Österreich nach der deutschen, der italienischen, der orientalischen und der polnischen Seite hin gleichzeitig zu vertreten hat, die
Unlenksamkeit des ungarischen Nationalgeistes und vor allem die Unbere-
chenbarkeit, mit welcher beichtväterliche Einflüsse die politischen Entschließungen kreuzen, legen jedem Bundesgenossen Österreichs die Pflicht
auf, vorsichtig zu sein und die Interessen der eignen Untertanen nicht ausschließlich von der österreichischen Politik abhängig zu machen. Der Ruf
der Stabilität, welchen die letztere unter dem langjährigen Regiment Metternichs gewonnen hatte, ist nach der Zusammensetzung der Habsburgischen Monarchie und nach den bewegenden Kräften innerhalb derselben
nicht haltbar, mit der Politik des Wiener Kabinetts vor der Metternichschen
Periode gar nicht und nach derselben nicht durchweg in Übereinstimmung.
Sind aber die Rückwirkungen der wechselnden Ereignisse und Situationen
auf die Entschließungen des Wiener Kabinetts für die Dauer unberechenbar, so ist es auch für jeden Bundesgenossen Österreichs geboten, auf die
Pflege von Beziehungen, aus denen sich nötigenfalls andere Kombinationen entwickeln ließen, nicht absolut zu verzichten.

7. KAPITEL

KÖNIG LUDWIG II. VON BAYERN

Auf dem Wege von Gastein nach Baden-Baden berührten wir München, was der König Max bereits verlassen hatte, um sich nach Frankfurt zu begeben, es seiner Gemahlin überlassend, die Gäste zu empfangen. Ich glaube nicht, daß die Königin Maria nach ihrer wenig aus sich heraustretenden und der Politik abgewandten Stimmung auf den König Wilhelm und die Entschließung, mit welcher er sich damals trug, lebhaft eingewirkt hat. Bei den regelmäßigen Mahlzeiten, welche wir während des Aufenthalts in Nymphenburg, 16. und 17. August 1863, einnahmen, war der Kronprinz, später König Ludwig II., der seiner Mutter gegenübersaß, mein Nachbar. Ich hatte den Eindruck, daß er mit seinen Gedanken nicht bei der Tafel war und sich nur ab und zu seiner Absicht erinnerte, mit mir eine Unterhaltung zu führen, die aus dem Gebiet der üblichen Hofgespräche nicht herausging. Gleichwohl glaubte ich in dem, was er sagte, eine begabte Lebhaftigkeit und einen von seiner Zukunft erfüllten Sinn zu erkennen. In den Pausen des Gesprächs blickte er über seine Frau Mutter hinweg an die Decke und leerte ab und zu hastig sein Champagnerglas, dessen Füllung, wie ich annahm, auf mütterlichen Befehl verlangsamt wurde, so daß der Prinz mehrmals sein leeres Glas rückwärts über seine Schulter hielt, wo es zögernd wieder gefüllt wurde. Er hat weder damals noch später die Mäßigkeit im Trinken überschritten, ich hatte jedoch das Gefühl, daß die Umgebung ihn langweilte und er den von ihr unabhängigen Richtungen seiner Phantasie durch den Champagner zur Hilfe kam. Der Eindruck, den er mir machte, war ein sympathischer, obschon ich mir mit einiger Verdrießlichkeit sagen mußte, daß mein Bestreben, ihn als Tischnachbar angenehm zu unterhalten, unfruchtbar blieb. Es war dies das einzige Mal, daß ich den König Ludwig von Angesicht gesehen habe, ich bin aber mit ihm, seit er bald nachher den Thron bestiegen hatte, bis an sein Lebensende in günstigen Beziehungen und in verhältnismäßig regem brieflichem Verkehr geblieben und habe dabei jederzeit von ihm den Eindruck eines geschäftlich klaren Regenten von national deutscher Gesinnung gehabt, wenn auch mit vorwiegender Sorge für die Erhaltung des föderativen Prinzips der Reichsverfassung und der verfassungsmäßigen Privilegien seines Landes. Als außerhalb des Gebietes politischer Möglichkeit liegend ist mir sein in den Versailler Verhandlungen auftauchender Gedanke erinnerlich, daß das deutsche Kaisertum resp. Bundespräsidium zwischem dem preußischen und dem bayrischen Hause erblich alternieren solle. Die Zweifel darüber, wie dieser unpraktische Gedanke praktisch zu machen, wurden überholt durch die Verhandlungen mit den bayrischen Vertretern in Versailles und deren Ergebnisse, wonach dem Präsidium des Bundes, also dem Könige von Preußen, die Rechte, welche er heut dem bayrischen Bundesgenossen gegenüber ausübt, schon in der Hauptsache bewilligt waren, ehe es sich um den Kaisertitel handelte.

Aus meinem Briefwechsel mit dem König Ludwig schalte ich einige Stükke ein, welche zur richtigen Charakteristik dieses unglücklichen Fürsten beitragen und auch wieder einmal ein aktuelles Interesse gewinnen können. Die Kurialien sind nur in den ersten beiden Briefen gegeben.

Mein lieber Fürst!

Es würde mir nicht nur ein hohes Interesse bieten, sondern zugleich lebhafte Freude bereiten, Sie zu sprechen und meinen Gefühlen besonderer Hochachtung für Sie, mein lieber Fürst, mündlichen Ausdruck zu geben. Wie ich zu meinem aufrichtigen Bedauern erfahre, hat jener so verabscheuungswürdige Mordanschlag, für dessen Mißlingen ich Gott immerdar dankbar sein werde, störend auf Ihre auch mir so teure Gesundheit und auf den Kurgebrauch gewirkt, so daß es vermessen von mir wäre, wollte ich Sie ersuchen, sich demnächst zu mir zu bemühen, der ich jetzt mitten in den Bergen verweile. – Für Ihren letzten Brief, der mich mit aufrichtiger Freude erfüllte, bin ich Ihnen aus ganzer Seele dankbar. Fest vertraue ich auf Sie! und glaube ich, daß Sie, wie Sie meinem Minister v. Pfretschner gegenüber sich äußerten, Ihren politischen Einfluß dafür einsetzen werden, daß das *föderative Prinzip* die Grundlage der neuen Ordnung der Dinge in Deutschland bilde. Möge der Himmel Ihr teures Leben noch viele Jahre uns allen erhalten! Ihr Tod sowie der des von mir hochverehrten Kaisers Wilhelm wäre ein großes Unglück für Deutschland und Bayern. – Aus ganzem Herzen meine

besten Grüße Ihnen, mein lieber Fürst, zurufend, bleibe ich stets mit besonderer Hochschätzung und tiefgewurzeltem Vertrauen

Hohenschwangau,   Ihr
den 31. Juli 1874   aufrichtiger Freund Ludwig.

                                          Kissingen, den 10. August 1874
Allerdurchlauchtigster König,
Allergnädigster Herr,
im Begriff, meine Kur zu beendigen, kann ich Kissingen nicht verlassen,
ohne Eurer Majestät für alle Gnade, welche Allerhöchstdieselben mir hier
erzeigt haben, nochmals ehrfurchtsvoll zu danken, insbesondere auch für
das huldreiche Schreiben vom 31. v. Mts.

Ich bin hoch beglückt durch das Vertrauen, welches Eure Majestät mir
darin aussprechen, und werde stets bestrebt sein, dasselbe zu verdienen;
aber auch unabhängig von persönlichen Bürgschaften, dürfen Eure Majestät mit voller Zuversicht auf diejenigen rechnen, welche in der Reichsverfassung selbst liegen. Letztere beruht auf der föderativen Grundlage, welche
sie durch die Bundesverträge erhalten hat, und kann nicht ohne Vertrags-
bruch verletzt werden. Darin unterscheidet sich die Reichsverfassung von
jeder Landesverfassung. Die Rechte Eurer Majestät bilden einen unlösli-
chen Teil der Reichsverfassung und beruhen daher auf denselben sicheren
Rechtsgrundlagen wie alle Institutionen des Reichs. Deutschland hat gegenwärtig in der Institution seines Bundesrates, und Bayern in seiner würdigen
und einsichtigen Vertretung im Bundesrate, eine feste Bürgschaft gegen
jede Ausartung oder Übertreibung der einheitlichen Bestrebungen. Eure
Majestät werden auf die Sicherheit des vertragsmäßigen Verfassungsrech-
tes auch dann volles Vertrauen setzen können, wenn ich nicht mehr die Ehre
habe, dem Reiche als Kanzler zu dienen. In tiefer Ehrfurcht verharre ich
                                  Euer Majestät untertänigster Diener
                                                          v. Bismarck.

Auszug.

                                          Friedrichsruh, 2. Juni 1876
Die türkischen Angelegenheiten sehen bedrohlich aus und können dringliche diplomatische Arbeit erfordern: aber unter allen europäischen Mächten

wird Deutschland immer in der günstigsten Lage bleiben, um sich aus den Wirren, mit welchen eine *orientalische* Frage den Frieden bedrohen kann, dauernd oder doch länger als andre fernhalten zu können. Ich gebe daher die Hoffnung nicht auf, daß es mir möglich sein werde, Kissingen in einigen Wochen zu besuchen, und bitte Eure Majestät ehrfurchtsvoll, meinen aller-untertänigsten Dank für Allerhöchstdero huldreiche Fürsorge in Gnaden entgegennehmen zu wollen   v. Bismarck.

Kissingen, 5. Juli 1876

... Leider läßt mir die Politik nicht ganz die Ruhe, deren man im Bade bedarf: Es ist dabei mehr die allgemeine Unruhe und Ungeduld als eine wirkliche Gefährdung des Friedens, für Deutschland wenigstens, wodurch die un-fruchtbaren Arbeiten der Diplomaten veranlaßt werden. Unfruchtbar sind sie notwendig, solange der Kampf innerhalb der türkischen Grenzen zu kei-ner Entscheidung gediehen sein wird. Wie die letztere auch ausfallen möge, so wird die Verständigung zwischen Rußland und England bei gegenseiti-ger Aufrichtigkeit immer möglich sein, da – und solange – Rußland nicht nach dem Besitze von Konstantinopel strebt. Sehr viel schwieriger wird auf die Dauer die Vermittlung zwischen den österreichisch-ungarischen und den russischen Interessen sein; bisher aber sind beide Kaiserhöfe noch ei-nig, und ich bin überzeugt, Eurer Majestät allerhöchste Billigung zu finden, wenn ich die Erhaltung dieser Einigkeit als eine Hauptaufgabe deutscher Diplomatie ansehe. Es würde eine große Verlegenheit für Deutschland sein, zwischen diesen beiden so eng befreundeten Nachbarn optieren zu sollen; denn ich zweifle nicht daran, im Sinne Eurer Majestät und aller deutschen Fürsten zu handeln, wenn ich in unsrer Politik den Grundsatz vertrete, daß Deutschland nur zur Wahrung zweifelloser deutscher Interessen sich an ei-nem Kriege freiwillig beteiligen sollte. Die türkische Frage, solange sie sich innerhalb der türkischen Grenzen entwickelt, berührt meines untertänig-sten Dafürhaltens keine kriegswürdigen deutschen Interessen; auch ein Kampf zwischen Rußland und einer der Westmächte oder beiden kann sich entwickeln, ohne Deutschland in Mitleidenschaft zu ziehen. Sehr viel schwieriger aber liegt der Fall, wenn Österreich und Rußland uneinig wer-den sollten, und hoffe ich, daß die Begegnung beider Monarchen in Reich-stadt gute Früchte zur Befestigung ihrer Freundschaft tragen werde. Der Kaiser Alexander will glücklicherweise den Frieden und erkennt an, daß

Österreichs Lage der südslawischen Bewegung gegenüber schwieriger und zwingender ist als die Rußlands. Für letzteres sind es auswärtige, für Österreich aber innere und vitale Interessen, die auf dem Spiele stehen.

v. Bismarck.

Durch Ihre so klare Darlegung der politischen Situation haben Sie, mein lieber Fürst, mich ganz besonders verbunden. Der weitsehende, staatsmännische Blick, welcher sich in Ihren Anschauungen über die Stellung Deutschlands zu den gegenwärtigen und etwa noch drohenden Verwicklungen im Auslande kundgibt, hat meine volle Bewunderung, und ich brauche noch [wohl] nicht zu versichern, daß Ihre mächtigen Anstrengungen zur Erhaltung des Friedens von meinen wärmsten Sympathien und meinem unbegrenzten Vertrauen begleitet sind. – Möge der glückliche Erfolg der deutschen Politik und der Dank der deutschen Fürsten und Stämme Sie, mein lieber Fürst, im Besitze Ihrer vollen Gesundheit und Rüstigkeit finden.

Hohenschwangau,
den 16. Juli 1876   Ludwig.

Kissingen, 29. Juni 1877
... Die vielen Geschäfte bei der Kur waren unvermeidlich, weil der Reichstag durch die Schwierigkeiten, die er bezüglich meiner Vertretung machte und gegen die aufzutreten ich damals nicht gesund genug war, mich nötigte, die Kontrasignaturen auch im Urlaub beizubehalten. Es war dies eines der Mittel, durch welche die Mehrheit im Reichstage die Einführung jener Institution zu erkämpfen sucht, welche sie unter der Bezeichnung »verantwortlicher Reichsminister« versteht, und gegen die ich mich jederzeit abwehrend verhalte, nicht um der alleinige Minister zu bleiben, sondern um die verfassungsmäßigen Rechte des Bundesrats und seiner hohen Vollmachtgeber zu wahren. Nur auf Kosten der letzteren könnten die erstrebten Reichsministerien geschäftlich dotiert werden, und damit würde ein Weg in der Richtung der Zentralisierung eingeschlagen, in der wir das Heil der deutschen Zukunft, wie ich glaube, vergebens suchen würden. Es ist, meines Dafürhaltens, nicht nur das verfassungsmäßige Recht, sondern auch die politische Aufgabe meiner außerpreußischen Kollegen im Bundesrat, mich im Kampfe gegen die Einführung solcher Reichsministerien offen zu unterstützen

und dadurch klarzustellen, daß ich bisher nicht für die ministerielle Alleinherrschaft des Kanzlers, sondern für die Rechte der Bundesgenossen und
für die ministeriellen Befugnisse des Bundesrats eingetreten bin. Ich darf
annehmen, Ew. Majestät Intentionen entsprochen zu haben, wenn ich mich
in diesem Sinne schon Pfretschner gegenüber geäußert habe, und ich bin
überzeugt, daß Ew. Majestät Vertreter im Bundesrat selbst und in Verbindung mit andern Kollegen mir einen Teil des Kampfes gegen das Drängen
des Reichstages nach verantwortlichen Reichsministerien durch ihren Beistand abnehmen werden.

Wenn, wie ich höre, Ew. Majestät Wahl auf Herrn von Rudhart gefallen ist,
so kann ich nach allem, was ich durch Hohenlohe über ihn weiß, dafür ehrfurchtsvoll dankbar sein und voraussehen, daß ich nicht nur die Innern, sondern auch die auswärtigen Geschäfte des Reichs ihm gegenüber mit der vertrauensvollen Offenheit werde besprechen können, die mir dem Vertreter
Ew. Majestät gegenüber ein geschäftliches und ein persönliches Bedürfnis
ist. Für den Augenblick ist unsre Stellung zum Auslande noch dieselbe, wie
während des ganzen Winters, und die Hoffnung, daß uns der Krieg nicht berühren werde, ungeschwächt. Das Vertrauen Rußlands auf die Zuverlässigkeit unsrer nachbarlichen Politik hat ersichtlich zugenommen, und damit
auch die Aussicht, solche Entwicklungen zu verhüten, gegen welche Österreich einzuschreiten durch seine Interessen genötigt werden könnte. Die
guten Beziehungen der beiden Kaiserreiche zueinander zu erhalten, bleiben wir mit Erfolg bestrebt. Unsre Freundschaft mit England hat bisher darunter nicht gelitten, und auch die am dortigen Hof durch politische Intriganten angebrachten Gerüchte, als könne Deutschland Absichten auf die
Erwerbung von Holland haben, konnten nur in hohen Damenkreisen vorübergehend Anklang finden; die Verleumder werden nicht müde, aber die
Gläubigen scheinen es endlich zu werden. Unter diesen Umständen ist die
äußere Politik des Reiches imstande, ihre Aufmerksamkeit ungeschwächt
dem Vulkan im Westen zuzuwenden, der Deutschland seit 300 Jahren so oft
mit seinen Ausbrüchen überschüttet hat. Ich traue den Versicherungen
nicht, die wir von dort erhalten, kann aber doch dem Reiche keinen andern
Rat geben, als wohlgerüstet und Gewehr bei Fuß den etwaigen neuen Anfall
abzuwarten ...

v. Bismarck.

... Es drängt mich bei diesem Anlasse, Ihnen, mein lieber Fürst, zu sagen, mit welcher lebhaften Besorgnis mich vor einiger Zeit die Nachricht von der Möglichkeit Ihres Rücktrittes erfüllte. Je größer meine persönliche Verehrung für Sie und mein Vertrauen zu der föderativen Grundlage Ihres staatsmännischen Wirkens ist, desto schmerzlicher hätte ich ein solches Ereignis für mich und mein Land empfunden.

Zu meiner wahren Freude ist es nicht eingetreten, und ich wünsche von ganzem Herzen, daß Ihre Weisheit und Tatkraft dem Reiche und dem reichstreuen Bayern noch recht lange erhalten bleiben möge! Haben Sie, mein lieber Fürst, meinen innigsten Dank auch für die Mitteilung erfreulicher Friedensaussichten und für die Zusicherung, daß mein für Berlin bestimmter Gesandter v. Rudhardt bei Ihnen wohlwollende und vertrauensvolle Aufnahme finden werde. In Ihrer Stellung zu der immer wieder auftauchenden Frage verantwortlicher Reichsministerien erscheinen Sie als der starke Hort der Rechte der Bundesfürsten, und mit wahrhafter Beruhigung nehme ich von Ihnen, mein lieber Fürst, das Wort entgegen, daß das Heil der deutschen Zukunft nicht in der Zentralisierung zu suchen ist, welche mit der Schaffung solcher Ministerien eintreten würde. Seien Sie überzeugt, daß ich es an nichts fehlen lassen werde, um Ihnen in dem Kampfe für Aufrechterhaltung der Grundlagen der Reichsverfassung die offene und vollste Unterstützung meiner Vertreter im Bundesrate, welchen sich gewiß auch die Bevollmächtigten der andern Fürsten anschließen werden, für alle Zukunft zu sichern.[*]
Berg, den 7. Juli 1877.

Ludwig.

Kissingen, den 12. August 1878

Eurer Majestät erlaube ich mir meinen ehrfurchtsvollen Dank zu Füßen zu legen für die huldreichen Befehle, welche der königliche Marstall auch in diesem Jahre für meinen hiesigen Aufenthalt erhalten hat, und für die gnädige Anerkennung, welche der Minister von Pfretschner mir im allerhöchsten Auftrage überbracht hat. Durch den Kongreß ist die Politik einstweilen zum Abschlusse gebracht, deren Angemessenheit für Deutschland Eure

---

[*] Das bewährte sich bei Rudhardt nicht.

Majestät in huldreichem Schreiben anzuerkennen geruhten. Der eigne Frieden blieb gewahrt, die Gefahr eines Bruches zwischen Österreich und Rußland ist beseitigt, und unsre Beziehungen zu beiden befreundeten Nachbarreichen sind erhalten und befestigt. Namentlich freue ich mich, daß es gelungen ist, das noch junge Vertrauen Österreichs zu unsrer Politik im Kabinett wie in der Bevölkerung des Kaiserstaates wesentlich zu kräftigen. Ich darf von der allerhöchsten Billigung E. M. überzeugt sein, wenn ich auch ferner bemüht bin, die auswärtige Politik des Reiches in der vorbezeichneten Richtung zu erhalten, und dementsprechend bei der Pforte und anderweit gegenwärtig dahin zu wirken, daß die schwierige Aufgabe, die Österreich, allerdings etwas spät, übernommen hat, durch diplomatischen Beistand nach Möglichkeit erleichtert werde.

Schwieriger sind die augenblicklichen Aufgaben der Innern Politik. Meine Verhandlungen mit dem Nuntius ruhn seit dem Tode des Kardinals Franchi vollständig, in Erwartung von Instruktionen aus Rom. Diejenigen, welche der Erzbischof von Neocäsarea mitbrachte, verlangten Herstellung des Status quo ante 1870 in Preußen, faktisch, wenn nicht vertragsmäßig. Derartige prinzipielle Konzessionen sind beiderseits unmöglich. Der Papst besitzt die Mittel nicht, durch welche er uns die nötigen Gegenleistungen machen könnte; die Zentrumspartei, die staatsfeindliche Presse, die polnische Agitation, gehorchen dem Papste nicht, auch wenn Seine Heiligkeit diesen Elementen befehlen wollte, die Regierung zu unterstützen. Die im Zentrum vereinten Kräfte fechten zwar jetzt unter päpstlicher Flagge, sind aber *an sich* staatsfeindlich, auch wenn die Flagge der Katholizität aufhörte sie zu decken; ihr Zusammenhang mit der Fortschrittspartei und den Sozialisten auf der Basis der Feindschaft gegen den Staat ist von dem Kirchenstreit unabhängig. In Preußen wenigstens waren die Wahlkreise, in denen das Zentrum sich ergänzt, auch *vor* dem Kirchenstreite oppositionell, aus demokratischer Gesinnung, bis auf den Adel in Westfalen und Oberschlesien, der unter der Leitung der Jesuiten steht und von diesen absichtlich schlecht erzogen wird. Unter diesen Umständen fehlt dem römischen Stuhl die Möglichkeit, uns für die Konzessionen, die er von uns verlangt, ein Äquivalent zu bieten, namentlich da er über den Einfluß der Jesuiten auf deutsche Verhältnisse gegenwärtig nicht verfügt. Die Machtlosigkeit des Papstes ohne diesen Beistand hat sich besonders bei den Nachwahlen erkennen lassen, wo die katholischen Stimmen, *gegen* den Willen des Papstes, für sozialistische Kandidaten abgegeben wurden und der Dr. Moufang in Mainz öffentlich

Verpflichtungen in dieser Beziehung einging. Die hiesigen Verhandlungen mit dem Nuntius können das Stadium der gegenseitigen Rekognoszierung nicht überschreiten; sie haben mir die Überzeugung gewährt, daß ein Abschluß noch nicht möglich ist; ich glaube aber vermeiden zu sollen, daß sie gänzlich abreißen, und dasselbe scheint der Nuntius zu wünschen. In Rom hält man uns offenbar für hilfsbedürftiger, als wir sind, und überschätzt den Beistand, den man uns, bei dem besten Willen, im Parlamente zu leisten vermag. Die Wahlen zum Reichstage haben den Schwerpunkt des letztern weiter nach rechts geschoben, als man annahm. Das Übergewicht der Liberalen ist vermindert, und zwar in höherem Maße, als die Ziffern es erscheinen lassen. Ich war bei Beantragung der Auflösung nicht im Zweifel, daß die Wähler regierungsfreundlicher sind als die Abgeordneten, und die Folge davon ist gewesen, daß viele Abgeordnete, welche ungeachtet ihrer oppositionellen Haltung wiedergewählt wurden, dies nur durch Zusagen zugunsten der Regierung erreichen konnten. Wenn sie diese Zusagen nicht halten und eine neue Auflösung folgen sollte, so werden sie nicht mehr Glauben bei den Wählern finden und nicht wieder gewählt werden. Die Folge der gelockerten Beziehungen zu den liberalen und zentralistischen Abgeordneten wird, meines ehrfurchtsvollen Dafürhaltens, ein festeres Zusammenhalten der verbündeten Regierungen untereinander sein. Das Anwachsen der sozialdemokratischen Gefahr, die jährliche Vermehrung der bedrohlichen Räuberbande, mit der wir gemeinsam unsre größeren Städte bewohnen, die Versagung der Unterstützung gegen diese Gefahr von seiten der Mehrheit des Reichstags drängt schließlich den deutschen Fürsten, ihren Regierungen und allen Anhängern der staatlichen Ordnung eine Solidarität der Notwehr auf, welcher die Demagogie der Redner und der Presse nicht gewachsen sein wird, solange die Regierungen einig und entschlossen bleiben, wie sie es gegenwärtig sind. Der Zweck des Deutschen Reiches ist der Rechtsschutz; die parlamentarische Tätigkeit ist bei Stiftung des bestehenden Bundes der Fürsten und Städte als ein Mittel zur Erreichung des Bundeszweckes, aber nicht als Selbstzweck aufgefaßt worden. Ich hoffe, daß das Verhalten des Reichstages die verbündeten Regierungen der Notwendigkeit überheben wird, die Konsequenzen dieser Rechtslage jemals praktisch zu ziehen. Aber ich bin nicht gewiß, daß die Mehrheit des jetzt gewählten Reichstages schon der richtige Ausdruck der zweifellos loyal und monarchisch gesinnten Mehrheit der deutschen Wähler sein werde. Sollte es nicht der Fall sein, so wird die Frage einer neuen Auflösung in die Tagesordnung treten. Ich glaube aber nicht, daß ein richtiger Moment der Entscheidung darüber schon in diesem Herbst eintreten könne. Bei einem neuen Appell an die Wähler wird die wirtschaftliche und finanzielle Reformfrage ein Bundesgenosse für die verbündeten Regierungen sein, sobald sie im Volke richtig verstanden sein wird; dazu aber ist ihre Diskussion im Reichstage nötig, die nicht vor der Wintersession stattfinden kann. Das Bedürfnis höherer Einnahmen durch indirekte Steuern ist in allen Bundesstaaten fühlbar und von deren Ministern in Heidelberg einstimmig anerkannt worden.[47] Der Widerspruch der parlamentarischen Theoretiker dagegen hat in der produktiven Mehrheit der Bevölkerung auf die Dauer keinen Anklang.

Eure Majestät bitte ich untertänigst, diese kurze Skizze der Situation mit huldreicher Nachsicht aufnehmen und mir Allerhöchstdero Gnade ferner erhalten zu wollen.   [v. Bismarck.]

8. KAPITEL

SCHLESWIG-HOLSTEIN

I

Zu meinem Nachfolger in Paris war Graf Robert von der Goltz ernannt worden, der seit 1855 Gesandter in Athen, Konstantinopel und Petersburg gewesen war. Meine Erwartung, daß das Amt ihn diszipliniert, der Übergang von der schriftstellerischen zu einer geschäftlichen Tätigkeit ihn praktischer, nüchterner gemacht und die Berufung auf den derzeit wichtigsten Posten der preußischen Diplomatie seinen Ehrgeiz befriedigt haben würde, sollte sich nicht sogleich und nicht völlig erfüllen. Am Ende des Jahres 1863 sah ich mich zu einer schriftlichen Erörterung mit ihm genötigt, die leider nicht vollständig in meinem Besitz ist; von seinem Brief vom 22. Dezember, welcher den unmittelbaren Anlaß dazu gab, ist nur ein Bruchstück vorhanden, und in der Abschrift meiner Antwort fehlt der Eingang. Aber auch so hat dieselbe ihren Wert als Schilderung der damaligen Situation und als Beleuchtung der daraus hervorgegangenen Entwicklung.

»Berlin, den 24. Dezember 1863
Was die dänische Sache betrifft, so ist es nicht möglich, daß der König zwei auswärtige Minister habe, d.h., daß der wichtigste Posten in der entscheidenden Tagesfrage eine der ministeriellen Politik entgegengesetzte immediat bei dem Könige vertrete. Die schon übermäßige Friktion unsrer Staatsmaschine kann nicht noch gesteigert werden. Ich vertrage jeden mir gegenüber geübten Widerspruch, sobald er aus so kompetenter Quelle wie die Ihrige hervorgeht; die Beratung des Königs aber in dieser Sache kann ich amtlich mit niemandem teilen, und ich müßte, wenn S. M. mir dies zumuten sollte, aus meiner Stellung scheiden. Ich habe dies dem Könige bei Vorlesung eines Ihrer jüngsten Berichte gesagt; S. M. fand meine Auffas-

sung natürlich, und ich kann nicht anders als an ihr festhalten. Berichte, welche nur die ministeriellen Anschauungen widerspiegeln, erwartet niemand; die Ihrigen sind aber nicht mehr Berichte im üblichen Sinne, sondern nehmen die Natur ministerieller Vorträge an, die dem König die entgegengesetzte Politik von der empfehlen, welche er mit dem gesamten Ministerium im Conseil selbst beschlossen und seit Wochen befolgt hat. Eine, ich darf wohl sagen scharfe, wenn nicht feindselige Kritik dieses Entschlusses ist aber ein anderes Ministerprogramm und nicht mehr ein gesandtschaftlicher Bericht. *Schaden* kann solche kreuzende Auffassung allerdings, ohne zu nützen; denn sie kann Zögerungen und Unentschiedenheiten hervorrufen, und jede Politik halte ich für eine bessere als eine schwankende.

Ich gebe Ihnen die Betrachtung vollständig zurück, daß eine ›an sich höchst einfache Frage preußischer Politik‹ durch den Staub, den die dänische Sache aufrührt, durch die Nebelbilder, welche sich an dieselbe knüpfen, verdunkelt wird. Die Frage ist, ob wir eine Großmacht sind oder ein deutscher Bundesstaat, und ob wir, der erstren Eigenschaft entsprechend, monarchisch oder, wie es in der zweiten Eigenschaft allerdings zulässig ist, durch Professoren, Kreisrichter und kleinstädtische Schwätzer zu regieren sind. Die Jagd hinter dem Phantom der Popularität ›in Deutschland‹, die wir seit den vierziger Jahren betrieben, hat uns unsre Stellung in Deutschland und Europa gekostet, und wir werden sie dadurch nicht wiedergewinnen, daß wir uns vom Strome treiben lassen in der Meinung, ihn zu lenken, sondern nur dadurch, daß wir fest auf eignen Füßen stehen und *zuerst* Großmacht, *dann* Bundesstaat sind. Das hat Österreich zu unserm Schaden stets als richtig für sich anerkannt, und es wird sich von der Komödie, die es mit deutschen Sympathien spielt, nicht aus seinen europäischen Allianzen, wenn es überhaupt solche hat, herausreißen lassen. Gehen wir ihm zu weit, so wird es scheinbar noch eine Weile mitgehn, namentlich mitschreiben, aber die 20 Prozent Deutsche, die es in seiner Bevölkerung hat, sind kein in letzter Instanz zwingendes Element, sich von uns wider eignes Interesse fortreißen zu lassen. Es wird im geeigneten Momente hinter uns zurückbleiben und seine Richtung in die europäische Stellung zu finden wissen, sobald wir dieselbe aufgeben. Die Schmerlingsche Politik, deren Seitenstück Ihnen als Ideal für Preußen vorschwebt, hat ihr Fiasko gemacht. Unsre von Ihnen im Frühjahr sehr lebhaft bekämpfte Politik hat sich in der polnischen Sache bewährt, die Schmerlingsche bittere Früchte für Österreich getragen. Ist es denn nicht der vollständige Sieg, den wir erringen konnten, daß Österreich zwei Monate nach dem Reformversuch froh ist, wenn von demselben nicht mehr gesprochen wird, und mit uns identische Noten an seine früheren Freunde schreibt, mit uns seinem Schoßkinde, der Bundestagsmajorität, drohend erklärt, es werde sich nicht majorisieren lassen? Wir haben diesen Sommer erreicht, wonach wir 12 Jahre lang vergebens strebten, die Sprengung der Bregenzer Koalition[48], Österreich hat unser Programm adoptiert, was es im Oktober v. J. öffentlich verhöhnte; es hat die preußische Allianz statt der Würzburger gesucht, empfängt seine Beihilfe von uns, und wenn wir ihm heut den Rücken kehren, so stürzen wir das Ministerium. Es ist noch nicht dagewesen, daß die Wiener Politik in diesem Maß en gros et en détail von Berlin aus geleitet wurde. Dabei sind wir von Frankreich gesucht, Fleury bietet mehr, als der König mag; unsre Stimme hat in London und Petersburg das Gewicht, was ihr seit 20 Jahren verloren war; und das acht Monate, nachdem Sie mir die gefährlichste Isolierung wegen unsrer polnischen Politik prophezeiten. Wenn wir jetzt den Großmächten den Rükken drehen, um uns der in dem Netze der Vereinsdemokratie gefangenen Politik der Kleinstaaten in die Arme zu werfen, so wäre das die elendeste Lage, in die man die Monarchie nach innen und außen bringen könnte. Wir würden geschoben, statt zu schieben; wir würden uns auf Elemente stützen, die wir nicht beherrschen und die uns notwendig feindlich sind, denen wir uns aber auf Gnade oder Ungnade zu ergeben hätten. Sie glauben, daß in der ›deutschen öffentlichen Meinung‹, Kammern, Zeitungen etc. irgend etwas steckt, was uns in einer Unions- oder Hegemoniepolitik stützen und helfen könnte. Ich halte das für einen radikalen Irrtum, für ein Phantasiegebilde. Unsre Stärkung kann nicht aus Kammern- und Preßpolitik, sondern nur aus waffenmäßiger Großmachtspolitik hervorgehen, und wir haben nicht nachhaltiger Kraft genug, um sie in falscher Front und für Phrasen und Augustenburg zu verpuffen. Sie überschätzen die ganze dänische Frage und lassen sich dadurch blenden, daß dieselbe das allgemeine Feldgeschrei der Demokratie geworden ist, die über das Sprachrohr von Presse und Vereinen disponiert und diese an sich mittelmäßige Frage zum Moussieren bringt. Vor zwölf Monaten hieß es zweijährige Dienstzeit, vor acht Monaten Polen, jetzt Schleswig-Holstein. Wie sahen Sie selbst die europäische Lage im Sommer an? Sie fürchteten Gefahren jeder Art für uns und haben in Kissingen kein Hehl gemacht über die Unfähigkeit unsrer Politik; sind denn nun diese Gefahren durch den Tod des Königs von Dänemark plötzlich geschwunden, und sollen wir jetzt an der Seite von Pfordten, Coburg und Augustenburg, gestützt auf alle Schwätzer und Schwindler der Bewegungspartei, plötzlich stark genug sein, alle vier Großmächte zu brüskieren, und sind letztere plötzlich so gutmütig oder so machtlos geworden, daß wir uns dreist in jede Verlegenheit stürzen können, ohne etwas von ihnen zu besorgen zu haben?

Sie nennen es eine ›wundervolle‹ Politik, daß wir das Gagernsche Programm ohne Reichsverfassung hätten verwirklichen können. Ich sehe nicht ein, wie wir hätten dazu gelangen sollen, wenn wir im *Bunde mit* den Würzburgern, auf deren Unterstützung angewiesen, Europa hätten besiegen müssen. Entweder standen die Regierungen uns ehrlich bei, und der Kampfpreis war ein Großherzog mehr in Deutschland, der aus Sorge für seine neue Souveränität am Bunde gegen Preußen stimmt, ein Würzburger mehr; oder wir mußten, und das war das Wahrscheinlichere, unsern Verbündeten *durch* eine Reichsverfassung den Boden unter den Füßen wegziehen und dennoch dabei auf ihre Treue rechnen. Mißlang das, wie zu glauben, so waren wir blamiert; gelang es, so hatten wir die Union *mit* der Reichsverfassung.

Sie sprechen von dem Staatenkomplex von 70 Millionen mit einer Million Soldaten, der in kompakter Weise Europa trotzen soll, muten also Österreich ein Aushalten auf Tod und Leben bei einer Politik zu, die Preußen zur Hegemonie führen soll, und trauen doch dem Staate, der 35 dieser 70 Millionen hat, nicht über den Weg. Ich auch nicht; aber ich finde es für jetzt richtig, Österreich bei uns zu haben; ob der Augenblick der Trennung kommt und von wem, das werden wir sehen. Sie fragen: Wann in aller Welt sollen wir denn Krieg führen, wozu die Armeereorganisation? Und Ihre eignen Berichte schildern uns das Bedürfnis Frankreichs, im Frühjahr Krieg zu haben, die Aussicht auf eine Revolution in Galizien daneben. Rußland hat 200 000 Mann über den polnischen Bedarf auf den Beinen und kein Geld zu Phantasierüstungen, muß also mutmaßlich doch auf Krieg gefaßt sein; ich bin es auf Krieg mit Revolution kombiniert. Sie sagen dann, daß wir uns dem Kriege gar nicht aussetzen; das vermag ich mit Ihren eigenen Berichten aus den letzten drei Monaten nicht in Einklang zu bringen. Ich bin dabei in keiner Weise kriegsscheu, im Gegenteil; bin auch gleichgültig gegen Revolutionär oder Konservativ, wie gegen alle Phrasen; Sie werden sich vielleicht sehr bald überzeugen, daß der Krieg auch in meinem Programme liegt; ich halte nur Ihren Weg, dazu zu gelangen, für einen staatsmännisch unrichtigen. Daß Sie dabei im Einverständnis mit Pfordten, Beust, Dalwigk und wie unsre Gegner alle heißen, sich befinden, macht für mich die Seite, die Sie vertreten, weder zur revolutionären noch zur konservativen, aber nicht zur richtigen für Preußen. Wenn der Bierhausenthusiasmus in London und Paris imponiert, so freut mich das, es paßt ganz in unsern Kram; deshalb imponiert er mir aber noch nicht und liefert uns im Kampfe keinen Schuß und wenig Groschen. Mögen Sie den Londoner Vertrag revolutionär nennen: die Wiener Traktate waren es zehnmal mehr und zehnmal ungerechter gegen viele Fürsten, Stände und Länder, das europäische Recht wird eben durch europäische Traktate geschaffen. Wenn man aber an letztere den Maßstab der Moral und Gerechtigkeit legen wollte, so müßten sie ziemlich alle abgeschafft werden.

Wenn Sie statt meiner hier im Amte wären, so glaube ich, daß Sie sich von der Unmöglichkeit der Politik, die Sie mir heute empfehlen und als so ausschließlich ›patriotisch‹ ansehn, daß Sie die Freundschaft darüber kündigen, sehr bald überzeugen würden. So kann ich nur sagen: la critique est aisée; die Regierung, namentlich eine solche, die ohnehin in manches Wespennest hat greifen müssen, unter dem Beifall der Massen zu tadeln, hat nichts Schwieriges; beweist der Erfolg, daß die Regierung richtig verfuhr, so ist von Tadeln nicht weiter die Rede; macht die Regierung Fiasko in Dingen, die menschliche Einsicht und Willen überhaupt nicht beherrschen, so hat man den Ruhm, rechtzeitig vorhergesagt zu haben, daß die Regierung auf dem Holzwege sei. Ich habe eine hohe Meinung von Ihrer politischen Einsicht; aber ich halte mich selbst auch nicht für dumm; ich bin darauf gefaßt, daß Sie sagen, dies sei eine Selbsttäuschung. Vielleicht steigen mein Patriotismus und meine Urteilskraft in Ihrer Ansicht, wenn ich Ihnen sage, daß ich mich seit 14 Tagen auf der Basis der Vorschläge befinde, die Sie in Ihrem Bericht Nro. – machen. Mit einiger Mühe habe ich Österreich bestimmt, die holsteinschen Stände zu berufen, falls wir es in Frankfurt durchsetzen; wir müssen erst darin sein im Lande. Die Prüfung der Erbfolgefrage am Bunde erfolgt mit unsrem Einverständnis, wenn wir auch mit Rücksicht auf England nicht dafür stimmen; ich hatte Sydow ohne Instruktion gelassen, er ist zur Ausführung subtiler Instruktionen nicht gemacht.

Vielleicht werden noch andre Phasen folgen, die Ihrem Programm nicht sehr fernliegen; wie aber soll ich mich entschließen, mich über meine letzten Gedanken frei gegen Sie auszulassen, nachdem Sie mir politisch den Krieg erklärt haben und sich ziemlich unumwunden zu dem Vorsatz bekennen, das jetzige Ministerium und seine Politik zu bekämpfen, also zu beseitigen? Ich urteile dabei bloß nach dem Inhalt Ihres Schreibens an mich und lasse alles beiseite, was mir durch Kolportage und dritte Hand über Ihre mündlichen und schriftlichen Auslassungen in betreff meiner zugeht. Und doch muß ich als Minister, wenn das Staatsinteresse nicht leiden soll, gegen den Botschafter in Paris rückhaltlos offen bis zum letzten Worte meiner Politik sein. Die Friktion, welche jeder in meiner Stellung mit den Ministern und Räten, am Hofe, mit den okkulten Einflüssen, Kammern, Presse, den fremden Höfen zu überwinden hat, kann nicht dadurch vermehrt werden, daß die Disziplin meines Ressorts einer Konkurrenz zwischen dem Minister und dem Gesandten Platz macht und daß ich die unentbehrliche Einheit des Dienstes durch Diskussion im Wege des Schriftwechsels herstelle. Ich kann selten so viel schreiben wie heute in der Nacht am Heiligen Abend, wo alle Beamte beurlaubt sind, und ich würde an niemanden als an Sie den vierten Teil des Briefes schreiben. Ich tue es, weil ich mich nicht entschließen kann, Ihnen amtlich und durch die Büros in derselben Höhe des Tones zu schreiben, bei welchem Ihre Berichte angelangt sind. Ich habe nicht die Hoffnung, Sie zu überzeugen, aber ich habe das Vertrauen zu Ihrer eignen dienstlichen Erfahrung und zu Ihrer Unparteilichkeit, daß Sie mir zugeben werden, es kann nur eine Politik auf einmal gemacht werden, und das muß die sein, über welche das Ministerium mit dem Könige einig ist. Wollen Sie dieselbe und damit das Ministerium zu werfen suchen, so müssen Sie das hier in der Kammer und der Presse an der Spitze der Opposition unternehmen, aber nicht von Ihrer jetzigen Stellung aus; und dann muß ich mich ebenfalls an Ihren Satz halten, daß in einem Konflikt des Patriotismus und der Freundschaft der erstere entscheidet. Ich kann Sie aber versichern, daß mein Patriotismus von so starker und reiner Natur ist, daß eine Freundschaft, die neben ihm zu kurz kommt, dennoch eine sehr herzliche sein kann.«

II

Die Abstufungen, welche in den dänischen Fragen erreichbar erschienen und deren jede für die Herzogtümer einen Fortschritt zum Besseren im Vergleich mit dem vorhandenen Zustande bedeutete, gipfelten m. E. in der Erwerbung der Herzogtümer für Preußen, wie ich sofort nach dem Tode (der am 15. November 1863 erfolgte) Friedrichs VII. im Ministerrat ausgesprochen habe. Ich erinnerte den König daran, daß jeder seiner nächsten Vorfahren außer seinem Bruder für den Staat einen Zuwachs gewonnen habe,

Friedrich Wilhelm III. die Rheinprovinz, Friedrich Wilhelm II. Polen, Friedrich II. Schlesien, Friedrich Wilhelm I. Altvorpommern, der Große Kurfürst Hinterpommern und Magdeburg, Minden usw., und ermunterte ihn, ein Gleiches zu tun. In dem Protokolle fehlte diese meine Äußerung. Der Geh. Rat Costenoble, der die Protokolle zu führen hatte, sagte, von mir zur Rede gestellt, der König hätte gemeint, es würde mir so lieber sein, wenn meine Auslassungen nicht protokollarisch festgelegt würden; ich bestand aber auf der Einschaltung, die auch erfolgte. Der Kronprinz hatte, während ich sprach, die Hände zum Himmel erhoben, als wenn er an meinen gesunden Sinnen zweifelte; meine Kollegen verhielten sich schweigend.

S. M. schien geglaubt zu haben, daß ich unter bacchischen Eindrücken eines Frühstücks gesprochen hätte und froh sein würde, nichts weiter davon zu hören.

Wäre das höchste Ziel nicht zu erreichen gewesen, so konnten wir trotz aller augustenburgischen Verzichtleistungen auf die Einsetzung dieser Dynastie und die Herstellung eines neuen Mittelstaates eingehn, wenn die preußischen und deutschnationalen Interessen sichergestellt würden, welche durch das Wesentliche der Februarbedingungen, Militärkonvention, Kiel als Bundeshafen und den Nordostseekanal, gedeckt waren.

Wäre auch das nach der europäischen Situation und nach dem Willen des Königs nicht zu erreichen gewesen ohne Isolierung Preußens von allen Großmächten einschließlich Österreichs, so stand zur Frage, auf welchem Wege für die Herzogtümer, sei es in Form der Personalunion oder in einer andern, ein vorläufiger Abschluß erreichbar bliebe, der immerhin eine Verbesserung der Lage der Herzogtümer hätte sein müssen. Ich habe von Anfang an die Annexion unverrückt im Auge behalten, ohne die andern Abstufungen aus dem Gesichtsfeld zu verlieren. Als die Situation, welche ich absolut glaubte vermeiden zu müssen, betrachtete ich diejenige, welche in der öffentlichen Meinung von unsern Gegnern als Programm aufgestellt war, d.h. den Kampf und Krieg Preußens für die Errichtung eines neuen Großherzogtums, durchzufechten an der Spitze der Zeitungen, der Vereine, der Freischaren und der Bundesstaaten außer Österreich, und ohne die Sicherheit, daß die Bundesregierungen die Sache auf jede Gefahr hin durchführen würden. Dabei hatte die in dieser Richtung entwickelte öffentliche Meinung, auch der Präsident Ludwig von Gerlach, ein kindliches Vertrauen zu dem Beistande, welchen England dem isolierten Preußen leisten würde. Viel leichter als die englische wäre die französische Genossenschaft zu erlangen gewesen, wenn wir den Preis hätten zahlen wollen, den sie uns voraussichtlich gekostet haben würde. Ich habe nie in der Überzeugung geschwankt, daß Preußen, gestützt nur auf die Waffen und Genossen von 1848, öffentliche Meinung, Landtage, Vereine, Freischaren und die kleinen Kontingente in ihrer damaligen Verfassung, sich auf ein hoffnungsloses Beginnen eingelassen und unter den großen Mächten nur Feinde gefunden hätte, auch in England. Ich hätte den Minister als Schwindler und Landesverräter betrachtet, der in die falsche Politik von 1848, 49, 50 zurückgefallen wäre, die uns ein neues Olmütz bereiten mußte. Sobald aber Österreich mit uns war, schwand die Wahrscheinlichkeit einer Koalition der andern Mächte gegen uns.

Wenn auch durch Landtagsbeschlüsse, Zeitungen und Schützenfeste die deutsche Einheit nicht hergestellt werden konnte, so übte doch der Liberalismus einen Druck auf die Fürsten, welcher sie zu Konzessionen für das Reich geneigter machte. Die Stimmung der Höfe schwankte zwischen dem Wunsche, dem Andringen der Liberalen gegenüber die fürstliche Stellung in partikularistischer und autokratischer Sonderpolitik zu befestigen, und der Sorge vor Friedenstörungen durch äußere oder innere Gewalt. An ihrer *deutschen* Gesinnung ließ keine deutsche Regierung einen Zweifel, doch über die Art, wie die deutsche Zukunft gestaltet werden sollte, stimmten weder die Regierungen noch die Parteien überein. Es ist nicht wahrscheinlich, daß der Kaiser Wilhelm als Regent und später als König auf dem Wege, den er zuerst unter dem Einflusse seiner Gemahlin mit der Neuen Ära betreten hatte, je dahin gebracht worden wäre, das zur Erreichung der Einheit Notwendige zu tun, indem er dem Bunde absagte und die preußische Armee für die deutsche Sache einsetzte. Auf der andern Seite aber ist es auch nicht wahrscheinlich, daß er ohne seine vorhergehenden Versuche und Bestrebungen in liberaler Richtung, ohne die Verbindlichkeiten, in die er dadurch geraten war, in die Wege zum dänischen und damit zum böhmischen Kriege hätte geleitet werden können. Vielleicht wäre es nicht einmal gelungen, ihn von dem Frankfurter Fürstenkongreß 1863 fernzuhalten, wenn die liberalen Antezedenzien nicht ein gewisses Popularitätsbedürfnis in liberaler Richtung auch bei dem Herrn zurückgelassen hätten, welches ihm vor Olmütz fremd gewesen, seitdem aber die natürliche psychologische Folge des Verlangens gewesen war, für die seinem preußischen Ehrgefühl auf dem Gebiete der deutschen Politik geschlagene Wunde auf demselben Gebiete Heilung und Genugtuung zu suchen. Die holsteinsche Frage, der däni-

sche Krieg, Düppel und Alsen, der Bruch mit Österreich und die Entscheidung der deutschen Frage auf dem Schlachtfelde: In dieses ganze Waagesy-
stem wäre er ohne die schwierige Stellung, in welche ihn die neue Ära gebracht hatte, vielleicht nicht eingegangen.

Es kostete freilich 1864 viel Mühe, die Fäden zu lösen, durch welche der
König unter Mitwirkung des liberalistischen Einflusses seiner Gemahlin
mit jenem Lager in Verbindung stand. Ohne die verwickelten Rechtsfragen
der Erbfolge untersucht zu haben, blieb er dabei: »Ich habe kein Recht auf
Holstein.« Meine Vorhaltung, daß der Herzog von Augustenburg kein Recht
habe, auf den herzoglichen und den Schauenburgischen Anteil nie gehabt
und auf den königlichen Teil zweimal, 1728 und 1852, entsagt habe, daß
Dänemark am Bundestage in der Regel mit Preußen gestimmt habe, der
Herzog von Schleswig-Holstein aus Furcht vor preußischem Übergewicht
es mit Österreich halten werde, machte keinen Eindruck. Wenn auch die Erwerbung dieser von zwei Meeren umspülten Provinzen und meine geschichtliche Erinnerung in der Conseilsitzung vom Dezember 1863 auf das
dynastische Gefühl des Herrn nicht ohne Wirkung war, so war auf der andern Seite die Vergegenwärtigung der Mißbilligung wirksam, welche der
König, wenn er den Augustenburger aufgab, bei seiner Gemahlin, bei dem
kronprinzlichen Paare, bei verschiedenen Dynastien und bei denen zu erwarten hatte, welche damals in seiner Auffassung die öffentliche Meinung
Deutschlands bildeten.

Die öffentliche Meinung war in den gebildeten Mittelständen Deutschlands
ohne Zweifel augustenburgisch, in derselben Urteilslosigkeit, welche sich
früher den Polonismus und später die künstliche Begeisterung für die battenbergische Bulgarei als deutsches Nationalinteresse unterschieben ließ.
Die Macht der Presse war in diesen beiden etwas analogen Lagen betrübend erfolgreich und die öffentliche Dummheit für ihre Wirkung so empfänglich wie immer. Die Neigung zur Kritik der Regierung war 1864 auf der
Höhe des Satzes: Nein, er gefällt mir nicht, der neue Bürgermeister. Ich weiß
nicht, ob es heut noch jemanden gibt, der es für vernünftig hielte, wenn nach
Befreiung der Herzogtümer aus ihnen ein neues Großherzogtum hergestellt worden wäre mit Stimmberechtigung am Bundestage und dem sich
von selbst ergebenden Berufe, sich vor Preußen zu fürchten und es mit seinen Gegnern zu halten; damals aber wurde die Erwerbung der Herzogtümer für Preußen als eine Ruchlosigkeit von allen denen betrachtet, welche

seit 1848 sich als die Vertreter der nationalen Gedanken ausgespielt hatten. Mein Respekt vor der sogenannten öffentlichen Meinung, das heißt, vor dem Lärm der Redner und der Zeitungen, war niemals groß gewesen, wurde aber in betreff der auswärtigen Politik in den beiden oben verglichenen Fällen noch erheblich herabgedrückt. Wie stark die Anschauungsweise des Königs bis dahin von dem landläufigen Liberalismus durch den Einfluß der Gemahlin und der Bethmann-Hollwegschen Streberfraktion imprägniert war, beweist die Zähigkeit, mit welcher er an dem Widerspruch festhielt, in welchem das österreichisch-Frankfurter-Augustenburger Programm mit dem preußischen Streben nach nationaler Einheit stand. Logisch begründet konnte diese Politik dem König gegenüber unmöglich werden; er hatte sie, ohne eine chemische Analyse ihres Inhalts vorzunehmen, als Zubehör des Altliberalismus vom Standpunkt der früheren Thronfolgerkritik und der Ratgeber der Königin im Sinne von Goltz, Pourtalès usw. [adoptiert]. Ich greife in der Zeit vor, indem ich hier das letzte Lebenszeichen der Wochenblattspartei einschalte, das Schreiben des Herrn von Bethmann-Hollweg an den König vom 15. Juni 1866, dessen Hauptsätze lauten:

»Was Ew. M. stets gefürchtet und vermieden, was alle Einsichtigen voraussahen, daß ein ernstliches Zerwürfnis mit Österreich von Frankreich benutzt werden würde, um sich auf Kosten Deutschlands zu vergrößern (wo?), liegt jetzt in L. Napoleons ausgesprochenem Programm aller Welt vor Augen. - Die ganzen Rheinlande für die Herzogtümer wäre für ihn kein schlechter Tausch, denn mit den früher beanspruchten petites rectifications des frontières wird er sich gewiß nicht begnügen. Und er ist der allmächtige Gebieter in Europa! - Gegen den Urheber dieser unsrer Politik hege ich keine feindliche Gesinnung. Ich erinnere mich gerne, daß ich 1848 Hand in Hand mit ihm ging, um den König zu stärken. Im März 1862 riet ich Ew. M., einen Steuermann von konservativen Antezedentien zu wählen, der Ehrgeiz, Kühnheit und Geschick genug besitze, um das Staatsschiff aus den Klippen, in die es geraten, herauszuführen, und ich würde Herrn von Bismarck genannt haben, hätte ich geglaubt, daß er mit jenen Eigenschaften die Besonnenheit und Folgerichtigkeit des Denkens und Handelns verbände, deren Mangel der Jugend kaum verziehen wird, bei einem Manne aber für den Staat, den er führt, lebensgefährlich ist. In der Tat war des Grafen Bismarck Tun von Anfang an voller Widersprüche. Von jeher ein entschiedener Vertreter der russisch-französischen Allianz, knüpfte er an die im preußischen Interesse Rußland zu leistende Hilfe gegen den polnischen

Aufstand politische Projekte*, die ihm beide Staaten entfremden mußten. Als ihm 1863 mit dem Tode des Königs von Dänemark eine Aufgabe in den Schoß fiel, so glücklich, wie sie nur je einem Staatsmanne zuteil geworden, verschmähte er es, Preußen an die Spitze der einmütigen Erhebung Deutschlands (in Resolutionen) zu stellen, dessen Einigung unter Preußens Führung sein Ziel war, verband sich vielmehr mit Österreich, dem prinzipiellen Gegner dieses Planes, um später sich mit ihm unversöhnlich zu verfeinden. Den Prinzen von Augustenburg, dem Ew. Majestät wohl wollten und von dem damals alles zu erhalten war, mißhandelte er**, um ihn bald darauf durch den Grafen Bernstorff auf der Londoner Konferenz für den Berechtigten erklären zu lassen. Dann verpflichtet er Preußen im Wiener Frieden, nur im Einverständnis mit Österreich definitiv über die befreiten Herzogtümer zu disponieren***, und läßt in denselben Einrichtungen treffen, welche die beabsichtigte ›Annexion‹ deutlich verkünden. –

Viele betrachten diese und ähnliche Maßregeln, die, weil in sich widersprechend, in das Gegenteil des Bezweckten umschlugen, als Fehler der Unbesonnenheit. Andern erscheinen sie als Schritt eines Mannes, der auf Abenteuer ausgeht, alles durcheinanderwirft und es darauf ankommen läßt, was ihm zur Beute wird, oder eines Spielers, der nach jedem Verlust höher pointiert und endlich va banque macht.

Dies alles ist schlimm, aber noch viel schlimmer in meinen Augen, daß Graf Bismarck sich in dieser Handlungsweise mit der Gesinnung und den Zielen seines Königs in Widerspruch setzte und sein größtes Geschick darin bewies, daß er ihn Schritt für Schritt dem entgegengesetzten Ziele näher führte, bis die Umkehr unmöglich schien, während es nach meinem Dafürhalten die erste Pflicht eines Ministers ist, seinen Fürsten treu zu beraten, ihm die Mittel zur Ausführung seiner Absichten darzureichen und vor allem sein Bild vor der Welt rein zu erhalten. Sr. Majestät gerader, gerechter und ritterlicher Sinn ist weltbekannt und hat Allerhöchstdemselben das allgemeine Vertrauen, die allgemeine Verehrung zugewendet. Graf Bismarck aber hat es dahin gebracht, daß Ew. Majestät edelste Worte dem Lande gegenüber, weil nicht geglaubt, wirkungslos verhallen und jede Verständi-

---

* Vgl. Buch II, Kapitel 4
** Vgl. den Brief des Prinzen vom 11. Dezember 1863
*** Warum nicht: Verpflichtete er *Österreich*, nur im Einverständnis mit Preußen usw.?

gung mit andern Mächten unmöglich geworden, weil die erste Vorbedingung derselben, das Vertrauen, durch eine ränkevolle Politik zerstört worden ist. Noch ist kein Schuß gefallen, noch ist Verständigung unter einer Bedingung möglich. Nicht die Kriegsrüstungen sind einzustellen, vielmehr, wenn es möglich ist, zu verdoppeln, um Gegnern, die unsre Vernichtung wollen, siegreich entgegenzutreten oder mit vollen Ehren aus dem verwikkelten Handel herauszukommen. Aber jede Verständigung ist unmöglich, solange der Mann an Ew. Majestät Seite steht, Ihr entschiedenes Vertrauen besitzt, der dieses Ew. Majestät bei allen andern Mächten geraubt hat.«

III

Als der König dieses Schreiben erhielt, war er schon aus der Verstrickung der darin wiederholten Argumente freigeworden durch den Gasteiner Vertrag vom 20. August 1865. Mit welchen Schwierigkeiten ich bei den Verhandlungen über denselben noch zu kämpfen hatte, welche Vorsicht zu beachten war, zeigt mein nachstehendes Schreiben an Se. Majestät:

»Gastein, 1. August 1865

Allergnädigster König und Herr.

Ew. M. wollen mir huldreich verzeihen, wenn eine vielleicht zu weit getriebene Sorge für die Interessen des allerhöchsten Dienstes mich veranlaßt, auf die Mitteilungen zurückzukommen, welche Ew. M. soeben die Gnade hatten, mir zu machen. Der Gedanke einer Teilung, auch nur der Verwaltung, der Herzogtümer würde, wenn er im Augustenburgischen Lager ruchbar würde, einen heftigen Sturm in Diplomatie und Presse erregen, weil man den Anfang der definitiven Teilung darin erblicken und nicht zweifeln würde, daß die Landesteile, welche der ausschließlich preußischen Verwaltung anheimfallen, für Augustenburg verloren sind. Ich glaube mit Ew. M., daß I. M. die Königin die Mitteilungen geheimhalten werde; wenn aber von Koblenz im Vertrauen auf die verwandtschaftlichen Beziehungen eine Andeutung an die Königin Viktoria, an die kronprinzlichen Herrschaften, nach Weimar oder nach Baden gelangte, so könnte allein die Tatsache, daß von uns das Geheimnis, welches ich dem Grafen Blome auf sein Verlangen zusagte, nicht bewahrt worden ist, das Mißtrauen des Kaisers Franz Joseph wecken und die Unterhandlung zum Scheitern bringen. Hinter diesem Scheitern steht aber fast unvermeidlich der Krieg mit Österreich; Ew. M. wollen es nicht nur meinem Interesse für den allerhöchsten Dienst, sondern meiner Anhänglichkeit an Allerhöchstdero Person zugute halten, wenn ich von dem Eindrucke beherrscht bin, daß Ew. M. in einen Krieg mit einem andern Gefühle und mit freierem Mute hineingehen werden, wenn die Notwendigkeit dazu sich aus der Natur der Dinge und aus den monarchischen Pflichten ergibt, als wenn der Hintergedanke Raum gewinnen kann, daß eine vorzeitige Kundwerdung der beabsichtigten Lösung den Kaiser abgehalten habe, zu dem letzten für Ew. M. annehmbaren Auskunftsmittel die Hand zu bieten. Vielleicht ist meine Sorge töricht, und selbst wenn sie begründet wäre und Ew. M. darüber hinweggehen wollen, so würde ich denken, daß Gott Ew. M. Herz lenkt, und meinen Dienst deshalb nicht minder freudig tun, aber zur Wahrung des Gewissens doch ehrfurchtsvoll anheimgeben, ob Ew. M. mir nicht befehlen wollen, den Feldjäger telegraphisch von Salzburg zurückzurufen. † Die äußere Veranlassung dazu könnte die ministerielle Expedition bieten, und es könnte morgen ein anderer an seiner Statt oder derselbe rechtzeitig abgehen. Eine Abschrift dessen, was ich an Werther über die Verhandlung mit Graf Blome telegraphiert habe, lege ich alleruntertänigst bei. Zu Ew. M. bewährter Gnade habe ich das ehrfurchtsvolle Vertrauen, daß Allerhöchstdieselben, wenn Sie meine Bedenken nicht gutheißen, deren Geltendmachung dem aufrichtigen Streben verzeihen wollen, Ew. M. nicht nur pflichtmäßig, sondern auch zu Allerhöchstdero persönlicher Befriedigung zu dienen.«

An der mit † bezeichneten Stelle dieses Schreibens hat der König an den Rand geschrieben:

»Einverstanden. – Ich tat der Sache deshalb Erwähnung, weil in den letzten 24 Stunden ihrer nicht mehr Erwähnung geschah und ich sie als ganz aus der Kombination fallengelassen ansah, nachdem die wirkliche Trennung und Besitzergreifung an die Stelle getreten war. Durch meine Mitteilung an die Königin wollte ich den Übergang dereinst *anbahnen* zur Besitzergreifung, die sich nach und nach aus der Administrationsstellung entwickelt hätte. Indessen dies kann ich auch später *so* darstellen, wenn die Eigentumsteilung wirklich erfolgt, an die ich noch immer nicht glaube, da Österreich zu stark zurückstecken muß, nachdem es sich *für* Augustenburg und gegen Besitznahme, wenn freilich die einseitige, *zu sehr* avancierte.

W.«

Nach dem Gasteiner Vertrage und der Besitznahme von Lauenburg, der ersten Mehrung des Reichs unter König Wilhelm, fand meiner Wahrnehmung nach ein psychologischer Wandel in seiner Stimmung, ein Geschmackfinden an Eroberungen statt, aber doch mit vorwiegender Befriedigung darüber, daß dieser Zuwachs, der Hafen von Kiel, die militärische Stellung in Schleswig und das Recht, einen Kanal durch Holstein zu bauen, in Friede und Freundschaft mit Österreich gewonnen worden war.

Ich denke mir, daß das Verfügungsrecht über den Kieler Hafen bei Sr. Majestät schwerer in das Gewicht gefallen ist als der Eindruck der neuerworbenen freundlichen Landschaft von Ratzeburg mit seinem See. Die deutsche Flotte und der Kieler Hafen als Unterlage ihrer Errichtung, war seit 1848 einer der zündenden Gedanken gewesen, an deren Feuer die deutschen Einheitsbestrebungen sich zu erwärmen und zu versammeln pflegten. Einstweilen aber war der Haß meiner parlamentarischen Gegner stärker als das Interesse für die deutsche Flotte, und es schien mir, daß die Fortschrittspartei damals die neuerworbenen Rechte Preußens auf Kiel und die damit begründete Aussicht auf unsre maritime Zukunft lieber in den Händen des Auktionators Hannibal Fischer als in denen des Ministeriums Bismarck gesehen hätte. Das Recht zu Klagen und Vorwürfen und die Vernichtung deutscher Hoffnungen durch diese Regierung hätte den Abgeordneten größere Befriedigung gewährt als der gewonnene Fortschritt auf dem Wege zur Erfüllung derselben. Ich schalte einige Stellen aus der Rede ein, welche ich am 1. Juni 1865 für den außerordentlichen Geldbedarf der Marine gehalten habe.

»Es hat wohl keine Frage die öffentliche Meinung in Deutschland in den letzten 20 Jahren so einstimmig interessiert wie gerade die Flottenfrage. Wir haben gesehen, daß die Vereine, die Presse, die Landtage ihren Sympathien Ausdruck gaben, diese Sympathien haben sich in Sammlung von verhältnismäßig recht bedeutenden Beträgen betätigt. Den Regierungen, der konservativen Partei wurden Vorwürfe gemacht über die Langsamkeit und über die Kargheit, mit der in dieser Richtung vorgegangen würde; es waren besonders die liberalen Parteien, die dabei tätig waren. Wir glaubten deshalb, Ihnen eine rechte Freude mit dieser Vorlage zu machen.

Ich war nicht darauf gefaßt, in dem Bericht der Kommission eine indirekte Apologie Hannibal Fischers zu finden, der die deutsche Flotte unter den Hammer brachte. Auch diese deutsche Flotte scheiterte daran, daß in den deutschen Gebieten, ebenso in den höheren, regierenden Kreisen, wie in den niederen, die Parteileidenschaft mächtiger war als der Gemeinsinn. Ich hoffe, daß der unsrigen dasselbe nicht beschieden sein wird. Ich war einigermaßen überrascht ferner darüber, daß dem Gebiete der Technik ein so großer Raum in dem Berichte angewiesen war. Ich zweifle nicht daran, daß es viele unter Ihnen gibt, die vom Seewesen mehr verstehen als ich und mehr zur See gewesen sind als ich, die Mehrzahl unter Ihnen, meine Herren, ist es aber nicht, und doch muß ich sagen, ich würde mich nicht getrauen, über technische Details der Marine ein Urteil zu fällen, welches meine Abstimmung motivieren, welches mir Motive zur Verwerfung einer Marinevorlage geben könnte. Ich kann mich deshalb auch mit der Widerlegung dieses Teils Ihrer Einwendungen nicht beschäftigen. – Ihr Zweifel, ob es mir gelingen wird, Kiel zu erwerben, berührt mein Ressort näher. Wir besitzen in den Herzogtümern mehr als Kiel, wir besitzen die volle Souveränität in den Herzogtümern in Gemeinschaft mit Österreich, und ich wüßte nicht, wer uns dieses Pfand, das dem von uns erstrebten Objekt an Wert so viel überlegen ist, nehmen könnte anders als durch einen für Preußen unglücklichen Krieg. Fassen wir aber diese Eventualität ins Auge, so können wir jeden in unsrem Besitz befindlichen Hafen ebensogut verlieren. Unser Besitz ist ein gemeinsamer, das ist wahr, mit Österreich. Nichtsdestoweniger ist er ein Besitz, für dessen Aufgabe wir berechtigt sein würden, unsre Bedingungen zu stellen. Eine dieser Bedingungen, und zwar eine der ganz unerläßlichen, ohne deren Erfüllung wir diesen Besitz nicht aufgeben wollen, ist das künftige alleinige Eigentum des Kieler Hafens für Preußen. –

Angesichts der Rechte, die sich in unsern Händen und in denen Österreichs befinden, sehe ich nicht ein, wie uns die schließliche Erfüllung unsrer Bedingungen entgehen sollte, sobald wir nur nicht die Geduld verlieren, sondern ruhig abwarten, ob sich jemand findet, der es unternimmt, Düppel zu belagern, wenn die Preußen darin sind.

Zweifeln Sie dennoch an der Möglichkeit, unsre Absichten zu verwirklichen, so habe ich schon in der Kommission ein Auskunftsmittel empfohlen: Limitieren Sie die Anleihe dahin, daß die erforderlichen Beträge nur dann zahlbar sind, wenn wir wirklich Kiel besitzen, und sagen Sie: ›Kein Kiel, kein Geld‹ Ich glaube, daß Sie andern Ministern als denen, die jetzt die Ehre haben, sich des Vertrauens Sr. Majestät des Königs zu erfreuen, eine solche Bedingung nicht abschlagen würden.

Ich bin überzeugt, daß ihr [d.h. der Bevölkerung] in die Weisheit des Königs gesetztes Vertraun sie nicht täuschen wird; aber ich kann doch nicht leugnen, daß es mir einen peinlichen Eindruck macht, wenn ich sehe, daß angesichts einer großen nationalen Frage, die seit 20 Jahren die öffentliche Meinung beschäftigt hat, diejenige Versammlung, die in Europa für die Konzentration der Intelligenz und des Patriotismus in Preußen gilt, zu keiner andern Haltung als zu der einer impotenten Negative sich erheben kann. Es ist dies, meine Herren, nicht die Waffe, mit der Sie dem Königtum das Szepter aus der Hand winden werden, es ist auch nicht das Mittel, durch das es Ihnen gelingen wird, unsern konstitutionellen Einrichtungen diejenige Festigkeit und weitere Ausbildung zu geben, deren sie bedürfen.« –

Die Forderung für die Marine wurde abgelehnt.

Es liegt im Rückblick auf die Situation ein bedauerlicher Beweis, bis zu welchem Maße von Unehrlichkeit und Vaterlandslosigkeit die politischen Parteien bei uns auf dem Wege des Parteihasses gelangen. Es mag Ähnliches anderswo vorgekommen sein, doch weiß ich kein Land, wo das allgemeine Nationalgefühl und die Liebe zum Gesamtvaterlande den Ausschreitungen der Parteileidenschaft so geringe Hindernisse bereitet wie bei uns. Die für apokryph gehaltene Äußerung, welche Plutarch dem Cäsar in den Mund legt, lieber in einem elenden Gebirgsdorfe der erste als in Rom der zweite sein zu wollen, hat mir immer den Eindruck eines echt deutschen Gedankens gemacht. Nur zu viele unter uns denken im öffentlichen Leben so und suchen das Dörfchen, und wenn sie es geographisch nicht finden können, die Fraktion resp. Unterfraktion und Koterie, wo sie die ersten sein können. Diese Sinnesrichtung, die man nach Belieben Egoismus oder Unabhängigkeit nennen kann, hat in der ganzen deutschen Geschichte von den rebellischen Herzogen der ersten Kaiserzeiten bis auf die unzähligen reichsunmittelbaren Landesherren, Reichsstädte, Reichsdörfer, -abteien und -ritter und die damit verbundene Schwäche und Wehrlosigkeit des Reichs ihre Betätigung gefunden. Einstweilen findet sie im Parteiwesen, welches die Nation zerklüftet, stärkeren Ausdruck als in der rechtlichen oder dynamischen Zerrissenheit. Die Parteien scheiden sich weniger durch Programme und Prinzipien als durch die Personen, welche als Condottieri an der Spitze einer jeden stehen und für sich eine möglichst große Gefolgschaft von Abgeordneten und publizistischen Strebern anzuwerben suchen, welche hoffen, mit dem Führer oder den Führern zur Macht zu gelangen. Prinzipielle programmatische Unterschiede, durch welche die Fraktionen zu Kampf und Feindschaft gegeneinander genötigt würden, liegen nicht in einer Stärke vor, welche hinreichte, um die leidenschaftlichen Kämpfe zu motivieren, welche die Fraktionen gegeneinander glauben ausfechten zu müssen und welche Konservative und Freikonservative in getrennte Lager verweisen. Auch innerhalb der konservativen Partei haben wohl viele das Gefühl, daß sie mit der »Kreuzzeitung« und ihrem Zubehör nicht im Einverständnisse sind. Aber die prinzipielle Scheidelinie in einem Programme zu präzisieren und überzeugend auszudrücken, würden auch die Führer und Unterführer für eine schwere Aufgabe halten, gerade so, wie konfessionelle Fanatiker, und nicht bloß Laien, in der Regel der Notwendigkeit ausweichen oder die Auskunft schuldig bleiben, wenn man sie nach den unterscheidenden Merkmalen der verschiedenen Bekenntnisse und Glaubensrichtungen und nach dem Schaden fragt, welchen sie für ihr Seelenheil befürchten, wenn sie eine der Abweichungen des Andersgläubigen nicht angriffsweise bekämpfen. Soweit die Parteien sich nicht lediglich nach wirtschaftlichen Interessen gruppieren, kämpfen sie im Interesse der rivalisierenden Führer der Fraktionen und nach deren persönlichem Willen und Strebertum; nicht Verschiedenheit von Prinzipien, sondern Kephisch oder Paulinisch ist die Frage.

Ein Andenken an den Gasteiner Vertrag ist das nachstehende Schreiben des Königs:

»Berlin, den 15. September 1865
Mit dem heutigen Tage vollzieht sich ein Akt, die Besitzergreifung des Herzogtums Lauenburg, als eine Folge meiner, von Ihnen mit so großer und ausgezeichneter Umsicht und Einsicht befolgten Regierung. Preußen hat in den vier Jahren, seit welchen ich Sie an die Spitze der Staatsregierung berief, eine Stellung eingenommen, die seiner Geschichte würdig ist und demselben auch eine fernere glückliche und glorreiche Zukunft verheißt. Um Ihrem hohen Verdienste, dem ich so oft Gelegenheit hatte, meinen Dank auszusprechen, auch einen öffentlichen Beweis desselben zu geben, erhebe ich Sie hiermit mit Ihrer Deszendenz in den Grafenstand, eine Auszeichnung, welche auch [auf] immerhin beweisen wird, wie hoch ich Ihre Leistungen um das Vaterland zu würdigen wußte.

Ihr
wohlgeneigter König
Wilhelm.«

IV

Die Verhandlungen zwischen Berlin und Wien, zwischen Preußen und den übrigen deutschen Staaten, welche die Zeit von dem Gasteiner Vertrage bis zum Ausbruch des Kriegs ausfüllten, sind aktenmäßig bekannt; in Süddeutschland tritt Streit und Kampf mit Preußen zum Teil hinter deutsch-patriotische Gefühle zurück; in Schleswig-Holstein beginnen diejenigen, deren Wünsche nicht in Erfüllung gingen, sich mit der neuen Ordnung der Dinge auszusöhnen; nur die Welfen werden des Federkrieges über die Ereignisse von 1866 nicht müde.

Die unvorteilhafte Gestaltung, welche Preußen auf dem Wiener Kongreß als Lohn seiner Anstrengungen und Leistungen davongetragen hatte, war nur haltbar, wenn wir mit den zwischen beide Teile der Monarchie eingeschobenen Staaten des alten Bündnisses aus dem Siebenjährigen Kriege sicher waren. Ich bin lebhaft bemüht gewesen, Hannover und den mir befreundeten Graf Platen dafür zu gewinnen, und es war alle Aussicht vorhanden, daß wenigstens ein Neutralitätsvertrag zustande kommen werde, als im Januar oder Februar 1866 Graf Platen in Berlin mit mir über die Verheiratung der hannoverschen Prinzessin Friederike mit unsrem jungen Prinzen Albrecht verhandelte und wir das Einverständnis beider Höfe so weit zustande brachten, daß nur noch eine persönliche Begegnung der jungen Herrschaften vorbehalten wurde, um deren gegenseitigen Eindruck festzustellen.

Aber schon im März oder April fing man in Hannover unter fadenscheinigen Vorwänden an, Reserven einzuberufen. Es hatten Einflüsse auf den König Georg stattgefunden, namentlich durch seinen Halbbruder, den österreichischen General Prinzen Solms, der nach Hannover gekommen war und den König umgestimmt hatte durch übertriebene Schilderung der österreichischen Heereskräfte, von denen 800 000 Mann bereit seien, und, wie ich aus intimen hannoverschen Quellen vernommen habe, auch durch ein Erbieten von territorialer Vergrößerung, mindestens durch den Regierungsbezirk Minden. Meine amtlichen Anfragen bezüglich der Rüstungen Hannovers wurden mit der fast höhnisch klingenden Auskunft beantwortet, daß die Herbstübungen aus wirtschaftlichen Gründen schon im Frühjahr abgehalten werden sollten.

Mit dem Thronfolger in Kurhessen, Prinzen Friedrich Wilhelm, hatte ich in Berlin noch am 14. Juni eine Besprechung, in der ich ihm empfahl,

mit einem Extrazuge nach Kassel zu fahren und die Neutralität Kurhes-
sens oder doch der dortigen Truppen sicherzustellen, sei es durch Beeinflussung des Kurfürsten, sei es unabhängig von demselben. Der Prinz weigerte sich, früher als mit dem fahrplanmäßigen Zuge zu reisen. Ich stellte
ihm vor, er würde dann zu spät kommen, um den Krieg zwischen Preußen
und Hessen zu hindern und den Fortbestand des Kurstaates zu sichern.
Wenn die Österreicher siegten, so würde er immer vis major geltend machen können, seine neutrale Haltung ihm sogar preußische Landesteile
einbringen, wenn wir aber siegten, nachdem er sich geweigert, neutral zu
bleiben, so würde der Kurstaat nicht fortbestehen; der hessische Thron sei
immer einen Extrazug wert. Der Prinz machte der Unterredung ein Ende
mit den Worten: »Wir sehen uns wohl noch einmal in diesem Leben wieder, und 800 000 gute österreichische Truppen haben auch noch ein Wort
mitzureden.« Hatte doch auch die von dem Könige noch aus Horsitz am 6.
und aus Pardubitz am 8. Juli in dem freundschaftlichsten Tone an den Kurfürsten gerichtete Aufforderung, ein Bündnis mit Preußen zu schließen
und seine Truppen aus dem feindlichen Lager zurückzurufen, keinen Erfolg.

Auch der Erbprinz von Augustenburg hatte durch Ablehnung der sogenannten Februarbedingungen den günstigen Moment versäumt. Von welfischer Seite* ist neuerdings folgende Version verbreitet worden: Der Verfasser behauptet, von dem Prinzen erfahren zu haben, daß derselbe sich in
einer Audienz bei dem Könige Wilhelm zu den geforderten Zugeständnis-
sen verpflichtet, der König ihm die Einsetzung als Herzog zugesichert und
die formelle Erledigung durch den Ministerpräsidenten auf den nächsten
Tag zugesagt habe. Ich hätte mich am folgenden Tage bei dem Prinzen eingestellt, ihm aber gesagt, mein Wagen hielte vor der Türe, ich müsse in diesem Augenblicke nach Biarritz zum Kaiser Napoleon reisen, der Prinz sei
aufgefordert worden, einen Bevollmächtigten in Berlin zurückzulassen,
und nicht wenig erstaunt gewesen, am nächsten Tage in den Berliner Zeitungen zu lesen, daß er die preußischen Vorschläge abgelehnt habe.

Es ist das eine plumpe Erfindung, in der Hauptsache und in allen Einzelheiten. Die Verhandlungen mit dem Erbprinzen sind von Sybel nach den
Akten dargestellt; ich habe dazu aus meiner Erinnerung und meinen Papie-

---

* Erinnerungen und Erlebnisse des Generalmajors Dammers, Hannover 1890.

ren einiges nachzutragen. Der König ist niemals mit dem Erbprinzen einig gewesen; ich war nie in des letztern Wohnung und habe ihm gegenüber nie die Namen Biarritz und Napoleon ausgesprochen; ich bin 1864 am 1. Oktober nach Baden, von dort am 5. nach Biarritz, 1865 am 30. September direkt dorthin gereist und 1863 gar nicht in Biarritz gewesen. Eine Unterredung mit ihm habe ich zweimal gehabt; auf die erste bezieht sich sein nachstehender Brief:

»Ew. wollen mir erlauben, daß ich mich in einigen Zeilen an Sie wende, die veranlaßt sind durch einen Artikel, den Nr. 282 der Kreuzzeitung [also wohl vom 9. Oktober] bringt, und von welchem ich erst nachträglich Kenntnis erhalten habe. In diesem Artikel wird u.a. von mir berichtet, ich habe einem Deputierten gegenüber die Äußerung getan, ›Herr von Bismarck sei mein Freund nicht‹. Den Wortlaut dessen, was ich bei jener Gelegenheit gesagt habe, vermag ich nicht anzugeben, da es sich hier um eine in der Konversation gefallene Äußerung handelt. Es ist recht wohl möglich, daß ich mein Bedauern darüber ausgesprochen habe, daß Ew. politische Anschauungen über die gegenwärtige Lage der schleswig-holsteinschen Angelegenheit nicht mit den meinigen übereinstimmen, wie ich keinen Anstand genommen habe, dies Ihnen selbst gegenüber bei meiner letzten Anwesenheit in Berlin offen auszusprechen. Ich bin mir jedoch vollkommen bewußt, daß ich die in der Zeitung referierte Äußerung nicht getan habe, da ich mir stets zur festen Regel gemacht habe, das Politische von dem Persönlichen zu trennen. Ich bedaure daher aufrichtig, daß eine solche Nachricht ihren Weg in die Zeitungen gefunden hat.

Ich habe mich um so mehr verpflichtet gefühlt, mit dieser Erklärung nicht zurückzuhalten, je mehr ich die loyale Weise anerkennen muß, in welcher Ew. mir in Berlin offen sagten, daß Sie zwar persönlich von meinem Rechte überzeugt seien und es billigten, wenn ich suchte meinem Rechte Geltung zu verschaffen, daß Sie jedoch in Berücksichtigung der von Preußen eingegangenen Verbindlichkeiten sowie der allgemeinen Weltlage mir keine Versprechungen zu machen vermöchten.

Mit pp.

Gotha, den 11. Dez. 63.   Friedrich.«

Am 16. Januar 1864 schrieb mir S. M.:

»Mein Sohn kam heute abend noch zu mir, um mir die Bitte des Erbprinzen von Augustenburg vorzutragen, aus den Händen des Herrn Samwer ein Schreiben desselben entgegenzunehmen, und ob ich nicht dieserhalb seine Soiree besuchen wolle, wo ich ganz unbemerkt den pp. S. in einem abgelegenen Zimmer finden könne. Ich lehnte dies ab, bis ich den Brief des Prinzen gelesen haben würde, weshalb ich meinem Sohn aufgab, mir denselben zuzusenden. Dies ist geschehen und lege ich den Brief hier bei. Er enthält nichts Verfängliches außer am Schluß, wo er mich fragt, ob ich dem pp. S. nicht einige Hoffnung geben könne? Vielleicht könnten Sie mir eine Antwort morgen noch fertigen lassen, die ich dem pp. S. mitgeben kann. Wenn ich ihn inkognito bei meinem Sohne doch noch sehen wollte, so könnte ich ihm keine andere Hoffnungen geben, als die, welche in der Punktation* angedeutet sind, d.h., daß man nach dem Siege sehen würde, welche neue Basen für die Zukunft aufzustellen wären, und den Ausspruch in F. a/M. über die Sukzession abzuwarten.

W.«

Und am 18. Januar:

»Ich berichte Ihnen, daß ich mich doch entschloß, den Samwer bei meinem Sohne zu sehen ungefähr 6-10 Minuten in dessen Gegenwart. Ich sprach ihm ganz im Sinne der projektierten Antwort, aber noch etwas *kühler und sehr ernst*. Vor allem sagte ich bestimmt, daß der Prinz keinen Falls nach Schleswig einfallen dürfe. W.«

In einer Denkschrift vom 26. Februar 1864 bezeichnete der Kronprinz folgende Forderungen Preußens als sachlich begründet: Rendsburg Bundesfestung, Kiel eine preußische Marinestation, Beitritt zum Zollverein, Bau eines Kanals zwischen beiden Meeren und eine Militär- und Marine-Konvention mit Preußen; er hege die Hoffnung, daß der Erbprinz bereitwillig darauf eingehen werde.

Nachdem die preußischen Bevollmächtigten im Mai 1864 auf der Londo-

---

* Am 16. Januar von Rechberg und Werther unterzeichnet.

ner Konferenz die Erklärung abgegeben hatten, daß die deutschen Mächte die Konstituierung Schleswig-Holsteins als eines selbständigen Staates unter der Souveränität des Erbprinzen von Augustenburg begehrten, hatte ich mit dem letzteren am 1. Juni 1864, abends von 9 bis 12 Uhr, in meiner Wohnung eine Besprechung, um festzustellen, ob ich zur Vertretung seiner Kandidatur dem Könige raten könne. Die Unterredung drehte sich hauptsächlich um die von dem Kronprinzen in der Denkschrift vom 26. Februar bezeichneten Punkte. Die Erwartung Seiner K. H., daß der Erbprinz bereitwillig darauf eingehen würde, fand ich nicht bestätigt. Die Substanz der Erklärungen des letzteren ist von Sybel nach den Akten gegeben. Am lebhaftesten widersprach er den Landabtretungen behufs der Anlage von Befestigungen; sie könnten sich ja auf eine Quadratmeile belaufen, meinte er. Ich mußte unsre Forderungen als abgelehnt, eine weitere Verhandlung als aussichtslos betrachten, auf welche der Prinz hinzudeuten schien, indem er beim Abschied sagte: »Wir sehen uns wohl noch« – nicht in dem drohenden Sinne, in welchem der Prinz Friedrich von Hessen zwei Jahre später mir dieselben Worte sagte, sondern als Ausdruck seiner Unentschiedenheit. Wiedergesehn habe ich den Erbprinzen erst am Tage nach der Schlacht von Sedan in bayrischer Generaluniform.

Nachdem am 30. Oktober 1864 der Friede mit Dänemark geschlossen war, wurden die Bedingungen formuliert, unter welchen wir die Bildung eines neuen Staates Schleswig-Holstein nicht als eine Gefahr für die Interessen Preußens und Deutschlands ersehen würden. Unter dem 22. Februar 1865 wurden dieselben nach Wien mitgeteilt. Sie deckten sich mit den vom Kronprinzen empfohlenen. Eine der Anlagen, zu denen ich die Berechtigung gefordert hatte, ist nach langem Zögern jetzt in der Ausführung begriffen: der Nordostseekanal. Im Interesse der deutschen Seemacht, die damals nur unter preußischem Namen entwicklungsfähig war, hatte ich, und nicht ich allein, einen hohen Wert auf die Herstellung des Kanals und den Besitz und die Befestigung seiner beiden Mündungen gelegt. Das Verlangen, die Konzentrierung der Streitkräfte zur See vermittelst Durchbrechung der Landstrecke, welche beide Meere trennt, möglich zu machen, war in Nachwirkung des beinahe krankhaften Flottenenthusiasmus von 1848 noch sehr lebhaft, schlief aber zeitweise ein, als wir freie Verfügung über das Territorium erworben hatten. In meinem Bemühen, das Interesse wieder zu erwecken, stieß ich auf Widerspruch bei der Landesverteidigungskommission, deren Vorsitzender der Kronprinz, deren eigentliche Spitze der Graf

Moltke war. Letzterer erklärte als Mitglied des Reichstags am 23. Juni 1873, der Kanal werde nur im Sommer benutzbar und von zweifelhaftem militärischem Werte sein; für 50 bis 60 Millionen, die er kosten werde, baue man besser eine Flotte. Die Gründe, welche mir in der Bewerbung um die königliche Entscheidung entgegengesetzt wurden, hatten ihr Gewicht mehr in dem großen Ansehen, welches die militärischen Kreise bei Sr. Majestät genossen, als in ihrem materiellen Inhalt; sie gipfelten in dem Argument, daß ein so kostspieliges Werk wie der Kanal zu seinem Schütze im Kriege eine Truppenmasse erfordern würde, welche wir der Landarmee nicht ohne Schaden entziehen könnten. Es wurde die Ziffer von 60 000 Mann angegeben, die im Falle eines dänischen Anschlusses an feindliche Landungen zum Schütze des Kanals verfügbar gehalten werden müßten. Ich wandte dagegen ein, daß wir Kiel mit seinen Anlagen, Hamburg und den Weg von dort nach Berlin immer würden decken müssen, auch wenn kein Kanal vorhanden sei. Unter der Last des Übermaßes andrer Geschäfte und den geschilderten mannigfachen Kämpfen der siebziger Jahre konnte ich nicht die Kraft und Zeit aufwenden, um den Widerstand der genannten Behörde vor dem Kaiser zu überwinden; die Sache blieb in den Akten liegen. Ich schreibe den Widerstand mehr der militärischen Eifersucht zu, mit der ich 1866, 1870 und später Kämpfe zu bestehen hatte, die meinem Gemüte peinlicher gewesen sind als die meisten andern.

Bei meinem Bemühen, die Zustimmung des Kaisers zu gewinnen, hatte ich weniger die handelspolitischen Vorteile als die ihm mehr eingänglichen militärischen Erwägungen in den Vordergrund gestellt. Die holländische Kriegsmarine hat den Vorteil, Kanäle im Binnenlande benutzen zu können, welche den größten Schiffen den Durchgang gestatten. Unser analoges Bedürfnis einer Kanalverbindung wird durch das Vorhandensein der dänischen Halbinsel und die Verteilung unsrer Flotte auf zwei getrennten Meeren wesentlich gesteigert. Wenn unsre gesamte Flotte aus dem Kieler Hafen, der Elbemündung und eventuell, bei Verlängerung des Kanals, der Jade ausfallen kann, ohne daß ein blockierender Feind es vorher weiß, so ist der letztere genötigt, in jedem der beiden Meere ein unsrer ganzen Flotte äquivalentes Geschwader zu unterhalten. Aus diesen und andern Gründen war ich der Meinung, daß die Herstellung des Kanals unsrer Küstenverteidigung nützlicher sein würde als die Verwendung der Kanalkosten auf Festungsbau und Mehranschaffung von Schiffen, für deren Bemannung wir nicht über unbegrenzte Kräfte verfügen. Mein Wunsch war, den Kanal von der

Niederelbe in westlicher Richtung so weit fortzusetzen, daß die Wesermündung, die Jade und eventuell auch die Emsmündung zu Ausfallpforten, welche der blockierende Feind zu beobachten hätte, hergerichtet würden. Die westliche Fortsetzung des Kanals wäre verhältnismäßig weniger kostspielig als die Durchschneidung des holsteinischen Landrückens, da sich Linien von gleichmäßigem Niveau darbieten, auch zur Umgehung der hohen Geest an der Landspitze zwischen der Weser und der Elbemündung.

Im Hinblick auf eine, voraussichtlich französische, Blockade war bisher die Deckung Helgolands durch die englische Neutralität für uns nützlich; ein französisches Geschwader konnte daselbst kein Kohlendepot haben, sondern war genötigt, zur Beschaffung des Kohlenbedarfs in bestimmten, nicht zu langen Zeiträumen nach französischen Häfen zurückzukehren oder eine große Anzahl von Frachtschiffen hin- und hergehen zu lassen. Jetzt haben wir den Felsen mit eigner Kraft zu verteidigen, wenn wir verhindern wollen, daß die Franzosen im Falle des Krieges sich daselbst festsetzen.

Welche Gründe um das Jahr 1885 den Widerstand der Landesverteidigungskommission abgeschwächt haben, weiß ich nicht; vielleicht hatte der Graf Moltke sich inzwischen überzeugt, daß der Gedanke eines deutsch-dänischen Bündnisses, mit dem er sich früher getragen hatte, unausführbar sei.

9. KAPITEL

NIKOLSBURG

I

Am 30. Juni abends traf Seine Majestät mit dem Hauptquartier in Reichenberg ein. Die Stadt von 28 000 Einwohnern beherbergte 1800 österreichische Gefangene und war nur von 500 preußischen Trainsoldaten mit alten Karabinern besetzt; nur einige Meilen davon lag die sächsische Reiterei. Dieselbe konnte in einer Nacht Reichenberg erreichen und das ganze Hauptquartier mit Sr. M. aufheben. Daß wir in Reichenberg Quartier hatten, war telegraphisch publiziert (ge)worden. Ich erlaubte mir den König hierauf aufmerksam zu machen, und infolge dieser Anregung wurde befohlen, daß die Trainsoldaten sich einzeln und unauffällig nach dem Schlosse begeben sollten, wo der König Quartier genommen hatte. Die Militärs waren über diese meine Einmischung empfindlich, und um ihnen zu beweisen, daß ich um *meine* Sicherheit nicht besorgt sei, verließ ich das Schloß, wohin S. M. mich befohlen hatte, und behielt mein Quartier in der Stadt. Es war damit schon der Keim zu einer der Ressorteifersucht entspringenden Verstimmung der Militärs gegen mich wegen meiner persönlichen Stellung zu S. M. gelegt, die sich im Laufe des Feldzugs und des französischen Krieges weiter entwickelte.

Nach der Schlacht von Königgrätz war die Situation derartig, daß ein Eingehen auf die erste Annäherung Österreichs zu Friedensunterhandlungen nicht nur möglich, sondern durch die Einmischung Frankreichs geboten erschien. Letztre datierte von dem in der Nacht vom 4. zum 5. Juli in Horricz* eingetroffenen, an S. M. gerichteten Telegramm, in welchem

---

* So schreibt der Generalstab, gesprochen wird es Horsitz.

Louis Napoleon dem Könige mitteilte, daß der Kaiser Franz Joseph ihm Venetien abgetreten und seine Vermittlung angerufen habe. Der glänzende Erfolg der Waffen des Königs nötigte Napoleon, aus seiner bisherigen Zurückhaltung herauszutreten. Die Einmischung war hervorgerufen durch unsern Sieg, nachdem Napoleon bis dahin auf unsre Niederlage und Hilfsbedürftigkeit gerechnet hatte. Wenn unsrerseits der Sieg von Königgrätz durch Eingreifen des Generals v. Etzel und durch energische Verfolgung des geschlagenen Feindes vermittelst unsrer intakten Kavallerie vollständig ausgenutzt worden wäre, so würde wahrscheinlich die Sendung des Generals von Gablenz in das preußische Hauptquartier schon zu dem Abschluß nicht nur eines Waffenstillstandes, sondern der Basen des künftigen Friedens geführt haben, bei der Mäßigung, welche unsrerseits und damals auch noch bei dem Könige in bezug auf die Bedingungen des Friedens vorwaltete, eine Mäßigung, die damals von Österreich doch schon mehr als nützlich beansprucht und uns als künftige Genossen alle bisherigen Bundesglieder, aber alle verkleinert und verletzt, gelassen hätte. Auf meinen Antrag antwortete S. M. dem Kaiser Napoleon dilatorisch, aber doch mit Ablehnung jedes Waffenstillstandes ohne Friedensbürgschaften.

Ich fragte später in Nikolsburg den General von Moltke, was er tun würde, wenn Frankreich militärisch eingriffe. Seine Antwort war: Eine defensive Haltung gegen Österreich, mit Beschränkung auf die Elblinie, inzwischen Führung des Kriegs gegen Frankreich.

Dieses Gutachten befestigte mich noch mehr in meinem Entschlüsse, Sr. M. den Frieden auf der Basis der territorialen Integrität Österreichs anzuraten. Ich war der Ansicht, daß wir im Falle der französischen Einmischung entweder sofort unter mäßigen Bedingungen mit Österreich Frieden und womöglich ein Bündnis schließen müßten, um Frankreich anzugreifen, oder daß wir Österreich durch raschen Anlauf und durch Förderung des Konfliktes in Ungarn, vielleicht auch in Böhmen, schnell vollends lahmzulegen und bis dahin gegen Frankreich, nicht, wie Moltke wollte, gegen Österreich, uns nur defensiv zu verhalten hätten. Ich war des Glaubens, daß der Krieg gegen Frankreich, den Moltke, wie er sagte, zuerst und schnell führen wollte, nicht so leicht sei, daß Frankreich zwar für die Offensive wenig Kräfte übrig haben, aber in der Defensive nach geschichtlicher Erfahrung im Lande selbst bald stark genug werden würde, um den Krieg in die Länge zu ziehen, so daß wir dann vielleicht unsre Defensive gegen Österreich an der

Elbe nicht siegreich würden halten können, wenn wir einen Invasionskrieg in Frankreich, mit Österreich und Süddeutschland feindlich im Rücken, zu führen hätten. Ich wurde durch diese Perspektive zur lebhafteren Anstrengung im Sinne des Friedens bestimmt.

Eine Beteiligung Frankreichs am Kriege hätte damals vielleicht nur 60 000 Mann französischer Truppen sofort nach Deutschland in das Gefecht geführt, vielleicht noch weniger; diese Zutat zu dem Bestande der süddeutschen Bundesarmee wäre jedoch ausreichend gewesen, um für die letztere die einheitliche und energische Führung, wahrscheinlich unter französischem Oberkommando, herzustellen. Allein die bayrische Armee soll zur Zeit des Waffenstillstandes 100 000 Köpfe stark gewesen sein, und mit den übrigen verfügbaren deutschen Truppen, an sich guten und tapferen Soldaten, und 50 000 Franzosen wäre uns von Südwesten her eine Armee von 200 000 Mann unter einheitlicher kräftiger französischer Leitung anstatt der frühern, schüchternen und zwiespältigen entgegengetreten, der wir vorwärts Berlin keine gleichwertigen Streitkräfte gegenüberzustellen hatten, ohne Wien gegenüber schwach zu werden. Mainz war von Bundestruppen unter dem Befehl des bayrischen Generals Grafen Rechberg besetzt; wären die Franzosen einmal darin gewesen, so würde es harte Arbeit gekostet haben, sie daraus zu entfernen.

Unter dem Druck der französischen Intervention und zu einer Zeit, als es sich noch nicht übersehen ließ, ob es gelingen werde, denselben auf dem diplomatischen Gebiete festzuhalten, entschloß ich mich, dem Könige den Appell an die ungarische Nationalität anzuraten. Wenn Napoleon in der angedeuteten Weise in den Krieg eingriff, Rußlands Haltung zweifelhaft blieb, namentlich aber die Cholera in unsrer Armee weitere Fortschritte machte, so konnte unsre Lage eine so schwierige werden, daß wir zu jeder Waffe, welche uns die entfesselte nationale Bewegung nicht nur in Deutschland, sondern auch in Ungarn und Böhmen darbieten konnte, greifen mußten, um nicht zu unterliegen.

II

Am 12. Juli fand in dem Marschquartier Czernahora Kriegsrat oder, wie die Militärs die Sache genannt haben wollen, Generalsvortrag statt – ich behalte der Kürze und des allgemeinen Verständnisses wegen den ersteren auch von Roon* gebrauchten Ausdruck bei, obwohl der Feldmarschall Moltke in einem dem Professor von Treitschke am 9. Mai 1881 übergebenen Aufsatze bemerkt hat, daß in beiden Kriegen niemals Kriegsrat gehalten worden sei. Zu diesen unter dem Vorsitz des Königs gehaltenen Beratungen, die anfangs regelmäßig, später in größeren Abständen stattfanden, wurde ich 1866 zugezogen, wenn ich erreichbar war. An jenem Tage handelte es sich um die Richtung des weiteren Vorgehens gegen Wien; ich war verspätet zur Besprechung erschienen, und der König orientierte mich, daß es sich darum handle, die Befestigungen der Floridsdorfer Linien zu überwältigen, um nach Wien zu gelangen, daß dazu nach der Beschaffenheit der Werke schweres Geschütz aus Magdeburg herbeigeführt werden müsse** und daß dazu eine Transportzeit von 14 Tagen erforderlich sei. Nachdem Bresche gelegt, sollten die Werke gestürmt werden, wofür ein mutmaßlicher Verlust von 2000 Mann veranschlagt wurde. Der König verlangte meine Meinung über die Frage. Mein erster Eindruck war, daß wir 14 Tage nicht verlieren durften, ohne die Gefahr mindestens der *französischen* Einmischung sehr viel näher zu rücken, als sie ohnehin lag. Die Situation war ähnlich wie 1870 vor Paris. Ich machte meine Besorgnis geltend und sagte: »Vierzehn Tage abwartender Pause können wir nicht verlieren, ohne das Schwergewicht des französischen Arbitriums gefährlich zu verstärken.« Ich stellte die Frage, ob wir überhaupt die Floridsdorfer Befestigungen stürmen müßten, ob wir sie nicht umgehen könnten. Mit einer Viertelschwenkung links könnte die Richtung auf Preßburg genommen und die Donau dort mit leichterer Mühe überschritten werden. Entweder würden die Österreicher dann den Kampf in ungünstiger Lage mit Front nach Osten südlich der Donau aufnehmen oder vorher auf Ungarn ausweichen; dann sei Wien ohne Schwertstreich zu nehmen. Der König ließ sich eine Karte reichen und sprach sich zugunsten dieses Vorschlags aus;

---

* In dem Briefe an seine Gemahlin vom 2. Februar 1871.

** In dem Werke des Generalstabs heißt es S. 484 unter dem 14. Juli: »Nach Dresden wurde an den Obersten Mertens telegraphiert, 50 dorthin dirigierte (also wohl noch nicht eingetroffene) schwere Geschütze so bereitzuhalten, daß sie, sobald es befohlen würde, ohne Zeitverlust auf der Eisenbahn abgesandt werden könnten. Die Eisenbahn jenseits Lundenburg war zerstört: der General von Hindersin wurde daher beauftragt, an dem genannten Orte einen Park von Transportmitteln zusammenzubringen.«

die Ausführung wurde, wie mir schien widerstrebend, in Angriff genommen, aber sie geschah.

Nach dem Generalstabswerke, S. 522, erging erst unter dem 19. Juli folgender Erlaß des Großen Hauptquartiers:

»Es ist die Absicht Sr. M. des Königs, die Armee in einer Stellung hinter dem Rußbach zu konzentrieren. In dieser Stellung soll die Armee zunächst in der Lage sein, einem Angriff entgegenzutreten, welchen der Feind mit etwa 150 000 Mann von Floridsdorf aus zu unternehmen vermöchte; demnächst soll sie aus derselben entweder die Floridsdorfer Verschanzungen rekognoszieren und angreifen oder aber, unter Zurücklassung eines Observationskorps gegen Wien, möglichst schnell nach Preßburg abmarschieren können. – Beide Armeen schieben ihre Vortruppen und Rekognoszierungen in der Richtung auf Wolkersdorf und Deutsch-Wagram vor. Gleichzeitig mit diesem Vorrücken soll der Versuch gemacht werden, Preßburg durch überraschenden Angriff zu nehmen und den eventuellen Donauübergang daselbst zu sichern.«

Mir kam es für unsre späteren Beziehungen zu Österreich darauf an, kränkende Erinnerungen nach Möglichkeit zu verhüten, wenn es sich ohne Beeinträchtigung unsrer deutschen Politik tun ließ. Der siegreiche Einzug des preußischen Heeres in die feindliche Hauptstadt wäre für unsre Militärs natürlich eine befriedigende Erinnerung gewesen, für unsre Politik war es kein Bedürfnis; in dem österreichischen Selbstgefühl hätte er gleich jeder Abtretung alten Besitzes an uns eine Verletzung hinterlassen, welche, ohne für uns ein zwingendes Bedürfnis zu sein, die Schwierigkeit unsrer künftigen gegenseitigen Beziehungen unnötig gesteigert haben würde. Es war mir schon damals nicht zweifelhaft, daß wir die Errungenschaften des Feldzugs in ferneren Kriegen zu verteidigen haben würden, wie Friedrich der Große die Ergebnisse seiner beiden ersten Schlesischen Kriege in dem schärferen Feuer des Siebenjährigen. Daß ein französischer Krieg auf den österreichischen folgen werde, lag in der historischen Konsequenz, selbst dann, wenn wir dem Kaiser Napoleon die kleinen Spesen, die er für seine Neutralität von uns erwartete, hätten bewilligen können. Auch nach russischer Seite hin konnte man zweifeln, welche Wirkung eintreten werde, wenn man sich dort klarmachte, welche Erstarkung für uns in der nationalen Entwicklung Deutschlands lag. Wie sich die späteren Kriege um die Behauptung des Gewonnenen gestalten würden, war nicht vorauszusehen; in allen Fällen aber war es von hoher Wichtigkeit, ob die Stimmung, welche wir bei unsern Gegnern hinterließen, unversöhnlich, die Wunden, die wir ihnen und ihrem Selbstgefühl geschlagen, unheilbar sein würden. In dieser Erwägung lag für mich ein politischer Grund, einen triumphierenden Einzug in Wien, nach Napoleonischer Art, eher zu verhüten als herbeizuführen. In Lagen, wie die unsrige damals, ist es politisch geboten, sich nach einem Siege nicht zu fragen, wieviel man dem Gegner abdrücken kann, sondern nur zu erstreben, was politisches Bedürfnis ist. Die Verstimmung, welche mein Verhalten mir in militärischen Kreisen eintrug, habe ich als die Wirkung einer militärischen Ressortpolitik betrachtet, der ich den entscheidenden Einfluß auf die Staatspolitik und deren Zukunft nicht einräumen konnte.

III

Als es darauf ankam, zu dem Telegramm Napoleons vom 4. Juli Stellung zu nehmen, hatte der König die Friedensbedingungen so skizziert: Bundesreform unter preußischer Leitung, Erwerb Schleswig-Holsteins, Österreichisch-Schlesiens, eines böhmischen Grenzstrichs, Ostfrieslands, Ersetzung der feindlichen Souveräne von Hannover, Kurhessen, Meiningen, Nassau durch ihre Thronfolger. Später traten andre Wünsche hervor, die teils in dem Könige selbst entstanden, teils durch äußere Einflüsse erzeugt waren. Der König wollte Teile von Sachsen, Hannover, Hessen annektieren, besonders aber Ansbach und Bayreuth wieder an sein Haus bringen. Seinem starken und berechtigten Familiengefühl lag der Rückerwerb der fränkischen Fürstentümer nahe.

Ich erinnere mich, auf einem der ersten Hoffeste, denen ich in den 30er Jahren beiwohnte, einem Kostümball bei dem damaligen Prinzen Wilhelm, denselben in der Tracht des Kurfürsten Friedrich I. gesehen zu haben. Die Wahl des Kostüms außerhalb der Richtung der übrigen war der Ausdruck des Familiengefühls, der Abstammung, und selten wird dieses Kostüm natürlicher und kleidsamer getragen worden sein, als von dem damals etwa 37 Jahre alten Prinzen Wilhelm, dessen Bild darin mir stets gegenwärtig geblieben ist. Der starke dynastische Familiensinn war vielleicht in Kaiser Friedrich III. noch schärfer ausgeprägt, aber gewiß ist, daß 1866 der König auf Ansbach und Bayreuth noch schwerer verzichtete als Österreichisch-Schlesien, Deutsch-Böhmen und Teile von Sachsen. Ich legte an Erwerbungen von Österreich und Bayern den Maßstab der Frage, ob die Einwohner in etwaigen Kriegen bei einem Rückzug der preußischen Behörden und Truppen dem König von Preußen noch treu bleiben, Befehle von ihnen [ihm] annehmen würden, und ich hatte nicht den Eindruck, daß die Bevölkerung der Fürstentümer, die in die bayrischen Verhältnisse eingelebt ist, in ihrer Gesinnung den hohenzollernschen Neigungen entgegenkommen würde. Das alte Stammland der Brandenburger im Süden und Osten von Nürnberg etwa zu einer preußischen Provinz mit Nürnberg als Hauptstadt gemacht, wäre kaum ein Landesteil gewesen, welchen Preußen in Kriegsfällen von Streitkräften entblößen und unter den Schutz seiner dynastischen Anhänglichkeit hätte stellen können. Die letztere hat während der kurzen Zeit des preußischen Besitzes keine tiefen Wurzeln geschlagen, trotz der geschickten Verwaltung durch Hardenberg, und war seither in der bayrischen Zeit vergessen, soweit sie nicht durch konfessionelle Vorgänge in Erinnerung gebracht wurde, was selten und vorübergehend der Fall war. Wenn auch gelegentlich das Gefühl der bayrischen Protestanten verletzt wurde, so hat sich die Empfindlichkeit darüber niemals in Gestalt einer Erinnerung an Preußen geäußert. Übrigens wäre auch nach einer solchen Beschneidung der bayrische Stamm von den Alpen bis zur Oberpfalz in der Verbitterung, in welche die Verstümmelung des Königreichs denselben versetzt haben würde, immer als ein schwer zu versöhnendes und nach der ihm innewohnenden Stärke gefährliches Element für die zukünftige Einigkeit zu betrachten gewesen. Es gelang mir jedoch in Nikolsburg nicht, dem Könige meine Ansichten über den zu schließenden Frieden annehmbar zu machen. Ich mußte daher Herrn von der Pfordten, der am 24. [Juli] dorthin gekommen war, unverrichteter Sache abreisen lassen und mich mit einer Kritik seines Verhaltens vor dem Kriege begnügen. Er war ängstlich, die österreichische Anlehnung vollständig aufzugeben, obgleich er sich auch dem Wiener Einfluß gern entzogen hätte, wenn es ohne Gefahr möglich; aber Rheinbundsvelleitäten, Reminiszenzen an die Stellung, welche die deutschen Kleinstaaten unter französischem Schütze von 1806 bis 1814 gehabt hatten, waren bei ihm nicht vorhanden – ein ehrlicher und gelehrter, aber politisch nicht geschickter deutscher Professor.

Dieselbe Erwägung, wie in betreff der fränkischen Fürstentümer, machte ich Sr. Majestät gegenüber geltend in betreff Österreichisch-Schlesiens, welches eine der kaisertreuesten Provinzen, überdies vorwiegend slawisch bevölkert ist, und in betreff der böhmischen Gebiete, welche der König auf

Andringen des Prinzen Friedrich Karl als Glacis vor den sächsischen Bergen behalten wollte, Reichenberg, das Egertal, Karlsbad. Es kam später hinzu, daß Karolyi jede Landabtretung kategorisch ablehnte, selbst die von mir ihm gegenüber berührte des kleinen Gebietes von Braunau, dessen Besitz für uns ein Eisenbahninteresse hatte. Ich zog vor, auch darauf zu verzichten, sobald das Festhalten den Abschluß zu verschleppen und die Gefahr französischer Einmischung zu verschärfen drohte.

Der Wunsch des Königs, Westsachsen, Leipzig, Zwickau und Chemnitz zur Herstellung der Verbindung mit Bayreuth zu behalten, stieß auf die Erklärung Karolyis, daß *er* die Integrität Sachsens als conditio sine qua non der Friedensbedingungen festhalten müsse. Dieser Unterschied in der Behandlung der Bundesgenossen beruhte auf den persönlichen Beziehungen zum Könige von Sachsen und auf dem Verhalten der sächsischen Truppen nach der Schlacht bei Königgrätz, welche bei dem Rückzuge den festesten und intaktesten militärischen Körper gebildet hatten. Die andern deutschen Truppen hatten sich tapfer geschlagen, wo sie ins Gefecht kamen, aber spät und ohne praktische Erfolge, und es waltete in Wien der den Umständen nach unberechtigte Eindruck vor, von den Bundesgenossen, namentlich von Bayern und Württemberg, unzulänglich unterstützt zu sein.

Das Generalstabswerk sagt unter dem 21. Juli:

»In Nikolsburg hatten seit mehreren Tagen Verhandlungen stattgefunden, deren nächstes Ziel eine fünftägige Waffenruhe war. Vor allem galt es, für die Diplomatie Zeit zu gewinnen. (Die Diplomatie hatte aber angesichts der französischen Einmischung weniger Zeit zu verlieren als die Heeresleitung.) Jetzt, wo das preußische Heer das Marchfeld betrat, stand eine neue Schlacht unmittelbar bevor.«

Ich fragte Moltke, ob er unser Unternehmen bei Preßburg für gefährlich oder für unbedenklich halte. Bis jetzt hätten wir keinen Flecken auf der weißen Weste. Sei mit Sicherheit auf einen guten Ausgang zu rechnen, so müßten wir die Schlacht sich vollziehen, die Waffenruhe einen halben Tag später beginnen lassen; der Sieg würde unsre Stellung in der Verhandlung natürlich stärken. Im andern Fall wäre besser auf das Unternehmen zu verzichten. Er gab mir die Antwort, daß er den Ausgang für zweifelhaft und die Operation für eine gewagte halte; aber im Kriege sei alles gefährlich. Dies bestimmte mich, die Verabredung über die Waffenruhe S. M. in der Art zu empfehlen, daß Sonntag den 22. mittags die Feindseligkeiten eingestellt und nicht vor mittags den 27. wieder aufgenommen werden sollten. Der General von Fransecky erhielt am 22. morgens 7.30 Uhr die Nachricht von der an demselben Tage eintretenden Waffenruhe und die Weisung, damit sein Verhalten in Einklang zu bringen. Der Kampf, in welchem er bei Blumenau stand, mußte daher um 12 Uhr abgebrochen werden.

IV

Inzwischen hatte ich in den Konferenzen mit Karolyi und mit Benedetti, dem es, dank dem Ungeschick unsrer militärischen Polizei im Rücken des Heeres, gelungen war, in der Nacht vom 11. zum 12. nach Zwittau zu gelangen und dort plötzlich vor meinem Bette zu erscheinen, die Bedingungen ermittelt, unter denen der Friede erreichbar war. Benedetti erklärte für die Grundlinie der Napoleonischen Politik, daß eine Vergrößerung Preußens um höchstens 4 Millionen Seelen in Norddeutschland, unter Festhaltung der Mainlinie als Südgrenze, keine französische Einmischung nach sich ziehen werde. Er hoffte wohl, einen süddeutschen Bund als französische Filiale auszubilden. Österreich trat aus dem Deutschen Bunde aus und war bereit, alle Einrichtungen, welche der König in Norddeutschland treffen werde, vorbehaltlich der Integrität Sachsens, anzuerkennen. Diese Bedingungen enthielten alles, dessen wir bedurften, freie Bewegung in Deutschland.

Ich war nach allen vorstehenden Erwägungen fest entschlossen, die Annahme des von Österreich gebotenen Friedens zur Kabinettsfrage zu machen. Die Lage war eine schwierige; allen Generälen war die Abneigung gemeinsam, den bisherigen Siegeslauf abzubrechen, und der König war militärischen Einflüssen im Laufe jener Tage öfter und bereitwilliger zugänglich als den meinigen; ich war der einzige im Hauptquartier, dem eine politische Verantwortlichkeit als Minister oblag und der sich notwendig der Situation gegenüber eine Meinung bilden und einen Entschluß fassen mußte, ohne sich für den Ausfall auf irgendeine andre Autorität in Gestalt kollegialischen Beschlusses oder höherer Befehle berufen zu können. Ich konnte die Gestaltung der Zukunft und das von ihr abhängige Urteil der Welt ebensowenig voraussehen wie irgendein anderer, aber ich war der einzige Anwesende, der gesetzlich verpflichtet war, eine Meinung zu haben, zu äußern und zu vertreten. Ich hatte sie mir in sorgsamer Überlegung der Zukunft unsrer Stellung in Deutschland und unsrer Beziehungen zu Österreich gebildet, war bereit, sie zu verantworten und bei dem Könige zu vertreten. Es war mir bekannt, daß man mich im Generalstabe den »Questenberg im Lager« nannte, und die Identifizierung mit dem Wallensteinschen Hofkriegsrat war mir nicht schmeichelhaft.

Am 23. Juli fand unter dem Vorsitze des Königs ein Kriegsrat statt, in dem beschlossen werden sollte, ob unter den gebotenen Bedingungen Friede zu machen oder der Krieg fortzusetzen sei. Eine schmerzhafte Krankheit, an der ich litt, machte es notwendig, die Beratung in meinem Zimmer zu halten. Ich war dabei der einzige Zivilist in Uniform. Ich trug meine Überzeugung dahin vor, daß auf die österreichischen Bedingungen der Friede geschlossen werden müsse, blieb aber damit allein; der König trat der militärischen Mehrheit bei. Meine Nerven widerstanden den mich Tag und Nacht ergreifenden Eindrücken nicht, ich stand schweigend auf, ging in mein anstoßendes Schlafzimmer und wurde dort von einem heftigen Weinkrampf befallen. Während desselben hörte ich, wie im Nebenzimmer der Kriegsrat aufbrach. Ich machte mich nun an die Arbeit, die Gründe zu Papier zu bringen, die m. E. für den Friedensschluß sprachen, und bat den König, wenn er diesen meinen verantwortlichen Rat nicht annehmen wolle, mich meiner Ämter als Minister bei Weiterführung des Krieges zu entheben. Mit diesem Schriftstücke (zum Teil abgedruckt in Sybel V 294) begab ich mich am folgenden Tage zum mündlichen Vortrag. Im Vorzimmer fand ich zwei Obersten mit Berichten über das Umsichgreifen der Cholera unter ihren Leuten, von denen kaum die Hälfte dienstfähig war.* Die erschreckenden Zahlen befestigten meinen Entschluß, aus dem Eingehen auf die österreichischen Bedingungen die Kabinettsfrage zu machen. Ich befürchtete neben politischen Sorgen, daß bei Verlegung der Operationen nach Ungarn die mir bekannte Beschaffenheit dieses Landes die Krankheit schnell übermächtig machen würde. Das Klima, besonders im August, ist gefährlich, der Wassermangel groß, die ländlichen Ortschaften mit Feldmarken von mehreren Quadratmeilen weit verstreut, dazu Reichtum an Pflaumen und Melonen. Mir schwebte als warnendes Beispiel unser Feldzug von 1792 in der Champagne vor, wo wir nicht durch die Franzosen, sondern durch Ruhr zum Rückzug gezwungen wurden.

Ich entwickelte dem Könige an der Hand meines Schriftstücks die politi-

---

* Während des Feldzuges sind 6427 Mann der Seuche erlegen.

schen und militärischen Gründe, welche gegen die Fortsetzung des Krieges sprachen.

Österreich schwer zu verwunden, dauernde Bitterkeit und Revanchebedürfnis mehr als nötig zu hinterlassen, müßten wir vermeiden, vielmehr uns die Möglichkeit, uns mit dem heutigen Gegner wieder zu befreunden, wahren und jedenfalls den österreichischen Staat als einen guten Stein im europäischen Schachbrett und die Erneuerung guter Beziehungen mit demselben als einen für uns offen zu haltenden Schachzug ansehen. Wenn Österreich schwer geschädigt wäre, so würde es der Bundesgenosse Frankreichs und jedes Gegners werden; es würde selbst seine antirussischen Interessen der Revanche gegen Preußen opfern.

Auf der andern Seite könnte ich mir keine für uns annehmbare Zukunft der Länder, welche die österreichische Monarchie bildeten, denken, falls letztere durch ungarische und slawische Aufstände zerstört oder in dauernde Abhängigkeit versetzt werden sollte. Was sollte an die Stelle Europas gesetzt werden, welche der österreichische Staat von Tirol bis zur Bukowina bisher ausfüllt? Neue Bildungen auf dieser Fläche könnten nur dauernd revolutionärer Natur sein. Deutsch-Österreich könnten wir weder ganz noch teilweise brauchen, eine Stärkung des preußischen Staates durch Erwerbung von Provinzen wie Österreichisch-Schlesien und Stücken von Böhmen nicht gewinnen, eine Verschmelzung des deutschen Österreichs mit Preußen würde nicht erfolgen, Wien als ein Zubehör von Berlin aus nicht zu regieren sein.

Wenn der Krieg fortgesetzt würde, so wäre der wahrscheinliche Kampfplatz Ungarn. Die österreichische Armee, die, wenn wir bei Preßburg über die Donau gegangen, Wien nicht würde halten können, würde schwerlich nach Süden ausweichen, wo sie zwischen die preußische und die italienische Armee geriete und durch ihre Annäherung an Italien die gesunkene und durch Louis Napoleon eingeschränkte Kampflust der Italiener neu beleben würde; sondern sie würde nach Osten ausweichen und die Verteidigung in Ungarn fortsetzen, wenn auch nur in der Hoffnung auf die in Aussicht stehende Einmischung Frankreichs und die durch Frankreich vorbereitete Desinteressierung Italiens. Übrigens hielte ich auch unter dem rein militärischen Gesichtspunkte nach meiner Kenntnis des ungarischen Landes die Fortsetzung des Krieges dort für undenkbar, die dort zu erreichenden Erfolge für nicht im Verhältnis stehend zu den bisher gewonnenen Siegen, also unser Prestige vermindernd – ganz abgesehen davon, daß die

Verlängerung des Krieges der französischen Einmischung die Wege ebnen würde. Wir müßten rasch abschließen, ehe Frankreich Zeit zur Entwicklung weiterer diplomatischer Aktion auf Österreich gewönne.

Gegen alles dies erhob der König keine Einwendung; aber die vorliegenden Bedingungen erklärte er für ungenügend, jedoch ohne seine Forderungen bestimmt zu formulieren. Nur soviel war klar, daß seine Ansprüche seit dem 4. Juli gewachsen waren. Der Hauptschuldige könne doch nicht ungestraft ausgehen, die Verführten könnten wir dann leichter davonkommen lassen, sagte er, und bestand auf den schon erwähnten Gebietsabtretungen von Österreich. Ich erwiderte: Wir hätten nicht eines Richteramts zu walten, sondern deutsche Politik zu treiben; Österreichs Rivalitätskampf gegen uns sei nicht strafbarer als der unsrige gegen Österreich; unsre Aufgabe sei Herstellung oder Anbahnung deutschnationaler Einheit unter Leitung des Königs von Preußen.

Auf die deutschen Staaten übergehend, sprach er von verschiedenen Erwerbungen durch Beschneidung der Länder aller Gegner. Ich wandte ein, daß wir nicht vergeltende Gerechtigkeit zu üben, sondern Politik zu treiben hätten, daß ich vermeiden wolle, in dem künftigen deutschen Bundesverhältnis verstümmelte Besitze zu sehen, in denen bei Dynastie und Bevölkerung der Wunsch nach Wiedererlangung des früheren Besitzes mit fremder Hilfe nach menschlicher Schwäche leicht lebendig werden könnte; es würden das unzuverlässige Bundesgenossen werden. Dasselbe würde der Fall sein, wenn man zur Entschädigung Sachsens etwa Würzburg oder Nürnberg von Bayern verlangen wollte, ein Plan, der außerdem mit der dynastischen Vorliebe Sr. M. für Ansbach in Konkurrenz treten würde. Ebenso hatte ich Pläne zu bekämpfen, welche auf eine Vergrößerung des Großherzogtums Baden hinausliefen, Annexion der bayrischen Pfalz und eine Ausdehnung in der unteren Maingegend. Das Aschaffenburger Gebiet Bayerns wurde dabei als geeignet angesehen, um Hessen-Darmstadt für den durch die Maingrenze gebotenen Verlust von Oberhessen zu entschädigen. Später in Berlin stand von diesen Plänen nur noch zur Verhandlung die Abtretung des auf dem rechten Mainufer gelegnen bayrischen Gebiets einschließlich der Stadt Bayreuth an Preußen, wobei die Frage zur Erörterung kam, ob die Grenze auf dem nördlichen Roten oder südlichen Weißen Main gehen sollte. Vorwiegend schien mir bei Sr. Majestät die von militärischer Seite gepflegte Abneigung gegen die Unterbrechung des Siegeslaufes der Armee. Der Widerstand, welchen ich den Absichten Sr. Majestät in betreff der Aus-

nutzung der militärischen Erfolge und seiner Neigung, den Siegeslauf fortzusetzen, meiner Überzeugung gemäß leisten mußte, führte eine so lebhafte Erregung des Königs herbei, daß eine Verlängerung der Erörterung unmöglich war und ich mit dem Eindruck, meine Auffassung sei abgelehnt,
das Zimmer verließ mit dem Gedanken, den König zu bitten, daß er mir erlauben möge, in meiner Eigenschaft als Offizier in mein Regiment einzutreten. In mein Zimmer zurückgekehrt, war ich in der Stimmung, daß mir der
Gedanke nahe trat, ob es nicht besser sei, aus dem offenstehenden, vier
Stock hohen Fenster zu fallen, und sah mich nicht um, als ich die Tür öffnen
hörte, obwohl ich vermutete, daß der Eintretende der Kronprinz sei, an des-
sen Zimmer ich auf dem Korridor vorübergegangen war. Ich fühlte seine
Hand auf meiner Schulter, während er sagte: »Sie wissen, daß ich gegen den
Krieg gewesen bin, Sie haben ihn für notwendig gehalten und tragen die
Verantwortlichkeit für denselben. Wenn Sie nun überzeugt sind, daß der
Zweck erreicht ist und jetzt Friede geschlossen werden muß, so bin ich be-
reit, Ihnen beizustehen und Ihre Meinung bei meinem Vater zu vertreten.«
Er begab sich dann zum König, kam nach einer kleinen halben Stunde zu-
rück in derselben ruhigen und freundlichen Stimmung, aber mit den Worten: »Es hat sehr schwergehalten, aber mein Vater hat zugestimmt.« Diese
Zustimmung hatte ihren Ausdruck gefunden in einem mit Bleistift an den
Rand einer meiner letzten Eingaben geschriebenen Marginale ungefähr
des Inhalts: »Nachdem mein Ministerpräsident mich vor dem Feinde im Stiche läßt und ich hier außerstande bin, ihn zu ersetzen, habe ich die Frage
mit meinem Sohne erörtert, und da sich derselbe der Auffassung des Ministerpräsidenten angeschlossen hat, sehe ich mich zu meinem Schmerze gezwungen, nach so glänzenden Siegen der Armee einen so schmachvollen
Frieden anzunehmen.« – Ich glaube mich nicht im Wortlaut zu irren, obschon mir das Aktenstück gegenwärtig nicht zugänglich ist; der Sinn war
jedenfalls der angegebene und mir damals trotz der Schärfe der Ausdrücke
eine erfreuliche Lösung der für mich unerträglichen Spannung. Ich nahm
die königliche Zustimmung zu dem von mir als politisch notwendig Erkannten gern entgegen, ohne mich an der unverbindlichen Form derselben
zu stoßen. Im Geiste des Königs waren eben die militärischen Eindrücke
damals die vorherrschenden, und das Bedürfnis, die bis dahin so glänzende
Siegeslaufbahn fortzusetzen, war vielleicht stärker als die politischen und
diplomatischen Erwägungen.

Von dem erwähnten Marginale des Königs, welches mir der Kronprinz überbrachte, blieb mir als einziges Residuum die Erinnerung an die heftige Gemütsbewegung, in die ich meinen alten Herrn hatte versetzen müssen, um zu erlangen, was ich im Interesse des Vaterlandes für geboten hielt, wenn ich verantwortlich bleiben sollte. Noch heut haben diese und analoge Vorgänge bei mir keinen andern Eindruck hinterlassen als die schmerzliche Erinnerung, daß ich einen Herrn, den ich persönlich liebte wie diesen, so hatte verstimmen müssen.

V

Nachdem die Präliminarien mit Österreich unterzeichnet waren, fanden sich Bevollmächtigte von Württemberg, Baden und Darmstadt ein. Den württembergischen Minister von Varnbüler zu empfangen, lehnte ich zunächst ab, weil die Verstimmung gegen ihn bei uns stärker war als gegen Pfordten. Er war politisch gewandter als der letztere, aber auch weniger durch deutsch-nationale Skrupel behindert. Seine Stimmung beim Ausbruch des Krieges hatte sich in dem Vae victis! ausgedrückt und war zu erklären aus den Stuttgarter Beziehungen zu Frankreich, welche insbesondere durch die Vorliebe der Königin von Holland, einer württembergischen Prinzessin, getragen waren.

Dieselbe hatte, solange ich in Frankfurt war, viel für mich übrig, ermutigte mich in meinem Widerstande gegen Österreichs Politik und gab ihre anti-österreichische Gesinnung dadurch zu erkennen, daß sie im Hause ihres Gesandten Herrn von Scherf mich, nicht ohne Unhöflichkeit gegen den österreichischen Präsidialgesandten, Baron Prokesch, tendenziös auszeichnete, zu einer Zeit, wo Louis Napoleon noch Hoffnung auf ein preußisches Bündnis gegen Österreich hegte und den italienischen Krieg bereits im Sinne hatte. Ich lasse unentschieden, ob schon damals die Vorliebe für das napoleonische Frankreich allein die Politik der Königin von Holland bestimmte, oder ob nur das unruhige Bedürfnis, überhaupt Politik zu treiben, sie zu einer Parteinahme in dem preußisch-österreichischen Streit und zu einer auffällig schlechten Behandlung meines österreichischen Kollegen und Bevorzugung meiner bewog. Jedenfalls habe ich nach 1866 die mir früher so gnädige Fürstin unter den schärfsten Gegnern meiner in Voraussicht des Bruches von 1870 befolgten Politik gefunden. Im Jahre 1867 wurden wir zuerst durch amtliche französische Kundgebungen verdächtigt, Absichten auf

Holland zu haben, namentlich in der Äußerung des Ministers Rouher in einer Rede gegen Thiers, 16. März 1867, daß Frankreich unser Vordringen an die »Zuidersee« nicht dulden könne. Es ist nicht wahrscheinlich, daß die Zuidersee von dem Franzosen selbständig entdeckt worden und sogar die Orthographie des Namens in der französischen Presse ohne fremde Hilfe richtig gegeben worden ist: Man darf vermuten, daß der Gedanke an dieses Gewässer von Holland aus dem französischen Mißtrauen suppeditiert worden war. Auch die niederländische Abstammung des Herrn Drouyn de Lhuys[49] berechtigt mich nicht, eine so genaue Lokalkenntnis in der Geographie außerhalb der französischen Grenzen bei seinem Kollegen vorauszusetzen.

Die Einschätzung der württembergischen Politik in die Rheinbundkategorie bestimmte mich, den Empfang des Herrn von Varnbüler in Nikolsburg zunächst abzulehnen. Auch eine Unterredung zwischen uns, welche der Prinz Friedrich von Württemberg, der Bruder des Kommandierenden unsres Gardekorps, und die uns sehr wohlwollende Großfürstin Helene vermittelt hatten, verlief politisch fruchtlos. Erst später in Berlin habe ich mit Herrn von Varnbüler verhandelt; und seine bewegliche Empfänglichkeit für die politischen Eindrücke jeder Situation betätigte sich dort darin, daß er der erste unter den süddeutschen Ministern war, mit dem ich einen Bündnisvertrag der bekannten Art abschließen konnte.

10. KAPITEL

DER NORDDEUTSCHE BUND

I

In Berlin war ich äußerlich mit dem Verhältnis Preußens zu den neuerworbenen Provinzen und den übrigen norddeutschen Staaten, innerlich mit der Stimmung der auswärtigen Mächte und Erwägung ihres wahrscheinlichen Verhaltens beschäftigt. Unsre innere Lage hatte für mich und vielleicht für jeden den Charakter des Provisoriums und der Unreife. Die Rückwirkung der Vergrößerung Preußens, der bevorstehenden Verhandlungen über den Norddeutschen Bund und seine Verfassung ließen unsre innere Entwicklung ebenso sehr im Fluß begriffen erscheinen, wie unsre Beziehungen zum deutschen und außerdeutschen Auslande es waren, vermöge der europäischen Situation, in welcher der Krieg abgebrochen wurde. Ich nahm als sicher an, daß der Krieg mit Frankreich auf dem Wege zu unsrer weiteren nationalen Entwicklung, sowohl der intensiven als der über den Main hinaus extensiven, notwendig werde geführt werden müssen und daß wir diese Eventualität bei allen unsern Verhältnissen im Innern wie nach außen im Auge zu behalten hätten. Louis Napoleon sah in einiger Vergrößerung Preußens in Norddeutschland nicht nur keine Gefahr für Frankreich, sondern ein Mittel gegen die Einigung und nationale Entwicklung Deutschlands; er glaubte, daß dessen außerpreußische Glieder sich dann des französischen Schutzes um so bedürftiger fühlen würden. Er hatte Rheinbundreminiszenzen und wollte die Entwicklung in der Richtung eines Gesamtdeutschlands hindern. Er glaubte es zu können, weil er die nationale Stimmung des Tages nicht kannte und die Situation nach seinen süddeutschen Schulerinnerungen und nach diplomatischen Berichten beurteilte, die nur auf ministerielle und sporadisch dynastische Stimmungen gegründet waren. Ich war überzeugt, daß ihr Gewicht schwinden würde; ich nahm an, daß ein Gesamtdeutschland nur eine Frage der Zeit und daß zu deren Lösung der Norddeutsche Bund die erste Etappe sei, daß aber die Feindschaft Frankreichs und vielleicht Rußlands, das Revanchebedürfnis Österreichs für 1866 und der preußisch-dynastische Partikularismus des Königs nicht zu früh in die Schranken gerufen werden dürfe. Ich war nicht zweifelhaft, daß ein deutschfranzösischer Krieg werde geführt werden müssen, bevor die Gesamteinrichtung Deutschlands sich verwirklichte. Diesen Krieg hinauszuschieben, bis unsre Streitkräfte durch Anwendung der preußischen Wehrgesetzgebung nicht bloß auf Hannover, Hessen und Holstein, sondern, wie ich damals schon nach der Fühlung mit den Süddeutschen hoffen durfte, auch auf diese gestärkt wären, war ein Gedanke, der mich damals beherrschte. Ich hielt einen Krieg mit Frankreich im Hinblick auf die Erfolge der Franzosen im Krimkriege und in Italien für eine Gefahr, die ich damals überschätzte, indem mir die für Frankreich erreichbare Truppenziffer, die Ordnung und die Organisation und das Geschick in der Führung als höher und besser vorschwebten, als sich 1870 bestätigt hat. Die Tapferkeit des französischen Troupiers und die Höhe des nationalen Gefühls und der verletzten Eitelkeit haben sich vollkommen in dem Maße bewährt, wie ich sie für die Eventualität einer deutschen Invasion in Frankreich eingeschätzt hatte, in Erinnerung an die Erlebnisse von 1814, 1792 und zu Anfang des vorigen Jahrhunderts im Spanischen Erbfolgekrieg, wo das Eindringen fremder Heere stets ähnliche Erscheinungen wie das Stökern in einem Ameisenhaufen hervorgerufen hat. Für leicht habe ich den französischen Krieg niemals gehalten, ganz abgesehen von den Bundesgenossen, welche Frankreich in dem österreichischen Revanchegefühl und in dem russischen Gleichgewichtsbedürfnis finden konnte. Mein Bestreben, diesen Krieg hinauszuschieben, bis die Wirkung unsrer Wehrgesetzgebung und militärischen Erziehung auf alle nicht altpreußischen Landesteile sich vollständig hätte entwickeln können, war also natürlich, und dieses mein Ziel war 1867 bei der Luxemburger Frage nicht annähernd erreicht. Jedes Jahr Aufschub des Krieges stärkte unser Heer um mehr als 100 000 gelernte Soldaten. Bei der Indemnitätsfrage dem Könige gegenüber und bei der Verfassungsfrage im preußischen Landtage aber stand ich unter dem Druck des Bedürfnisses, dem Auslande keine Spur von vorhandenen oder bevorstehenden Hemmnissen durch unsre innre Lage, sondern nur die einige nationale Stimmung zur Anschauung zu bringen, um so mehr, als sich nicht ermessen ließ, welche Bundesgenossen Frankreich im Kriege gegen uns haben werde. Die Verhandlungen und Annäherungsversuche zwischen Frankreich und Österreich in Salzburg und anderswo bald nach 1866, konnten unter Leitung des Herrn von Beust erfolgreich sein, und schon die Berufung dieses verstimmten sächsischen Ministers zur Leitung der Wiener Politik ließ darauf schließen, daß dieselbe die Richtung der Revanche einschlagen würde.

Die Haltung Italiens war nach der Fügsamkeit gegen Napoleon, die wir 1866 kennengelernt hatten, eine unberechenbare, sobald französischer Druck stattfand. Der General Govone war, als ich in Berlin im Frühjahr 1866 mit ihm verhandelte, erschrocken, als ich den Wunsch äußerte, er möge zu Haus anfragen, ob wir auch gegen Napoleonische Verstimmungen auf Italiens Vertragstreue rechnen dürften. Er sagte, daß eine solche Rückfrage an demselben Tage nach Paris telegraphiert werden würde, mit der Anfrage, »was man antworten solle«. In der öffentlichen Meinung Italiens konnte ich auf sicheren Anhalt nicht rechnen nach der Haltung der italienischen Politik während des Krieges, nicht bloß auf Grund der persönlichen Freundschaft Viktor Emanuels für Louis Napoleon, sondern nach Maßgabe der durch Garibaldi im Namen der öffentlichen Meinung Italiens bekundeten Parteinahme und der Tatsache, daß seine Popularität durch die Rolle, die er als französischer Kondottiere gespielt, sich nicht vermindert hatte. Der Dreibund Italiens mit Frankreich und Österreich lag nicht bloß nach meiner Befürchtung, sondern nach der öffentlichen Meinung in Europa nicht außerhalb der Wahrscheinlichkeit.

Von Rußland war einer solchen Koalition gegenüber aktiver Beistand schwerlich zu erwarten. Mir selbst hatte der russenfreundliche Einfluß, den ich in der Zeit des Krimkrieges auf die Entschließungen Friedrich Wilhelms IV. auszuüben vermochte, das Wohlwollen des Kaisers Alexander erworben, und sein Vertrauen zu mir war in der Zeit meiner Gesandtschaft in Petersburg gewachsen. Inzwischen aber hatte in dem dortigen Kabinett unter Gortschakows Leitung der Zweifel an der Nützlichkeit einer so bedeutenden Kräftigung Preußens für Rußland die Wirkung der kaiserlichen Freundschaft für den Kaiser Wilhelm und der Dankbarkeit für unsre Politik in der polnischen Frage von 1863 aufzuwiegen angefangen. Wenn die Mitteilung richtig ist, welche Drouyn de Lhuys dem Grafen Vitzthum von Eckstädt* gemacht hat, so hat Gortschakow im Juli 1866 den Kaiser Napoleon zu einem

---

* London, Gastein und Sadowa. Stuttgart 1890, S. 248.

gemeinsamen Proteste gegen die Beseitigung des Deutschen Bundes aufgefordert und eine Ablehnung erfahren. Der Kaiser Alexander hatte in der ersten Überraschung und nach der Sendung Manteuffels nach Petersburg
dem Ergebnis der Nikolsburger Präliminarien generell und obiter zugestimmt; der Haß gegen Österreich, welcher seit dem Krimkriege die öffentliche Meinung der russischen »Gesellschaft« beherrschte, hatte zunächst
seine Befriedigung gefunden in den Niederlagen Österreichs; dieser Stimmung standen aber russische Interessen gegenüber, die sich an den zarischen Einfluß in Deutschland und an dessen Bedrohung durch Frankreich
knüpften.

Ich nahm zwar an, daß wir gegen eine Koalition, welche Frankreich etwa
gegen uns aufbringen würde, auf russischen Beistand würden zählen können, oder [aber] doch erst, wenn wir das Unglück gehabt haben sollten, Niederlagen zu erleiden, vermöge deren die Frage nähergerückt wäre, ob Rußland die Nachbarschaft einer siegreichen französisch-österreichischen
Koalition an seinen polnischen Grenzen vertragen könne. Die Unbequemlichkeit einer solchen Nachbarschaft wäre vielleicht noch größer geworden,
wenn statt des antipäpstlichen Königreichs Italien das Papsttum selbst der
Dritte im Bunde der beiden katholischen Großmächte geworden wäre. Bis
zum Näherrücken solcher Gefährlichkeit infolge preußischer Niederlagen
hielt ich aber für wahrscheinlich, daß Rußland es nicht ungern sähe, wenigstens es nicht verhindern würde, wenn eine numerisch überlegene Koalition einiges Wasser in unsern Wein von 1866 gegossen hätte.

Von England durften wir einen aktiven Beistand gegen den Kaiser Napoleon nicht erwarten, obschon die englische Politik einer starken befreundeten Kontinentalmacht mit vielen Bataillonen bedarf und dieses Bedürfnis
unter Pitt, Vater und Sohn, zugunsten Preußens, später, seit 1814, Österreichs, und dann unter Palmerston bis zu den spanischen Heiraten[50], dann
wieder unter Clarendon zugunsten Frankreichs gepflegt hatte. Das Bedürfnis der englischen Politik war entweder entente cordiale mit Frankreich
oder Besitz eines starken Bundesgenossen gegen Frankreichs Feindschaft.
England ist wohl bereit, das stärkere Deutsch-Preußen als Ersatz für Österreich hinzunehmen; und in der Lage vom Herbst 1866 konnten wir auf platonisches Wohlwollen und belehrende Zeitungsartikel dort allenfalls zählen; aber bis zum aktiven Beistande zu Wasser und zu Lande würde sich die
theoretische Sympathie schwerlich verdichtet haben. Die Vorgänge von
1870 haben gezeigt, daß ich in der Einschätzung Englands recht hatte. Mit

einer für uns jedenfalls verstimmenden Bereitwilligkeit übernahm man in London die Vertretung Frankreichs in Norddeutschland, und während des Krieges hat man sich niemals zu unsern Gunsten so weit kompromittiert, daß nicht die französische Freundschaft gewahrt worden wäre; im Gegenteil.

II

Es geschah hauptsächlich unter dem Einfluß dieser Erwägungen auf dem Gebiete der auswärtigen Politik, daß ich mich entschloß, jeden Schachzug im Innern danach einzurichten, ob der Eindruck der Solidität unsrer Staatskraft dadurch gefördert oder geschädigt werden könne. Ich sagte mir, daß das nächste Hauptziel die Selbständigkeit und Sicherheit nach außen sei, daß zu diesem Zwecke nicht nur die tatsächliche Beseitigung innern Zwiespaltes, sondern auch jeder Schein davon nach dem Auslande und in Deutschland vermieden werden müsse; daß, wenn wir erst Unabhängigkeit von dem Auslande hätten, wir auch in unsrer innern Entwicklung uns frei bewegen könnten, wir uns dann so liberal oder so reaktionär einrichten könnten, wie es gerecht und zweckmäßig erschiene; daß wir alle innern Fragen vertagen könnten bis zur Sicherstellung unsrer nationalen Ziele nach außen. Ich zweifelte nicht an der Möglichkeit, der königlichen Macht die nötige Stärke zu geben, um unsre innere Uhr richtig zu stellen, wenn wir erst nach außen die Freiheit erworben haben würden, als große Nation selbständig zu leben. Bis dahin war ich bereit, der Opposition nach Bedürfnis blackmail zu zahlen, um zunächst unsre volle Kraft und in der Diplomatie den Schein dieser einigen Kraft und die Möglichkeit in die Waagschale werfen zu können, im Falle der Not auch revolutionäre Nationalbewegungen gegen unsre Feinde entfesseln zu können.

In einer Kommissionssitzung des Landtags wurde ich von der Fortschrittspartei, wohl nicht ohne Kenntnis von den Bestrebungen der äußersten Rechten, darüber interpelliert, ob die Regierung bereit sei, die preußische Verfassung in den neuen Provinzen einzuführen. Eine ausweichende Antwort würde das Mißtrauen der Verfassungsparteien hervorgerufen oder belebt haben. Nach meiner Überzeugung war es überhaupt notwendig, die Entwicklung der deutschen Frage durch keinen Zweifel an der Verfassungstreue der Regierung zu hemmen; durch jeden neuen Zwiespalt zwischen

Regierung und Opposition wäre der vom Auslande zu erwartende äußere Widerstand gegen nationale Neubildungen gestärkt worden. Aber meine Bemühungen, die Opposition und ihre Redner zu überzeugen, daß sie wohl täten, innere Verfassungsfragen gegenwärtig zurücktreten zu lassen, daß die deutsche Nation, wenn erst geeinigt, in der Lage sein werde, ihre innern Verhältnisse nach ihrem Ermessen zu ordnen, daß unsre gegenwärtige Aufgabe sei, die Nation in diese Lage zu versetzen: Alle diese Erwägungen waren der borniertenund kleinstädtischen Parteipolitik der Oppositionsredner gegenüber erfolglos, und die durch sie hervorgerufenen Erörterungen stellten das nationale Ziel zu sehr in den Vordergrund, nicht nur dem Auslande, sondern auch dem Könige gegenüber, der damals noch mehr die Macht und die Größe Preußens als die verfassungsmäßige Einheit Deutschlands im Auge hatte. Ihm lag ehrgeizige Berechnung nach deutscher Richtung hin fern; den Kaisertitel bezeichnete er noch 1870 geringschätzig als den »Charaktermajor«, worauf ich erwiderte, daß Se. Majestät die Kompetenzen der Stellung allerdings schon verfassungsmäßig besäßen und der Kaiser nur die äußerliche Sanktion enthalte, gewissermaßen als ob ein mit Führung eines Regiments beauftragter Offizier definitiv zum Kommandeur ernannt werde. Für das dynastische Gefühl war es schmeichelhafter, gerade als geborener König von Preußen und nicht als erwählter und durch ein Verfassungsgesetz hergestellter Kaiser die betreffende Macht auszuüben, analog wie ein prinzlicher Regimentskommandeur es vorzieht, nicht Herr Oberst, sondern Königliche Hoheit genannt zu werden und der gräfliche Leutnant nicht Herr Leutnant, sondern Herr Graf. Ich hatte mit diesen Eigentümlichkeiten meines Herrn zu rechnen, wenn ich mir sein Vertrauen erhalten wollte, und ohne ihn und sein Vertrauen war mein Weg in deutscher Politik überhaupt nicht gangbar.

III

Im Hinblick auf die Notwendigkeit, im Kampfe gegen eine Übermacht des Auslands im äußersten Notfall auch zu revolutionären Mitteln greifen zu können, hatte ich auch kein Bedenken getragen, die damals stärkste der freiheitlichen Künste, das allgemeine Wahlrecht, schon durch die Zirkulardepesche vom 10. Juni 1866 mit in die Pfanne zu werfen, um das monarchische Ausland abzuschrecken von Versuchen, die Finger in unsre nationale

Omelette zu stecken. Ich habe nie gezweifelt, daß das deutsche Volk, sobald es einsieht, daß das bestehende Wahlrecht eine schädliche Institution sei, stark und klug genug sein werde, sich davon freizumachen. Kann es das nicht, so ist meine Redensart, daß es reiten könne, wenn es erst im Sattel säße, ein Irrtum gewesen. Die Annahme des allgemeinen Wahlrechts war eine Waffe im Kampfe gegen Österreich und weiteres Ausland, im Kampfe für die deutsche Einheit, zugleich eine Drohung mit letzten Mitteln im Kampf gegen Koalitionen. In einem Kampfe derart, wenn er auf Leben und Tod geht, sieht man die Waffen, zu denen man greift, und die Werte, die man durch ihre Benutzung zerstört, nicht an; der einzige Ratgeber ist zunächst der Erfolg des Kampfes, die Rettung der Unabhängigkeit nach außen; die Liquidation und Aufbesserung der dadurch angerichteten Schäden hat nach dem Frieden stattzufinden. Außerdem halte ich noch heute das allgemeine Wahlrecht nicht bloß theoretisch, sondern auch praktisch für ein berechtigtes Prinzip, sobald nur die Heimlichkeit beseitigt wird, die außerdem einen Charakter hat, der mit den besten Eigenschaften des germanischen Bluts in Widerspruch steht. Die Einflüsse und Abhängigkeiten, welche das praktische Leben der Menschen mit sich bringt; sind gottgegebene Realitäten, die man nicht ignorieren kann und soll; und wenn man es ablehnt, sie auf das politische Leben zu übertragen, und im letzteren den Glauben an die geheime Einsicht aller zum Grunde zu legen [legt], so gerät man auf dem Wege in einen Widerspruch des Staatsrechts mit den Realitäten des menschlichen Lebens, der praktisch zu stehenden Friktionen und schließlich Explosionen führt und theoretisch nur auf dem Wege sozialdemokratischer Verrücktheiten lösbar ist, deren Anklang auf der Tatsache beruht, daß die Einsicht großer Massen hinreichend stumpf und unentwickelt ist, um sich von der Rhetorik geschickter und ehrgeiziger Führer unter Beihilfe eigner Begehrlichkeit stets einfangen zu lassen.

Das Gegengewicht dagegen liegt in dem Einflusse der Gebildeten, der sich stärker geltend machen würde, wenn die Wahl öffentlich wäre, wie für den preußischen Landtag. Die größere Besonnenheit der intelligenteren Klassen mag immerhin den materiellen Untergrund der Erhaltung des Besitzes haben; der andre des Strebens nach Erwerb ist nicht weniger berechtigt; und für die Sicherheit und Fortbildung des Staates ist das Übergewicht derer, die den Besitz vertreten, das nützlichere. Ein Staatswesen, dessen Regiment in den Händen der begehrlichen, der novarum rerum cupidi, und der Redner liegt, welche die Fähigkeit, urteilslose Massen zu belügen, in höherem Maße wie andre besitzen, wird stets zu einer Unruhe der Entwicklung verurteilt sein, der so gewichtige Massen, wie staatliche Gemeinwesen sind, nicht folgen können, ohne in ihrem Organismus geschädigt zu werden. Schwere Massen, zu denen große Nationen in ihrem Leben und ihrer Entwicklung gehören, können sich nur mit Vorsicht bewegen, da die Bahnen, in denen sie einer unbekannten Zukunft entgegenlaufen, nicht geglättete Eisenbahnschienen haben. Jedes große staatliche Gemeinwesen, in welchem der vorsichtige und hemmende Einfluß der Besitzenden, materiellen oder intelligenten Ursprungs, verlorengeht, wird immer in eine der Entwicklung der ersten französischen Revolution ähnliche, den Staatswagen zerbrechende Geschwindigkeit geraten. Das begehrliche Element hat das auf die Dauer durchschlagende Übergewicht der größeren Masse. Es ist im Interesse dieser Masse selbst zu wünschen, daß dieser Durchschlag ohne gefährliche Beschleunigung und ohne Zertrümmerung des Staatswagens erfolge. Geschieht die letztere dennoch, so wird der geschichtliche Kreislauf immer in verhältnismäßig kurzer Zeit zur Diktatur, zur Gewaltherrschaft, zum Absolutismus zurückführen, weil auch die Massen schließlich dem Ordnungsbedürfnis unterliegen, und wenn sie es a priori nicht erkennen, so sehen sie es infolge mannigfaltiger Argumente ad hominem schließlich immer wieder ein und erkaufen die Ordnung von Diktatur und Cäsarismus durch bereitwilliges Aufopfern auch des berechtigten und festzuhaltenden Maßes von Freiheit, welches europäische staatliche Gesellschaften vertragen, ohne zu erkranken.

Ich würde es für ein erhebliches Unglück und für eine wesentliche Verminderung der Sicherheit der Zukunft ansehen, wenn wir auch in Deutschland in den Wirbel dieses französischen Kreislaufes gerieten. Der Absolutismus wäre die ideale Verfassung für europäische Staatsgebilde, wenn der König und seine Beamten nicht Menschen blieben wie jeder andre, denen es nicht gegeben ist, mit übermenschlicher Sachkunde, Einsicht und Gerechtigkeit zu regieren. Die einsichtigsten und wohlwollendsten absoluten Regenten unterliegen den menschlichen Schwächen und Unvollkommenheiten, wie der Überschätzung der eigenen Einsicht, dem Einfluß und der Beredsamkeit von Günstlingen, ohne von weiblichen, legitimen und illegitimen, zu reden. Die Monarchie und der idealste Monarch, wenn er nicht in seinem Idealismus gemeinschädlich werden soll, bedarf der Kritik, an deren Stacheln er sich zurechtfindet, wenn er den Weg zu verlieren Gefahr läuft. Joseph II. ist ein warnendes Beispiel.

Die Kritik kann nur geübt werden durch eine freie Presse und durch Parlamente im modernen Sinne. Beide Korrektive können ihre Wirkung durch Mißbrauch abstumpfen und schließlich verlieren. Dies zu verhüten ist eine der Aufgaben erhaltender Politik, die sich ohne Bekämpfung von Parlament und Presse nicht lösen läßt. Das Abmessen der Schranken, welche in diesem Kampfe innegehalten werden müssen, um die dem Lande unentbehrliche Kontrolle der Regierung weder zu hindern noch zur Herrschaft werden zu lassen, ist eine Sache des politischen Taktes und Augenmaßes.

Wenn ein Monarch dafür das hinreichende Augenmaß besitzt, so ist das ein Glück für sein Land, freilich ein vergängliches wie alles menschliche Glück. Die Möglichkeit, Minister ans Ruder zu bringen, welche die entsprechenden Eigenschaften besitzen, muß in dem Verfassungsleben gegeben werden, aber auch die Möglichkeit, Minister, die diesem Bedürfnis genügen, sowohl gegen gelegentliche Majoritätsabstimmungen wie gegen Hof- und Kamarillaeinflüsse zu halten. Dieses Ziel war bis zu dem nach menschlicher Unvollkommenheit überhaupt erreichbaren Grade annähernd erreicht unter der Regierung Wilhelms I.

IV

Die Eröffnung des Landtags stand unmittelbar nach unsrer Ankunft in Berlin bevor, und die Thronrede kam in Prag zur Beratung. Dort trafen Abgeordnete der konservativen Fraktion ein, welche während des Konfliktes zeitweise bis auf elf Mitglieder herabgegangen und durch die Wahlen am 3. Juli unter dem Eindruck der ersten Siege vor Königgrätz sich auf mehr als hundert gehoben hatte. Das Verhältnis würde der Regierung noch günstiger gewesen sein, wenn die Wahl einige Tage nach der entscheidenden Schlacht stattgefunden hätte; aber auch so war dasselbe in Verbindung mit der schwunghaften Stimmung im Lande immerhin geeignet, nicht bloß konservativen, sondern auch reaktionären Bestrebungen Hoffnung auf Gelingen zu geben. Für diejenigen, welche nach einer Rückbildung zum Absolutismus oder doch nach einer Restauration im ständischen Sinne strebten, war durch die Vergrößerung der Monarchie, durch die parlamentarische Situation beim Ausbruch des Krieges und den ungeschickten und ehrgeizigen Eigensinn der Führer der Opposition ein Anknüpfungspunkt gegeben, um die preußische Verfassung zu suspendieren und zu revidieren. Sie war auf das

vergrößerte Preußen nicht zugeschnitten, noch weniger aber auf die Ein-
schichtung in die zukünftige Verfassung Deutschlands. Die Verfassungsurkunde selbst enthielt einen Artikel (118), welcher, entstanden unter dem
Eindruck der nationalen Stimmung zur Zeit der Verfassungsbildung und
aus dem Entwurf von 1848 entnommen, zur Unterordnung der preußischen
Verfassung unter eine neu zu schaffende deutsche berechtigte. Es war also
eine Gelegenheit gegeben, mit dem formalen Anstrich der Legalität die Verfassung und die Bestrebungen der Konfliktsmajorität nach parlamentarischer Herrschaft aus den Angeln zu heben, und dies lag im Hintergrunde
des Bemühens der äußersten Rechten und ihrer nach Prag abgeordneten
Mitglieder.

Eine andre Gelegenheit, den innern Konflikt zugleich mit der deutschen
Frage zu erledigen, hatte sich dem Könige dargeboten, als der Kaiser Alexander 1863 zur Zeit des polnischen Aufstandes und des Überrumpelungs-
versuchs für den Frankfurter Fürstenkongreß ein preußisch-russisches
Bündnis in eigenhändiger Korrespondenz lebhaft befürwortet hatte. Auf
mehreren eng geschriebenen Bogen in der feinen Hand des Kaisers, weit
ausgesponnen und mit mehr Deklamation, als in *seiner* Feder lag, konnte
der Brief an Hamlets Wort

Whether 't is nobler in the mind, to suffer
The slings and arrows of outrageous fortune,
Or to take arms against a sea of troubles,
And by *opposing end them?* –[51]

erinnern, wenn man dasselbe aus dem Zweifel in die Affirmative übersetzt:
Der Kaiser ist der westmächtlichen und österreichisch-polnischen Schika-
nen müde und entschlossen, den Degen zu ziehen, um sich von ihnen freizumachen; an die Freundschaft und die gleichen Interessen des Königs appel-
lierend, forderte er ihn zu gemeinsamem Handeln auf, sozusagen in
erweitertem Sinne der Alvenslebenschen Konvention vom Februar desselben Jahres.

Dem König wurde es schwer, einerseits dem nahen Verwandten und
nächsten Freunde eine ablehnende Antwort zu geben, andrerseits sich mit
dem Entschlüsse vertraut zu machen, seinem Lande die Übel eines großen
Krieges aufzuerlegen, dem Staate und der Dynastie die Gefahren eines solchen zuzumuten. Auch die Seite seines Gemütslebens, die ihn geneigt

machte, die Frankfurter Fürstenversammlung zu besuchen, das Gefühl der Zusammengehörigkeit mit allen alten Fürstenhäusern, trat(en) in ihm der Versuchung entgegen, der Anrufung des befreundeten Neffen und den preußisch-russischen Familientraditionen eine Folge zu geben, die zu dem Bruch mit dem deutschen Bundesverhältnis und der Gesamtheit der deutschen Fürstenfamilien führen mußte. In meinem mehrere Tage dauernden Vortrage vermied ich es, die Seite der Sache zu betonen, welche für unsre innere Politik von Gewicht gewesen sein würde, weil ich nicht der Meinung war, daß ein Krieg gerade im Bunde mit Rußland gegen Österreich und alle Gegner, mit denen wir es 1866 zu tun bekamen, uns der Erfüllung unsrer nationalen Aufgabe nähergebracht haben würde. Es ist ja ein namentlich in der französischen Politik gebräuchliches Mittel, innere Schwierigkeiten durch Kriege zu überwinden; in Deutschland aber würde dieses Mittel nur dann wirksam gewesen sein, wenn der betreffende Krieg in der Linie der nationalen Entwicklung gelegen hätte. Dazu wäre vor allem erforderlich gewesen, daß er nicht mit der unklugerweise noch immer von der öffentlichen Meinung verurteilten russischen Assistenz geführt würde. Die deutsche Einheit mußte ohne fremde Einflüsse zustande kommen, aus eigner nationaler Kraft. Überdies hatte der innere Konflikt, von welchem der König bei meinem Eintritt in das Ministerium bis zu dem Entschlüsse zur Abdikation beeindruckt war, an Herrschaft über seine Entschließungen erheblich eingebüßt, seitdem er Minister gefunden hatte, die bereit waren, seine Politik offen, ohne Winkelzüge zu vertreten. Er hatte seitdem die Überzeugung gewonnen, daß die Krone, wenn es zum revolutionären Bruche gekommen wäre, stärker gewesen sein würde: Die Einschüchterungen der Königin und der Minister der neuen Ära hatten ihre Kraft verloren. Dagegen hielt ich in meinen Vorträgen mit meiner Ansicht von der militärischen Stärke, welche ein deutsch-russisches Bündnis namentlich im ersten Anlauf haben würde, nicht zurück. Die geographische Lage der drei großen Ostmächte ist der Art, daß eine jede von ihnen, sobald sie von den beiden andern angegriffen wird, sich strategisch im Nachteil befindet, auch wenn sie in Westeuropa sei es England, sei es Frankreich zum Verbündeten hat. Am meisten würde Österreich, isoliert, gegen einen russisch-deutschen Angriff im Nachteil sein, am wenigsten Rußland gegen Österreich und Deutschland; aber auch Rußland würde bei einem konzentrischen Vorstoß der beiden deutschen Mächte gegen den Bug zu Anfang des Krieges in einer schwierigen Lage sein. Bei seiner geographischen Lage und ethnographischen Gestaltung ist Österreich im Kampfe gegen die beiden benachbarten Kaiserreiche deshalb sehr im Nachteil, weil die französische Hilfe kaum rechtzeitig eintreffen würde, um das Gleichgewicht herzustellen. Wäre aber Österreich einer deutsch-russischen Koalition von Hause aus unterlegen, wäre durch einen klugen Friedensschluß der drei Kaiser unter sich das gegnerische Bündnis gesprengt oder auch nur durch eine Niederlage Österreichs geschwächt, so war das deutsch-russische Übergewicht entscheidend. Gleich gute Führung und gleiche Tapferkeit bei den großen Heeren vorausgesetzt, liegt in der territorialen Gestaltung der einzelnen Machtgebiete eine große Stärke der deutsch-russischen Kombination, wenn sie von Hause aus sicher zusammenhält. Die Berechnung militärischen Erfolges und der Glaube an einen solchen sind aber an sich unsicher und werden noch unsicherer, wenn die veranschlagte diesseitige Macht keine einheitliche ist, sondern auf Bündnissen beruht.

In meinem Entwurf der Antwort, der noch länger ausfallen mußte als der Brief des Kaisers Alexander, war hervorgehoben, daß ein gemeinsamer Krieg gegen die Westmächte in seiner schließlichen Entwicklung sich wegen der geographischen Verhältnisse und wegen der französischen Begehrlichkeit nach den Rheinlanden notwendig zu einem preußisch-französischen kondensieren müsse, daß die preußisch-russische Initiative zu dem Kriege unsre Stellung in Deutschland verschlechtern werde, daß Rußland, entfernt von dem Kriegsschauplatze, von den Leiden des Kriegs weniger betroffen sei, Deutschland dagegen nicht nur die eigenen, sondern auch die russischen Heere materiell zu erhalten haben und daß die russische Politik dann – wenn mein Gedächtnis mich nicht täuscht, habe ich den Ausdruck gebraucht – an dem längeren Arme des Hebels sitzen und uns auch, wenn wir siegreich wären, ähnlich wie in dem Wiener Kongreß und mit noch mehr Gewicht werde vorschreiben können, wie unser Friede beschaffen sein solle, ebenso wie Österreich es 1859 bezüglich unsrer Friedensbedingungen mit Frankreich hätte machen können, wenn wir damals in den Kampf gegen Frankreich und Italien eingetreten wären. Ich habe den Text meiner Argumentation nicht in der Erinnerung, obschon ich ihn vor wenigen Jahren behufs unsrer Auseinandersetzung mit der russischen Politik wieder unter Augen gehabt und mich gefreut habe, daß ich damals die Arbeitskraft besessen hatte, ein so langes Konzept eigenhändig in einer für den König lesbaren Schrift herzustellen, eine Handarbeit, die für den Erfolg meiner Gasteiner Kur nicht förderlich gewesen sein wird. Obwohl der König die Frage nicht in demselben Maße wie ich unter den deutschnationalen Gesichtspunkt zog, so unterlag er doch nicht der Versuchung, der Überhebung der österreichischen Politik und der Landtagsmajorität, der Geringschätzung, welche beide der preußischen Krone bezeigten, im Bunde mit Rußland ein gewalttätiges Ende zu machen. Wenn er auf die russische Zumutung einging, so würden wir bei der Schnelligkeit unsrer Mobilisierung, bei der Stärke der russischen Armee in Polen und bei der damaligen militärischen Schwäche Österreichs wahrscheinlich, mit oder ohne den Beistand der damals noch unbefriedigten Begehrlichkeit Italiens, Österreich übergelaufen haben, bevor Frankreich ihm wirksame Hilfe leisten konnte. Wenn man sicher gewesen wäre, daß das Ergebnis dieses Überlaufens ein Dreikaiserbündnis unter Schonung Österreichs gewesen wäre, so wäre meine Beurteilung der Situation vielleicht nicht zutreffend zu nennen gewesen. Aber diese Sicherheit war angesichts der divergierenden Interessen Rußlands und Österreichs im Orient nicht vorhanden; es war kaum wahrscheinlich und auch der russischen Politik nicht zusagend, daß eine siegreiche preußisch-russische Koalition Österreich gegenüber auch nur mit dem Maße von Schonung verführe, welches von preußischer Seite 1866 im Interesse der Möglichkeit künftiger Wiederannäherung beobachtet worden ist. Ich fürchtete deshalb, daß wir im Falle unsres Sieges über die Zukunft Österreichs mit Rußland nicht einig sein würden und daß Rußland selbst bei weiteren Erfolgen gegen Frankreich nicht darauf werde verzichten wollen, Preußen in einer unterstützungsbedürftigen Stellung an seiner Westgrenze zu erhalten; am allerwenigsten wäre von Rußland eine Hilfe für eine nationale Politik im Sinne der preußischen Hegemonie zu erwarten gewesen. Tilsit, Erfurt, Olmütz und andre historische Erinnerungen sagten: vestigia terrent. Kurz, ich hatte nicht das Vertrauen zu der Gortschakowschen Politik, daß wir auf dieselbe Sicherheit rechnen könnten, welche Alexander I. 1813 gewährte, bis die Zukunftsfragen, was aus Polen und Sachsen werden und ob Deutschland gegen französische Invasionen eine von russischen Entschließungen unabhängige Deckung haben, Straßburg Bundesfestung werden solle, in Wien zur Verhandlung kamen. So mannigfache Erwägungen hatte ich anzustellen, um zu einem Entschlusse über die Anträge, welche ich dem Könige machen, und die Fassung des Konzeptes, welches ich ihm vorlegen wollte, zu gelangen. Ich zweifle nicht, daß eine Zeit kommen wird, in der auch über diese Vorgänge unsre Archive der Öffentlichkeit zugänglich werden, es sei denn, daß inzwischen die angeregte Zerstörung der

Dokumente sich vollzieht, welche von meiner politischen Tätigkeit Zeugnis geben.

Die Versuchung war groß gewesen für einen Monarchen, dessen Stellung den maßlosen Angriffen der Fortschrittspartei und dem Druck der österreichischen Diplomatie nicht bloß auf dem nationalen Gebiete des Frankfurter Fürstenkongresses, sondern auch auf dem polnischen von seiten der drei großen verbündeten Mächte England, Frankreich und Österreich ausgesetzt war.

Daß der König 1863 seine schwer gekränkte Empfindung als Monarch und als Preuße nicht über die politischen Erwägungen Herr werden ließ, beweist, wie stark in ihm das preußische Ehrgefühl und der gesunde Menschenverstand in der Politik waren.

V

Im Jahre 1866 konnte der König über die Frage, ob er aus eigner Kraft den parlamentarischen Widerstand brechen und einer Wiederkehr desselben vorbeugen sollte, nicht so schnell mit sich ins reine kommen, so gewichtige Gründe auch dagegen sprachen. Mit der Suspendierung und Revidierung der Verfassung, mit der Demütigung der Landtagsopposition wäre allen mit den Erfolgen von 1866 Unzufriedenen in Deutschland, und Österreich einbegriffen, eine wirksame Waffe gegen Preußen für die vorauszusehenden künftigen Kämpfe gegeben worden. Man hätte sich darauf gefaßt machen müssen, einstweilen in Preußen gegen Parlament und Presse ein Regierungssystem durchzuführen, welches von dem ganzen übrigen Deutschland bekämpft würde. Maßregeln, die bei uns gegen die Presse zu ergreifen sein würden, würden in Dessau keine Gültigkeit haben, und Österreich und Süddeutschland würden ihre Revanche einstweilen dadurch nehmen, daß sie die von Preußen verlassene Führung auf liberalem und nationalem Gebiet übernähmen. Die nationale Partei in Preußen selbst würde mit den Gegnern der Regierung sympathisieren; wir könnten dann innerhalb der verbesserten preußischen Grenzen staatsrechtlich eine Stärkung des Königtums gewinnen, aber doch in Gegenwart stark dissentierender einheimischer Elemente, denen sich die Opposition in den neuen Provinzen anschließen würde. Wir hätten dann einen preußischen Eroberungskrieg geführt, aber der *nationalen* Politik Preußens würden die Sehnen durchschnitten sein. In dem Bestreben, der deutschen Nation die Möglichkeit einer ihrer geschichtlichen Bedeutung entsprechenden Existenz durch Einheit zu verschaffen, lag das gewichtigste Argument zur Rechtfertigung des geführten deutschen »Bruderkrieges«; die Erneuerung eines solchen wurde unabwendbar, wenn der Kampf zwischen den deutschen Stämmen lediglich im Interesse der Stärkung des preußischen Sonderstaates festgesetzt wurde.

Ich halte den Absolutismus für keine Form einer in Deutschland auf die Dauer haltbaren oder erfolgreichen Regierung. Die preußische Verfassung ist, wenn man von einigen, aus der belgischen übersetzten Phrasenartikeln absieht, in ihrem Hauptprinzip vernünftig; sie hat drei Faktoren, den König und zwei Kammern, deren jeder durch sein Votum willkürliche Änderungen des gesetzlichen Status quo hindern kann. Darin liegt eine gerechte Verteilung der gesetzgebenden Gewalt. Wenn man letztere von der öffentlichen Kritik der Presse und der parlamentarischen Behandlung emanzipiert, so wird die Gefahr erhöht, daß sie auf Abwege geriete. Absolutismus der Krone ist ebensowenig haltbar wie Absolutismus der parlamentarischen Majoritäten, das Erfordernis der Verständigung beider für jede Änderung des gesetzlichen Status quo ist ein gerechtes, und wir hatten nicht nötig, an der preußischen Verfassung Erhebliches zu bessern. Es läßt sich mit derselben regieren, und die Bahn deutscher Politik wäre verschüttet worden, wenn wir 1866 daran änderten. Vor dem Siege würde ich nie von »Indemnität« gesprochen haben; jetzt, nach dem Siege, war der König in der Lage, sie großmütig zu gewähren und Frieden zu schließen, nicht mit seinem Volke – der war nie unterbrochen worden, wie der Verlauf des Krieges gezeigt –, sondern mit dem Teil der Opposition, welcher irre geworden war an der Regierung, mehr aus nationalen als aus parteipolitischen Gründen.

Dies waren ungefähr die Gedanken und Argumente, mit denen ich während der viele Stunden langen Fahrt von Prag nach Berlin (4. August) die Schwierigkeiten zu bekämpfen suchte, welche die eignen Ansichten, noch mehr aber andre Einflüsse, namentlich auch der der konservativen Deputation, in dem König hinterlassen hatten. Es kam dazu eine staatsrechtliche Auffassung Sr. Majestät, die ihm ein Verlangen nach Indemnität als ein Eingeständnis begangenen Unrechts erscheinen ließ.* Ich suchte vergeblich,

---

* Die Angabe in der »Deutschen Revue« vom Februar 1891, S. 133: »Für Bismarcks Zustimmung war es jedenfalls entscheidend, daß er die versöhnlichen Anschauungen seines Monarchen genau kannte«, ist irrtümlich.

diesen sprachlichen und rechtlichen Irrtum zu entkräften, indem ich geltend machte, daß in Gewährung der Indemnität nichts weiter liege als die Anerkennung der Tatsache, daß die Regierung und ihr königlicher Chef rebus sic stantibus richtig gehandelt habe; die Forderung der Indemnität sei ein Verlangen nach dieser Anerkennung. In jedem konstitutionellen Leben, in dem Spielraum, den es den Regierungen gestattete, liege es, daß der Regierung nicht für jede Situation eine Zwangsroute in der Verfassung angewiesen sein könne. Der König blieb bei seiner Abneigung gegen Indemnität, während es mir notwendig schien, den parlamentarischen Gegnern, von denen doch höchstens diejenigen, welche später die freisinnige Partei bildeten, böswillig waren, die andern aber nur verrannt, sei es politisch, sei es sprachlich, eine goldene Brücke zu bauen, um den innern Frieden Preußens herzustellen und von dieser festen preußischen Basis aus die deutsche Politik des Königs fortzusetzen. Die viele Stunden lange und für mich sehr angreifende Unterredung, weil sie meinerseits stets in vorsichtigen Formen geführt werden mußte, fand im Eisenbahnkupee zu dreien statt, mit dem König und dem Kronprinzen. Der letztere aber unterstützte mich nicht, obschon er in dem leichtbeweglichen Ausdruck seines Mienenspiels mich wenigstens durch Kundgebung seines vollen Einverständnisses seinem Herrn Vater gegenüber stärkte.

Durch eine Korrespondenz, welche ich von Prag aus mit den übrigen Ministern geführt hatte, war dort der Entwurf der Thronrede zustande gekommen und von Sr. Majestät genehmigt worden mit Ausnahme des auf die Indemnität bezüglichen Satzes. Schließlich gab der König mit Widerstreben auch dazu seine Einwilligung, so daß der Landtag am 5. August mit einer Thronrede eröffnet werden konnte, welche ankündigte, daß die Landesvertretung in bezug auf die ohne Staatshaushaltsgesetz geführte Verwaltung um nachträgliche Verwilligung angegangen werden solle. In verbis simus faciles!

VI

Das nächste Geschäft war die Regelung unsres Verhältnisses zu den verschiedenen deutschen Staaten, mit denen wir im Kriege gewesen waren. Wir hätten die Annexionen für Preußen entbehren können und Ersatz dafür in der Bundesverfassung suchen. Se. Majestät aber hatte keinen Glauben an praktische Effekte von Verfassungsparagraphen, keinen bessern Glauben wie an den alten Bundestag und bestand auf der territorialen Vergrößerung Preußens, um die Kluft zwischen den Ost- und Westprovinzen auszufüllen und Preußen ein haltbar abgerundetes Gebiet auch für den Fall des früheren oder späteren Mißlingens der nationalen Neubildung zu schaffen. Bei Hannover und Kurhessen handelte es sich also um Herstellung einer unter *allen* Eventualitäten wirksamen Verbindung zwischen den beiden Teilen der Monarchie. Die Schwierigkeiten der Zollverbindung zwischen unsern beiden Gebietsteilen und die Haltung Hannovers im letzten Kriege hatten das Bedürfnis eines unbeschränkt in eigner Hand befindlichen territorialen Zusammenhanges im Norden von neuem anschaulich gemacht. Wir durften der Möglichkeit, bei künftigen österreichischen oder andern Kriegen ein oder zwei feindliche Korps von guten Truppen im Rücken zu haben, nicht von neuem ausgesetzt werden. Die Besorgnis, daß die Dinge sich einmal so gestalten könnten, wurde verschärft durch die überschwengliche Auffassung, welche der König Georg V. von seiner und seiner Dynastie Mission hatte. Man ist nicht jeden Tag in der Lage, einer gefährlichen Lage derart abzuhelfen, und der Staatsmann, den die Ereignisse in die Lage bringen und der sie nicht benutzt, nimmt eine große Verantwortung auf sich, da die völkerrechtliche Politik und das Recht der deutschen Nation, ungeteilt *als solche* zu leben und zu atmen, nicht nach privatrechtlichen Grundsätzen beurteilt werden kann. Der König von Hannover schickte durch einen Adjutanten nach Nikolsburg einen Brief an den König, den ich Se. Majestät nicht anzunehmen bat, weil wir nicht gemütliche, sondern politische Gesichtspunkte im Auge zu halten hätten und die Selbständigkeit Hannovers mit der völkerrechtlichen Befugnis, seine Truppen nach dem jedesmaligen Ermessen des Souveräns gegen oder für Preußen ins Feld führen zu können, mit der Durchführung deutscher Einheit unvereinbar war. Die Haltbarkeit der Verträge allein ohne die Bürgschaft einer hinreichenden Hausmacht des leitenden Fürsten hat niemals hingereicht, der deutschen Nation Frieden und Einheit im Reich zu sichern.

Es gelang mir, den König von dem Gedanken abzubringen, mit Hannover und Hessen auf der Basis der Zerstückelung dieser Länder und des Bündnisses mit den früheren Herrschern als Teilfürsten eines Restes zu verhandeln. Wenn der Kurfürst Fulda und Hanau und Georg V. Kalenberg mit Lüneburg und der Aussicht auf die Erbfolge in Braunschweig behalten hätten, so würden weder die Hannoveraner und Hessen noch die beiden Fürsten zufriedne Teilnehmer des Norddeutschen Bundes geworden sein. Dieser Plan würde uns unzufriedene und behufs Wiedererwerb des Verlorenen zur Rheinbündelei geneigte Bundesgenossen gegeben haben.

Auch eine so unbedingte Hingebung für Österreich, wie sie Nassau bewiesen hatte, in der unmittelbaren Nähe von Koblenz, war eine gefährliche Erscheinung, besonders in der Eventualität französisch-österreichischer Bündnisse, wie sie sich während des Krimkriegs und der polnischen Wirren von 1863 in bedrohliche Aussicht gestellt hatten. Die Abneigung Sr. Majestät gegen Nassau war ein väterliches Erbteil. Friedrich Wilhelm III. pflegte durch das Herzogtum zu reisen, ohne den Herzog zu sehn. Das Kontingent des Herzogs hatte sich in der Rheinbundzeit in Preußen besonders unangenehm gemacht, und der König Wilhelm I. wurde gegen Konzessionen an den Herzog durch den leidenschaftlichen Widerspruch der Deputationen früherer nassauischer Untertanen eingenommen; die stehende Rede derselben war: »Schütze Se uns vor dem Fürste und sei' Jagdknechte.«

Es blieben Friedensverträge zu schließen mit Sachsen und den süddeutschen Staaten. Herr von Varnbüler bewies dieselbe Lebhaftigkeit des Temperaments wie bei den Vorbereitungen zum Krieg und war der erste, mit dem der Abschluß gelang. Es handelte sich unter anderem darum, ob wir, da Württemberg das preußische Hohenzollern in Besitz genommen hatte, jetzt, wie der König wollte, den Spieß umkehren und eine Vergrößerung Hohenzollerns auf Kosten Württembergs fordern wollten. Ich konnte darin weder für Preußen noch für die nationale Zukunft einen Nutzen sehen und hielt überhaupt das Vergeltungsprinzip nicht für eine vernünftige Basis unsrer Politik, die auch da, wo unser Gefühl verletzt war, nicht von der eigenen Verstimmung, sondern von der objektiven Erwägung geleitet werden sollte. Gerade weil Varnbüler uns gegenüber einige diplomatische Sünden auf dem Konto hatte, war er für mich ein nützlicher Unterhändler, und indem ich mich dazu verstand, die Vergangenheit zu vergessen, gewann ich durch den Vorgang Württembergs im Abschluß des Bündnisses (13. August) den Weg zu den andern.

Ich weiß nicht, ob Roggenbach bei den Friedensschlüssen im Auftrage des Großherzogs handelte, indem er mir vorstellte, daß Bayern durch seine Größe ein Hindernis der deutschen Einigung sei, sich leichter in eine künftige Neugestaltung Deutschlands einfügen werde, wenn es kleiner gemacht wäre, und daß es sich deshalb empfehle, ein besseres Gleichgewicht in Süddeutschland dadurch herzustellen, daß Baden vergrößert und durch Anglie-

derung der Pfalz in unmittelbare Grenznachbarschaft mit Preußen gebracht würde, wobei auch weitere Verschiebungen in Anlehnung an preußische Wünsche, die dynastischen Stammlande Ansbach-Bayreuth wiederzugewinnen, und mit Einbeziehung Württembergs in Aussicht genommen
waren. Ich ließ mich auf diese Anregung nicht ein, sondern lehnte sie a limine ab. Auch wenn ich sie ausschließlich unter dem Gesichtspunkt der Nützlichkeit hätte auffassen wollen, so verriet sie einen Mangel an Augenmaß
für die Zukunft und eine Verdunklung des politischen Blickes durch badische Hauspolitik. Die Schwierigkeit, Bayern gegen seinen Willen in eine
ihm nicht zusagende Reichsverfassung hineinzuzwingen, wäre dieselbe geblieben, auch wenn man die Pfalz an Baden gegeben hätte; und ob die Pfälzer ihre bayrische Angehörigkeit bereitwillig gegen die badische vertauscht
haben würden, ist fraglich. Als vorübergehend davon die Rede war, Hessen
für sein Gebiet nördlich des Mains mit bayrischem Land in der Richtung
von Aschaffenburg zu entschädigen, gingen mir aus dem letzteren Gebiet
Proteste zu, die, obschon aus streng katholischer Bevölkerung kommend,
darin gipfelten, wenn die Unterzeichner nicht Bayern bleiben könnten, so
wollten sie lieber Preußen werden, aber von Bayern zu Hessen gemacht zu
werden, sei ihnen unannehmbar.[52] Sie schienen von der Erwägung des Ranges der Landesherren beherrscht und von der Stimmenordnung am Bundestag, wo Bayern vor Hessen rangiert. In derselben Richtung ist mir aus
meiner Frankfurter Zeit die Äußerung eines preußischen Reservisten zu einem kleinstaatlichen erinnerlich: »Sei du ganz stille, du hast ja nicht einmal
einen König.« Ich hielt Änderungen der Staatsgrenzen in Süddeutschland
für keinen Fortschritt zur Einigung des Ganzen.

Eine Verkleinerung Bayerns im Norden wäre dem damaligen Wunsch
des Königs entgegengekommen, Ansbach und Bayreuth in der alten Ausdehnung wiederzugewinnen. Mit meinen politischen Auffassungen stimmte auch dieser Plan, so sehr er meinem verehrten und geliebten Herrn am
Herzen lag, ebensowenig wie der badische, und ich habe demselben erfolgreich Widerstand geleistet. Im Herbst 1866 war eine Voraussicht über die
zukünftige Haltung Österreichs noch nicht möglich. Die Eifersucht Frankreichs uns gegenüber war gegeben, und niemandem war besser als mir die
Enttäuschung Napoleons über unsre böhmischen Erfolge bekannt. Er hatte
mit Sicherheit darauf gerechnet, daß Österreich uns schlagen und wir in die
Lage kommen würden, seine Vermittlung zu erkaufen. Wenn nun Frankreichs Bemühungen, diesen Irrtum und seine Folgen wiedergutzumachen,

bei der durch unsren Sieg notwendig hervorgerufenen Verstimmung in Wien Erfolg hatten, so wäre manchen deutschen Höfen die Frage nahegetreten, ob sie im Anschluß an Österreich, gewissermaßen in einem zweiten Schlesischen Krieg, den Kampf gegen uns von neuem aufnehmen wollten oder nicht. Daß Bayern und Sachsen dieser Versuchung unterliegen würden, war möglich; daß ein im Roggenbachschen Sinne verstümmeltes Bayern seine Revanche gegen uns im Anschluß an Österreich gesucht haben würde, war wahrscheinlich.

VII

Ein solcher Anschluß würde vielleicht einen größeren Umfang gewonnen haben als die Welfenlegion, welche demnächst unter französischem Protektorat gegen uns Aufstellung nahm. Daß dieselbe im Jahre 1870, abgesehen von einzelnen verkommenen Persönlichkeiten, nicht mehr auf der Bildfläche erschienen ist, ist zum großen Teil dem Umstand zu verdanken, daß sich Eingeweihte der in Hannover vorbereiteten Verabredung fanden, welche mich von den getroffenen Vorbereitungen bis ins einzelne benachrichtigten und sich erboten, die ganze Kombination zu vereiteln, wenn ihnen die Bezüge ihrer früheren hannoverschen Stellung gesichert würden. Ich hatte nach damals gerichtlich aufgefangenen Korrespondenzen die Besorgnis, daß wir in die Notwendigkeit geraten könnten, welfischen Unternehmungen gegenüber zu Repressalien zu schreiten, welche angesichts der Kriegsgefahr nicht anders als streng ausfallen konnten. Man darf nicht vergessen, daß wir damals des Sieges über Frankreich, nach der großen Vergangenheit der französischen Armee, nicht so sicher waren, um nicht jede Erschwerung unsrer Lage sorgsam zu verhindern. Ich verabredete daher mit den Unterhändlern, die mir nähertraten, daß ihre Wünsche erfüllt werden sollten, wenn sie ihre Zusagen erfüllten, und bezeichnete als Kennzeichen dieser Bedingung die Frage, daß wir nicht genötigt sein würden, einen hannoverschen Landsmann wegen Kampfes gegen deutsches Militär zu erschießen. Es sind denn auch im Lande keine Bewegungen vorgekommen, und nach dem Ausbruch des Kriegs beschränkte sich die Abreise von Welfen nach Frankreich zu Wasser und zu Lande auf einzelne bereits Kompromittierte. Nach der Haltung der hannoverschen Truppenteile im Kriege ist es nicht wahrscheinlich, daß ein welfischer Aufstand in der Heimat einen erheblichen Umfang hätte annehmen können, wenigstens nicht, solange unser Vorgehen in Frankreich siegreich war. Was geschehen wäre, wenn wir geschlagen und verfolgt durch Hannover heimgekehrt wären, lasse ich unberührt. Eine prophylaktische Politik hat aber auch solche Möglichkeiten zu erwägen; jedenfalls war ich entschlossen, in der Zwangslage des Krieges dem König zu jedem Akt energischer Abwehr zu raten, welchen der Trieb der staatlichen Selbsterhaltung eingeben kann. Und selbst wenn nur einzelne schwere und wahrscheinlich blutige Bestrafungen hätten stattfinden müssen, so würden die Gewalttaten gegen deutsche Landsleute, wie sehr sie auch durch die Kriegsgefahr gerechtfertigt sein mochten, auf Menschenalter hin ein Hindernis der Versöhnung und einen Vorwand für Verhetzungen abgegeben haben. Es war mir deshalb wichtig, solchen Eventualitäten rechtzeitig vorzubeugen.

VIII

Die Kämpfe des vergangenen Winters mit dem König, der den Krieg nicht wollte, während des Feldzuges mit den Militärs, die nur Österreich, nicht die übrigen Mächte Europas vor sich sahen, und mit dem König über den Friedensschluß und dann wieder über die Indemnität, hatten mich so angegriffen, daß ich der Ruhe und Erholung bedurfte. Ich ging zunächst am 26. September zu meinem Vetter, dem Grafen Bismarck-Bohlen in Karlsburg, und dann am 6. Oktober nach Putbus, wo ich in dem Gasthof schwer erkrankte. Der Fürst und die Fürstin Putbus gewährten mir eine liebenswürdige Gastfreiheit in einem Pavillon, der neben dem abgebrannten Schloß stehengeblieben war. Nachdem der erste heftige Anlauf der Krankheit überstanden war, konnte ich die Geschäfte wieder in die Hand nehmen durch Korrespondenz mit Savigny. Als der letzte preußische Gesandte am Bundestag war er der natürliche Erbe des Dezernates über die im Vordergrund stehende deutsche Politik. Er führte die Verhandlungen mit Sachsen zu Ende, was vor meiner Abreise nicht gelungen war. Das Ergebnis derselben ist publici juris, und ich kann mich einer Kritik derselben enthalten. Die militärische Selbständigkeit Sachsens wurde demnächst unter Vermittlung des Generals von Stosch durch persönliche Entschließungen Sr. Majestät weiter entwickelt, als sie nach dem Vertrag bemessen war.

Die geschickte und ehrliche Politik der beiden letzten sächsischen Könige hat diese Konzessionen gerechtfertigt, namentlich solange es gelingt, die bestehende preußisch-österreichische Freundschaft zu erhalten. Es ist in den geschichtlichen und konfessionellen Traditionen, in der menschlichen Natur und speziell in den fürstlichen Überlieferungen begründet, daß der enge Bund zwischen Preußen und Österreich, der 1879 geschlossen wurde, auf Bayern und Sachsen einen konzentrierenden Druck ausübt, um so stärker, je mehr das deutsche Element in Österreich, vornehm und gering, seine Beziehungen zur habsburgischen Dynastie zu pflegen weiß. Die parlamentarischen Exzesse des deutschen Elements in Österreich und deren schließliche Wirkung auf die dynastische Politik drohten nach dieser Richtung hin das Gewicht des deutschnationalen Elements nicht nur in Österreich abzuschwächen. Die doktrinären Mißgriffe der parlamentarischen Fraktionen sind den Bestrebungen politisierender Frauen und Priester in der Regel günstig.

11. KAPITEL

DIE EMSER DEPESCHE

Am 2. Juli 1870 entschied sich das spanische Ministerium für die Thronbesteigung des Erbprinzen Leopold von Hohenzollern. Damit war die erste völkerrechtliche Anregung zu der späteren Kriegsfrage gegeben, aber doch nur in Gestalt einer spezifisch spanischen Angelegenheit. Ein völkerrechtlicher Vorwand für Frankreich, in die Freiheit der spanischen Königswahl einzugreifen, war schwer zu finden; er wurde, seitdem man es in Paris auf den Krieg mit Preußen abgesehen hatte, künstlich gesucht in dem Namen Hohenzollern, welcher an sich für Frankreich nichts Bedrohlicheres hatte als jeder andre deutsche Name. Im Gegenteil konnte man in Spanien sowohl als in Deutschland annehmen, daß der Prinz Leopold wegen seiner persönlichen und Familienbeziehungen in Paris eher Persona grata sein werde als mancher andre deutsche Prinz. Ich erinnere mich, daß ich in der Nacht nach der Schlacht von Sedan in tiefer Finsternis mit einer Anzahl unsrer Offiziere nach der Rundfahrt des Königs um Sedan auf dem Wege nach Donchery ritt und auf Befragen, ich weiß nicht welches Begleiters, die Vorbereitung zu diesem Kriege besprach und dabei erwähnte, daß ich geglaubt hätte, der Prinz Leopold werde dem Kaiser Napoleon kein unerwünschter Nachbar in Spanien sein und seinen Weg über Paris nach Madrid nehmen, um dort die Fühlung mit der kaiserlich französischen Politik zu gewinnen, welche zu den Vorbedingungen gehörte, unter denen er Spanien zu regieren haben werde. Ich sagte: *Wir* wären vielmehr berechtigt gewesen zu der Besorgnis vor einem engern Verständnis zwischen der spanischen und der französischen Krone als zu der Hoffnung auf Herstellung einer spanisch-deutschen und antifranzösischen Konstellation nach Analogie Karls V.; ein König von Spanien könne eben nur spanische Politik treiben, und der Prinz werde Spanier durch Übernahme der Krone des Landes. Zu meiner Überraschung erfolgte aus der Finsternis hinter mir eine lebhafte Erwiderung des

Prinzen von Hohenzollern, von dessen Anwesenheit ich keine Ahnung gehabt hatte; er protestierte lebhaft gegen die Möglichkeit, bei ihm französische Sympathien vorauszusetzen. Dieser Protest inmitten des Schlachtfel-
des von Sedan war für einen deutschen Offizier und hohenzollernschen
Prinzen natürlich, und ich konnte denselben nur damit beantworten, daß
der Prinz als König von Spanien sich nur von spanischen Interessen hätte
leiten lassen können und daß zu solchem namentlich behufs Befestigung
des neuen Königtums zunächst eine schonende Behandlung des mächtigen
Nachbarn an den Pyrenäen gehört haben würde. Ich machte dem Prinzen
meine Entschuldigung über die in seiner mir unbekannten Gegenwart getane Äußerung.

Diese antizipierte Episode legt Zeugnis ab über die Auffassung, welche
ich von der ganzen Frage hatte. Ich betrachtete dieselbe als eine spanische
und nicht als eine deutsche, wenn es mir auch erfreulich schien, den deutschen Namen Hohenzollern in Vertretung der Monarchie in Spanien tätig
zu sehn, und wenn ich auch nicht versäumte, alle möglichen Folgen unter
dem Gesichtspunkt unsrer Interessen zu erwägen, was bei jedem Vorgange
von ähnlicher Wichtigkeit in einem andern Staate zu tun die Pflicht eines
auswärtigen Ministers ist. Ich dachte zunächst mehr an wirtschaftliche wie
an politische Beziehungen, denen ein König von Spanien deutscher Abstammung förderlich sein könnte. Für Spanien erwartete ich von der Person
des Prinzen und von seinen verwandtschaftlichen Beziehungen beruhigende und konsolidierende Ergebnisse, welche den Spaniern zu mißgönnen ich
keinen Anlaß hatte. Spanien gehört zu den wenigen Ländern, welche nach
ihrer geographischen Lage und ihrem politischen Bedürfnis keinen Grund
haben, antideutsche Politik zu treiben; es ist außerdem in wirtschaftlicher
Beziehung nach Produktion und Bedarf für einen entwickelten Verkehr mit
Deutschland wohl geeignet. Ein uns befreundetes Element in der spanischen Regierung wäre ein Vorteil gewesen, den a limine abzuweisen in den
Aufgaben der deutschen Politik kein Grund vorhanden war, es sei denn, daß
man die Besorgnis, Frankreich könne unzufrieden werden, als einen solchen gelten lassen wollte. Wenn Spanien sich wieder kräftiger entwickelte,
als seither geschehen ist, konnte die Tatsache, daß die spanische Diplomatie
uns befreundet wäre, im Frieden für uns von Nutzen sein; daß der König von
Spanien bei Eintritt des früher oder später vorauszusehenden deutsch-fran-
zösischen Krieges, auch wenn er den besten Willen gehabt hätte, seine deutschen Sympathien durch einen Angriff oder eine Aufstellung gegen Frank-

reich zu betätigen imstande sein werde, war mir nicht wahrscheinlich, und das Verhalten Spaniens nach Ausbruch des Kriegs, den wir uns durch die Gefälligkeit deutscher Fürsten zugezogen hatten, bewies die Richtigkeit meiner Zweifel. Der ritterliche Cid hätte Frankreich wegen der Einmischung in die Freiheit der spanischen Königswahl zur Rechenschaft gezogen und die Wahrung der spanischen Unabhängigkeit nicht Fremden überlassen. Die früher zu Wasser und zu Lande so mächtige Nation kann heut nicht die stammverwandte Bevölkerung von Kuba im Zaume halten; wie sollte man von ihr erwarten, daß sie eine Macht wie Frankreich aus Liebe zu uns angriffe? Keine spanische Regierung und am wenigsten ein ausländischer König würde im Lande die Macht besitzen, auch nur ein Regiment aus Liebe zu Deutschland an die Pyrenäen zu schicken. Politisch stand ich der ganzen Frage ziemlich gleichgültig gegenüber. Mehr als ich war Fürst Anton geneigt, sie friedlich zu dem erstrebten Ziele zu führen. Die Memoiren Sr. M. des Königs von Rumänien sind über Einzelheiten der ministeriellen Mitwirkung in der Frage nicht genau unterrichtet. Das dort erwähnte Ministerconseil im Schlosse hat nicht stattgefunden. Der Fürst Anton wohnte als Gast des Königs im Schlosse und hatte dort diesen Herrn und einige der Minister zum Diner eingeladen; ich glaube kaum, daß im Tischgespräch die spanische Frage verhandelt wurde.[53] Wenn der Herzog von Gramont* sich bemüht, den Beweis zu führen, daß ich der spanischen Anregung gegenüber mich nicht ablehnend verhalten hätte, so finde ich keinen Grund, dem zu widersprechen. Des Wortlauts meines Briefs an den Marschall Prim, von dem der Herzog hat erzählen hören, erinnere ich mich nicht mehr; wenn ich selbst ihn redigiert habe, was ich auch nicht mehr weiß, so werde ich die hohenzollernsche Kandidatur schwerlich »une excellente chose« genannt haben, der Ausdruck ist mir nicht mundrecht. Daß ich sie für »opportune« hielt, nicht »à un moment donné«, sondern prinzipiell und im Frieden, ist richtig. Ich hatte dabei nicht den mindesten Zweifel daran, daß der am französischen Hofe gern gesehene Enkel der Murats dem Lande Frankreichs Wohlwollen sichern werde.

Die Einmischung Frankreichs galt in ihren Anfängen spanischen, nicht preußischen Angelegenheiten; die Fälschung der napoleonischen Politik, vermöge deren die Frage zu einer preußischen werden sollte, war eine inter-

---

* Gramont, La France et la Prusse avant la guerre. Paris 1872, pag. 22 (21).

national unberechtigte und provozierende und bewies mir, daß der Moment gekommen war, wo Frankreich Händel mit uns suchte und bereit war, dafür jeden Vorwand zu ergreifen, der brauchbar schien. Ich betrachtete die französische Einmischung zunächst als eine Verletzung und deshalb als eine Beleidigung Spaniens und erwartete, daß das spanische Ehrgefühl sich dieses Eingriffs erwehren würde. Nachdem später die Sache die Wendung genommen hatte, daß Frankreich im Sinne seines Eingriffs in die *spanische* Unabhängigkeit *uns* mit Krieg bedrohte, habe ich einige Tage lang erwartet, daß die spanische Kriegserklärung gegen Frankreich der französischen gegen uns folgen werde. Ich war nicht darauf gefaßt, daß eine selbstbewußte Nation wie die spanische Gewehr bei Fuß hinter den Pyrenäen ruhig zusehen werde, wie die Deutschen sich auf Tod und Leben für Spaniens Unabhängigkeit und freie Königswahl gegen Frankreich schlugen. Das spanische Ehrgefühl, welches in der Karolinen-Frage sich so empfindlich anstellte, ließ uns 1870 einfach im Stiche. Wahrscheinlich sind in beiden Fällen die Sympathien und internationalen Verbindungen der republikanischen Parteien entscheidend gewesen.

Von seiten unseres Auswärtigen Amtes waren die ersten schon unberechtigten Anfragen Frankreichs über die spanische Thronkandidatur der Wahrheit entsprechend in der ausweichenden Antwort beantwortet worden, daß das *Ministerium* nichts von der Sache wisse. Es traf das insofern zu, als die Frage der Annahme der Wahl durch den Prinzen Leopold von Sr. Majestät lediglich als Familiensache behandelt worden war, die weder Preußen noch den Norddeutschen Bund etwas anging, bei der es sich nur um die persönliche Beziehung des Kriegsherrn zu einem deutschen Offizier und des Hauptes nicht der Kön. Preußischen, sondern der Hohenzollerschen Gesamtfamilien, zu deren Gliedern, zu den Trägern des Namens Hohenzollern, handelte.

In Frankreich aber suchte man nach einem Kriegsfalle gegen Preußen, der möglichst frei von national-deutscher Färbung wäre, und glaubte einen solchen auf dynastischem Gebiete in dem Auftreten eines spanischen Thronprätendenten des Namens Hohenzollern gefunden zu haben. Dabei war die Überschätzung der militärischen Überlegenheit Frankreichs und die Unterschätzung des nationalen Sinns in Deutschland wohl die Hauptursache, daß man die Haltbarkeit dieses Kriegsvorwandes nicht mit Ehrlichkeit und nicht mit Sachkunde geprüft hatte. Der deutsch-nationale Aufschwung, welcher der französischen Kriegserklärung folgte, vergleichbar einem Strome, der die Schleusen bricht, war für die französischen Politiker eine Überraschung; sie lebten, rechneten und handelten in Rheinbundserinnerungen, genährt durch die Haltung einzelner westdeutscher Minister und durch ultramontane Einflüsse, welche hofften, daß Frankreichs Siege, gesta Dei per Francos[54], die Ziehung weiterer Konsequenzen des Vatikanums in Deutschland, gestützt auf Allianz mit dem katholischen Österreich, erleichtern würden. Die ultramontanen Tendenzen in der französischen Politik waren derselben in Deutschland förderlich, in Italien nachteilig, da das Bündnis mit letzterem schließlich an der Weigerung Frankreichs, Rom zu räumen, scheiterte. In dem Glauben an die Überlegenheit der französischen Waffen wurde der Kriegsvorwand, man kann sagen, an den Haaren herbeigezogen, anstatt Spanien für seine, wie man annahm, antifranzösische Königswahl verantwortlich zu machen, hielt man sich an den deutschen Fürsten, der es nicht abgelehnt hatte, dem Bedürfnis der Spanier auf deren Wunsch durch Gestellung eines brauchbaren und voraussichtlich in Paris als Persona grata betrachteten Königs abzuhelfen, und an den König von Preußen, den nichts als der Familienname und die deutsche Landsmannschaft zu dieser spanischen Angelegenheit in Beziehung brachte. Schon in der Tatsache, daß das französische Kabinett sich erlaubte, die preußische Politik über die Annahme der Wahl zu Rede zu stellen, und zwar in einer Form, welche durch die Interpretation der französischen Blätter zu einer öffentlichen Bedrohung wurde, schon in dieser Tatsache lag eine internationale Unverschämtheit, welche für uns nach meiner Ansicht die Unmöglichkeit involvierte, auch nur um einen Zoll breit zurückzuweichen. Der beleidigende Charakter der französischen Zumutung wurde verschärft durch die drohenden Herausforderungen nicht nur der französischen Presse, sondern auch durch die Parlamentsverhandlungen und die Stellungnahme des Gramont-Ollivierschen Ministeriums zu diesen Manifestationen. Die Äußerungen Gramonts in der Sitzung des gesetzgebenden Körpers vom 5. Juli:

»Wir glauben nicht, daß die Achtung vor den Rechten eines Nachbarvolkes uns verpflichtet zu dulden, daß eine fremde Macht einen ihrer Prinzen auf den Thron Karls V. setze ... Dieser Fall wird nicht eintreten, dessen sind wir ganz gewiß ... Sollte es anders kommen, so würden wir ... unsre Pflicht ohne Zaudern und ohne Schwäche zu erfüllen wissen.«

Schon diese Äußerung war eine amtliche internationale Bedrohung mit der Hand am Degengriff. Die Phrase: »La Prusse cane«[55] bildete in der Presse eine Erläuterung zu der Tragweite der Parlamentsverhandlungen vom 6. und 7. Juli, die für unser nationales Ehrgefühl nach meiner Empfindung jede Nachgiebigkeit unmöglich machte.

Ich entschloß mich, am 12. Juli von Varzin nach Ems aufzubrechen, um bei Sr. Majestät die Berufung des Reichstags behufs der Mobilmachung zu befürworten. Als ich durch Wussow fuhr, stand mein Freund, der alte Prediger Mulert, vor der Tür des Pfarrhofes und grüßte mich freundlich; meine Antwort im offenen Wagen war ein Lufthieb in Quartz und Terz, und er verstand, daß ich glaubte in den Krieg zu gehn. In den Hof meiner Berliner Wohnung einfahrend und bevor ich den Wagen verlassen hatte, empfing ich Telegramme, aus denen hervorging, daß der Prinz von Hohenzollern der Kandidatur entsagt habe, um den Krieg abzuwenden, mit dem uns Frankreich bedrohte und daß der König nach den französischen Bedrohungen und Beleidigungen im Parlament und in der Presse mit Benedetti zu verhandeln fortfuhr, ohne ihn in kühler Zurückhaltung an seine Minister zu verweisen. Mein erster Gedanke war, aus dem Dienste zu scheiden, weil ich nach allen beleidigenden Provokationen, die vorhergegangen waren, in diesem erpreßten Nachgeben eine Demütigung Deutschlands sah, die ich nicht amtlich verantworten wollte. Dieser Eindruck der Verletzung des nationalen Ehrgefühls durch den aufgezwungenen Rückzug war in mir so vorherrschend, daß ich den Wagen schon mit dem Entschlüsse verließ, meinen Rücktritt aus dem Dienste nach Ems zu melden; ich hielt diese Demütigung vor Frankreich und seinen renommistischen Kundgebungen für schlimmer als die von Olmütz, zu deren Entschuldigung die gemeinsame Vorgeschichte und unser damaliger Mangel an Kriegsbereitschaft immer dienen werden. Ich nahm an, Frankreich werde die Entsagung des Prinzen als einen befriedigenden Erfolg escomptieren in dem Gefühl, daß eine kriegerische Drohung, auch wenn sie in den Formen internationaler Beleidigung und Verhöhnung geschehen und der Kriegsvorwand gegen Preußen vom Zaune gebrochen wäre, genüge, um Preußen zum Rückzuge auch in einer gerechten Sache zu nötigen, und daß auch der Norddeutsche Bund in sich nicht das hinreichende Machtgefühl trage, um die nationale Ehre und Unabhängigkeit gegen französische Anmaßung zu schützen. Ich sah kein Mittel, den fressenden Schaden, den ich von einer schüchternen Politik für unsre nationale Stellung befürchtete, wieder gutzumachen, ohne Händel ungeschickt vom Zaune zu brechen und künstlich zu suchen. Den Krieg sah ich als eine Notwendigkeit an, der wir mit Ehren nicht mehr ausweichen konnten. Ich telegraphierte an die Meinigen nach Varzin, man sollte nicht abreisen, nicht packen, ich würde in wenigen Tagen wieder dort sein. Ich glaubte nunmehr an Frieden; wollte aber die Haltung nicht vertreten, durch welche dieser Friede erkauft gewesen wäre, gab die Reise nach Ems auf und bat Graf Eulenburg, dorthin zu reisen und Sr. M. meine Auffassung vorzutragen. In gleichem Sinne sprach ich zunächst mit dem Kriegsminister von Roon: Wir hätten die französische Ohrfeige weg und wären durch die Nachgiebigkeit in die Lage gebracht, als Händelsucher zu erscheinen, wenn wir zum Kriege schritten, durch den allein wir den Flecken abwaschen könnten. Meine Stellung sei jetzt unhaltbar und das eigentlich schon dadurch geworden, daß der König den französischen Botschafter unter dem Drucke von Drohungen während seiner Badekur vier Tage hintereinander in Audienz empfangen und seine monarchische Person der unverschämten Bearbeitung durch diesen fremden Agenten ohne geschäftlichen Beistand exponiert habe. Ich war sehr niedergeschlagen. Durch diese Neigung, die Staatsgeschäfte persönlich und allein auf sich zu nehmen, sei der König in eine Lage gedrängt, die ich nicht vertreten könne; meines Erachtens hätte Se. Majestät in Ems jede geschäftliche Zumutung des ihm nicht gleichstehenden französischen Unterhändlers ablehnen und ihn nach Berlin an die amtliche Stelle verweisen müssen, die dann durch Vortrag in Ems oder, wenn man dilatorische Behandlung nützlich gefunden, durch schriftlichen Bericht die Entscheidung des Königs einzuholen gehabt haben würde. Aber bei dem hohen Herrn, so korrekt er in der Regel die Ressortverhältnisse respektierte, war die Neigung, wichtige Fragen persönlich zwar nicht zu entscheiden, aber doch zu verhandeln, zu stark, um ihm eine richtige Benutzung der Deckung zu ermöglichen, mit welcher die Majestät gegen Zudringlichkeiten, unbequeme Fragestellung und Zumutung zweckmäßigerweise umgeben ist. Daß der König sich nicht dem ihm in so großem Maße eignen Gefühle seiner hoheitsvollen Würde der Benedettischen Aufdringlichkeit von Hause aus entzogen hatte, davon lag die Schuld zum großen Teil in dem Einflusse, den die Königin von dem benachbarten Koblenz her auf ihn ausübte. Er war 73 Jahre alt, friedliebend und abgeneigt, die Lorbeeren von 1866 in einem neuen Kampfe auf das Spiel zu setzen; aber wenn er vom weiblichen Einflusse frei war, so blieb das Ehrgefühl des Erben Friedrichs des Großen und des preußischen Offiziers in ihm stets leitend. Gegen die Konkurrenz, welche seine

Gemahlin mit ihrer weiblich berechtigten Furchtsamkeit und ihrem Mangel an Nationalgefühl machte, wurde die Widerstandsfähigkeit des Königs abgeschwächt durch sein ritterliches Gefühl der Frau und durch sein monarchisches Gefühl einer Königin und besonders der seinigen gegenüber. Man hat mir erzählt, daß die Königin Augusta ihren Gemahl vor seiner Abreise von Ems nach Berlin in Tränen beschworen habe, den Krieg zu verhüten im Andenken an Jena und Tilsit. Ich halte die Angabe für glaubwürdig bis auf die Tränen.

Zum Rücktritt entschlossen trotz der Vorwürfe, die mir Roon darüber machte, lud ich ihn und Moltke zum 13. ein, mit mir zu drei zu speisen, und teilte ihnen bei Tische meine An- und Absichten mit. Beide waren sehr niedergeschlagen und machten mir indirekt Vorwürfe, daß ich die im Vergleiche mit ihnen größere Leichtigkeit des Rückzuges aus dem Dienste egoistisch benutzte. Ich vertrat die Meinung, daß ich mein Ehrgefühl nicht der Politik opfern könne, daß sie beide als Berufssoldaten wegen der Unfreiheit ihrer Entschließung nicht dieselben Gesichtspunkte zu nehmen brauchten wie ein verantwortlicher auswärtiger Minister. Während der Unterhaltung wurde mir gemeldet, daß ein Ziffertelegramm, wenn ich mich recht erinnere von ungefähr 200 Gruppen, aus Ems, von dem Geheimrat Abeken unterzeichnet, in der Übersetzung begriffen sei. Nachdem mir die Entzifferung überbracht war, welche ergab, daß Abeken das Telegramm auf Befehl Sr. Majestät redigiert und unterzeichnet hatte, las ich dasselbe meinen Gästen vor, deren Niedergeschlagenheit so tief wurde, daß sie Speise und Trank verschmähten.[56] Bei wiederholter Prüfung des Aktenstücks verweilte ich bei der einen Auftrag involvierenden Ermächtigung Seiner Majestät, den Inhalt *ganz oder teilweise* zu veröffentlichen. Ich stellte an Moltke einige Fragen in bezug auf das Maß seines Vertrauens auf den Stand unsrer Rüstungen, respektive auf die Zeit, deren dieselben bei der überraschend aufgetauchten Kriegsgefahr noch bedürfen würden. Er antwortete, daß er, wenn Krieg werden sollte, von einem Aufschub des Ausbruchs keinen Vorteil für uns erwarte; selbst wenn wir zunächst nicht stark genug sein sollten, sofort alle linksrheinischen Landesteile gegen französische Invasion zu decken, so würde unsre Kriegsbereitschaft die französische sehr bald überholen, während in einer späteren Periode dieser Vorteil sich abschwächen würde; er halte den schnellen Ausbruch im ganzen für uns vorteilhafter als eine Verschleppung.

Der Haltung Frankreichs gegenüber zwang uns nach meiner Ansicht das nationale Ehrgefühl zum Kriege, und wenn wir den Forderungen dieses

Gefühls nicht gerecht wurden, so verloren wir auf dem Wege zur Vollendung unsrer nationalen Entwicklung den ganzen 1866 gewonnenen Vorsprung, und das 1866 durch unsre militärischen Erfolge gesteigerte deutsche Nationalgefühl südlich des Mains, wie sie [es] sich in der Bereitwilligkeit der Südstaaten zu den Bündnissen ausgesprochen hatte, würde wieder erkalten. Das in den süddeutschen Staaten neben dem partikularistischen und dynastischen Staatsgefühle lebendige Deutschtum hatte bis 1866 das politische [Gefühl] gewissermaßen mit der gesamtdeutschen Fiktion unter Österreichs Leitung beschwichtigt, teils aus süddeutscher Vorliebe für den alten Kaiserstaat, teils in dem Glauben an die militärische Überlegenheit desselben über Preußen. Nachdem die Ereignisse den Irrtum der Schätzung festgestellt hatten, war gerade die Hilflosigkeit der süddeutschen Staaten, in der Österreich sie beim Friedensschlüsse gelassen hatte, ein Motiv für das politische Damaskus, welches zwischen Varnbülers »vae victis« zu dem bereitwilligen Abschlüsse des Schutz- und Trutzbündnisses mit Preußen lag. Es war das Vertrauen auf die durch Preußen entwickelte germanische Kraft und die Anziehung, welche einer entschlossenen und tapfern Politik innewohnt, wenn sie Erfolg hat und dann sich in vernünftigen und ehrlichen Grenzen bewegt. Diesen Nimbus hatte Preußen gewonnen; er ging unwiderruflich oder doch auf lange Zeit verloren, wenn in nationaler Ehrenfrage die Meinung im Volke Platz griff, daß die französische Insulte »La Prusse cane« einen tatsächlichen Hintergrund habe.

In derselben psychologischen Auffassung, in welcher ich 1864 im dänischen Kriege aus politischen Gründen gewünscht hatte, daß nicht den altpreußischen, sondern den westfälischen Bataillonen, die bis dahin keine Gelegenheit gehabt hatten, unter preußischer Führung ihre Tapferkeit zu bewähren, der Vortritt gelassen werde, und bedauerte, daß der Prinz Friedrich Karl meinem Wunsche entgegen gehandelt hatte, in derselben Auffassung war ich überzeugt, daß die Kluft, welche die Verschiedenheit des dynastischen und Stammesgefühls und der Lebensgewohnheiten zwischen dem Süden und dem Norden des Vaterlandes im Laufe der Geschichte geschaffen hatten, nicht wirksamer überbrückt werden könne als durch einen gemeinsamen nationalen Krieg gegen den seit Jahrhunderten aggressiven Nachbar. Ich erinnerte mich, daß schon in dem kurzen Zeitraum von 1813 bis 1815, von Leipzig und Hanau bis Belle Alliance, der gemeinsame und siegreiche Kampf gegen Frankreich die Beseitigung des Gegensatzes ermöglicht hatte zwischen einer hingebenden Rheinbundpolitik und dem nationaldeutschen Aufschwung der Zeit von dem Wiener Kongresse bis zu der Mainzer Untersuchungskommission, unter der Signatur Stein, Görres, Jahn, Wartburg bis zu dem Exzeß von Sand. Das gemeinsam vergossene Blut von dem Übergange der Sachsen bei Leipzig bis zu der Beteiligung unter englischem Kommando bei Belle Alliance hatte ein Bewußtsein gekittet, vor welchem die Rheinbundserinnerungen erloschen. Die Entwicklung der Geschichte in dieser Richtung wurde unterbrochen durch die Besorgnis, welche die Übereilung des nationalen Dranges für den Bestand staatlicher Einrichtungen erweckte.

Dieser Rückblick bestärkte mich in meiner Überzeugung, und die politischen Erwägungen in betreff der süddeutschen Staaten fanden mutatis mutandis auch auf unsre Beziehungen zu der Bevölkerung von Hannover, Hessen, Schleswig-Holstein Anwendung. Daß diese Auffassung richtig war, beweist die Genugtuung, mit der heut, nach zwanzig Jahren, nicht nur die Holsteiner, sondern auch die Hanseaten der 1870er Heldentaten ihrer Söhne gedenken. Alle diese Erwägungen, bewußt und unbewußt, verstärkten in mir die Empfindung, daß der Krieg nur auf Kosten unsrer preußischen Ehre und des nationalen Vertrauens auf dieselbe vermieden werden könne.

In dieser Überzeugung machte ich von der mir durch Abeken übermittelten königlichen Erlaubnis Gebrauch, den Inhalt des Telegramms ganz oder teilweise zu veröffentlichen, reduzierte in Gegenwart meiner beiden Tischgäste das Telegramm durch Streichungen, ohne ein Wort hinzuzusetzen oder zu ändern, auf die nachstehende Fassung:

»Nachdem die Nachrichten von der Entsagung des Erbprinzen von Hohenzollern der kaiserlich französischen Regierung von der königlich spanischen amtlich mitgeteilt worden sind, hat der französische Botschafter in Ems an Seine Majestät den König noch die Forderung gestellt, ihn zu autorisieren, daß er nach Paris telegraphiere, daß Seine Majestät der König sich verpflichte, niemals wieder seine Zustimmung zu geben, wenn die Hohenzollern auf ihre Kandidatur wieder zurückkommen sollten. Seine Majestät der König hat es darauf abgelehnt, den französischen Botschafter nochmals zu empfangen, und demselben durch den Adjutanten vom Dienst sagen lassen, daß Seine Majestät dem Botschafter nichts weiter mitzuteilen habe.«

Der Unterschied in der Wirkung des gekürzten Textes der Emser Depesche im Vergleich mit der, welche das Original hervorgerufen hätte, wenn es bekannt wurde, war kein Ergebnis stärkerer Worte, sondern der Form, welche die Kundgebung als eine abschließende erscheinen ließ, während die

Redaktion Abekens nur als ein Bruchstück einer schwebenden und in Berlin fortzusetzenden Verhandlung erschienen sein würde.

Nachdem ich meinen beiden Gästen die konzentrierte Redaktion vorgelesen hatte, bemerkte Moltke: »So hat das einen andern Klang, vorher klang es wie Schamade, jetzt wie eine Fanfare in Antwort auf eine Herausforderung.« Ich erläuterte: »Wenn ich diesen Text, welcher keine Änderung und keinen Zusatz des Telegramms enthält, sofort nicht nur an die Zeitungen, sondern auch telegraphisch an alle unsere Gesandtschaften mitteile, so wird er vor Mitternacht in Paris bekannt sein und dort nicht nur wegen des Inhalts, sondern auch wegen der Art der Verbreitung den Eindruck des roten Tuches auf den gallischen Stier machen. Schlagen müssen wir, wenn wir nicht die Rolle des Geschlagenen ohne Kampf auf uns nehmen wollen. Der Erfolg hängt aber doch wesentlich von den Eindrücken bei uns und andern ab, welche der Ursprung des Krieges hervorruft; es ist wichtig, daß wir die Angegriffenen seien, und die gallische Überhebung und Reizbarkeit wird uns dazu machen, wenn wir *mit europäischer Öffentlichkeit,* soweit es uns ohne das Sprachrohr des Reichstags möglich ist, verkünden, daß wir den öffentlichen Drohungen Frankreichs furchtlos entgegentreten.«

Diese meine Auseinandersetzung erzeugte bei den beiden Generälen einen Umschlag zu freudiger Stimmung, dessen Lebhaftigkeit mich überraschte. Sie hatten plötzlich Lust zu essen und zu trinken wiedergefunden und sprachen in heiterer Laune. Roon sagte: »Der alte Gott lebt noch und wird uns nicht in Schande verkommen lassen.« Moltke trat so weit aus seiner gleichmütigen Passivität heraus, daß er sich, mit freudigem Blick gegen die Zimmerdecke und mit Verzicht auf seine sonstige Gemessenheit in Worten, mit der Hand vor die Brust schlug und sagte: »Wenn ich das noch erlebe, in solchem Kriege unsre Heere zu führen, so mag gleich nachher ›die alte Karkasse‹ der Teufel holen.« Er war damals hinfälliger als später und hatte Zweifel, ob er die Strapazen des Feldzuges überleben werde.

Wie lebhaft sein Bedürfnis war, seine militärisch-strategische Neigung und Befähigung praktisch zu betätigen, habe ich nicht nur bei dieser Gelegenheit, sondern auch in den Tagen vor dem Ausbruch des böhmischen Krieges beobachtet. In beiden Fällen fand ich meinen militärischen Mitarbeiter im Dienste des Königs abweichend von seiner sonstigen trocknen und schweigsamen Gewohnheit heiter, belebt, ich kann sagen, lustig. In der Juninacht 1866, in der ich ihn zu mir eingeladen hatte, um mich zu vergewissern, ob der Aufbruch des Heeres nicht um 24 Stunden verfrüht werden könnte, bejahte er die Frage und war durch die Beschleunigung des Kampfes angenehm erregt. Indem er elastischen Schrittes den Salon meiner Frau verließ, wandte er sich an der Tür noch einmal um und richtete im ernsthaften Tone die Frage an mich: »Wissen Sie, daß die Sachsen die Dresdner Brükke gesprengt haben?« Auf meinen Ausdruck des Erstaunens und Bedauerns erwiderte er: »Aber mit Wasser, wegen Staub.« Eine Neigung zu harmlosen Scherzen kam bei ihm in dienstlichen Beziehungen wie den unsrigen sehr selten zum Durchbruch. In beiden Fällen war mir, gegenüber der erklärlichen und berechtigten Abneigung an maßgebender Stelle seine Kampflust, seine Schlachtenfreudigkeit für die Durchführung der von mir für notwendig erkannten Politik ein starker Beistand. Unbequem wurde sie mir 1867 in der Luxemburger Frage, 1875 und später angesichts der Erwägung, ob es sich empfehle, einen Krieg, der uns früher oder später wahrscheinlich bevorstand, anticipando herbeizuführen, bevor der Gegner zu besserer Rüstung gelange. Ich bin der bejahenden Theorie nicht bloß zur Luxemburger Zeit, sondern auch später, zwanzig Jahre lang, stets entgegengetreten, in der Überzeugung, daß auch siegreiche Kriege nur dann, wenn sie aufgezwungen sind, verantwortet werden können und daß man der Vorsehung nicht so in die Karte sehen kann, um der geschichtlichen Entwicklung nach eigner Berechnung vorzugreifen. Es ist natürlich, daß in dem Generalstabe der Armee nicht nur jüngere strebsame Offiziere, sondern auch erfahrene Strategen das Bedürfnis haben, die Tüchtigkeit der von ihnen geleiteten Truppen und die eigne Befähigung zu dieser Leitung zu verwerten und in der Geschichte zur Anschauung zu bringen. Es wäre zu bedauern, wenn diese Wirkung kriegerischen Geistes in der Armee nicht stattfände; die Aufgabe, das Ergebnis derselben in den Schranken zu halten, auf welche das Friedensbedürfnis der Völker berechtigten Anspruch hat, liegt den politischen, nicht den militärischen Spitzen des Staates ob. Daß [sich] der Generalstab und seine Chefs zur Zeit der Luxemburger Frage, während der von Gortschakow und Frankreich fingierten Krisis von 1875 und bis in die neueste Zeit hinein zur Gefährdung des Friedens haben verleiten lassen, liegt in dem notwendigen Geiste der Institution, den ich nicht missen möchte, und wird gefährlicher nur unter einem Monarchen, dessen Politik das Augenmaß und die Widerstandsfähigkeit gegen einseitige und verfassungsmäßig unberechtigte Einflüsse fehlt.

12. KAPITEL

VERSAILLES

_____

I

Die Verstimmung gegen mich, welche die höheren militärischen Kreise aus dem österreichischen Kriege mitgebracht hatten, dauerte während des französischen fort, gepflegt nicht von Moltke und Roon, aber von den »Halbgöttern«, wie man damals die höheren Generalstabsoffiziere nannte. Sie machte sich im Feldzug für mich und meine Beamten bis in das Gebiet der Naturalverpflegung und Einquartierung fühlbar. Sie würde noch weiter gegangen sein, wenn sie nicht in der sich immer gleichbleibenden weltmännischen Höflichkeit des Grafen Moltke ein Korrektiv gefunden hätte. Graf Roon war im Felde nicht in der Lage, mir als Freund und Kollege Beistand zu leisten; er bedurfte im Gegenteil schließlich in Versailles meines Beistandes, um im Kreise des Königs seine militärischen Überzeugungen geltend zu machen.

Schon bei der Abreise nach Köln erfuhr ich durch einen Zufall, daß beim Ausbruch des Krieges der Plan festgestellt war, mich von den militärischen Beratungen auszuschließen. Ich konnte das aus einem Gespräch des Generals von Podbielski mit dem Grafen Roon entnehmen, dessen unfreiwilliger Ohrenzeuge ich dadurch wurde, daß es in einem Nebenkupee stattfand, dessen Scheibenwand von einer breiten Öffnung über mir durchbrochen war. Der erstere äußerte laut seine Befriedigung, etwa in dem Sinn: »Diesmal ist also dafür gesorgt, daß uns dergleichen nicht wieder passiert.« Bevor der Zug sich in Bewegung setzte, hörte ich genug, um zu verstehen, welches »damals« im Gegensatz gegen diesmal der General im Sinne hatte, nämlich meine Beteiligung an militärischen Beratungen in dem böhmischen Feldzuge und besonders die Änderung der Marschrichtung auf Preßburg anstatt auf Wien.

Die durch diese Reden gekennzeichnete Verabredung wurde mir praktisch wahrnehmbar; ich wurde nicht nur zu den militärischen Beratungen nicht zugezogen, wie 1866 geschehen war, sondern es galt mir gegenüber strenge Geheimhaltung aller militärischen Maßregeln und Absichten als Regel. Dieses Ergebnis der unsern amtlichen Kreisen innewohnenden Rivalität der Ressorts war ein so augenfälliger Schaden für die Geschäftsführung, daß der in Angelegenheiten des Roten Kreuzes im Hauptquartier anwesende Graf Eberhard Stolberg bei der freundschaftlichen Intimität, in der ich mit diesem, leider zu früh verstorbenen Patrioten stand, den König auf die Unzuträglichkeiten der Ausschließung seines verantwortlichen politischen Ratgebers aufmerksam machte. Nach dem Zeugnisse des Grafen hatte Se. Majestät darauf erwidert, ich sei in dem böhmischen Kriege in der Regel zu dem Kriegsrate zugezogen worden, und es sei dabei vorgekommen, daß ich im Widerspruche mit der Majorität den Nagel auf den Kopf getroffen hätte; daß das den anderen Generälen ärgerlich sei und sie ihr Ressort allein beraten wollten, sei nicht zu verwundern – ipsissima verba regis, nach dem Zeugnisse des Grafen Stolberg nicht nur mir, sondern auch andern gegenüber. Das Maß von Einfluß, welches der König mir 1866 verstattet hatte, stand allerdings im Widerspruche mit militärischen Traditionen, sobald der Ministerpräsident allein nach dem Abzeichen der Uniform klassifiziert wurde, welche er im Felde trug, als Stabsoffizier eines Kavallerieregiments; und es blieb 1870 mir gegenüber bei dem militärischen Boykott, wie man heute sagen würde.

Wenn man die Theorie, welche der Generalstab mir gegenüber zur Anwendung brachte und die auch kriegswissenschaftlich gelehrt werden soll, so ausdrücken kann: Der Minister der Auswärtigen Angelegenheiten kommt erst wieder zum Wort, wenn die Heeresleitung die Zeit gekommen findet, den Janustempel zu schließen, so liegt schon in dem doppelten Gesicht des Janus die Mahnung, daß die Regierung eines kriegführenden Staates auch nach andern Richtungen zu sehen hat als nach dem Kriegsschauplatze. Aufgabe der Heeresleitung ist die Vernichtung der feindlichen Streitkräfte; Zweck des Kriegs die Erkämpfung des Friedens unter Bedingungen, welche der von dem Staate verfolgten Politik entsprechen. Die Feststellung und Begrenzung der Ziele, welche durch den Krieg erreicht werden sollen, die Beratung des Monarchen in betreff derselben ist und bleibt während des Krieges wie vor demselben eine politische Aufgabe, und die Art ihrer Lösung kann nicht ohne Einfluß auf die Art der Kriegführung sein. Die

Wege und Mittel der letzteren werden immer davon abhängig sein, ob man das schließlich gewonnene Resultat oder mehr oder weniger hat erreichen wollen, ob man Landabtretungen fordern oder auf solche verzichten, ob man Pfandbesitz und auf wie lange gewinnen will.

Noch schwerer wirkt in gleicher Richtung die Frage, ob und aus welchen Motiven *andre Mächte* geneigt sein könnten, dem Gegner zunächst diplomatisch, eventuell militärisch beizustehen, welche Aussicht die Vertreter einer solchen Einmischung haben, an fremden Höfen ihren Zweck zu erreichen, wie die Parteien sich gruppieren würden, wenn es zu Konferenzen oder zu einem Kongresse käme, ob Gefahr vorhanden, daß aus der Einmischung der Neutralen sich weitere Kriege entwickeln. Namentlich aber zu beurteilen, wann der richtige Moment eingetreten sei, den Übergang vom Kriege zum Frieden einzuleiten, dazu sind Kenntnisse der europäischen Lage erforderlich, welche dem Militär nicht geläufig zu sein brauchen, Informationen, die ihm nicht zugänglich sein können. Die Verhandlungen in Nikolsburg 1866 beweisen, daß die Frage von Krieg und Frieden auch im Kriege stets zur Kompetenz des verantwortlichen politischen Ministers gehört und nicht von der technischen Armeeleitung entschieden werden kann; der kompetente Minister aber kann dem König nur dann sachkundigen Rat erteilen, wenn er Kenntnis von der jeweiligen Lage und den Intentionen der Kriegführung hat.

Im fünften Kapitel des ersten Buches ist der Plan zur Zerstückelung Rußlands erwähnt, den die Wochenblattspartei hegte und Bunsen in einer dem Minister von Manteuffel eingereichten Denkschrift in aller kindlicher Nacktheit entwickelt hatte. Den damals unmöglichen Fall angenommen, daß der König für diese Utopie gewonnen wurde, angenommen ferner, daß die preußischen Heere und ihre etwaigen Verbündeten in siegreichem Vorschreiten waren, so würde sich doch eine artige Reihe von Fragen aufgedrängt haben: ob uns der weitere Erwerb polnischer Landstriche und Bevölkerungen wünschenswert sei, ob es notwendig, die vorspringende Grenze Kongreßpolens, den Ausgangspunkt russischer Heere weiter nach Osten, weiter ab von Berlin zu rücken, analog dem Bedürfnisse, im Westen den Druck zu beseitigen, den Straßburg und die Weißenburger Linien auf Süddeutschland ausübten, ob Warschau in polnischen Händen für uns unbequemer werden könnte als in russischen. Das alles sind rein politische Fragen, und wer wird leugnen wollen, daß ihre Entscheidung auf die Richtung, die Art, den Umfang der Kriegführung einen vollberechtigten Einfluß hätte fordern, daß zwischen Diplomatie und Strategie eine Wechselwirkung in Beratung des Monarchen hätte bestehen müssen?

Wenn ich mich auch in Versailles beschied, in militärischen Dingen zu einem Votum nicht berufen zu sein, so lag mir doch als dem leitenden Minister die Verantwortlichkeit für die richtige politische Ausnutzung der militärischen wie der auswärtigen Situation ob, und ich war verfassungsmäßig der verantwortliche Ratgeber des Königs in der Frage, ob die militärische Situation irgendwelche politische Schritte oder die Ablehnung irgendwelcher Zumutung andrer Mächte ratsam machte. Ich habe damals die Nachrichten über die militärische Lage, deren ich für die Beurteilung der politischen bedurfte, soweit als möglich mir dadurch zu verschaffen gesucht, daß ich mich mit einigen der unbeschäftigten hohen Herren, welche die »zweite Staffel« des Hauptquartiers bildeten und im Hotel des Reservoirs zusammenkamen, in vertraulichen Beziehungen hielt, denn diese fürstlichen Herren erfuhren über die militärischen Vorgänge und Absichten erheblich mehr als der verantwortliche Minister des Auswärtigen und machten mir manche für mich sehr wertvolle Mitteilung, von der sie annahmen, daß dieselbe für mich natürlich kein Geheimnis sei. Auch der englische Korrespondent im Hauptquartier, Rüssel, war in der Regel über die Absichten und Vorgänge in demselben besser wie ich unterrichtet und eine nützliche Quelle für meine Informationen.

II

Im Kriegsrate war Roon der einzige Vertreter meiner Ansicht, daß wir mit Abschluß des Krieges Eile hätten, wenn wir die Einmischung der Neutralen und ihres Kongresses sicher hintanhalten wollten; er befürwortete die Notwendigkeit, aggressiv mit schwerem Geschütz gegen Paris vorzugehen, gegenüber dem in den Kreisen hoher Frauen für humaner geltenden Systeme der Aushungerung. Die Zeit, welche das letztere in Anspruch nehmen würde, ließ sich bei der Unbekanntschaft mit dem Pariser Verpflegungsetat nicht übersehen.* Die Belagerung machte territorial keine Fortschritte, mitunter sogar Rückschritte, und die Vorgänge in den Provinzen waren nicht

---

* Am 21. September hatte Moltke an seinen Bruder Adolf geschrieben, er hege im stillen die Hoffnung, Ende Oktober in Kreisau Hasen zu schießen.

mit Sicherheit zu berechnen, namentlich solange man ohne Nachricht war über das Verbleiben der Südarmee und Bourbakis. Man wußte eine Zeitlang nicht, ob dieselbe gegen unsre Verbindungslinie mit Deutschland operiere oder auf dem Seewege an der unteren Seine erscheinen werde. Wir verloren monatlich etwa zweitausend Mann vor Paris, gewannen den Belagerten kein Terrain ab und verlängerten in unberechenbarer Weise die Periode, während welcher unsre Truppen den Wandlungen des Geschickes ausgesetzt blieben, welche durch unvorhergesehene Unfälle im Kampfe und durch Krankheiten, wie die Cholera 1866 vor Wien, eintreten konnten. Für mich lagen stärkere Beunruhigungen, welche mir die Verschleppung der Entscheidung verursachten, auf dem politischen Gebiete, in der Besorgnis vor Einmischung der Neutralen.

Je länger der Kampf dauerte, desto mehr mußte man mit der Möglichkeit rechnen, daß die latente Mißgunst und die schwankenden Sympathien eine der übrigen Mächte in der Beunruhigung über unsre Erfolge zu der Initiative für eine diplomatische Einmischung bereit und dann den Anschluß andrer oder aller andern finden würde. Wenn auch zur Zeit der Rundreise des Herrn Thiers im Oktober »Europa nicht zu finden war«, so konnte die Entdeckung dieser Potenz doch in jedem der neutralen Höfe, sogar auf dem Wege republikanischer Sympathien in Amerika, durch den geringsten Anstoß herbeigeführt werden, den ein Kabinett dem andern gegeben hätte, indem es sondierende Fragen über die Zukunft des europäischen Gleichgewichts oder die menschenfreundliche Heuchelei, durch welche die Festung Paris gegen ernste Belagerung gedeckt wurde, zur Unterlage seiner Initiative nahm. Gelang im Laufe der Monate und angesichts der schwankenden Aussichten vor Paris in der Zeit, welche die Signatur trug: »Vor Paris nichts Neues«, gelang es damals den feindlichen Elementen und den mißgünstigen, unehrlichen Freunden, die uns an keinem Hofe fehlten, eine Verständigung zwischen den übrigen Mächten oder auch nur zwischen zweien von ihnen herbeizuführen, um eine Warnung, eine scheinbar von der Menschenliebe eingegebene Frage an uns zu richten, so konnte niemand wissen, wie schnell sich ein solcher erster Ansatz zu einer gemeinsamen, zunächst diplomatischen Haltung der Neutralen entwickeln würde. Nationalliberale Parlamentarier haben einander im August 1870 geschrieben, »daß jede fremde Friedensvermittlung unbedingt abzuweisen sei«, haben mich aber nicht wissen lassen, wie dem vorzubeugen sei, wenn nicht durch schnelle Einnahme von Paris.

Der Graf Beust hat selbst es sich angelegen sein lassen, nachzuweisen, wie »redlich, wenn auch erfolglos« er sich bemüht habe, eine »kollektive Mediation der Neutralen« zustande zu bringen.* Er erinnert daran, daß er schon unter dem 28. September nach London und unter dem 12. Oktober nach Petersburg an die österreichischen Botschafter die Weisung gegeben hat, die Auffassung zu vertreten, ein kollektiver Schritt allein werde Aussicht auf Erfolg haben; daß er zwei Monate später dem Fürsten Gortschakow sagen ließ: »Le moment d'intervenir est peut-être venu«. Er reproduziert eine am 13. Oktober, in der für uns kritischen Zeit 14 Tage vor der Kapitulation von Metz, von ihm an den Grafen Wimpffen in Berlin gerichtete und von demselben dort verlesene Depesche.** In derselben knüpft er an ein Memorandum an, durch welches ich zu Anfang Oktober auf die Folge aufmerksam gemacht hatte, die sich an einen bis zu eintretendem Mangel an Lebensmitteln fortgesetzten Widerstand des von zwei Millionen Menschen bewohnten Paris knüpfen müßten, und bezeichnet es, ganz richtig, als meinen Zweck, die Verantwortlichkeit dafür von der preußischen Regierung abzulehnen.

»Dies vorausgeschickt«, fährt er fort, »kann ich den Eindruck meiner Besorgnis nicht unterdrücken, daß dereinst vor dem Urteile der Geschichte ein Teil dieser Verantwortlichkeit auf die Neutralen fallen würde, wenn sie sich die Gefahr unerhörten Unheils in stummer Gleichgültigkeit vor Augen stellen ließen. Ich muß daher Euer Exzellenz auffordern, wenn der Gegenstand gegen Sie berührt wird, offen unser Bedauern darüber auszusprechen, daß in einer Lage, in welcher die königlich preußische Regierung Katastrophen, wie die in jenem Memorandum angedeutete, vorhersieht, dennoch das entschiedenste Bestreben sich kundgibt, jede persönliche [versöhnliche] Einwirkung dritter Mächte fernzuhalten – Rücksichten auf eigne Interessen sind es nicht, welche die Regierung Österreich-Ungarns beklagen lassen, daß auf dem Punkte, zu welchem die Dinge gediehen sind, jede friedliche Einflußnahme der neutralen Mächte fehlt. Aber es ist ihr unmöglich, in der Weise, wie es neuerlich von seiten des St. Petersburger Kabinetts geschieht,

---

* Aus drei Viertel-Jahrhunderten. Stuttgart 1887. Teil II, S. 361, 395 ff.
** Es ist auffallend, daß der Graf Wimpffen diese Instruktion verlesen hat, wie sich aus Busch, 31. Oktober (Graf Bismarck und seine Leute, 7. Aufl. 1895, S. 251) ergibt; sie weist ihn nur an, sich in einem bezeichneten Falle im Sinne derselben auszusprechen.

die absolute Enthaltung des unbeteiligten Europas zu billigen und zu empfehlen. Sie hält es vielmehr für Pflicht, auszusprechen, daß sie noch an allgemein europäische Interessen glaubt und daß sie einen durch unparteiische
Einwirkung der Neutralen herbeigeführten Frieden der Vernichtung weiterer Hunderttausende vorziehen würde.«

Darüber, welcher Art die »unparteiische Vermittlung« gewesen sein würde, läßt Graf Beust keinen Zweifel: mitiger les exigences du vainqueur,
adoucir l'amertume des sentiments qui doivent accabler le vaincu. Daß die
Gefühle der Franzosen über die erlittene Niederlage heute uns gegenüber
weniger bitter sein würden, wenn die Neutralen uns genötigt hätten, uns
mit weniger zu begnügen, das wird ein so guter Kenner der französischen
Geschichte und des französischen Nationalcharakters wie der Graf Beust,
schwerlich geglaubt haben.

Eine Einmischung konnte nur die Tendenz haben, uns Deutschen den
Siegespreis vermittelst eines Kongresses zu beschneiden. Diese mich Tag
und Nacht beunruhigende Gefahr erzeugte in mir das Bedürfnis, den Friedensschluß zu beschleunigen, um ihn ohne Einmischung der Neutralen
herstellen zu können. Daß dies vor der Eroberung von Paris nicht tunlich
sein würde, ließ sich nach dem herkömmlichen Vorgewicht der Hauptstadt
in Frankreich voraussehen. Solange Paris sich hielt, war auch von den leitenden Kreisen in Tours und Bordeaux und von den Provinzen nicht anzunehmen, daß sie die Hoffnung auf einen Umschwung aufgeben würden,
mochte derselbe von neuen levées en masse, wie sie in der Schlacht an der
Lisaine zur Geltung kamen, oder von der endlichen »Auffindung Europas«
oder von dem Glanznebel erwartet werden, der die englischen resp. westmächtlichen Schlagworte: »Humanität, Zivilisation« in deutschen, namentlich weiblichen Gemütern an großen Höfen umgab – so lange bot sich an
den auswärtigen Höfen, welche über die Situation in Frankreich doch mehr
durch französische als durch deutsche Berichte orientiert waren, die Möglichkeit, den Franzosen in ihrem Friedensschlüsse beiständig zu sein. Für
mich spitzte sich daher meine Aufgabe dahin zu, mit Frankreich abzuschließen, bevor eine Verständigung der neutralen Mächte über ihre Einflußnahme auf den Frieden zustande gekommen wäre, gerade so, wie es 1866 unser
Bedürfnis war, mit Österreich abzuschließen, bevor französische Einmischung in Süddeutschland wirksam werden konnte.

Es ließ sich nicht mit Bestimmtheit sagen, zu welchen Entschließungen
man in Wien und Florenz gelangt sein würde, wenn bei Wörth, Spichern,

Mars la Tour der Erfolg auf Seite der Franzosen oder für uns weniger eklatant gewesen wäre. Ich habe zur Zeit der genannten Schlachten Besuche von republikanischen Italienern gehabt, welche überzeugt waren, daß der König Viktor Emanuel mit der Absicht umginge, dem Kaiser Napoleon beizustehen, und diese Tendenz zu bekämpfen geneigt waren, weil sie von der Ausführung der dem Könige zugeschriebenen Absichten eine Verstärkung der ihrem Nationalgefühl empfindlichen Abhängigkeit Italiens von Frankreich befürchteten. Schon in den Jahren 1868 und 1869 waren mir ähnliche antifranzösische Anregungen von italienischer und nicht bloß republikanischer Seite vorgekommen, in denen die Unzufriedenheit mit der französischen Suprematie über Italien scharf hervortrat. Ich habe damals wie später auf dem Marsche nach Frankreich in Homburg den italienischen Herren geantwortet: Wir hätten bisher keine Beweise davon, daß der König von Italien seine Freundschaft für Napoleon bis zum Angriffe auf Preußen betätigen werde; es sei gegen mein politisches Gewissen, eine Initiative zum Bruch zu ergreifen, welche in Italien Vorwand und Rechtfertigung feindlicher Haltung gegeben hätte. Wenn Viktor Emanuel die Initiative zu dem Bruche ergriffe, so würde die republikanische Tendenz derjenigen Italiener, welche eine solche Politik mißbilligten, mich nicht abhalten, dem Könige, meinem Herrn, zur Unterstützung der Unzufriedenen in Italien durch Geld und Waffen, welche sie zu haben wünschten, zu raten.

Ich fand den Krieg, wie er lag, zu ernst und zu gefährlich, um in einem Kampfe, in welchem nicht nur unsre nationale Zukunft, sondern auch unsre staatliche Existenz auf dem Spiele stand, mich zur Ablehnung irgendeines Beistandes bei gefährlichen Wendungen der Dinge für berechtigt zu halten. Ebenso wie ich 1866 nach und infolge der Einmischung durch Napoleons Telegramm vom 4. Juli vor dem Beistande einer ungarischen Insurrektion nicht zurückgeschreckt war, würde ich auch den der italienischen Republikaner für annehmbar gehalten haben, wenn es sich um Verhütung der Niederlage und um Verteidigung unsrer nationalen Selbständigkeit gehandelt hätte. Die Velleitäten des Königs von Italien und des Grafen Beust, die durch unsre ersten glänzenden Erfolge zurückgedrängt waren, konnten bei der Stagnation vor Paris um so leichter wieder aufleben, als wir in den maßgebenden Kreisen eines so gewichtigen Faktors wie England über zuverlässige Sympathien und namentlich über solche, welche bereit gewesen wären, sich auch nur diplomatisch zu betätigen, keineswegs verfügen konnten.

In Rußland gewährten die persönlichen Gefühle Alexanders II., nicht nur die freundschaftlichen für seinen Oheim, sondern auch die antifranzösischen, uns eine Bürgschaft, welche freilich durch die französisierenden Eitelkeiten des Fürsten Gortschakow und durch seine Rivalität mir gegenüber abgeschwächt werden konnte. Es war deshalb eine Gunst des Schicksals, daß die Situation eine Möglichkeit bot, Rußland eine Gefälligkeit in betreff des Schwarzen Meeres zu erweisen. Ähnlich wie die Empfindlichkeiten des russischen Hofes, welche sich vermöge der russischen Verwandtschaft der Königin Marie[57] an den Verlust der hannoverschen Krone knüpften, ihr Gegengewicht in den Konzessionen fanden, welche dem oldenburgischen Verwandten der russischen Dynastie auf territorialem und finanziellem Gebiete 1866 gemacht worden waren, bot sich 1870 die Möglichkeit, nicht nur der Dynastie, sondern auch dem russischen Reiche einen Dienst zu erweisen in betreff der politisch unvernünftigen und deshalb auf die Dauer unmöglichen Stipulationen, welche dem russischen Reiche die Unabhängigkeit seiner Küsten des Schwarzen Meeres beschränkten. Es waren die ungeschicktesten Bestimmungen des Pariser Friedens; einer Nation von hundert Millionen kann man die Ausübung der natürlichen Rechte der Souveränität an ihren Küsten nicht dauernd untersagen. Die Servitut der Art, welche fremden Mächten auf russischem Gebiet eingeräumt war, war für eine große Nation eine auf die Dauer nicht erträgliche Demütigung. Wir hatten darin eine Handhabe, um unsre Beziehungen zu Rußland zu pflegen.

Fürst Gortschakow ist auf die Initiative, mit der ich in dieser Richtung sondierte, nur widerstrebend eingegangen. Sein persönliches Übelwollen war stärker als sein russisches Pflichtgefühl. Er wollte keine Gefälligkeit von uns, sondern Entfremdung gegen Deutschland und Dank bei Frankreich. Um unser Anerbieten in Petersburg wirksam zu machen, habe ich der durchaus ehrlichen und stets wohlwollenden Mitwirkung des damaligen russischen Militärbevollmächtigten Grafen Kutusoff bedurft. Ich kann dem Fürsten Gortschakow unrecht tun, wenn ich nach meinen mehrere Jahrzehnte dauernden Beziehungen zu ihm annehme, daß die persönliche Rivalität mit mir bei ihm schwerer wog als die Interessen Rußlands. Seine Eitelkeit, seine Eifersucht gegen mich waren größer als sein Patriotismus. Ich habe ihn sagen hören: je ne puis cependant me présenter devant Saint-Pierre au ciel sans avoir présidé la moindre chose en Europe, und ein andermal: je ne veux pas m'éteindre comme une lampe qui file, je veux me coucher comme un astre. Graf Kutusoff war ein ehrlicher Soldat ohne persönliche Eitelkeit. Er war ursprünglich nach der Bedeutung seines Namens in hervorragender Stellung in Petersburg als Offizier der Gardekavallerie, hatte aber nicht das Wohlwollen des Kaisers Nikolaus; und als dieser, wie mir in Petersburg erzählt worden ist, vor der Front ihm zurief: »Kutusoff, du kannst nicht reiten, ich werde dich zur Infanterie versetzen«, nahm er seinen Abschied und trat erst im Krimkriege in geringerer Stellung wieder ein, blieb unter Alexander II. in der Armee und wurde endlich Militärbevollmächtigter in Berlin, wo seine ehrliche Bonhommie ihm viele Freunde erwarb. Er begleitete uns als russischer Flügeladjudant des preußischen Königs im französischen Kriege, und es war vielleicht ein Effekt der ungerechten Beurteilung seiner Reitfähigkeit, welche ihm vom Kaiser Nikolaus zuteil geworden war, daß er alle Marschetappen, auf denen der König und sein Gefolge gefahren wurden, nicht selten 50 bis 70 Werst im Tage, zu Pferde zurücklegte. Für seine Bonhommie und die Tonart auf den Jagden in Wusterhausen ist es bezeichnend, daß er gelegentlich vor dem Könige erzählte, seine Familie stamme aus Preußisch-Litauen und sei unter dem Namen Kutu nach Rußland gekommen, worauf Graf Fritz Eulenburg in seiner witzigen Art bemerkte: »Den schließlichen ›Soff‹ haben Sie also erst in Rußland sich angeeignet« – allgemeine Heiterkeit, in welche Kutusoff herzlich einstimmte.

Neben der Gewissenhaftigkeit der Meldungen dieses alten Soldaten bot die regelmäßige eigenhändige Korrespondenz des Großherzogs von Sachsen mit dem Kaiser Alexander einen Weg, unverfälschte Mitteilungen direkt an diesen gelangen zu lassen. Der Großherzog, der stets wohlwollend für mich war und geblieben ist, war in Petersburg ein Anwalt der guten Beziehung zwischen beiden Kabinetten.

Jedenfalls aber war die Möglichkeit einer europäischen Intervention für mich eine Ursache der Beunruhigung und der Ungeduld angesichts der Stagnation der Belagerung. Kriegerische Wechselfälle sind in Situationen, wie die unsrige vor Paris war, bei der besten Leitung und der größten Tapferkeit nicht ausgeschlossen; sie können durch Zufälligkeiten aller Art herbeigeführt werden, und für solche bot unsre Stellung zwischen der numerisch reichlich starken belagerten Armee und den nach Zahl und Örtlichkeit schwer zu kontrollierenden Streitkräften der Provinzen ein reiches Feld, auch wenn unsre Truppen vor Paris, im Westen, Norden und Osten Frankreichs vor Seuchen bewahrt blieben. Die Frage, wie der Gesundheitszustand des deutschen Heeres sich in den Beschwerden eines so ungewöhnlich harten Winters bewähren werde, entzog sich jeder Berechnung. Es war unter diesen Umständen keine übertriebene Ängstlichkeit, wenn ich in schlaflosen Nächten von der Sorge gequält wurde, daß unsre politischen Interessen nach so großen Erfolgen durch das zögernde Hinhalten des weiteren Vorgehens gegen Paris geschädigt werden könnten. Eine weltgeschichtliche Entscheidung in dem jahrhundertealten Kampfe zwischen den beiden Nachbarvölkern stand auf dem Spiele und in Gefahr, durch persönliche und vorwiegend weibliche Einflüsse ohne historische Berechtigung gefälscht zu werden, durch Einflüsse, welche ihre Wirksamkeit nicht politischen Erwägungen verdankten, sondern Gemütseindrücken, welche die Redensarten von Humanität und Zivilisation, die aus England bei uns importiert werden, auf deutsche Gemüter noch immer haben; war uns doch während des Krimkrieges von England aus nicht ohne Wirkung auf die Stimmung gepredigt worden, daß wir »zur Rettung der Zivilisation« die Waffen für die Türken ergreifen müßten. Die entscheidenden Fragen konnten, wenn man wollte, als ausschließlich militärische behandelt werden, und man konnte das als Vorwand nehmen, um mir das Recht der Beteiligung an der Entscheidung zu versagen; sie waren aber doch solche, von deren Lösung die diplomatische Möglichkeit in letzter Instanz abhing, und wenn der Abschluß des französischen Krieges ein weniger günstiger für Deutschland gewesen wäre, so blieb auch dieser gewaltige Krieg mit seinen Siegen und seiner Begeisterung ohne die Wirkung, die er für unsre nationale Einigung haben konnte. Es war mir niemals zweifelhaft, daß der Herstellung des Deutschen Reiches der Sieg über Frankreich vorhergehen mußte, und wenn es uns nicht gelang, ihn diesmal zum vollen Abschluß zu bringen, so waren weitere Kriege ohne vorgängige Sicherstellung unsrer vollen Einigung in Sicht.

III

Es ist nicht anzunehmen, daß die übrigen Generäle *von rein militärischem Standpunkte* anderer Meinung als Roon sein konnten; unsre Stellung zwischen der uns an Zahl überlegenen eingeschlossenen Armee und den französischen Streitkräften in den Provinzen war strategisch eine bedrohte und ihr Festhalten nicht erfolgversprechend, wenn man sie nicht als Basis angriffsweisen Fortschreitens benutzte. Das Bedürfnis, ihr bald ein Ende zu machen, war in militärischen Kreisen in Versailles ebenso lebhaft wie die Beunruhigung in der Heimat über die Stagnation. Man brauchte noch mit der Möglichkeit von Krankheiten und unvorgesehenen Rückschlägen infolge von Unglück oder Ungeschick gar nicht zu rechnen, um von selbst auf den Gedankengang zu geraten, welcher mich beunruhigte, und sich zu fragen, ob das Ansehen und der politische Eindruck, welche das Ergebnis unsrer ersten raschen und großen Siege an den neutralen Höfen gewesen waren, nicht vor der scheinbaren Tatlosigkeit und Schwäche unsrer Haltung vor Paris verblassen würden und ob die Begeisterung anhalten würde, in deren Feuer sich eine haltbare Einheit schmieden ließ.

Die Kämpfe in den Provinzen bei Orléans und Dijon blieben dank der heldenmütigen Tapferkeit der Truppen, wie sie in dem Maße nicht immer als Unterlage strategischer Berechnung vorausgesetzt werden kann, für uns siegreich. In dem Gedanken, daß der geistige Schwung, mit welchem unsre Minderheiten dort trotz Frost, Schnee und Mangel an Lebensmitteln und Kriegsmaterial die numerisch stärkeren französischen Massen überwunden hatten, durch irgendwelche Zufälligkeiten gelähmt werden könnte, mußte jeder Heerführer, der nicht ausschließlich mit optimistischen Konjekturen rechnete, zu der Überzeugung kommen, daß wir bestrebt sein müßten, durch Förderung unsres Angriffs auf Paris unsrer ungewissen Situation so bald als möglich ein Ende zu machen.

Es fehlte uns aber, um den Angriff zu aktivieren, an dem Befehl und an schwerem Belagerungsgeschütz, wie im Juli 1866 vor den Floridsdorfer Linien. Die Beförderung desselben hatte mit den Fortschritten unsres Heeres nicht Schritt gehalten; um dieselbe zu bewirken, versagten unsre Eisenbahnmittel an den Stellen, wo die Bahnen unterbrochen waren oder, wie bei Lagny, ganz aufhörten.

Die schleunige Anfuhr von schwerem Geschütz und von der Masse schwerer Munition, ohne welche die Beschießung nicht begonnen werden durfte, hätte durch den vorhandenen Eisenbahnpark jedenfalls schneller, als der Fall war, bewirkt werden können. Es waren aber, wie Beamte mir meldeten, zirka 1500 Achsen mit Lebensmitteln für die Pariser beladen, um ihnen schnell zu helfen, wenn sie sich ergeben würden, und diese 1500 Achsen waren deshalb für Munitionstransport nicht verfügbar. Der auf ihnen lagernde Speck wurde später von den Parisern abgelehnt und nach meinem Abgange aus Frankreich infolge der durch General v. Stosch in Ferrières bei Sr. Majestät veranlaßten Änderung unseres Staatsvertrages über die Verpflegung deutscher Truppen diesen überwiesen und mit Widerstreben verbraucht wegen zu langer Lagerung.

Da die Beschießung nicht begonnen werden konnte, bevor das für wirksame Durchführung ohne Unterbrechung erforderliche Quantum Munition zur Hand war, so wurde in Ermangelung von Bahnmaterial nun eine erhebliche Anspannung von Pferden und für dieselbe ein Aufwand von Millionen erforderlich. Mir sind die Zweifel nicht verständlich, welche darüber obwalten konnten, ob diese Millionen verfügbar waren, sobald das Bedürfnis für kriegerische Zwecke vorlag. Es erschien mir als ein erheblicher Fortschritt, als Roon, schon nervös aufgerieben und erschöpft, mir eines Tages mitteilte, daß man jetzt ihm persönlich die Verantwortlichkeit mit der Frage zugeschoben habe, ob er bereit sei, die Geschütze in absehbarer Zeit heranzuschaffen; er sei in Zweifel in betreff der Möglichkeit. Ich bat ihn, die ihm gestellte Aufgabe sofort zu übernehmen, und erklärte mich bereit, jede dazu erforderliche Summe auf die Bundeskasse anzuweisen, wenn er die vielleicht 4000 Pferde, welche er als ungefähren Bedarf angab, ankaufen und zur Beförderung der Geschütze verwenden wolle. Er gab die entsprechenden Aufträge, und die in unsrem Lager lange mit schmerzlicher Ungeduld erwartete und mit Jubel begrüßte Beschießung des Mont Avron war das Ergebnis dieser wesentlich dem Grafen Roon zu dankenden Wendung. Eine bereitwillige Unterstützung fand er für das Heranschaffen und die Verwendung der Geschütze bei dem Prinzen Krafft Hohenlohe.

Wenn man sich fragt, was andre Generäle bestimmt haben kann, die Ansicht Roons zu bekämpfen, so wird es schwer, sachliche Gründe für die Verzögerung der gegen die Jahreswende ergriffenen Maßregeln aufzufinden. Von dem militärischen wie von dem politischen Standpunkte erscheint das zögernde Vorgehn widersinnig und gefährlich, und daß die Gründe nicht in der Unentschlossenheit unsrer Heeresleitung zu suchen waren, darf man aus der raschen und entschlossenen Führung des Krieges bis vor Paris schließen. Die Vorstellung, daß Paris, obwohl es befestigt und das stärkste Bollwerk der Gegner war, nicht wie jede andre Festung angegriffen werden dürfe, war aus England auf dem Umwege über Berlin in unser Lager gekommen, mit der Redensart von dem »Mekka der Zivilisation« und andern in dem cant der öffentlichen Meinung in England üblichen und wirksamen Wendungen der Humanitätsgefühle, deren Betätigung England von allen andern Mächten erwartet, aber seinen eignen Gegnern nicht immer zugute kommen läßt. Von London wurde bei unsern maßgebenden Kreisen der Gedanke vertreten, daß die Übergabe von Paris nicht durch Geschütze, sondern nur durch Hunger herbeigeführt werden dürfe. Ob der letztere Weg der

menschlichere war, darüber kann man streiten, auch darüber, ob die Greuel
der Kommune zum Ausbruch gekommen sein würden, wenn nicht die Hun-
gerzeit das Freiwerden der anarchischen Wildheit vorbereitet hätte. Es mag
dahingestellt bleiben, ob bei der englischen Einwirkung zugunsten der Humanität des Aushungerns nur Empfindsamkeit und nicht auch politische
Berechnung im Spiele war. England habe kein praktisches Bedürfnis, weder
uns noch Frankreich vor Schädigung und Schwächung durch den Krieg zu
behüten, weder wirtschaftlich noch politisch. Jedenfalls vermehrte die Verschleppung der Überwältigung von Paris und des Abschlusses der kriegerischen Vorgänge für uns die Gefahr, daß die Früchte unsrer Siege uns verkümmert werden könnten. Vertrauliche Nachrichten aus Berlin ließen
erkennen, daß in den sachkundigen Kreisen der Stillstand unsrer Tätigkeit
Besorgnis und Unzufriedenheit erregte und daß man der Königin Augusta
einen brieflichen Einfluß auf ihren hohen Gemahl im Sinne der Humanität
zuschrieb. Eine Andeutung, welche ich dem Könige über Nachrichten derart
machte, hatte einen lebhaften Zornesausbruch zur Folge, nicht in dem Sinne, daß die Gerüchte unbegründet seien, sondern in einer scharfen Bedrohung jeder Äußerung einer derartigen Verstimmung gegen die Königin.

Die Initiative zu irgendeiner Wendung in der Kriegführung ging in der
Regel nicht von dem Könige aus, sondern von dem Generalstabe der Armee
oder des Höchstkommandierenden am Orte, des Kronprinzen. Daß diese
Kreise englischen Auffassungen, wenn sie sich in befreundeter Form geltend machten, zugänglich waren, war menschlich natürlich: die Kronprinzessin, die verstorbene Frau des Grafen Moltke, die Frau des Generalstabs-
chefs, späteren Feldmarschall Grafen Blumenthal, und die Frau des
demnächst maßgebenden Generalstabsoffiziers von Gottberg waren sämt-
lich Engländerinnen.

Die Gründe der Verzögerung des Angriffs auf Paris, über welche die Wis-
senden Schweigen beobachtet hatten, sind durch die in der »Deutschen Revue« von 1891 erfolgten Veröffentlichungen aus den Papieren des Grafen
Roon Gegenstand publizistischer Erörterung geworden. Alle gegen die Darstellung Roons gerichteten Ausführungen umgehen die Berliner Einflüsse
und die englischen, auch die Tatsache, daß 800, nach andern 1500 Achsen
mit Lebensmitteln für die Pariser wochenlang festlagen; und alle, mit Ausnahme eines anonymen Zeitungsartikels, umgehen ebenso die Frage, ob
die Heeresleitung rechtzeitig für die Herbeischaffung von Belagerungsgeschütz Sorge getragen habe. Ich habe keinen Anlaß gefunden, an meinen

vorstehenden, vor dem Erscheinen der betreffenden Nummern der »Deutschen Revue« gemachten Aufzeichnungen irgend etwas zu ändern.

IV

Die Annahme des Kaisertitels durch den König bei Erweiterung des Norddeutschen Bundes war ein politisches Bedürfnis, weil er in den Erinnerungen aus Zeiten, da derselbe rechtlich mehr, faktisch weniger als heute zu bedeuten hatte, ein werbendes Element für Einheit und Zentralisation bildete; und ich war überzeugt, daß der festigende Druck auf unsre Reichsinstitution um so nachhaltiger sein müßte, je mehr der preußische Träger desselben das gefährliche, aber der deutschen Vorgeschichte innelebende Bestreben vermiede, den andern Dynastien die Überlegenheit der eignen unter die Augen zu rücken. Kaiser Wilhelm I. war nicht frei von der Neigung dazu, und sein Widerstreben gegen den Titel war nicht ohne Zusammenhang mit dem Bedürfnisse, gerade das überlegene Ansehen der angestammten preußischen Krone mehr als das des Kaisertitels zur Anerkennung zu bringen. Die Kaiserkrone erschien ihm im Lichte eines übertragenen modernen Amtes, dessen Autorität von Friedrich dem Großen bekämpft war, den Großen Kurfürsten bedrückt hatte. Bei den ersten Erörterungen sagte er: »Was soll mir der Charaktermajor?« Worauf ich u.a. erwiderte: »Ew. Majestät wollen doch nicht ewig ein Neutrum bleiben, ›das Präsidium‹? In dem Ausdrucke liegt eine Abstraktion, in dem Worte eine große Schwungkraft.«

Auch bei dem Kronprinzen habe ich für mein Streben, den Kaisertitel herzustellen, welches nicht einer preußisch-dynastischen Eitelkeit, sondern allein dem Glauben an seine Nützlichkeit für Förderung der nationalen Einheit entsprang, im Anfange der günstigen Wendung des Kriegs nicht immer Anklang gefunden. Seine Königliche Hoheit hatte von irgendeinem der politischen Phantasten, denen er sein Ohr lieh, den Gedanken aufgenommen, die Erbschaft des von Karl dem Großen wiedererweckten »römischen Kaisertums« sei das Unglück Deutschlands gewesen, ein ausländischer, für die Nation ungesunder Gedanke. So nachweisbar letzteres auch geschichtlich sein mag, so unpraktisch war die Bürgschaft gegen analoge Gefahren, welche des Prinzen Ratgeber in dem Titel »König« der Deutschen sahen. Es lag heutzutage keine Gefahr vor, daß der Titel, welcher allein in der Erinnerung des Volks lebt, dazu beitragen würde, die Kräfte Deutschlands den eignen

Interessen zu entfremden und dem transalpinen Ehrgeiz bis nach Apulien hin dienstbar zu machen. Das aus einer irrigen Vorstellung entspringende Verlangen, welches der Prinz gegen mich aussprach, war nach meinem Eindrucke ein völlig ernstes und geschäftliches, dessen Inangriffnahme durch mich gewünscht wurde. Mein Einwand, anknüpfend an die Koexistenz der Könige von Bayern, Sachsen, Württemberg mit dem intendierten Könige in Germanien oder Könige der Deutschen führte zu meiner Überraschung auf die weitere Konsequenz, daß die genannten Dynastien aufhören müßten, den Königstitel zu führen, um wieder den herzoglichen anzunehmen. Ich sprach die Überzeugung aus, daß sie sich dazu gutwillig nicht verstehn würden. Wollte man dagegen Gewalt anwenden, so würde dergleichen Jahrhunderte hindurch nicht vergessen und eine Saat von Mißtrauen und Haß ausstreuen.

In dem Geffckenschen Tagebuche findet sich die Andeutung, daß wir unsre Stärke nicht gekannt hätten; die Anwendung dieser Stärke in damaliger Gegenwart wäre die Schwäche der Zukunft Deutschlands geworden. Das Tagebuch ist wohl nicht damals auf den Tag geschrieben, sondern später mit Wendungen vervollständigt, durch welche höfische Streber den Inhalt glaublich zu machen suchten. Ich habe meiner Überzeugung, daß dasselbe gefälscht sei, und meiner Entrüstung über die Intriganten und Ohrenbläser, welche sich einer arglosen und edlen Natur wie Kaiser Friedrich aufdrängten, in dem veröffentlichten Immediatberichte Ausdruck gegeben. Als ich denselben schrieb, hatte ich keine Ahnung davon, daß der Fälscher in der Richtung von Geffcken, dem hanseatischen Welfen, zu suchen sei, den seine Preußenfeindschaft seit Jahren nicht gehindert hatte, sich um die Gunst des preußischen Kronprinzen zu bewerben, um diesen, sein Haus und seinen Staat mit mehr Erfolg schädigen, selbst aber eine Rolle spielen zu können. Geffcken gehörte zu den Strebern, welche seit 1866 verbittert waren, weil sie sich und ihre Bedeutung verkannt fanden.

Außer den bayrischen Unterhändlern befand sich in Versailles als besonderer Vertrauensmann des Königs Ludwig der ihm als Oberstallmeister persönlich nahestehende Graf Holnstein. Derselbe übernahm auf meine Bitte in dem Augenblick, wo die Kaiserfrage kritisch war und an dem Schweigen Bayerns und der Abneigung König Wilhelms zu scheitern drohte, die Überbringung eines Schreibens von mir an seinen Herrn, welches ich, um die Beförderung nicht zu verzögern, sofort an einem abgedeckten Eßtische auf durchschlagendem Papiere und mit widerstrebender Tinte schrieb. Ich entwickelte darin den Gedanken, daß die bayrische Krone die Präsidialrechte, für welche die bayrische Zustimmung geschäftlich bereits vorlag, dem Könige von Preußen ohne Verstimmung des bayrischen Selbstgefühls nicht werde einräumen können; der König von Preußen sei ein Nachbar des Königs von Bayern, und bei der Verschiedenheit der Stammesbeziehungen werde die Kritik über die Konzessionen, welche Bayern mache und gemacht habe, schärfer und für die Rivalitäten der deutschen Stämme empfindlicher werden. Preußische Autorität innerhalb der Grenze Bayerns ausgeübt, sei neu und werde die bayrische Empfindung verletzen, ein deutscher Kaiser aber sei nicht der im Stamme verschiedene Nachbar Bayerns, sondern der Landsmann; meines Erachtens könne der König Ludwig die von ihm der Autorität des Präsidiums bereits gemachten Konzessionen schicklicherweise nur einem deutschen Kaiser, nicht einem Könige von Preußen machen. Dieser Hauptlinie meiner Argumentation hatte ich noch persönliche Argumente hinzugefügt, in Erinnerung an das besondere Wohlwollen, welches die bayrische Dynastie zu der Zeit, wo sie in der Mark Brandenburg regierte (Kaiser Ludwig), während mehr als einer Generation meinen Vorfahren betätigt habe. Ich hielt dieses argumentum ad hominem einem Monarchen von der Richtung des Königs gegenüber für nützlich, glaube aber, daß die politische und dynastische Würdigung des Unterschieds zwischen kaiserlich deutschen und königlich preußischen Präsidialrechten entscheidend ins Gewicht gefallen ist. Der Graf trat seine Reise nach Hohenschwangau binnen zwei Stunden, am 27. November, an und legte sie unter großen Schwierigkeiten und mit häufiger Unterbrechung in vier Tagen zurück. Der König war wegen eines Zahnleidens bettlägerig, lehnte zuerst ab, ihn zu empfangen, nahm ihn aber an, nachdem er vernommen hatte, daß der Graf in meinem Auftrage und mit einem Briefe von mir komme. Er hat darauf im Bette mein Schreiben in Gegenwart des Grafen zweimal sorgfältig durchgelesen, Schreibzeug gefordert und das von mir erbetene und im Konzept entworfene Schreiben an den König Wilhelm zu Papier gebracht. In demselben war das Hauptargument für den Kaisertitel mit der koerzitiven Andeutung wiedergegeben, daß Bayern die zugesagten, aber noch nicht ratifizierten Konzessionen *nur* dem deutschen Kaiser, aber nicht dem Könige von Preußen machen könne. Ich hatte diese Wendung ausdrücklich gewählt, um einen Druck auf die Abneigung meines hohen Herrn gegen den Kaisertitel auszuüben. Am siebenten Tage nach seiner Abreise, am 3. Dezember, war Graf Holnstein mit diesem Schreiben des Königs wieder in Versailles und wurde dasselbe an dem Tage durch den Prinzen Luitpold, jetzigen Regenten, unsrem Könige offiziell überreicht. Dasselbe bildete ein gewichtiges Moment für das Gelingen der schwierigen und vielfach in ihren Aussichten schwankenden Arbeiten, welche durch das Widerstreben des Königs Wilhelm und durch die bis dahin mangelnde Feststellung der bayrischen Erwägungen veranlaßt waren. Der Graf Holnstein hat sich durch diese in einer schlaflosen Woche zurückgelegte doppelte Reise und durch die geschickte Durchführung seines Auftrags in Hohenschwangau ein erhebliches Verdienst um den formalen Abschluß unserer nationalen Einigung durch Beseitigung der äußeren Hindernisse der Kaiserfrage erworben.

Eine neue Schwierigkeit erhob Se. Majestät bei der Formulierung des Kaisertitels, indem er, wenn schon Kaiser, Kaiser *von* Deutschland heißen wollte. In dieser Phase haben der Kronprinz, der seinen Gedanken an einen König der Deutschen längst fallengelassen hatte, und der Großherzog von Baden mich, jeder in seiner Weise, unterstützt, wenn auch keiner von beiden der zornigen Abneigung des alten Herrn gegen den »Charaktermajor« offen widersprach. Der Kronprinz unterstützte mich durch passive Assistenz in Gegenwart seines Herrn Vaters und durch gelegentliche kurze Äußerungen seiner Ansicht, die aber meine Gefechtsposition dem Könige gegenüber nicht stärkten, sondern eher eine verschärfte Reizbarkeit des hohen Herrn zur Folge hatten. Denn der König war noch leichter geneigt, dem Minister als seinem Herrn Sohne Konzessionen zu machen, in gewissenhafter Erinnerung an Verfassungseid und Ministerverantwortlichkeit. Meinungsverschiedenheiten mit dem Kronprinzen faßte er von dem Standpunkte des pater familias auf.

In der Schlußberatung am 17. Januar lehnte er die Bezeichnung Deutscher Kaiser ab und erklärte, er wolle Kaiser von Deutschland oder gar nicht Kaiser sein. Ich hob hervor, wie die adjektivische Form Deutscher Kaiser und die genitivische Kaiser von Deutschland sprachlich und zeitlich verschieden seien. Man hätte Römischer Kaiser, nicht Kaiser von Rom gesagt; der Zar nenne sich nicht Kaiser von Rußland, sondern Russischer, »gesamtrussischer« (wserossiski) Kaiser. Das letztere bestritt der König mit Schärfe, sich darauf berufend, daß die Rapporte seines russischen Regiments Kaluga stets »pruskomu«[58] adressiert seien, was er irrtümlich übersetzte. Meiner Versicherung, daß die Form der Dativ des Adjectivums sei, schenkte er keinen Glauben und hat sich erst nachher von seiner gewohnten Autorität für

russische Sprache, dem Hofrat Schneider, überzeugen lassen. Ich machte
ferner geltend, daß unter Friedrich dem Großen und Friedrich Wilhelm II.
auf den Talern Borussorum, nicht Borussiae rex erscheine, daß der Titel Kaiser von Deutschland einen landesherrlichen Anspruch auf die nichtpreußi-
schen Gebiete involviere, den die Fürsten zu bewilligen nicht gemeint wären; daß in dem Schreiben des Königs von Bayern in Anregung gebracht sei,
daß die »Ausübung der Präsidialrechte mit Führung des Titels eines Deutschen Kaisers verbunden werde«; endlich, daß derselbe Titel auf Vorschlag
des Bundesrates in die neue Fassung des Artikels 11 der Verfassung aufgenommen sei.

Die Erörterung ging über auf den Rang zwischen Kaisern und Königen,
zwischen Erzherzogen, Großherzogen und preußischen Prinzen. Meine
Darlegung, daß den Kaisern im Prinzip ein Vorrang vor Königen nicht eingeräumt werde, fand keinen Glauben, obwohl ich mich darauf berufen
konnte, daß Friedrich Wilhelm I. bei einer Zusammenkunft mit Karl VI., der
doch dem Kurfürsten von Brandenburg gegenüber die Stellung des Lehnsherrn hatte, als König von Preußen die Gleichheit beanspruchte und durchsetzte, indem man einen Pavillon erbauen ließ, in den die beiden Monarchen von den entgegengesetzten Seiten gleichzeitig eintraten, um einander
in der Mitte zu begegnen.

Die Zustimmung, welche der Kronprinz zu meiner Ausführung zu erkennen gab, reizte den alten Herrn noch mehr, so daß er auf den Tisch schlagend
sagte: »Und wenn es so gewesen wäre, so befehle ich jetzt, wie es sein soll.
Die Erzherzoge und Großherzoge haben stets den Vorrang vor den preußischen Prinzen gehabt, und so soll es ferner sein.« Damit stand er auf, trat an
das Fenster, den um den Tisch Sitzenden den Rücken zuwendend. Die Erörterung der Titelfrage kam zu keinem klaren Abschluß; indessen konnte
man sich doch für berechtigt halten, die Zeremonie der Kaiserproklamation
anzuberaumen, aber der König hatte befohlen, daß nicht von dem Deutschen Kaiser, sondern von dem Kaiser von Deutschland dabei die Rede sei.

Diese Sachlage veranlaßte mich, am folgenden Morgen, vor der Feierlich-
keit im Spiegelsaale, den Großherzog von Baden aufzusuchen als den ersten der anwesenden Fürsten, der voraussichtlich nach Verlesung der Proklamation das Wort nehmen würde, und ihn zu fragen, wie er den neuen
Kaiser zu bezeichnen denke. Der Großherzog antwortete: »Als Kaiser *von*
Deutschland, nach Befehl Sr. Majestät.« Unter den Argumenten, welche ich
dem Großherzoge dafür geltend machte, daß das abschließende Hoch auf

den Kaiser nicht in *dieser* Form ausgebracht werden könne, war das Durchschlagendste meine Berufung auf die Tatsache, daß der künftige Text der Reichsverfassung bereits durch einen Beschluß des Reichstags in Berlin präjudiziert sei. Die in seinen konstitutionellen Gedankenkreis fallende Hinweisung auf den Reichstagsbeschluß bewog ihn, den König noch einmal aufzusuchen. Die Unterredung der beiden Herrn blieb mir unbekannt, und ich war bei Verlesung der Proklamation in Spannung. Der Großherzog wich dadurch aus, daß er ein Hoch weder auf den Deutschen Kaiser, noch auf den Kaiser von Deutschland, sondern auf den Kaiser Wilhelm ausbrachte. Se. Majestät hatte mir diesen Verlauf so übelgenommen, daß er beim Herabtreten von dem erhöhten Stande der Fürsten mich, der ich allein auf dem freien Platze davor stand, ignorierte, an mir vorüberging, um den hinter mir stehenden Generälen die Hand zu bieten, und in dieser Haltung mehrere Tage verharrte, bis allmählich die gegenseitigen Beziehungen wieder in das alte Geleise kamen.

13. KAPITEL

KULTURKAMPF

I

In Versailles hatte ich vom 5. bis 8. November mit dem Grafen Ledochowski, Erzbischofe von Posen und Gnesen, Verhandlungen gehabt, die sich vorwiegend auf die territorialen Interessen des Papstes bezogen. Gemäß dem Sprichwort »Eine Hand wäscht die andre« machte ich ihm den Vorschlag, die Gegenseitigkeit der Beziehungen zwischen dem Papste und uns zu betätigen durch päpstliche Einwirkung auf die französische Geistlichkeit im Sinne des Friedensschlusses, immer in Sorge, wie ich war, daß eine Einmischung der neutralen Mächte uns die Früchte der Siege verkümmern könne. Ledochowski und in engeren Grenzen Bonnechose, Kardinalerzbischof von Rouen, machten bei verschiedenen Mitgliedern des hohen Klerus den Versuch, sie zu einer Einwirkung in dem bezeichneten Sinne zu bestimmen, hatten mir aber nur von einer kühlen, ablehnenden Aufnahme ihrer Schritte zu berichten, woraus ich entnahm, daß es der päpstlichen Macht entweder an Stärke oder an gutem Willen fehlen müsse, uns im Sinne des Friedens eine Hilfe zu gewähren, wertvoll genug, um die Verstimmung der deutschen Protestanten und der italienischen Nationalpartei und der letzteren Rückwirkung auf die zukünftigen Beziehungen beider Völker in den Kauf zu nehmen, welche das Ergebnis eines öffentlichen Eintretens für die päpstlichen Interessen bezüglich Roms sein mußte.

In den Wechselfällen des Krieges ist unter den streitenden italienischen Elementen anfangs der König als der für uns möglicherweise gefährliche Gegner erschienen. Später ist die republikanische Partei unter Garibaldi, die uns bei Ausbruch des Krieges ihre Unterstützung gegen napoleonische Velleitäten des Königs in Aussicht gestellt hatte, uns auf dem Schlachtfelde in einer mehr theatralischen als praktischen Erregtheit und in militärischen

Leistungen entgegengetreten, deren Formen unsre soldatischen Auffassungen verletzten. Zwischen diesen beiden Elementen lag die Sympathie, welche die öffentliche Meinung der Gebildeten in Italien für das in der Geschichte und in der Gegenwart parallele Streben des deutschen Volkes hegen und dauernd bewahren konnte, lag der nationale Instinkt, der denn auch schließlich stark und praktisch genug gewesen ist, mit dem früheren Gegner Österreich in den Dreibund zu treten. Mit dieser nationalen Richtung Italiens würden wir durch ostensible Parteinahme für den Papst und seine territorialen Ansprüche gebrochen haben. Ob und inwieweit wir dafür den Beistand des Papstes in unsern innern Angelegenheiten gewonnen haben würden, ist zweifelhaft. Der Gallikanismus erschien mir stärker, als ich ihn 1870 der Infallibilität gegenüber einschätzen konnte, und der Papst schwächer, als ich ihn wegen seiner überraschenden Erfolge über alle deutschen, französischen, ungarischen Bischöfe gehalten hatte. Bei uns im Lande war das jesuitische Zentrum demnächst stärker als der Papst, wenigstens unabhängig von ihm; der germanische Fraktions- und Parteigeist unsrer katholischen Landsleute ist ein Element, demgegenüber auch der päpstliche Wille nicht durchschlägt.

Desgleichen lasse ich dahingestellt, ob die am 16. desselben Monats vor sich gegangenen Wahlen zum preußischen Landtage durch das Fehlschlagen der Ledochowskischen Verhandlungen beeinflußt worden sind. Die letzteren wurden in etwas andrer Richtung aufgenommen von dem Bischof von Mainz, Freiherrn von Ketteler, zu welchem Zweck er mich bei Beginn des Reichstags, 1871, mehrmals aufsuchte. Ich war 1866 mit ihm in Verbindung getreten, indem ich ihn befragte, ob er das Erzbistum Posen annehmen würde, wobei mich die Absicht leitete, zu zeigen, daß wir nicht antikatholisch, sondern nur antipolnisch wären. Ketteler hatte, vielleicht auf Anfrage in Rom, abgelehnt wegen Unkenntnis der polnischen Sprache. 1871 stellte er mir im großen und ganzen das Verlangen, in die Reichsverfassung die Artikel der preußischen aufzunehmen, welche das Verhältnis der katholischen Kirche im Staate regelten und von denen drei (15,16,18) durch das Gesetz vom 18. Juni 1875 aufgehoben worden sind. Für mich war die Richtung unsrer Politik nicht durch ein konfessionelles Ziel bestimmt, sondern lediglich durch das Bestreben, die auf dem Schlachtfelde gewonnene Einheit möglichst dauerhaft zu festigen. Ich bin in konfessioneller Beziehung jederzeit tolerant gewesen bis zu den Grenzen, welche die Notwendigkeit des Zusammenlebens verschiedener Bekenntnisse in demselben staatlichen Organismus den Ansprüchen eines jeden Sonderglaubens zieht. Die therapeutische Behandlung der katholischen Kirche in einem weltlichen Staate ist aber dadurch erschwert, daß die katholische Geistlichkeit, wenn sie ihren theoretischen Beruf voll erfüllen will, über das kirchliche Gebiet hinaus den Anspruch auf Beteiligung an weltlicher Herrschaft zu erheben hat, unter kirchlichen Formen eine politische Institution ist, auf ihre Mitarbeit die eigne Überzeugung überträgt, daß ihre Freiheit in ihrer Herrschaft besteht und daß die Kirche überall, wo sie nicht herrscht, berechtigt ist, über diokletianische Verfolgung zu klagen.

In diesem Sinne hatte ich einige Auseinandersetzungen mit Herrn von Ketteler bezüglich seines genauer akzentuierten Anspruchs auf ein verfassungsmäßiges Recht seiner Kirche, das heißt der Geistlichkeit, auf Verfügung über den weltlichen Arm. Er verwandte in seinen politischen Argumenten auch das mehr ad hominem gehende, daß bezüglich unsres Schicksals nach dem irdischen Tode die Bürgschaften für die Katholiken stärker seien als für andre, weil, angenommen, daß die katholischen Dogmen irrtümlich seien, das Schicksal der katholischen Seele nicht schlimmer ausfalle, wenn der evangelische Glaube sich als der richtige erweisen sollte, im umgekehrten Falle aber die Zukunft der ketzerischen Seele eine entsetzliche sei. Er knüpfte daran die Frage: »Glauben Sie etwa, daß ein Katholik nicht selig werden könne?« Ich antwortete: »Ein katholischer Laie unbedenklich; ob ein Geistlicher, ist mir zweifelhaft; in ihm steckt ›die Sünde wider den heiligen Geist‹, und der Wortlaut der Schrift steht ihm entgegen.« Der Bischof beantwortete diese in scherzhaftem Tone gegebene Erwiderung lächelnd durch eine höflich ironische Verbeugung.

Nachdem unsre Verhandlungen resultatlos abgelaufen waren, wurde die Neubildung der 1860 gegründeten, jetzt Zentrum genannten katholischen Fraktion mit steigendem Eifer besonders von Savigny und Mallinckrodt betrieben. An dieser Fraktion habe ich die Beobachtung zu machen gehabt, daß, wie in Frankreich, so auch in Deutschland der Papst schwächer ist, als er erscheint, nicht so stark ist, daß wir seinen Beistand in unsern Angelegenheiten durch den Bruch mit den Sympathien andrer mächtiger Elemente erkaufen durften. Von dem désaveu des Kardinals Antonelli in dem Briefe an den Bischof Ketteler vom 5. Juni 1871, von der Zentrumsmission des Fürsten Isenburg, von der Unbotmäßigkeit des Zentrums bei Gelegenheit des Septennats habe ich den Eindruck erhalten, daß der Partei- und Fraktionsgeist, welchen die Vorsehung dem Zentrum an Stelle des Nationalismus andrer

Völker verliehen hat, stärker ist als der Papst, nicht auf einem Konzil ohne Laien, aber auf dem Schlachtfelde parlamentarischer und publizistischer Kämpfe innerhalb Deutschlands. Ob das auch der Fall sein würde, wenn der päpstliche Einfluß sich ohne Rücksicht auf konkurrierende Kräfte, namentlich den Jesuitenorden, geltend zu machen vermöchte, lasse ich, ohne an den plötzlichen Tod des Kardinalstaatssekretärs Franchi zu denken, dahingestellt sein. Von Rußland hat man gesagt: gouvernement absolu tempéré par le régicide. Ist ein Papst, der in der Nichtachtung der in der Kirchenpolitik konkurrierenden Organe zu weit ginge, vor kirchlichen »Nihilisten« sicherer als der Zar? Gegenüber Bischöfen, die im Vatikan versammelt sind, ist der Papst stark; und wenn er *mit* dem Jesuitenorden geht, stärker, als wenn er außerhalb seiner Residenz versucht, den Widerstand der weltlichen Jesuiten zu brechen, welche die Träger des parlamentarischen Katholizismus zu sein pflegen.

II

Der Beginn des Kulturkampfes war für mich überwiegend bestimmt durch seine polnische Seite. Seit dem Verzicht auf die Politik der Flottwell und Grolman, seit der Konsolidierung des Radziwilschen Einflusses auf den König und der Einrichtung der »katholischen Abteilung« im geistlichen Ministerium stellten die statistischen Data einen schnelleren Fortschritt der polnischen Nationalität auf Kosten der deutschen in Posen und Westpreußen außer Zweifel, und in Oberschlesien wurde das bis dahin stramm preußische Element der »Wasserpolacken« polonisiert; Schaffranek wurde dort in den Landtag gewählt, der uns das Sprichwort von der Unmöglichkeit der Verbrüderung der Deutschen und Polen in polnischer Sprache als Parlamentsredner entgegenhielt. Dergleichen war in Schlesien nur möglich auf Grund der amtlichen Autorität der katholischen Abteilung. Auf Klage bei dem Fürstbischof wurde dem Schaffranek untersagt, bei Wiederwahl auf der Linken zu »sitzen«; infolgedessen stand dieser kräftig gebaute Priester 5 und 6 Stunden und bei Doppelsitzungen 10 Stunden am Tage vor den Bänken der Linken stramm wie eine Schildwache und brauchte nicht erst aufzustehen, wenn er zu antideutscher Rede das Wort ergriff. In Posen und Westpreußen waren nach Ausweis amtlicher Berichte Tausende von Deutschen und ganze Ortschaften, die in der vorigen Generation amtlich deutsch waren, durch die Einwirkung der katholischen Abteilung polnisch erzogen und amtlich »Polen« geworden. Nach der Kompetenz, welche der Abteilung verliehen worden war, ließ sich ohne Aufhebung derselben hierin nicht abhelfen. Diese Aufhebung war also nach meiner Überzeugung als nächstes Ziel zu erstreben. Dagegen war natürlich der Radziwilsche Einfluß am Hof, nicht natürlich mein Kultuskollege, dessen Frau und Ihre Majestät die Königin. Der Chef der katholischen Abteilung war damals Krätzig, der früher Radziwilscher Privatbeamter gewesen und dies im Staatsdienst auch wohl geblieben war. Der Träger des Radziwilschen Einflusses war der jüngre beider Brüder, Fürst Bogislav, auch Stadtverordneter von Einfluß in Berlin. Der ältere, Wilhelm, und sein Sohn, Anton, waren zu ehrliche Soldaten, um sich auf polnische Intrigen gegen den König und dessen Staat einzulassen. Die katholische Abteilung des Kultusministeriums, ursprünglich gedacht als eine Einrichtung, vermöge deren katholische Preußen die Rechte ihres Staates in den Beziehungen zu Rom vertreten sollten, war durch den Wechsel der Mitglieder nach und nach zu einer Behörde geworden, welche inmitten der preußischen Bürokratie die römischen und polnischen Interessen gegen Preußen vertrat. Ich habe mehr als einmal dem Könige auseinandergesetzt, daß diese Abteilung schlimmer sei als ein Nuntius in Berlin. Sie handle nach Anweisungen, die sie aus Rom empfinge, vielleicht nicht immer von dem Papste, und sei neuerdings hauptsächlich polnischen Einflüssen zugänglich geworden. In dem Radziwilschen Hause seien die Damen deutschfreundlich, der ältere Bruder Wilhelm durch das Ehrgefühl des preußischen Offiziers in derselben Richtung gehalten, ebenso dessen Sohn Anton, bei dem die persönliche Anhänglichkeit an Se. Majestät hinzukomme. Aber in dem treibenden Elemente des Hauses, den Geistlichen und dem Fürsten Bogislav und dessen Sohn, sei das polnische Nationalgefühl stärker als jedes andre und werde gepflegt auf der Basis des Zusammengehens der polnischen mit den römisch-klerikalen Interessen, auf der einzigen im Frieden gangbaren, aber auch sehr geläufig gangbaren Basis. Nun sei der Chef der katholischen Abteilung, Krätzig, so gut wie ein Radziwilscher Leibeigner. Ein Nuntius würde die Interessen der katholischen Kirche, aber nicht die der Polen zu vertreten als seine Hauptaufgabe ansehen, werde nicht die intimen Verbindungen mit der Bürokratie besitzen wie die Mitglieder der katholischen Abteilung, die in der Garnison der ministeriellen Zitadelle unsres Verteidigungssystems gegen revolutionäre Anläufe als staatsfeindliche Parteigänger säßen, ein Nuntius endlich werde als Mitglied des diplomatischen Korps an der Erhaltung guter Beziehungen zu seinem Souverän und an der Pflege des Verhältnisses zu dem Hofe, an dem er beglaubigt, persönlich interessiert sein.

Wenn es mir auch nicht gelang, die übrigens mehr äußerliche und formelle Abneigung des Kaisers gegen einen Nuntius in Berlin zu überwinden, so überzeugte er sich doch von der Gefährlichkeit der katholischen Abteilung und gab seine Genehmigung zur Abschaffung derselben trotz des Widerstandes seiner Gemahlin. Unter ehelichem Einfluß wehrte sich Mühler gegen die Abschaffung, über welche alle übrigen Minister einverstanden waren. Zur dekorativen Platierung seines Abganges wurde eine Differenz über eine die Verwaltung der Museen betreffende Personalfrage benutzt: in der Tat fiel er über Krätzig, den Polonismus, trotz des Rückhaltes, den er und seine Frau durch Damenverbindungen am Hofe hatten.

III

Auf die juristische Detailarbeit der Maigesetze würde ich nie verfallen sein; sie lag mir ressortmäßig fern, und weder in meiner Absicht noch in meiner Befähigung [lag es], Falk als Juristen zu kontrollieren oder zu korrigieren. Ich konnte als Ministerpräsident überhaupt nicht gleichzeitig den Dienst des Kultusministers tun, auch wenn ich vollkommen gesund gewesen wäre. Erst durch die Praxis überzeugte ich mich, daß die juristischen Einzelheiten psychologisch nicht richtig gegriffen waren. Der Mißgriff wurde mir klar an dem Bilde ehrlicher, aber ungeschickter preußischer Gendarmen, welche mit Sporen und Schleppsäbel hinter gewandten und leichtfüßigen Priestern durch Hintertüren und Schlafzimmer nachsetzen. Wer annimmt, daß solche in mir auftauchende kritische Erwägungen sofort in Gestalt einer Kabinettskrisis zwischen Falk und mir sich hätten verkörpern lassen, dem fehlt das richtige, nur durch Erfahrung zu gewinnende Urteil über die Lenkbarkeit der Staatsmaschine in sich und in ihrem Zusammenhange mit dem Monarchen und den Parlamentswahlen. Diese Maschine ist zu plötzlichen Evolutionen nicht imstande, und Minister von der Begabung Falks wachsen bei uns nicht wild. Es war richtiger, einen Kampfgenossen von dieser Befähigung und Tapferkeit in dem Ministerium zu haben, als durch Eingriffe in die verfassungsmäßige Unabhängigkeit seines Ressorts die Verantwortlichkeit für die Verwaltung oder Neubesetzung des Kultusministeriums auf mich zu nehmen. Ich bin in dieser Auffassung verharrt, solange ich Falk zum Bleiben zu bewegen vermochte. Erst nachdem er gegen meinen Wunsch durch weibliche Hofeinflüsse und ungnädige königliche Handschreiben derartig verstimmt worden war, daß er sich nicht halten ließ, bin ich an eine Revision seiner Hinterlassenschaft gegangen, der ich nicht nähertreten wollte, solange das nur durch Bruch mit ihm möglich war.

Falk unterlag derselben Taktik, die am Hofe gegen mich nicht mit demselben Erfolge, aber mit gleichen Mitteln in Anwendung gebracht worden war; er unterlag derselben, teils weil er für Hofeindrücke empfindlicher war als ich, teils weil ihm die Sympathie des Kaisers nicht in gleichem Maße zur Seite stand wie mir. Die antiministerielle Tätigkeit der Kaiserin fand ihre ursprüngliche Quelle in der Unabhängigkeit des Charakters, welche es ihr erschwerte, mit einer Regierung zu gehn, die nicht in ihren eignen Händen lag, und welche ihr ein Menschenalter hindurch den Weg der Opposition gegen die jedesmalige Regierung anziehend machte. Sie war nicht leicht der Meinung eines andern. Zur Zeit des Kulturkampfes wurde diese Neigung gefördert durch die katholische Umgebung Ihrer Majestät, welche aus dem ultramontanen Lager Informationen und Anweisung erhielt. Diese Einflüsse nutzten mit Geschick und Menschenkenntnis die alte Neigung der Kaiserin aus, auf die jedesmalige Staatsregierung verbessernd einzuwirken. Ich habe Falk wiederholt seine beabsichtigten Abschiedsgesuche ausgeredet, die sich an kaiserliche Handschreiben ungnädigen Inhalts, welche wohl nicht der eignen Initiative des hohen Herrn entsprungen waren, und an verletzendes Benehmen gegen seine Frau am Hofe knüpften. Ich empfahl ihm, sich den ungnädigen, aber auch unkontrasignierten allerhöchsten Erlassen gegenüber, die weniger an den Kulturkampf als an die Beziehungen des Kultusministers zum Oberkirchenrat und zur evangelischen Kirche anknüpften, passiv zu verhalten, allenfalls seine Beschwerden an das Staatsministerium zu bringen, dessen Anträge, wenn sie einhellig waren, der König zu berücksichtigen pflegte. Endlich aber wurde er dadurch, daß er Kränkungen ausgesetzt war, die seinem Ehrgefühl empfindlich waren, doch bestimmt, seinen Abschied zu nehmen. Alle Erzählungen, nach denen ich ihn aus dem Ministerium verdrängt haben soll, beruhen auf Erfindung, und ich habe mich gewundert, daß er selbst ihnen niemals in der Öffentlichkeit widersprochen hat, obschon er mit mir stets in befreundeten Beziehungen geblieben ist. Aus den Vorgängen, welche für seinen Rücktritt entscheidend wurden, ist mir erinnerlich, daß es die Streitigkeiten mit dem Oberkirchenrat und den ihm nahestehenden Geistlichen waren, welche den Bruch mit Sr. Majestät herbeiführten, nicht ohne daß aus der Zuspitzung der Entwicklung des vorhandenen Streitmaterials gegen Falk sich die Mitwirkung geschickterer Hände und feinerer Arbeit erkennen ließ, als den formellen Ratgebern des Kaisers in seiner Eigenschaft als summus episcopus eigen war.

IV

Nach seinem Abgange war ich vor die Frage gestellt, ob und wie weit ich bei der Wahl eines neuen Kultuskollegen die mehr juristische als politische Linie Falks im Auge behalten oder meinen mehr gegen Polonismus als gegen Katholizismus gerichteten Auffassungen ausschließlich folgen sollte. In dem Kulturkampfe war die parlamentarische Regierungspolitik durch den Abfall der Fortschrittspartei und den Übergang derselben zum Zentrum gelähmt, indem sie im Reichstage einer durch gemeinsame Feindschaft zusammengehaltenen Majorität von Demokraten aller Schattierungen, im Bunde mit Polen, Welfen, Franzosenfreunden und Ultramontanen, ohne Unterstützung durch die Konservativen gegenüberstand. Die Konsolidierung unsrer neuen Reichseinheit wurde durch diese Zustände gehemmt und, wenn sie dauerten oder sich verschärften, gefährdet. Der nationale Schaden konnte auf diesem Wege größer werden als auf dem eines Verzichtes auf den meiner Ansicht nach *entbehrlichen* Teil der Falkschen Gesetzgebung. Für *nicht entbehrlich* hielt ich die Beseitigung der Verfassungsartikel, die Kampfmittel gegen den Polonismus und vor allem die Herrschaft des Staates über die Schule. Wahrten wir die, so behielten wir aus dem Kulturkampfe beim Frieden immer einen wertvollen Siegespreis im Vergleich mit den Zuständen vor Ausbruch des Kampfs. Über die Grenze, bis zu der wir der Kurie entgegenkommen konnten, hatte ich mich also mit meinen Kollegen zu verständigen. Der Widerstand der Gesamtheit der im Kampf beteiligt gewesenen Ministerialräte war dabei nachhaltiger als der meiner unmittelbaren Kollegen, zunächst mit dem [des] Nachfolger[s] Falks, als welchen ich dem Könige Puttkamer vorschlug. Aber auch nach diesem Personenwechsel wollte es mir nicht so bald gelingen, die Kirchenpolitik zu ändern, wenn ich nicht neue, dem Könige unwillkommene und mir unerwünschte Kabinettskrisen herbeiführen wollte. Die Erinnerungen an die Zeiten der Anwerbung neuer Kollegen gehörten zu den unerquicklichsten meiner amtlichen Laufbahn. Um mich mit Herrn v. Puttkamer zu einigen, hätte ich die Unterstützung der kulturkampfgewöhnten Räte seines Ministeriums gewinnen müssen, und das überstieg meine Kräfte. Die Erklärung der Falkschen Kirchenpolitik ist nicht ausschließlich auf dem Gebiete des katholischen Kirchenstreits zu suchen; sie wurde gelegentlich auch durch die evangelische Kirchenfrage gekreuzt und beeinflußt. In dieser stand Herr von Puttkamer den am Hofe wirksamen Auffassungen näher als Falk, und mein Wunsch, den Kampf mit Rom auf ein engeres Gebiet einzuschränken, hätte bei meinem neuen Kollegen persönlich wohl keinen Widerstand gefunden. Die Hemmnisse lagen aber teils in dem Schwergewicht der vom Zorne des Kulturkampfes erregten Räte, denen Herr von Puttkamer auch die natürliche und herkömmliche Entwicklung unsrer Orthographie zum Opfer zu bringen sich genötigt glaubte, teils in dem Widerstreben meiner übrigen Kollegen gegen jeden Anschein von Nachgiebigkeit dem Papste gegenüber.

Meine ersten Versuche zur Anbahnung des kirchlichen Friedens fanden auch bei Sr. Majestät keinen Anklang. Der Einfluß der höchsten evangelischen Geistlichkeit war damals stärker als der katholisierende der Kaiserin und letztere vom Zentrum her ohne Anregung, weil dort die Anfänge des Einlenkens ungenügend befunden wurden und es auch dort wie am Hofe immer noch wichtiger schien, mich zu bekämpfen, als versöhnliche Bestrebungen, die von mir ausgingen, zu unterstützen. Die aus der Situation hervorgehenden Kämpfe wiederholten sich, allmählich schwerer werdend.

Es bedurfte noch jahrelanger Arbeit, um ohne neue Kabinettskrisen an die Revision der Maigesetze gehen zu können, für deren Vertretung in parlamentarischen Kämpfen nach der Desertion der freisinnigen Partei in das ultramontane Oppositionslager die Majorität fehlte. Ich war zufrieden, wenn es gelang, dem Polonismus gegenüber die im Kulturkampf gewonnenen Beziehungen der Schule zu dem Staate und die eingetretene Änderung der einschlagenden Verfassungsartikel als definitive Errungenschaften festzuhalten. Beide sind in meinen Augen wertvoller als die maigesetzlichen Verbote geistlicher Tätigkeit und der juristische Fangapparat für widerstrebende Priester, und als einen wichtigen Gewinn durfte ich schon die Beseitigung der katholischen Abteilung und der staatsgefährlichen Tätigkeit derselben in Schlesien, Polen und Preußen betrachten. Nachdem die Freisinnigen den von ihnen mehr wie von mir betriebenen »Kulturkampf«, dessen Vorkämpfer Virchow und Genossen gewesen waren, nicht nur aufgegeben hatten, sondern im Parlament wie in den Wahlen das Zentrum unterstützten, war letzteren gegenüber die Regierung in der Minorität. Der aus Zentrum, Fortschritt, Sozialdemokraten, Polen, Elsässern, Dänen bestehenden kompakten Mehrheit gegenüber war die Politik Falks im Reichstage ohne Aussicht. Ich hielt um so mehr für angezeigt, den Frieden anzubahnen, wenn die Schule gedeckt, die Verfassung von den aufgehobenen Artikeln und der Staat von der katholischen Abteilung befreit blieb.

Nachdem ich den Kaiser schließlich gewonnen hatte, war bei Abschätzung des Festzuhaltenden und des Aufzugebenden die neue Stellung der Fortschrittspartei und der Sezessionisten ein entscheidendes Moment; anstatt die Regierung zu unterstützen, schlossen sie bei Wahlen und Abstimmungen Bündnisse mit dem Zentrum und hatten Hoffnungen gefaßt, die in dem sog. Ministerium Gladstone (Stosch, Rickert usw.), das heißt in liberalkatholischer Koalition, ihren Ausdruck fanden.

Im Jahre 1886 gelang es, die von mir teils erstrebte, teils als zulässig erkannte Gegenreformation zum Abschluß zu bringen, den Modus vivendi zu erreichen, der immer noch, verglichen mit dem Status quo vor 1871, ein für den Staat günstiges Ergebnis des ganzen Kulturkampfes aufweist.

Inwieweit derselbe von Dauer sein und die konfessionellen Kämpfe nun ruhen werden, kann nur die Zeit lehren. Es hängt das von kirchlichen Stimmungen ab und von dem Grade der Streitbarkeit nicht bloß des jedesmaligen Papstes und seiner leitenden Ratgeber, sondern auch der deutschen Bischöfe und der mehr oder weniger hochkirchlichen Richtung, welche im Wechsel der Zeit in der katholischen Bevölkerung herrscht. Eine feste Grenze der römischen Ansprüche an die paritätischen Staaten mit evangelischer Dynastie läßt sich nicht herstellen. Nicht einmal in rein katholischen Staaten. Der uralte Kampf zwischen Priestern und Königen wird nicht heute zum Abschluß gelangen, namentlich nicht in Deutschland. Wir haben vor 1870 Zustände gehabt, auf Grund welcher die Lage der katholischen Kirche gerade in Preußen als mustergültig und günstiger als in den meisten rein katholischen Ländern auch von der Kurie anerkannt wurde. In unsrer innern Politik, namentlich der parlamentarischen, haben wir aber keine Wirkung dieser konfessionellen Befriedigung gespürt. Die Fraktion der beiden Reichensperger gehörte schon lange vor 1871, ohne daß deshalb die Führer persönlich in den Ruf des Händelmachens verfielen, dauernd der Opposition gegen die Regierung des evangelischen Königshauses an. Bei jedem Modus vivendi wird Rom eine evangelische Dynastie und Kirche als eine Unregelmäßigkeit und Krankheit betrachten, deren Heilung die Aufgabe seiner Kirche sei. Die Überzeugung, daß dem so ist, nötigt den Staat noch nicht, seinerseits den Kampf zu suchen und die Defensive der römischen Kirche gegenüber aufzugeben, denn alle Friedensschlüsse in dieser Welt sind Provisorien, gelten nur bis auf weiteres; die politischen Beziehungen zwischen unabhängigen Mächten bilden sich in ununterbrochenem Flusse, entweder durch Kampf oder durch die Abneigung der einen oder der andern Seite vor Erneuerung des Kampfes. Eine Versuchung zur Erneuerung des Streites in Deutschland wird für die Kurie stets in der Entzündlichkeit der Polen, in der Herrschsucht des dortigen Adels und in dem durch die Priester genährten Aberglauben der untern Volksschichten liegen. Ich habe im Kissinger Lande deutsche und schulgebildete Bauern gefunden, die fest daran glaubten, daß der am Sterbebette in sündigem Fleische stehende Priester den Sterbenden durch Verweigerung oder Gewährung der Absolution direkt in die Hölle oder den Himmel schicken könne, man ihn also auch politisch zum Freunde haben müsse. In Polen wird es mindestens ebenso sein und schlimmer, weil dem ungebildeten Manne eingeredet ist, daß deutsch und lutherisch ebenso wie polnisch und katholisch identische Begriffe seien. Ein ewiger Friede mit der römischen Kurie liegt nach den gegebenen Lebensbedingungen ebenso außerhalb der Möglichkeit wie ein solcher zwischen Frankreich und dessen Nachbarn. Wenn das menschliche Leben überhaupt aus einer Reihe von Kämpfen besteht, so trifft das vor allem bei den gegenseitigen Beziehungen unabhängiger politischer Mächte zu, für deren Regelung ein berufenes und vollzugsfähiges Gericht nicht vorhanden ist. Die römische Kurie aber ist eine unabhängige politische Macht, zu deren unabänderlichen Eigenschaften derselbe Trieb zum Umsichgreifen gehört, der unsern französischen Nachbarn innewohnt. Für den Protestantismus bleibt ihr das durch kein Konkordat zu beruhigende aggressive Streben des Proselytismus und der Herrschsucht; sie duldet keine Götter neben ihr.

V

In die Hitze des Kulturkampfes fiel ein Besuch des Königs Viktor Emanuel in Berlin, September 1873. Ich hatte durch Herrn von Keudell erfahren, daß der König eine Dose mit Brillanten, deren Wert auf 50 000 bis 60 000 Franken, ungefähr auf das Sechs- bis Achtfache des bei solchen Gelegenheiten

Üblichen, angegeben wurde, hatte anfertigen lassen und dem Grafen Launay zur Überreichung an mich zustellen lassen. Gleichzeitig kam es zu meiner Kenntnis, daß Launay die Dose mit Angabe des Wertes seinem Hausnachbarn, dem bayrischen Gesandten Baron Pergler von Perglas, gezeigt hatte, der unsern Gegnern in dem Kulturkampfe persönlich nahestand. Der hohe Wert des mir zugedachten Geschenkes konnte also Anlaß geben, dasselbe in Verbindung zu bringen mit der Anlehnung, welche der König von Italien von dem Deutschen Reiche damals erstrebte und erlangte. Als ich dem Kaiser meine Bedenken gegen die Annahme des Geschenkes vortrug, hatte er zunächst den Eindruck, als ob ich es überhaupt unter meiner Würde fände, eine Porträtdose anzunehmen, und sah darin eine Verschiebung der Traditionen, an welche er gewöhnt war. Ich sagte: »Gegenüber einem solchen Geschenke von durchschnittlichem Werte würde ich auf den Gedanken der Ablehnung nicht gekommen sein. In diesem Falle aber hätte nicht das fürstliche Bildnis, sondern hätten die verkäuflichen Diamanten das für die Beurteilung des Vorgangs entscheidende Gewicht; mit Rücksicht auf die Lage des Kulturkampfes müßte ich Anknüpfungspunkte für Verdächtigungen vermeiden, nachdem der den Umständen nach übertriebene Wert der Dose durch die nachbarlichen Beziehungen von Perglas konstatiert und in der Gesellschaft hervorgehoben worden sei.« Unter meinen Argumenten in der Diskussion befand sich auch eine Frage: Würden Ew. M. z. B. dem Fürsten Gortschakow eine teure Dose geben? Der Kaiser antwortete: Sie haben recht, nehmen Sie die Dose nicht. Etwa ein Jahr darauf bei unserm Besuch in Petersburg fragte mich S. M.: Was kann ich nur dem Fürsten Gortschakow geben, er hat schon alles, auch Porträt, vielleicht eine Büste? Ich sondierte den Fürsten vertraulich und erhielt sofort die Antwort: Laß Er mir (Russizismus) eine tüchtige Dose geben mit guten Steinen. Ich melde dies Sr. M. etwas beschämt über meinen Mangel an Menschenkenntnis; wir lachten beide, und Gortschakow bekam seine Dose. Nachdem ich meine Auffassung durch Herrn von Keudell zur Kenntnis des Grafen Launay gebracht hatte, wurde der Dose ein sehr hübsches und ähnliches Porträt des Königs substituiert mit dieser an meinen Annunziatenorden erinnernden eigenhändigen Unterschrift:

Al Principe Bismarck. Berlino 26. Settembre 1873.
Affezionatissimo cugino
Vittorio Emanuele.

Der König behielt jedoch das Bedürfnis, mir einen verstärkten Ausdruck seines Wohlwollens zu geben durch ein dem ursprünglich beabsichtigten im Werte analoges, aber nicht verkäufliches Geschenk, und ich erhielt als Zugabe zu der schmeichelhaften Unterschrift des Porträts eine Alabastervase von ungewöhnlicher Größe und Schönheit, deren sichere Verpackung und Beförderung bei der überstürzten Räumung meiner Amtswohnung, zu der mein Nachfolger mich nötigte, nicht ohne Schwierigkeit war.

VI

Die »Germania« vom 6. Dezember 1891 deduziert aus dem Briefwechsel zwischen dem Grafen von Roon und Moritz von Blankenburg, veröffentlicht in der »Deutschen Revue«, daß ich den Widerstand des Kaisers gegen die Zivilehe gebrochen hätte.

Blanckenburg war ein Kampfgenosse, dessen Hauptwert für mich in unsrer aus den Kinderjahren datierenden und bis zu seinem Tode fortdauernden Freundschaft bestand. Dieselbe war aber auf seiner Seite nicht identisch mit Vertrauen oder Hingebung auf dem politischen Gebiete; auf diesem hatte ich die Konkurrenz seiner politischen und konfessionellen Beichtväter zu bestehen, und bei diesen war nicht die Absicht, bei Blanckenburg nicht die Befähigung vorhanden, das historische Fortschreiten deutscher und europäischer Politik in breitem Überblick zu beurteilen. Er selbst war ohne Ehrgeiz und frei von der Krankheit vieler altpreußischer Standesgenossen, dem Neide gegen mich; aber sein politisches Urteil konnte sich schwer losreißen von dem preußisch-partikularistischen, ja pommerisch-lutherischen Standpunkte. Sein hausbackner gesunder Menschenverstand und seine Ehrlichkeit machten ihn unabhängig von konservativen Parteiströmungen, denen beides fehlte; von dieser Unabhängigkeit war jedoch die vorsichtige Bescheidenheit in Abrechnung zu bringen, mit welcher ihn die Fremdartigkeit erfüllte, die das politische Gebiet für ihn behielt. Er war weich und gegen Beredsamkeit nicht gepanzert, keine unerschütterliche Säule, auf welche ich mich hätte stützen können. Der Kampf zwischen seinem Wohlwollen für mich und seinem Mangel an Energie andern Einflüssen gegenüber bewog ihn schließlich, sich von der Politik überhaupt zurückzuziehen. Als ich ihn das erstemal zum landwirtschaftlichen Minister vorgeschlagen hatte, scheiterte die Ausführung an dem Widerstande derselben Kollegen, welche vorher meine an Blanckenburg gerichtete Anfrage gebilligt hatten. Ich lasse dahingestellt sein, ob die Abneigung meines Freundes, unter übelwollender Aufsicht dauernd auf dem Präsentierteller der Öffentlichkeit zu stehen, bei dem Mißlingen meiner Absicht, diese konservative Kraft in das Ministerium zu ziehen, mitgewirkt hat; bei seiner zweiten und definitiven Ablehnung unter dem 10. November 1873* war dies zweifellos der Fall. Mangel an Klarheit zeigte sich in seinem Briefe an Roon vom April 1874**, in welchem er gleichzeitig von seiner Ablehnung und von meinem Fallenlassen Falk gegenüber spricht. Wenn die konservative Partei in der Person ihrer damaligen Hauptredner und Führer Blanckenburg und Kleist-Retzow bereitwillig mit mir gegangen wäre, so würde die Mischung des Ministeriums eine andre und das, was in dem Briefe die Falksche Sackgasse genannt ist, vielleicht nicht notwendig geworden sein. Die ministerielle Ablehnung ist aber, wie der Brief dokumentiert, von Blankenburg selbst ausgegangen, vielleicht nicht unbeeinflußt durch die Residuen der Kämpfe der »armen Lutheraner«, der »Alt-Lutheraner«, zu denen Blankenburg sich hielt, in den dreißiger Jahren. Als er sich von der Politik zurückzog, hatte ich die Empfindung, daß er mich im Stiche ließ.

Daß ich den Widerstand des Kaisers Wilhelm gegen die Zivilehe gebrochen hätte, ist eine der Erfindungen des demokratischen Jesuitismus, welchen die »Germania«*** vertritt. Die Abneigung des Kaisers wurde überwunden durch den Druck, welchen die Majorität der ohne mich und unter Roons formalem Präsidium in Berlin anwesenden Minister auf Se. Majestät ausübte, und welcher so weit ging, daß der Kaiser zwischen Annahme des Gesetzentwurfs und Neubildung des Ministeriums zu wählen hatte. In meinem damaligen Gesundheitszustande wäre ich der Aufgabe nicht gewachsen gewesen, aus den mir und sich untereinander feindlichen Fraktionen ein neues Kabinett behufs Fortsetzung der Kämpfe nach allen Seiten hin zu rekrutieren. Wenn der Kaiser in dem Briefe vom 8. Mai 1874 sagt, daß er trotz seiner Hinfälligkeit noch zweimal dagegen geschrieben habe, so waren diese Schreiben nicht an mich, sondern an das Ministerium in Berlin gerichtet, und ich habe ihm nur geraten, zwischen der obligatorischen Zivil-

---

* Deutsche Revue, Oktober 1891, S. 140
** Deutsche Revue, Dezember 1891, S. 270
*** 1891, Nr. 281

ehe und einem Ministerwechsel für erstere zu optieren, unter Bezugnahme darauf, daß ich, krank und abwesend, nicht imstande sein würde, ihm ein neues Kabinett sofort zu bilden. Unzweifelhaft war seine Abneigung gegen die Zivilehe noch größer als die meinige; ich hielt mit Luther die Eheschließung für eine bürgerliche Angelegenheit, und mein Widerstand gegen Anerkennung dieses Grundsatzes beruhte mehr auf Achtung vor der bestehenden Sitte und der Überzeugung der Massen als auf eigenen christlichen Bedenken.

14. KAPITEL

BRUCH MIT DEN KONSERVATIVEN

I

Der Bruch der Konservativen mit mir, der 1872 mit Geräusch vollzogen wurde, hatte zuerst 1868 vorgespukt in den Debatten über den hannoverschen Provinzialfonds. Nachdem der Gesetzentwurf, welchen die Regierung in Erfüllung einer den Hannoveranern im Jahre zuvor gemachten Zusage dem Landtage vorgelegt hatte, schon in der Kommission von den konservativen Mitgliedern lebhaft bekämpft worden war, brachten die Abgeordneten von Brauchitsch und von Diest im Plenum einen Antrag ein, der die Vorlage wesentlich einschränkte. Der erstere entwickelte als Wortführer die Gründe, aus denen die konservative Partei nicht für das Gesetz stimmen könne. Meine eingehende Widerlegung habe ich damals mit den Worten geschlossen: »Es ist eine konstitutionelle Regierung nicht möglich, wenn die Regierung nicht auf eine der größeren Parteien mit voller Sicherheit zählen kann auch in solchen Einzelheiten, die der Partei vielleicht nicht durchweg gefallen – wenn nicht diese Partei den Überschlag ihrer Rechnung dahin zieht: Wir gehen im großen und ganzen mit der Regierung; wir finden zwar, daß sie ab und zu eine Torheit begeht, aber doch bisher noch weniger Torheiten brachte als annehmbare Maßregeln; um deswillen wollen wir ihr die Einzelheiten zugute halten. Hat eine Regierung nicht wenigstens eine Partei im Lande, die auf ihre Auffassungen und Richtungen in dieser Art eingeht, dann ist ihr das konstitutionelle Regiment unmöglich, dann muß sie gegen die Konstitution arbeiten; sie muß sich eine Mehrheit künstlich schaffen oder vorübergehend zu erwerben suchen. Sie verfällt dann in die Schwäche der Koalitionsministerien, und ihre Politik gerät in Schwankungen, die für das Staatswesen und namentlich das konservative Prinzip von nachteiliger Wirkung sind.«

Ungeachtet dieser Warnung gelangte das Gesetz mit einer von der Regierung zugestandenen Abschwächung am 6. Februar nur mit einer Mehrheit von 5 Stimmen zur Annahme, weil die meisten Konservativen dagegen stimmten. Auch in der Kommission des Herrenhauses wiederholte sich der Angriff von konservativer Seite. Mit welchen Mitteln damals operiert wurde, zeigt folgender Vorgang. Karl von Bodelschwingh, während des Konflikts Finanzminister, der 1866 die Beschaffung der für den Krieg erforderlichen Geldmittel abgelehnt hatte und deshalb durch den Freiherrn von der Heydt ersetzt worden war, hatte in der konservativen Fraktion verbreitet, daß mir die Ablehnung der Vorlage eigentlich recht sein würde, und erbot sich, dafür einen Beweis zu erbringen. Er trat in dem Sitzungssaale beim Beginn der Verhandlungen an mich heran, leitete ein gleichgültiges Gespräch mit der Frage nach dem Befinden meiner Frau ein und kehrte in die Mitte seiner Fraktionsgenossen zurück mit der Erklärung, er sei nach Rücksprache mit mir seiner Sache sicher.

Wenn man die sehr sachkundigen Berichte liest, welche Roon, damals in Bordighera, im Februar 1868 von Mitgliedern der konservativen Partei empfing, abgedruckt in der »Deutschen Revue« vom April 1891, so sieht man, daß die Konservativen von mir verlangten, in ihre Fraktion einzutreten. Ich hatte wenig Zeit übrig, war präokkupiert durch das, was wir von Frankreich zu erwarten hatten, durch die Möglichkeit, ja Wahrscheinlichkeit, daß Österreich unter Beust auf französische Kriegspläne eingehen werde, um 1866 ungeschehen zu machen, durch die Frage, welche Stellung Rußland, Bayern, Sachsen zu solchen Konjunkturen nehmen würden, endlich durch das Bestehen einer hannoverschen Legion. Diese Sorgen und die Arbeit, zu denen sie nötigten, erschöpften mich vollständig, und dabei verlangten die Herren, ich sollte jeden einzelnen Privatpolitiker ihrer Fraktion aufsuchen, bekehren. Ich tat das sogar, soweit ich konnte, aber meine Versuche wurden durch die Intrigen von Bodelschwingh und die Leidenschaftlichkeit von Vincke, Diest, Kleist-Retzow und andern verstimmten und eifersüchtigen Standes- und früheren Fraktionsgenossen vereitelt.

Wie Roon selbst über die ihm berichteten Zustände dachte, ergibt sich aus seinem Briefe an mich vom 19. Februar 1868, aus Bordighera, dessen einschlagende Stellen lauten:

»Wie es nach den Zeitungen scheint, so haben Sie sich und andre wieder weidlich geärgert. Mich wundert das nicht, aber es wurmt mich, daß Dissonanzen so ernster Art nicht vermieden werden konnten, Dissonanzen, wel-

che die Liberalen von Profession in einen lauten Freudenrausch versetzen
und die Konservativen von Metier noch konfuser zu machen scheinen, als
sie es leider ohnehin schon sind. Was sollen sie nach Galignani* nicht alles
gesagt haben! Man hat mir die bezüglichen stenographischen Berichte verheißen; leider sind sie noch nicht in meinen Händen. Ohnehin bin ich in der
Hauptsache – in der Ihres gedrohten Rücktritts – vollkommen ruhig, denn
ich halte einen solchen, den Fall der physischen Unmöglichkeit ausgenommen, für absolut unmöglich. Beunruhigt aber bin ich dennoch über die immer drohendere Zersetzung der konservativen Partei, welche, falls sie sich
in der von den Liberalen gehofften Weise vollziehen sollte, von mir für eine
sehr ernste und bedeutungsschwere Sache gehalten werden würde, für einen Vorgang, der Sie und die Regierung zu einem gehorsamen Werkzeug
der liberalen Partei herabwürdigen müßte. Zwar verstehe ich, daß es für
unsre Politik nützlich, wenn die Liberalen die Hoffnung behalten, die Hand
mit ans Ruder legen zu können. Aber ebenso begreife ich, daß *es* schädlich
sein würde, wenn die Situation sich so gestaltete, daß ihre Teilnahme am
Regiment eine unvermeidliche Notwendigkeit wäre. Sie werden dagegen
vielleicht bemerken, daß die Verworrenheit, Rat- und Kopflosigkeit der
Konservativen – ganz abgesehen von der neidischen und boshaften Überhebung einzelner – von selbst dahin führen werde, und daß Sie dagegen nichts
tun können. Aber ist denn das ganz richtig? Hätten Sie Ihre bedeutenden
Ressourcen ernstlich dazu verwandt, die konservative Partei, die leider
noch immer nicht klar erkennt, daß ihre heutige Aufgabe eine andre sein
muß als 1862 und in den folgenden Jahren, zu endoktrinieren und zu orga-
nisieren, und wollen Sie das heute noch versuchen, so wird nicht nur die
Mesalliance mit den Liberalen vermieden werden können, sondern auch
aus der reformierten konservativen Partei der dauerhafteste und sicherste
Stab für die Wanderung auf dem schwierigen, aber unvermeidlichen Wege
konservativen Fortschritts in innerer reformatorischer Erneuerung gemacht werden können. – Wohl kann ein Mensch, wie bedeutend er auch von
Gott ausgestattet worden, nicht alles selbst tun, was getan werden muß. Indem ich dies ausspreche, schließe ich jeden Vorwurf aus, der für Sie in vorstehendem gefunden werden könnte. Ich erkenne vielmehr gern und wiederholt an, daß Ihre amtlichen Helfer Ihnen und Ihren Zielen nicht die

---

* Galignani's Messenger, ein in Paris erscheinendes englisches Blatt.

entsprechende Unterstützung gewähren. Und wenn ich von der Reform der konservativen Partei sprach, so erkenne ich an, daß diese Aufgabe zunächst die des Ministers des Innern sein sollte. Aber besitzt Graf E[ulenburg] das zu der Lösung derselben unentbehrliche Vertrauen? (und Pflichtgefühl!) Wo sollen Sie andre Kollegen hernehmen, namentlich einen andern Minister des Innern? Aus der Reihe der Nationalliberalen? Der Gedanke ist mir unerträglich. Aus den Konservativen? Wen aber? Die organisatorisch schöpferischen Geister unter ihnen sind unbekannte Größen, und so sehr ich unsrem bürokratischen Unwesen abhold bin, das sehe ich ein, der Betreffende müßte es kennen, um es reformieren zu können.«

Einige Tage später, am 25. Februar, schrieb Roon an einen nicht genannten Parteigenossen:

»... Über Politik und Konflikt möchte ich am liebsten gar nichts schreiben, nachdem ich auf Grund des am 9. mir gesandten vertraulichen Berichtes am 19. an Graf Bismarck geschrieben, um ihm mein Bedauern auszusprechen, daß die Dinge so verlaufen sind usw. Die stenographischen Berichte, welche mir verheißen sind, können wahrscheinlich an meiner Auffassung der Dinge nichts ändern: Bismarck kann unmöglich alles selbst tun. Die notwendig gewordene Organisation oder Reorganisation der konservativen Partei ist eine Sache des Ministers des Innern, und weder Bismarck noch ich, noch Blankenburg oder sonst jemand hat dazu den amtlichen Beruf. Ist der dazu allein Berufene dazu nicht geneigt oder geeignet, so fehlt ihm etwas Unentbehrliches für sein Amt, und die daraus sich ergebende Folgerung mag man ziehen und darnach verfahren. Was durch Bismarcks Verhalten gegen die Konservativen, durch meine oder Blankenburgs Abwesenheit an heilsamer Einwirkung etwa unterblieben ist: daraus kann man auch für Bismarck kaum einen wohlbegründeten Vorwurf ableiten. Wenn man, wie ich, ganz sicher weiß, wie Ungeheures B. zu leisten hat und auch leistet, so kann man ihn billigerweise nicht schelten, daß er nicht auch noch mehr leistet und für seines Kollegen Versäumnis oder Unfähigkeit eintritt. Der allein gegen ihn zu begründende Vorwurf würde vielmehr nur darin bestehen, wenn man mit Grund behaupten könnte, daß er nicht alles was möglich getan, um sich wirksamere Gehilfen zu verschaffen, und vielleicht kann man dies; aber ich, der ich die betreffenden persönlichen Beziehungen, trotz meiner Entfernung, vielleicht besser und richtiger beurteilen kann als sonst jemand, vermag doch kaum eine solche Behauptung mit voller Bestimmtheit auszusprechen. Übrigens wird der Bruch heilen, denn er *muß* heilen; wir können uns auf keine andre Partei in der Hauptsache stützen, aber die Partei *muß endlich begreifen*, daß ihre heutigen Auffassungen und Aufgaben *wesentlich andre sein müssen* als zur Zeit des Konflikts; sie muß eine Partei des *konservativen Fortschritts* sein und werden und die Rolle des Hemmschuhs aufgeben, so wesentlich und notwendig solche zur Zeit der Übermacht des demokratischen Fortschritts und der damit angedrohten demagogischen Unterstützung auch sein mochte und in der Tat gewesen ist. Dies sind in nuce meine Gedanken über die neueste Situation; natürlich sind sie nur für die allervertrautesten Kreise zur Mitteilung geeignet ...«

II

Roons Erwartung erfüllte sich nicht; die konservative Partei blieb, was sie war; der Konflikt, in welchen sie sich mit mir versetzt hatte, dauerte mehr oder weniger latent fort. Ich begreife, daß meiner Politik die mit dem vulgären Namen »Kreuzzeitung« bezeichnete konservative Richtung feindlich war, in manchen Mitgliedern aus achtbaren prinzipiellen Gründen, die in dem einzelnen eine stärkere Triebkraft ausübten als ihr mehr preußisches wie deutsches Nationalgefühl. In andern, ich möchte sagen in meinen Gegnern zweiter Klasse, lag das Motiv der Opposition im Strebertum – ôte-toi, que je m'y mette –, deren Prototyp Harry Arnim, Robert Goltz und andre waren. Als dritte Klasse möchte ich meine Standesgenossen im Landadel bezeichnen, die sich ärgerten, weil ich in meinem exzeptionellen Lebenslauf aus dem mehr polnischen als deutschen Begriff der traditionellen Landadelsgleichheit herausgewachsen war. Daß ich vom Landjunker zum Minister wurde, hätte man mir verziehen, aber die Dotationen nicht und vielleicht auch den mir sehr gegen meinen Willen verliehenen Fürstentitel nicht: Die »Exzellenz« lag innerhalb des gewohnheitsmäßig Erreichbaren und Geschätzten; die »Durchlaucht« reizte die Kritik. Ich kann das nachempfinden, denn dieser Kritik entsprach meine eigne. Als mir am Morgen des 21. März 1871 ein eigenhändiges Handschreiben des Kaisers die Erhebung in den Fürstenstand anzeigte, war ich entschlossen, Se. Majestät um Verzicht auf seine Absicht zu bitten, weil diese Standeserhöhung in die Basis meines Vermögens und in meine ganzen Lebensverhältnisse eine mir unsympathische Änderung bringe. So gern ich mir meine Söhne als bequem situierte Landedelleute dachte, so unwillkommen war mir der Gedanke an Fürsten mit unzulänglichem Einkommen nach dem Beispiel von Hardenberg und Blücher, deren Söhne die Erbschaft des Titels nicht antraten – der Blüchersche wurde Jahrzehnte später erst infolge einer reichen und katholischen Heirat erneuert. In Erwägung aller Gründe gegen eine Standeserhöhung, die ganz außerhalb des Bereichs meines Ehrgeizes lag, langte ich auf den oberen Stufen der Schloßtreppe an und fand dort zu meiner Überraschung den Kaiser an der Spitze der königlichen Familie, der mich herzlich und mit Tränen in seine Arme schlöß, indem er mich als Fürsten begrüßte, seine Freude, mir diese Auszeichnung gewähren zu können, laut äußerte. Demgegenüber und unter den lebhaften Glückwünschen der königlichen Familie blieb mir keine Möglichkeit, meine Bedenken anzubringen. Das Gefühl, daß man als Graf wohlhabend sein kann, ohne unangenehm aufzufallen, als Fürst aber, wenn man letzteres vermeiden will, reich sein *muß*, hat mich seitdem nie wieder verlassen. Ich würde die Mißgunst meiner früheren Freunde und Standesgenossen noch bequemer ertragen haben, wenn sie in meiner Gesinnung begründet gewesen wäre. Sie fand ihren Ausdruck und ihre Vorwände in der Verurteilung, welcher meine Politik von seiten der preußischen Konservativen unter der Führung des mir verwandten Herrn von Kleist-Retzow bei Gelegenheit des Schulaufsichtsgesetzes 1872 und bei einigen andern Anlässen unterzogen wurde.

Die Opposition der Konservativen gegen das noch von Mühler vorgelegte Schulaufsichtsgesetz begann schon im Abgeordnetenhause und ging darauf aus, die Lokalinspektion über die Volksschule gesetzlich dem Ortsgeistlichen zu vindizieren, auch in Polen, während die Vorlage den Behörden freie Hand in der Wahl des Schulinspektors ließ. In der erregten Debatte, an welche manche alte Mitglieder des Landtags sich 1892 erinnert haben werden, sagte ich am 13. Februar 1872:

»Der Vorredner (Lasker) hat gesagt, es sei ihm und den Seinigen undenkbar gewesen, daß in einer prinzipiellen und von uns für die Sicherheit des Staates für wichtig erklärten Sache die bisherige konservative Partei der Regierung offen den Krieg erklärte. Ich will mir diesen letzteren Ausdruck nicht aneignen, aber ich darf das wohl bestätigen, daß es auch mir undenkbar gewesen ist, daß diese Partei die Regierung in einer Frage im Stiche lassen werde, in welcher die Regierung ihrerseits entschlossen ist, jedes konstitutionelle Mittel zur Anwendung zu bringen, um sie durchzuführen.«

Nachdem das Gesetz in der von der Regierung genehmigten Fassung mit 207 Stimmen gegen 155 Stimmen von Klerikalen, Konservativen und Polen angenommen war, gelangte es am 6. März in dem Herrenhause zur Beratung. Aus meiner Rede will ich eine Stelle anführen :

»Die Frage ist nach der evangelischen Seite hin zu einer Wichtigkeit aufgebläht worden, als wollten wir jetzt sämtliche Geistliche absetzen, eine tabula rasa schaffen und mit diesen 20 000 Talern, die wir fordern, den evangelischen Staat auf den Kopf stellen. Wären diese Übertreibungen nicht geschehen, so wären die bedauerlichen Streitigkeiten und Reibungen vollständig überflüssig gewesen; das Gesetz hat seine Wichtigkeit erst durch den uns ganz unerwarteten Widerstand der konservativen Partei evangelischer Konfession erhalten, einen Widerstand, in dessen Genesis ich hier nicht näher eingehen will – ich könnte es nicht, ohne persönlich zu werden –, der aber für die Staatsregierung eine tief schmerzliche und für die Zukunft entmutigende Erfahrung bildet. Nachdem ich Ihnen mit einer Offenheit, zu der konservative Leute die Staatsregierung niemals zwingen sollten, die Genesis und Tendenz dieses Gesetzes dargelegt habe, sollten Sie die Notwendigkeit, daß unsre bisher nicht deutsch sprechenden Landsleute Deutsch lernen, anerkennen. Das ist für mich der Hauptpunkt dieses Gesetzes.«

In einem Hause von 201 stimmten 76 gegen das Gesetz. Ich hatte noch am Abend vorher mit großer Anstrengung versucht, Herrn von Kleist die mutmaßlichen Folgen der Politik darzustellen, zu welcher er seine Freunde verleitete, fand mich aber einem parti pris gegenüber, bezüglich dessen Unterlage ich keine Konjektur machen will. Der Bruch mit mir wurde von jener Seite mit einer Schärfe äußerlich vollzogen, aus welcher ebensoviel persönliche als politische Leidenschaft hervorleuchtete. Die Überzeugung, daß dieser mir persönlich nahestehende Parteimann das Land und die konservative Sache schwer geschädigt hat, währt bis auf den heutigen Tag. Wenn die konservative Partei, anstatt mit mir zu brechen und mich mit einer Bitterkeit und einem Fanatismus zu bekämpfen, worin sie keiner staatsfeindlichen Partei etwas nachgab, der Regierung des Kaisers geholfen hätte, in ehrlicher gemeinsamer Arbeit die Reichsgesetzgebung auszubauen, so würde der Ausbau nicht ohne tiefe Spuren solcher konservativen Mitarbeit geblieben sein. Ausgebaut mußte werden, wenn die politischen und militärischen Errungenschaften vor Zerbröckelung und zentrifugaler Rückbildung geschützt werden sollten.

Ich weiß nicht, wie weit ich konservativer Mitwirkung hätte entgegenkommen können, jedenfalls weiter, als es in den durch den Bruch entstandenen Verhältnissen geschehn ist. Ich hielt für die damalige Zeit bei den Gefahren, welche unsre Kriege geschaffen hatten, die Unterschiede der Parteidoktrinen für untergeordnet im Vergleiche mit der Notwendigkeit der politischen Deckung nach außen durch möglichst geschlossene Einheit der Nation in sich. Als erste Bedingung galt mir die Unabhängigkeit Deutschlands auf Grund einer zum Selbstschutz hinreichend starken Einheit, und ich hatte und habe zu der Einsicht und Besonnenheit der Nation das Vertrauen, daß sie Auswüchse und Fehler der nationalen Einrichtungen heilen und ausmerzen wird, wenn sie daran nicht durch die Abhängigkeit von dem übrigen Europa und von inneren Fraktions- und Sonderinteressen verhindert wird, wie es bis 1866 der Fall war. In dieser Auffassung kam es mir auf die Frage, ob liberal, ob konservativ, in der damaligen Kriegs- und Koalitionsgefahr so wenig wie heute in erster Linie an, sondern auf die freie Selbstbestimmung der Nation und ihrer Fürsten. Ich gebe auch heute die Hoffnung nicht auf, wenn auch ohne die Gewißheit, daß unsre politische Zukunft nicht noch durch Mißgriffe und Unfälle im weiteren Ausbau geschädigt werden wird.

III

Die exklusivere Fühlung mit den Nationalliberalen, zu welcher der Abfall der Konservativen mich notwendig führte, wurde in Kreisen der letzteren Grund oder Vorwand zu gesteigerter Animosität gegen mich. In der Zeit, während deren ich, durch Krankheit genötigt, dem Grafen Roon den Vorsitz im Staatsministerium abgetreten hatte, von Neujahr bis November 1873, fanden bei ihm in kleinen und größeren Kreisen abendliche Begegnungen mir feindlicher Politiker der rechten Seite statt. An denselben nahm Graf Harry Arnim, der Herrengesellschaften ohne politischen Zweck nicht zu besuchen pflegte, wenn er sich auf Urlaub in Berlin befand, in der Rolle teil, daß er auf die Anwesenden den Eindruck machte, den mir Roon selbst mit den Worten wiedergab: »In dem steckt doch ein tüchtiger Junker!« Die gesprächliche Verbindung, in welcher dieses Urteil ausgesprochen wurde, und die öftere scharf akzentuierte Wiederholung desselben im Munde meines Freundes und Kollegen hatte die Tragweite eines Vorwurfs für mich wegen Mangels gleicher Eigenschaften und einer Andeutung, als ob Arnim die innere Politik schneidiger und konservativer behandeln würde, wenn er an meiner Stelle wäre. In den Unterredungen, in welchen dieses Thema des Arnimschen Junkertums breit entwickelt wurde, gewann ich den Eindruck, daß auch mein alter Freund Roon unter der Einwirkung der bei ihm stattfindenden Konventikel in dem Vertrauen zu meiner Politik einigermaßen erschüttert war.

Zu den betreffenden Kreisen gehörte auch Herr von Caprivi, damals Generalstabsoffizier. Ich will nicht entscheiden, zu welchen der Seite 382 aufgeführten Kategorien meiner Gegner er damals gehörte; bekannt ist mir nur seine persönliche Beziehung zu Mitarbeitern an der »Reichsglocke«, wie dem Geheimrat von Lebbin, dem Personalrat im Ministerium des Innern, welcher auch in seinem Ressort einen mir feindlichen Einfluß ausübte. Der Feldmarschall von Manteuffel hat mir gesagt, daß Caprivi seinen, Manteuffels, Einfluß bei dem Kaiser gegen mich anzuspannen versucht und meine »Feindschaft gegen die Armee«* als Grund zur Klage und als eine Gefahr bezeichnet habe. Es ist erstaunlich, daß Caprivi sich dabei nicht erinnert hat, wie die Armee zur Zeit meines Eintritts ins Amt, 1862 und vorher, zivilistisch bekämpft, kritisiert und stiefmütterlich verkürzt wurde und wie sie unter meiner Amtführung aus der Alltäglichkeit des Garnisonslebens über Düppel, Sadowa und Sedan 1871 zum Einzuge in Berlin gelangte. Ich darf ohne Überhebung annehmen, daß König Wilhelm 1862 abdiziert hätte, daß die Politik, welche den Ruhm der Armee gründete, vielleicht nicht oder nicht so, wie geschah, ins Leben getreten wäre, wenn ich ihre Leitung nicht übernommen hätte. Würde die Armee zu ihren Heldentaten und Graf Moltke auch nur den Degen zu ziehen Gelegenheit erhalten haben, wenn König Wilhelm I. anders und durch andre beraten worden wäre? Wohl sicher nicht, wenn er 1862 abdiziert hätte, weil er niemand fand, der die Gefahren seiner Stellung zu teilen und zu bestehen bereit war.

IV

Als die Kreuzzeitung, die mir, weil ich Parlamentsherrschaft und Atheismus proklamiert hätte, schon am 11. Februar 1872 Fehde angesagt hatte,

---

* Vgl. den Brief des Kaisers Friedrich vom 25. März 1888, Buch II, Kapitel 22.

unter Nathusius-Ludom mit den sogenannten Äraanikeln Perrots* den
Verleumdungsfeldzug gegen mich eröffnet hatte, wandte ich mich brieflich an Amsberg[59], eine unsrer höchsten juristischen Autoritäten, und an
den Justizminister mit der Frage, ob, wenn ich einen Strafantrag stellte, eine
Verurteilung des Verfassers mit Sicherheit zu erwarten sei, andernfalls würde ich von einem solchen abstehen, weil ein freisprechendes Erkenntnis
meinen Gegnern neue Vorwände zu Verdächtigungen geben könnte. Die
Antwort beider und meines gleichfalls befragten Rechtsanwalts fiel dahin
aus, daß die Verurteilung wahrscheinlich, aber bei der vorsichtigen Fassung
der Artikel nicht sicher sei. Ich hatte mir damals über die Stellung von Straf-
anträgen noch keine bestimmten Grundsätze gebildet, und die Erfahrungen, welche ich in der Konfliktzeit gemacht hatte, waren nicht gerade ermutigend; ich erinnere mich, daß ein Ortsgericht, ich glaube in Stendal, in den
Gründen seines Erkenntnisses die Schwere der öffentlich gegen mich gerichteten Beleidigungen zwar reichlich zugab, aber die Festsetzung einer
Minimalstrafe von 10 Talern damit motivierte, daß ich wirklich ein übler
Minister sei.

Als die Perrotschen Artikel erschienen, sah ich auch noch nicht voraus,
welchen Umfang der Verleumdungsfeldzug gegen mich von seiten meiner
früheren Parteigenossen und namentlich in den Kreisen meiner Standesgenossen annehmen sollte.

V

Jeder, der heutiger Zeit in politischen Kämpfen gestanden hat, wird die
Wahrnehmung gemacht haben, daß Parteimänner, über deren Wohlerzo-
genheit und Rechtlichkeit im Privatleben nie Zweifel aufgekommen sind,
sobald sie in Kämpfe der Art geraten, sich von den Regeln des Ehrgefühls
und der Schicklichkeit, deren Autorität sie sonst anerkennen, für entbunden
halten und aus einer karikierenden Übertreibung des Satzes salus publica
suprema lex die Rechtfertigung für Gemeinheiten und Roheiten in Sprache
und Handlungen ableiten, durch welche sie außerhalb der politischen und

---

* Dr. Perrot, Hauptmann a.D., geb. in Trier, gest. 1891, Verfasser nationalökonomischer
  Broschüren, zuletzt Kaufmann.

religiösen Streitigkeiten sich selbst angewidert fühlen würden. Diese Lossagung von allem, was schicklich und ehrlich ist, hängt undeutlich mit dem Gefühle zusammen, daß man im Interesse der Partei, welches man dem des Vaterlandes unterschiebt, mit andrem Maße zu messen habe als im Privatleben und daß die Gebote der Ehre und Erziehung in Parteikämpfen anders und loser auszulegen sind als selbst im Kriegsgebrauch gegen ausländische Feinde. Die Reizbarkeit, welche zur Überschreitung der sonst üblichen Formen und Grenzen führt, wird unbewußt dadurch verschärft, daß in der Politik und in der Religion keiner dem Andersgläubigen die Richtigkeit der eignen Überzeugung, des eignen Glaubens konkludent nachweisen kann und daß kein Gerichtshof vorhanden ist, der die Meinungsverschiedenheiten durch Erkenntnis zur Ruhe verweisen könnte.

In der Politik wie auf dem Gebiete des religiösen Glaubens kann der Konservative dem Liberalen, der Royalist dem Republikaner, der Gläubige dem Ungläubigen niemals ein anderes Argument entgegenhalten als das in tausenden Variationen der Beredsamkeit breitgetretene Thema: Meine politischen Überzeugungen sind richtig und die deinigen falsch; mein Glaube ist Gott wohlgefällig, dein Unglaube führt zur Verdammnis. Es ist daher erklärlich, daß aus kirchlichen Meinungsverschiedenheiten Religionskriege entstehen und durch politische Parteikämpfe, solange nicht ihre Erledigung durch Bürgerkrieg stattfindet, doch ein Umsturz der Schranken herbeigeführt wird, welche durch Anstand und Ehrgefühl wohlerzogener Leute im außerpolitischen Lebensverkehr aufrechterhalten werden. Welcher gebildete und wohlerzogene Deutsche würde versuchen, im gewöhnlichen Verkehr auch nur einen geringen Teil der Grobheiten und Bosheiten zur Verwendung zu bringen, welche er nicht ansteht, von der Rednertribüne vor hundert Zeugen seinem bürgerlich gleich achtbaren Gegner in einer schreienden, in keiner anständigen Gesellschaft üblichen Tonart ins Gesicht zu werfen? Wer würde es außerhalb des politischen Parteitreibens mit der von ihm selbst beanspruchten Stellung eines Edelmanns von gutem Hause verträglich halten, sich in den Gesellschaften, wo er verkehrt, gewerbsmäßig zum Kolporteur von Lügen und Verleumdungen gegen andre Genossen seiner Gesellschaft und seines Standes zu machen? Wer würde sich nicht schämen, auf diese Weise unbescholtene Leute unehrlicher Handlungen zu beschuldigen, ohne sie beweisen zu können? Kurz, wer würde anderswo als auf dem Gebiete politischer Parteikämpfe die Rolle eines gewissenlosen Verleumders bereitwillig übernehmen? Sobald man aber vor dem eignen

Gewissen und vor der Fraktion sich damit decken kann, daß man im Parteiinteresse auftritt, so gilt jede Gemeinheit für erlaubt oder doch für unent-
schuldbar.

Gegen mich begannen die Verleumdungen in dem Blatte, welches unter
dem Christlichen Symbol des Kreuzes und mit dem Motto »Mit Gott für König und Vaterland« seit Jahren nicht mehr die konservative Fraktion und
noch weniger das Christentum, sondern nur den Ehrgeiz und die gehässige
Verbissenheit einzelner Redakteure vertritt. Als ich über die Giftmischerei-
en des Blattes am 9. Februar 1876 in öffentlicher Rede Klage geführt hatte,
antwortete mir die Kundgebung der sogenannten Deklaranten, deren wis-
senschaftliches Kontingent aus einigen hundert evangelischen Geistlichen
bestand, die in ihrem amtlichen Charakter mir in dieser Form als Eideshel-
fer der Kreuzzeitungslügen entgegentraten und ihre Mission als Diener der
christlichen Kirche und ihres Friedens dadurch betätigten, daß sie die Verleumdungen des Blatts öffentlich kontrasignierten. Ich habe gegen Politiker
in langen Kleidern, weiblichen und priesterlichen, immer Mißtrauen gehegt, und dieses Pronunciamento einiger Hundert evangelischer Pfarrer
zugunsten einer der frivolsten, gegen den ersten Beamten des Landes gerichteten Verleumdung war nicht geeignet, mein Vertrauen gerade zu Politikern, die im Priesterrock, auch in einem evangelischen, stecken, zu stärken.
Zwischen mir und allen Deklaranten, von denen viele bis dahin zu meinen
Bekannten, sogar zu meinen Freunden gehört hatten, war, nachdem sie sich
die ehrenrührigen Beschimpfungen aus der Feder Perrots angeeignet hatten, die Möglichkeit eines persönlichen Verkehrs vollständig abgeschnitten.

Für die Nerven eines Mannes in reifen Jahren ist es eine harte Probe,
plötzlich mit allen oder fast allen Freunden und Bekannten den bisherigen
Umgang abzubrechen. Meine Gesundheit war damals längst geschwächt,
nicht durch die Arbeiten, welche mir oblagen, aber durch das ununterbro-
chene Bewußtsein der Verantwortlichkeit für große Ereignisse, bei denen
die Zukunft des Vaterlandes auf dem Spiele stand. Ich habe natürlich während der bewegten und gelegentlich stürmischen Entwicklung unsrer Politik nicht immer *mit Sicherheit* voraussehen können, ob der Weg, den ich einschlug, der richtige war, und doch war ich gezwungen, so zu handeln, als ob
ich die kommenden Ereignisse und die Wirkung der eignen Entschließungen auf dieselben mit voller Klarheit voraussehe. Die Frage, ob das eigne
Augenmaß, der politische Instinkt ihn richtig leitet, ist ziemlich gleichgültig
für einen Minister, dem alle Zweifel gelöst sind, sobald er durch die königli-

che Unterschrift oder durch eine parlamentarische Mehrheit sich gedeckt fühlt, man könnte sagen, einen Minister katholischer Politik, der im Besitz der Absolution ist und den die mehr protestantische Frage, ob er seine eigne Absolution hat, nicht kümmert. Für einen Minister aber, der seine Ehre mit der des Landes vollständig identifiziert, ist die Ungewißheit des Erfolgs einer jeden politischen Entschließung von aufreibender Wirkung. Man kann die politische Gestaltung in der Zeit, welche die Durchführung einer Maßregel bedarf, sowenig mit Sicherheit vorhersehen wie das Wetter der nächsten Tage in unsrem Klima und muß doch seine Entschließung fassen, als ob man es könnte, nicht selten im Kampfe gegen alle Einflüsse, denen Gewicht beizulegen man gewöhnt ist, wie z.B. in Nikolsburg zur Zeit der Friedensverhandlungen, wo ich die einzige Person war und blieb, welche schließlich für das, was geschah, und für den Erfolg verantwortlich gemacht wurde und nach unsern Institutionen und Gewöhnungen auch verantwortlich war, und wo ich meine Entschließung im Widerspruch nicht nur mit allen Militärs, also mit allen Anwesenden, sondern auch mit dem Könige fassen und in schwerem Kampfe aufrechthalten mußte. Die Erwägung der Frage, ob eine Entschließung richtig sei und das Festhalten und Durchführen des auf Grund schwacher Prämissen für richtig Erkannten richtig sei, hat für jeden gewissenhaften und ehrliebenden Menschen etwas Aufreibendes, verstärkt durch die Tatsache, daß lange Zeit vergeht, oft viele Jahre, bevor man in der Politik sich selbst überzeugt, ob das Gewollte und Geschehene das Richtige war oder nicht. Nicht die Arbeit ist das Aufreibende, die Zweifel und Sorgen sind es und das Ehrgefühl, die Verantwortlichkeit, ohne daß man zur Unterstützung der letzteren etwas andres als die eigne Überzeugung und den eignen Willen anführen kann, wie das gerade in den wichtigsten Krisen am schärfsten Platz greift.

Der Verkehr mit andern, die man für gleichgestellt hält, erleichtert die Überwindung solcher Krisen, und wenn er plötzlich aufhört und aus Motiven, welche mehr persönlich als sachlich, mehr mißgünstig als ehrlich und, soweit sie ehrlich, ganz banausischer Natur sind, der beteiligte verantwortliche Minister plötzlich von allen bisherigen Freunden boykottiert, als Feind behandelt, also mit sich und seinen Erwägungen vereinsamt wird, so muß das den Eingriff seiner amtlichen Sorgen in seine Nerven und seine Gesundheit verschärfen.

VI

Man hätte glauben sollen, daß die nationale Partei, durch deren Begünstigung ich mir das Übelwollen meiner früheren konservativen Parteigenossen zugezogen hatte, durch die rohen und unwürdigen Angriffe auf meine persönliche Ehrenhaftigkeit bewogen worden wäre, mir in der Abwehr irgendwie beizustehen oder doch zu erkennen zu geben, daß sie die Angriffe nicht billigte und die Ansicht meiner Verleumder über mich nicht teilte; ich erinnere mich aber nicht, in jener Zeit irgendeinen nationalliberalen Versuch, mir zur Hilfe zu kommen, weder in der Presse noch sonst im öffentlichen Leben, wahrgenommen zu haben. Es schien im Gegenteil, als ob im nationalliberalen Lager eine gewisse Genugtuung darüber herrschte, daß die konservative Partei mich angriff und mit mir brach, und als ob man bemüht wäre, den Bruch zu erweitern und bei mir den Stachel tiefer einzudrücken. Liberale und Konservative waren darüber einig, je nach dem Fraktionsinteresse mich zu verbrauchen, fallenzulassen und anzugreifen. Die Frage, ob es dem Lande, dem allgemeinen Interesse nützlich sei, wird theoretisch natürlich von jeder Fraktion als die dominierende bezeichnet, und jede behauptet, daß sie eben auf dem Fraktionswege das Wohl der Gesamtheit suche und finde. In der Tat aber ist mir der Eindruck verblieben, daß jede unserer Fraktionen ihre Politik betreibt, als ob sie allein da sei, ohne Rücksicht auf das Ganze und auf das Ausland sich auf ihrer Fraktionsinsel isoliert. Dabei kann man nicht einmal sagen, daß die verschiedenen Wege der Fraktionen auf dem politischen Kampfplatz durch Verschiedenheit der politischen Grundsätze und Überzeugungen in jedem einzelnen zu einer Gewissensfrage und Notwendigkeit würden; es geht den meisten Fraktionsmitgliedern wie den meisten Bekennern verschiedener Konfessionen; sie geraten in Verlegenheit, wenn man sie bittet, die unterscheidenden Merkmale der eignen Überzeugung den andern konkurrierenden gegenüber anzuführen. In unsern Fraktionen ist der eigentliche Kristallisationspunkt nicht ein Programm, sondern eine Person, ein parlamentarischer Kondottiere.

Auch die Entschlüsse entspringen nicht aus den Ansichten der Mitglieder, sondern aus dem Willen des Führers beziehungsweise eines hervorragenden Redners, was in der Regel zusammenfällt. Der Versuch einzelner Mitglieder, gegen die Fraktionsleitung, gegen den schlagfertigen Redner aufzukommen, ist mit so viel Unannehmlichkeiten, mit Niederlage in der

Abstimmung, mit Störungen in dem täglichen, gewohnten Privatverkehr verbunden, daß schon ein recht selbständiger Charakter dazu gehört, eine von der Fraktionsleitung abweichende Meinung zu vertreten; und Charakter genügt nicht, wenn nicht ein ausreichendes Maß von Wissen und Arbeitskraft hinzukommt. Die letztere aber nimmt zu in der Richtung nach links und nimmt ab in der Richtung nach rechts. Die erhaltenden Parteien setzen sich im ganzen zusammen aus den zufriedenen Staatsbürgern, die den Status quo angreifenden rekrutieren sich naturgemäß mehr aus den mit den bestehenden Einrichtungen unzufriedenen; und unter den Elementen, auf denen die Zufriedenheit beruht, nimmt die Wohlhabenheit nicht die letzte Stelle ein. Nun ist es eine Eigentümlichkeit, wenn nicht der Menschen im allgemeinen, so doch der Deutschen, daß der Unzufriedene arbeitsamer und rühriger ist als der Zufriedene, der Begehrliche strebsamer als der Satte. Die geistig und körperlich satten Deutschen sind gewiß zuweilen aus Pflichtgefühl arbeitsam, aber in der Mehrheit nicht, und unter den gegen das Bestehende Ankämpfenden findet sich der Wohlhabende bei uns seltener aus Überzeugung, öfter von einem Ehrgeiz [getrieben], der auf diesem Wege schnellere Befriedigung hofft oder durch Verstimmung über politische oder konfessionelle Widerwärtigkeiten auf ihn gedrängt worden ist. Das Ergebnis im ganzen ist immer eine größere Arbeitsamkeit unter den Kräften, welche das Bestehende angreifen, als unter denen, die es verteidigen, also den Konservativen. Dieser Mangel an Arbeitsamkeit der Mehrheit erleichtert wiederum die Leitung einer konservativen Fraktion in höherem Maße, als dieselbe durch individuelle Selbständigkeit und stärkeren Eigensinn der einzelnen erschwert werden könnte. Nach meinen Erfahrungen ist die Abhängigkeit der konservativen Fraktionen von dem Gebote ihrer Leitung mindestens ebenso stark, vielleicht stärker als auf der äußersten Linken. Die Scheu vor dem Bruch ist auf der rechten Seite vielleicht größer als auf der linken, und der damals auf jeden einzelnen stark wirkende Vorwurf, »ministeriell zu sein«, war der objektiven Beurteilung auf der rechten Seite oft hinderlicher als auf der linken. Dieser Vorwurf hörte sofort auf, den Konservativen und anderen Fraktionen empfindlich zu sein, als durch meine Entlassung die regierende Stelle vakant geworden war, und jeder Parteiführer in der Hoffnung, bei ihrer Wiederbesetzung beteiligt zu werden, bis zur unehrlichen Verleugnung und Boykottierung des früheren Kanzlers und seiner Politik servil und ministeriell wurde.

In der Zeit der Deklaranten wurde die antiministerielle Strömung, das heißt die Mißgunst, mit welcher ich von vielen meiner Standesgenossen betrachtet und behandelt wurde, lebhaft gefördert durch starke Einflüsse am Hofe. Der Kaiser hat mir seine Gnade und seine Unterstützung in Geschäften niemals versagt; das hinderte den Herrn aber nicht, die »Reichsglocke« täglich zu lesen. Dieses nur von der Verleumdung gegen mich lebende Blatt wurde im Kön. Hausministerium für unsern und andre Höfe in 13 Exemplaren kolportiert und hatte seine Mitarbeiter nicht nur im katholischen, sondern auch im evangelischen Hof- und Landesadel. Die Kaiserin Augusta ließ mich ihre Ungnade andauernd fühlen, und ihre unmittelbaren Untergebenen, die höchsten Beamten des Hofes, gingen in ihrem Mangel an Formen so weit, daß ich zu schriftlichen Beschwerden bei Sr. Majestät selbst veranlaßt wurde. Diese hatten den Erfolg, daß wenigstens die äußeren Formen mir gegenüber nicht mehr vernachlässigt wurden. – Minister Falk wurde demnächst durch dergleichen höfische Unfreundlichkeiten gegen ihn und seine Frau mehr als durch sachliche Schwierigkeiten seiner Stellung überdrüssig.

15. KAPITEL

INTRIGEN

I

Graf Harry Arnim vertrug wenig Wein und sagte mir einmal nach einem Frühstücksglase: »In jedem Vordermanne in der Karriere sehe ich einen persönlichen Feind und behandle ihn dementsprechend. Nur darf er es nicht merken, solange er mein Vorgesetzter ist.« Es war dies in der Zeit, als er nach dem Tode seiner ersten Frau aus Rom zurückgekommen, durch eine italienische Amme seines Sohnes in Rot und Gold Aufsehen auf den Promenaden erregte und in politischen Gesprächen gern Macchiavelli und die Werke italienischer Jesuiten und Biographen zitierte. Er posierte damals in der Rolle eines Ehrgeizigen, der keine Skrupel kannte, spielte hinreißend Klavier und war vermöge seiner Schönheit und Gewandtheit gefährlich für die Damen, denen er den Hof machte. Diese Gewandtheit auszubilden, hatte er frühzeitig begonnen, indem er als 16jähriger Schüler des Neustettiner Gymnasiums von den Damen einer wandernden Schauspielertruppe sich in die Lehre nehmen ließ und das mangelnde Orchester am Klavier ersetzte, nachdem er schon früher das Kösliner Gymnasium aus Gründen, welche das Lehrerkollegium seiner sittlichen Haltung entnahm, hatte verlassen müssen.

Unter den Persönlichkeiten, welche neben ausländischen Einflüssen, neben der »Reichsglocke« und ihren Mitarbeitern in aristokratischen und Hofkreisen und in den Ministerien meiner Kollegen, neben dem verstimmten Junkertum und dessen Ära-Artikeln in der Kreuzzeitung, die alle daran arbeiteten, mir das Vertrauen des Kaisers zu entziehen, spielte Graf Harry Arnim eine hervorragende Rolle.

Am 23. August 1871 wurde er auf meinen Antrag zum Gesandten, demnächst zum Botschafter in Paris ernannt, wo ich seine hohe Begabung trotz seiner Fehler im Interesse des Dienstes nützlich zu verwerten hoffte; er sah in seiner Stellung dort aber nur eine Stufe, von der aus er mit mehr Erfolg daran arbeiten konnte, mich zu beseitigen und mein Nachfolger zu werden. Er machte in Privatbriefen an den Kaiser geltend, daß das preußische Königshaus gegenwärtig das älteste in Europa sei, welches sich in ununterbrochener Regierung erhalten habe, und daß dem Kaiser, als dem Doyen der Monarchen, durch diese Gnade Gottes eine Verpflichtung erwachse, die Legitimität und Kontinuität andrer alter Dynastien zu überwachen und zu schützen. Die Berührung dieser Saite im Gemüte des Kaisers war psychologisch richtig berechnet, und wenn Arnim allein denselben zu beraten gehabt hätte, so wäre es ihm vielleicht gelungen, das klare und nüchterne Urteil dieses Herrn durch ein künstlich gesteigertes Gefühl von angestammter Fürstenpflicht zu trüben. Aber er wußte nicht, daß Se. Majestät mir in seiner geraden und ehrlichen Weise die Briefe mitteilte und dadurch Gelegenheit gab, der politischen Einsicht, man könnte sagen, dem gesunden Verstande des Herrn die Schäden und Gefahren der Ratschläge darzulegen, welchen wir auf dem von Arnim empfohlenen Wege der Herstellung der Legitimität in Frankreich entgegengehen würden.

Meine schriftlichen Auslassungen in diesem Sinne erlaubte der Kaiser später Arnimschen Schmähschriften gegenüber zu veröffentlichen. In einer derselben ist Bezug darauf genommen, daß dem Könige bekannt sei, daß Arnims Aufrichtigkeit in maßgebenden Kreisen angezweifelt werde und daß man ihn am englischen Hofe als Botschafter nicht gewünscht habe, »weil man ihm kein Wort glauben würde«. Graf Arnim hat wiederholt Versuche gemacht, ein Zeugnis des englischen Kabinetts gegen diese meine Andeutung zu erlangen, und von den ihm mehr als mir wohlwollenden englischen Staatsmännern die Versicherung erhalten, daß ihnen nichts derart bekannt sei. Doch war die von mir angedeutete präventive Zurückweisung Arnims in einer Gestalt an den Kaiser gelangt, daß ich mich öffentlich auf Sr. Majestät Zeugnis über die Tatsache berufen konnte.

Nachdem Arnim sich 1873 in Berlin überzeugt hatte, daß seine Aussichten, an meine Stelle zu treten, noch nicht so reif waren, wie er angenommen hatte, versuchte er einstweilen das frühere gute Verhältnis herzustellen, suchte mich auf, bedauerte, daß wir durch Mißverständnisse und Intrigen andrer auseinandergekommen wären, und erinnerte an Beziehungen, die er einst mit mir gehabt und gesucht hatte. Zu gut von seinem Treiben und von dem Ernst seines Angriffs auf mich unterrichtet, um mich täuschen zu lassen, sprach ich ganz offen mit ihm, hielt ihm vor, daß er mit allen mir feindlichen Elementen in Verbindung getreten sei, um meine politische Stellung zu erschüttern, in der irrigen Annahme, er werde mein Nachfolger werden, und daß ich an seine versöhnliche Gesinnung nicht glaube. Er verließ mich, indem er mit der ihm eigenen Leichtigkeit des Weinens eine Träne im Auge zerdrückte. Ich kannte ihn von seiner Kindheit an.

Mein amtliches Verfahren gegen Arnim war von ihm provoziert durch seine Weigerung, amtlichen Instruktionen Folge zu leisten. Ich habe die Tatsache, daß er Gelder, die er zur Vertretung unsrer Politik in der französischen Presse erhielt, 9000 bis 10 000 Taler, dazu verwandte, in der deutschen Presse unsre Politik und meine Stellung anzugreifen, in den Gerichtsverhandlungen niemals berühren lassen. Sein Hauptorgan, in welchem er mich mit steigender Siegeszuversicht angriff, war damals die »Spenersche Zeitung«, die, im Absterben begriffen, ihm käuflich war. In derselben ließ er Andeutungen machen, als ob er allein ein Mittel wisse, den Kampf mit Rom siegreich zu Ende zu führen, und daß nur mein unberechtigter Ehrgeiz einen überlegenen Staatsmann, wie er sei, nicht ans Ruder kommen lasse. Gegen mich hat er sich über dieses Arkanum nicht ausgesprochen. Dasselbe bestand in dem von einzelnen Kanonisten vertretenen Gedanken, daß die römisch-katholische Kirche durch die Beschlüsse des Vatikanums ihre Natur verändert habe, ein andres Rechtssubjekt geworden sei und die in ihrem früheren Dasein erworbenen Eigentums- und Vertragsrechte verloren habe. Ich habe dieses Mittel früher als er erwogen, glaube aber nicht, daß dasselbe eine stärkere Wirkung auf den Austrag des Streits geübt haben würde, als die Gründung der altkatholischen Kirche es vermochte, deren Berechtigung logisch und juristisch noch einleuchtender und rechtfertiger war, als es die angeratene Lossagung der preußischen Regierung von ihren Beziehungen zur römischen Kirche gewesen sein würde. Die Zahl der Altkatholiken gibt das Maß für die Wirkung, welche dieser Schachzug auf den Bestand der Anhänger des Papstes und des Neokatholizismus geübt haben würde. Noch weniger versprach ich mir von dem Vorschlage, den Graf Arnim in einem der veröffentlichten Berichte gemacht hat, die preußische Regierung möge »Oratores« zur Erörterung der dogmatischen Fragen in das Konzil schicken. Ich vermute, daß er darauf durch das Titelkupfer der von Paolo Sarpi verfaßten Geschichte des Tridentiner Konzils gekommen ist, auf dem die Versammlung abgebildet ist und zwei an einem besonderen Tische sitzende Personen als Oratores Caesareae Majestatis bezeichnet sind. Ist meine Vermutung richtig, so hat Graf Arnim wissen müssen, daß »orator« in der klerikalen Latinität jener Zeit der Ausdruck für Gesandter ist.

In dem Gerichtsverfahren gegen ihn verfolgte ich nur den Zweck, die von mir dienstlich gestellte, von Arnim definitiv abgelehnte Forderung der Herausgabe bestimmter, zweifellos amtlicher Bestandteile der Botschaftsakten durchzusetzen. Mir kam es nur darauf an, als Vorgesetzter die amtliche Autorität zu wahren; ein Straferkenntnis gegen Arnim habe ich weder erstrebt noch erwartet, im Gegenteil würde ich, nachdem ein solches erfolgt war, seine Begnadigung wirksam befürwortet haben, wenn dieselbe in der durch das Kontumazialerkenntnis geschaffenen Lage juristisch zulässig gewesen wäre. Mich trieb keine persönliche Rachsucht, sondern, wenn man eine tadelnde Bezeichnung finden will, eher bürokratische Rechthaberei eines in seiner Autorität mißachteten Vorgesetzten. War schon das Erkenntnis in dem ersten Prozeß auf neun Monate Gefängnis ein meiner Ansicht nach übertrieben strenges, so war die Verurteilung in dem zweiten Prozeß zu fünf Jahren Zuchthaus doch nur, wie der Verurteilte selbst richtig bemerkt hat, dadurch möglich geworden, daß der regelmäßige Strafrichter nicht in der Lage ist, die Sünden der Diplomatie in internationalen Verhandlungen mit vollem Verständnis zu beurteilen. Dieses Erkenntnis würde ich nur dann für adäquat gehalten haben, wenn der Verdacht erwiesen gewesen wäre, daß der Verurteilte seine Verbindungen mit dem Baron Hirsch benutzt hätte, um die Verzögerung der Ausführung seiner Instruktionen Börsenspekulationen dienstbar zu machen. Ein Beweis dafür ist in dem Gerichtsverfahren weder geführt noch versucht worden. Die Annahme, daß er lediglich aus geschäftlichen Gründen die Ausführung einer präzisen Weisung unterlassen habe, blieb immerhin zu seinen Gunsten möglich, obschon ich mir den Gedankengang, dem er dabei gefolgt sein müßte, nicht klarmachen kann. Der erwähnte (Verdacht) ist aber meinerseits nicht ausgesprochen worden, obschon er dem Auswärtigen Amt und der Hofgesellschaft durch Pariser Korrespondenzen und Reisende mitgeteilt worden war und in diesen Kreisen kolportiert wurde. Es war ein Verlust für den diplomatischen Dienst bei uns, daß die ungewöhnliche Begabung Arnims für diesen Dienst nicht mit einem gleichen Maß von Zuverlässigkeit und Glaubwürdigkeit gepaart war.

Welche Eindrücke die diplomatischen Kreise empfingen, zeigt u.a. der nachstehende Brief des Staatssekretärs von Bülow vom 23. Oktober 1874:

»Die Kreuzzeitung enthält heute eine perfide Einsendung, offenbar von dem Grafen Arnim selbst, auf die Melodie: Was habe ich denn Böses getan? Es ist schwer, während der Untersuchung auf solche Verdrehungen zu antworten. Gestern war der Feldmarschall von Manteuffel bei mir, zumeist, um sich nach der causa Arnim zu erkundigen. Er sprach in sehr passender Weise seine Überzeugung aus, daß man nicht anders habe handeln können und daß er den Reichskanzler und die Diplomatie bedaure, mit solchen Erfahrungen die Geschäfte leiten zu müssen. Da er übrigens Arnim von Jugend auf kenne und unter oder neben ihm in Nancy genug habe leiden müssen, so überrasche die Katastrophe ihn nicht; Arnim sei ein Mann, der bei jeder Sache nur gefragt habe: Was nützt oder schadet sie mir persönlich? Wörtlich dasselbe sagten mir Lord Odo Russell als Ergebnis seiner römischen Erfahrungen und Nothomb als Erinnerung aus Brüssel. Am merkwürdigsten war mir, daß der Feldmarschall wiederholt darauf zurückkam, daß Arnim im Sommer 1872 angefangen habe, gegen E. D. ihn selbst zu sondieren und durch seine Haltung gegen Thiers dessen Sturz mit allen üblen politischen Folgen hauptsächlich mitverschuldet habe. Über letzteres Kapitel sprach er mit großer Sach- und Personalkenntnis und nicht ohne Hindeutung auf den Einfluß, den damals Arnim sich allerhöchsten Orts zu verschaffen gewußt, durch Schüren gegen Republik und für legitime Überlieferung. Am Tage von Thiers Sturz habe er mit mehreren hervorragenden Orleanisten diniert; die Bulletins aus Versailles seien ihm während des Diners zugegangen und mit Jubel begrüßt worden – ein Rückhalt für die Partei, ohne den sie vielleicht nicht den moralischen Mut zu dem coup d'état vom 24. Mai gehabt. Im gleichen Sinne sagte mir Nothomb, Thiers habe ihm vorigen Winter über Arnim gesagt: cet homme m'a fait beaucoup de mal, beaucoup plus même que ne sait ni pense Monsieur de Bismarck.«

In dem Verleumdungsprozeß gegen den Redakteur der »Reichsglocke«, Januar 1877, sagte der Staatsanwalt:

»Ich mache für diese verbrecherische Tendenz alle Mitarbeiter des Blattes, auch alle diejenigen, die das Blatt durch Rat und durch Tat unterstützen, moralisch verantwortlich, zunächst insbesondere den Herrn von Loë, sodann aber auch den Grafen Harry von Arnim. Es ist gar nicht zu bezweifeln, daß alle die Artikel ›Arnim contra Bismarck‹, die es sich zur Aufgabe gemacht haben, seit Jahr und Tag die Person des Fürsten Bismarck anzugreifen, herabzusetzen, im Interesse des Grafen Arnim geschrieben werden.«

II

Meiner Überzeugung nach hat die römische Kurie den Krieg zwischen Frankreich und Deutschland ebenso wie die meisten Politiker seit 1866 als wahrscheinlich betrachtet, als ebenso wahrscheinlich auch, daß Preußen unterliegen würde. Den Krieg vorausgesetzt, mußte der damalige Papst darauf rechnen, daß der Sieg Frankreichs über das evangelische Preußen die Möglichkeit bieten werde, den Vorstoß, den er selbst mit dem Konzil und der Unfehlbarkeit gegen die katholische Welt und gegen nervenschwache Katholiken gemacht hatte, zu weiteren Konsequenzen zu treiben. Wie das kaiserliche Frankreich und besonders die Kaiserin Eugenie damals zu dem Papste standen, ließ sich ohne zu gewagte Berechnung annehmen, daß Frankreich, wenn seine Heere siegreich in Berlin ständen, bei dem Friedensschlusse die Interessen der katholischen Kirche in Preußen nicht unberücksichtigt lassen würde, wie der Kaiser von Rußland Friedensschlüsse zu benutzen pflegte, um sich seiner Glaubensgenossen im Oriente anzunehmen. Es würden sich die gesta Dei per Francos vielleicht um einige neue Fortschritte der päpstlichen Macht bereichert haben, und die Entscheidung der konfessionellen Kämpfe, welche nach der Meinung katholischer Schriftsteller (Donoso Cortes de Valdegamas) schließlich »auf dem Sande der Mark Brandenburg« auszufechten sind, würde durch eine übermächtige Stellung Frankreichs in Deutschland nach verschiedenen Richtungen hin gefördert worden sein. Die Parteinahme der Kaiserin Eugénie für die kriegerische Richtung der französischen Politik wird schwerlich ohne Zusammenhang mit der Hingebung Ihrer Majestät für die katholische Kirche und den Papst gewesen sein; und wenn die französische Politik und die persönlichen Beziehungen Louis Napoleons zur italienischen Bewegung es unmöglich machten, daß Kaiser und Kaiserin dem Papste in Italien in befriedigender Weise gefällig waren, so würde die Kaiserin ihre Ergebenheit für den Papst im Falle des Sieges in Deutschland betätigt und auf diesem Gebiete eine allerdings unzulängliche fiche de consolation für die Schäden gewährt haben, welche der päpstliche Stuhl in Italien unter und durch Napoleons Mitwirkung erlitten hatte.

Wenn nach dem Frankfurter Frieden eine katholisierende Partei, sei es royalistischer, sei es republikanischer Form, in Frankreich am Ruder geblieben wäre, so würde es schwerlich gelungen sein, die Erneuerung des Krieges so lange, wie geschehen, hinauszuschieben. Es war alsdann zu befürchten, daß die beiden von uns bekämpften Nachbarmächte, Österreich und Frankreich, auf dem Boden der gemeinsamen Katholizität sich einander nähern und uns entgegentreten würden, und die Tatsache, daß es in Deutschland sowenig wie in Italien an Elementen fehlte, deren konfessionelles Gefühl stärker war als das nationale, hätte zur Verstärkung und Ermutigung einer solchen katholischen Allianz gedient. Ob wir derselben gegenüber Bundesgenossen finden würden, ließ sich nicht sicher voraussehen; jedenfalls hätte es in der Willkür Rußlands gestanden, die österreichisch-französische Freundschaft durch seinen Zutritt zu einer übermächtigen Koalition auszubilden, wie im Siebenjährigen Kriege, oder uns doch unter dem diplomatischen Drucke dieser Möglichkeit in Abhängigkeit zu erhalten.

Mit der Herstellung einer katholisierenden Monarchie in Frankreich wäre die Versuchung, gemeinschaftlich mit Österreich Revanche zu nehmen, erheblich näher getreten. Ich hielt es deshalb für dem Interesse Deutschlands und des Friedens widersprechend, die Restauration des Königtums in Frankreich zu fördern, und geriet in Gegnerschaft zu den Vertretern derselben. Dieser Gegensatz spitzte sich persönlich zu gegenüber dem damaligen französischen Botschafter Gontaut-Biron und unserm damaligen Botschafter in Paris, Grafen Harry Arnim. Der erstere war im Sinne der Partei tätig, der er von Natur angehörte, der legitimistisch-katholischen, der letztere aber spekulierte auf die legitimistischen Sympathien des Kaisers, um meine Politik zu diskreditieren und mein Nachfolger zu werden. Gontaut, ein geschickter und liebenswürdiger Diplomat aus alter Familie, fand bei der Kaiserin Augusta Anknüpfungspunkte einerseits in deren Vorliebe für katholische Elemente in und neben dem Zentrum, mit denen die Regierung im Kampfe stand, andrerseits in seiner Eigenschaft als Franzose, die in den Jugenderinnerungen der Kaiserin seit der Zeit ohne Eisenbahnen an deutschen Höfen fast in gleichem Maße wie die Eigenschaft des Engländers zur Empfehlung diente. Ihre Majestät hatte französisch sprechende Diener, ihr französischer Vorleser Gérard* fand Eingang in die kaiserliche Familie

---

* Derselbe, wahrscheinlich von Gontaut an Ihre Majestät empfohlen, unterhielt einen lebhaften Briefwechsel mit Gambetta, der nach des letzteren Tode in die Hände von Madame Adam geriet und als hauptsächliches Material für die Schrift La Société de Berlin gedient hat. Nach Paris zurückgekehrt, wurde Gérard eine Zeitlang Leiter der offiziösen Presse, dann Legationssekretär in Madrid, Geschäftsträger in Rom und 1890 Gesandter in Montenegro.

und Korrespondenz. Alles Ausländische mit Ausnahme des Russischen hatte für die Kaiserin dieselbe Anziehungskraft wie für so viele deutsche Kleinstädter. Bei den alten langsamen Verkehrsmitteln war früher an den deutschen Höfen ein Ausländer, besonders ein Engländer oder Franzose, fast immer ein interessanter Besuch, nach dessen Stellung in der Heimat nicht ängstlich gefragt wurde; um ihn hoffähig zu machen, genügte es, daß er »weit her« und eben kein Landsmann war.

Auf demselben Boden erwuchs in ausschließlich evangelischen Kreisen das Interesse, welches die fremdartige Erscheinung eines Katholiken und, am Hofe, eines Würdenträgers der katholischen Kirche damals einflößte. Es war zur Zeit Friedrich Wilhelms III. eine interessante Unterbrechung der Einförmigkeit, wenn jemand katholisch war. Ein katholischer Mitschüler wurde ohne jedes konfessionelle Übelwollen mit einer Art von Verwunderung wie eine exotische Erscheinung und nicht ohne Befriedigung darüber betrachtet, daß ihm von der Bartholomäusnacht, von Scheiterhaufen und dem Dreißigjährigen Kriege nichts anzumerken war. Im Hause des Professors von Savigny, dessen Frau katholisch war, wurde den Kindern, wenn sie 14 Jahre alt waren, die Wahl der Konfession freigestellt; dieselben folgten der evangelischen Konfession des Vaters, mit Ausnahme meines Altersgenossen, des nachmaligen Bundestagsgesandten und Mitbegründers des Zentrums. In der Zeit, als wir beide Primaner oder Studenten waren, sprach er ohne polemische Färbung über die Motive der getroffenen Wahl und führte dabei die imponierende Würde des katholischen Gottesdienstes, dann aber auch den Grund an, katholisch sei doch im ganzen vornehmer, »protestantisch ist ja jeder dumme Junge«.

Diese Verhältnisse und Stimmungen haben sich geändert in dem halben Jahrhundert, in welchem die politische und wirtschaftliche Entwicklung alle Varietäten der Bevölkerung nicht bloß Europas miteinander in nähere Berührung gebracht hat. Heutzutage kann man durch die Kundgebung, katholisch zu sein, in keinem Berliner Kreise mehr Aufsehen erregen oder auch nur einen Eindruck machen. Nur die Kaiserin Augusta ist von ihren Jugendeindrücken nicht frei geworden. Ein katholischer Geistlicher erschien ihr vornehmer als ein evangelischer von gleichem Range und von gleicher Bedeutung. Die Aufgabe, einen Franzosen oder Engländer zu gewinnen, hatte für sie mehr Anziehung als dieselbe einem Landsmanne gegenüber, und der Beifall der Katholiken wirkte befriedigender als der der Glaubensgenossen. Gontaut-Biron, dazu aus vornehmer Familie, hatte keine Schwierigkeit, sich in den Hofkreisen eine Stellung zu schaffen, deren Verbindung auf mehr als einem Wege an die Person des Kaisers heranreichte.

Daß die Kaiserin in der Person Gérards einen französischen geheimen Polizeiagenten zu ihrem Privatsekretär nahm, ist eine Abnormität, deren Möglichkeit ohne das Vertrauen, welches Gontaut durch seine Geschicklichkeit und durch die Mitwirkung eines Teils der katholischen Umgebung Ihrer Majestät genoß, nicht verständlich ist. Für die französische Politik und die Stellung des französischen Botschafters in Berlin war es natürlich ein erheblicher Vorteil, einen Mann wie Gérard in dem kaiserlichen Haushalte zu sehen. Derselbe war gewandt bis auf die Unfähigkeit, seine Eitelkeit im Äußeren zu unterdrücken. Er liebte es, als Muster der neuesten Pariser Mode zu erscheinen, in einer für Berlin auffälligen Übertreibung, ein Mißgriff, durch welchen sich indessen in dem Palais nicht schadete. Das Interesse für exotische und besonders Pariser Typen war mächtiger als der Sinn für einfachen Geschmack.

Gontauts Tätigkeit im Dienste Frankreichs beschränkte sich nicht auf das Berliner Terrain. Er reiste 1875 nach Petersburg, um dort mit dem Fürsten Gortschakow den Theatercoup einzuleiten, welcher bei dem bevorstehenden Besuche des Kaisers Alexander in Berlin die Welt glauben machen sollte, daß er allein das wehrlose Frankreich vor einem deutschen Überfall bewahrt habe, indem er uns mit einem Quos ego in den Arm gegriffen und zu dem Zweck den Kaiser nach Berlin begleitet habe.

Von wem der Gedanke ausgegangen ist, weiß ich nicht; wenn von Gontaut, so wird er bei Gortschakow einen empfänglichen Boden gefunden haben bei dessen eitler Natur, seiner Eifersucht auf mich und dem Widerstande, den ich seinen präpotenten Ansprüchen zu leisten gehabt hatte. Ich hatte ihm in vertraulichem Gespräche sagen müssen: »Sie behandeln uns nicht wie eine befreundete Macht, sondern comme un domestique, qui ne monte pas assez vite, quand on a sonné«. Gortschakow beutete es aus, daß er dem Gesandten Grafen Redern und den auf ihn folgenden Geschäftsträgern an Autorität überlegen war, und benutzte mit Vorliebe zu Verhandlungen den Weg der Mitteilung seinerseits an unsre Vertretung in Petersburg unter Vermeidung der Instruierung des russischen Botschafters in Berlin behufs Besprechung mit mir. Ich halte es für Verleumdung, was Russen mir gesagt haben, das Motiv dieses Verfahrens sei gewesen, daß in dem Etat des auswärtigen Ministers ein Pauschquantum für Telegramme ausgeworfen sei und Gortschakow deshalb seine Mitteilungen lieber auf deutsche Kosten durch unsern Geschäftsträger als auf russische besorgt habe. Ich suche, obschon er sicher geizig war, das Motiv auf politischem Gebiete. Gortschakow war ein geistreicher und glänzender Redner und liebte es, sich als solchen namentlich den fremden, in Petersburg beglaubigten Diplomaten gegenüber zu zeigen. Er sprach französisch und deutsch mit gleicher Beredsamkeit, und ich habe seinen dozierenden Vorträgen oft stundenlang gern zugehört, als Gesandter und später als Kollege. Mit Vorliebe hatte er als Zuhörer fremde Diplomaten und namentlich jüngere Geschäftsträger *von Intelligenz,* denen gegenüber die vornehme Stellung des auswärtigen Ministers, bei dem sie beglaubigt waren, dem oratorischen Eindruck zu Hilfe kam. Auf diesem Wege gingen mir die Gortschakowschen Willensmeinungen in Formen zu, welche an das Roma locuta est erinnerten. Ich beschwerte mich in Privatbriefen bei ihm direkt über diese Form des Geschäftsbetriebes und über die Tonart seiner Eröffnungen und bat ihn, in mir nicht mehr den diplomatischen Schüler zu sehen, der ich in Petersburg ihm gegenüber bereitwillig gewesen wäre, sondern jetzt mit der Tatsache zu rechnen, daß ich ein für die Politik meines Kaisers und eines großen Reiches verantwortlicher Kollege sei.

Als 1876 während der Vakanz des Botschafterpostens ein Legationssekretär als Geschäftsträger fungierte, wurde Herr von Radowitz, damals Gesandter in Athen, en mission extra-ordinaire nach Petersburg geschickt, um die Geschäftsführung auch äußerlich auf den Fuß der Gleichheit zu bringen. Er hatte dadurch Gelegenheit, sich durch entschlossene Emanzipation von Gortschakows präpotenter Beeinflussung dessen Abneigung in einem so hohen Grade zuzuziehen, daß die Abneigung des russischen Kabinetts gegen ihn ungeachtet seiner russischen Heirat vielleicht noch heut nicht erloschen ist.

Die Rolle des Friedensengels, sehr geeignet, Gortschakows Selbstgefühl durch den ihm über alles teuern Eindruck in Paris zu befriedigen, war von Gontaut in Berlin vorbereitet worden; es läßt sich annehmen, daß seine Gespräche mit dem Grafen Moltke und mit Radowitz, welche später als Beweismittel für unsre kriegerischen Absichten angeführt wurden, von ihm mit Geschick herbeigeführt waren, um vor Europa das Bild eines von uns bedrohten, von Rußland beschützten Frankreichs zur Anschauung zu bringen. In Berlin am 10. Mai 1875 angekommen, erließ Gortschakow unter dem Datum dieses Ortes ein zur Mitteilung bestimmtes telegraphisches Zirkular, welches mit den Worten anfing: »Maintenant«, also unter russischem Druck, »la paix est assurée«, als ob das vorher nicht der Fall gewesen wäre. Einer der dadurch avisierten außerdeutschen Monarchen hat mir gelegentlich den Text gezeigt.

Ich machte dem Fürsten Gortschakow lebhafte Vorwürfe und sagte, es sei kein freundschaftliches Verhalten, wenn man einem vertrauenden und nicht ahnenden Freunde plötzlich und hinterrücks auf die Schulter springe, um dort eine Zirkusvorstellung auf dessen Kosten in Szene zu setzen, und daß dergleichen Vorgänge zwischen uns leitenden Ministern den beiden Monarchien und Staaten zum Schaden gereichten. Wenn ihm daran liege, in Paris gerühmt zu werden, so brauchte er deshalb unsre russischen Beziehungen noch nicht zu verderben, ich sei gern bereit, ihm beizustehen und in Berlin Fünffrankenstücke schlagen zu lassen mit der Umschrift: Gortschakow protège la France; wir könnten auch in der deutschen Botschaft ein Theater herstellen, wo er der französischen Gesellschaft mit derselben Umschrift als Schutzengel im weißen Kleide und mit Flügeln in bengalischem Feuer vorgeführt würde.

Er wurde unter meinen bitteren Invektiven ziemlich kleinlaut, bestritt die für mich beweiskräftig feststehenden Tatsachen und zeigte, nicht die ihm sonst eigene Sicherheit und Beredsamkeit, woraus ich schließen durfte, daß er Zweifel hatte, ob sein kaiserlicher Herr sein Verhalten billigen werde. Der Beweis wurde vervollständigt, als ich mich bei dem Kaiser Alexander mit derselben Offenheit über Gortschakows unehrliches Verfahren beschwerte; der Kaiser gab den ganzen Tatbestand zu und beschränkte sich rauchend und lachend darauf zu sagen, ich möge diese vanité sénile nicht zu ernsthaft nehmen. Die dadurch allerdings ausgesprochene Mißbilligung hat aber niemals einen hinreichend authentischen Ausdruck gefunden, um die Legende von unsrer Absicht, 1875 Frankreich zu überfallen, aus der Welt zu schaffen.

Mir lag eine solche damals und später so fern, daß ich eher zurückgetreten sein würde, als zu einem vom Zaune zu brechenden Kriege die Hand zu bieten, welcher kein andres Motiv haben würde, als Frankreich nicht wieder zu Atem und zu Kräften kommen zu lassen. Ein solcher Krieg hätte meiner Ansicht nach nicht zu haltbaren Zuständen in Europa auf die Dauer geführt, wohl aber eine Übereinstimmung von Rußland, Österreich und England in Mißtrauen und eventuell in aktivem Vorgehen einleiten können gegen das neue und noch nicht konsolidierte Reich, welches damit die Wege betreten haben würde, auf welchen das erste und das zweite französische Kaiserreich in einer fortgesetzten Kriegs- und Prestigepolitik ihrem Untergange entgegengingen. Europa würde in unsrem Verfahren einen Mißbrauch der gewonnenen Stärke erblickt haben, und jedermannes Hand, einschließlich der zentrifugalen Kräfte im Reich selbst, würde dauernd gegen Deutschland erhoben oder am Degen gewesen sein. Gerade der friedliche Charakter der deutschen Politik nach den überraschenden Beweisen der militärischen Kraft der Nation hat wesentlich dazu beigetragen, die fremden Mächte und die inneren Gegner früher, als wir erwarteten, wenigstens bis zu einem tolerari posse mit der neudeutschen Kraftentwicklung zu versöhnen und das Reich zum Teil mit Wohlwollen, zum Teil als einstweilen annehmbaren Friedenswächter sich entwickeln und festigen zu sehen.

Es war für unsre Begriffe merkwürdig, daß der Kaiser von Rußland bei der Geringschätzung, mit welcher er sich über seinen leitenden Minister äußerte, ihm doch die ganze Maschine des Auswärtigen Amtes in der Hand ließ und ihm dadurch den Einfluß auf die Missionen gestattete, den er tatsächlich ausübte. Trotz der Klarheit, mit welcher der Kaiser die Abwege erkannte, welche einzuschlagen sein Minister sich durch persönliche Gründe verleiten ließ, unterwarf er die Konzepte, welche ihm Gortschakow zu eigenhändigen Briefen an den Kaiser Wilhelm vorlegte, nicht der scharfen Sichtung, deren sie bedurft hätten, wenn der Eindruck verhütet werden sollte, daß die wohlwollende Gesinnung des Kaisers in der Hauptsache den anspruchsvollen und bedrohlichen Stimmungen Gortschakows Platz gemacht habe. Der Kaiser Alexander hatte eine elegante und deutliche feine Handschrift, und die Arbeit des Schreibens hatte nichts Unbequemes für ihn, aber wenn auch die in der Regel sehr langen und in die Details eingehenden Schreiben von Souverän zu Souverän ganz von der eignen Hand des Kaisers herrührten, so habe ich doch nach Stil und Inhalt in der Regel auf die Unterlage eines von Gortschakow redigierten Konzepts schließen zu können geglaubt; wie denn auch die eigenhändigen Antworten unsres Herrn von mir zu entwerfen waren. Auf diese Weise hatte die eigenhändige Korrespondenz, in welcher beide Monarchen die wichtigsten politischen Fragen mit entscheidender Autorität behandelten, zwar nicht die konstitutionelle Garantie einer ministeriellen Gegenzeichnung, aber doch das Korrektiv ministerieller Mitwirkung, vorausgesetzt, daß sich der allerhöchste Briefsteller genau an das Konzept hielt. Darüber erhielt der Verfasser des letzteren allerdings keine Sicherheit, da die Reinschrift gar nicht oder doch nur versiegelt in seine Hände kam.

Wie weit verzweigt die Gontaut-Gortschakowsche Intrige gewesen war, ergibt folgendes Schreiben, das ich am 13. August 1875 aus Varzin an den Kaiser richtete:

»Ew. M. huldreiches Schreiben vom 8. d. M. aus Gastein habe ich mit ehrfurchtsvollem Dank erhalten und mich vor allem gefreut, daß E. M. die Kur gut bekommen ist trotz allen schlechten Wetters in den Alpen. Den Brief der Königin Viktoria beehre ich mich wieder beizufügen; es wäre sehr interessant gewesen, wenn I. M. sich genauer über den Ursprung der damaligen Kriegsgerüchte ausgelassen hätte. Die Quellen müssen der hohen Frau doch für sehr sicher gegolten haben, sonst würde I. M. sich nicht von neuem darauf berufen und würde die englische Regierung auch nicht so gewichtige und für uns so unfreundliche Schritte daran geknüpft haben. Ich weiß nicht, ob E. M. es für tunlich halten, die Königin Viktoria beim Worte zu nehmen, wenn I. M. versichert, es sei Ihr ›ein leichtes, nachzuweisen, daß Ihre Befürchtungen nicht übertrieben waren‹. Es wäre sonst wohl von Wichtigkeit zu ermitteln, von welcher Seite her so ›kräftige Irrtümer‹ nach Windsor haben befördert werden können. Die Andeutung über Personen, welche als ›Vertreter‹ der Regierung E. M. gelten müssen, scheint auf den Grafen Münster zu zielen. Derselbe kann ja sehr wohl, gleich dem Grafen Moltke, akademisch von der Nützlichkeit eines rechtzeitigen Angriffs auf Frankreich gesprochen haben, obschon ich es nicht weiß und er niemals dazu beauftragt worden ist. Man kann ja sagen, daß es für den Frieden nicht förderlich ist, wenn Frankreich die Sicherheit hat, daß es unter keinen Umständen angegriffen wird, es möge tun, was es wolle. Ich würde noch heute, wie 1867 in der Luxemburger Frage, E. M. niemals zureden, einen Krieg um deswillen sofort zu führen, weil wahrscheinlich ist, daß der Gegner ihn später besser gerüstet beginnen werde; man kann die Wege der göttlichen Vorsehung dazu niemals sicher genug im voraus erkennen. Aber es ist auch nicht nützlich, dem Gegner die Sicherheit zu geben, daß man seinen Angriff jedenfalls abwarten werde. Deshalb würde ich Münster noch nicht tadeln, wenn er in solchem Sinne gelegentlich geredet hätte, und die englische Regierung hätte deshalb noch kein Recht gehabt, auf außeramtliche Reden eines Botschafters amtliche Schritte zu gründen und sans nous dire gare die andern Mächte zu einer Pression auf uns aufzufordern. Ein so ernstes und unfreundliches Verfahren läßt doch vermuten, daß die Königin Viktoria noch andre Gründe gehabt habe, an kriegerische Absichten zu glauben als gelegentliche Gesprächswendungen des Grafen Münster, an die ich nicht einmal glaube.

Lord Russell hat versichert, daß er jederzeit seinen festen Glauben an unsre friedlichen Absichten berichtet habe. Dagegen haben alle Ultramontane und ihre Freunde uns heimlich und öffentlich in der Presse angeklagt, den Krieg in kurzer Frist zu wollen, und der französische Botschafter, der in diesen Kreisen lebt, hat die Lügen derselben als sichere Nachrichten nach Paris gegeben. Aber auch das würde im Grunde noch nicht hinreichen, der Königin Viktoria die Zuversicht und das Vertrauen zu den von E. M. selbst dementierten Unwahrheiten zu geben, das Höchstdieselbe noch in dem Briefe vom 20. Juni ausspricht. Ich bin mit den Eigentümlichkeiten der Königin zu wenig bekannt, um eine Meinung darüber zu haben, ob es möglich ist, daß die Wendung, es sei ›ein leichtes nachzuweisen‹, etwa nur den Zweck haben könnte, eine Übereilung, die einmal geschehen ist, zu maskieren, anstatt sie offen einzugestehen.

Verzeihen E. M., wenn das Interesse des ›Fachmannes‹ mich über diesen abgemachten Punkt nach dreimonatiger Enthaltung hat weitläufig werden lassen.«

III

Der Graf Friedrich Eulenburg erklärte sich körperlich bankrott, und in der Tat war seine Leistungsfähigkeit sehr verringert, nicht durch Übermaß von Arbeit, sondern durch die Schonungslosigkeit, mit welcher er sich von Jugend auf jeder Art von Genuß hingegeben hatte. Er besaß Geist und Mut, aber nicht immer Lust zu ausdauernder Arbeit. Sein Nervensystem war geschädigt und schwankte schließlich zwischen weinerlicher Mattigkeit und künstlicher Aufregung. Dabei hatte ihn in der Mitte der 70er Jahre, wie ich vermute, ein gewisses Popularitätsbedürfnis überfallen, welches ihm früher fremd geblieben war, solange er gesund genug war, um sich zu amüsieren. Diese Anwandlung war nicht frei von einem Anflug von Eifersucht auf mich, wenn wir auch alte Freunde waren. Er suchte sie dadurch zu befriedigen, daß er sich der Verwaltungsreform annahm. Sie mußte gelingen, wenn sie ihm Ruhm erwerben sollte. Um den Erfolg zu sichern, machte er bei den parlamentarischen Verhandlungen darüber unpraktische Konzessionen und bürokratisierte den wesentlichen Träger unsrer ländlichen Zustände, den Landratsposten, gleichzeitig mit der neuen Lokalverwaltung. Der Landratsposten war in früheren Zeiten eine preußische Eigentümlichkeit, der letzte Ausläufer der Verwaltungshierarchie, durch welchen dieselbe mit dem Volke unmittelbar in Berührung, der aber in dem sozialen Ansehen höher als andre Beamte gleichen Ranges stand. Man wurde früher nicht Landrat mit der Absicht, dadurch Karriere zu machen, sondern mit der Aussicht, sein Leben als Landrat des Kreises zu beschließen. Die Autorität eines solchen wuchs mit den Jahren seiner Amtsdauer; er hatte keine andern Interessen als die des Kreises zu vertreten und für keine andern Wünsche als die seiner Eingesessenen zu streben. Es liegt auf der Hand, wie nützlich eine solche Institution nach oben und nach unten wirkte und mit wie geringen Mitteln an Menschen und Geld die Kreisgeschäfte betrieben werden konnten. Seitdem ist der Landrat ein reiner Regierungsbeamter geworden, seine Stellung ein Durchgangsposten für weitere Beförderungen im Staatsdienste, eine Erleichterung der Wahl zum Abgeordneten; und in der Eigenschaft des letzteren wird er, wenn er strebsam ist, seine Beziehungen nach oben als Beamter wichtiger finden als die zu den Einsassen seines Kreises. Zugleich sind die neugeschaffenen örtlichen Amtsvorstände nicht Organe der Selbstverwaltung nach Analogie der städtischen Behörden, sondern eine unterste schreiberartig wirkende Klasse der Bürokratie geworden, durch welche jede unpraktische oder müßige Anregung der unzulänglich beschäftigten und den Realitäten des Lebens fremden Zentralbürokratie über das platte Land verbreitet wird und [die] die unglücklichen »Selbst-Verwalter« nötigt, Berichte und Listen zusammenzustellen, um die Wißbegierde von Beamten zu befriedigen, die mehr Zeit als Staatsgeschäfte haben. Es ist für Landwirte oder Industrielle nicht möglich, solchen Anforderungen im »Nebenamt« zu genügen. An ihre Stelle treten notwendig mehr und mehr remunerierte Schreiber, deren Kosten [durch] die Eingesessenen aufzubringen sind und die von der höheren Bürokratie abhängig sind ad nutum.

Als Nachfolger des Grafen Eulenburg hatte ich Rudolf von Bennigsen ins Auge gefaßt und habe im Laufe des Jahres 1877 in Varzin zweimal, im Juli und im Dezember, Besprechungen mit ihm gehabt. Es fand sich dabei, daß er dem Boden unsrer Verhandlung eine weitere Ausdehnung zu geben suchte, als mit den Ansichten Sr. Majestät und mit meinen eignen Auffassungen vereinbar war. Ich wußte, daß es schon eine schwierige Aufgabe sein würde, ihn für seine Person dem Könige annehmbar zu machen; er aber faßte die Sache so auf, als ob es sich um einen durch die politische Situation gegebenen Systemwechsel handelte, um die Übernahme der Leitung durch die nationalliberale Partei. Das Streben nach dem Mitbesitz des Regiments hatte sich schon erkennbar gemacht in dem Eifer, mit welchem die Partei das Stellvertretungsgesetz betrieben hatte, in der Meinung, auf diesem Wege ein kollegialisches Reichsministerium anzubahnen, in dem anstatt des allein verantwortlichen Reichskanzlers selbständige Ressorts mit kollegialischer Abstimmung wie in Preußen die Entscheidung hätten. Durch diese selben Bestrebungen waren meine Kollegen Camphausen und Friedenthal gleichzeitig mit Eulenburgs Rücktritt zu der Erklärung bestimmt worden, daß auch sie an ihren Abschied dächten, weil die Regierung sich nicht in hinreichend enger Fühlung mit der nationalliberalen Partei hielte. Bennigsen wollte daher nicht einfach Eulenburgs Nachfolger werden, sondern verlangte, daß mit ihm wenigstens Forckenbeck und Stauffenberg einträten. Der erstere sei der geeignete Mann für das Innere und werde dort dieselbe Geschicklichkeit und Tatkraft wie in der Verwaltung der Stadt Berlin bewähren. Er selbst würde das Finanzministerium wählen; Stauffenberg müsse an die Spitze des Reichsschatzamtes treten, um mit ihm zusammenzuwirken.

Ich sagte ihm, es sei nichts vakant als die Stelle Eulenburgs; ich sei bereit, ihn für dieselbe dem König vorzuschlagen, und würde mich freuen, wenn ich den Vorschlag durchsetzte. Wenn ich aber Sr. Majestät raten wollte, noch zwei Ministerposten proprio motu frei zu machen, um dieselben mit Nationalliberalen zu besetzen, so werde der hohe Herr das Gefühl haben, daß es sich nicht um eine zweckmäßige Stellenbesetzung, sondern um einen Systemwechsel handle, und einen solchen werde er prinzipiell ablehnen. Bennigsen dürfe überhaupt nicht darauf rechnen, daß es dem König und unsrer ganzen politischen Lage gegenüber möglich sein werde, seine Fraktion gewissermaßen mit in das Ministerium zu nehmen und als Führer derselben den ihrer Bedeutung entsprechenden Einfluß im Schoße der Regierung auszuüben, gewissermaßen ein konstitutionelles Majoritätsministerium zu schaffen. Bei uns sei der König tatsächlich und ohne Widerspruch mit dem Verfassungstexte Ministerpräsident, und Bennigsen würde, wenn er als Minister etwa die bezeichnete Richtung einhalten wollte, bald zwischen dem Könige und seiner Fraktion zu wählen haben. Er möge sich klarmachen, daß, wenn es mir gelänge, seine Ernennung durchzusetzen, damit ihm und seiner Partei eine mächtige Handhabe zur Verstärkung und Erweiterung ihres Einflusses geboten sei; er möge sich das Beispiel Roons vergegenwärtigen, der als der einzige Konservative in das liberale Auerswaldsche Ministerium trat und der Kristallisationspunkt wurde, um den dasselbe sich in ein konservatives verwandelte. Er möge nichts Unmögliches von mir verlangen, ich kennte den König und die Grenzen meines Einflusses genau genug; mir wären die Parteien ziemlich gleichgültig, sogar ganz gleichgültig, wenn ich von den eingestandenen und nichteingestandenen Republikanern absähe, die nach rechts mit der Fortschrittspartei abschlössen. Mein Ziel sei die Befestigung unsrer nationalen Sicherheit; zu ihrer innern Ausgestaltung werde die Nation Zeit haben, wenn erst ihre Einheit und damit ihre Sicherheit nach außen konsolidiert sein werde. Für die Erreichung des letzteren Zweckes sei gegenwärtig auf dem parlamentarischen Gebiete die nationalliberale Partei das stärkste Element. Die konservative Partei, der ich im Parlament angehört, habe die geographische Ausdehnung, deren sie in der heutigen Bevölkerung fähig sei, erreicht und trage nicht das Wachstum in sich, um zu einer nationalen Majorität zu werden; ihr naturgeschichtliches Vorkommen, ihr Standort sei beschränkt in unsern neuen Provinzen; im Westen und Süden von Deutschland habe sie nicht dieselben Unterlagen wie in Alt-Preußen; in Bennigsens Heimat, Hannover, namentlich habe man nur zwischen Welfen und Nationalliberalen zu wählen, und die letzteren böten einstweilen die beste Unterlage von allen denen, auf welchen das Reich Wurzel schlagen könne. Diese politische Erwägung veranlasse mich, ihnen, als der gegenwärtig stärksten Partei, entgegenzukommen, indem ich ihren Führer zum Kollegen zu werben suchte, ob für die Finanzen oder das Innere, sei mir gleichgültig. Ich sähe die Sache von dem rein politischen Standpunkte an, bedingt durch die Auffassung, daß es für jetzt und bis nach den nächsten großen Kriegen nur darauf ankomme, Deutschland fest zusammenwachsen zu lassen, es durch seine Wehrhaftigkeit gegen äußere Gefahren und durch seine Verfassung gegen innere dynastische Brüche sicherzustellen. Ob wir uns nachher im Innern etwas konservativer oder etwas liberaler einrichteten, das werde eine Zweckmäßigkeitsfrage sein, die man erst ruhig erwägen könne, wenn das Haus wetterfest sei. Ich hätte den aufrichtigen Wunsch, ihn zu überreden, daß er, wie ich mich ausdrückte, zu mir in das Schiff springe und mir bei dem Steuern helfe; ich läge am Landungsplatze und wartete auf sein Einsteigen.

Bennigsen blieb aber dabei, nicht ohne Forckenbeck und Stauffenberg eintreten zu wollen, und ließ mich unter dem Eindrucke, daß mein Versuch mißlungen sei, einem Eindrucke, der schnell verstärkt wurde durch das Einlaufen eines ungewöhnlich ungnädigen Schreibens des Kaisers, aus dem ich ersah, daß Graf Eulenburg zu ihm mit der Frage in das Zimmer getreten sei: »Haben Euer Majestät schon von dem neuen Ministerium gehört? Bennigsen.« Dieser Mitteilung folgte der lebhafte schriftliche Ausbruch kaiserlicher Entrüstung über meine Eigenmächtigkeit und über die Zumutung, daß er aufhören sollte, »konservativ« zu regieren. Ich war unwohl und abgespannt, und der Text des kaiserlichen Schreibens und der Eulenburgsche Angriff fielen mir dermaßen auf die Nerven, daß ich von neuem ziemlich schwer erkrankte, nachdem ich dem Kaiser durch Roon geantwortet hatte, ich könne ihm einen Nachfolger Eulenburgs doch nicht vorschlagen, ohne mich vorher vergewissert zu haben, daß der Betreffende die Ernennung annehmen werde; ich hätte Bennigsen für geeignet gehalten und seine Stimmungen sondiert, bei ihm aber nicht die Auffassung gefunden, welche ich erwartet hätte, und die Überzeugung gewonnen, daß ich ihn *nicht* zum Minister vorschlagen könne; die ungnädige Verurteilung, die ich durch das Schreiben erfahren hätte, nötige mich, mein Abschiedsgesuch vom Frühjahr zu erneuern. Diese Korrespondenz fand in den letzten Tagen des Jahres 1877 statt, und meine neue Erkrankung fiel gerade in die Neujahrsnacht.

Der König antwortete mir auf das Schreiben Roons, er sei über das Sachverhältnis getäuscht worden und wünsche, daß ich seinen vorhergehenden Brief als nicht geschrieben betrachte. Jede weitere Verhandlung mit Bennigsen verbot sich durch diesen Vorgang von selbst, ich hielt es aber in unsrem politischen Interesse nicht für zweckmäßig, letzteren von der Beurteilung in Kenntnis zu setzen, welche seine Person und Kandidatur bei dem Kaiser gefunden hatte. Ich ließ die für mich definitiv abgeschlossene Unterhandlung äußerlich in suspenso; als ich dann wieder in Berlin war, ergriff Bennigsen die Initiative, um die seiner Meinung nach noch schwebende Angelegenheit in freundschaftlicher Form zum negativen Abschluß zu bringen. Er fragte mich im Reichstagsgebäude, ob es wahr sei, daß ich das Tabakmonopol einzuführen strebe, und erklärte auf meine bejahende Antwort, daß er dann die Mitwirkung als Minister ablehnen müsse. Ich verschwieg ihm auch dann noch, daß mir jede Möglichkeit, mit ihm zu verhandeln, durch den Kaiser schon seit Neujahr abgeschnitten war. Vielleicht hatte er sich auf andrem Wege überzeugt, daß sein Plan einer grundsätzlichen Modifikation der Regierungspolitik im Sinne der nationalliberalen Anschauungen bei dem Kaiser auf unüberwindliche Hindernisse stoßen würde, namentlich seit einer von Stauffenberg gehaltenen Rede über die Notwendigkeit der Abschaffung des Art. 109 der preußischen Verfassung[60] (Forterhebung der Steuern).

Wenn die nationalliberalen Führer ihre Politik geschickt betrieben hätten, so hätten sie längst wissen müssen, daß bei dem Könige, dessen Unterschrift sie zu ihrer Ernennung bedurften und begehrten, es keinen empfindlicheren politischen Punkt gab als diesen Artikel und daß sie sich den hohen Herrn nicht sicherer entfremden konnten, als durch den Versuch, ihm dieses Palladium zu entreißen. Als ich Sr. Majestät vertraulich den Verlauf meiner Verhandlungen mit Bennigsen erzählte und dessen Wunsch in betreff Stauffenbergs erwähnte, war der König noch unter dem Eindruck der Rede des letzteren und sagte, indem er mit dem Finger auf seine Schulter deutete, wo auf der Uniform die Regimentsnummer sitzt: »Nro. 109 Regiment Stauffenberg«. Wenn der König damals den von mir zur Herstellung der Übereinstimmung mit der Reichstagsmajorität gewünschten Eintritt Bennigsens genehmigt und selbst wenn der letztere bald die Unmöglichkeit eingesehen hätte, das Kabinett und den König in seine Fraktionsrichtung zu bringen, so würden sich doch, wie ich heut überzeugt bin, die einigermaßen doktrinäre Schärfe des Fraktionsprogramms und die Empfindlichkeit der monarchischen Auffassung des Königs nicht lange miteinander vertragen haben. Damals war ich dessen nicht so sicher gewesen, um nicht den Versuch zu machen, ob ich Se. Majestät bewegen könnte, sich der nationalliberalen Auffassung zu nähern. Die Schärfe des Widerstandes, die allerdings durch Eulenburgs feindliche Einwirkung gesteigert worden war, übertraf meine Erwartung, obschon mir bekannt war, daß der König gegen Bennigsen und seine frühere Tätigkeit in Hannover eine instinktive monarchische Abneigung hegte. Obwohl die nationalliberale Partei in Hannover und die Wirksamkeit ihres Führers vor und nach 1866 die »Verstaatlichung« Hannovers wesentlich erleichtert hatte und der König ebenso wie sein Vater 1805 eine Neigung hatte, diesen Erwerb rückgängig zu machen, so war der fürstliche Instinkt in ihm doch herrschend genug, um solches Verhalten eines hannoverschen Untertanen gegen die welfische Dynastie mit innerlichem Unbehagen zu beurteilen.

Es ist eine der vielen unwahren Legenden, daß ich die Nationalliberalen hätte »an die Wand drücken« wollen. Im Gegenteil, die Herren versuchten es so mit mir zu machen. Durch den Bruch mit den Konservativen infolge der ganzen Verleumdungsära durch die »Reichsglocke« und die »Kreuzzeitung« und der Kriegserklärung, die unter Führung meines mißvergnügten früheren Freundes Kleist-Retzow erfolgte, durch das neidische Übelwollen meiner Standesgenossen, der Landjunker, durch alle diese Verluste von Anlehnungen, durch die Feindschaft am Hofe, die katholischen und weiblichen

Einflüsse daselbst waren meine Stützpunkte außerhalb der nationalliberalen Fraktionen schwächer geworden und bestanden allein in dem persönlichen Verhältnis des Kaisers zu mir. Die Nationalliberalen nahmen davon
nicht etwa einen Anlaß, unsre gegenseitigen Beziehungen dadurch zu stärken, daß sie mich unterstützten, sondern machten im Gegenteil den Versuch, mich gegen meinen Willen in das Schlepptau zu nehmen. Zu diesem
Zwecke wurden Beziehungen zu mehreren meiner Kollegen angeknüpft;
durch die Minister Friedenthal und Botho Eulenburg, welcher letztere das
Opfer meines Vertreters im Präsidium, des Grafen Stolberg, hatte, wurden
ohne mein Wissen amtliche Verständigungen mit den Präsidien beider Parlamente bezüglich nicht nur der Sitzungs- und Vertagungsfragen, sondern
auch in betreff materieller Vorlagen gegen meinen, den Kollegen bekannten Willen eingeleitet. Der Gesamtandrang auf meine Stellung, das Streben
nach Mitregentschaft oder Alleinherrschaft an meiner Stelle, das sich in
dem Plane selbständiger Reichsminister, in den kombinierten Rücktrittser-
klärungen von Eulenburg, Camphausen, Friedenthal und in den erwähnten
Heimlichkeiten verraten hatte, trat handgreiflich zutage in der Conseilsitzung, welche der Kronprinz als Vertreter seines verwundeten Vaters am 5.
Juni 1878 abhielt, um über die Auflösung des Reichstags nach dem Nobilingschen Attentate zu beschließen. Die Hälfte meiner Kollegen oder mehr,
jedenfalls die Majorität des Ministeriums und des Conseils, stimmte, abweichend von meinem Votum, gegen die Auflösung und machte dafür geltend,
daß der vorhandene Reichstag, nachdem das Nobilingsche Attentat auf das
Hödelsche gefolgt sei, bereit sein werde, seine jüngste Abstimmung zu ändern und der Regierung entgegenzukommen. Die Zuversicht, welche meine
Kollegen bei dieser Gelegenheit kundgaben, beruhte offenbar auf vertraulicher Verständigung zwischen ihnen und einflußreichen Parlamentariern,
während mir gegenüber kein einziger von den letzteren auch nur eine Aussprache versucht hatte. Es schien, daß man sich über die Teilung meiner
Erbschaft bereits verständigt hatte.

Ich war sicher, daß der Kronprinz, auch wenn alle meine Kollegen andrer
Ansicht gewesen wären, die meinige annehmen werde, abgesehen von der
Zustimmung, die ich unter den 20 oder mehr zugezogenen Generälen und
Beamten, wenigstens bei den ersteren fand. Wenn ich überhaupt Minister
bleiben wollte, was ja eine Opportunitätsfrage geschäftlicher sowohl wie
persönlicher Natur war, die ich bei eigner Prüfung mir bejahte, so befand ich
mich im Stande der Notwehr und mußte suchen, eine Änderung der Situati-

on im Parlament und in dem Personalbestande meiner Kollegen herbeizuführen. Minister bleiben wollte ich, weil ich, wenn der schwerverwundete
Krieger am Leben bliebe, was bei dem starken Blutverlust in seinem hohen
Alter noch unsicher, fest entschlossen war, ihn nicht gegen seinen Willen zu
verlassen, und es als Gewissenspflicht ansah, wenn er stürbe, seinem Nachfolger die Dienste, welche ich ihm vermöge des Vertrauens und der Erfahrung, die ich mir erworben hatte, leisten konnte, nicht gegen seinen Willen
zu versagen. Nicht ich habe Händel mit den Nationalliberalen gesucht, sondern sie haben im Komplott mit meinen Kollegen mich an die Wand zu
drängen versucht. Die geschmacklose und widerliche Redensart von dem
An-die-Wand-Drücken, bis sie quietschten, hat niemals in meinem Denken,
geschweige denn auf meiner Lippe Platz gefunden – eine der lügenhaften
Erfindungen, mit denen man politischen Gegnern Schaden zu tun sucht.
Obendrein war diese Redensart nicht einmal eignes Produkt derer, welche
sie verbreiteten, sondern ein ungeschicktes Plagiat: Der Graf Beust erzählt
in seinen Memoiren (»Aus drei Viertel-Jahrhunderten«, Tl. I, S. 5):

»Die Slawen in Österreich haben mir das beiläufig nie von mir gesprochene Wort aufgebracht, ›man müsse sie an die Wand drücken‹. Der Ursprung dieses Wortes war folgender: Der frühere Minister, später Statthalter
von Galizien, Graf Goluchowski, pflegte sich mit mir in französischer Sprache zu unterhalten. Seinen Bemühungen war es vorzugsweise zu danken,
daß nach meiner Übernahme des Ministerpräsidiums 1867 der galizische
Landtag vorbehaltlos für den Reichsrat wählte. Damals hatte ich zu Graf
Goluchowski gesagt: ›Si cela se fait, les Slaves sont au pied du mur‹ – eine
von der obigen sehr verschiedene Äußerung.«

Ich habe unter meinen Argumenten für Auflösung besonders geltend gemacht, daß dem Reichstage ohne Verletzung seines Ansehens die Zurücknahme seines Beschlusses nur durch vorgängige Auflösung möglich gemacht werden könne. Ob hervorragende Nationalliberale damals die
Absicht hatten, nur meine Kollegen oder meine Nachfolger zu werden, kann
unentschieden bleiben, da ersteres immer den Übergang zu der andern Alternative bilden konnte; den zweifelsfreien Eindruck aber hatte ich, daß
zwischen einigen meiner Kollegen, einigen Nationalliberalen und einigen
Leuten von Einfluß am Hofe und im Zentrum über die Teilung meiner politischen Erbschaft die Verhandlungen bis zur Verständigung oder nahezu
gediehen waren. Diese Verständigung bedingte ein ähnliches Aggregat wie
in dem Ministerium Gladstone zwischen Liberalismus und Katholizismus.

Der letztere reichte durch die nächsten Umgebungen der Kaiserin Augusta, einschließlich des Einflusses der »Reichsglocke«, des Hausministers von Schleinitz bis in das Palais des alten Kaisers; und bei ihm fand der Gesamtangriff gegen mich einen Bundesgenossen in dem General von Stosch. Derselbe hatte auch am kronprinzlichen Hofe eine gute Stellung, teils direkt durch eignes Talent, teils mit Hilfe des Herrn von Normann und seiner Frau, mit denen er schon von Magdeburg her vertraut war und deren Übersiedlung nach Berlin er vermittelt hatte.

IV

Bei dem Plane, mich durch ein Kabinett Gladstone zu ersetzen, war auf den Grafen Botho Eulenburg gerechnet, seit dem 31. März 1878 Minister des Innern, welchem seine Verwandtschaft den traditionellen Hofeinfluß seiner und der Dönhoffschen Familie sicherte. Er ist gescheit, elegant, eine vornehmere Natur als Harry von Arnim, glatter poliert als Robert Goltz; aber ich habe auch mit ihm das Erlebnis gehabt, daß begabte Mitarbeiter und eventuelle Nachfolger, die ich heranzuziehen suchte, mir ihr Wohlwollen nicht dauernd bewahrten.

Meine Beziehungen zu ihm wurden zuerst geschädigt durch einen Ausbruch der Empfindlichkeit[61], die bei ihm äußerlich durch die volle Höflichkeit guter Erziehung verdeckt wurde, aber doch von einer für den geläufigen und vertraulichen Geschäftsverkehr störenden Schärfe war. Mein damaliger Beistand für vertrauliche Geschäfte, der Geheimrat Tidemann, veranlaßte durch die Form, in der er einen Auftrag während meiner Abwesenheit bei dem Grafen ausrichtete, diesen zu einer mir unerwarteten brieflichen Explosion. Da mein Auftrag an Tidemann ein sachliches und noch lebendiges Interesse hat, so lasse ich die Korrespondenz folgen.

»Kissingen, den 15. August 1878

Euer Hochwohlgeboren bitte ich, Herrn Minister Grafen Eulenburg und Herrn Geheimrat Hahn mein Bedauern darüber auszusprechen, daß der Entwurf des Sozialistengesetzes in der Provinzialkorrespondenz amtlich publiziert worden ist, bevor er im Bundesrat vorgelegt war. Die Veröffentlichung präjudiziert jeder Amendierung durch uns und ist für Bayern und andre Dissertierende verletzend. Nach meinen Verhandlungen von hier aus mit Bayern muß ich annehmen, daß letzteres an seinem Widerspruche gegen das Reichsamt festhält. Württemberg und, wie ich höre, auch Sachsen widersprechen dem Reichsamt nicht im Prinzip, wohl aber angebrachtermaßen, indem sie die Zuziehung von Richtern perhorreszieren. Diesem Widerspruche kann ich mich persönlich nur anschließen. Es handelt sich nicht um richterliche, sondern um politische Funktionen, und auch das preußische Ministerium darf in seinen Vorentscheidungen nicht einem richterlichen Kollegium unterstellt und auf diese Weise für alle Zukunft in seiner politischen Bewegung gegen den Sozialismus lahmgelegt werden. Die Funktionen des Reichsamts können nach meiner Auffassung nur durch den Bundesrat entweder direkt oder durch Delegation(en) an einen jährlich zu wählenden Ausschuß geübt werden. Der Bundesrat repräsentiert die Regierungsgewalt der Gesamtsouveränität von Deutschland, dabei etwa dem Staatsrate unter andern Verhältnissen entsprechend.

Bisher muß ich indessen annehmen, daß Bayern auf diesen für Württemberg, Sachsen und für mich persönlich annehmbaren Ausweg nicht eingehen wird. Auch die Klausel in Nro. 3 Artikel 23, daß nur arbeitslose Individuen ausgewiesen werden dürfen, ist für den Zweck ungenügend.

Ferner bedarf das Gesetz meines Erachtens eines Zusatzes in betreff der Beamten dahingehend, daß Beteiligung an sozialistischer Politik die Entlassung ohne Pension nach sich zieht. Die Mehrzahl der schlecht bezahlten Subalternbeamten in Berlin, und dann der Bahnwärter, Weichensteller und ähnlicher Kategorien sind Sozialisten, eine Tatsache, deren Gefährlichkeit bei Aufständen und Truppentransporten einleuchtet.

Ich halte ferner, wenn das Gesetz wirken soll, für die Dauer nicht möglich, den gesetzlich als Sozialisten erweislichen Staatsbürgern das Wahlrecht und die Wählbarkeit und den Genuß der Privilegien der Reichstagsmitglieder zu lassen.

Alle diese Verschärfungen werden, nachdem einmal die mildere Form in allen Zeitungen gleichzeitig bekanntgegeben, denselben also wohl amtlich mitgeteilt ist, im Reichstage sehr viel weniger Aussicht haben, als der Fall sein könnte, wenn eine mildere Version nicht amtlich bekanntgeworden wäre.

Die Vorlage, so wie sie jetzt ist, wird praktisch dem Sozialismus nicht Schaden tun, zu seiner Unschädlichmachung keinesfalls ausreichen, namentlich da ganz zweifellos ist, daß der Reichstag von jeder Vorlage etwas abhandelt. Ich bedauere, daß meine Gesundheit mir absolut verbietet, mich jetzt sofort an den Verhandlungen des Bundesrates zu beteiligen, und muß mir vorbehalten, meine weiteren Anträge im Bundesrate im Hinblick auf die ordentliche Reichstagssession im Winter zu stellen.

von Bismarck.«

»Berlin, den 18. August 1878

Euer Durchlaucht
haben den Geheimen Regierungsrat Tidemann beauftragt, mir und dem Geheimen Rat Hahn Ihr Bedauern darüber auszusprechen, daß der Entwurf des Sozialistengesetzes in der Provinzialkorrespondenz amtlich publiziert worden ist, ehe er im Bundesrat vorgelegt war. Den Geheimen Rat Hahn trifft hierbei keine Verantwortlichkeit, da er nicht ohne meine Zustimmung gehandelt hat. Letztere habe ich erst erteilt, nachdem abends zuvor die den Entwurf enthaltende Drucksache des Bundesrates ohne besondere Anempfehlung diskreter Behandlung ausgegeben und mir seitens des Herrn Präsidenten des Reichskanzleramtes mitgeteilt worden war, daß unter diesen Umständen die Veröffentlichung des Entwurfs durch die Zeitungen am folgenden, also an demselben Tage, an welchem die Provinzialkorrespondenz erschien, mit Sicherheit zu erwarten sei, eine Annahme, welche sich demnächst als völlig zutreffend erwiesen hat. Die Sitzung des Bundesrates fand am 14. d. M. nachmittags 2 Uhr statt, die Provinzialkorrespondenz wurde an demselben Tage nachmittags ausgegeben; die Mitteilung des Inhalts des Gesetzentwurfs in derselben hat also nicht früher stattgefunden als die Vorlegung des Entwurfs im Bundesrate.

Ob es dennoch besser gewesen wäre, jene Mitteilung in der Provinzialkorrespondenz zu unterlassen, habe ich nicht die Absicht weiter zu erörtern. Ew. Durchlaucht erleuchtetes Urteil zu vernehmen, wird mir stets von hohem Werte sein, auch wenn dasselbe von dem meinigen abweicht. Dagegen kann ich es nicht stillschweigend hinnehmen, daß Ew. Durchlaucht Ihr Mißfallen mir durch einen Ihrer Untergebenen haben eröffnen und die darin liegende Mißachtung meiner Stellung um so schärfer haben hervortreten lassen, als Sie mich hierbei mit einem meiner Untergebenen auf eine Linie stellten. Das Verletzende dieses Verfahrens springt so sehr in die Augen, daß die Annahme der Absichtlichkeit und die hieran notwendigerweise sich knüpfende Gedankenreihe naheliegen. Der letzteren Folge zu geben, werde ich nicht zögern, sobald ich mich überzeuge, daß diese Annahme zutrifft. Indem ich einstweilen davon ausgehe, daß dies nicht der Fall ist, beschränke ich mich darauf, Ew. Durchlaucht dringend zu bitten, ein ähnliches Verfahren nicht wiederkehren zu lassen.

Mit etc.   Graf Eulenburg.«

»Gastein, den 20. August 1878

Ew. Exzellenz haben, wie ich aus dem geehrten Schreiben vom 18. entnehme, die, wie es scheint, wenig vorsichtige, mir jedenfalls unerwartete Folge, die der Geheimrat Tidemann meiner vertraulichen und formlosen Äußerung gegeben hat, mir mit vollem Gewichte zur Last geschrieben, ohne mir auch nur das Benefizium der Unvollkommenheit des Geschäftsganges bei eingreifender Badekur zu gewähren. Nach Inhalt Ihres Schreibens bin ich unter dem Eindruck, daß Ihnen gegenüber eine Taktlosigkeit in der Form begangen ist, für die ich Sie um Verzeihung bitte, obschon ich sie nicht verschuldet, höchstens ermöglicht habe. Daß Ew. Exzellenz dabei der Gedanke an eine Absichtlichkeit meinerseits hat nahetreten können, ist mir unerwartet und betrübend, indem ich die freundschaftliche Natur unsrer persönlichen Beziehungen zueinander zu gesichert glaubte, um ein derartiges Mißverständnis aufkommen zu lassen. Mit etc. von Bismarck.«

Es ist bekannt, unter welchen Umständen der Graf Eulenburg im Februar 1881 seinen Abschied nahm, und daß er im August desselben Jahres zum Oberpräsidenten in Kassel ernannt wurde.

An seinen Namen knüpft sich folgender Briefwechsel zwischen Sr. Majestät und mir. Den Gegenstand meines darin erwähnten Vertrags vom 17. Dezember 1881 habe ich nicht zu ermitteln vermocht.

»Berlin, den 18. Dezember 1881

Einen eigentümlichen Traum muß ich Ihnen erzählen, den ich diese Nacht träumte, so klar, wie ich ihn hier mitteile.

Der Reichstag trat nach den jetzigen Ferien zum ersten Mal zusammen. Während der Diskussion trat der Graf Eulenburg ein; sogleich schwieg die Diskussion; nach einer langen Pause erteilte der Präsident dem letzten Redner von neuem das Wort. Schweigen! Der Präsident hebt die Sitzung auf. Nun entsteht ein Tumult und Geschrei. Keinem Mitgliede darf ein Orden während der Session des Reichstages erteilt werden; der Monarch darf nicht in der Session genannt werden. Andern Tages Sitzung. Eulenburg erscheint und wird mit solchem Zischen und Lärm empfangen – darüber erwache ich in einer nervösen Agitation, daß ich lange mich nicht erholen und zwei Stunden, von ½ 5 bis ½ 7 Uhr, nicht schlafen konnte.

Das alles geschah in meiner Gegenwart im Hause so klar, wie ich es hier niederschreibe.

Ich will nicht hoffen, daß der Traum sich realisiere, aber eigentümlich bleibt die Sache. Da dieser Traum erst nach dem sechsstündigen ruhigen Schlaf eintrat, so könnte er doch keine unmittelbare Folge unserer Unterredung sein.

Enfin, ich mußte Ihnen diese Kuriosität doch erzählen.

Ihr

Wilhelm.«

»Berlin, den 18. Dezember 1881

E. M. danke ich ehrfurchtsvoll für das huldreiche Handschreiben. Ich glaube doch, daß der Traum das Ergebnis nicht gerade meines vorhergehenden Vortrages, aber doch der Gesamtheit der Eindrücke der letzten Tage, auf Grund der mündlichen Berichte von Puttkamer, der Zeitungsartikel und meines Vortrags war. Die Bilder des Wachens tauchen im Spiegel des Traumes nicht sofort, sondern erst dann wieder auf, wenn der Geist durch Schlaf und Ruhe still geworden ist. E. M. Mitteilung ermutigt mich zur Erzählung eines Traumes, den ich Frühjahr 1863 in den schwersten Konfliktstagen hatte, aus denen ein menschliches Auge keinen gangbaren Ausweg sah. Mir träumte, und ich erzählte es sofort am Morgen meiner Frau und andern Zeugen, daß ich auf einem schmalen Alpenpfad ritt, rechts Abgrund, links Felsen; der Pfad wurde schmaler, so daß das Pferd sich weigerte, und Umkehr und Absitzen wegen Mangel an Platz unmöglich; da schlug ich mit meiner Gerte in der linken Hand gegen die glatte Felswand und rief Gott an: Die Gerte wurde unendlich lang, die Felswand stürzte wie eine Kulisse und eröffnete einen breiten Weg mit dem Blick auf Hügel und Waldland wie in Böhmen, preußische Truppen mit Fahnen und in mir noch im Traume der Gedanke, wie ich das schleunigst E. M. melden könnte. Dieser Traum erfüllte sich, und ich erwachte froh und gestärkt aus ihm.

Der böse Traum, aus dem E. M. nervös und agitiert erwachten, kann doch nur so weit in Erfüllung gehen, daß wir noch manche stürmische und lärmende Parlamentssitzung haben werden, durch welche die Parlamente ihr Ansehen leider untergraben und die Staatsgeschäfte hemmen; aber E. M. Gegenwart dabei ist nicht möglich, und ich halte dergleichen Erscheinungen wie die letzten Reichstagssitzungen zwar für bedauerlich als Maßstab unsrer Sitten und unsrer politischen Bildung, vielleicht unsrer politischen Befähigung; aber für kein Unglück an sich: l'excès du mal en devient le remède.

Verzeihen E. M. mit gewohnter Huld diese durch Allerhöchstdero Schreiben angeregte Ferienbetrachtung; denn seit gestern bis zum 9. Januar haben wir Ferien und Ruhe.«

Die Beschwerde des Grafen [Eulenburg] über Tidemann und die darin sofort gestellte Kabinettsfrage waren mir in ihrer Form um so mehr auf die Nerven gefallen, als ich an den Folgen einer schweren Erkrankung litt, welche durch die Einwirkung der auf den Kaiser gemachten Attentate und den gleichzeitigen Zwang zur Arbeit in dem Präsidium des Berliner Kongresses hervorgerufen, zwar aus amtlichem Pflichtgefühle zurückgedrängt, aber durch die Gasteiner Kur mehr verschärft als geheilt war. Diese Kur, der mein Mitarbeiter, der Staatsminister Bernhard von Bülow, am 20. Oktober 1879 erlag, wirkt auf überarbeitete Nerven nicht beruhigend, wenn sie durch Arbeit der Gemütsbewegung gestört wird.

Unmittelbar nach meiner Rückkehr nach Berlin hatte ich die Vorlage des Sozialistengesetzes im Reichstage zu vertreten und fand dabei die Erfahrung bestätigt, daß die oratorische Leistung auf der Tribüne eine geringere Nervenanstrengung erfordert als die Korrektur einer langen, schnell gesprochenen Rede, deren Wortlaut an leitender Stelle vertreten werden soll. Während einer solchen Korrektur kam bei mir eine seit Monaten vorbereitete Nervenkrisis körperlich zum Ausbruch, glücklicherweise in der leichteren Form der Nesselsucht.

Die Aufgaben eines leitenden Ministers einer europäischen Großmacht mit parlamentarischer Verfassung sind an sich hinreichend aufreibender Natur, um die Arbeitsfähigkeit eines Mannes zu absorbieren; sie werden es in höherem Maße, wenn der Minister, wie in Deutschland und Italien, einer Nation über das Stadium ihrer Ausbildung hinwegzuhelfen und wie bei uns mit einem starken Isolierungstrieb der Parteien und Individuen zu kämpfen hat. Wenn man alles, was der Mensch an Kräften und Gesundheit besitzt, an die Lösung solcher Aufgaben setzt, so ist man gegen alle Erschwerungen derselben, welche nicht sachlich notwendig sind, doppelt empfindlich. Ich glaubte schon zu Anfang der 70er Jahre mit meiner Gesundheit zu Ende zu sein und überließ deshalb das Präsidium des Kabinetts dem einzigen mir persönlich Nahestehenden unter meinen Kollegen, dem Grafen Roon, wurde aber damals nicht durch sachliche Schwierigkeiten entmutigt. Um letzteres herbeizuführen, mußte die feindliche Intrige der Kreise hinzutreten, auf deren Unterstützung ich vorzugsweise glaubte rechnen zu können, und die sich zur Zeit der »Reichsglocke« in den Beziehungen der durch dieses Blatt vertretenen Elemente in erster Linie zum Hof und den Konservativen und zu vielen meiner amtlichen Mitarbeiter kennzeichnete. Die Tatsache, daß ich bei dem mir sonst so gnädigen Monarchen keinen genügenden Beistand gegen die Hof- und Hauseinflüsse des Reichsglockenringes fand, hatte mich am meisten entmutigt und das Gewicht der Erwägungen vervollständigt, welche mich zu meinem Abschiedsgesuch vom 27. März 1877 bewogen hatten. Die Gürtelrose, an welcher ich krank war, als Graf Schuwalow 1878 von mir die Berufung des Kongresses verlangte, kennzeichnete den Fehlbetrag in dem damaligen Zustand meiner Gesundheit, war eine Quittung über Erschöpfung der Nerven. Mehr als die »Reichsglocke« und deren Zubehör am Hof hatte daran der Mangel an Aufrichtigkeit in der Mitwirkung einiger meiner amtlichen Mitarbeiter Anteil. Meine Vertretung durch das Vizepräsidium des Grafen Stolberg nahm durch den Einfluß, welchen die Minister Friedenthal und dann Graf Botho Eulenburg auf meinen Vertreter ausübten, eine Gestalt an, welche mir schließlich den Eindruck machte, daß ich mich einem System allmählichen Abdrängens von den Geschäften der politischen Leitung gegenüber befand. Das Symbol dieses Systems machte sich in der Tatsache kenntlich, daß die amtlichen Kundgebungen des Staatsministeriums aus der damaligen Zeit meiner Mitunterschrift entbehren. Es geschah das nicht auf meinen Wunsch oder mit meiner Zustimmung, sondern unter Benutzung meiner Gleichgültigkeit gegen Äußerlichkeiten, und ich habe diese Vorgänge ungerügt gelassen, bis ich über die systematische Absichtlichkeit derselben keinen Zweifel mehr haben konnte.

Die auf spätere Ereignisse lichtwerfenden Einzelheiten gehören nicht alle in die Situation zur Zeit der Conseilsitzung im Juni 1878, aber sie beleuchten zum Teil retrospektiv die damalige Lage und ihre Triebfedern. Graf Botho Eulenburg als Minister des Innern gab damals auf der Tribüne des Landtags ohne Zwang sein Wohlwollen für den Abgeordneten Rickert gegenüber einem Artikel der »Nordd. Allg. Ztg.« mit absichtlicher Klarheit zu erkennen, für mich um so einleuchtender, als ich keinen Zweifel hatte, daß er jenen von ihm gemißbilligten Artikel mit mir in Verbindung brachte. Wie in der Nacht beim Gewitter jeder Blitz die Gegend deutlich zeigt, so gestatteten auch mir einzelne Schachzüge meiner Gegner die Gesamtheit der Situation zu überblicken, welche durch äußerlich achtungsvolle Kundgebungen von persönlichem Wohlwollen bei tatsächlicher Boykottierung erzeugt wurde. Ob ein Kabinett Gladstone, dessen Mission durch die Namen Stosch, Eulenburg, Friedenthal, Camphausen, Rickert und beliebige Abschwächungen des Gattungsbegriffs »Windthorst« mit katholischen Hofeinflüssen bezeichnet werden kann, wenn es gelang, dasselbe zustande zu bringen, in sich haltbar gewesen wäre, ist eine Frage, welche sich die Interessenten wohl nicht vorgelegt hatten; der Hauptzweck war der negative, mich zu beseitigen, und über den waren einstweilen die Inhaber der Anteilscheine auf die Zukunft einig. Jeder konnte nachher wieder hoffen, den andern hinauszudrängen, wie das bei uns im System aller heterogenen Koalitionen liegt, die nur in der Abneigung gegen das Bestehende einig sind. Die ganze Kombination hatte damals keinen Erfolg, weil weder der König noch der Kronprinz für dieselbe zu gewinnen waren. Über die Beziehungen des letzteren zu mir waren die strebenden Gegner damals wie später 1888 stets falsch unterrichtet. Er hatte bis an sein Lebensende dasselbe Vertrauen zu mir wie sein Vater, und die Neigung, dasselbe zu erschüttern, erreichte bei seiner Gemahlin niemals dieselbe kampfbereite Entschiedenheit wie bei der Kaiserin Augusta, die sich auch in der Wahl der Mittel freier bewegte.

Neben den aufreibenden Kämpfen persönlicher Natur waren mir sachliche Schwierigkeiten und anstrengende Arbeiten erwachsen aus dem Bruch mit Delbrück, den mein Brief an den Freiherrn von Thüngen über Schutzzoll symptomatisch kennzeichnet. Dann aus der Sezession und dem Übergang der Sezessionisten zu dem Zentrum. Ich verfiel in einen Gesundheitsbankerott, der mich lähmte, bis der Dr. Schweninger meine Krankheit richtig erkannte, richtig behandelte und mir ein relatives Gesundheitsgefühl verschaffte, das ich seit vielen Jahren nicht mehr gekannt hatte.

V

Herr von Gruner, während der Neuen Ära Unterstaatssekretär in dem Ministerium der Auswärtigen Angelegenheiten, wurde bald nach meiner Übernahme des Ministeriums des Auswärtigen zur Disposition gestellt und durch Herrn von Thile ersetzt. Er gehörte schon seit meiner Ernennung zum Bundesgesandten zu meinen Gegnern, da er diese Stellung als ein Erbteil von seinem Vater Justus Gruner angesehen hatte; er blieb mir feind und war geschäftlich unfähig. Im November 1863 richtete er an Se. Majestät ein Schreiben über den Budgetstreit in demselben Sinne, in welchem der Oberstleutnant von Vincke auf Olbendorf (vgl. Seite 247f.) und Roggenbach denselben Schritt zu tun für gut befunden hatten. Indem diese Herren ihre Vorschläge an den König richteten, gingen sie von der Voraussetzung aus, daß derselbe, wenn er ihrem Rat folgend dem Abgeordnetenhaus nachgäbe, ein andres Ministerium, wenigstens einen andern Ministerpräsidenten und Minister des Auswärtigen, berufen werde, ein Ergebnis, für welches außerhalb des öffentlichen Lebens Einflüsse in Tätigkeit waren, denen der Hausminister von Schleinitz mit andern dem Hof nahestehenden Personen seine Dienste widmete. Auch später lebte Herr von Gruner in den Kreisen, welche 1876 die »Reichsglocke« protegierten und speisten.

Nachdem der Redakteur dieses Blattes im Januar 1877 verurteilt und ich im März das von Sr. Majestät abgelehnte Abschiedsgesuch eingereicht hatte, kam es im Juni, während ich mich zur Kur in Kissingen befand, im Geschäftswege zu meiner Kenntnis, daß Herr von Gruner in das Hausministerium berufen, zugleich ohne Gegenzeichnung eines verantwortlichen Ministers zum Wirklichen Geheimen Rat ernannt sei und daß Herr von Schleinitz an den Kurator des »Reichs- und Staats-Anzeigers« das Ansinnen gestellt habe, diese Ernennung in dem amtlichen Blatt zu publizieren.

Ich schrieb darüber unter dem 8. Juni an den Chef der Reichskanzlei, Geheimen Rat Tidemann, zur Mitteilung an das Staatsministerium :

»Meiner Ansicht nach wäre der amtliche Teil des Reichs- und Staats-Anzeigers für solche Veröffentlichungen bestimmt, welche bezüglich der Reichs- und der preußischen Staatsangelegenheiten unter Verantwortlichkeit des Reichskanzlers beziehungsweise des preußischen Staatsministers erfolgen. Wird die Ernennung Gruners zum Wirklichen Geheimen Rat in dem amtlichen Teil angezeigt, so kann selbst durch die vorgängige Erwähnung der Überweisung an das Hausministerium die Präsumtion nicht entkräftet werden, daß das Staatsministerium die Ernennung mit seiner Verantwortlichkeit decke. Die öffentliche Meinung und der Landtag würden kaum annehmen, daß das Staatsministerium diese Auszeichnung seines notorischen Gegners gewünscht habe; sie würden vielmehr die Wahrheit erraten, daß das Staatsministerium bei Hof nicht das hinreichende Ansehen, bei Sr. Majestät nicht den hinreichenden Einfluß gehabt habe, um diese Anerkennung für Bekämpfung der Regierung zu hindern; man würde auch darüber nicht zweifelhaft sein, daß diese im Staatsanzeiger veröffentlichte Ernennung von dem Staatsministerium more solito kontrasigniert gewesen sei.

Ich bin nicht ohne Besorgnis, daß wir in dem Grunerschen Vorgang eine Sonde zu erblicken haben, die von Herrn von Schleinitz und seinen Ratgebern (nicht von Sr. Majestät) angelegt wird, um zu probieren, was man uns bieten kann und wie hoch wir unsre ministerielle Autorität anschlagen. Meiner Ansicht nach wäre Fügsamkeit gegen diese unberechtigten Einflüsse auf die allerhöchsten Entschließungen nicht das Mittel, sie abzuschneiden; sie würden im Gegenteil wachsen, und der Konflikt, der jetzt ein nur formaler ist, würde sich auf ungünstigeren Feldern und unter Hineinziehung großer Parteifragen wiederholen.

Nach meiner augenblicklichen Lage könnte ich mich jeder amtlichen Äußerung enthalten, aber ich habe das Gefühl, daß die für mich persönlich doch sehr wichtige Frage meines Wiedereintritts in die Geschäfte auf diesem Wege auch ohne Rücksicht auf meine Gesundheit präjudiziert werden würde. Da ich hoffe, daß meine Gesundheit sich bessern wird, und da ich für diesen Fall mir gern den Wiedereintritt in die Geschäfte, soweit er dem allerhöchsten Willen entspricht, offen erhalte, so nehme ich ein persönliches Interesse daran, daß das Ansehen der Ministerstellung hinreichend gewahrt werde, um mir die Wiederaufnahme einer solchen nach meinem Gewissen möglich zu erhalten.

Die richtige Erledigung wäre meiner Ansicht nach, für den amtlichen Teil des Staatsanzeigers die von dem Hausminister beantragte Veröffentlichung abzulehnen. Die amtliche Aufnahme ist vor Mißdeutung in der Öffentlichkeit nicht zu schützen und bleibt ein partieller Sieg der Reichsglockenintrige über die gegenwärtige Regierung. Bekanntmachungen des Hausministeriums gehören an und für sich nicht in den ›Reichs- und Staats-Anzeiger‹; soll letzterer zugleich ein ›Königlicher Haus-Anzeiger‹ sein, so können doch meines Erachtens in seinem amtlichen Teil Anordnungen des Hausministers nicht Platz greifen, der keine Verantwortlichkeit für den Inhalt des amtlichen Blattes trägt; dieselben müßten immer in der einen oder andern Gestalt das von dem Hausminister nachzusuchende Plazet des verantwortlichen Staatsministeriums erhalten, bevor sie abgedruckt würden. Dieses Plazet ist im vorliegenden Falle nicht nachgesucht; der Hausminister hat ein Verfügungsrecht über den Staatsanzeiger in Anspruch genommen, und wäre deshalb ein Verlangen angebrachtermaßen unter Anführung dieses formellen Grundes abzulehnen. Geht ein Befehl zur Aufnahme einer Angelegenheit des königlichen Hauses von Sr. Majestät dem König selbst ein, so wird seine Ausführung in den Fällen, welche die Regel bilden, ja kein Bedenken haben; nur wird es sich selbst in unverfänglichen Fällen empfehlen, die amtlichen Bekanntmachungen des königlichen Hauses durch ihren Platz von denen des Staates gesondert erscheinen zu lassen. Diese Sonderung wäre meines Erachtens in der Weise vorzunehmen, daß die das königliche Haus angehenden allerhöchsten Anordungen nicht promiscue mit denen des Staatsministeriums erscheinen, sondern es würde neben den beiden großen amtlichen Rubriken ›Deutsches Reich‹ und ›Königreich Preußens am höflichsten zwischen beiden, eventuell auch nach ›Königreich Preußen‹, mit der Bezeichnung ›Königliches Haus‹ einzuschalten seien, von den andern beiden Rubriken ebenso mittelst durchgehender Striche geschieden, wie jetzt Preußen und das Reich. Damit ließe sich die formale Frage für die Zukunft erledigen, und in einer, wie mir scheint, nach keiner Seite hin verletzenden Form.

Etwas andres aber ist es, wenn eine allerhöchste Entschließung amtlich bekanntgemacht wird, welche in der Öffentlichkeit, ungeachtet der in den Akten verbleibenden Versicherung des Gegenteils, dasjenige bekundet, was man in konstitutionellem Sprachgebrauch Mangel an Vertrauen des Monarchen zu seinen Ministern zu nennen pflegt. Dagegen haben Minister natürlich kein andres Hilfsmittel als den Rücktritt aus ihrer Stellung. Daß dieser Fall jetzt für *meine Herrn Kollegen* vorliege, nehme ich nicht an.

Eine Begnadigung des Herrn von Nathusius, eine Auszeichnung des Grafen Nesselrode und des Herrn von Gruner gerade in der Zeit, wo die Verleumdungen des Organs dieser Herrn gegen mich die öffentliche Meinung und die Gerichte beschäftigen, wo der Zusammenhang dieser Herren mit jenem Blatt offenkundig wurde, enthalten einen Akt königlichen Wohlwollens für Leute, die durch weiter nichts bekannt sind, als durch ihre Feindschaft gegen die Regierung und durch öffentliche Verletzung meiner persönlichen Ehre. Letztere aber sollte, solange ich des Königs Diener bin, unter Sr. Majestät Schutz stehen. Wird mir das Gegenteil dieses Schutzes zuteil, so liegt ein persönliches Motiv vor, welches mich viel gebieterischer aus dem Dienst vertreibt, als die Rücksicht auf meine Gesundheit es jemals könnte. Je nach der Entwicklung der Sache werden diese Erwägungen für die Möglichkeit meines Wiedereintritts in die Geschäfte entscheidend sein.

Meinen Herren Kollegen stelle ich ergebenst anheim, im Interesse ihrer ministeriellen Zukunft dafür Sorge tragen zu wollen, daß die amtliche Publikation von Gruners Ernennung, wenn Se. Majestät nicht überhaupt darauf verzichten will, doch in einer Form stattfinde, aus der die Nichtkontrasignatur zweifellos ersichtlich ist. Es würde dies durch die oben vorgeschlagene Dreiteilung erreichbar sein, namentlich wenn die Presse dazu einige Erläuterungen erhält. Empfehlen würde es sich ferner meines Erachtens, die Anstellung Gruners im Hausministerium *vorher* in separate unter der Rubrik Hausministerium zu veröffentlichen und am folgenden Tage bekanntzumachen, daß Se. Majestät geruht hätten, den und den im Hausministerium Angestellten den Titel eines Wirklichen Geheimen Rats zu verleihen; jedenfalls eine, wenn auch ganz geringe Abweichung von der sonst üblichen Form der Bekanntmachung zu wählen.«

Diesem, an den Geheimen Rat Tidemann gerichteten, unter fliegendem Siegel an den Minister von Bülow beförderten Schreiben fügte ich für letzteren mit dem Anheimstellen vertraulicher Benutzung bei den Kollegen folgendes hinzu:

»Ich bin, wie ich glaube, von dem Vorgange in einem stärkeren Maße betroffen worden als meine Kollegen; höchstens Camphausen ist außer mir noch von der Reichsglockenpartei verleumdet worden, aber doch lange nicht mit der Niederträchtigkeit wie ich. Man hat ihn sachlich in bezug auf sein Amt mit unwürdigen Mitteln angegriffen, aber doch seine persönliche Ehre nicht angetastet. Das Staatsministerium im ganzen ist gewiß in der Lage, sich durch die *Form* der Ernennung Gruners verletzt zu finden und gegen diese Verletzung zu reagieren, um seine Rechte und seine Würde für die Zukunft sicherzustellen. Die Verletzung aber, welche in der *Tatsache* der Ernennung Gruners liegt, trifft wesentlich mich allein; seine langjährige Feindschaft gegen mich ist es allein, was die Aufmerksamkeit auf ihn hat lenken können, denn er besitzt weder Fähigkeiten noch Verdienste, war im Auswärtigen Amte durch seine in wichtigen Momenten an Geisteskrankheit grenzende Unfähigkeit ein Hindernis und hat nunmehr seit 15 Jahren nichts geleistet, als mit der ganzen Verbissenheit verkannter Selbstüberschätzung gegen mich zu sprechen, zu schreiben und zu intrigieren. Ich sehe dabei für den Augenblick ganz davon ab, daß gerade die Reichsglockenelemente mir die Erfüllung meiner Amtspflicht in einem meine Kräfte übersteigenden Maße erschweren. Ich spreche nur von dem Schlage, der dadurch gegen meine Person hat geführt werden sollen, daß dieser Mann Sr.

Majestät zu einer Auszeichnung mit Erfolg hat empfohlen werden können. Wenn ich in meinem Schreiben an Tidemann sage, daß für meine Herrn Kollegen meines Erachtens ein zwingendes Motiv zum Rücktritt nicht vorliegt, so erscheint mir meine Lage als eine wesentlich andre.

Ich würde Ihnen sehr dankbar sein, wenn Sie mit Camphausen, Friedenthal und Falk in diesem Sinne vertraulich sprechen wollten. Das Verhalten Wilmowskis gestaltet sich anders, als ich erwartet hatte. Ich hatte bisher auf ihn als auf einen sichern Bundesgenossen gegen die Schleinitzsche Kamarilla gerechnet; seine Tätigkeit in diesem Falle aber verstehe ich nicht recht. Er wird mit Eulenburg und Leonhard das Staatsministerium um das Maß von Selbstachtung und schließlich auch um die considération im Lande bringen, ohne welches sich in diesen schwierigen Lagen am Hofe und im Lande die Staatsgeschäfte nicht führen lassen. Gegen Eulenburg wird man sich nur so äußern dürfen, wie es wiedererzählt werden kann. Wie stellt sich eigentlich Hofmann zu der Sache?

Die Kur scheint mir gut zu bekommen, doch markiert sich jeder Rückschlag über ärgerliche Eindrücke in empfindlicher Weise und läßt mich voraussehen, daß mein Gesundheitszustand ein dienstfähiger schwerlich wieder werden wird. Vor der einfachen Besorgung der Amtsgeschäfte würde ich nicht zurückschrecken; aber die faux frais der Hofintrige vermag ich nicht mehr in der Weise zu tragen wie früher, vielleicht auch deshalb, weil sie an Umfang und Wirkung in erschreckender Weise zugenommen haben. Diese eigentlichen Gründe meiner fortbestehenden Absicht, zurückzutreten, habe ich vor drei Monaten verschwiegen, obwohl es damals wesentlich dieselben waren; und ich werde auch demnächst aus Rücksicht für den Kaiser keine andern Motive für mein Ausscheiden anführen können als den Zustand meiner Gesundheit.«

Die Sache schloß damit ab, daß die Ernennung Gruners zum Wirklichen Geheimrat im Staatsanzeiger nicht veröffentlicht wurde.

16. KAPITEL

DIE RESSORTS

Bei meinen vielen Abwesenheiten verlor ich mit manchen meiner Kollegen die Fühlung; die Tatsache, daß ich jedem einzelnen von ihnen das Aufsteigen von zum Teil geringen Stellungen bis zum Minister verschafft und sie mit Einmischung in ihre Ressorts nicht belästigt hatte, ließ mich ihr persönliches Wohlwollen für mich überschätzen. In die laufenden Geschäfte ihrer Ressorts habe ich sehr selten hineingeredet, und nur, wenn ich sah, daß ein großes öffentliches Interesse Gefahr lief, unter Sonderinteressen zu leiden. Ich habe z.B. die Kanalisierung des Rheins am Rheingau bekämpft, die um der Schiffahrt willen geschehen sollte und das Flußbett zwischen den Ufern und den beiden zu erbauenden Dämmen auf 30 Jahre in einen Sumpf verwandelt hätte; desgleichen den Plan, den Kurfürstendamm nur in der gewöhnlichen Breite der Chausseen zu chaussieren und bis dicht an den alten Weg zu bebauen. In beiden Fällen habe ich die Absichten der zunächst kompetenten Behörden gekreuzt und glaube mir damit ein dauerndes Verdienst erworben zu haben. Auch mit Protektionen bin ich meinen Kollegen und den mir untergeordneten Reichsämtern nicht lästig gefallen. Verfassungsmäßig hätte ich alle Post-, Telegraphen- und Eisenbahnbeamte anstellen und alle Posten der einzelnen Reichsressorts besetzen können. Ich glaube aber kaum, daß ich je von Herrn von Stephan oder andern Posten für einen von mir empfohlenen Kandidaten verlangt habe, auch nicht für einen Briefträger. Nur der Neigung, neue eingreifende Gesetze oder Organisationen zu machen, der Neigung, vom grünen Tische aus zu reglementieren, bin ich bei meinen Kollegen nicht selten entgegengetreten, weil ich wußte, daß, wenn nicht sie selbst, so doch ihre Räte die Gesetzmacherei übertrieben und daß so manche vortragende Räte in den innern Ressorts seit dem Examen her Projekte in ihren Fächern haben, durch welche sie die Untertanen des Reiches zu beglücken suchen, sobald sie einen Chef finden, der darauf eingeht.

Ungeachtet meiner Zurückhaltung ist nach meinem Ausscheiden bei der Mehrheit meiner Geschäftsfreunde ein Gefühl wie der Erleichterung von einem Drucke wahrgenommen worden, das in vielen Fällen eben aus dem Widerstande zu erklären ist, welchen ich dem überwuchernden Triebe zu unnötigen Eingriffen in den Bestand unsrer Gesetzgebung geleistet hatte. Auf dem Gebiete der Schule hatte ich dauernd, aber ohne Erfolg die Theorie bekämpft, daß der Unterrichtsminister ohne Gesetz und ohne sich an das vorhandene Schulvermögen zu binden auf dem Verwaltungswege und ohne die Leistungsfähigkeit zu beachten bestimmen könne, was jede Gemeinde zur Schule beizutragen habe. Diese in keinem andern Verwaltungszweige vorhandene Machtvollkommenheit, deren Anwendung in manchen Fällen so weit getrieben wurde, daß die Gemeinden existenzunfähig wurden, beruhte nicht auf Gesetz, sondern auf einem Reskript des früheren Kultusministers von Raumer, welches das Schulbudget von einer Verfügung der betreffenden Abteilung der Regierungen, in letzter Instanz des Ministers, abhängig machte. Das Bestreben, diesen Ministerabsolutismus durch Gesetz zu konsolidieren, war für mich ein Hindernis, den gelegentlich mir vorgelegten Schulgesetzentwürfen meine Zustimmung zu geben.

Auf dem Gebiete der Finanzen war meine Zustimmung zu einer Steuerreform jederzeit dem Verlangen untergeordnet, diejenigen direkten Steuern, die von dem Vermögen des Zahlenden unabhängig sind, nicht ferner als Maßstab für jährliche Zuschläge zu benutzen. Wenn auch durch die Auflegung der Grund- und Häusersteuer einmal begangene Ungerechtigkeit sich nicht ausgleichen ließ, so ist es deshalb doch nicht der Gerechtigkeit entsprechend, sie jährlich durch Zuschläge zu wiederholen. Mein letzter Kollege im Finanzministerium, Scholz, mit dem ich jederzeit in freundlichen Beziehungen gelebt habe, teilte meine Ansicht, hatte jedoch mit den parlamentarischen und ministeriellen Schwierigkeiten der Remedur zu kämpfen; dagegen war die Streitmacht seiner Räte ohne Zweifel der freieren Bewegung froh, welche nach meinem Ausscheiden aus dem Staatsministerium keinen Anklang finden konnte, war neben der Selbsteinschätzung die, daß das Einkommen von ausländischen Werten höher zu besteuern sei als von deutschen, gewissermaßen ein Schutzzoll für deutsche Werte, und das von selbst flüssige höher als das durch Arbeit jährlich neu zu gewinnende.

Auf dem Gebiete der Landwirtschaft ist der Wegfall des von mir angeblich ausgeübten agrarischen Druckes hauptsächlich den kranken Schwei-

nen und den Viehseuchen zugute gekommen, desgleichen den höheren und
niederen Beamten, welchen die Aufgabe zufiel, sich vor dem Parlamente
und dem Lande gegen die Agitationslüge von der Verteuerung der Lebens-
mittel zu wehren. In der Nachgiebigkeit auf diesem Gebiete und in der nach
unangenehmen Erfahrungen im Februar 1891 wieder zurückgenommenen
Erleichterung des französischen Verkehrs mit dem Elsaß sehe ich den ge-
meinschändlichen Ausdruck der Kampfesscheu, welche die Zukunft für etwas mehr Bequemlichkeit in der Gegenwart zu opfern bereit ist. Der Zweck,
wohlfeiles Schweinefleisch zu haben, wird durch laxe Behandlung der An-
steckungsgefahr auf die Dauer ebensowenig gefördert werden wie die Los-
lösung des Elsaß von Frankreich durch die beifallsbedürftige Weichlichkeit
gegen lokale Beschwerden und Grenzschwierigkeiten.

Was die Reichsämter betrifft, so habe ich mit dem Schatzamte stets gute
Fühlung gehabt, zur Zeit von Scholz wie von Maltzahn. Die Bestimmung
dieses Amtes hatte keine größere Tragweite als diejenige, dem Reichskanzler in seinen Erörterungen und Verständigungen mit dem preußischen
Minister der Finanzen Beistand und technisch geschulte Arbeitskräfte zu
stellen. Die entscheidende Stelle in Finanzfragen blieb der preußische Finanzminister und das Staatsministerium. Der Charakter beider Herren gestattete, Meinungsverschiedenheiten in ehrlicher Erörterung und ohne
Verstimmung zu erledigen. Die neuerdings in der Presse vertretene und tatsächlich gehandhabte Auffassung von der Möglichkeit einer voneinander
unabhängigen Finanzpolitik des Reichskanzlers oder gar des ihm untergebenen Reichsschatzamtes einerseits und des preußischen Finanzministers
andererseits galt zu meiner Zeit als verfassungswidrig. Divergenzen beider
Stellen fanden ihre Lösung in kollegialischen Beratungen des Staatsministeriums, dem der Kanzler als auswärtiger Minister angehörte, und ohne
dessen vorausgesetztes oder ausgesprochnes Einverständnis er nicht berechtigt ist, im Bundesrat die preußischen Stimmen abzugeben oder eine
Gesetzesvorlage zu machen.

Weniger durchsichtig waren für mich die Beziehungen zu dem Reichs-
postamte. Während des französischen Krieges traten Erscheinungen hervor,
die mich hart an den Bruch mit Herrn von Stephan brachten, aber ich war
schon damals von seiner ungewöhnlichen Begabung, nicht für sein Fach allein, so überzeugt, daß ich ihn gegen die Ungnade Sr. Majestät mit Erfolg
vertrat. Herr von Stephan hatte an seine Untergebenen ein amtliches Zirkular gerichtet, in welchem er die Besorgung von gewissen Blättern für alle

Armeelazarette in Frankreich anbefahl und zur Motivierung dieses Befehls auf I. K. Hoheit die Kronprinzessin Bezug nahm. Wie weit er dazu berechtigt war, weiß ich nicht; wer aber den alten Herrn kannte, wird sich seine Stimmung denken können, als dieser postalische Erlaß durch Militärberichte zu seiner Kenntnis gekommen war. Die Farbe der empfohlenen Blätter allein hätte genügt, um Stephan bei Wilhelm I. in Ungnade zu bringen; noch verstimmender aber wirkte die Berufung auf ein Mitglied der königlichen Familie und gerade der Frau Kronprinzessin. Ich stellte den Frieden mit Sr. Majestät her. Das Bedürfnis hoher Anerkennung ist eines der Passiva, welche auf den meisten ungewöhnlichen Begabungen lasten. Ich nahm an, daß die Schwächen, welche Stephan aus seinen Anfängen in seine höheren Stellungen hinübergebracht hatte, je älter und je vornehmer er werde, desto mehr von ihm abfallen würden. Ich kann nur wünschen, daß er in seinem Amte alt und gesund werde, und würde seinen Verlust für schwer ersetzlich halten, vermute aber, daß auch er bei meinem Abgange zu denen gehörte, welche eine Erleichterung zu empfinden glaubten. Ich bin stets der Meinung gewesen, daß der Transport- und Korrespondenzverkehr zu dem Staatszwecke beizusteuern habe und diese Beisteuer in der Porto- und Frachtvergütung einzubegreifen sei. Stephan ist mehr Ressortpatriot und als solcher allerdings nicht nur seinem Ressort und dessen Beamten, sondern auch dem Reiche in einem Maße nützlich gewesen, welches für jeden Nachfolger schwer erreichbar sein wird. Ich bin seinen Eigenmächtigkeiten stets mit dem Wohlwollen entgegengetreten, welches die Achtung vor seiner eminenten Begabung mir einflößte, auch wenn sie in meine Kompetenz als Kanzler und stimmführender Vertreter Preußens einschnitten oder er durch seine Vorliebe für Prachtbauten die finanziellen Ergebnisse schädigte.

17. KAPITEL

BERLINER KONGRESS

I

Im Herbst 1875 erhielt ich in Varzin ein chiffriertes Telegramm unsres Militärbevollmächtigten, des Generals von Werder[*], aus Livadia, durch welches er im Auftrage des Kaisers Alexander eine Äußerung von mir darüber verlangte, ob wir neutral bleiben würden, wenn Rußland mit Österreich in Krieg geriete. Bei der Beantwortung desselben hatte ich zu erwägen, daß Werders Chiffre innerhalb des kaiserlichen Palais nicht unzugänglich sein werde, hatte ich doch die Erfahrung gemacht, daß selbst in unsrem Gesandtschaftshaus in Petersburg durch keinen künstlichen Verschluß, sondern nur durch häufigen Wechsel der Chiffre das Geheimnis derselben zu bewahren war. Ich konnte meiner Überzeugung nach nichts nach Livadia telegraphieren, was nicht auch zur Kenntnis des Kaisers kommen würde. Daß eine solche Frage überhaupt auf solchem Wege mir gestellt werden konnte, hatte schon eine Verschiebung der geschäftlichen Traditionen zur Voraussetzung. Wenn ein Kabinett Fragen der Art an ein andres stellen will, so ist der korrekte Weg eine vertrauliche mündliche Sondierung durch den eignen Botschafter oder von Souverän zu Souverän bei persönlicher Begegnung. Daß die Sondierung durch eine Anfrage bei dem Vertreter der zu sondierenden Macht seine Bedenken hat, hatte die russische Diplomatie durch die Vorgänge zwischen dem Kaiser Nikolaus und Seymour erfahren. Die Neigung Gortschakows, telegraphische Anfragen bei uns nicht durch den russischen Vertreter in Berlin, sondern durch den deutschen in Petersburg zu bewirken, mag dieselbe aus dem Pauschquantum für Telegramme oder aus an-

---

[*] Bernhard Franz Wilhelm von Werder, geb. 1823.

dern Gründen zu erklären sein, hat mich genötigt, unsre Mission in Petersburg häufiger als an andern Höfen darauf aufmerksam zu machen, daß ihre Aufgabe nicht in der Vertretung der Anliegen des russischen Kabinetts bei uns, sondern unsrer Wünsche an Rußland liege. Die Versuchung für einen Diplomaten, seine dienstliche und gesellschaftliche Stellung durch Gefälligkeiten für die Regierung, bei der er beglaubigt ist, zu pflegen, ist groß und wird noch gefährlicher, wenn der fremde Minister unsern Agenten für seine Wünsche bearbeiten und gewinnen kann, ehe derselbe alle Gründe kennt, aus welchen für seine Regierung die Erfüllung und selbst die Zumutung inopportun ist.

Außerhalb aller aber, selbst der russischen, Gewohnheiten lag es, wenn der deutsche Militärbevollmächtigte am russischen Hofe mir persönlich, und während ich nicht in Berlin war, auf Befehl des russischen Kaisers eine politische Frage von großer Tragweite in dem kategorischen Stile eines Telegramms vorlegte. Es wäre nicht gegen unsre Tradition gewesen, wenn Werder die an mich nach Varzin gerichtete Frage direkt an den Kaiser telegraphiert hätte; denn ich hatte, so unbequem sie mir auch war, nie eine Änderung in der alten Gewohnheit erlangen können, daß unsre Militärbevollmächtigten in Petersburg nicht, wie andre, durch das Auswärtige Amt, sondern direkt in eigenhändigen Briefen an Se. Majestät berichteten – einer Gewohnheit, welche sich davon herschrieb, daß Friedrich Wilhelm III. dem ersten Militärattaché in Petersburg, dem früheren Kommandanten von Kolberg, Loucadou[62], eine besonders intime Stellung zu dem Kaiser gegeben hatte. Freilich meldete der Militärattaché in solchen Briefen alles, was der russische Kaiser über Politik in dem gewohnheitsmäßigen vertraulichen Verkehre am Hofe mit ihm gesprochen hatte und war das nicht selten viel mehr, als Gortschakow mit dem Botschafter sprach; der Pruski Flügeladjutant, wie er am Hofe hieß, sah den Kaiser fast täglich, jedenfalls viel öfter als Gortschakow, der Kaiser sprach mit ihm nicht bloß über Militärisches, und die Aufträge zu Bestellungen an unsern Herrn beschränkten sich nicht auf Familienangelegenheiten. Die diplomatischen Verhandlungen zwischen beiden Kabinetten haben ihren Schwerpunkt, wie zur Zeit Rauchs und Münsters, oft und lange mehr in den Berichten des Militärbevollmächtigten als in denen der amtlich akkreditierten Gesandten gefunden. Da indessen der Kaiser Wilhelm niemals versäumte, mir seine Korrespondenz mit dem Militärbevollmächtigen in Petersburg nachträglich, wenn auch oft zu spät, mitzuteilen, und politische Entschlüsse nie ohne Erwägung an amtlicher

Stelle faßte, so beschränkten sich die Nachteile dieses direkten Verkehrs auf Verspätung von Informationen und Anzeigen, welche in solchen Immediatberichten enthalten waren. Es lag also außerhalb dieser Gewohnheit im Geschäftsverkehr, daß der Kaiser Alexander, ohne Zweifel auf Anregung des Fürsten Gortschakow, Herrn von Werder als Organ benutzte, um mir direkt jene Doktorfrage vorzulegen. Gortschakow war damals bemüht, seinem Kaiser zu beweisen, daß meine Ergebenheit für denselben und meine Sympathie für Rußland unaufrichtig oder doch nur »platonisch« sei, dessen Vertrauen zu mir zu erschüttern, was ihm denn auch später gelungen ist.

Bevor ich die Wedersche Anfrage sachlich beantwortete, versuchte ich es mit dilatorischen Rückäußerungen, bezugnehmend auf die Unmöglichkeit, mich auf eine solche Frage ohne höhere Ermächtigung zu äußern, und empfahl auf wiederholtes Drängen, die Frage auf amtlichem, wenn auch vertraulichem Wege durch den russischen Botschafter in Berlin im Auswärtigen Amte zu stellen. Indessen schnitten wiederholte Interpellationen durch Wedersche Telegramme diesen ausweichenden Weg ab. Inzwischen hatte ich Se. Majestät gebeten, Herrn von Werder, der in Livadia diplomatisch gemißbraucht werde, ohne sich dessen erwehren zu können, telegraphisch an das kaiserliche Hoflager zu berufen und ihm die Übernahme von politischen Korrespondenzen mit mir zu untersagen als eine Leistung, die dem russischen, aber nicht dem deutschen Dienste angehöre. Der Kaiser ging auf meinen Wunsch nicht ein, und da der Kaiser Alexander endlich auf Grund unsrer persönlichen Beziehungen die Aussprache meiner eignen Meinung unter Beteiligung der russischen Botschaft in Berlin von mir verlangte, so war es mir nicht länger möglich, der Beantwortung der indiskreten Frage auszuweichen. Der Sinn meiner Antwort war, unser erstes Bedürfnis sei, die Freundschaft zwischen den großen Monarchien zu erhalten, welche der Revolution gegenüber mehr zu verlieren als im Kampfe untereinander zu gewinnen hätten. Wenn dies zu unsrem Schmerze zwischen Rußland und Österreich nicht möglich sei, so könnten wir zwar ertragen, daß unsre Freunde gegeneinander Schlachten verlören oder gewönnen, aber nicht, daß einer von beiden so schwer verwundet und geschädigt werde, daß seine Stellung als unabhängige und in Europa mitredende Großmacht gefährdet würde. Diese unsre Erklärung, welche von uns in zweifelfreier Deutlichkeit zu erzwingen Gortschakow seinen Herrn bewogen hatte, um ihm den platonischen Charakter unsrer Liebe zu beweisen, hatte zur Folge, daß das russische Gewitter von Ostgalizien sich nach dem Balkan hin verzog – und daß

Rußland anstatt der mit uns abgebrochenen Verhandlungen dergleichen mit Österreich, soviel ich mich erinnere, zunächst in Pest, zur Anbahnung der Konvention von Reichstadt, wo die Kaiser Alexander und Franz Joseph am 7. Juli 1876 zusammentrafen, einleitete, unter dem Verlangen, dieselben vor uns geheimzuhalten. Diese Konvention, nicht der Berliner Kongreß, ist die Grundlage des österreichischen Besitzes an Bosnien und der Herzegowina und hatte den Russen während ihres Krieges mit den Türken die Neutralität Österreichs gesichert.

II

Daß das russische Kabinett in den Abmachungen von Reichstadt den Österreichern für ihre Neutralität die Erwerbung Bosniens zugestanden hat, läßt annehmen, daß Herr von Oubril uns nicht die Wahrheit sagte, indem er versicherte, es werde sich in dem Balkankriege nur um eine promenade militaire, um Beschäftigung des trop plein des Heeres und um Roßschweife und Georgenkreuze handeln; dafür wäre Bosnien ein zu hoher Preis gewesen. Wahrscheinlich hatte man in Petersburg darauf gerechnet, daß Bulgarien, wenn von der Türkei losgelöst, dauernd in Abhängigkeit von Rußland bleiben werde. Diese Berechnung würde wahrscheinlich auch dann nicht zugetroffen sein, wenn der Friede von San Stefano ungeschmälert zur Ausführung gekommen wäre. Um nicht vor dem eignen Volke für diesen Irrtum verantwortlich zu sein, hat man sich mit Erfolg bemüht, der deutschen Politik, der »Untreue« des deutschen Freundes, die Schuld für den unbefriedigenden Ausgang des Krieges aufzubürden. Es war das eine unehrliche Fiktion; wir hatten niemals etwas anderes in Aussicht gestellt als wohlwollende Neutralität, und wie ehrlich wir es damit gemeint haben, ergibt sich schon daraus, daß wir uns durch die von Rußland verlangte Geheimhaltung der Reichstädter Abmachungen vor uns in unsrem Vertrauen und Wohlwollen für Rußland nicht irremachen ließen, sondern bereitwillig dem Wunsche, den der Graf Peter Schuwalow mir nach Friedrichsruh überbrachte, entgegenkamen und einen Kongreß nach Berlin beriefen. Der Wunsch der russischen Regierung, vermittelst eines Kongresses zu dem Frieden mit der Türkei zu gelangen, bewies, daß sie sich militärisch nicht stark genug fühlte, es auf Krieg mit England und Österreich ankommen zu lassen, nachdem die rechtzeitige Besetzung von Konstantinopel einmal versäumt war. Für die

Mißgriffe der russischen Politik teilt Fürst Gortschakow ohne Zweifel mit jüngeren und energischeren Gesinnungsgenossen die Verantwortlichkeit, aber frei von derselben ist er nicht. Wie stark seine Stellung, nach den russischen Traditionen gemessen, dem Kaiser gegenüber war, zeigt die Tatsache, daß er gegen den ihm bekannten Wunsch seines Herrn an dem Berliner Kongresse als Vertreter Rußlands teilnahm. Indem er, gestützt auf seine Eigenschaft als Reichskanzler und auswärtiger Minister, seinen Sitz einnahm, entstand die eigentümliche Situation, daß der vorgesetzte Reichskanzler und der seinem Ressort unterstellte Botschafter Schuwalow nebeneinander figurierten, der Träger der russischen Vollmacht aber nicht der Reichskanzler, sondern der Botschafter war. Gortschakow benützte das, um bei entscheidenden Abstimmungen unter Gesundheitsvorwänden wegzubleiben, während er gleichzeitig Sorge trug, den augenfälligen Eindruck seines Wohlbefindens äußerlich hervorzurufen. So wollte er sich die Möglichkeit wahren, demnächst vor der öffentlichen Meinung in Rußland sich von der Verantwortlichkeit für das von dem Grafen Schuwalow als Bevollmächtigtem des Kaisers abgegebene Votum freizuhalten.

Diese vielleicht aktenmäßig nur aus den russischen Archiven und vielleicht auch aus denen nicht nachweisbare, aber nach meiner Wahrnehmung unzweifelhafte Situation zeigt, daß auch in einer Regierung mit so einheitlicher und absoluter Spitze wie der russischen die Einheit der politischen Aktion nicht gesichert ist. Sie ist es vielleicht in höherem Grade in England, wo der leitende Minister und die Berichte, welche er empfängt, der öffentlichen Kritik unterliegen, während in Rußland nur der jedesmalige Kaiser in der Lage ist, je nach seiner Menschenkenntnis und Befähigung zu beurteilen, welcher von seinen berichtenden und vortragenden Dienern irrt oder ihn belügt und von welchem er die Wahrheit erfährt. Ich will damit nicht sagen, daß der laufende Dienst des Auswärtigen Amtes in London klüger betrieben wird als in Petersburg, aber die englische Regierung gerät seltener als die russische in die Notwendigkeit, Irrtümer ihrer Untergebenen durch Unaufrichtigkeit wiedergutzumachen. Lord Palmerston hat freilich am 4. April 1856 im Unterhause mit einer von der Masse der Mitglieder wahrscheinlich nicht verstandenen Ironie gesagt, die Auswahl der dem Parlamente vorzulegenden Schriftstücke über Kars habe große Sorgfalt und Aufmerksamkeit von Personen, die nicht eine untergeordnete, sondern eine hohe Stellung im Auswärtigen einnähmen, erfordert. Das Blaubuch über Kars, die kastrierten Depeschen von Sir Alexander Burnes aus Afghanistan und die Mitteilungen der Minister über

die Entstehung der Note, welche die Wiener Konferenz 1854 dem Sultan anstatt der Mentschikowschen zur Unterzeichnung empfahl, sind Proben von
der Leichtigkeit, mit welcher Parlament und Presse in England getäuscht
werden können. Daß die Archive des Auswärtigen Amtes in London ängstlicher als irgendwo gehütet werden, läßt vermuten, daß in denselben noch
manche ähnliche Probe zu entdecken sein würde. Im ganzen wird man aber
doch sagen dürfen, daß der Zar leichter zu belügen ist als das Parlament.

Bei den diplomatischen Verhandlungen über Ausführung der Bestimmungen des Berliner Kongresses wurde in Petersburg erwartet, daß wir
jede russische Auffassung der österreichisch-englischen gegenüber ohne
weiteres und namentlich ohne vorgängige Verständigung zwischen Berlin
und Petersburg unterstützen und durchsetzen würden. Meine angedeutete,
endlich ausgesprochene Forderung, die russischen Wünsche uns vertraulich, aber deutlich auszusprechen und darüber zu verhandeln, wurde elu-
diert, und ich erhielt den Eindruck, daß Fürst Gortschakow von mir, wie
eine Dame von ihrem Verehrer, erwartete, daß ich die russischen Wünsche
erraten und vertreten würde, ohne daß Rußland selbst sie auszusprechen
und dadurch eine Verantwortlichkeit zu übernehmen brauchte. Selbst in
Fällen, wo wir annehmen durften, der russischen Interessen und Absichten
völlig gewiß zu sein, und glaubten, der russischen Politik einen Beweis unsrer Freundschaft freiwillig geben zu können, ohne eigne Interessen zu schädigen, erfuhren wir statt der erwarteten Anerkennung eine nörgelnde Mißbilligung, weil wir angeblich in Richtung und Maß nicht das von unsrem
russischen Freunde Erwartete getroffen hatten. Auch wenn letzteres unzweifelhaft der Fall war, hatten wir keinen besseren Erfolg. In diesem ganzen Verfahren lag eine berechnete Unehrlichkeit nicht nur uns, sondern
auch dem Kaiser Alexander gegenüber, dessen Gemüte die deutsche Politik
als unehrlich und unzuverlässig erscheinen sollte. Votre amitié est trop pla-
tonique, hat die Kaiserin Marie einem unsrer Vertreter vorwurfsvoll gesagt.
Platonisch bleibt die Freundschaft eines großmächtlichen Kabinetts für die
andern allerdings immer bis zu einem gewissen Grade; denn keine Großmacht kann sich in den ausschließlichen Dienst einer andern stellen. Sie
wird immer ihre nicht nur gegenwärtigen, sondern auch zukünftigen Beziehungen zu den übrigen im Auge behalten und dauernde, prinzipielle Feindschaft mit jeder von ihnen nach Möglichkeit vermeiden müssen. Für
Deutschland mit seiner zentralen, nach drei großen Angriffsfronten offenen
Lage trifft das besonders zu.

Irrtümer in der Kabinettspolitik der großen Mächte strafen sich nicht sofort, weder in Petersburg noch in Berlin, aber unschädlich sind sie nie. Die geschichtliche Logik ist noch genauer in ihren Revisionen als unsre Oberrechenkammer. Bei Ausführung der Kongreßbeschlüsse erwartete und verlangte Rußland, daß bei lokalen Verhandlungen darüber im Orient die deutschen Kommissarien, bei Divergenzen zwischen russischen und andern Auffassungen, generell der russischen zustimmen sollten. Uns konnte in manchen Fragen allerdings die objektive Entscheidung ziemlich gleichgültig sein, es kam für uns nur darauf an, die Stipulationen ehrlich auszulegen und unsre Beziehungen auch zu den übrigen Großmächten nicht durch parteiisches Verhalten zu stören in Lokalfragen, welche ein deutsches Interesse nicht berührten. Die leidenschaftliche Bitterkeit der Sprache aller russischen Organe, die durch die Zensur autorisierte Verhetzung der russischen Volksstimmung gegen uns ließ es dann geraten erscheinen, die Sympathien, welche wir bei nichtrussischen Mächten noch haben konnten, uns nicht zu entfremden.

In dieser Situation nun kam ein eigenhändiges Schreiben des Kaisers Alexander, welches trotz aller Verehrung für den bejahrten Freund und Oheim an zwei Stellen bestimmte Kriegsdrohungen enthielt in der Form, welche völkerrechtlich üblich ist, etwa des Inhalts: Wenn die Weigerung, das deutsche Votum dem russischen anzupassen, festgehalten wird, so kann der Friede zwischen uns nicht dauern. Dieses Thema war in scharfen und unzweideutigen Worten an zwei Stellen variiert. Daß der Fürst Gortschakow, der am 6. September 1879 in einem Interview mit dem Korrespondenten des orleanistischen »Soleil«, Louis Peyramont, Frankreich eine sehr auffallende Liebeserklärung machte, auch an jenem Schreiben mitgearbeitet hatte, sah ich dem letzteren an und wurde durch zwei spätere Wahrnehmungen bestätigt. Im Oktober hörte eine Dame der Berliner Gesellschaft, die in dem Hotel de l'Europe in Baden-Baden Zimmernachbarin Gortschakows war, ihn sagen: »J'aurais voulu faire la guerre, mais la France a d'autres intentions.« Und am 1. November war der Pariser Korrespondent der »Times« in der Lage, seinem Blatte zu melden, vor der Zusammenkunft in Alexandrowo habe der Zar an den Kaiser Wilhelm geschrieben, sich über die Haltung Deutschlands beschwert und sich der Phrase bedient: »Der Kanzler Ew. Majestät hat die Versprechungen von 1870 vergessen.« Der Korrespondent, Herr Oppert aus Blowitz in Böhmen, wird die Verbreitung dieser ihm doch wohl von Gortschakow zugegangenen Nachrichten um so bereitwilliger übernommen haben, als er mir von dem Kongreß her grollte. Auf den

Wunsch Lord Beaconsfields, der ihn bei guter Laune erhalten wollte, hatte ich ihm die dritte Klasse des Kronenordens verschafft. Er war über die nach preußischen Begriffen ungewöhnlich hoch gegriffene Auszeichnung entrüstet, lehnte dieselbe ab und verlangte die zweite Klasse.

Angesichts der Haltung der russischen Presse, der steigenden Erregtheit der großen Massen des Volkes, der Truppenanhäufung unmittelbar längs der preußischen Grenzen wäre es leichtfertig gewesen, den Ernst der Situation und der kaiserlichen Drohung gegen den früher so verehrten Freund zu bezweifeln. Daß Kaiser Wilhelm auf den Rat des Feldmarschalls von Manteuffel am 3. September 1879 nach Alexandrowo ging, um die schriftlichen Drohungen seines Neffen mündlich begütigend zu beantworten, widerstrebte meinem Gefühle und meinem Urteil über das, was not tue.

III

Betrachtungen analog denen, welche den Versuch widerrieten, die komplizierten Schwierigkeiten von 1863 auf dem Wege eines russischen Bündnisses zu lösen, standen in der zweiten Hälfte der siebziger Jahre ebenfalls einer stärkeren Akzentuierung der russischen Freundschaft ohne Österreich entgegen. Ich weiß nicht, inwieweit Graf Peter Schuwalow vor Beginn des letzten Balkankrieges und während des Kongresses ausdrücklich beauftragt war, die Frage eines deutsch-russischen Bündnisses zu besprechen; er war nicht in Berlin beglaubigt, sondern in London, seine persönlichen Beziehungen zu mir gestatteten ihm aber, sowohl bei seinen vorübergehenden Berührungen Berlins auf der Durchreise wie während des Kongresses mit mir alle Eventualitäten rückhaltlos zu besprechen. Noch vor dem Kongreß berührte er die Frage eines russisch-deutschen Schutz- und Trutzbündnisses und stellte sie direkt. Ich besprach mit ihm offen die Schwierigkeiten und Aussichten, welche die Bündnisfrage und zunächst, wenn der Dreibund der Ostmächte nicht haltbar wäre, die Wahl zwischen Österreich und Rußland für uns habe. Er sagte unter anderem in der Diskussion.: »Vous avez le cauchemar des coalitions«, worauf ich erwiderte: »Nécessairement.« Als das sicherste Mittel dagegen bezeichnete er ein festes, unerschütterliches Bündnis mit Rußland, weil bei Ausschluß der letzteren Macht aus dem Kreise unsrer Koalitionsgegner keine für uns lebensgefährliche Kombination möglich sei.

Ich gab dies zu, sprach aber meine Befürchtungen aus, daß die deutsche Politik, wenn sie ihre Möglichkeiten auf das russische Bündnis einschränkte und allen übrigen Staaten den russischen Wünschen entsprechend absagte, Rußland gegenüber in eine ungleiche Stellung geraten könne, weil die geographische Lage und die autokratische Verfassung Rußlands demselben für das Aufgeben des Bündnisses stets mehr Leichtigkeit gewähre, als wir haben würden, und weil das Festhalten an der alten Tradition des preußisch-russischen Bundes doch immer nur auf zwei Augen stehe, d.h. von dem Gemütsleben des jedesmaligen Kaisers von Rußland abhänge. Unsre Beziehungen zu Rußland beruhten auf dem persönlichen Verhältnis beider Monarchen zueinander und auf dessen richtiger Pflege durch höfische und diplomatische Geschicklichkeit respektive Gesinnung der beiderseitigen Vertreter. Wir hätten das Beispiel gehabt, daß bei ziemlich hilflosen preußischen Gesandten in Petersburg durch die Geschicklichkeit von Militärbevollmächtigten, wie der Generäle von Rauch und des Grafen Münster, die gegenseitigen Beziehungen intim geblieben wären, trotz mancher berechtigter Empfindlichkeit auf beiden Seiten. Wir hätten ebenso erlebt, daß jähzornige oder reizbare Vertreter Rußlands, wie Budberg und Oubril, durch ihre Haltung in Berlin und durch die Berichterstattung, wenn sie persönlich verstimmt waren, Eindrücke erzeugten, welche auf die gegenseitigen Gesamtbeziehungen zweier Völker von eineinhalb hundert Millionen gefährlich zurückwirken konnten.

Ich erinnere mich, daß Fürst Gortschakow, als ich in Petersburg Gesandter war und seines unbegrenzten Vertrauens mich erfreute, mir mitunter, wenn er mich warten ließ, noch unerbrochene Berliner Berichte zu lesen gab, bevor er selbst sie durchgesehen hatte. Ich war zuweilen erstaunt, daraus zu entnehmen, mit welchem Übelwollen mein früherer Freund Budberg seiner Empfindlichkeit über irgendein Erlebnis in der Gesellschaft oder auch nur dem Bedürfnis, einen witzigen Sarkasmus über Berliner Verhältnisse am Hofe und in dem Ministerium anzubringen, die Aufgabe der Erhaltung der gegenwärtigen Beziehungen unterordnete. Seine Berichte wurden natürlich dem Kaiser vorgelegt, und zwar ohne Kommentar und ohne Vortrag, und die kaiserlichen Randbemerkungen, von denen Gortschakow mir in der weiteren geschäftlichen Korrespondenz mitunter Einsicht gestattete, lieferten mir den zweifellosen Beweis, wie der uns wohlgesinnte Kaiser Alexander II. für die verstimmten Berichte von Budberg und Oubril empfänglich war und daraus nicht auf die falsche Darstellung seiner

Vertreter, sondern auf den in Berlin herrschenden Mangel an einsichtiger und wohlwollender Politik schloß. Wenn der Fürst Gortschakow mir derartige Dinge unerbrochen zu lesen gab, um mit seinem Vertrauen zu kokettieren, so pflegte er zu sagen: »Vous oublierez ce que vous ne deviez pas lire«, was ich natürlich, nachdem ich im Nebenzimmer die Depeschen durchgesehen hatte, zusagte und, solange ich in Petersburg war, auch gehalten habe, da es nicht meine Aufgabe war, die Beziehungen beider Höfe durch Anklagen gegen den Vertreter des russischen in Berlin zu verschlechtern, und da ich ungeschickte Verwertung meiner Meldungen zu höfischen Intrigen und Verhetzungen befürchtete.

Es wäre überhaupt zu wünschen, daß wir an jedem befreundeten Hofe durch Diplomaten vertreten wären, die, ohne der Gesamtpolitik des eignen Vaterlandes vorzugreifen, doch nach Möglichkeit die Beziehungen beider beteiligten Staaten dadurch pflegten, daß sie Verstimmungen und Klatsch nach Möglichkeit verschwiegen, ihr Bedürfnis, witzig zu sein, zügelten und eher die förderliche Seite der Sache hervorhöben. Ich habe die Berichte unsrer Vertreter an deutschen Höfen höhern Orts oft nicht vorgelegt, weil sie mehr die Tendenz hatten, pikant zu sein oder verstimmende Äußerungen oder Erscheinungen zwischen beiden Höfen zu bessern und zu pflegen, solange letzteres, wie in Deutschland *stets* der Fall ist, die Aufgabe unsrer Politik war. Ich habe mich für berechtigt gehalten, aus Petersburg und Paris Dinge, die zu Hause nur zwecklos verstimmen konnten oder sich lediglich zu satirischen Darstellungen eigneten, zu verschweigen und, als ich Minister war, dergleichen allerhöchsten Orts nicht vorzulegen. In der Stellung eines Botschafters am Hofe einer Großmacht findet die Verpflichtung zur mechanischen Berichterstattung über alle am Domizil des Botschafters vorkommenden törichten Reden und Bosheiten nicht Anwendung. Ein Botschafter nicht nur, sondern auch jeder deutsche Diplomat an einem deutschen Hofe sollte nicht Berichte schreiben, wie sie Budberg, Oubril aus Berlin, Balabin aus Wien nach Hause sandten in der Berechnung, daß dieselben als witzig mit Interesse und mit selbstgefälliger Heiterkeit gelesen würden, sondern er sollte sich, solange die Verhältnisse freundlich sind und bleiben sollen, des Herzens und Klatschens enthalten. Wer nur das Förmliche des Geschäftsganges im Auge hat, wird es allerdings für das Richtige halten, daß der Gesandte rückhaltlos meldet, was er hört, und es dem Minister überläßt, über was er hinwegsehen und was er betonen will. Ob das aber sachlich zweckmäßig ist, hängt von der Persönlichkeit des Ministers ab. Da ich mich für ebenso einsichtig hielt wie Herrn von Schleinitz und einen tieferen und gewissenhafteren Anteil an dem Schicksal unsres Landes nahm als er, so habe ich mich für berechtigt und verpflichtet gehalten, manches nicht zu seiner Kenntnis zu bringen, was in seinen Händen Verhetzungen und Intrigen am Hofe im Sinne einer Politik dienen konnte, die nicht die des Königs war.

Ich kehre von dieser Abschweifung zu den Besprechungen zurück, die ich zur Zeit des Balkankrieges mit dem Grafen Peter Schuwalow gehabt habe. Ich sagte ihm, daß wir, wenn wir der Festigkeit eines Bündnisses mit Rußland die Beziehungen zu allen andern Mächten zum Opfer brächten, uns bei akuten Vorkommnissen von französischer und österreichischer Revanchelust bei unsrer exponierten geographischen Lage in einer gefährlichen Abhängigkeit von Rußland befinden würden. Die Verträglichkeit Rußlands mit Mächten, die nicht auch ohne sein Wohlwollen bestehen könnten, hätte ihre Grenzen, namentlich bei einer Politik wie die des Fürsten Gortschakow, die mich mitunter an asiatische Auffassungen erinnerte. Er habe oft jeden politischen Einwand einfach mit dem Argumente niedergeschlagen: »L'empereur est fort irrité«, worauf ich ironisch zu antworten pflegte: »Eh, le mien donc!« Schuwalow bemerkte dazu: »Gortschakow est un animal«, was in dem Petersburger Jargon nicht so grob gemeint ist, wie es klingt: »Il n'a aucune influence«; er verdanke es überhaupt nur der Achtung des Kaisers vor dem Alter und dem früheren Verdienste, daß er formell noch die Geschäfte führe. Worüber könnten Rußland und Preußen ernsthaft jemals in Streit geraten? Es gebe gar keine Frage zwischen ihnen, die wichtig genug dazu wäre. Das letztere gab ich zu, erinnerte aber an Olmütz und den Siebenjährigen Krieg, man gerate auch aus unwichtigen Ursachen in Händel, sogar aus Formfragen; es würde manchen Russen auch ohne Gortschakow schwer, einen Freund als gleichberechtigt zu betrachten und zu behandeln, ich wäre in dem Punkte der Form persönlich nicht empfindlich – aber das jetzige Rußland habe bis auf weiteres nicht bloß die Formen, sondern auch die Ansprüche Gortschakows.

Ich lehnte die »Option« zwischen Österreich und Rußland auch damals ab und empfahl den Bund der drei Kaiser oder doch die Pflege des Friedens zwischen ihnen.

18. KAPITEL

DER DREIBUND

I

Der Dreibund, welchen ich ursprünglich nach dem Frankfurter Frieden zu erreichen suchte und über den ich schon im September 1870 von Meaux aus in Wien und Petersburg sondiert hatte, war ein Bund der drei Kaiser mit dem Hintergedanken des Beitritts des monarchischen Italiens und gerichtet auf den, wie ich befürchtete, in irgendeiner Form bevorstehenden Kampf zwischen den beiden europäischen Richtungen, welche Napoleon die republikanische und die kosakische genannt hat und welche ich nach heutigen Begriffen bezeichnen möchte einerseits als das System der Ordnung auf monarchischer Grundlage, andererseits als die soziale Republik, auf deren Niveau die antimonarchische Entwicklung langsam oder sprungweise hinabzusinken pflegt, bis die Unerträglichkeit der dadurch geschaffenen Zustände die enttäuschte Bevölkerung für gewaltsame Rückkehr zu monarchischen Institutionen in cäsarischer Form empfänglich macht. Diesem circulus vitiosus zu entgegnen oder das Eintreten in denselben der gegenwärtigen Generation oder ihren Kindern womöglich zu ersparen, halte ich für eine Aufgabe, welche den noch lebenskräftigen Monarchen näherliegen sollte als die Rivalität um den Einfluß auf die nationalen Fragmente, welche die Balkanhalbinsel bevölkern. Wenn die monarchischen Regierungen für das Bedürfnis des Zusammenhaltens im Interesse staatlicher und gesellschaftlicher Ordnung kein Verständnis haben, sondern sich chauvinistischen Regungen ihrer Untertanen dienstbar machen, so befürchte ich, daß die internationalen, revolutionären, sozialen Kämpfe, welche auszufechten sein werden, um so gefährlicher und für den Sieg der monarchischen Ordnung schwieriger sich gestalten werden. Ich habe die nächstliegende Assekuranz gegen dieselben seit 1871 in dem Dreikaiserbunde und in dem Bestreben gesucht, dem monarchischen Prinzip in Italien eine feste Anlehnung an diesen Bund zu gewähren. Ich war nicht ohne Hoffnung auf einen dauernden Erfolg, als im September 1872 die Zusammenkunft der drei Kaiser in Berlin, demnächst die Besuche meines Kaisers in Petersburg im Mai, des Königs von Italien in Berlin im September, des deutschen Kaisers in Wien im Oktober des folgenden Jahres stattfanden. Die erste Trübung dieser Hoffnung wurde 1875 verursacht durch die Hetzereien des Fürsten Gortschakow (Kapitel 15), der die Lüge verbreitete, daß wir Frankreich, bevor es sich von seinen Wunden erholt, zu überfallen beabsichtigten.

Ich bin zur Zeit der Luxemburger Frage (1867) ein grundsätzlicher Gegner von Präventivkriegen gewesen, d.h. von Angriffskriegen, welche wir nur deshalb führen würden, weil wir vermuteten, daß wir sie später mit dem besser gerüsteten Feinde zu bestehen haben würden. Daß wir 1875 Frankreich besiegt haben würden, war nach der Ansicht unsrer Militärs wahrscheinlich; aber nicht so wahrscheinlich war es, daß die übrigen Mächte würden neutral geblieben sein. Wenn schon in den letzten Monaten vor den Versailler Verhandlungen die Gefahr europäischer Einmischung mich täglich beängstigte, so würde die scheinbare Gehässigkeit eines Angriffs, den wir unternommen hätten, nur um Frankreich nicht wieder zu Atem kommen zu lassen, einen willkommenen Vorwand zunächst für englische Humanitätsphrasen geboten haben, dann aber auch für Rußland, um aus der Politik der persönlichen Freundschaft der beiden Kaiser einen Übergang zu der des kühlen russischen Staatsinteresses zu finden, welches 1814 und 1815 bei Absteckung des französischen Gebiets maßgebend gewesen war. Daß es für die russische Politik eine Grenze gibt, über welche hinaus das Gesicht Frankreichs in Europa nicht vermindert werden darf, ist erklärlich. Dieselbe war, wie ich glaube, mit dem Frankfurter Frieden erreicht, und diese Tatsache war vielleicht 1870 und 1871 in Petersburg noch nicht in dem Maße zum Bewußtsein gekommen wie fünf Jahre später. Ich glaube kaum, daß das russische Kabinett während unsres Krieges deutlich vorausgesehen hat, daß es nach demselben ein so starkes und konsolidiertes Deutschland zum Nachbar haben würde. Im Jahre 1875 nahm ich an, daß an der Newa schon einige Zweifel darüber herrschten, ob es richtig gewesen, die Dinge so weit kommen zu lassen, ohne in die Entwicklung einzugreifen. Die aufrichtige Freundschaft und Verehrung Alexanders II. für seinen Oheim deckte das Unbehagen, welches die amtlichen Kreise bereits empfanden. Hätten wir damals den Krieg erneuern wollen, nur um das kranke Frankreich nicht genesen zu lassen, so würde unzweifelhaft nach einigen mißlungenen Konferenzen zur Verhütung des Krieges unsre Kriegführung sich in Frankreich in der Lage befunden haben, welche ich in Versailles bei der Verschleppung der Belagerung befürchtet hatte. Die Beendigung des Krieges würde nicht durch einen Friedensschluß unter vier Augen, sondern in einem Kongresse zustande gekommen sein, wie 1814 unter Zuziehung des besiegten Frankreichs, und vielleicht bei der Mißgunst, der wir ausgesetzt waren, ebenso wie damals unter Leitung eines neuen Talleyrand.

Ich hatte schon in Versailles befürchtet, daß die Beteiligung Frankreichs an den Londoner Konferenzen über die das Schwarze Meer betreffenden Klauseln des Pariser Friedens dazu benutzt werden könnte, um mit der Dreistigkeit, die Talleyrand in Wien bewiesen, die deutsch-französische Frage als Pfropfreis auf die programmäßigen Erörterungen zu setzen. Aus dem Grunde habe ich, trotz vielseitiger Befürwortung, die Beteiligung Favres an jener Konferenz durch äußere und innere Einflüsse verhindert. Ob Frankreich 1875 unsrem Anfall gegenüber in seiner Verteidigung so schwach gewesen sein würde, wie unsre Militärs annahmen, erscheint fraglich, wenn man sich erinnert, daß in dem französisch-englisch-österreichischen Vertrage vom 3. Januar 1815 das besiegte und noch teilweise besetzte[63], durch zwanzig Kriegsjahre erschöpfte Frankreich doch noch bereit war, für die Koalition gegen Preußen und Rußland 150 000 Mann sofort und demnächst 300 000 ins Feld zu führen. Die 300 000 in unsrer Gefangenschaft gewesenen altgedienten Soldaten befanden sich wieder in Frankreich, und wir hätten die russische Macht schließlich wohl nicht wie im Januar 1815 wohlwollend neutral, sondern vielleicht feindlich hinter uns gehabt. Aus dem Gortschakowschen Zirkulartelegramm vom Mai 1875 *(maintenant* la paix est assurée) an alle russischen Gesandtschaften geht hervor, daß die russische Diplomatie bereits zu einer Tätigkeit gegen unsre angebliche Neigung zur Friedensstörung veranlaßt worden war.

Auf diese Episode folgten die unruhigen Bestrebungen des russischen Reichskanzlers, unsre und besonders meine persönlich guten Beziehungen zum Kaiser Alexander zu trüben, unter anderm dadurch, daß er, wie im 17. Kapitel erzählt, durch Vermittlung des Generals von Werder die Ablehnung des Versprechens der Neutralität für den Fall eines russisch-österreichischen Krieges von mir erpreßte. Daß das russische Kabinett sich alsdann direkt und im geheimen an die Wiener wandte, bezeichnet wiederum eine Phase der Gortschakowschen Politik, welche meinem Streben nach einem monarchisch-konservativen Dreibunde nicht günstig war.

II

Der Graf Schuwalow hatte vollkommen recht, wenn er mir sagte, daß mir der Gedanke an Koalition böse Träume verursachte. Wir hatten gegen zwei der europäischen Großmächte siegreiche Kriege geführt; es kam darauf an, wenigstens einen der beiden mächtigen Gegner, die wir im Felde bekämpft hatten, der Versuchung zu entziehen, die in der Aussicht lag, im Bunde mit andern Revanche nehmen zu können. Daß Frankreich das nicht sein konnte, lag für jeden Kenner der Geschichte und der gallischen Nationalität auf der Hand, und wenn ein geheimer Vertrag von Reichstadt ohne unsre Zustimmung und unser Wissen möglich war, so war auch die alte Kaunitzsche Koalition von Frankreich, Österreich, Rußland nicht unmöglich, sobald die ihr entsprechenden, in Österreich latent vorhandenen Elemente dort an das Ruder kamen. Sie konnten Anknüpfungspunkte finden, von denen aus sich die alte Rivalität, das alte Streben nach deutscher Hegemonie als Faktor der österreichischen Politik wieder beleben ließ in Anlehnung, sei es an Frankreich, wie es zur Zeit des Grafen Beust und der Salzburger Begegnung mit Louis Napoleon, August 1867, in der Luft schwebte, sei es in Annäherung an Rußland, wie sie sich in dem geheimen Abkommen von Reichstadt erkennen ließ.

Die Frage, welche Unterstützung Deutschland von England in einem solchen Falle zu erwarten haben würde, will ich nicht ohne weiteres im Rückblick auf die Geschichte des Siebenjährigen Krieges und des Wiener Kongresses beantworten, es aber doch als wahrscheinlich bezeichnen, daß ohne die Siege Friedrichs des Großen die Sache des Königs von Preußen damals noch früher von England wäre fallengelassen worden.

In dieser Situation lag die Aufforderung zu dem Versuch, die Möglichkeit der antideutschen Koalition durch vertragsmäßige Sicherstellung der Beziehungen zu wenigstens *einer* der Großmächte einzuschränken. Die Wahl konnte nur zwischen Österreich und Rußland stehen, da die englische Verfassung Bündnisse von gesicherter Dauer nicht zuläßt und die Verbindung mit Italien allein ein hinreichendes Gegengewicht gegen eine Koalition der drei übrigen Großmächte auch dann nicht gewährte, wenn die zukünftige Haltung und Gestaltung Italiens nicht nur von Frankreich, sondern auch von Österreich unabhängig gedacht wurde. Es blieb, um das Feld der Koalitionsbildung zu verkleinern, nur die bezeichnete Wahl.

Für materiell stärker hielt ich die Verbindung mit Rußland. Sie hatte mir früher auch als sicherer gegolten, weil ich die traditionelle dynastische Freundschaft, die Gemeinsamkeit des monarchischen Erhaltungstriebes und die Abwesenheit aller eingeborenen Gegensätze in der Politik für sicherer hielt als die wandelbaren Eindrücke der öffentlichen Meinung in der ungarischen, slawischen und katholischen Bevölkerung der habsburgischen Monarchie. Absolut sicher für die Dauer war keine der beiden Verbindungen, weder das dynastische Band mit Rußland noch das populäre ungarisch-deutscher Sympathie. Wenn in Ungarn stets die besonnene politische Erwägung den Ausschlag gäbe, so würde diese tapfere und unabhängige Nation sich darüber klarbleiben, daß sie als Insel in dem weiten Meere slawischer Bevölkerungen sich bei ihrer verhältnismäßig geringen Ziffer nur durch Anlehnung an das deutsche Element in Österreich und in Deutschland sicherstellen kann. Aber die Kossuthsche Episode und die Unterdrückung der reichstreuen deutschen Elemente in Ungarn selbst und andre Symptome zeigten, daß in kritischen Momenten das Selbstvertrauen des ungarischen Husaren und Advokaten stärker ist als die politische Berechnung und die Selbstbeherrschung. Läßt doch auch in ruhigen Zeiten mancher Magyar sich von den Zigeunern das Lied »Der Deutsche ist ein Hundsfott« aufspielen!

Zu den Bedenken über die zukünftigen österreichisch-deutschen Beziehungen kam der Mangel an Augenmaß für politische Möglichkeiten, infolgedessen das deutsche Element in Österreich die Fühlung mit der Dynastie und die Leitung verloren hat, die ihm in der geschichtlichen Entwicklung zugefallen war. Zu Sorgen für die Zukunft eines österreichisch-deutschen Bundes gab ferner die konfessionelle Frage Anlaß, die Erinnerung an den Einfluß der Beichtväter der kaiserlichen Familie, die Möglichkeit der Herstellung französischer Beziehungen auf katholisierender Unterlage, sobald in Frankreich eine entsprechende Wandlung der Form und der Prinzipien der Staatsleitung eingetreten wäre. Wie fern oder wie nahe eine solche in Frankreich liegt, entzieht sich jeder Berechnung.

Dazu kam endlich die polnische Seite der österreichischen Politik. Wir können von Österreich nicht verlangen, daß dasselbe auf die Waffe verzichtet, welche es in der Pflege des Polentums in Galizien Rußland gegenüber besitzt. Die Politik, welche 1846 dazu führte, daß österreichische Beamte Preise auf die Köpfe polnischer Insurgenten setzten, war möglich, weil Österreich die Vorteile der Heiligen Allianz, des Bündnisses der drei Ostmächte, durch ein adäquates Verhalten in den polnischen und orientalischen Dingen bezahlte, gleichsam durch einen Assekuranzbeitrag zu einem gemeinsamen Geschäfte. Bestand der Dreibund der Ostmächte, so konnte Österreich seine Beziehungen zu den Ruthenen in den Vordergrund stellen; löste sich derselbe auf, so war es ratsamer, den polnischen Adel für den Fall eines russischen Krieges zur Verfügung zu haben. Galizien ist überhaupt der österreichischen Monarchie lockerer angefügt als Posen und Westpreußen der preußischen. Die österreichische, gegen Osten offene Provinz ist außerhalb der Grenzmauer der Karpaten künstlich angeklebt, und Österreich könnte ohne dieselbe ebensogut bestehen, wenn es für die 5 oder 6 Millionen Polen und Ruthenen einen Ersatz innerhalb des Donaubeckens fände. Pläne der Art in Gestalt eines Eintausches rumänischer und südslawischer Bevölkerung gegen Galizien, unter Herstellung Polens mit einem Erzherzoge an der Spitze, sind während des Krimkrieges und 1863 von berufener und unberufener Seite erwogen worden. Die alten preußischen Provinzen aber sind von Posen und Westpreußen durch keine natürliche Grenze getrennt, und der Verzicht auf dieselben wäre unausführbar. Die Frage der Zukunft Polens ist deshalb unter den Vorbedingungen eines deutsch-österreichischen Kriegsbündnisses eine besonders schwierige.

III

In dieser Erwägung nötigte mich der drohende Brief des Kaisers Alexander zu festem Entschlüsse behufs Abwehr und Wahrung unsrer Unabhängigkeit von Rußland. Ein österreichisches Bündnis war ziemlich bei allen Parteien populär, bei den Konservativen aus einer geschichtlichen Tradition, bezüglich deren man zweifelhaft sein kann, ob sie gerade von dem Standpunkt einer konservativen Fraktion heutzutage als folgerichtig gelten könne. Tatsache ist aber, daß die Mehrheit der Konservativen in Preußen die Anlehnung an Österreich als ihren Tendenzen entsprechend ansehen, auch wenn vorübergehend eine Art von Wettlauf im Liberalismus zwischen den beiden Regierungen stattfand. Der konservative Nimbus des österreichischen Namens überwog bei den meisten Mitgliedern dieser Fraktion den Eindruck der teils überwundenen, teils neuen Vorstöße auf dem Gebiete des Liberalismus und der gelegentlichen Neigung zu Annäherungen an die Westmächte und speziell an Frankreich. Noch näher lagen die Erwägungen, welche den Katholiken den Bund mit der vorwiegend katholischen Großmacht als nützlich erscheinen ließen. Der nationalliberalen Partei war ein vertragsmäßig verbrieftes Bündnis des neuen Deutschen Reichs mit Österreich ein Weg, auf welchem man der Lösung der 1848er Zirkelquadratur sich näherte, ohne an den Schwierigkeiten zu scheitern, welche einer unitarischen Verbindung nicht nur zwischen Österreich und Preußen-Deutschland, sondern schon innerhalb des österreichisch-ungarischen Gesamtreiches entgegen standen. Es gab also auf unsrem parlamentarischen Gebiete außer der Fortschrittspartei, deren Zustimmung überhaupt zu keiner Art von Regierungspolitik zu haben war, keinen Widerspruch gegen und sehr viel Vorliebe für das Bündnis mit Österreich.

Auch die Traditionen des Völkerrechts waren von den Zeiten des römischen Reiches deutscher Nation und des deutschen Bundes her theoretisch darauf zugeschnitten, daß zwischen dem gesamten Deutschland und der habsburgischen Monarchie eine staatsrechtliche Verbindung bestand, durch welche diese mitteleuropäischen Ländermassen theoretisch zum gegenseitigen Beistande verpflichtet erschienen. Praktisch allerdings ist die politische Zusammengehörigkeit derselben in der Vorgeschichte nur selten zum Ausdruck gekommen; aber man konnte Europa und namentlich Rußland gegenüber mit Recht geltend machen, daß ein dauernder Bund zwischen Österreich und dem heutigen Deutschen Reiche völkerrechtlich nichts Neues sei. Diese Fragen der Popularität in Deutschland und des Völkerrechts standen jedoch für mich in zweiter Linie und waren zu erwägen als Hilfsmittel für die eventuelle Ausführung. Im Vordergrunde stand die Frage, ob der Durchführung des Gedankens sofort näherzutreten und mit welchem Maße von Entschiedenheit der voraussichtliche Widerstand des Kaisers Wilhelm aus Gründen, die weniger der Politik als dem Gemütsleben angehörten, zu bekämpfen sein würde. Mir erschienen die Gründe, welche in der politischen Situation uns auf ein österreichisches Bündnis hinwiesen, so zwingender Natur, daß ich nach demselben auch gegen den Widerstand unsrer öffentlichen Meinung gestrebt haben würde.

IV

Als der Kaiser Wilhelm sich nach Alexandrowo begab, hatte ich schon in Gastein eine Begegnung mit dem Grafen Andrassy eingeleitet, die am 28. August stattfand.

Nachdem ich ihm die Lage dargelegt hatte, zog er daraus die Folgerung mit den Worten: »Gegen ein russisch-französisches Bündnis ist der natürliche Gegenzug ein österreichisch-deutsches.« Ich erwiderte, daß er damit die Frage formuliert habe, zu deren Besprechung ich unsere Zusammenkunft angeregt hätte, und wir kamen leicht zu einer vorläufigen Verständigung über ein rein defensives Bündnis gegen einen russischen Angriff auf einen von beiden Teilen, dagegen fand mein Vorschlag, das Bündnis auch auf andre als russische Angriffe auszudehnen, bei dem Grafen keinen Anklang.

Nachdem ich nicht ohne Schwierigkeit die Ermächtigung Sr. Majestät dazu erlangt hatte, in amtliche Verhandlungen einzutreten, nahm ich zu dem Zwecke meinen Rückweg über Wien.

Vor meiner Abreise von Gastein richtete ich am 10. September folgendes Schreiben an den König von Bayern:

»Gastein, den 10. September 1879.

E. M. haben früher die Gnade gehabt, Allerhöchst ihre Zufriedenheit mit den Bestrebungen auszusprechen, welche meinerseits dahin gerichtet waren, dem Deutschen Reiche Frieden und Freundschaft mit den beiden Nachbarreichen Österreich und Rußland gleichmäßig zu erhalten. Im Laufe der letzten drei Jahre ist diese Aufgabe um so schwieriger geworden, je mehr die russische Politik dem Einflusse der teils kriegerischen, teils revolutionären Tendenzen des Panslawismus sich hingegeben hat. Schon im Jahre 1877 [1876] wurde uns von Livadia aus wiederholentlich die Forderung gestellt, uns darüber in verbindlicher Form zu erklären, ob das Deutsche Reich in einem Kriege zwischen Rußland und Österreich neutral bleiben werde. Es gelang nicht, dieser Erklärung auszuweichen, und das russische Kriegswetter zog einstweilen nach dem Balkan ab. Die auch nach dem Kongresse noch immer großen Erfolge, welche Rußland infolge dieses Krieges gewonnen hat, haben leider die Erregtheit der russischen Politik nicht in dem Maße abgekühlt, wie es für das friedliebende Europa wünschenswert wäre. Die russischen Bestrebungen sind unruhig und friedlos geblieben; der Einfluß des panslawistischen Chauvinismus auf die Stimmungen des Kaisers Alexander hat sich gesteigert, und mit der, wie es leider scheint, ernstlichen Ungnade des Grafen Schuwalow hat dessen Werk, der Berliner Kongreß, seine Verurteilung durch den Kaiser erfahren. Der leitende Minister, insoweit es einen solchen in Rußland gegenwärtig gibt, ist der Kriegsminister Milutin. Auf sein Verlangen sind jetzt nach dem Frieden, wo Rußland von niemandem bedroht ist, die gewaltigen Rüstungen erfolgt, welche trotz der Finanzopfer des Krieges den Friedensstand des russischen Heeres um 56 000, den Stand der mobilen westlichen Kriegsarmee um fast 400 000 Mann steigerten. Diese Rüstungen können nur gegen Österreich oder Deutschland bestimmt sein, und die Truppenaufstellungen im Königreich Polen entsprechen einer solchen Bestimmung. Der Kriegsminister hat auch den technischen Kommissionen* gegenüber rückhaltlos geäußert, daß Rußland sich auf einen Krieg ›mit Europa‹ einrichten müsse.

Wenn es zweifelhaft ist, daß der Kaiser Alexander, ohne den Türkenkrieg zu wollen, unter dem Drucke der panslawistischen Einflüsse denselben dennoch geführt hat, und wenn inzwischen dieselbe Partei ihren Einfluß dadurch gesteigert hat, daß dem Kaiser die Agitation, welche hinter ihr steht, heute mehr und gefährlicheren Eindruck macht als früher, so liegt die Befürchtung nahe, daß es ihr ebensogut gelingen kann, die Unterschrift des Kaisers für weitere kriegerische Unternehmungen nach Westen zu gewinnen. Die europäischen Schwierigkeiten, welchen Rußland auf diesem Wege begegnen könnte, können einen Minister wie Milutin oder Makoff wenig schrecken, wenn es wahr ist, was die Konservativen in Rußland befürchten, daß die Bewegungspartei, indem sie Rußland in schwere Kriege zu verwikkeln sucht, weniger einen Sieg Rußlands über das Ausland als einen Umsturz im Innern Rußlands erstrebt.

Ich kann mich unter diesen Umständen der Überzeugung nicht erwehren, daß der Friede durch Rußland, und nur durch Rußland, in der Zukunft bedroht ist. Die nach unsern Berichten in jüngster Zeit versuchten Ermittlungen, ob Rußland in Frankreich und Italien, wenn der Krieg beginnt, Beistand finden würde, haben freilich ein negatives Resultat ergeben. Italien ist machtlos befunden worden, und Frankreich hat erklärt, daß es jetzt keinen

---

* Welche gewisse Bestimmungen des Berliner Vertrages vom 13. Juli 1878 auszuführen hatten.

Krieg wolle und im Bunde mit Rußland allein sich für einen Angriffskrieg gegen Deutschland nicht stark genug fühle.

In dieser Lage hat nun Rußland in den letzten Wochen an uns Forderungen gestellt, welche darauf hinausgehen, daß wir definitiv zwischen Rußland und Österreich optieren sollen, indem wir die deutschen Mitglieder der orientalischen Kommissionen anweisen, in den zweifelhaften Fragen mit Rußland zu stimmen, während in diesen Fragen unsrer Meinung nach die richtige Auslegung der Kongreßbeschlüsse auf seiten der durch Österreich, England und Frankreich gebildeten Majorität ist, und Deutschland deshalb mit dieser gestimmt hat, so daß Rußland teils mit, teils ohne Italien allein die Minorität bildet. Obschon diese Fragen, wie z.B. die Lage der Brücke bei Silistria, die der Türkei im Kongreß konzedierte Militärstraße in Bulgarien, die Verwaltung der Post und der Telegraphie und der Grenzstreit über einzelne Dörfer an sich im Vergleich mit dem Frieden großer Reiche sehr unbedeutende sind, so war das russische Verlangen, daß wir in betreff derselben nicht mit Österreich, sondern mit Rußland stimmen sollten, nicht einmal, sondern wiederholt von unzweideutigen Drohungen begleitet bezüglich der Folgen, welche unsre Weigerung eventuell haben würde. Diese auffällige Tatsache war, da sie mit dem Rücktritt des Grafen Andrassy* zusammenfiel, geeignet, die Besorgnis zu erwecken, daß zwischen Österreich und Rußland eine geheime Verständigung zum Nachteile Deutschlands stattgefunden hätte. Diese Besorgnis ist aber unbegründet; Österreich fühlt gegenüber der Unruhe der russischen Politik dasselbe Unbehagen wie wir und scheint zu einer Verständigung mit uns behufs gemeinsamer Abwehr eines etwaigen russischen Angriffs auf eine der beiden Mächte geneigt zu sein.

Ich würde es für eine wesentliche Garantie des europäischen Friedens und der Sicherheit Deutschlands halten, wenn das Deutsche Reich auf eine solche Abmachung mit Österreich einginge, welche zum Zwecke hätte, den Frieden mit Rußland nach wie vor sorgfältig zu pflegen, aber wenn trotz-

---

* Am 14. August hatte der Kaiser Franz Joseph die von dem Grafen Andrassy nachgesuchte Entlassung im Prinzip genehmigt, sich aber die definitive Enthebung vorbehalten, bis über den Nachfolger Beschluß gefaßt sei. Der Graf verstand sich dazu, noch einige Zeit in Funktion zu bleiben, um das Bündnis mit Deutschland zustande zu bringen. Am 8. Oktober wurde seine Verabschiedung und die Ernennung seines Nachfolgers Haymerle veröffentlicht.

dem eine der beiden Mächte angegriffen würde, einander beizustehen. Im Besitze dieser gegenseitigen Assekuranz könnten beide Reiche sich nach wie vor der erneuten Befestigung des Dreikaiserbundes widmen. Das Deutsche Reich im Bunde mit Österreich würde der Anlehnung Englands nicht entbehren und bei der friedfertigen Politik der beiden großen Reichskörper den Frieden Europas mit zwei Millionen Streitern verbürgen. Der rein defensive Charakter dieser gegenseitigen Anlehnung der beiden deutschen Mächte aneinander könnte auch für niemanden etwas Herausforderndes haben, da dieselbe gegenseitige Assekuranz beider in dem deutschen Bundesverhältnis von 1815 schon 50 Jahre völkerrechtlich bestanden hat.

Unterbleibt jedes Abkommen derart, so wird man es Österreich nicht verargen können, wenn es unter dem Drucke russischer Drohungen und ohne Gewißheit über Deutschland schließlich entweder bei Frankreich oder bei Rußland selbst nähere Fühlung sucht. Träte der letztere Fall ein, so wäre Deutschland bei seinem Verhältnis zu Frankreich der gänzlichen Isolierung auf dem Kontinent ausgesetzt. Nähme Österreich aber bei Frankreich und England Fühlung, ähnlich wie 1854, so wäre Deutschland auf Rußland allein angewiesen, und, wenn es sich nicht isolieren wollte, an die wie ich fürchte fehlerhaften und gefährlichen Bahnen der russischen inneren und äußeren Politik gebunden.

Zwingt uns Rußland, zwischen ihm und Österreich zu optieren, so glaube ich, daß Österreich die konservative und friedliebende Richtung für uns anzeigen würde, Rußland aber eine unsichere.

Ich wage mich der Hoffnung hinzugeben, daß E. M. nach Allerhöchstdero mir bekannten politischen Auffassung meine vorstehende Überzeugung teilen, und würde glücklich sein, wenn ich darüber vergewissert werden könnte.

Die Schwierigkeiten der Aufgabe, welche ich mir stelle, sind an sich groß, aber sie werden noch wesentlich gesteigert durch die Notwendigkeit, eine so umfängliche und vielseitige Angelegenheit schriftlich von hier aus zu verhandeln, wo ich lediglich auf meine eigne, durch die bisherige Überanstrengung ganz unzulänglich gewordene Arbeitskraft reduziert bin. Ich habe aus Gesundheitsrücksichten meinen Aufenthalt hier schon verlängern müssen, hoffe aber nach dem 20. d. M. meine Rückreise über Wien antreten zu können. Wenn es bis dahin nicht gelingt, wenigstens prinzipiell zu einer Gewißheit zu gelangen, so wird, wie ich fürchte, die jetzt günstige Gelegenheit versäumt sein, und bei dem Rücktritt Andrassys läßt sich nicht vorhersehen, ob sie jemals wiederkehren wird.

Wenn ich für meine Pflicht halte, meine Ansicht über die Lage der Politik des Deutschen Reiches in Ehrfurcht zu E. M. Kenntnis zu bringen, so wollen Allerhöchstdieselben der Tatsache in Gnaden Rechnung tragen, daß Graf Andrassy und ich uns die Geheimhaltung des vorstehend dargelegten Planes gegenseitig zugesagt haben und bisher nur Ihre Majestäten die beiden Kaiser Kenntnis haben von der Absicht ihrer leitenden Minister, eine Vereinbarung zwischen Allerhöchstdenselben herbeizuführen.«

V

Auf der langen Fahrt von Gastein über Salzburg und Linz wurde mein Bewußtsein, daß ich mich auf rein deutschem Gebiet und unter deutscher Bevölkerung befand, durch die entgegenkommende Haltung des Publikums auf den Stationen vertieft. In Linz war die Masse so groß und ihre Stimmung so erregt, daß ich aus Besorgnis, in Wiener Kreisen Mißverständnisse zu erregen, die Vorhänge der Fenster meines Wagens vorzog, auf keine der wohlwollenden Kundgebungen reagierte und abfuhr, ohne mich gezeigt zu haben. In Wien fand ich eine ähnliche Stimmung in den Straßen, die Begrüßungen der dicht gedrängten Menge waren so zusammenhängend, daß ich, da ich in Zivil war, in die unbequeme Notwendigkeit geriet, die Fahrt zum Gasthofe so gut wie mit bloßem Kopfe zurückzulegen. Auch während der Tage, die ich in dem Gasthofe zubrachte, konnte ich mich nicht am Fenster zeigen, ohne freundliche Demonstrationen der dort Wartenden oder Vorübergehenden hervorzurufen. Diese Kundgebungen vermehrten sich, nachdem der Kaiser Franz Joseph mir die Ehre erzeigt hatte, mich zu besuchen. Alle diese Erscheinungen waren der unzweideutige Ausdruck des Wunsches der Bevölkerung der Hauptstadt und der durchreisten deutschen Provinzen, eine enge Freundschaft mit dem neuen Deutschen Reiche als Signatur der Zukunft beider Großmächte sich bilden zu sehen. Daß dieselben Sympathien im Deutschen Reiche, im Süden noch mehr als im Norden, bei den Konservativen mehr als bei der Opposition, im katholischen Westen mehr als im evangelischen Osten, der Blutsverwandtschaft entgegenkamen, war mir nicht zweifelhaft. Die angeblich konfessionellen Kämpfe des Dreißigjährigen Krieges, die einfach politischen des Siebenjährigen und die diplomatischen Rivalitäten vom Tode Friedrichs des Großen bis 1866 hatten das Gefühl dieser Verwandtschaft nicht erstickt, so sehr sonst der Deutsche auch geneigt ist, den Landsmann, wenn ihm Gelegenheit dazu geboten wird, mit mehr Eifer zu bekämpfen als den Ausländer. Es ist möglich, daß der slawische Keil, durch welchen in Gestalt der Tschechen die urdeutsche Bevölkerung der österreichischen Stammlande von den nordwestlichen Landsleuten getrennt ist, die Wirkungen, welche nachbarliche Reibungen auf Deutsche gleichen Stammes, aber verschiedener dynastischer Angehörigkeit auszuüben pflegen, abgeschwächt und das germanische Gefühl der Deutsch-Österreicher gekräftigt hat, welches durch den Schutt, den historische Kämpfe hinterlassen, wohl bedeckt, aber nicht erstickt worden ist.

Ich fand bei dem Kaiser Franz Joseph eine sehr huldreiche Aufnahme und die Bereitwilligkeit, mit uns abzuschließen. Um mich der Zustimmung meines allergnädigsten Herrn zu versichern, hatte ich schon in Gastein täglich einen Teil der für die Kur bestimmten Zeit am Schreibtische zugebracht und auseinandergesetzt, daß es notwendig sei, den Kreis der möglichen gegen uns gerichteten Koalitionen einzuschränken, und daß der zweckmäßigste Weg dazu ein Bündnis mit Österreich sei. Ich hatte freilich wenig Hoffnung, daß der tote Buchstabe meiner Abhandlung, die mehr auf Gemütsregungen als auf politischer Erwägung beruhende Auffassung Sr. Majestät ändern werde. Der Abschluß eines Vertrags, dessen wenn auch defensives doch kriegerisches Ziel ein Ausdruck des Mißtrauens gegen den Freund und Neffen war, mit welchem er eben in Alexandrowo von neuem unter Tränen und in der vollsten Aufrichtigkeit des Herzens die Versicherungen der althergebrachten Freundschaft ausgetauscht hatte, lief zu sehr gegen die ritterlichen Gefühle, mit welchen der Kaiser sein Verhältnis zu einem ebenbürtigen Freunde auffaßte. Ich zweifelte zwar nicht, daß die gleiche rückhaltlose Ehrlichkeit des Empfindens bei dem Kaiser Alexander vorhanden war; aber ich wußte, daß er nicht die Schärfe des politischen Urteils und nicht die Arbeitsamkeit besaß, welche ihn dauernd gegen die unaufrichtigen Einflüsse seiner Umgebung gedeckt hätten, auch nicht die gewissenhafte Zuverlässigkeit in persönlichen Beziehungen, welche meinen hohen Herrn auszeichnete. Die Offenheit, welche der Kaiser Nikolaus im Guten wie im Bösen bewiesen hatte, war auf die weichere Natur seines Nachfolgers nicht vollständig übergegangen; auch weiblichen Einflüssen gegenüber war die Unabhängigkeit des Sohnes nicht auf derselben Höhe wie die des Vaters. Nun ist aber die einzige Bürgschaft für die Dauer der russischen Freundschaft die Persönlichkeit des regierenden Kaisers, und sobald letztere eine minder sichere Unterlage gewährt als Alexander I., der 1813 eine auf demselben Throne nicht immer vorauszusetzende Treue gegen das preußische Königshaus bewahrt hat, wird man auf das russische Bündnis, wenn man desselben bedarf, nicht jederzeit in dem vollen Maße des Bedürfnisses rechnen können.

Schon im vorigen Jahrhundert war es gefährlich, auf die zwingende Gewalt eines Bündnistextes zu rechnen, wenn die Verhältnisse, unter welchen dasselbe geschrieben war, sich geändert hatten; heutzutage aber ist es für eine große Regierung kaum möglich, die Kraft ihres Landes für ein andres befreundetes voll einzusetzen, wenn die Überzeugung des Volkes es mißbilligt. Es gewährt deshalb der Wortlaut eines Vertrages dann, wenn er zur Kriegführung zwingt, nicht mehr die gleichen Bürgschaften wie zur Zeit der Kabinettskriege, die mit Heeren von 30 000 bis 60 000 Mann geführt wurden; ein Familienkrieg, wie ihn Friedrich Wilhelm II. für seinen Schwager in Holland führte, ist heut schwer in Szene zu setzen, und für einen Krieg, wie Nikolaus ihn 1849 in Ungarn führte, finden sich die Vorbedingungen nicht leicht wieder. Indessen ist auf die Diplomatie in den Momenten, wo es sich darum handelt, einen Krieg herbeizuführen oder zu vermeiden, der Wortlaut eines klaren und tiefgreifenden Vertrages nicht ohne Einfluß. Die Bereitwilligkeit zum zweifellosen Wortbruch pflegt auch bei sophistischen und gewalttätigen Regierungen nicht vorhanden zu sein, solange nicht die force majeure unabweislicher Interessen eintritt.

Der Kaiser hielt es in seinem ritterlichen Sinne für erforderlich, den Kaiser von Rußland vertraulich darüber zu verständigen, daß er, wenn er eine der beiden Nachbarmächte angriffe, beide gegen sich haben werde, damit der Kaiser Alexander nicht etwa irrtümlich annehme, Österreich allein angreifen zu können. Mir schien diese Besorgnis unbegründet, da das Petersburger Kabinett schon aus unsrer Beantwortung der aus Livadia an mich gerichteten Frage wissen mußte, daß wir Österreich nicht würden fallenlassen, durch unsern Vertrag mit Österreich also eine neue Situation nicht geschaffen, nur die vorhandene legalisiert wurde.

Alle Erwägungen und Argumente, die ich dem in Baden befindlichen Kaiser schriftlich aus Gastein, aus Wien und demnächst aus Berlin unterbreitete, waren ohne die gewünschte Wirkung. Um die Zustimmung des Kaisers zu dem von mir mit Andrassy vereinbarten und von dem Kaiser Franz Joseph unter der Voraussetzung, daß der Kaiser Wilhelm dasselbe tun würde, genehmigten Vertragsentwürfe herbeizuführen, war ich genötigt, zu dem für mich sehr peinlichen Mittel der Kabinettsfrage zu greifen, und es gelang mir, meine Kollegen für mein Vorhaben zu gewinnen. Da ich selbst von den Anstrengungen der letzten Wochen und von der Unterbrechung der Gasteiner Kur zu angegriffen war, um die Reise nach Baden-Baden zu machen, so übernahm der Graf Stolberg dieselbe und führte die Verhandlungen, wenn auch unter starkem Widerstreben Sr. Majestät, glücklich zu Ende. Der Kaiser war von den politischen Argumenten nicht überzeugt worden, sondern erteilte das Versprechen, den Vertrag zu ratifizieren, nur aus Abneigung gegen einen Personenwechsel in dem Ministerium. Der Kronprinz war von Hause aus für das österreichische Bündnis lebhaft eingenommen, aber ohne Einfluß auf seinen Vater.

VI

Eine Erneuerung der Kaunitzschen Koalition wäre für Deutschland, wenn es in sich geschlossen einig bleibt und seine Kriege geschickt geführt werden, zwar keine verzweifelte, aber doch eine sehr ernste Konstellation, welche nach Möglichkeit zu verhüten Aufgabe unsrer auswärtigen Politik sein muß. Wenn die geeinte österreichisch-deutsche Macht in der Festigkeit ihres Zusammenhangs und in der Einheitlichkeit ihrer Führung ebenso gesichert wäre, wie die russische und die französische, jede für sich betrachtet, es sind, so würde ich, auch ohne daß Italien der Dritte im Bunde wäre, den gleichzeitigen Angriff unsrer beiden großen Nachbarreiche nicht für lebensgefährlich halten. Wenn aber in Österreich antideutsche Richtungen nationaler oder konfessioneller Natur sich stärker als bisher zeigen, wenn russische Versuchungen und Anerbietungen auf dem Gebiet der orientalischen Politik wie zur Zeit Katharinas und Josephs II. hinzutreten, wenn italienische Begehrlichkeiten Österreichs Besitz am Adriatischen Meere bedrohen und seine Streitkräfte in ähnlicher Weise wie zu Radetzkys Zeit in Anspruch nehmen sollten: dann würde der Kampf, dessen Möglichkeit mir vorschwebt, ungleicher sein. Es braucht nicht gesagt zu werden, wie viel gefährdeter Deutschlands Lage erscheint, wenn man sich auch Österreich, nach Herstellung der Monarchie in Frankreich, im Einverständnis beider mit der Römischen Kurie, im Lager unsrer Gegner denkt mit dem Bestreben, die Ergebnisse von 1866 aus der Welt zu schaffen.

Diese pessimistische, aber doch nicht außer dem Bereich der Möglichkeit liegende und durch Vergangenes nicht ungerechtfertigte Vorstellung hatte mich veranlaßt, die Frage anzuregen, ob sich ein organischer Verband zwischen dem Deutschen Reiche und Österreich-Ungarn empfehle, der nicht wie gewöhnliche Verträge kündbar, sondern der Gesetzgebung beider Reiche einverleibt und nur durch einen neuen Akt der Gesetzgebung eines derselben lösbar wäre.

Eine solche Assekuranz hat für den Gedanken etwas Beruhigendes; ob auch im Drange der Ereignisse etwas Sicherstellendes, daran kann man zweifeln, wenn man sich erinnert, daß die theoretisch sehr viel stärker verpflichtende Verfassung des Heiligen Römischen Reiches den Zusammenhalt der deutschen Nation niemals hat sichern können und daß wir nicht imstande sein würden, für unser Verhältnis zu Österreich einen Vertragsmodus zu finden, der in sich eine stärkere Bindekraft trüge als die früheren Bundesverträge, nach denen die Schlacht von Königgrätz theoretisch unmöglich war. Die Haltbarkeit aller Verträge zwischen Großstaaten ist eine bedingte, sobald sie »in dem Kampf um das Dasein« auf die Probe gestellt wird. Keine große Nation wird je zu bewegen sein, ihr Bestehen auf dem Altar der Vertragstreue zu opfern, wenn sie gezwungen ist, zwischen beiden zu wählen. Das Ultra posse nemo obligatur kann durch keine Vertragsklausel außer Kraft gesetzt werden; und ebensowenig läßt sich durch einen Vertrag das Maß von Ernst und Kraftaufwand sicherstellen, mit welchem die Erfüllung geleistet werden wird, sobald das eigne Interesse des Erfüllenden dem unterschriebenen Texte und seiner früheren Auslegung nicht mehr zur Seite steht. Es läßt sich daher, wenn in der europäischen Politik Wendungen eintreten, welche für Österreich-Ungarn eine antideutsche Politik als Staatsrettung erscheinen lassen, eine Selbstaufopferung für die Vertragstreue ebensowenig erwarten, wie während des Krimkrieges die Einlösung einer Dankespflicht erfolgte, welche vielleicht gewichtiger war als das Pergament eines Staatsvertrages.

Ein Bündnis unter gesetzlicher Bürgschaft wäre eine Verwirklichung der Verfassungsgedanken gewesen, welche in der Paulskirche den gemäßigtsten Mitgliedern, den Vertretern des engeren reichsdeutschen und des größern österreichisch-deutschen Bundes, vorschwebten; aber gerade die vertragsmäßige Sicherstellung solcher gegenseitigen Verpflichtungen ist eine Feindin ihrer Haltbarkeit. Das Beispiel Österreichs aus der Zeit von 1850 bis 1866 ist mir eine Warnung gewesen, daß die politischen Wechsel, welche man auf solche Verhältnisse zu ziehen in Versuchung kommt, über die Grenzen des Kredits hinausgehen, welche unabhängige Staaten in ihren politischen Operationen einander gewähren können. Ich glaube deshalb, daß das wandelbare Element des politischen Interesses und seiner Gefahren ein unentbehrliches Unterfutter für geschriebene Verträge ist, wenn sie haltbar sein sollen. Für eine ruhige und erhaltende österreichische Politik ist das deutsche Bündnis das nützlichste.

Die Gefahren, welche für unsere Einigkeit mit Österreich in den Versuchungen russisch-österreichischer Verständigungen im Sinne der Zeit von Joseph II. und Katharina oder der Reichstadter Konvention und ihrer Heimlichkeit liegen, lassen sich, soweit das überhaupt möglich ist, paralysieren, wenn wir zwar fest auf Treue gegen Österreich, aber auch darauf halten, daß der Weg nach Petersburg von Berlin frei bleibt. Unsre Aufgabe ist, unsre beiden kaiserlichen Nachbarn in Frieden zu erhalten. Die Zukunft der vierten großen Dynastie in Italien werden wir in demselben Maße sicherzustellen imstande sein, in welchem es uns gelingt, die drei Kaiserreiche einig zu erhalten und den Ehrgeiz unsrer beiden östlichen Nachbarn entweder zu zügeln oder in beiderseitiger Verständigung zu befriedigen. Jeder von beiden ist für uns nicht nur in der europäischen Gleichgewichtsfrage unentbehrlich – wir könnten keinen von beiden missen, ohne selbst gefährdet zu werden –, sondern die Erhaltung eines Elements monarchischer Ordnung in Wien und Petersburg, und auf einer Basis beider in Rom, ist für uns in Deutschland eine Aufgabe, welche mit der Erhaltung der staatlichen Ordnung bei uns selbst zusammenfällt.

VII

Der Vertrag, welchen wir mit Österreich zu gemeinsamer Abwehr eines russischen Angriffs geschlossen haben, ist publici juris. Ein analoger Defensivvertrag zwischen beiden Mächten gegenüber Frankreich ist nicht bekannt. Das deutsch-österreichische Bündnis enthält gegen einen französischen Krieg, von dem Deutschland in erster Linie bedroht ist, nicht dieselbe Deckung wie gegen einen russischen, der mehr für Österreich als für Deutschland wahrscheinlich ist. Zwischen Deutschland und Rußland existieren keine Verschiedenheiten der Interessen, welche die Keime von Konflikten und eines Bruches unabweislich in sich trügen. Dagegen gewähren die übereinstimmenden Bedürfnisse in der polnischen Frage und die Nachwirkung der hergebrachten dynastischen Solidarität im Gegensatz zu den Umsturzbestrebungen Unterlagen für eine gemeinsame Politik beider Kabinette. Dieselben sind abgeschwächt worden durch eine zehnjährige Fälschung der öffentlichen Meinung seitens der russischen Presse, welche in dem lesenden Teile der Bevölkerung einen künstlichen Haß gegen alles Deutsche geschaffen und genährt hat, mit dem die Dynastie rechnen muß, auch wenn der Kaiser die deutsche Freundschaft pflegen will. Doch dürfte die Feindschaft der russischen Massen gegen das Deutschtum kaum schärfer zugespitzt sein wie die der Tschechen in Böhmen und Mähren, der Slowenen in dem früheren deutschen Bundesgebiete und der Polen in Galizien. Kurz, wenn ich in der Wahl zwischen dem russischen und dem österreichischen Bündnis das letztere vorgezogen habe, so bin ich keineswegs blind gewesen gegen die Zweifel, welche die Wahl erschwerten. Ich habe die Pflege nachbarlicher Beziehungen zu Rußland neben unserm defensiven Bunde mit Österreich nach wie vor für geboten angesehen, denn eine sichere Assekuranz gegen einen Schiffbruch der gewählten Kombination ist für Deutschland nicht vorhanden, wohl aber die Möglichkeit, antideutsche Velleitäten in Österreich-Ungarn in Schach zu halten, solange die deutsche Politik sich die Brücke, die nach Petersburg führt[64], nicht abbricht und keinen Riß zwischen Rußland und uns herstellt, der sich nicht überbrücken ließe. Solange ein solcher unheilbarer Riß nicht vorhanden ist, wird es für Wien möglich bleiben, die dem deutschen Bündnisse feindlichen oder fremden Elemente im Zaume zu halten. Wenn aber der Bruch zwischen uns und Rußland, schon die Entfremdung, unheilbar erschiene, würden auch in Wien die Ansprüche wachsen, die man an die Dienste des deutschen Bundesgenossen glauben würde stellen zu können, erstens in Erweiterung des casus foederis, der sich bisher nach dem veröffentlichten Texte doch nur auf die Abwehr eines russischen Angriffs auf Österreich erstreckt, und zweitens in dem Verlangen, dem bezeichneten casus foederis die Vertretung österreichischer Interessen im Balkan und im Orient zu substituieren, was selbst in unsrer Presse schon mit Erfolg versucht worden ist. Es ist natürlich, daß die Bewohner des Donaubeckens Bedürfnisse und Pläne haben, welche sich über die heutigen Grenzen der österreichisch-ungarischen Monarchie hinaus erstrecken; und die deutsche Reichsverfassung zeigt den Weg an, auf welchem Österreich eine Versöhnung der politischen und materiellen Interessen erreichen kann, welche zwischen der Ostgrenze des rumänischen Volksstammes und der Bucht von Cattaro vorhanden ist. Aber es ist nicht die Aufgabe des Deutschen Reichs, seine Untertanen mit Gut und Blut zur Verwirklichung von nachbarlichen Wünschen herzuleihen. Die Erhaltung der österreichisch-ungarischen Monarchie als einer unabhängigen starken Großmacht ist für Deutschland ein Bedürfnis des Gleichgewichts in Europa, für welches der Friede des Landes bei eintretender Notwendigkeit mit gutem Gewissen eingesetzt werden kann. Man sollte sich jedoch in Wien enthalten, über diese Assekuranz hinaus Ansprüche aus dem Bündnisse ableiten zu wollen, für welche dasselbe nicht geschlossen ist.

Direkte Bedrohung des Friedens zwischen Deutschland und Rußland ist kaum auf andrem Wege möglich als durch künstliche Verhetzung oder durch den Ehrgeiz russischer oder deutscher Militärs von der Art Skobelews, die den Krieg wünschen, bevor sie zu alt werden, um sich darin auszuzeichnen. Es gehört ein ungewöhnliches Maß von Dummheit und Verlogenheit in der öffentlichen Meinung und in der Presse Rußlands dazu, um zu glauben und zu behaupten, daß die deutsche Politik von aggressiven Tendenzen geleitet worden sei, indem sie das österreichische und dann das italienische Defensivbündnis abschloß. Die Verlogenheit war mehr polnisch-französischen, die Dummheit mehr russischen Ursprungs. Polnisch-französische Gewandtheit hat auf dem Felde der russischen Leichtgläubigkeit und Unwissenheit den Sieg über den Mangel solcher Gewandtheit davongetragen, in dem je nach den Umständen eine Stärke oder Schwäche der deutschen Politik liegt. In den meisten Fällen ist eine offene und ehrliche Politik erfolgreicher als die Feinspinnerei früherer Zeiten, aber sie bedarf, wenn sie gelingen soll, eines Grades von persönlichem Vertrauen, welcher leichter zu verlieren als zu erwerben ist.

Niemand kann die Zukunft Österreichs an sich mit der Sicherheit berechnen, welche für dauernde und organische Verträge erforderlich ist. Die bei Gestaltung derselben mitwirkenden Faktoren sind ebenso mannigfaltig wie die Völkermischung; und zu der ätzenden und gelegentlich sprengenden Wirkung dieser kommt der unberechenbare Einfluß, welchen je nach dem Steigen oder Fallen der römischen Flut das konfessionelle Element auf die leitenden Persönlichkeiten auszuüben vermag. Nicht bloß der Panslawismus und Bulgarien oder Bosnien, sondern auch die serbische, die rumänische, die polnische, die tschechische Frage, ja selbst noch heute die italienische im Trentino, in Triest und an der dalmatischen Küste können zu Kristallisationspunkten für nicht bloß österreichische, sondern auch europäische Krisen werden, von welchen die deutschen Interessen nur insoweit nachweislich berührt werden, als das Deutsche Reich mit Österreich in ein solidarisches Haftverhältnis tritt. In Böhmen ist die Spaltung zwischen Deutschen und Tschechen stellenweise schon so weit in die Armee eingedrungen, daß die Offiziere beider Nationalitäten in einigen Regimentern nicht miteinander verkehren und getrennt essen. Für Deutschland unmittelbar existiert die Gefahr, in schwere und gefährliche Kämpfe verwickelt zu werden, mehr auf seiner Westseite infolge der angriffslustigen, auf Eroberung gerichteten Neigungen des französischen Volkes, welche von den Monarchen seit den Zeiten Kaiser Karls V. im Interesse ihrer Herrschsucht im Innern sowohl wie auch außen großgezogen worden sind.

Der Beistand Österreichs ist für uns gegen Rußland leichter zu haben als gegen Frankreich, nachdem die Friktionen dieser beiden Mächte in dem von ihnen umworbenen Italien in der alten Form nicht mehr existieren. Für ein monarchisches und katholisch gesinntes Frankreich, wenn ein solches wiedererstanden, wäre die Hoffnung nicht erstorben, ähnliche Beziehungen zu Österreich wiederzugewinnen, wie sie während des Siebenjährigen Krieges und auf dem Wiener Kongreß vor der Rückkehr Napoleons von Elba bestanden, in der polnischen Frage 1863 drohten, im Krimkriege und zur Zeit des Grafen Beust von 1866 bis 1870 in Salzburg und Wien Aussicht auf Verwirklichung hatten. Bei etwaiger Wiederherstellung der Monarchie in Frankreich würde die durch die italienische Rivalität nicht mehr abgeschwächte gegenseitige Anziehung der beiden katholischen Großmächte unternehmende Politiker in Versuchung führen können, mit der Wiederbelebung derselben zu experimentieren.

In der Beurteilung Österreichs ist es auch heut noch ein Irrtum, die Möglichkeit einer feindseligen Politik auszuschließen, wie sie von Thugut, Schwarzenberg, Buol, Bach und Beust getrieben worden ist. Kann sich nicht die Politik für Pflicht gehaltener Undankbarkeit, deren Schwarzenberg sich Rußland gegenüber rühmte, in andrer Richtung wiederholen, die Politik, welche uns von 1792 bis 1795, während wir mit Österreich im Felde standen, Verlegenheit bereitete und im Stiche ließ, um uns gegenüber in den polnischen Händeln stark genug zu bleiben, die bis dicht an den Erfolg bestrebt war, uns einen russischen Krieg auf den Hals zu ziehen, während wir als nominelle Verbündete für das Deutsche Reich gegen Frankreich fochten, die sich auf dem Wiener Kongreß bis nahe zum Kriege zwischen [gegen] Rußland und Preußen geltend machte? Die Anwandlungen, ähnliche Wege einzuschlagen, werden für jetzt durch die persönliche Ehrlichkeit und Treue des Kaisers Franz Joseph niedergehalten, und dieser Monarch ist nicht mehr so jung und unerfahren wie zu der Zeit, da er sich von der persönlichen Ranküne des Grafen Buol gegen den Kaiser Nikolaus zum politischen Druck auf Rußland bestimmen ließ, wenige Jahre nach Vilagos; aber seine Garantie ist eine rein persönliche, fällt mit dem Personenwechsel hinweg, und die Elemente, welche die Träger einer rivalisierenden Politik zu verschiedenen Epochen gewesen sind, können zu neuem Einflusse gelangen. Die Liebe der galizischen Polen, des ultramontanen Klerus für das Deutsche Reich ist vorübergehender und opportunistischer Natur, ebenso das Übergewicht der Einsicht in die Nützlichkeit der deutschen Anlehnung über das Gefühl der Geringschätzung, mit welchem der vollblütige Magyar auf den Schwaben herabsieht. In Ungarn, in Polen sind französische Sympathien auch heut lebendig, und im Klerus der habsburgischen Gesamtmonarchie würde eine katholisch-monarchische Restauration in Frankreich die Beziehungen wieder beleben können, die 1863 und zwischen 1866 und 1870 in gemeinsamer Diplomatie und in mehr oder weniger reifen Vertragsbildungen ihren Ausdruck fanden. Die Bürgschaft, welche diesen Möglichkeiten gegenüber in der Person des heutigen Kaisers von Österreich und Königs von Ungarn liegt, steht, wie gesagt, auf zwei Augen; eine voraussehende Politik soll aber alle Eventualitäten im Auge behalten, die im Reiche der Möglichkeit liegen. Die Möglichkeit eines Wettbewerbes zwischen Wien und Berlin um russische Freundschaft kann ebensogut wiederkommen, wie sie zur Zeit von Olmütz vorhanden war und zur Zeit des Reichstadter Vertrags unter dem uns sehr wohlgesinnten Grafen Andrassy Lebenszeichen gab.

Dieser Eventualität gegenüber ist es ein Vorteil für uns, daß Österreich und Rußland entgegengesetzte Interessen im Balkan haben und daß solche zwischen Rußland und Preußen-Deutschland nicht in der Stärke vorhanden sind, daß sie zu Bruch und Kampf Anlaß geben könnten. Dieser Vorteil kann aber vermöge der russischen Staatsverfassung durch persönliche Verstimmungen und ungeschickte Politik noch heut mit derselben Leichtigkeit aufgehoben werden, mit welcher die Kaiserin Elisabeth durch Witze und bittre Worte Friedrichs des Großen bewogen wurde, dem französisch-österreichischen Bunde gegen uns beizutreten. Zuträgereien, wie sie damals zum Aufhetzen Rußlands dienten, Erfindungen und Indiskretionen werden auch heute an beiden Höfen nicht fehlen; aber wir können die Unabhängigkeit und Würde Rußland gegenüber wahren, ohne die russische Empfindlichkeit zu provozieren und Rußlands Interessen zu schädigen. Verstimmung und Erbitterung, welche ohne Notwendigkeit provoziert werden, sind heute sowenig ohne Rückwirkung auf die geschichtlichen Ereignisse wie zur Zeit der Kaiserin Elisabeth von Rußland und der Königin Anna von England. Aber die Rückwirkung von Ereignissen, die dadurch gefördert werden, auf das Wohl und die Zukunft der Völker ist heutzutage gewaltiger als vor 100 Jahren. Eine Koalition wie im Siebenjährigen Kriege gegen Preußen von Rußland, Österreich und Frankreich, vielleicht in Verbindung mit andern dynastischen Unzufriedenheiten, ist für unsre Existenz ebenso gefährlich und für unsern Wohlstand, wenn sie siegt, noch erdrückender als die damalige.

Es ist unvernünftig und ruchlos, die Brücke, die uns eine Annäherung an Rußland gestattet, aus persönlicher Verstimmung abzubrechen.

Wir müssen und können der österreichisch-ungarischen Monarchie das Bündnis ehrlich halten; es entspricht unsern Interessen, den historischen Traditionen Deutschlands und der öffentlichen Meinung unsres Volkes. Die Eindrücke und Kräfte, unter welchen die Zukunft der Wiener Politik sich zu gestalten haben wird, sind jedoch komplizierter als bei uns, wegen der Mannigfaltigkeit der Nationalitäten, der Divergenz ihrer Bestrebungen, der klerikalen Einflüsse und der in den Breiten des Balkans und des Schwarzen Meeres für die Donauländer liegenden Versuchungen. Wir dürfen Österreich nicht verlassen, aber auch die Möglichkeit, daß wir von der Wiener Politik freiwillig oder unfreiwillig verlassen werden, nicht aus den Augen verlieren. Die Möglichkeiten, die uns in solchen Fällen offenbleiben, muß die Leitung der deutschen Politik, wenn sie ihre Pflicht tun will, sich klarmachen und gegenwärtig halten, bevor dieselben eintreten, und sie dürfen nicht von Vorliebe oder Verstimmung abhängen, sondern nur von objektiver Erwägung der nationalen Interessen.

VIII

Ich habe mich stets bemüht, nicht nur die Sicherstellung gegen russische Angriffe, sondern auch die Beruhigung der russischen Stimmung und den Glauben an den inoffensiven Charakter unserer Politik zu pflegen. Es ist mir auch bis zu meinem Ausscheiden aus dem Amte vermöge des persönlichen Vertrauens, welches der Kaiser Alexander III. mir schenkte, gelungen, stets dem Mißtrauen die Spitze abzubrechen, welches wiederholt durch fremde und einheimische Entstellungen und gelegentlich durch diesseitige militärische Unterströmungen in ihm erregt wurde. Er hat mir, als ich ihn auf der Danziger Reede zum ersten Male als Kaiser sah, und bei allen späteren Begegnungen auch nach dem Berliner Kongreß und nach Kenntnis des österreichischen Vertrages ein Wohlwollen bewiesen, welches in Skierniewice und Berlin zum authentischen Ausdruck vor Europa kam und darauf beruhte, daß er mir glaubte. Selbst die durch ihre unverschämte Dreistigkeit eindrucksvolle Intrige mit geschmiedeten Briefen, die ihm in Kopenhagen zugesteckt worden waren, wurde durch meine einfache Versicherung sofort unschädlich gemacht. Ebenso gelang es mir bei der Begegnung im Oktober 1889, die Zweifel, welche er wieder aus Kopenhagen mitgebracht hatte, zu zerstreuen bis auf den einen, ob ich Minister bleiben würde. Er war wohl besser unterrichtet als ich, als er die Frage an mich richtete, ob ich meiner Stellung bei dem jungen Kaiser ganz sicher sei. Ich antwortete, was ich damals dachte, daß ich von dem Vertrauen des Kaisers Wilhelm zu mir überzeugt sei und nicht glaubte, daß ich jemals gegen meinen Willen würde entlassen werden, weil Seine Majestät bei meiner langjährigen Erfahrung im Dienste und bei dem Vertrauen, welches ich mir in Deutschland sowohl wie bei den auswärtigen Höfen erworben hätte, in meiner Person einen schwer zu ersetzenden brauchbaren Diener besäße. Der Kaiser gab (zwar) seiner großen Genugtuung über meine Zuversicht Ausdruck, wenn er sie auch nicht unbedingt zu teilen schien.

Die internationale Politik ist ein flüssiges Element, das unter Umständen zeitweilig fest wird, aber bei Veränderungen der Atmosphäre in seinen ursprünglichen Aggregatzustand zurückfällt. Die clausula rebus sic stantibus wird bei Staatsverträgen, welche Leistungen bedingen, stillschweigend angenommen. Der Dreibund ist eine strategische Stellung, welche angesichts der bei seinem Abschluß drohenden Gefahren ratsam und unter den obwaltenden Verhältnissen zu erreichen war. Er ist von Zeit zu Zeit verlängert worden, und es mag gelingen, ihn weiter zu verlängern; aber ewige Dauer ist keinem Vertrage zwischen Großmächten gesichert, und es wäre unweise, ihn als sichere Grundlage für alle Möglichkeiten betrachten zu wollen, durch welche in Zukunft die Verhältnisse, Bedürfnisse und Stimmungen verändert werden können, unter welchen er zustande gebracht wurde. Er hat die Bedeutung einer strategischen Stellungnahme in der europäischen Politik nach Maßgabe der Lage derselben zur Zeit des Abschlusses; aber ein für jeden Wechsel haltbares ewiges Fundament bildet er für alle Zukunft ebensowenig wie viele frühere Tripel- und Quadrupelallianzen der letzten Jahrhunderte und insbesondere die Heilige Allianz und der Deutsche Bund. Er dispensiert nicht von dem toujours en vedette.

19. KAPITEL

ZUKÜNFTIGE POLITIK RUSSLANDS

Die Gefahr auswärtiger Kriege, die Gefahr, daß der nächste auf der Westgrenze uns gegenüber die Fahne ebensogut wie vor hundert Jahren die dreifarbige ins Gefecht führen könne, lag zur Zeit von Schnäbele[65] und Boulanger vor und liegt noch heute vor. Die Wahrscheinlichkeit eines Krieges nach zwei Seiten hin ist durch den Tod von Katkow und Skobelew in etwas vermindert: Es ist nicht notwendig, daß ein französischer Angriff auf uns Rußland mit derselben Gewißheit gegen uns in das Feld rufen würde, wie ein russischer Frankreich; aber die Neigung Rußlands, still zu sitzen, hängt nicht allein von Stimmungen, sondern mehr noch von technischen Fragen der Bewaffnung zu Wasser und zu Lande ab. Wenn Rußland mit der Konstruktion seines Gewehres, der Art seines Pulvers und der Stärke seiner Schwarzen-Meer-Flotte seiner Meinung nach »fertig« ist, so wird die Tonart, in welcher heut die Variationen der russischen Politik gehalten sind, vielleicht einer freieren Platz machen.

Es ist nicht wahrscheinlich, daß Rußland, wenn es seine Rüstung vollendet hat, dieselbe benutzen wird, um ohne weiteres und in Rechnung auf französischen Beistand uns anzugreifen. Der deutsche Krieg bietet für Rußland ebensowenig unmittelbare Vorteile wie der russische für Deutschland, höchstens im Betrage der Kriegskontribution würde der russische Sieger günstiger stehen als der deutsche, aber doch kaum auf seine Kosten kommen. Der Gedanke an den Erwerb Ostpreußens, der im Siebenjährigen Kriege an das Licht trat, wird schwerlich noch Anhänger haben. Wenn Rußland schon den deutschen Bestandteil der Bevölkerung seiner baltischen Provinzen nicht vertragen mag, so ist nicht anzunehmen, daß seine Politik auf die Verstärkung dieser für gefährlich gehaltenen Minderheit durch einen so kräftigen Zusatz wie den ostpreußischen ausgehen wird. Ebensowenig erscheint dem russischen Staatsmanne eine Vermehrung der polnischen Untertanen des Zaren durch Posen und Westpreußen begehrenswert. Wenn man Deutschland und Rußland isoliert betrachtet, so ist es schwer, auf einer von beiden Seiten einen zwingenden oder auch nur berechtigten Kriegsgrund zu finden. Lediglich zur Befriedigung der Rauflust oder zur Verhütung der Gefahren unbeschäftigter Heere kann man vielleicht in einen Balkankrieg gehen; ein deutsch-russischer aber wiegt zu schwer, um auf der einen oder andern Seite als Mittel nur zur Beschäftigung der Armee und ihrer Offiziere verwendet zu werden.

Ich glaube auch nicht, daß Rußland, wenn es fertig ist, ohne weiteres Österreich angreifen würde, und bin noch heut der Meinung, daß die Truppenaufstellung im russischen Westen auf keine direkt aggressive Tendenz gegen Deutschland berechnet ist, sondern nur auf die Verteidigung im Falle, daß Rußlands Vorgehen gegen die Türkei die westlichen Mächte zur Repression bestimmen sollte. Wenn Rußland sich für ausreichend gerüstet halten wird, wozu eine angemessene Stärke der Flotte im Schwarzen Meere gehört, so wird, denke ich mir, das Petersburger Kabinett, ähnlich wie es in dem Vertrage von Unkiar-i-Skelessi 1833 verfahren, dem Sultan anbieten, ihm seine Stellung in Konstantinopel und den ihm verbliebenen Provinzen zu garantieren, wenn er Rußland den Schlüssel zum russischen Hause, d. h. zum Schwarzen Meere, in der Gestalt eines russischen Verschlusses des Bosporus gewährt. Daß die Pforte auf ein russisches Protektorat in dieser Form eingehe, liegt nicht nur in der Möglichkeit, sondern, wenn die Sache geschickt betrieben wird, auch in der Wahrscheinlichkeit. Der Sultan hat in früheren Jahrzehnten glauben können, daß die Eifersucht der europäischen Mächte ihm gegen Rußland Garantien gewähre. Für England und Österreich war es eine traditionelle Politik, die Türkei zu erhalten; aber die Gladstoneschen Kundgebungen haben dem Sultan diesen Rückhalt entzogen, nicht nur in London, sondern auch in Wien, denn man kann nicht annehmen, daß das Wiener Kabinett die Traditionen der Metternichschen Zeit (Ypsilanti, Befreiung Griechenlands) hätte in Reichstadt fallen lassen, wenn es der englischen Unterstützung sicher geblieben wäre. Der Bann der Dankbarkeit gegen den Kaiser Nikolaus war bereits durch Buol während des Krimkrieges gebrochen, und auf dem Pariser Kongresse die Haltung Österreichs um so deutlicher in die alte Metternichsche Richtung zurückgetreten, als sie nicht durch die finanziellen Beziehungen jenes Staatsmannes zum russischen Kaiser gemildert, vielmehr durch Kränkung der Eitelkeit des Grafen Buol verschärft war. Das Österreich von 1856 würde ohne die zersetzende Wirkung ungeschickter englischer Politik selbst um den Preis Bosniens sich weder von England noch von der Pforte losgesagt haben. So wie die Sachen aber heute liegen, ist es nicht wahrscheinlich, daß der Sultan von England oder Österreich noch so viel Beistand und Schutz erwartet, wie ihm Rußland, ohne eigne Interessen preiszugeben, zusagen und vermöge seiner Nachbarschaft erfolgreich gewähren kann.

Wenn Rußland, nachdem es hinreichend fertig ist, um den Sultan und den Bosporus nötigenfalls militärisch zu Wasser und zu Lande überzulaufen, dem Sultan persönlich und vertraulich vorschlägt, gegen Bewilligung einer ausreichenden Befestigung und Truppenzahl am nördlichen Eingang des Bosporus ihm seine Stellung im Serail und alle Provinzen nicht nur gegen das Ausland, sondern auch gegen seine eignen Untertanen zu garantieren, so würde das ein Angebot sein, in welchem eine erhebliche Versuchung zur Annahme liegt. Setzen wir aber den Fall, daß der Sultan aus eignem oder auf fremden Antrieb die russische Insinuation zurückweist, so kann die neue Schwarze-Meer-Flotte die Bestimmung haben, auch vor entschiedener Sache sich der Stellung am Bosporus zu bemächtigen, deren Rußland zu bedürfen glaubt, um in den Besitz seines Hausschlüssels zu gelangen.

Wie auch die Phase der von mir vorausgesetzten russischen Politik verlaufen mag, so wird aus derselben immer die Situation entstehen, daß Rußland wie im Juli 1853 ein Pfand genommen hat und abwartet, ob man und wer es ihm wieder abnehmen werde. Der erste Schritt der russischen Diplomatie nach diesen seit lange vorbereiteten Operationen würde vielleicht eine vorsichtige Sondierung in Berlin sein, bezüglich der Frage, ob Österreich oder England, wenn sie sich dem russischen Vorgehn kriegerisch widersetzten, auf die Unterstützung Deutschlands rechnen könnten. Diese Frage würde meiner Überzeugung nach unbedingt zu verneinen sein. Ich glaube, daß es für Deutschland nützlich sein würde, wenn die Russen auf dem einen oder andern Wege, physisch oder diplomatisch, sich in Konstantinopel festgesetzt und dasselbe zu verteidigen hätten. Wir würden dann nicht mehr in der Lage sein, von England und gelegentlich auch von Österreich als Hetzhund gegen russische Bosporus-Gelüste ausgebeutet zu werden, sondern abwarten können, ob Österreich angegriffen wird und damit *unser* casus belli eintritt.

Auch für die österreichische Politik wäre es richtiger, sich den Wirkungen des ungarischen Chauvinismus so lange zu entziehen, bis Rußland eine Position am Bosporus eingenommen und dadurch seine Friktionen mit den

Mittelmeerstaaten, also mit England und selbst mit Italien und Frankreich, erheblich verschärft und sein Bedürfnis, sich mit Österreich à l'amiable zu verständigen, gesteigert hätte. Wenn ich österreichischer Minister wäre, so würde ich die Russen nicht hindern, nach Konstantinopel zu gehen, aber eine Verständigung mit ihnen erst beginnen, nachdem sie den Vorstoß gemacht hätten. Die Beteiligung Österreichs an der türkischen Erbschaft wird doch nur im Einverständnisse mit Rußland geregelt werden und der österreichische Anteil um so größer ausfallen, je mehr man in Wien zu warten und die russische Politik zu ermutigen weiß, eine weiter vorgeschobene Stellung einzunehmen. England gegenüber mag die Position des heutigen Rußland als verbessert gelten, wenn es Konstantinopel beherrscht, Österreich und Deutschland gegenüber ist sie weniger gefährlich, solange sie [es] in Konstantinopel steht. Es würde dann die preußische Ungeschicklichkeit nicht mehr möglich sein, uns wie 1855 für Österreich, England, Frankreich auszuspielen und einzusetzen, um uns in Paris eine demütigende Zulassung zum Kongreß und eine mention honorable als europäische Macht zu verdienen.

Wenn man die Sondierung, ob Rußland, wenn es wegen seines Vorgreifens nach dem Bosporus von andern Mächten angegriffen wird, auf unsre Neutralität rechnen kann, solange Österreich nicht gefährdet wird, in Berlin verneinend oder gar bedrohlich beantwortet, so wird Rußland zunächst denselben Weg wie 1876 in Reichstadt einschlagen und wieder versuchen, Österreichs Genossenschaft zu gewinnen. Das Feld, auf dem Rußland Anerbietungen machen könnte, ist ein sehr weites, nicht nur im Orient auf Kosten der Pforte, sondern auch in Deutschland auf unsre Kosten. Die Zuverlässigkeit unsres Bündnisses mit Österreich-Ungarn gegenüber solchen Versuchungen wird nicht allein von dem Buchstaben der Verabredung, sondern auch einigermaßen von dem Charakter der Persönlichkeiten und von den politischen und konfessionellen Strömungen abhängen, welche dann in Österreich leitend sein werden. Gelingt es der russischen Politik, Österreich zu gewinnen, so ist die Koalition des Siebenjährigen Krieges gegen uns fertig, denn Frankreich wird immer gegen uns zu haben sein, weil seine Interessen am Rheine gewichtiger sind als die im Orient und am Bosporus.

Jedenfalls wird auch in der Zukunft nicht bloß kriegerische Rüstung, sondern auch ein richtiger politischer Blick dazu gehören, das deutsche Staatsschiff durch die Strömungen der Koalitionen zu steuern, denen wir nach unsrer geographischen Lage und unsrer Vorgeschichte ausgesetzt sind.

Durch Liebenswürdigkeiten und wirtschaftliche Trinkgelder für befreundete Mächte werden wir den Gefahren, die im Schoße der Zukunft liegen, nicht vorbeugen, sondern die Begehrlichkeit unserer einstweiligen Freunde und ihre Rechnung auf unser Gefühl sorgenvoller Bedürfnisse steigern. Meine Befürchtung ist, daß auf dem eingeschlagenen Wege unsre Zukunft kleinen vorübergehenden Stimmungen der Gegenwart geopfert wird. Frühere Herrscher sahen mehr auf Befähigung als auf Gehorsam ihrer Ratgeber; wenn der Gehorsam allein das Kriterium ist, so wird ein Anspruch an die universelle Begabung des Monarchen gestellt, dem selbst Friedrich der Große nicht genügen würde, obschon die Politik in Krieg und Frieden zu seiner Zeit weniger schwierig war wie heut.

Unser Ansehen und unsre Sicherheit werden sich um so nachhaltiger entwickeln, je mehr wir uns bei Streitigkeiten, die uns nicht unmittelbar berühren, in der Reserve halten und unempfindlich werden gegen jeden Versuch, unsre *Eitelkeit* zu reizen und auszubeuten, Versuche, wie sie während des Krimkrieges von der englischen Presse und dem englischen Hofe und den auf England gestützten Strebern an unsrem eignen Hofe gemacht wurden, indem man uns mit der Entziehung der Titulatur einer Großmacht so erfolgreich bedrohte, daß Herr von Manteuffel uns in Paris großen Demütigungen aussetzte, um zur Mitunterschrift eines Vertrages zugelassen zu werden, an den *nicht* gebunden zu sein uns nützlich gewesen sein würde. Deutschland würde auch heute eine große Torheit begehen, wenn es in orientalischen Streitfragen ohne eignes Interesse früher Partei nehmen wollte als die andern, mehr interessierten Mächte. Wie das schwächere Preußen schon während des Krimkrieges Momente hatte, in welchen es bei entschlossener Rüstung im Sinne österreichischer Forderungen und über dieselben hinaus den Frieden gebieten und sein Verständnis mit Österreich über deutsche Fragen fördern konnte, so wird auch Deutschland in zukünftigen orientalischen Händeln, wenn es sich zurückzuhalten weiß, den Vorteil, daß es die in orientalischen Fragen am wenigsten interessierte Macht ist, um so sicherer verwerten können, je länger es seinen Einsatz zurückhält, auch wenn der Vorteil nur in längerem Genusse des Friedens bestände. Österreich, England, Italien werden einem russischen Vorstoße auf Konstantinopel gegenüber immer früher Stellung zu nehmen haben als die Franzosen, weil die orientalischen Interessen Frankreichs weniger zwingend und mehr im Zusammenhange mit der deutschen Grenzfrage zu denken sind. Frankreich würde in russisch-orientalischen Krisen weder auf

eine neue »westmächtliche« Politik, noch um seiner Freundschaft mit Rußland willen auf eine Bedrohung Englands sich einlassen können, ohne vorgängige Verständigung oder vorgängigen Bruch mit Deutschland.

Dem Vorteile, welcher der deutschen Politik ihre Freiheit von direkten
orientalischen Interessen gewährt, steht der Nachteil der zentralen und exponierten Lage des Deutschen Reiches mit seinen ausgedehnten Verteidi-
gungsfronten nach allen Seiten hin und die Leichtigkeit antideutscher Koalitionen gegenüber. Dabei ist Deutschland vielleicht die einzige große
Macht in Europa, welche durch keine Ziele, die nur durch siegreiche Kriege
zu erreichen wären, in Versuchung geführt wird. Unser Interesse ist, den
Frieden zu erhalten, während unsere kontinentalen Nachbarn ohne Ausnahme Wünsche haben, geheime oder amtlich bekannte, die nur durch
Krieg zu erfüllen sind. Dementsprechend müssen wir unsere Politik einrichten, das heißt den Krieg nach Möglichkeit hindern oder einschränken,
uns in dem europäischen Kartenspiele die Hinterhand wahren und uns
durch keine Ungeduld, keine Gefälligkeit auf Kosten des Landes, keine *Eitelkeit* oder befreundete Provokation vor der Zeit aus dem abwartenden
Stadium in das handelnde drängen lassen; wenn nicht, plectuntur Achivi[66].

Unsre Zurückhaltung kann vernünftigerweise nicht den Zweck haben,
über irgendeinen unsrer Nachbarn oder möglichen Gegner mit geschonten
Kräften herzufallen, nachdem die andern sich geschwächt hätten. Im Gegenteil sollten wir uns bemühen, die Verstimmungen, welche unser Heran-
wachsen zu einer wirklichen Großmacht hervorgerufen hat, durch den ehrlichen und friedliebenden Gebrauch unsrer Schwerkraft abzuschwächen,
um die Welt zu überzeugen, daß eine deutsche Hegemonie in Europa nützlicher und unparteiischer, auch unschädlicher für die Freiheit andrer wirkt als
eine französische, russische oder englische. Die Achtung vor den Rechten
andrer Staaten, an welcher namentlich Frankreich in den Zeiten seines
Übergewichts es hat fehlen lassen, und die in England doch nur so weit
reicht, als die englischen Interessen nicht berührt werden, wird dem Deutschen Reiche und seiner Politik erleichtert, einerseits durch die Objektivität
des deutschen Charakters, andererseits durch die verdienstlose Tatsache,
daß wir eine Vergrößerung unsres unmittelbaren Gebietes nicht brauchen,
auch nicht herstellen könnten, ohne die zentrifugalen Elemente im eignen
Gebiete zu stärken. Mein ideales Ziel, nachdem wir unsre Einheit innerhalb
der erreichbaren Grenzen zustande gebracht hatten, ist stets gewesen, das
Vertrauen nicht nur der mindermächtigen europäischen Staaten, sondern

auch der großen Mächte zu erwerben, daß die deutsche Politik, nachdem sie die injuria temporum, die Zersplitterung der Nation, gutgemacht hat, friedliebend und gerecht sein will. Um dieses Vertrauen zu erzeugen, ist vor allen Dingen Ehrlichkeit, Offenheit und Versöhnlichkeit im Falle von Reibungen oder von untoward events nötig. Ich habe dieses Rezept nicht ohne Widerstreben meiner persönlichen Empfindlichkeit befolgt in Fällen wie Schnäbele (April 1887), Boulanger, Kauffmann (September 1887[67]), Spanien gegenüber in der Karolinen-Frage, den Vereinigten Staaten gegenüber in Samoa, und vermute, daß die Gelegenheiten, zur Anschauung zu bringen, daß wir befriedigt und friedliebend sind, auch in Zukunft nicht ausbleiben werden. Ich habe während meiner Amtsführung zu drei Kriegen geraten, dem dänischen, dem böhmischen und dem französischen, aber mir auch jedesmal vorher klargemacht, ob der Krieg, wenn er siegreich wäre, einen Kampfpreis bringen würde, wert der Opfer, die jeder Krieg fordert und die heute so viel schwerer sind als in dem vorigen Jahrhundert. Wenn ich mir hätte sagen müssen, daß wir nach einem dieser Kriege in Verlegenheit sein würden, uns wünschenswerte Friedensbedingungen auszudenken, so würde ich mich, solange wir nicht materiell angegriffen waren, schwerlich von der Notwendigkeit solcher Opfer überzeugt haben. Internationale Streitigkeiten, die nur durch den Volkskrieg erledigt werden können, habe ich niemals aus dem Gesichtspunkte des Göttinger Komments und der Privatmensurenehre aufgefaßt, sondern stets nur in Abwägung ihrer Rückwirkung auf den Anspruch des deutschen Volkes, in Gleichberechtigung mit den andern großen Mächten Europas ein autonomes politisches Leben zu führen, wie es auf der Basis der uns eigentümlichen nationalen Leistungsfähigkeit möglich ist.

Die traditionelle russische Politik, die sich auf teils Glaubens-, teils Blutsverwandtschaft gründete, der Gedanke, die Rumänen, die Bulgaren, die griechischen, gelegentlich auch die römisch-katholischen Serben, die unter verschiedenen Namen zu beiden Seiten der österreichisch-ungarischen Grenze vorkommen, zu »befreien« von dem türkischen Joche und dadurch an Rußland zu fesseln, hat sich nicht bewährt. Es ist nicht möglich, daß in ferner Zukunft alle diese Stämme dem russischen Systeme gewaltsam angefügt werden, aber daß die Befreiung allein sie nicht in Anhänger der russischen Macht verwandelt, hat zuerst der griechische Stamm bewiesen. Er wurde seit Tschesme als Stützpunkt Rußlands betrachtet, und noch in dem russisch-türkischen Kriege von 1806 bis 1812 schienen die Ziele der kaiserlich-russischen Politik unverändert zu sein. Ob die Unternehmungen der Hetärie[68] zur Zeit des auch schon im Westen populär gemachten Ypsilantischen Aufstandes, des durch die Fanarioten[69] vermittelten Ausläufers gräzisierender Orientpolitik, noch die einheitliche Zustimmung der verschiedenen russischen Strömungen hatten, die von Araktschejew bis zu den Dekabristen durcheinander liefen, ist gleichgültig, jedenfalls aber waren die Erstlinge der russischen Befreiungspolitik, die Griechen, eine, freilich noch nicht durchschlagende, Enttäuschung für Rußland. Die griechische Befreiungspolitik hört mit und seit Navarin auch in den Augen der Russen auf, eine russische Spezialität zu sein. Es hat lange gedauert, ehe das russische Kabinett aus diesem kritischen Ergebnis die Konsequenzen zog. Die rudis indigestaque moles[70] Rußlands wiegt zu schwer, um für jede Wahrnehmung des politischen Instinkts leicht lenksam zu sein. Man fuhr fort zu befreien und machte mit den Rumänen, Serben, Bulgaren dieselbe Erfahrung wie mit den Griechen. Alle diese Stämme haben Rußlands Hilfe zur Befreiung von den Türken bereitwillig angenommen, aber, nachdem sie frei geworden, keine Neigung gezeigt, den Zaren zum Nachfolger des Sultans anzunehmen. Ich weiß nicht, ob man in Petersburg die Überzeugung teilt, daß auch der »einzige Freund« des Zaren, der Fürst von Montenegro, was bei seiner entfernten und isolierten Situation auch einigermaßen entschuldbar ist, nur so lange die russische Flagge hissen wird, als er Äquivalente an Geld oder Macht dafür erwartet; aber es kann in Petersburg nicht unbekannt sein, daß der Vladika[71] bereit war und vielleicht noch bereit ist, als großherrlich türkischer Connetable an die Spitze der Balkanvölker zu treten, wenn dieser Gedanke bei der Pforte eine hinreichend günstige Aufnahme und Unterstützung fände, um für Montenegro nützlich werden zu können.

Wenn man in Petersburg aus den bisherigen Mißgriffen die Folgerungen ziehen und praktisch machen will, so wäre es natürlich, sich auf die weniger phantastischen Fortschritte zu beschränken, welche durch das Gewicht der Regimenter und Kanonen zu erreichen sind. Der geschichtlich poetischen Seite, welche der Kaiserin Katharina vorschwebte, als sie ihrem zweiten Enkel den Namen Constantin gab, fehlt das Plazet der Praxis. Befreite Völker sind nicht dankbar, sondern anspruchsvoll, und ich denke mir, daß die russische Politik in der heutigen realistischen Zeit mehr technisch als schwunghaft vorgehen wird in Behandlung der orientalischen Fragen. Ihr erstes praktisches Bedürfnis für Kraftentwicklung im Oriente ist die Sicherstellung des Schwarzen Meeres. Gelingt es, einen festen Verschluß des Bosporus durch Geschütz- und Torpedoanlagen zu erreichen, so ist die Südküste Rußlands noch besser geschützt als die baltische, welcher die überlegenen englisch-französischen Flotten im Krimkriege nicht viel anzuhaben vermochten.

So mag die Berechnung des Petersburger Kabinetts sich gestalten, wenn sie als Zielpunkt zunächst den Verschluß des Schwarzen Meeres und die Gewinnung des Sultans für diesen Zweck durch Liebe, durch Geld, durch Gewalt in Aussicht nimmt. Wenn die Pforte sich der freundschaftlichen Annäherung Rußlands erwehrt und gegen die angedrohte Gewalt das Schwert zieht, so wird Rußland wahrscheinlich von andrer Seite angegriffen werden, und auf den Fall sind m. E. die Truppenanhäufungen an der Westgrenze berechnet. Gelingt es, den Verschluß des Bosporus in Güte zu erreichen, so werden vielleicht die Mächte, welche sich dadurch beeinträchtigt finden, einstweilen stille sitzen, weil eine jede auf die Initiative der andern und auf die Entschließung Frankreichs warten würde. Unsre Interessen sind mehr als die der andern Mächte mit dem Gravitieren der russischen Macht nach Süden verträglich; man kann sogar sagen, daß sie dadurch gefördert werden. Wir können die Lösung eines neuen von Rußland geschürzten Knotens länger als die andern abwarten.

20. KAPITEL

DER STAATSRAT

I

Der durch das Gesetz vom 20. März 1817 gestiftete Staatsrat war bestimmt, den absoluten König zu beraten. An dessen Stelle ist heutzutage der verfassungsmäßig von seinen Ministern beratene König getreten und dadurch das Staatsministerium in den durch die Vorberatung des Staatsrats aufzuklärenden regierenden Faktor, den früher der König allein darstellte, mit aufgenommen. Die Beratung des Staatsrats ist heutzutage informatorisch nicht nur für den König, sondern auch für die verantwortlichen Minister; seine Reaktivierung im Jahre 1852 hatte den Zweck, nicht nur die königlichen Entschließungen, sondern auch die Vota der Staatsminister vorzubereiten.

Die Vorbereitung der Gesetzentwürfe durch das Staatsministerium ist unvollkommen. Ein vortragender Rat ist imstande, das Schicksal eines Gesetzes festzulegen bis zu der Veröffentlichung, indem er alle Einwirkungen auf den Inhalt, welche von dem Staatsministerium oder in den verschiedenen Stadien der parlamentarischen Beratung versucht werden, an der Außenseite des Entwurfs abgleiten läßt, wenn der Gegenstand schwierig und die Zahl der Paragraphen groß ist. Schon im Staatsministerium beherrscht der Ressortminister nicht immer den Stoff, welchen ihm seine betreffenden Räte in Gestalt eines Gesetzentwurfes mit Motiven vorgelegt haben. Noch viel weniger verwenden die übrigen Minister Zeit und Mühe darauf, sich mit Inhalt und Tragweite eines neuen Gesetzes in allen Einzelheiten vertraut zu machen, wenn dasselbe nicht Wirkungen hat, die in ihr eigenes Ressort eingreifen. Ist das aber der Fall, so regt sich das Unabhängigkeitsgefühl und der Partikularismus, wovon jeder der acht föderierten ministeriellen Staaten und jeder Rat in seiner Sphäre beseelt ist. Die Wirkung eines beabsichtigten Gesetzes auf das praktische Leben im voraus zu beurteilen, wird aber auch der Ressortminister nicht imstande sein, wenn er selbst ein einseitiges Produkt der Bürokratie ist, noch viel weniger aber seine Kollegen. Diejenigen unter ihnen, welche das Bewußtsein haben, nicht nur Ressortminister, sondern Staatsminister mit solidarischer Verantwortlichkeit für die Gesamtpolitik zu sein, machen nicht fünf Prozent derer aus, welche ich zu beobachten Gelegenheit gehabt habe. Die übrigen beschränken sich auf das Bestreben, ihr Ressort einwandfrei zu verwalten, die Geldmittel dazu von dem Finanzminister und dem Landtage bewilligt zu erhalten und parlamentarische Angriffe auf ihr Ressort mit Beredsamkeit und nach Bedürfnis unter Preisgebung ihrer Untergebenen erfolgreich abzuwehren. Die Quittungen, die in der königlichen Unterschrift und der parlamentarischen Bewilligung liegen, sind ausreichend, um daneben die Frage, ob die Sache an sich vernünftig sei, vor einem bürokratischministeriellen Gewissen nicht zur Entscheidung kommen zu lassen. Einreden eines Kollegen, dessen Ressort nicht direkt beteiligt ist, erregen Empfindlichkeit des Ressortministers, und diese wird in der Regel geschont, im Hinblick auf gleiche Schonung, die man für eigne Anträge vorkommendenfalls erwartet. Ich habe die Erinnerung, daß die Erörterungen des alten Staatsrats vor 1848, aus dem ich einige hervorragende Mitglieder gekannt habe, mit schärferer Anstrengung des eignen Urteils und größerer Regsamkeit des Gewissens geführt worden sind als die Ministerberatungen, welche ich mehr als vierzig Jahre lang zu beobachten in der Lage gewesen bin.

Ich halte auch die Voraussetzung für trügerisch, daß ein ungeschickter Gesetzentwurf des Ministeriums im Landtage sachlich genügend richtiggestellt werden wird. Er kann und wird hoffentlich in der Regel abgelehnt werden; ist aber die Frage, die er betrifft, dringend, so liegt die Gefahr vor, daß auch ministerieller Unsinn glatt durch die parlamentarischen Stadien geht, namentlich wenn es dem Verfasser gelingt, den einen oder anderen einflußreichen oder beredten Freund für sein Erzeugnis zu gewinnen. Abgeordnete, welche einen Gesetzentwurf von mehr als hundert Paragraphen zu lesen sich die Mühe geben oder *mit Verständnis* vermöchten, sind bei der Überzahl studierter Leute aus der Justiz und der Verwaltung wohl vorhanden, aber die Lust und das Pflichtgefühl zur Arbeit haben nur wenige, und diese sind verteilt untereinander bekämpfende Fraktionen und Parteibestrebungen, deren Tendenzen es ihnen erschweren, sachlich zu urteilen. Die meisten Abgeordneten lesen und prüfen nicht, sondern fragen die für eigne

Zwecke arbeitenden und redenden Fraktionsführer, wann sie in die Sitzung kommen und wie sie stimmen sollen. Das alles ist aus der menschlichen Natur erklärlich, und niemand ist darüber zu tadeln, daß er nicht aus seiner Haut hinaus kann; nur darf man sich darüber nicht täuschen, daß es ein bedenklicher Irrtum ist, anzunehmen, daß unsern Gesetzen heutzutage die Prüfung und vorbereitende Arbeit zuteil werde, deren sie bedürfen, oder auch nur, die sie vor 1848 genossen.

Ein Denkmal seiner Flüchtigkeit hat sich der Reichstag von 1867 in der Verfassung des Norddeutschen Bundes gesetzt, das in die Verfassung des Deutschen Reiches übergegangen ist. Der einem Beschlusse des Frankfurter Bundestags nachgebildete Artikel 68 des Entwurfs zählte fünf Verbrechen auf, die, wenn sie gegen den Bund begangen werden, so bestraft werden sollen, als wenn sie gegen einen einzelnen Bundesstaat begangen wären. Die fünfte Nummer war mit »endlich« eingeführt. Der wegen seiner Gründlichkeit gerühmte Twesten stellte den Verbesserungsantrag, die drei ersten Nummern zu streichen, hatte aber offenbar den zu verbessernden Artikel nicht zu Ende gelesen und das »endlich« stehenlassen. Sein Antrag wurde angenommen und in allen Stadien der Beratung beibehalten, und so hat denn der Artikel (jetzt 74) die sonderbare Fassung:

> Jedes Unternehmen gegen die Existenz, die Integrität, die Sicherheit oder die Verfassung des Deutschen Reichs, *endlich* die Beleidigung des Bundesrats, des Reichstags usw.

Vor 1848 war man beflissen, das Richtige und Vernünftige zu finden, heute genügt die Majorität und die königliche Unterschrift. Ich kann nur bedauern, daß die Mitwirkung weiterer Kreise zur Vorbereitung der Gesetze, wie sie im Staatsrat und im Volkswirtschaftsrat gegeben war, gegenüber ministerieller oder monarchischer Ungeduld nicht hinreichend hat zur Geltung gebracht werden können. Ich habe, wenn ich Muße fand, mich mit diesen Problemen zu beschäftigen, zu meinen Kollegen gelegentlich den Wunsch geäußert, daß sie ihre legislatorische Tätigkeit damit beginnen möchten, die Entwürfe zu veröffentlichen, der publizistischen Kritik preiszugeben, möglichst viele sachkundige und an der Frage interessierte Kreise, also Staatsrat, Volkswirtschaftsrat, nach Umständen die Provinziallandtage hören und alsdann erst die Beratung im Staatsministerium möchten eintreten lassen. Das Zurückdrängen des Staatsrats und ähnlicher Beratungskörper schreibe ich hauptsächlich der Eifersucht zu, mit welcher diese unzünftigen Ratgeber in öffentlichen Angelegenheiten von den zünftigen Räten und von den Parlamenten betrachtet werden, zugleich aber auch dem Unbehagen, mit welchem die ministerielle Machtvollkommenheit innerhalb des eignen Ressorts auf das Mitreden andrer blickt.

Die ersten Staatsratssitzungen, denen ich nach 1884 unter dem Vorsitz des Kronprinzen Friedrich Wilhelm beiwohnte, machten nicht nur mir, sondern, wie ich glaube, allen Teilnehmern einen geschäftlich günstigen Eindruck. Der Prinz hörte die Vorträge an, ohne ein Bedürfnis, die Vortragenden zu beeinflussen, zu erkennen zu geben. Bemerkenswert war, daß die Vorgänge zweier ehemaligen Garde-du-Corps-Offiziere, von Zedlitz-Trützschler, später Oberpräsident in Posen, und von Minnigerode, einen solchen Eindruck machten, daß der Kronprinz im Sinne der Versammlung verfuhr, indem er die beiden Herren später zu Referenten bestellte, obschon die theoretisch sachkundigsten Vorträge ohne Zweifel von den anwesenden fachgelehrten Professoren gehalten waren. Die Einwirkung, welche dadurch früheren Gardeoffizieren auf die Gestaltung von Gesetzvorlagen zufiel, befestigte mich in der Überzeugung, daß die rein und nur ministerielle Prüfung von Entwürfen nicht der richtige Weg ist, um die Gefahr zu vermeiden, daß unpraktische, schädliche und gefährliche Vorlagen in sprachlich unvollkommener Fassung ihren Weg aus den Niederschriften der legislativen Liebhabereien eines einzelnen vortragenden Rates, unbeirrt oder doch ohne ausreichende Richtigstellung durch alle Stadien des Staatsministeriums, der Parlamente und des Kabinetts bis in die Gesetzsammlung finden und dann bis zu etwaiger Abhilfe einen Teil der Last bilden, welche sich wie eine Krankheit schleichend fortschleppt.

21. KAPITEL

KAISER WILHELM I.

————————

I

Um die Mitte der siebziger Jahre begann die geistige Empfänglichkeit des Kaisers im Auffassen andrer und Entwickeln eigner Vorträge schwerfälliger zu funktionieren; er verlor zuweilen den Faden im Zuhören und Sprechen. Merkwürdigerweise trat darin nach dem Nobilingschen Attentat eine günstige Veränderung ein. Momente wie die beschriebenen kamen nicht mehr vor, der Kaiser war freier, lebendiger, auch weicher. Der Ausdruck meiner Freude über sein Wohlbefinden veranlaßte ihn zu dem Scherz: »Nobiling hat besser gewußt was mir fehlte als die Ärzte: ein tüchtiger Aderlaß.« Die letzte Krankheit war kurz, begann am 4. März. Am 8., mittags, hatte ich die letzte Unterredung mit dem Kaiser, in der er noch bei Bewußtsein war, und erlangte von ihm die Ermächtigung zur Veröffentlichung der schon am 17. November 1887 vollzogenen Ordre, welche den Prinzen Wilhelm mit der Stellvertretung beauftragte in Fällen, wo Se. Majestät einer solchen zu bedürfen glauben würde. Der Kaiser sagte, er erwarte von mir, daß ich in meiner Stellung verbleiben und seinen Nachfolgern zur Seite stehen würde, wobei ihm zunächst die Besorgnis vorzuschweben schien, daß ich mich mit dem Kaiser Friedrich nicht würde stellen können. Ich sprach mich beruhigend darüber aus, soweit es überhaupt angebracht schien, einem Sterbenden gegenüber von dem zu sprechen, was seine Nachfolger und ich selbst nach seinem Tode tun würden. Dann, an die Krankheit seines Sohnes denkend, verlangte er von mir das Versprechen, meine Erfahrung seinem Enkel zugute kommen zu lassen und ihm zur Seite zu bleiben, wenn er, wie es scheine, bald zur Regierung gelangen sollte. Ich gab meiner Bereitwilligkeit Ausdruck, seinen Nachfolgern mit demselben Eifer zu dienen wie ihm selbst. Seine einzige Antwort darauf war ein etwas fühlbarer Druck seiner Hand; dann aber traten Fieberphantasien ein, in denen die Beschäftigung mit dem Enkel so im Vordergrund stand, daß er glaubte, der Prinz, der im September 1886 dem Zaren in Brest-Litowsk einen Besuch gemacht hatte, säße an meiner Stelle neben dem Bett, und mich plötzlich mit Du anredend sagte: »Mit dem russischen Kaiser mußt du immer Fühlung halten, da ist kein Streit notwendig.« Nach einer langen Pause des Schweigens war die Sinnestäuschung verschwunden; er entließ mich mit den Worten: »Ich sehe Sie noch.« Gesehen hat er mich noch, als ich mich am Nachmittag und dann wieder in der Nacht um 4 Uhr einfand, aber schwerlich unter den vielen Anwesenden erkannt; noch in später Abendstunde fand eine Rückkehr der vollen Klarheit des Bewußtseins und der Fähigkeit statt, sich den sein Sterbebett in dem engen Schlafzimmer Umstehenden gegenüber klar und zusammenhängend auszusprechen. Es war das letzte Aufleuchten dieses starken und tapferen Geistes. Um 8 Uhr 30 Minuten tat er den letzten Atemzug.

II

Für die Thronfolge war unter Friedrich Wilhelm III. nur der Kronprinz mit Bewußtsein vorgebildet worden, der zweite Sohn dagegen ausschließlich militärisch. Es war natürlich, daß durch sein ganzes Leben militärische Einflüsse an und für sich stärker auf ihn wirkten als zivilistische, und ich selbst habe in dem äußern Eindruck der Militäruniform, die ich trug, um ein mehrmaliges Umkleiden am Tag zu vermeiden, ein Moment der Verstärkung meines Einflusses zu finden geglaubt. Unter den Personen, die, solange er noch Prinz Wilhelm war, Einfluß auf seine Entwicklung haben konnten, standen in erster Linie Militärs ohne politischen Beruf, nachdem der General von Gerlach, der Jahre hindurch sein Adjutant gewesen war, dem politischen Leben vorübergehend fremd geworden war. Er war der begabteste unter den Adjutanten, die der Prinz gehabt hatte, und nicht theoretischer Fanatiker in Politik und Religion wie sein Bruder, der Präsident, aber doch genug doktrinär, um bei dem praktischen Verstande des Prinzen nicht den Anklang zu finden wie bei dem geistreichen Könige Friedrich Wilhelm. Pietismus war ein Wort und ein Begriff, welche mit dem Namen Gerlach leicht in Verbindung traten wegen der Rolle, welche die beiden Brüder des Generals, der Präsident und der Prediger, Verfasser eines ausgedehnten Bibelwerks, in der politischen Welt hatten.

Ein Gespräch, welches ich 1853 in Ostende, wo ich dem Prinzen nähergetreten war, mit ihm hatte und das sich an den Namen Gerlach knüpfte, ist mir in Erinnerung geblieben, weil es mich betroffen machte über des Prinzen Unbekanntschaft mit unsren staatlichen Einrichtungen und der politischen Situation.

Eines Tages sprach er mit einer gewissen Animosität über den General von Gerlach, der aus Mangel an Übereinstimmung und, wie es schien, verstimmt aus der Adjutantenstellung geschieden war. Der Prinz bezeichnete ihn als einen Pietisten.

Ich: »Was denken Ew. K. H. sich unter einem Pietisten?«

Er: »Einen Menschen, der in der Religion heuchelt, um Karriere zu machen.«

Ich: »Das liegt Gerlach fern, was kann der werden? Im heutigen Sprachgebrauch versteht man unter einem Pietisten etwas andres, nämlich einen Menschen, der orthodox an die christliche Offenbarung glaubt und aus seinem Glauben kein Geheimnis macht; und deren gibt es viele, die mit dem Staate gar nichts zu tun haben und an Karriere nicht denken.«

Er: »Was verstehen Sie unter orthodox?«

Ich: »Beispielsweise jemanden, der ernstlich daran glaubt, daß Jesus Gottes Sohn und für uns gestorben ist als ein Opfer, zur Vergebung unsrer Sünden. Ich kann es im Augenblick nicht präziser fassen, aber es ist das Wesentliche der Glaubensverschiedenheit.«

Er, hoch errötend: »Wer ist denn so von Gott verlassen, daß er das nicht glaubt!«

Ich: »Wenn diese Äußerung öffentlich bekannt würde, so würden Ew. K. H. selbst zu den Pietisten gezählt werden.«

Im weiteren Verlauf der Unterhaltung kamen wir auf die damals schwebende Frage der Kreis- und Gemeindeordnung. Bei der Gelegenheit sagte der Prinz ungefähr: Er sei kein Feind des Adels, könne aber nicht zugeben, daß »der Bauer von dem Edelmann mißhandelt werde«.

Ich erwiderte: »Wie sollte der Edelmann das anfangen? Wenn ich die Schönhauser Bauern mißhandeln wollte, so fehlte mir jedes Mittel dazu, und der Versuch würde mit meiner Mißhandlung entweder durch die Bauern oder durch das Gesetz endigen.«

Darauf er: »Das mag bei Ihnen in Schönhausen so sein; aber das ist eine Ausnahme, und ich kann nicht zugeben, daß der kleine Mann auf dem Lande geschunden wird.«

Ich bat um die Erlaubnis, ihm eine kurze Darstellung der Genesis unsrer ländlichen Zustände, des Verhältnisses zwischen Gutsherrn und Bauern vorzulegen. Er nahm das Erbieten freudig dankend an; und ich habe nachher in Norderney meine freien Stunden dazu verwendet, dem damals 56 Jahre alten Thronerben an der Hand von Gesetzesstellen die rechtliche Situation auseinanderzusetzen, in welcher sich Rittergüter und Bauern 1853 befanden. Ich schickte ihm die Arbeit nicht ohne die Befürchtung, der Prinz würde kurz und ironisch antworten, er habe durch mich nichts erfahren, was er nicht schon seit 30 Jahren wisse. Umgekehrt aber dankte er mir lebhaft für die interessante Zusammenstellung der ihm neuen Daten.

III

Von dem Augenblicke des Antritts der Regentschaft an hatte Prinz Wilhelm den Mangel an geschäftlicher Vorbildung so lebhaft empfunden, daß er keine Arbeit Tag und Nacht scheute, um demselben abzuhelfen. Wenn er »Staatsgeschäfte erledigte«, so arbeitete er wirklich, mit vollem Ernst und voller Gewissenhaftigkeit. Er las *alle* Eingänge, nicht bloß die, welche ihn anzogen, studierte die Verträge und Gesetze, um sich ein selbständiges Urteil zu bilden. Er kannte keine Vergnügung, die den Staatsgeschäften Zeit entzogen hätte. Er las niemals Romane oder sonst Bücher, die nicht Bezug auf seinen Herrscherberuf hatten. Er rauchte nicht, spielte nicht Karten. Wenn nach einem Jagddiner in Wusterhausen die Gesellschaft sich in das Zimmer begab, in welchem Friedrich Wilhelm I. das Tabakskollegium zu versammeln pflegte, so ließ er sich, damit die Anwesenden in seiner Gegenwart rauchen durften, eine der langen holländischen Tonpfeifen reichen, tat einige Züge und legte sie mit einem krausen Gesichte aus der Hand. Als er in Frankfurt, damals noch Prinz von Preußen, auf einem Balle in ein Zimmer geriet, in welchem Hasard gespielt wurde, sagte er zu mir: »Ich will doch auch einmal mein Glück versuchen, habe aber kein Geld bei mir, geben Sie mir etwas.« Da auch ich kein Geld bei mir zu tragen pflegte, so half der Graf Theodor Stolberg aus. Der Prinz setzte einige Male einen Taler, verlor jedes Mal und verließ das Zimmer. Seine einzige Erholung war, nach einem arbeitsvollen Tage in seiner Theaterloge zu sitzen; aber auch dort durfte ich als Minister ihn in dringenden Fällen aufsuchen, um ihm in dem kleinen Zimmer vor der Loge Vorträge zu halten, und Unterschriften entgegennehmen. Obschon er der Nachtruhe dermaßen bedürftig war, daß er schon über eine schlechte Nacht klagte, wenn er zweimal, und über Schlaflosigkeit, wenn er dreimal erwacht war, so habe ich niemals den leisesten Zug von Verdrießlichkeit wahrgenommen, wenn man ihn unter schwierigen Verhältnissen um 2 oder 3 Uhr weckte, um eine eilige Entscheidung zu erbitten.

Neben dem Fleiße, zu dem ihn sein hohes Pflichtgefühl trieb, kam ihm in Erfüllung seiner Regentenpflicht ein ungewöhnliches Maß von klarem, durch Erlerntes weder unterstützten noch beeinträchtigten gesunden Menschenverstande, common sense, zustatten. Hinderlich für das Verständnis der Geschäfte war die Zähigkeit, mit welcher er an fürstlichen, militärischen und lokalen Traditionen hing: Jeder Verzicht auf solche, jede Wendung zu neuen Bahnen, wie sie der Lauf der Ereignisse notwendig machte, wurde ihm schwer und erschien ihm leicht im Lichte von etwas Unerlaubtem oder Unwürdigem. Wie an Personen seiner Umgebung und an Sachen seines Gebrauchs, so hielt er auch an Eindrücken und Überzeugungen fest unter der Mitwirkung der Erinnerung an das, was sein Vater in ähnlichen Lagen getan hatte oder tun würde; insbesondere im französischen Kriege hatte er die Erinnerung an den parallelen Verlauf der Freiheitskriege immer vor Augen.

König Wilhelm, der mich während der schleswig-holsteinischen Episode einmal vorwurfsvoll fragte: »Sind Sie denn nicht auch ein Deutscher?« weil ich mich seiner durch häusliche Einflüsse bedingten Neigung, ein neues gegen Preußen stimmendes Großherzogtum in Kiel zu schaffen, widersetzte, derselbe Herr war, wenn er, ohne durch politische Gedanken angekränkelt zu sein, in naturwüchsiger Freiheit seinen Empfindungen folgte, einer der entschlossensten Partikularisten unter den deutschen Fürsten, in der Richtung eines patriotischen und konservativ gesinnten preußischen Offiziers aus der Zeit seines Vaters. Der Einfluß seiner Gemahlin brachte ihn in reiferen Jahren in Opposition gegen das traditionelle Prinzip, und die Unfähigkeit seiner Minister der Neuen Ära und das überstürzende Ungeschick der liberalen Parlamentarier in der Konfliktszeit weckte in ihm wiederum den alten Pulsschlag des preußischen Prinzen und Offiziers, zumal er mit der Frage, ob die Bahn, die er einschlug, gefährlich sei, niemals rechnete. Wenn er überzeugt war, daß Pflicht und Ehre, oder eins von beiden, ihm geboten, einen Weg zu betreten, so ging er ihn ohne Rücksicht auf die Gefahren, denen er ausgesetzt sein konnte, in der Politik ebenso wie auf dem Schlachtfelde. Einzuschüchtern war er nicht. Die Königin war es; und das Bedürfnis des häuslichen Friedens mit ihr war ein unberechenbares Gewicht, aber parlamentarische Grobheiten oder Drohungen hatten nur die Wirkung, seine Entschlossenheit im Widerstande zu stärken. Mit dieser Eigenschaft hatten die Minister der Neuen Ära und ihre parlamentarischen Stützen und Gefolgschaften niemals gerechnet. Graf Schwerin war in seinem Mißverstehen dieses furchtlosen Offiziers auf dem Throne so weit gegangen zu glauben, ihn durch Überhebung und Mangel an Höflichkeit einschüchtern zu können. In diesen Vorgängen lag der Wendepunkt des Einflusses der Minister der Neuen Ära, der Altliberalen und der Bethmann-Hollwegschen Partei, von welchem ab die Bewegung rückläufig wurde, die Leitung in Roons Hände fiel und der Ministerpräsident Fürst Hohenzollern mit seinem Adjunkten Auerswald meinen Eintritt in das Ministerium wünschten. Die Königin und Schleinitz verhinderten ihn einstweilen noch, als ich im Frühjahr 1860 in Berlin war, aber die Äußerlichkeiten, welche zwischen dem Herrn und seinen Ministern vorgekommen waren, hatten in die gegenseitigen Beziehungen doch einen Riß gebracht, der nicht mehr vernarbte.

IV

Die Königin Augusta vertrat unter Friedrich Wilhelm IV. in der Regel den Gegensatz zur Regierungspolitik; die Neue Ära der Regentschaft sah sie als *ihr* Ministerium an, wenigstens bis zum Rücktritt des Herrn von Schleinitz. Es lebte in ihr vorher und später ein Bedürfnis des Widerspruchs gegen die jedesmalige Haltung der Regierung ihres Schwagers und später ihres Gemahls. Ihr Einfluß wechselte, und zwar so, daß derselbe bis auf die letzten Lebensjahre stets gegen die Minister ins Gewicht fiel. War die Regierungspolitik konservativ, so wurden die liberalen Personen und Bestrebungen in den häuslichen Kreisen der hohen Frau ausgezeichnet und gefördert; befand sich die Regierung des Kaisers in ihrer Arbeit zur Befestigung des neuen Reiches auf liberalen Wegen, so neigte die Gunst mehr nach der Seite der konservativen und namentlich der katholischen Elemente, deren Unterstützung, da sie unter einer evangelischen Dynastie sich häufig und bis zu gewissen Grenzen regelmäßig in der Opposition befanden, überhaupt der Kaiserin nahelag. In den Perioden, wo unsre auswärtige Politik mit Österreich Hand in Hand gehen konnte, war die Stimmung gegen Österreich unfreundlich und fremd; bedingte unsre Politik den Widerstreit gegen Österreich, so fanden dessen Interessen Vertretung durch die Königin, und zwar bis in die Anfänge des Krieges 1866 hinein. Während an der böhmischen Grenze schon gefochten wurde, fanden in Berlin unter dem Patronate Ihrer Majestät durch das Organ von Schleinitz noch Beziehungen und Unterhandlungen bedenklicher Natur statt. Herr von Schleinitz hatte, seit ich Minister des Äußern und er selbst Minister des königlichen Hauses geworden, das Amt einer Art von Gegenministeriums der Königin, um Ihrer Majestät Material zur Kritik und zur Beeinflussung des Königs zu liefern. Er hatte zu diesem Behufe die Verbindungen benutzt, die er in der Zeit, wo er mein Vorgänger war, im Wege der Privatkorrespondenz angeknüpft hatte, um eine förmliche diplomatische Berichterstattung in seiner Hand zu konzentrieren. Ich erhielt die Beweise dafür durch den Zufall, daß einige dieser Berichte, aus deren Fassung die Tatsache der Kontinuität der Berichterstattung ersichtlich war, durch Mißverständnis der Feldjäger oder der Post an mich gelangten und amtlichen Berichten so genau ähnlich sahen, daß ich erst durch einzelne Bezugnahmen im Texte stutzig wurde, mir das dazu gehörige Kuvert aus dem Papierkorb suchte und darauf die Adresse des Herrn von Schleinitz vorfand. Zu den Beamten, mit welchen er solche Verbindungen unterhielt, gehörte unter anderen ein Konsul, über den mir Roon unter dem 25. Januar 1864 schrieb, derselbe stehe im Solde von Drouyn de L'Huys und schreibe unter dem Namen Siegfeld Artikel für das »Memorial Diplomatique«, welche u. a. der Okkupation der Rheinlande durch Napoleon das Wort reden und sie in Parallele stellen mit unserer Okkupation Schleswigs. Zur Zeit der »Reichsglocke« und der gehässigen Angriffe von der konservativen Partei und der »Kreuzzeitung« auf mich konnte ich ermitteln, daß die Kolportage der »Reichsglocke« und ähnlicher verleumderischer Preßerzeugnisse im Büro des Hausministeriums besorgt wurde. Der Vermittler war ein höherer Subalternbeamter namens Bernhard (?), welcher der Gräfin (Frau von) Schleinitz die Federn schnitt und den Schreibtisch in Ordnung hielt. Durch ihn wurden allein an unsre höchsten Herrschaften dreizehn Exemplare der »Reichsglocke«, davon zwei in das kaiserliche Palais, berichtmäßig eingesandt und andre an verwandte Höfe.

Als ich einmal den geärgerten und darüber erkrankten Kaiser des Morgens aufsuchen mußte, um über eine höfische Demonstration zugunsten des Zentrums eine unter den obwaltenden Umständen dringliche Beschwerde zu führen, fand ich ihn im Bette und neben ihm die Kaiserin in einer Toilette, die darauf schließen ließ, daß sie erst auf meine Anmeldung heruntergekommen war. Auf meine Bitte, mit dem Kaiser allein sprechen zu dürfen, entfernte sie sich, aber nur bis zu einem dicht außerhalb der von ihr nicht ganz geschlossenen Türe stehenden Stuhle und trug Sorge, durch Bewegungen mich erkennen zu lassen, daß sie alles hörte. Ich ließ mich durch diesen, nicht den ersten, Einschüchterungsversuch nicht abhalten, meinen Vortrag zu erstatten. An dem Abende desselben Tages war ich in einer Gesellschaft im Palais. Ihre Majestät redete mich in einer Weise an, die mich vermuten ließ, daß der Kaiser meine Beschwerde ihr gegenüber vertreten hatte. Die Unterhaltung nahm die Wendung, daß ich die Kaiserin bat, die schon bedenkliche Gesundheit ihres Gemahls zu schonen und ihn nicht zwiespältigen politischen Einwirkungen auszusetzen. Diese nach höfischen Traditionen unerwartete Andeutung hatte einen merkwürdigen Effekt. Ich habe die Kaiserin Augusta in dem letzten Jahrzehnt ihres Lebens nie so schön gesehen wie in diesem Augenblicke; ihre Haltung richtete sich auf, ihr Auge belebte sich zu einem Feuer, wie ich es weder vorher noch nachher erlebt habe. Sie brach ab, ließ mich stehn und hat, wie ich von einem befreundeten Hofmanne erfuhr, gesagt: »Unser allergnädigster Reichskanzler ist heute sehr ungnädig.«

Ich hatte durch langjährige Gewohnheit allmählich ziemliche Sicherheit in der Beurteilung der Frage gewonnen, ob der Kaiser Anträge, die mir logisch geboten erschienen, aus eigner Überzeugung oder im Interesse des Hausfriedens widerstand. War ersteres der Fall, so konnte ich in der Regel auf Verständigung rechnen, wenn ich die Zeit abwartete, wo der klare Verstand des Herrn sich die Sache assimiliert hatte. Oder er berief sich auf das Ministerconseil. In solchen Fällen blieb die Diskussion zwischen mir und Sr. Majestät immer sachlich. Anders war es, wenn die Ursache des königlichen Widerstrebens gegen ministerielle Meinungen in vorhergegangenen Erörterungen der Frage lag, welche Ihre Majestät beim Frühstück hervorgerufen und bis zu scharfer Aussprache der Zustimmung durchgeführt hatte. Wenn der König in solchen Momenten, beeinflußt durch ad hoc geschriebene Briefe und Zeitungsartikel, zu raschen Äußerungen im Sinne antiministerieller Politik gebracht war, so pflegte Ihre Majestät den gewonnenen Erfolg zu befestigen durch Äußerung von Zweifeln, ob der Kaiser imstande sein werde, die geäußerte Absicht oder Meinung »Bismarck gegenüber« aufrechtzuerhalten. Wenn Se. Majestät nicht auf Grund eigener Überzeugung, sondern weiblicher Bearbeitung widerstand, so konnte ich dies daran erkennen, daß seine Argumente unsachlich und unlogisch waren. Dann endete eine solche Erörterung, wenn ein Gegenargument nicht mehr zu finden

war, wohl mit der Wendung: »Ei der Tausend, da muß ich doch sehr bitten.«
Ich wußte dann, daß ich nicht den Kaiser, sondern die Gemahlin mir gegenüber gehabt hatte.

Alle Gegner, die ich mir in den verschiedensten Regionen im Laufe meiner politischen Kämpfe notwendig und im Interesse des Dienstes zugezogen
hatte, fanden in ihrem gemeinsamen Hasse gegen mich ein Band, welches
einstweilen stärker war als ihre gegenseitigen Abneigungen gegeneinander. Sie vertagten ihre Feindschaft, um einstweilen der stärkeren gegen
mich zu dienen. Den Kristallisationspunkt für diese Übereinstimmung bildete die Kaiserin Augusta, deren Temperament, wenn es galt, ihren Willen
durchzusetzen, auch in der Rücksicht auf Alter und Gesundheit des Gemahls nicht immer Grenze fand.

Der Kaiser hatte während der Belagerung von Paris, wie häufig vorher
und nachher, unter dem Kampfe zwischen seinem Verstande, seinem königlichen Pflichtgefühl einerseits und dem Bedürfnis nach häuslichem Frieden
und weiblicher Zustimmung zur Politik zu leiden. Die ritterlichen Empfindungen, welche ihn gegenüber seiner Gemahlin, die mystischen, welche ihn
der gekrönten Königin gegenüber bewegten, seine Empfindlichkeit für Störungen seiner Hausordnung und seiner täglichen Gewohnheiten haben mir
Hindernisse bereitet, welche zuweilen schwerer zu überwinden waren als
die von fremden Mächten oder feindlichen Parteien verursachten, und vermöge der herzlichen Anhänglichkeit, welche ich für die Person des Kaisers
hatte, die aufreibende Wirkung der Kämpfe erheblich gesteigert, die ich bei
pflichtmäßigem Vertreten meiner Überzeugung in den Vorträgen durchzumachen hatte.

Der Kaiser hatte das Gefühl davon und machte in den letzten Jahren seines Lebens mir gegenüber kein Geheimnis aus seinen häuslichen Beziehungen, beriet mit mir, welche Wege und Formen zu wählen seien, um seinen häuslichen Frieden ohne Schädigung der Staatsinteressen zu schonen;
»der Feuerkopf« pflegte der hohe Herr in vertraulichen, aus Verdruß, Respekt und Wohlwollen gemischten Stimmungen die Gemahlin zu bezeichnen und diesen Ausdruck mit einer Handbewegung zu begleiten, welche
etwa sagen wollte: »Ich kann nichts ändern.« Ich fand diese Bezeichnung au-
ßerordentlich treffend; die Königin war eine mutige Frau, solange nicht
physische Gefahren drohten, getragen von einem hohen Pflichtgefühl, aber
auf Grund ihres königlichen Empfindens abgeneigt, andre Autoritäten als
die ihrige gewähren zu lassen.

V

Das Schwergewicht, welches nach dem Antritt der Regentschaft der Wille und die Überzeugung des Prinzen von Preußen und späteren Kaisers auf dem außermilitärischen, dem politischen Gebiete darstellte, war das eigenste Produkt der mächtigen und vornehmen Natur, welche diesem Fürsten, unabhängig von der ihm zuteil gewordenen Erziehung, angeboren war. Der Ausdruck »königlich vornehm« ist prägnant für seine Erscheinung. Die Eitelkeit kann bei Monarchen ein Sporn zu Taten und zur Arbeit für das Glück ihrer Untertanen sein. Friedrich der Große war nicht frei davon; sein erster Tatendrang entsprang dem Verlangen nach historischem Ruhm; ob diese Triebfeder gegen das Ende seiner Regierung, wie man sagt, degenerierte, ob er dem Wunsche innerlich Gehör gab, daß die Nachwelt den Unterschied zwischen seiner und der folgenden Regierung merken möge, lasse ich unerörtert. Eine dichterische Ergießung datierte er von dem Tage vor einer Schlacht und teilte sie brieflich mit der Unterschrift mit: Pas trop mal à la veille d'une bataille.

Eine Eitelkeit der Art war dem Kaiser Wilhelm I. durchaus fremd; dagegen war ihm die Furcht vor *berechtigter* Kritik der Mit- oder Nachwelt in hohem Maße eigen. Er war darin ganz preußischer Offizier, der, sobald er durch höheren Befehl gedeckt ist, ohne Schwanken dem sicheren Tode entgegengeht, aber durch die Furcht vor dem Tadel des Vorgesetzten und der öffentlichen Meinung in Zweifel und Unsicherheit gerät, die ihn das Falsche wählen läßt. Niemand hätte gewagt, ihm eine platte Schmeichelei zu sagen. In dem Gefühle königlicher Würde würde er gedacht haben: Wenn einer das Recht hätte, mich ins Gesicht zu loben, so hätte er auch das Recht, mich ins Gesicht zu tadeln. Beides gab er nicht zu.

Monarch und Parlament hatten einander in schweren innern Kämpfen gegenseitig kennen und achten gelernt; die Ehrlichkeit der königlichen Würde, die sichere Ruhe des Königs hatten schließlich die Achtung auch seiner Gegner erzwungen, und der König selbst war durch sein hohes persönliches Ehrgefühl zu einer gerechten Beurteilung der beiderseitigen Situationen befähigt. Das Gefühl der Gerechtigkeit nicht bloß seinen Freunden und seinen Dienern gegenüber, sondern auch im Kampfe mit seinen Gegnern beherrschte ihn. Er war ein gentleman ins Königliche übersetzt, ein Edelmann im besten Sinne des Wortes, der sich durch keine Versuchung der ihm zufallenden Machtvollkommenheiten von dem Satze noblesse oblige dispensiert fühlte: Sein Verhalten in der innern wie in der äußern Politik war den Grundsätzen des Kavaliers alter Schule und des normalen preußischen Offiziersgefühls jederzeit untergeordnet. Er hielt auf Treue und Ehre nicht nur Fürsten, sondern auch seinen Dienern bis zum Kammerdiener gegenüber. Wenn er durch augenblickliche Erregung seinem feinen Gefühl für königliche Würde und Pflicht zu nah getreten war, so fand er sich schnell wieder und blieb dabei »jeder Zoll ein König«, und zwar ein gerechter und wohlwollender König und ehrliebender Offizier, den der Gedanke an sein preußisches Portepee auf richtigem Wege erhielt.

Der Kaiser konnte heftig werden, ließ sich aber in der Diskussion von der etwaigen Heftigkeit dessen, mit dem er diskutierte, nicht anstecken, sondern brach dann die Unterredung vornehm freundlich ab. Ausbrüche wie in Versailles bei Abwehr des Kaisertitels waren sehr selten. Wenn er heftig wurde gegen Leute, denen er wohlwollte, wie dem Grafen Roon oder mir, so war er entweder durch den Gegenstand selbst erregt oder war durch fremde, außeramtliche Besprechungen vorher an Auffassungen gebunden, die sich sachlich nicht vertreten ließen. Graf Roon hörte dergleichen Explosionen an wie ein Militär in der Front den Verweis eines hohen Vorgesetzten, den er nicht verdient zu haben glaubt, aber er litt nervös darunter und sekundär auch körperlich. Auf mich haben Ausbrüche von Heftigkeit des Kaisers, die ich seltener erlebte als Roon, niemals kontagiös, eher abkühlend gewirkt. Ich hatte mir die Logik zurechtgelegt, daß ein Herrscher, welcher mir in dem Maße Vertrauen und Wohlwollen schenkte wie Wilhelm I. in seinen Unregelmäßigkeiten für mich die Natur einer vis major habe, gegen die zu reagieren mir nicht gegeben sei, etwa wie das Wetter oder die See, wie ein Naturereignis, auf das ich mich einrichten müsse; und wenn mir das nicht gelang, so hatte ich eben meine Aufgabe nicht richtig angegriffen. Dieser mein Eindruck beruhte nicht auf meiner generellen Auffassung der Stellung eines Königs von Gottes Gnaden zu seinem Diener, sondern auf meiner persönlichen Liebe zu Kaiser Wilhelm I. Ihm gegenüber lag mir persönliche Empfindlichkeit sehr fern, er konnte mich ziemlich ungerecht behandeln, ohne in mir Gefühle der Entrüstung hervorzurufen. Das Gefühl, beleidigt zu sein, werde ich ihm gegenüber ebensowenig gehabt haben wie im elterlichen Hause. Es hinderte das nicht, daß mich sachliche, politische Interessen, für die ich bei dem Herrn entweder kein Verständnis oder eine vorgefaßte Meinung vorfand, die von Ihrer Majestät oder von konfessionellen oder freimaurerischen Hofintriganten ausging, in Stimmung einer durch ununterbrochenen Kampf erzeugten Nervosität zu einem passiven Widerstande gegen ihn geführt haben, den ich heut in ruhiger Stimmung mißbillige und bereue, wie man analoge Empfindungen nach dem Tode eines Vaters hat in Erinnerung an Momente des Dissenses.

VI

Seinem redlichen Sinne und der Aufrichtigkeit seines Wohlwollens für andre, seiner aus dem Herzen kommenden und von hohem Sinne getragenen Liebenswürdigkeit verdankte er es, daß ihm eine gewisse Leistung leicht wurde und gut gelang, welche der Verstandestätigkeit konstitutioneller Regenten und Minister von Zeit zu Zeit viel Mühe macht. Für öffentliche Ansprachen enthalten die jährlich wiederkehrenden Äußerungen solcher Monarchen, deren Konstitutionalismus als mustergültig betrachtet wurde, einen reichen Vorrat an Redewendungen; aber trotz aller sprachlichen Gewandtheiten haben sowohl Leopold von Belgien wie Louis Philippe die konstitutionelle Phraseologie ziemlich erschöpft, und ein deutscher Monarch wird kaum imstande sein, schriftlich und gedruckt den Kreis der brauchbaren Äußerungen zu erweitern. Mir selbst ist keine Arbeit unbehaglicher und schwieriger gewesen als die Herstellung des nötigen Phrasenbedarfs für Thronreden und ähnliche Äußerungen. Wenn Kaiser Wilhelm selbst Proklamationen redigierte oder wenn er eigenhändig Briefe schrieb, so hatten dieselben, auch wenn sie sprachlich inkorrekt waren, doch immer etwas Gewinnendes, oft Begeisterndes. Sie berührten angenehm durch die Wärme seines Gefühls und die Sicherheit, die aus ihnen sprach, daß er Treue nicht nur verlangte, sondern auch gewährte. Il était de relation sûre; eine von den fürstlichen Gestalten, in Seele und Körper, deren Eigenschaften mehr des Herzens als des Verstandes die im germanischen Charakter hin und wieder vorkommende Hingebung ihrer Diener und Anhänger auf Tod und Leben erklären. Für monarchische Gesinnung ist die Ausdehnung des Gebietes ihrer Ergebenheit nicht jedem Fürsten gegenüber dieselbe; sie unterscheidet sich, je nachdem politisches Verständnis oder Empfindung die Grenzen ziehen. Ein gewisses Maß der Hingebung wird durch die Gesetze bestimmt, ein größeres durch politische Überzeugung; wo es darüber hinausgeht, bedarf es eines persönlichen Gefühls von Gegenseitigkeit, welches bewirkt, daß treue Herrn treue

Diener haben, deren Hingebung über das Maß staatsrechtlicher Erwägungen hinausreicht.

Es ist eine Eigentümlichkeit royalistischer Gesinnung, daß ihren Träger, auch wenn er sich bewußt ist, die Entschließungen des Königs zu beeinflussen, das Gefühl nicht verläßt, der Diener des Monarchen zu sein. Der König selbst rühmte eines Tages (1865) gegen meine Frau die Geschicklichkeit, mit welcher ich seine Intentionen zu erraten und – wie er nach einer Pause hinzusetzte – zu leiten wüßte. Solche Anerkennung benahm ihm nicht das Gefühl, daß er der Herr und ich sein Diener sei, ein nützlicher, aber ehrerbietig ergebener. Dies Bewußtsein verließ ihn auch dann nicht, als er bei erregter Erörterung meines Abschiedsgesuchs 1877 in die Worte ausbrach: »Soll ich mich in meinen alten Tagen blamieren? Es ist eine Untreue, wenn Sie mich verlassen« – auch unter solchen Gefühlen stand er in seiner eignen königlichen Einschätzung und in seinem Gerechtigkeitssinn zu hoch, um jemals dem Gefühl einer saulischen Eifersucht gegen mich zugänglich zu werden. Er hatte das königliche Gefühl, daß er es nicht nur vertrug, sondern sich gehoben fühlte durch den Gedanken, einen angesehenen und mächtigen Diener zu haben. Er war zu vornehm für das Gefühl eines Edelmannes, der keinen reichen und unabhängigen Bauern im Dorfe vertragen kann. Die freudige Art, in welcher er 1885 bei meiner 50jährigen Dienstfeier die mir gebrachten Huldigungen nicht befahl und anordnete, aber zuließ und mitmachte, stellte auch für das Publikum und die Geschichte diesen königlichen und vornehmen Charakter in das richtige Licht. Die Feier war nicht von ihm befohlen, aber zugelassen und freudig befördert. Nicht einen Augenblick kam ihm der Gedanke einer Eifersucht auf seinen Diener und Untertanen in den Sinn, und nicht einen Augenblick verließ ihn das königliche Bewußtsein, der Herr zu sein, ebenso wie bei mir alle, auch übertriebene Huldigungen das Gefühl, der Diener dieses Herrn zu sein und mit Freuden zu sein, in keiner Weise berührten.

Diese Beziehungen und meine Anhänglichkeit hatten ihre prinzipielle Begründung in einem überzeugungstreuen Royalismus: aber in der Spezialität, wie derselbe vorhanden war, ist er doch nur möglich unter der Wirkung einer gewissen Gegenseitigkeit des Wohlwollens zwischen Herrn und Diener, wie unser Lehnrecht die »Treue« auf beiden Seiten zur Voraussetzung hatte. Solche Beziehungen, wie ich sie zum Kaiser Wilhelm hatte, sind nicht ausschließlich staatsrechtlicher oder lehnrechtlicher Natur; sie sind persönlich, und sie wollen von dem Herrn sowohl wie von dem Diener, wenn sie wirksam sein sollen, erworben sein; sie übertragen sich mehr persönlich als logisch leicht auf eine Generation, aber ihnen einen dauernden und prinzipiellen Charakter beizulegen entspricht im heutigen politischen Leben nicht mehr den germanischen, sondern eher den romanischen Anschauungen; der portugiesische porteur du coton[72] ist in die deutschen Begriffe nicht übertragbar.

VII

Lebendiger als in meiner Schilderung werden gewisse Charakterzüge des Kaisers aus seinen nachstehenden Briefen hervortreten:

»Berlin, den 13. Januar 1870
Leider vergaß ich noch immer, Ihnen die Siegesmedaille zu übergeben, die eigentlich *zuerst in Ihren* Händen hätte sein müssen, und so sende ich sie Ihnen hierbei als Siegel Ihrer welthistorischen Leistungen.

Ihr
Wilhelm.«

Ich schrieb dem König an demselben Tage:

»E. M. sage ich meinen ehrfurchtsvollen und tiefgefühlten Dank für die huldreiche Verleihung der Siegesmedaille und für den ehrenvollen Platz, den E. M. mir auf diesem historischen Denkmal anzuweisen geruht haben. Die Erinnerung, welche dieses geprägte Dokument auf die Nachwelt bringen wird, erhält für mich und die Meinigen ihre besondere Bedeutung durch die gnädigen Zeilen, mit denen E. M. die Verleihung begleitet haben.

Wenn mein Selbstgefühl eine hohe Befriedigung darin findet, daß es mir vergönnt ist, meinen Namen unter den Flügeln des königlichen Adlers, der Deutschland seine Bahnen anweist, auf die Nachwelt kommen zu sehen, so ist mein Herz noch mehr befriedigt in dem Gefühle, unter Gottes Segen einem angestammten Herrn dienen zu können, dem ich mit voller und persönlicher Liebe anhänge und dessen Zufriedenheit zu besitzen für mich der begehrteste Lohn in diesem Leben ist.«

»Berlin, den 21. März 1871

Mit der heutigen Eröffnung des ersten deutschen Reichstags nach Wiederherstellung eines Deutschen Reiches beginnt die erste öffentliche Tätigkeit desselben. Preußens Geschichte und Geschicke wiesen seit längerer Zeit auf ein Ereignis hin, wie es sich jetzt, durch dessen Berufung an die Spitze des neugegründeten Reiches, vollzogen hat. Preußen verdankt dies weniger seiner Ländergröße und Macht, wenngleich beides sich gleichmäßig mehrte, als seiner geistigen Entwicklung und seiner Heeresorganisation. In unerwartet schneller Folge haben sich im Laufe von 6 Jahren die Geschicke meines Landes zu dem Glanzpunkte entwickelt, auf dem es heute stehet. In diese Zeit fällt die Tätigkeit, zu welcher ich Sie vor 10 Jahren zu mir berief. In welchem Maße Sie das Vertrauen gerechtfertigt haben, aus welchem ich damals den Ruf an Sie ergehen ließ, liegt offen vor der Welt. Ihrem Rat, Ihrer Umsicht, Ihrer unermüdlichen Tätigkeit verdankt Preußen und Deutschland das weltgeschichtliche Ereignis, welches sich heute in meiner Residenz verkörpert.

Wenngleich der Lohn für solche Taten in Ihrem Innern ruht, so bin ich doch gedrungen und verpflichtet, Ihnen öffentlich und dauernd den Dank des Vaterlandes und den meinigen auszudrücken. Ich erhebe Sie daher in den Fürstenstand Preußens mit der Bestimmung, daß sich derselbe stets auf das älteste männliche Mitglied Ihrer Familie vererbt.

Mögen Sie in dieser Auszeichnung den nie versiegenden Dank erblicken

Ihres

Kaisers und Königs

Wilhelm.«

»Berlin, den 2. März 1872

Wir begehen heute den ersten Jahrestag des glorreichen Friedensschlusses, der durch Tapferkeit und Opfer aller Art erkämpft, durch Ihre Umsicht und Energie aber zu Resultaten führte, die nie geahndet waren! Meine Anerkennung und meinen Dank wiederhole ich Ihnen heute von neuem mit dankbarem und gerührtem Herzen, dem ich durch *Eisen* und *edle* Metalle öffentlich Ausdruck gab. Es fehlt aber noch ein Metall, die Bronze. Ein Andenken aus diesem Metall stelle ich daher heute zu Ihrer Disposition, und zwar in *der* Gestalt, die Sie vor einem Jahre zum *Schweigen* brachten. Ich habe daher bestimmt, daß nach Ihrer eigenen Auswahl einige eroberte Geschütze

Ihnen überwiesen werden, die Sie auf Ihren Besitzungen zum bleibenden Andenken Ihrer mir und dem Vaterlande geleisteten hohen Dienste aufpflanzen wollen!

Ihr
treu ergebener und dankbarer
Wilhelm.«

»Koblenz, den 26. Juli 1872

Sie werden am 28. d. M. ein schönes Familienfest begehen, das Ihnen der Allmächtige in seiner Gnade beschert. Daher darf und kann ich mit meiner Teilnahme an diesem Feste nicht zurückbleiben, und so wollen Sie und die Fürstin Ihre Gemahlin hier meinen innigsten und wärmsten Glückwunsch zu diesem erhebenden Feste entgegennehmen. Daß Ihnen beiden unter so vielen Glücksgütern, die Ihnen die Vorsehung für Sie erkoren hat, doch immer das häusliche Glück obenan stand, das ist es, wofür Ihre Dankgebete zum Himmel steigen. Unsere und meine Dankgebete gehen aber weiter, indem sie den Dank in sich schließen, daß Gott Sie mir in entscheidender Stunde zur Seite stellte und damit eine Laufbahn meiner Regierung eröffnete, die weit über Denken und Verstehen gehet. Aber auch hierfür werden Sie Ihre Dankgefühle nach oben senden, daß Gott Sie begnadigte, so Hohes zu leisten. Und in und nach allen Ihren Mühen fanden Sie stets in der Häuslichkeit Erholung und Frieden, und das erhält Sie Ihrem schweren Berufe. Für diesen sich zu erhalten und zu kräftigen, ist stets mein Anliegen an Sie, und freue ich mich, aus Ihrem Briefe durch Graf Lehndorff und von diesem selbst zu hören, daß Sie jetzt mehr *an sich* als an die Papiere denken werden.

Zur Erinnerung an Ihre silberne Hochzeit wird Ihnen eine Vase übergeben werden, die eine dankbare Borussia darstellt und die, so gebrechlich ihr Material auch sein mag, doch selbst in jeder Scherbe dereinst aussprechen soll, was Preußen Ihnen durch die Erhebung auf die Höhe, auf welcher es jetzt stehet, verdankt.

Ihr
treu ergebener dankbarer König
Wilhelm.«

»Koblenz, am 6. November 1878

Es ist Ihnen beschieden gewesen, in Zeit eines *Vierteljahres* Europa durch Ihre Einsicht, Umsicht und durch Ihren Mut den Frieden teils wiederzugeben, teils zu erhalten, und für Deutschland auf gesetzlichem Wege einem Feinde entgegenzutreten, der für alle staatlichen Verhältnisse Verderben drohte. Wenn beide weltgeschichtliche Ereignisse von allen Wohlgesinnten begriffen und Ihnen derselben Anerkennung zuteil geworden ist, und ich Ihnen selbst diese Anerkennung beweisen konnte für das zuerst genannte Ereignis des Berliner Kongresses, so geziemt es mir nun auch für die Entschiedenheit, mit welcher Sie den Rechtsboden verteidigt haben, Ihnen diese Anerkennung auch öffentlich darzulegen. Das Gesetz*, welches ich im Sinne habe und welches seine Entstehung einem meinem Herzen und Gemüt schmerzlichen Ereignis verdankt, soll den deutschen Staaten ihren jetzigen rechtlichen Standpunkt erhalten und sichern, also auch Preußen.

Ich habe als Zeichen meiner Anerkennung Ihrer großen Verdienste um mein Preußen die Zeichen seiner Macht gewählt: Krone, Zepter und Schwert, und dem Großkreuz des Roten Adlerordens, welches Sie stets tragen, zufügen lassen, welche Dekoration ich Ihnen beifolgend übersende.

Das Schwert spricht für den Mut und die Einsicht, mit welcher Sie meinen Zepter und meine Krone zu unterstützen und zu schützen wissen.

Möge die Vorsehung Ihnen noch die Kraft verleihen, um lange Jahre hindurch ferner Ihren Patriotismus meiner Regierung und dem Wohle des Vaterlandes zu widmen.

Ihr
treu ergebener dankbarer
Wilhelm.«

»Berlin, den 1. April 1879

Leider kann ich Ihnen meine Wünsche zum heutigen Tage nicht persönlich mündlich darbringen, da ich heute zum ersten Male zwar ausfahren soll, aber noch keine Treppen steigen darf.

Vor allem wünsche ich Ihnen Gesundheit, denn von der hängt ja alle Tä-

---

* Gegen die gemeingefährlichen Bestrebungen der Sozialdemokratie vom 21. Oktober 1878

tigkeit ab, und diese entwickeln Sie jetzt mehr wie seit langer Zeit, ein Beweis, daß Tätigkeit auch *gesund* erhält. Möge es zum Wohle des Vaterlandes, des engeren wie weiteren, so fortgehen!

Ich benutze den Tag, um Ihren Schwiegersohn, den Grafen Rantzau, hiermit zum Legationsrat zu ernennen, da ich glaube, Ihnen damit eine Freude zu machen.

Auch sende ich Ihnen die Kopie meines großen Ahnherrn, des Groß(en) Kurfürsten, wie er auf der Langen Brücke steht, zum Andenken an den heutigen Tag, der noch recht oft für Sie und uns wiederkehren möge.

Ihr
dankbarer
Wilhelm.«

Um Weihnachten 1883 schenkte der Kaiser mir eine Nachbildung des Denkmals auf dem Niederwald, an der ein Blättchen mit folgenden Worten befestigt war:

»Zu Weihnachten
1883
Der Schlußstein Ihrer Politik, eine Feier, die hauptsächlich Ihnen galt und der Sie leider* nicht beiwohnen konnten!

W.«

»Berlin, 1. April 1885
Mein lieber Fürst! Wenn sich in dem Deutschen Lande und Volke das warme Verlangen zeigt, Ihnen bei der Feier Ihres 70. Geburtstages zu bestätigen, daß die Erinnerung an alles, was Sie für die Größe des Vaterlandes getan haben, in so vielen Dankbaren lebt, so ist es mir ein tiefgefühltes Bedürfnis, Ihnen heute auszusprechen, wie hoch es mich freut, daß ein solcher Zug des Dankes und der Verehrung für Sie durch die Nation geht. Es freut mich das für Sie als eine wahrlich im höchsten Maße verdiente Anerkennung; und es erwärmt mir das Herz, daß solche Gesinnungen sich in so großer Verbreitung kundtun, denn es ziert die Nation in der Gegenwart, und es stärkt die

---

* Krankheitshalber

Hoffnung auf ihre Zukunft, wenn sie Erkenntnis für das Wahre und Große zeigt und wenn sie ihre hochverdienten Männer feiert und ehrt. An einer solchen Feier teilzunehmen, ist mir und meinem Hause eine besondere Freude und wünschen wir Ihnen durch beifolgendes Bild[73] auszudrücken, mit welchen Empfindungen dankbarer Erinnerung wir dies tun. Denn dasselbe vergegenwärtigt einen der größten Momente der Geschichte des Hohenzollernhauses, dessen niemals gedacht werden kann, ohne sich zugleich auch Ihrer Verdienste zu erinnern.

Sie, mein lieber Fürst, wissen, wie in mir jederzeit das vollste Vertrauen, die aufrichtigste Zuneigung und das wärmste Dankgefühl für Sie leben wird! Ihnen sage ich daher mit diesem nichts, was ich Ihnen nicht oft genug ausgesprochen habe, und ich denke, daß dieses Bild noch Ihren späten Nachkommen vor Augen stellen wird, daß Ihr Kaiser und König und sein Haus sich dessen wohl bewußt waren, was wir Ihnen zu danken haben.

Mit diesen Gesinnungen und Gefühlen endige ich diese Zeilen als über das Grab hinausdauernd,

Ihr dankbarer treu ergebener
Kaiser und König
Wilhelm.«

Berlin, zum 23. September 1887

»Sie feiern, mein lieber Fürst, am 23. September d. J. den Tag, an welchem ich Sie vor 25 Jahren in mein Staatsministerium berief und nach kurzer Zeit Ihnen das Präsi[di]um desselben übertrug. Ihre bis dahin dem Vaterlande in den verschiedensten und wichtigsten Aufträgen geleisteten ausgezeichneten Dienste berechtigten mich, Ihnen diese höchste Stellung zu übertragen. Die Geschichte des letzten Viertels des Jahrhunderts beweist, daß ich mich nicht bei Ihrer Wahl geirrt habe!

Ein leuchtendes Bild von wahrer Vaterlandsliebe, unermüdlicher Tätigkeit, oft mit Hintenansetzung Ihrer Gesundheit, waren Sie unermüdlich, die oft sich auftürmenden Schwierigkeiten, im Frieden und Kriege fest ins Auge zu fassen u(nd) zu guten Zielen zu führen, die Preußen an Ehre und Ruhm, zu einer Stellung führten in der Weltgeschichte, wie man sie nie geahndet hatte! Solche Leistungen sind wohl gemacht, um den 25. Jahrestag des 23. Septembers mit Dank gegen Gott zu begehen, daß er Sie mir zur Seite stellte, um seinen Willen auf Erden auszuführen!

Und diesen Dank lege ich nun erneuert an Ihr Herz, wie ich dies so oft aussprechen und betätigen konnte!

Mit dankerfülltem Herzen wünsche ich Ihnen Glück zur Feier eines solchen Tages und wünsche von Herzen, daß Ihre Kräfte noch lange ungeschwächt erhalten bleiben zum Segen des Thrones und des Vaterlandes!

Ihr
ewig dankbarer König
und Freund
Wilhelm.

N. Sch.

Zur Erinnerung an die abgelaufenen 25 Jahre sende ich Ihnen die Ansicht des Gebäudes, in welchem wir so entscheidende Beschlüsse beraten u(nd) ausführen mußten u(nd) die immer Preußen u(nd) nun hoffentlich Deutschland zur Ehre und zum Wohle gereichen mögen.«

Den letzten Brief des Kaisers erhielt ich am 23. Dezember 1887. Verglichen mit dem vorhergehenden zeigt derselbe im Satzbau und den Zügen, daß dem Kaiser während der letztverflossenen drei Monate der schriftliche Ausdruck und das Schreiben viel saurer geworden waren; aber die Schwierigkeiten beeinträchtigen nicht die Klarheit der Gedanken, die väterliche Rücksicht auf das Gefühl des kranken Sohnes, die landesherrliche Sorge für die gehörige Ausbildung des Enkels. Es wäre unrecht, bei der Wiedergabe dieses Briefes irgend etwas daran bessern zu wollen.

»Berlin, den 23. 12. 1887

Anliegend sende ich Ihnen die Ernennung Ihres Sohnes zum Wirklichen Geheimen Rat mit dem Prädikat Exzellenz, um dieselben Ihrem Sohne zu übergeben, eine Freude, die ich Ihnen nicht versagen wollte. Ich denke, die Freude wird eine 3fache sein, für Sie, für Ihren Sohn u[nd] für mich!

Ich ergreife die Gelegenheit, um Ihnen mein bisheriges Schweigen [zu erklären] auf Ihren Vorschlag, meinen Enkel den Prinzen Wilhelm mehr in die Staatsgeschäfte einzuführen, bei dem traurigen Gesundheitszustand des Kronprinzen meines Sohnes! Im Prinzip bin ich ganz einverstanden, daß dies geschehe, aber die Ausführung ist eine sehr schwierige. Sie werden ja wissen, daß die an sich sehr natürliche Bestimmung, die ich auf Ihren Rat traf, daß mein Enkel W. in meiner Behinderung die laufenden 2 Kabinettserlasse des Zivils und Militärs unterschreiben werde, unter der Unterschrift »auf allerhöchsten Befehl« – daß diese Bestimmung den Kronprinzen sehr irritiert hat, als denke man in Berlin bereits an seinen Ersatz! Bei ruhigerer Überlegung wird sich mein Sohn wohl beruhigt haben. Schwieriger würde diese Überlegung sein, wenn er erfährt, daß seinem Sohn eine noch größere Einsicht in die Staatsgeschäfte gestattet wird u[nd] selbst ein *Ziviladjutant* gegeben wird – wie ich seinerzeit meine vortragenden Räte bezeichnete. Damals lagen die Dinge jedoch ganz [anders], da ein Grund meinen königlichen Vater veranlassen konnte, für einen Stellvertreter des damaligen Kronprinzen zu bestellen, obgleich meine Erbschaft an der Krone schon längst vorher zu sehen war, u[nd] unterblieb meine Einführung bis zu meinem 44. Jahre, als mein Bruder mich sofort zum Mitglied des Staatsministeriums ernannte mit Beilegung des Titels als Prinz von Preußen. Mit dieser Stellung war also die Zuteilung eines erfahrenen Geschäftsmannes notwendig, um mich zur jedesmaligen Staats Ministerial Sitzung vorzubereiten. Zugleich erhielt ich täglich die politischen Depeschen, nachdem dieselben durch 4-5-6 Hände – den Siegeln nach, gegangen waren! Für bloße *Konservation,* wie Sie es vorschlagen, einen Staatsmann meinem Enkel zuzuteilen, entbehrt also des Grundes, einer Vorbereitung, wie bei mir, zu *einem bestimmten Zweck* u[nd] würde bestimmt meinen Sohn von neuem u[nd] noch mehr irritieren, was durchaus unterbleiben muß. Ich schlage daher vor, daß die bisherige Art der Beschäftigungerlernung der Behandlung der Staatsorientierung beibehalten wird, d. h. einzelnen Staatsministerien zugeteilt werde und vielleicht auf zwei ausgedehnt werde, wie in diesem Winter, wo mein Enkel freiwillig den Besuch des Auswärtigen Amtes ferner zu gestatten neben dem Finanzministerium, welche Freiwilligkeit dann von Neujahr ganz fortfallen könnte u[nd] vielleicht das Minist. des Inneren an die Stelle [treten könnte], wobei meinem Enkel zu gestatten wäre, in einzelnen sanglanten Fällen sich im Auswärt. Amt zu orientieren. Diese *Fortsetzung des* jetzigen Verfahrens kann meinen Sohn weniger irritieren, obgleich Sie sich erinnern werden, daß er auch gegen dieses Verfahren scharf opponiert.

Ich bitte also um Ihre Ansicht in dieser Materie.

Ein angenehmes Fest Ihnen allen wünschen[d]

Ihr
dankbarer
Wilhelm.«

»Das beifolgende Patent wollen Sie gefälligst vor der Übergabe kontrasignieren.
W.«

Von der Kaiserin Augusta habe ich sehr selten Zuschriften erhalten; ihr letzter Brief, bei dessen Abfassung sie wohl ebenso wie ich beim Lesen an die Kämpfe gedacht hat, die ich mit ihr zu bestehen hatte, lautet wie folgt:

»Diktiert.
Baden-Baden, den 24. Dezember 1888

Lieber Fürst!
Wenn ich diese Zeilen an Sie richte, so ist es nur, um an dem Wendepunkt eines ernsten Lebensjahres eine Pflicht der Dankbarkeit zu erfüllen. Sie haben unserm unvergeßlichen Kaiser treu beigestanden und meine Bitte der Fürsorge für seinen Enkel erfüllt. Sie haben mir in bitteren Stunden Teilnahme bewiesen, deshalb fühle ich mich berufen, Ihnen, bevor ich dieses Jahr beschließe, nochmals zu danken und dabei auf die Fortdauer Ihrer Hilfe zu rechnen, mitten unter den Widerwärtigkeiten einer viel bewegten Zeit. Ich stehe im Begriff, den Jahreswechsel im Familienkreise still zu feiern, und sende Ihnen und Ihrer Gemahlin einen freundlichen Gruß.
Augusta.«

Die Unterschrift ist eigenhändig, aber sehr verschieden von den festen Zügen, in denen die Kaiserin früher zu schreiben pflegte.

22. KAPITEL

KAISER FRIEDRICH

———————

Es war ein weitverbreiteter Irrtum, daß der Regierungswechsel von Kaiser Wilhelm zu Kaiser Friedrich mit einem Ministerwechsel, welcher mir einen Nachfolger gegeben haben würde, verbunden sein müßte. Im Sommer 1848 hatte ich zuerst Gelegenheit, dem damals 17jährigen Herrn bekannt zu werden und Beweise persönlichen Vertrauens von ihm zu erhalten. Letzteres mag bis 1866 gelegentlich geschwankt haben, erwies sich aber als fest und offen bei Erledigung der Danziger Episode in Gastein 1863. Im Kriege von 1866, insbesondere in den Kämpfen mit dem Könige und den höheren Militärs über die Opportunität des Friedensschlusses in Nikolsburg, hatte ich mich eines von politischen Prinzipien und Meinungsverschiedenheiten unabhängigen Vertrauens des Kronprinzen zu erfreuen. Versuche, dasselbe zu erschüttern, sind von verschiedenen Seiten, die äußerste Rechte nicht ausgeschlossen, und unter Anwendung verschiedener Vorwände und Erfindungen gemacht worden, haben aber keinen dauernden Erfolg erreicht; zu ihrer Vereitlung genügte seit 1866 eine persönliche Aussprache zwischen dem hohen Herrn und mir.

Als der Gesundheitszustand Wilhelms I. im Jahr 1885 Anlaß zu ernsten Besorgnissen gab, berief der Kronprinz mich nach Potsdam und fragte, ob ich im Falle eines Thronwechsels im Dienst bleiben würde. Ich erklärte mich dazu unter zwei Bedingungen bereit: keine Parlamentsregierung und keine auswärtigen Einflüsse in der Politik. Der Kronprinz erwiderte mit einer entsprechenden Handbewegung: »Kein Gedanke daran!«

Bei seiner Frau Gemahlin konnte ich nicht dasselbe Wohlwollen für mich voraussetzen; die natürliche und angeborene Sympathie derselben für ihre Heimat hatte sich von Hause aus gekennzeichnet in dem Bestreben, das Gewicht des preußisch-deutschen Einflusses in europäischen Gruppierungen in die Waagschale ihres Vaterlandes, als welches sie England zu betrachten niemals aufgehört hat, hinüberzuschieben und im Bewußtsein der Interessenverschiedenheit der beiden asiatischen Hauptmächte, England und Rußland, bei eintretendem Bruche die deutsche Macht im Sinne Englands verwendet zu sehn. Dieser auf der Verschiedenheit der Nationalität beruhende Dissens hat in der orientalischen Frage, mit Einschluß der Battenbergischen[74], manche Erörterung zwischen Ihrer Kaiserlichen Hoheit und mir veranlaßt. Ihr Einfluß auf ihren Gemahl war zu allen Zeiten groß und wurde stärker mit den Jahren, um zu kulminieren in der Zeit, wo er Kaiser war. Aber auch bei ihr bestand die Überzeugung, daß meine Beibehaltung bei dem Thronwechsel im Interesse der Dynastie liege.

Es ist nicht meine Absicht, würde auch unausführbar sein, jeder Legende und böswilligen Erfindung ausdrücklich zu widersprechen. Da indessen die Erzählung, der Kronprinz habe 1887 nach der Rückkehr aus Ems eine Urkunde unterzeichnet, in welcher er für den Fall, daß er seinen Vater überlebe, zugunsten des Prinzen Wilhelm auf die Regierung verzichtet, in ein englisches Werk über den Kaiser Wilhelm II. übergegangen ist, so will ich konstatieren, daß in der Geschichte nicht ein Schatten von Wahrheit ist. Auch daß ein Thronerbe, der an einer unheilbaren Körperkrankheit leide, nach unsern Hausgesetzen nicht sukzessionsfähig sei, wie 1887 in manchen Kreisen behauptet, in andern geglaubt wurde, ist eine Fabel. Die Hausgesetze so wenig wie die preußische Verfassungsurkunde enthalten irgendeine Bestimmung der Art. Dagegen gab es einen Moment, in welchem eine Frage staatsrechtlicher Natur mich nötigte, in die Behandlung des Dulders einzugreifen, deren Geschichte übrigens die medizinische Wissenschaft angeht. Die behandelnden Ärzte waren am 20. Mai 1887 im Begriff, den Kronprinzen bewußtlos zu machen und die Exstirpation des Kehlkopfs auszuführen, ohne ihm ihre Absicht angekündigt zu haben. Ich erhob Einspruch, verlangte, daß nicht ohne die Einwilligung des Patienten vorgegangen und, da es sich um den Thronfolger handle, auch die Zustimmung des Familienhauptes eingeholt werde. Der Kaiser, durch mich unterrichtet, verbot, die Operation ohne Einwilligung seines Sohnes vorzunehmen.

Von den wenigen Erörterungen, die ich mit dem Kaiser Friedrich während seiner kurzen Regierungszeit zu führen hatte, sei eine erwähnt, an welche sich Betrachtungen über die Reichsverfassung knüpfen lassen, die mich in früheren Konjunkturen und wieder im März 1890 beschäftigt haben.

Bei dem Kaiser Friedrich war die Neigung vorhanden, der Verlängerung der Legislaturperiode von drei auf fünf Jahre im Reiche und in Preußen die

Genehmigung zu versagen. In betreff des Reichstags setzte ich ihm auseinander, daß der Kaiser als solcher kein Faktor der Gesetzgebung sei, sondern
nur als König von Preußen durch die preußische Stimme am Bundesrate
mitwirke; ein Veto gegen übereinstimmende Beschlüsse beider gesetzgebenden Körperschaften habe ihm die Reichsverfassung nicht beigelegt. Diese Auseinandersetzung genügte, um Se. Majestät zur Vollziehung des
Schriftstücks, durch welches die Verkündigung des Gesetzes vom 19. März
1888 angeordnet wurde, zu bestimmen.

Auf die Frage Sr. Majestät, wie sich die Sache nach der preußischen Verfassung verhalte, konnte ich nur antworten, daß der König dasselbe Recht
habe, einen Gesetzentwurf anzunehmen oder abzulehnen, wie jedes der
beiden Häuser des Landtags. Se. Majestät lehnte dann vorderhand die Unterzeichnung ab, sich die Entschließung vorbehaltend. Es entstand also die
Frage, wie das Staatsministerium, welches die königliche Zustimmung be-
antragt hatte, sich zu verhalten habe. Ich befürwortete und erreichte, daß
einstweilen auf eine Erörterung mit dem Könige verzichtet wurde, weil derselbe ein unzweifelhaftes Recht ausübe, weil überdies der Gesetzentwurf
vor dem Thronwechsel eingebracht war, und endlich, weil wir vermeiden
müßten, die wegen der Krankheit des Monarchen ohnehin schwierige Situation durch Anregung von Kabinettsfragen zu verschärfen. Die Sache erledigte sich dadurch, daß Se. Majestät mir am 27. Mai auch das preußische
Gesetz vollzogen aus eignem Antriebe zugehen ließ.

Man hat sich in der Praxis daran gewöhnt, den Kanzler als verantwortlich
für das gesamte Verhalten der Reichsregierung anzusehen. Diese Verantwortlichkeit läßt sich nur dann behaupten, wenn man seine Berechtigung
zugibt, das kaiserliche Übersendungsschreiben, vermittelst dessen Vorlagen der verbündeten Regierungen (Art. 16) an den Reichstag gelangen,
durch Verweigerung der Gegenzeichnung zu inhibieren. Der Kanzler an
sich hätte, wenn er nicht zugleich preußischer Bevollmächtigter zum Bundesrat ist, nach dem Wortlaute der Verfassung nicht einmal die Berechtigung, an den Debatten des Reichstags persönlich teilzunehmen. Wenn er,
wie bisher, zugleich Träger eines preußischen Mandates zum Bundesrate
ist, so hat er nach Art. 9 das Recht, im Reichstage zu erscheinen und jederzeit
gehört zu werden; dem Reichskanzler als solchem ist diese Berechtigung
durch keine Bestimmung der Verfassung beigelegt. Wenn also weder der
König von Preußen noch ein andres Mitglied des Bundes den Kanzler mit
einer Vollmacht für den Bundesrat versieht, so fehlt demselben die verfas-

sungsmäßige Legitimation zum Erscheinen im Reichstage und führt er zwar nach Art. 15 im Bundesrate den Vorsitz, aber ohne Votum, und es würden ihm die preußischen Bevollmächtigten in derselben Unabhängigkeit gegenüberstehen wie die der übrigen Bundesstaaten.

Es leuchtet ein, daß eine Änderung der bisherigen Verhältnisse, infolge deren die bisher dem Kanzler zugeschriebene Verantwortlichkeit auf die Anordnungen der kaiserlichen Exekutivgewalt beschränkt und ihm die Befugnis, geschweige denn die Verpflichtung, im Reichstage zu erscheinen und zu diskutieren, entzogen würde, nicht eine nur formelle sein, sondern auch die Schwerkraft der Faktoren unsres öffentlichen Lebens wesentlich verändern würde. Ich habe mir die Frage, ob es sich empfehle, derartigen Eventualitäten näherzutreten, vorgelegt zu der Zeit, als ich mich im Dezember 1884 einer Reichstagsmehrheit gegenüber fand, die sich aus einer Koalition der verschiedenartigsten Elemente zusammensetzte, aus der Sozialdemokratie, den Polen, Welfen, Franzosenfreunden aus dem Elsaß, den freisinnigen Kryptorepublikanern und gelegentlich aus mißgünstigen Konservativen am Hofe, im Parlament und in der Presse – der Koalition, die z.B. die Geldbewilligung für einen zweiten Direktor im Auswärtigen Amt ablehnte. Die Unterstützung, welche ich dieser Opposition gegenüber am Hofe, im Parlamente und außerhalb desselben fand, war keine unbedingte und nicht frei von der Mitwirkung mißgünstiger und rivalisierender Streber. Ich habe damals die Frage Jahre hindurch mit wechselnder Ansicht über ihre Dringlichkeit bei mir und mit andern erwogen, ob das Maß nationaler Einheit, welches wir gewonnen hatten, zu seiner Sicherstellung nicht einer andern Form bedürfe als der zur Zeit gültigen, die aus der Vergangenheit überliefert und durch die Ereignisse und durch Kompromisse mit Regierungen und Parlamenten entwickelt war. Ich habe in jener Zeit, wie ich glaube, auch in öffentlichen Reden angedeutet, daß der König von Preußen, wenn ihm der Reichstag die kaiserliche Wirksamkeit über die Grenzen der Möglichkeit monarchischer Einrichtungen erschwere, sich zu einer stärkeren Anlehnung an die Unterlagen veranlaßt sehen könne, welche die preußische Krone und Verfassung ihm gewähre. Ich hatte bei Herstellung der Reichsverfassung befürchtet, daß die Gefährdung unsrer nationalen Einheit in erster Linie von dynastischen Sonderbestrebungen zu befürchten sei, und hatte mir daher zur Aufgabe gestellt, das Vertrauen der Dynastien durch ehrliche und wohlwollende Wahrung ihrer verfassungsmäßigen Rechte im Reiche zu gewinnen, habe auch die Genugtuung gehabt, daß insbesondere die hervorragenden Fürstenhäuser eine gleichzeitige Befriedigung ihres nationalen Sinnes und ihrer partikulären Ansprüche fanden. In dem Ehrgefühle, welches den Kaiser Wilhelm I. seinen Bundesgenossen gegenüber beseelte, habe ich stets ein Verständnis für die politische Notwendigkeit gefunden, welches dem eignen stark dynastischen Gefühle schließlich doch überlegen war.

Auf der andern Seite hatte ich darauf gerechnet, in den gemeinsamen öffentlichen Einrichtungen, namentlich in dem Reichstage, in Finanzen, basiert auf indirekten Steuern und in Monopolen, deren Erträge nur bei dauernd gesichertem Zusammenhange flüssig bleiben, Bindemittel herzustellen, die haltbar genug wären, um zentrifugaler Anwandlung einzelner Bundesregierungen Widerstand zu leisten. Die Überzeugung, daß ich mich in dieser Richtung geirrt, daß ich die nationale Gesinnung der Dynastien unterschätzt, die der deutschen Wähler oder doch des Reichstags überschätzt hatte, war 1877 in mir noch nicht zum Durchbruch gekommen, mit so viel Übelwollen ich auch im Reichstage, am Hofe, in der konservativen Partei und deren »Deklaranten« zu kämpfen gehabt hatte. Jetzt habe ich den Dynastien Abbitte zu leisten; ob die Fraktionsführer mir ein pater peccavi schuldig sind, darüber wird die Geschichte einmal entscheiden. Ich kann nur das Zeugnis ablegen, daß ich den Fraktionen, den arbeitsscheuen Mitgliedern sowohl wie den Strebern, in deren Hand die Führung und das Votum ihrer Gefolgschaften lag, eine schwerere Schuld an der Schädigung unsrer Zukunft beimesse, als sie selbst fühlen. »Get you home, you fragments«, sagt Coriolan.[75] Nur die Führung des Zentrums kann ich nicht eine unfähige nennen, aber sie ist berechnet auf die Zerstörung des unbequemen Gebildes eines Deutschen Reiches mit evangelischem Kaisertum und akzeptiert in Wahlen und Abstimmungen den Beistand jeder ihr an sich feindlichen, aber zunächst in gleicher Richtung wirkenden Fraktion, nicht nur der Polen, Welfen, Franzosen, sondern auch der Freisinnigen. Wie viele der Mitglieder mit Bewußtsein, wie viele in ihrer Beschränktheit für reichsfeindliche Zwecke arbeiten, werden nur die Führer beurteilen können. Windthorst, politisch latitudinarian, religiös ungläubig, ist durch Zufall und bürokratisches Ungeschick auf die feindliche Seite geschoben worden. Trotz alledem hoffe ich, daß in Kriegszeiten das Nationalgefühl stets zu der Höhe anschwellen wird, daß es das Lügengewebe zerreißt, in welchem die Fraktionsführer, strebsame Redner und Parteiblätter in Friedenszeiten die Massen zu erhalten wissen.

Wenn man sich die Zeit vergegenwärtigt, wo das Zentrum, gestützt weniger auf den Papst als auf den Jesuitenorden, die Welfen, nicht bloß die hannoverschen, die Polen, die französierenden Elsässer, die Volksparteiler, die Sozialdemokraten, die Freisinnigen und die Partikularisten, einig untereinander nur in der Feindschaft gegen das Reich und seine Dynastie, unter Führung desselben Windthorst, der vor und nach seinem Tode zu einem Nationalheiligen gemacht wurde, eine sichere und herrische Mehrheit gegen den Kaiser und die verbündeten Regierungen besaßen, so wird jeder, der die damalige Situation und die von Westen und Osten drohenden Gefahren sachkundig zu beurteilen imstande ist, es natürlich finden, daß ein für die Schlußergebnisse verantwortlicher Reichskanzler daran dachte, den möglichen auswärtigen Verwicklungen und ihrer Verbindung mit innern Gefahren mit derselben Unabhängigkeit entgegenzutreten, mit welcher der böhmische Krieg ohne Einverständnis, vielfach sogar im Widerspruch mit politischen Stimmungen unternommen wurde.

Von den Privatbriefen des Kaisers Friedrich teile ich einen um seinet- und um meinetwillen mit, als Probe seiner Sinnesart und seines schriftlichen Ausdrucks und behufs Zerstörung der Legende, daß ich »ein Feind der Armee« gewesen sei.

»Charlottenburg, 25. März 1888

Ich gedenke mit Ihnen, mein lieber Fürst, der heute abgelaufenen 50 Jahre, welche verstrichen sind, seitdem Sie in das Heer eintraten, und freue mich aufrichtig, daß der Gardejäger von damals mit so viel Zufriedenheit auf dieses abgelaufene halbe Jahrhundert zurückblicken kann. Ich will mich heute nicht in lange Auseinandersetzungen über die staatsmännischen Verdienste einlassen, welche Ihren Namen für immer mit unsrer Geschichte verflochten haben. Aber das eine muß ich hervorheben: daß, wo es galt, das Wohl des Heeres, seine Wehrkraft, seine Schlagfertigkeit zu vervollkommnen, Sie nimmer fehlten, den Kampf auszufechten und durchzuführen. Somit dankt Ihnen das Heer für erlangte Segnungen, die es Ihnen niemals vergessen wird, und an der Spitze desselben der Kriegsherr, der erst vor wenigen Tagen berufen ist, diese Stellung nach dem Heimgang dessen einzunehmen, der unausgesetzt das Wohl der Armee auf dem Herzen trug.

Ihr
wohlgeneigter
Friedrich.«

DRITTES BUCH

1. KAPITEL

ERINNERUNG UND GEDANKE

Prinz Wilhelm

Ich habe mich unter dem alten Kaiser lange Zeit bemüht, eine sachgemäße Vorbereitung des Enkels für seine hohe Bestimmung zu erreichen. Vor allem hielt ich für geboten, den Thronerben dem beschränkten Kreise des Potsdamer Regimentsdienstes zu entziehen und mit andren als militärischen Strömungen der Zeit in Berührung zu bringen. Daß ihm ein Zivilposten, zunächst etwa des Landrats, dann des Regierungspräsidenten unter Beirat eines geschulten Beamten übertragen werde, das zu erreichen hatte ich keine Aussicht und beschränkte mich auf das Bemühen, zunächst die militärische Übersiedlung des Prinzen nach Berlin durchzusetzen und ihn dort mit erweiterten Gesellschaftskreisen und mit den verschiedenen Zentralbehörden in Verbindung zu bringen. Die Hindernisse schienen wesentlich in den Bedenken des Hausministeriums gegen den durch Aufenthalt in Berlin verursachten Kostenaufwand, namentlich für Einrichtung des Schlosses Bellevue, zu liegen. Der Wohnsitz blieb Potsdam, wo dem Prinzen von dem Oberpräsidenten von Achenbach Vorträge gehalten wurden. Auch erlangte ich 1886 auf seinen Wunsch die Erlaubnis Sr. M., ihm die Akten und Geschäfte des Auswärtigen Amtes zugänglich zu machen, freilich unter scharfem Widerspruch des Kronprinzen, der mir darüber am 28. September aus Portofino bei Genua schrieb:

»Mein Sohn Prinz Wilhelm hat, ehe ich darum wußte, gegen Seine Majestät den Wunsch geäußert, während des bevorstehenden Winters mit der Tätigkeit unserer Ministerien näher bekannt zu werden, und ist infolgedessen, wie ich vernehme, bereits in Gastein seine Beschäftigung im Auswärtigen Amte ins Auge gefaßt worden.

Da mir bis jetzt von keiner Seite offizielle Mitteilungen hierüber gemacht wurden, sehe ich mich veranlaßt, zunächst vertraulich mich an Sie zu wenden, einmal um zu erfahren, was etwa bereits bestimmt ward, dann aber um zu erklären, daß trotz meines prinzipiellen Einverständnisses mit der Einführung meines ältesten Sohnes in die Fragen der höheren Verwaltung ich entschieden dagegen bin, daß er mit dem Auswärtigen Amt beginne.

Denn angesichts der Wichtigkeit der dem Prinzen zu stellenden Aufgabe halte ich es für geboten, daß er vor allen Dingen die inneren Verhältnisse seines eignen Landes kennenlerne und dann sich mit denselben vertraut fühle, ehe er (bei seinem ohnehin schon sehr raschen und zur Übereilung neigenden Urteil) sich auch nur einigermaßen mit der Politik befaßt. Sein wirkliches Wissen ist noch lückenhaft, es fehlt ihm zur Zeit an der gehörigen Grundlage, weshalb es durchaus erforderlich ist, daß seine Kenntnisse gehoben und vervollständigt werden. Einen solchen Zweck würde die Zuteilung eines Zivilinformators und damit verbunden oder auch später die Beschäftigung auf einem der Verwaltungsministerien erfüllen.

Aber angesichts der mangelnden Reife sowie der Unerfahrenheit meines ältesten Sohnes, verbunden mit seinem Hang zur Überhebung wie zur Überschätzung, muß ich es geradezu für *gefährlich* bezeichnen, ihn jetzt schon mit auswärtigen Fragen in Berührung zu bringen.

Indem ich Sie bitte, diese meine Mitteilung als nur allein an Sie gerichtet zu betrachten, rechne ich auf Ihren Beistand in dieser mich sehr ernst bewegenden Angelegenheiten.«

Ich bedauerte die daraus ersichtliche Stimmung zwischen Vater und Sohn und den Mangel an der Mitteilsamkeit zwischen beiden, auf die ich gerechnet hatte, obschon der gleiche Mangel seit Jahren zwischen Sr. M. und dem Kronprinzen bestand; ich vermochte mich aber damals dem Urteil des letzteren nicht anzuschließen, weil der Prinz bereits 27 Jahre alt war und da Friedrich der Große mit 28, Friedrich Wilhelm I. und III. in noch jüngerem Alter den Thron bestiegen. In meiner Erwiderung beschränkte ich mich darauf, zu sagen, daß der Kaiser befohlen und den Prinzen zum Auswärtigen Amte »kommandiert« habe, und hervorzuheben, daß in der königlichen Familie die väterliche Autorität in der des Monarchen unterginge.

Gegen die Versetzung nach Berlin machte der Kaiser in erster Linie nicht den Kostenpunkt geltend, sondern den Umstand, daß der Prinz für die nächste militärische Beförderung, welche den äußerlichen Anlaß zu der Übersiedlung bilden sollte, noch zu jung wäre; es half mir auch nichts, den Kaiser an sein eignes viel schnelleres Aufsteigen in der militärischen

Hierarchie zu erinnern. Die Beziehungen des jungen Herrn zu unsren Zentralbehörden blieben auf das mir untergebene Auswärtige Amt beschränkt, von dessen interessanteren Akten er mit Bereitwilligkeit, aber ohne Neigung zu ausdauernder Arbeit, Kenntnis nahm. Um ihn über den inneren Dienst eingehender zu unterrichten und um in den täglichen Verkehr des Prinzen ein zivilistisches Element neben dem kameradschaftlichen einzuführen, bat ich den Kaiser, zu gestatten, daß ein höherer Beamter von wissenschaftlicher Bildung zu Sr. Königlichen Hoheit kommandiert werde; ich schlug dazu den Unterstaatssekretär im Ministerium des Innern Herrfurth vor, der mir bei seiner Vertrautheit mit der Gesetzgebung und Statistik des ganzen Landes zu einem Mentor des Thronerben besonders geeignet schien. Auf meine Anregung lud mein Sohn im Januar 1888 den Prinzen und Herrfurth zu Tische, um die persönliche Bekanntschaft zu vermitteln. Dieselbe führte aber zu keiner weiteren Annäherung. Der Prinz sagte, mit einem so ungepflegten Barte habe er sich in seiner Jugend Rübezahl vorgestellt, und bezeichnete auf meine Frage den Regierungsrat und Reserveoffizier von Brandenstein in Magdeburg als eine ihm zusagende Persönlichkeit. Dieser erschien in der Tat nach allen Richtungen hin für die beabsichtigte Verwendung geeignet und trat auf meine Bitte die Stellung an, äußerte aber schon Mitte März den Wunsch, derselben enthoben zu werden und zu seiner Tätigkeit in der Provinz zurückzukehren. Er war von dem Prinzen sehr gnädig behandelt, wie ein willkommner Gast zu allen Mahlzeiten zugezogen worden, hatte aber zu dem Bewußtsein einer geschäftlichen Tätigkeit nicht gelangen und sich mit einem müßigen Hofleben nicht befreunden können. Er ließ sich einstweilen zum Bleiben bewegen und wurde im Juni, nachdem der Prinz den Thron bestiegen, auf dessen Befehl zu einem höheren Posten in Potsdam ernannt, gegen den auf Anciennitätsbedenken begründeten Widerspruch der beteiligten Behörde.

Mein Bemühen, eine militärische Versetzung des Prinzen in irgendeine Provinz zu erreichen, lediglich behufs Wechsels der Potsdamer Regimentseinflüsse, blieb erfolglos. Die Dimension der Kosten des prinzlichen Haushalts in der Provinz erschien dem Hausministerium noch bedeutender als in Berlin. Auch die Kronprinzessin war dem Plane abgeneigt. Der Prinz war zwar im Januar 1888 zum Brigadier in Berlin ernannt worden, aber die Beschleunigung, welche in der Entwicklung der Krankheit des Vaters eintrat, schnitt schließlich die Möglichkeit ab, dem Prinzen vor seiner Thronbesteigung bezüglich unsres staatlichen Lebens im Innern andre Eindrücke zu verschaffen, als das Regimentsleben gewähren konnte.

Ein Thronerbe als Kamerad unter jungen Offizieren, deren Begabteste vielleicht ihre dienstliche Zukunft im Auge haben, kann nur in seltnen Fällen darauf rechnen, durch den Einfluß seiner Umgebung in der Vorbereitung für seinen künftigen Beruf gefördert zu werden. Die Beschränktheit des Vorlebens, zu welchem der jetzige Kaiser durch die Sparsamkeit des Hausministeriums verurteilt wurde und die ich nicht zu ändern vermochte, habe ich tief beklagt. Er ist dann auch mit Anschauungen auf den Thron gekommen, die für unsre preußischen Begriffe neu und nicht durch unser Verfassungsleben geschult sind.

Seit dem Jahre 1884 unterhielt der Prinz einen zu Zeiten lebhaften Briefwechsel mit mir. In demselben wurde ein Ton von Verstimmung auf seiner Seite zuerst bemerklich, nachdem ich mit triftigen Gründen, aber mit aller Devotion in der Form ihm von zwei Vorhaben abgeraten hatte. Das eine knüpft sich an den Namen Stöcker.

Am 28. November 1887 fand bei dem Generalquartiermeister Grafen Waldersee eine Versammlung statt, an welcher der Prinz und die Prinzessin Wilhelm, der Hofprediger Stöcker, Abgeordente und andre bekannte Persönlichkeiten teilnahmen, um die Beschaffung von Mitteln für die Berliner Stadtmission zu besprechen. Der Graf Waldersee eröffnete die Verhandlung mit einer Rede, in welcher er betonte, daß die Stadtmission keine politische Farbe trage, sondern ihre einzige Norm an der Königstreue und Pflege des patriotischen Geistes habe; das einzige wirksame Mittel, den anarchistischen Tendenzen entgegenzutreten, sei die geistliche Versorgung, die mit der materiellen Unterstützung Hand in Hand ginge. Der Prinz Wilhelm sprach seine Zustimmung zu den Ausführungen des Grafen Waldersee aus und hat sich nach dem Referat der Kreuzzeitung des Ausdrucks »christlichsozialer Gedanke« bedient.

Aus dieser Versammlung kommend machte der Prinz meinem Sohne einen Besuch, sprach über die Vorgänge in derselben und äußerte: »Der Stöcker hat doch etwas von Luther.« Mein Sohn, der durch den Prinzen das erste von jener Versammlung hörte, erwiderte, Stöcker möge seine Meriten haben und sei ein guter Redner; aber er sei leidenschaftlich und könne sich auf sein Gedächtnis nicht immer verlassen. Der Prinz entgegnete, Stöcker habe aber doch dem Kaiser viele Tausende von Stimmen gewonnen, die er den Sozialdemokraten entrissen habe; mein Sohn erwiderte, seit den Wahlen im Jahre 1878 hätten die sozialdemokratischen Stimmen konstant zugenommen; wenn Stöcker wirklich etwas gewonnen habe, so müßte doch eine Abnahme nachweisbar sein. In Berlin sei die Beteiligung an den Wahlen eine geringe, der Berliner liebe aber Versammlungen, Lärm und Schimpfen, und mancher Gleichgültige, der sonst gar nicht zu wählen pflegte, hätte sich wohl infolge der Stöckerschen Agitation eingefunden und für den von ihm vorgeschlagenen Kandidaten gestimmt. Daß aber Stöcker und seine Agitation eine erhebliche Zahl von Sozialdemokraten *bekehrt* hätten, sei eine Täuschung.

Nach einem Jagddiner, welches bald nachher in Letzlingen stattfand, ließ der Prinz ein Zeitungsblatt mit einem Artikel über die Tendenzen jener Versammlung herumgehen. In der Unterhaltung, welche sich darüber zwischen seinen Begleitern entspann, vertrat mein Sohn die Ansicht, daß Stöcker nicht als Pastor, sondern als Politiker aufzufassen und als solcher zu scharf sei, als daß man dem Prinzen Wilhelm empfehlen könnte, sich mit ihm zu identifizieren.

Mein Sohn fuhr von Letzlingen über Berlin direkt nach Friedrichsruh, wo ich inzwischen mehrere Artikel über die sogenannte Waldersee-Versammlung gesehen hatte und ihn nach der Bedeutung derselben fragte. Er erzählte, was in Letzlingen vorgegangen war. Ich billigte seine Auffassung und bemerkte, daß die Sache mich einstweilen nichts angehe. Mittlerweile wuchs der Preßlärm, gutgesinnte Leute besuchten meinen Sohn und klagten bitter im Interesse des Prinzen, daß er sich auf eine Sache eingelassen habe, aus der er sich jetzt nicht herausfinden könne. Personen aus der Umgebung des Prinzen, die Erörterungen mit ihm gehabt, waren bestürzt über seine Heftigkeit und erzählten, daß mein Sohn bei ihm angeschwärzt worden sei; der Kammerherr von Mirbach habe dem Prinzen und der Prinzessin versichert, mein Sohn habe im Dezember die scharfen Artikel in der »Norddeutschen Allgemeinen Zeitung« geschrieben, die erst für das Kartell und die liberale Presse das Signal zur Stellungnahme gegen den Prinzen und seine Stöckerei gewesen wären. In der Tat rührten jene Artikel von Rottenburg* her, mein Sohn hat sie nie gelesen, ich auch nicht.

Die Wirkung dieser Hetzerei bemerkte mein Sohn auf dem nächsten und allen folgenden Hoffesten, wo die Prinzessin Wilhelm, die bis dahin wohl-

---

* Dem Chef der Reichskanzlei.

wollend für ihn gewesen war, ihn so anhaltend ignorierte, daß das erste Wiederbemerken am Vorabende der Abreise nach Petersburg stattfand, als das Staatsministerium insgesamt empfangen wurde

Ich hatte keine Veranlassung gefunden, mich mit der Sache zu befassen, bis der Prinz folgenden Brief an mich richtete.

»Potsdam, den 21. Dezember 1887

Ich habe zu meinem Bedauern erfahren, daß Ew. D. mit einem Werke, welches ich im Interesse der armen Klassen unsres Volkes begonnen habe, nicht einverstanden sein sollen. Ich fürchte, daß die hierüber von sozialdemokratischen Blättern ausgegangenen und leider in viele andre Zeitungen übernommenen Nachrichten die Veranlassung gegeben haben, meine Absichten zu entstellen. Bei dem intimen Verhältnis, welches Ew. D. mit mir schon lange verbindet, hatte ich täglich gehofft, daß Ew. D. direkt bei mir Erkundigungen einziehen würden. Daher habe ich bis jetzt geschwiegen – halte es aber jetzt für meine Pflicht, um weiteren Mißverständnissen und Mißdeutungen vorzubeugen, Ew. D. über den wirklichen Sachverhalt klar zu unterrichten. Im vorigen Jahre wurde mir von vielen Hochgestellten in und außer Berlin wiederholt der Wunsch ausgesprochen, im Interesse der Armen Berlins zeitweise größere Festlichkeiten zu veranstalten, deren Erträge eine dauernde Beihilfe für die Berliner Stadtmission geben sollten. Mit Genehmigung Sr. M. des Kaisers wurde unter meinem Protektorat ein Reiterfest in Aussicht genommen. Dasselbe unterblieb damals. Der Gedanke wurde in diesem Herbst von neuem angeregt, aber wegen der schweren Erkrankung meines Vaters wieder fallengelassen und statt dessen meine Frau gebeten, wie schon vor zwei Jahren das Protektorat über einen großen Bazar zu übernehmen. Da indessen die Frau Prinzessin durch die stets mehr beunruhigenden Nachrichten über den Kronprinzen zu erschüttert war, wünschte sie, daß auch von dem Bazar und sonst noch projektierten Festlichkeiten Abstand genommen würde und daß man sich durch einen Aufruf zu einer großen Kollekte direkt an alle Freunde der Stadtmission und der Notleidenden wenden möchte.

Zu diesem Zwecke sollte ein größeres Komitee gebildet werden, welchem beizutreten ich Freunde der Sache aus allen Provinzen, und zwar absichtlich aus den verschiedensten politischen Parteien und verschiedenen Konfessionen, auffordern ließ. An der Spitze dieses Komitees traten auf meinen Vorschlag: Graf Stolberg, Minister von Puttkamer, Minister von Goßler, Graf Waldersee und Graf Hochberg mit ihren Gemahlinnen.

Zum 28. November luden meine Frau und ich ungefähr 30 Personen zu einer Vorbesprechung beim Grafen von Waldersee ein. Ich legte dort den Herrn meine Absichten ans Herz und betonte, daß es mir vom größten Interesse sei, bei dieser Arbeit christlicher Liebe Leute verschiedener politischer Parteien zu vereinen, um dadurch jeden politischen Gedanken fernzuhalten und auf diese Weise möglichst viele verschiedene gute Elemente zu gemeinsamer christlicher Arbeit anzufeuern. Daß es gerade mir in meiner schwierigen, verantwortungsvollen und dornenvollen Lage daran gelegen sein mußte, einer solchen Sache keinen politischen Anstrich zu geben, versteht sich doch wohl von selbst. Auf der anderen Seite aber bin ich davon durchdrungen, daß eine Vereinigung dieser Elemente zu dem genannten Zweck ein anzustrebendes Ziel ist, welches das wirksamste Mittel zur nachhaltigen Bekämpfung der Sozialdemokratie und des Anarchismus bietet. Die in den einzelnen großen Städten des Reichs bereits bestehenden Stadtmissionen scheinen mir dazu die geeigneten Werkzeuge.

Ich begrüße es daher mit Freuden, daß in der Versammlung von den verschiedensten Seiten, besonders von Liberalen – v. Benda etc. – der Vorschlag gemacht wurde, das beabsichtigte Werk auf alle Großstädte der Monarchie gleichmäßig auszudehnen. So würde die Berliner Stadtmission nur ein gleichberechtigtes Glied in einer Kette vieler anderer gleichstehender Stadtmissionen sein und keine bevorzugtere Rolle haben als Magdeburg oder Stettin.

Dadurch wird der Verdacht hoffentlich beseitigt werden, der durch die absichtlichen Entstellungen der Presse sofort künstlich wachgerufen ward, als ob es sich um eine spezifisch Stöckersche Sache handele. Dazu kommt, daß die Absicht ist, die vereinigten Stadtmissionen unter Aufsicht und Leitung eines hervorragenden Geistlichen – der ebenfalls Mitglied des Arbeitskomitees, in dem die voraufgeführten Minister sind, sein würde –, *jedenfalls nicht Stöcker,* zu stellen. So würde die Berliner Stadtmission bez. der gefürchtete Stöcker in die Linie aller anderen zu stehen kommen und er nicht mehr bei der Sache, die das *Komitee* führt, beteiligt sein als das Haupt der Stadtmission zu Leipzig oder Hamburg oder Stettin. Die Berliner Stadtmission ist ein durch Gewährung einer regelmäßigen, landeskirchlichen Kollekte in der letzten Generalsynode auch durch einstimmiges Votum sogar von liberaler Seite sanktioniertes Institut. Die vornehmsten und angese-

hensten Leute aller Provinzen sind seit Jahren Träger der Stadtmissionshil-
fevereine, durch deren Unterstützung und Heranziehung ich mir für die
moralische Hebung der Massen, durch das Mitwirken so vieler solcher edlen Kräfte, die beste Hilfe verspreche.

Es hat mich empört, daß man die Sache durch ein unwahres, aber sehr
schlau und wohl berechnetes Hervorheben der Person Stöckers zu verdächtigen und zu hintertreiben gesucht hat. Trotz aller anerkennenswerten Leistungen dieses Mannes für Monarchie und Christentum haben wir in der
von mir beabsichtigten Vereinigung gerade wegen der öffentlichen Meinung denselben zurückgestellt, was, wie ich es mir schon vorher auszuführen erlaubte, bei der Ausdehnung des Werkes über die ganze Monarchie in
noch höherem Maße bedingt wird, und bereits in der Versammlung selbst
durch Graf Waldersee scharf betont wurde. Denn, da das gesamte Werk ein
farbloses, nicht politisches ist, so steht es auch allen Parteien offen, mitzuwirken; und ist es eben beabsichtigt, eine absolut nicht politische Persönlichkeit zur Leitung der Missionsarbeit im Lande zu berufen, der die einzelnen Stadtmissionen unterstellt sein werden.

Zu dem Zweck wird auch der Herr Kultusminister um Rat gefragt werden,
ob er eine geeignete Persönlichkeit vorzuschlagen wisse.

Männer wie Graf Stolberg, Waldersee, General Graf Kanitz, Graf Hochberg, Graf Ziethen-Schwerin, v. Benda, Miquel und Ew. D. treuergebene Kollegen von Puttkamer und von Goßler bürgen – sollte ich meinen – schon dafür, daß die Sache in richtiger und vorschriftsmäßiger Weise geleitet werde
und zum Heile des Landes und zur festen, nachhaltigen Förderung Ew. D.
schweren und herrlichen Werkes im Inneren ausschlagen werde. Mich beseelt persönlich ja nur der so oft ausgesprochene Wunsch Sr. Majestät, die ir-
regehenden Volksmassen durch gemeinsame Arbeit *aller* guten Elemente
jeden Standes und jeder Partei auf dem Gebiete christlicher Tätigkeit dem
Vaterland wiederzugewinnen, eine Absicht, die ja auch von Ew. D. so um-
ständlich vertreten wird. Das Bekanntwerden der Sache hat anfangs großen
Beifall gefunden, bis die sozialdemokratischen und freisinnigen Blätter darüber herfielen und die unglaublichsten, teilweise unverschämtesten Verdächtigungen in die Welt setzten. Sie haben allerdings erreicht, was sie wollten, und viele stutzig gemacht. Ich hoffe aber bestimmt, daß mit der bereits
an vielen Orten hervortretenden Anerkennung meiner wahren, unpartei-
ischen Ansichten die gute Sache gefördert und Segen bringen wird und daß
die niederträchtigen Angriffe zur Klärung und Läuterung beitragen werden.

Meine hohe, warme Verehrung und herzliche Anhänglichkeit, die ich für Ew. D. hege – ich ließe mir stückweise ein Glied nach dem anderen für Sie abhauen eher, als daß ich etwas unternähme, was Ihnen Schwierigkeiten machen oder Unannehmlichkeiten bereiten würde –, sollten, mein' ich, Bürge sein, daß ich mich bei diesem Werke auf keine politische Parteigedanken eingelassen habe. Ebenso lassen mich das große Vertrauen und die warme Freundschaft, die mir Ew. D. immer entgegengebracht und die ich stets stolzen Herzens dankbarst und freudig erwidert habe, hoffen, daß Ew. D. nach diesen Auseinandersetzungen mir auch Ihr Wohlwollen hierin, da ich mit reinster Absicht und in frohester Zuversicht dies Werk mit vielen, treuen, edlen Männern begonnen habe, schenken und mir Ihre Unterstützung, die am wirksamsten alle Verdächtigungen zerstreut, nicht versagen werden.

Um kurz zu rekapitulieren: Es wird sich demnächst ein Arbeitskomitee konstituieren unter Teilnahme der Minister, das die allgemeinen Bahnen für die Arbeit festlegt, speziell die Ausdehnung über das ganze Land ins Auge faßt. Die Provinzen und deren Hauptstädte senden Bevollmächtigte, welche die Provinzen vertreten und in ihnen die Arbeit leiten. Die Missionsarbeit ist einem geeigneten Mann zu übertragen, der dem Komitee angehört (etwa ein Gen.-Superintendent?) und die gesamten Missionen unter seiner Leitung hat. Das Komitee teilt mir von Zeit zu Zeit mit, was beschlossen worden. Ich stehe nicht einmal als Protektor der Sache nahe, sondern nur als wohlwollender Förderer von weitem.

Indem ich hiermit meinen Brief schließe, wünsche ich Ew. D. ein gutes neues Jahr, möge es Ihnen beschieden sein, das Land in Ihrer gewohnten weisen Fürsorge fortzuleiten, sei es zum Frieden, sei es zum Kriege. Falls das letztere sich ereignen sollte, mögen Sie nicht vergessen, daß hier eine Hand und ein Schwert bereit sind von einem Manne, der sich wohl bewußt ist, daß Friedrich der Große sein Ahnherr ist und dreimal soviel allein bekämpfte, als wir jetzt gegen uns haben; und der seine 10 Jahre militärischer Ausbildung nicht umsonst hart gearbeitet hat!

Im übrigen ›Alleweg guet Zolre!‹

In treuester Freundschaft
Prinz Wilhelm von Preußen.«

Einige Wochen vorher hatte er mich von einem anderen Vorhaben durch folgendes Schreiben in Kenntnis gesetzt.

»Potsdam, den 29. November 1887
Marmorpalais

Ew. Durchlaucht erlaube ich mir anbei ein Schriftstück zu übersenden, welches ich im Hinblick auf die nicht unmögliche Eventualität eines baldigen oder überraschenden Hinscheidens des Kaisers und meines Vaters verfaßt habe. Es ist ein kurzer Erlaß an meine künftigen Kollegen, die deutschen Reichsfürsten. Der Standpunkt, von welchem aus ich geschrieben habe, ist kurz folgender:

Das Kaisertum ist noch neu, der Wechsel in demselben der erste, welcher sich ereignet. Bei diesem geht die Macht von einem mächtigen, in der Geschichte des Aufbaues und der Gründung des Reiches hervorragend beteiligten Fürsten an einen jungen, ziemlich unbekannten Herrn. Die Fürsten sind fast alle der Generation meines Vaters angehörig, und ist es menschlich gedacht, ihnen nicht übelzunehmen, wenn ihnen es zum Teil sauer ankommt, unter den neuen, so jungen Herrn zu treten. Daher muß die von Gottes Gnaden herstammende Erbfolge als ein selbständiges fait accompli den Fürsten gegenüber betont werden, und zwar so, daß sie keine Zeit haben, viel darüber zu grübeln. Daher ist mein Gedanke und der Wunsch dahin lautend, daß, nach Durchsicht seitens Ew. D. und eventueller Amendierung, an jeder Gesandtschaft diese Proklamation versiegelt deponiert und im Falle meines Regierungsantritts sogleich durch die Gesandten den betreffenden Fürsten übergeben werde. Mein Verhältnis zu allen Vettern im Reich ist ein recht gutes, ich habe mich mit fast jedem im Laufe der Zeit über die Zukunft beredet und durch meine Verwandtschaft mit dem größten Teil der Herren eine sehr angenehme Basis des freundschaftlichen Verkehrs herauszubilden gesucht. Das werden Ew. D. in dem Passus erkennen, wo von der Unterstützung durch Rat und Tat die Rede ist, d.h., die alten Onkels sollen dem lieben jungen Neffen nicht Knüppel zwischen die Beine stecken! Ich habe betreffs der Stellung eines zukünftigen Kaisers öfters mit meinem Herrn Vater Meinungsaustausch gehabt, wobei ich sehr bald sah, daß wir sehr verschiedener Ansicht seien. Ersterer war stets der Meinung, er habe allein zu kommandieren und die Fürsten hätten zu parieren, während ich die Ansicht vertrat, man müsse die Fürsten nicht als einen Haufen Vasallen, sondern mehr als eine Art von Kollegen ansehen, deren Wort und Wunsch man ruhig mithören müsse; ob man sie erfülle, das sei etwas andres. Mir wird es leicht werden per Neffe zu Onkel mit diesen Herren, sie durch kleine Gefälligkeit zu gewinnen und durch etwaige Höflichkeitsbesuche zu kirren.

Habe ich sie erst von meinem Wesen und Art überzeugt und in die Hand mir gespielt, nun, dann parieren sie mir um so lieber. Denn pariert muß werden! Aber besser, es geschieht aus Überzeugung und Vertrauen als gezwungen!

Indem ich schließe, spreche ich die Hoffnung aus, daß Ew. Durchlaucht den gewünschten Schlaf wieder gefunden haben mögen, und bleibe stets

Ihr

treu ergebener

Wilhelm Prinz von Preußen.«

Ich faßte die Beantwortung beider Briefe in nachstehendem Schreiben zusammen.

»Friedrichsruh, den 6. Januar 1888

Ew. K. H. wollen mir huldreich verzeihn, daß ich hochdero gnädige Schreiben vom 29. November und 21. Dezember nicht schon beantwortet habe. Ich bin von Schmerz und Schlaflosigkeit so matt, daß ich nur schwer die täglichen Eingänge bewältige, und jede Arbeitsanstrengung steigert diese Schwäche. Ich kann Ew. auf diese Briefe nicht anders als eigenhändig antworten, und meine Hand leistet mir den Schreibedienst nicht mehr so leicht wie früher. Außerdem müßte ich, um gerade diese Briefe in einer befriedigenden Art zu beantworten, ein historisch-politisches Werk schreiben. Nach dem guten Sprichwort, daß das Beste des Guten Feind ist, will ich aber lieber jetzt insoweit antworten, wie meine Kräfte reichen, als länger in unehrerbietigem Schweigen bessere Kräfte abwarten. Ich hoffe in kurzem in Berlin zu sein und dann mündlich nachzuholen, was zu schreiben meine Leistungsfähigkeit überschreitet.

Die Anlage des Schreibens vom 29. November v. J. beehre ich mich, Ew. hierbei untertänigst wieder vorzulegen, und möchte ehrerbietig anheimgeben, sie ohne Aufschub zu verbrennen. Wenn ein Entwurf der Art *vorzeitig* bekannt würde, so würden nicht nur Se. M. der Kaiser und Se. K. H. der Kronprinz peinlich davon berührt sein; das Geheimnis ist aber heutzutage stets unsicher. Schon das einzige existierende Exemplar, welches ich hier sorgfältig unter Verschluß gehalten habe, kann in unrechte Hände fallen; wenn aber einige zwanzig Abschriften gefertigt und bei 7 Gesandtschaften deponiert würden, so vervielfältigen sich die Möglichkeiten böser Zufälle und unvorsichtiger Menschen. Auch wenn schließlich von den Dokumenten der beabsichtigte Gebrauch gemacht würde, so würde die dann kundwerdende

Tatsache, daß sie *vor* dem Ableben regierender Herren redigiert und bereitgehalten wären, keinen guten Eindruck machen. Ich habe mich herzlich gefreut, daß Ew., im Gegensatz zu den schärferen Auffassungen Ihres erlauchten Herrn Vaters, die politische Bedeutung erkennen, welche in dem *freiwilligen* Mitwirken der verbündeten Fürsten zu den Reichszwecken liegt. Wir wären in der Vergangenheit von nur 17 Jahren der Parlamentsherrschaft schon verfallen, wenn die Fürsten nicht fest zum Reich gestanden hätten, und freiwillig, weil sie selbst zufrieden sind, wenn sie behalten, was ihnen das Reich verbürgt; und noch mehr in Zukunft, wenn der Nimbus von 1870 verblaßt sein wird, liegt die Sicherheit des Reiches und seiner monarchischen Institutionen in der Einigkeit der Fürsten. Letztere sind nicht Untertanen, sondern Bundesgenossen des Kaisers, und wird ihnen der Bundesvertrag nicht gehalten, so werden sie sich auch nicht dazu verpflichtet fühlen und Anlehnung suchen wie früher, bei Rußland, Österreich und Frankreich, sobald die Gelegenheit dazu günstig erscheint, wie immer national sie sich halten mögen, solange der Kaiser der stärkere ist. So war es seit 1000 Jahren, und so wird es sein, wenn die alte Eifersucht der Dynastien wieder gereizt wird. Acheronta movebunt; auch die Opposition im Parlament würde eine ganz andere Kraft gewinnen, wenn die bisherige Geschlossenheit des Bundesrates aufhörte und Bayern und Sachsen mit Richter und Windthorst gemeinsame Sache machten. Es ist also eine sehr richtige Politik, die Ew. veranlaßt, sich in erster Linie an ›die Herren Vettern‹ wenden zu wollen. Ich würde aber untertänigst anheimstellen, dies mit der Zusicherung zu tun, daß der neue Kaiser die ›vertragsmäßigen Rechte der verbündeten Fürsten‹ ebenso gewissenhaft achten und schützen werde wie seine Vorgänger. Es wird sich nicht empfehlen, dabei den ›Ausbau‹ und das ›Einigen‹ des Reiches, als eine *bevorstehende* Arbeit, besonders zu akzentuieren; denn darunter werden die Fürsten weitere ›Zentralisation‹ und Minderung der ihnen nach der Verfassung gebliebenen Rechte verstehn. Wenn aber Sachsen, Bayern, Württemberg stutzig würden, so wäre der Zauber der nationalen Einheit mit seiner mächtigen Wirkung auch in Preußens neuen Provinzen, und besonders im Auslande, gebrochen. Der nationale Gedanke ist auch den Sozial- und anderen Demokraten gegenüber, auf dem Lande vielleicht nicht, aber in den Städten stärker als der christliche. Ich bedaure es, sehe aber die Dinge, wie sie sind. Die festeste Stütze der Monarchie suche ich aber in beiden nicht, sondern in einem Königtum, dessen Träger entschlossen ist, nicht nur in ruhigen Zeiten *arbeitsam* mitzuwirken an den

Regierungsgeschäften des Landes, sondern auch in kritischen lieber mit dem Degen in der Faust auf den Stufen des Throns für sein Recht kämpfend zu fallen, als zu weichen. Einen solchen Herrn läßt kein deutscher Soldat im Stich, und wahr bleibt das alte Wort von 1848 ›gegen Demokraten helfen nur Soldaten‹[76]. Priester können dabei viel verderben und wenig helfen; die priesterfrommsten Länder sind die revolutionärsten, und 1848 standen in dem gläubigen Pommerlande alle Geistlichen zur Regierung, und doch wählte ganz Hinterpommern sozialistisch, lauter Tagelöhner, Krüger und Eieraufkäufer. Ich komme damit auf den Inhalt des gnädigen Schreibens vom 21. v. M. und beginne am liebsten mit dem Schlusse desselben und dem Ausdruck des Bewußtseins, daß Friedrich der Große Ew. Ahnherr ist, und bitte Höchstdieselben, ihm nicht bloß als Feldherr, auch als Staatsmann zu folgen. Es lag nicht in der Art des großen Königs, sein Vertrauen auf Elemente wie das der inneren Mission zu setzen; die Zeiten sind heut freilich andere, aber die Erfolge, welche durch Reden und Vereine gewonnen werden, auch heut keine dauernden Unterlagen monarchischer Stellungen; für sie gilt das Wort, ›wie gewonnen, so zerronnen‹. Beredsamkeit der Gegner, giftige Kritik, taktlose Mitarbeiter, deutsche Zanksucht und Mangel an Disziplin bereiten der besten und ehrlichsten Sache leicht einen betrübten Ausgang. Mit solchen Unternehmungen wie die ›Innere Mission‹, besonders in der Ausdehnung, wie sie beabsichtigt ist, sollte meines untertänigsten Dafürhaltens Ew. Name nicht in solche Verbindung treten, daß er von dem möglichen Mißerfolge mitbetroffen würde. Der Erfolg entzieht sich aber jeder Berechnung, wenn die Verbindung sich auf alle großen Städte ausdehnt und also die Elemente und Richtungen alle in sich aufnimmt, welche in den Lokalverbänden schon vorhanden sind oder in sie eindringen werden. In solchen Vereinen ist schließlich nicht der sachliche Zweck für das wirkliche Ergebnis maßgebend, sondern die darin leitenden *Personen* drücken ihnen Stempel und Richtung auf. Das werden Redner und Geistliche sein, vielfach auch Damen, lauter Elemente, die zu einer politischen Wirksamkeit im Staate nur mit Vorsicht verwendbar sind und von deren Wohlverhalten und *Takt* ich die Meinung des Volkes über seinen künftigen König in keiner Weise abhängig wissen möchte. Jeder Fehler, jedes Ungeschick, jeder Übereifer in der Vereinstätigkeit wird den republikanischen Blättern Anlaß geben, den hohen Protektor des Vereins mit dessen Verirrungen zu identifizieren.

Ew. führen eine stattliche Zahl achtbarer Namen als einverstanden mit höchstdero Beteiligung an. Unter denselben finde ich einmal keinen, dem ich die Verantwortung für die Zukunft des Landes *isoliert* zumuten möchte; dann aber fragt sich, wie viele von den Herren ein Interesse an der inneren Mission betätigen würden, wenn sie nicht wahrgenommen hätten, daß Ew. und die Frau Prinzessin der Sache höchstihre Teilnahme zuwenden. Ich bin nicht bestrebt, Mißtrauen zu wecken, wo Vertrauen besteht; aber ein Monarch kann ohne einiges Mißtrauen erfahrungsgemäß nicht fertig werden, und Ew. stehen dem hohen Berufe zu nahe, um nicht jedes Entgegenkommen daraufhin zu prüfen, ob es der *Sache* gilt, um die es sich gerade handelt, oder dem künftigen Monarchen und dessen Gunst. Wer von Ew. Vertrauen in der Zukunft etwas begehren will, der wird heut schon streben, eine Beziehung, ein Band zwischen sich und dem künftigen Kaiser herzustellen; und wie viele sind ohne geheimen Wunsch und Ehrgeiz? Und auch für den, der es ist, bleibt in unsern monarchisch gesinnten Kreisen das Streben nicht ohne Wirkung, in irgendwelchem nähern Verhältnis zum Monarchen zu stehen. Das Rote Kreuz und andere Vereine würden ohne I. M. die Kaiserin so viele Teilnahme nicht finden; das Verlangen, zum Hofe in Beziehung zu stehen, kommt der Nächstenliebe zu Hilfe. Das ist auch erfreulich und schadet der *Kaiserin* nicht. Anders ist es mit Thronerben. Unter den Namen, die Ew. nennen, ist keiner ganz ohne *politischen* Beigeschmack, und der Bereitwilligkeit, den Wünschen des hohen Protektors zu dienen, liegt die Hoffnung zugrunde, sich oder der Fraktion, der man angehört, den Beistand des künftigen Königs zu gewinnen. Ew. werden *nach* der Thronbesteigung die Männer und die Parteien mit Vorsicht und mit wechselnden Treffen nach höchsteigenem Ermessen benutzen müssen, ohne die Möglichkeit, äußerlich einer unserer Fraktionen sich hinzugeben. Es gibt Zeiten des Liberalismus und Zeiten der Reaktion, auch der Gewaltherrschaft. Um darin die nötige freie Hand zu behalten, muß verhütet werden, daß Ew. schon als Thronfolger von der öffentlichen Meinung zu einer Parteirichtung gerechnet werden. Das würde nicht ausbleiben, wenn höchstdieselben zur inneren Mission in eine organische Verbindung treten als Protektor. Die Namen von Benda und Miquel sind für mich nur ornamentale Zutaten; beide Ministerkandidaten der Zukunft; auf dem Gebiete der Mission werden sie aber, Stöcker und anderen Geistlichen gegenüber, das Rennen bald aufgeben. Schon in dem Namen ›Mission‹ liegt ein Prognostikon dafür, daß die Geistlichkeit dem Unternehmen die Signatur geben wird, selbst dann, wenn das arbeitende Mitglied des Komitee nicht ein Generalsuperintendent sein würde. Ich habe nichts gegen Stöcker; er hat für mich nur den einen Fehler als Politiker, daß er Priester ist, und als Priester, daß er Politik treibt. Ich habe meine Freude an seiner tapferen Energie und an seiner Beredsamkeit, aber er hat keine glückliche Hand; die Erfolge, die er erreicht, bleiben momentan, er vermag sie nicht unter Dach zu bringen und zu erhalten; jeder gleich gute Redner, und deren gibt es, entreißt sie ihm; *zu trennen von der innern Mission wird er nicht* sein, und seine Schlagfertigkeit sichert ihm den maßgebenden Einfluß darin auf seine Amtsbrüder und die Laien. Er hat sich bisher einen Ruf erworben, der die Aufgabe, ihn zu schützen und zu fördern, nicht erleichtert; jede Macht im *Staate* ist stärker ohne ihn als mit ihm, in der Arena des Parteikampfes aber ist er ein Simson. Er steht an der Spitze von Elementen, die mit den Traditionen Friedrichs d. Gr. in schroffem Widerspruch stehen, und auf die eine Regierung des Deutschen Reiches sich nicht würde stützen können. Mir hat er mit seiner Presse und seiner kleinen Zahl von Anhängern das Leben schwer und die große konservative Partei unsicher und zwiespältig gemacht. Die ›Innere Mission‹ aber ist ein Boden, aus dem er wie der Riese Antäus stets neue Kräfte saugen und auf dem er unüberwindlich sein wird. Die Aufgabe Ew. und höchstihrer dereinstigen Minister würde wesentlich erschwert werden, wenn sie die Vertretung der ›Inneren Mission‹ und der Organe derselben in sich schließen sollte. Der evangelische Priester ist, sobald er sich stark genug dazu fühlt, zur Theokratie ebenso geneigt wie der katholische, und dabei schwerer mit ihm fertig zu werden, weil er keinen Papst über sich hat. Ich bin ein gläubiger Christ, aber ich fürchte, daß ich in meinem Glauben irre werden könnte, wenn ich, wie der Katholik, auf priesterliche Vermittlung zu Gott beschränkt wäre.

Ew. sprechen in Höchstdero Schreiben vom 21. v. M. die Meinung aus, daß ich Anlaß gehabt hätte, schon früher bei höchstdenselben über die vorliegende Frage Erkundigungen einzuziehen; ich bin aber erst durch Ew. jüngstes Schreiben von der Lage der Sache informiert worden, und meine Antwort hat *keine* andere Unterlage als den Inhalt besagten Schreibens. Was ich bis dahin wußte, genügte zwar, um mir einige Sorge über Preßangriffe auf Ew. zu wecken, aber ich hatte zu wenig Glauben an den Ernst der Sache, um mich direkt an höchstdieselben zu wenden. Erst der Brief vom 21. überzeugte mich vom Gegenteil.

Ew. wollen die freimütige Offenheit, mit der ich meine Ansicht in vorstehendem ausspreche, mit Nachsicht aufnehmen. Das Vertrauen, mit dem hochdieselben mich jederzeit beehrt, und die Gewißheit, welche Ew. in betreff meiner ehrerbietigen Anhänglichkeit haben, lassen mich auf diese

Nachsicht rechnen. Ich bin alt und matt und habe keinen andern Ehrgeiz mehr, als mir die Gnade des Kaisers und seiner Nachfolger zu bewahren, wenn ich meinen Herrn überleben sollte. Mein Pflichtgefühl gebietet mir, dem Kaiserhause und dem Lande ehrlich zu dienen, solange ich kann, und zu diesem Dienst gehört es, daß ich Ew. in Antwort auf höchstdero Schreiben dringlich abrate, sich vor der Thronbesteigung schon die Fessel irgendwelcher politischen oder kirchlichen Vereins-Beziehung aufzuerlegen. Alle Vereine, bei welchen der Eintritt und die Tätigkeit der einzelnen Mitglieder von diesen selbst abhängig ist und von ihrem guten Willen und persönlichen Ansichten, sind als Werkzeuge zum *Angreifen* und *Zerstören* des Bestehenden sehr wirksam zu verwenden, aber nicht zum Bauen und Erhalten. Jeder vergleichende Blick auf die Ergebnisse konservativer und revolutionärer Vereinstätigkeit überzeugt von dieser bedauerlichen Wahrheit. Zum positiven Schaffen und Erhalten lebensfähiger Reformen ist bei uns *nur* der König an der Spitze der Staatsgewalt auf dem Wege der *Gesetzgebung* befähigt. Die kaiserliche Botschaft bezüglich sozialer Reformen wäre ein toter Buchstabe geblieben, wenn ihre Ausführung von der Tätigkeit freier Vereine erwartet worden wäre; die können wohl Kritik üben und über Schäden Klage führen, aber heilen können sie letztere nicht. Das sichere Mißlingen ihrer Unternehmungen können die Vereinsmitglieder um so leichter tragen, als jeder nachher *den andern* anklagt; einen Thronfolger als Protektor aber trifft es schwerer in der öffentlichen Meinung. Mit Ew. in einem Verein zu sein, ist für jedes andere Mitglied ehrenvoll und nützlich ohne jedes Risiko; *nur* für Ew. tritt das umgekehrte Verhältnis ein; jedes Mitglied fühlt sich gehoben und macht sich wichtig mit dem Vereinsverhältnis zum Thronerben, und letzterer hat allein als Gegenleistung für die Bedeutung, welche er dem Verein verleiht, nichts als die *Gefahr des Mißlingens* durch anderer Schuld. Aus dem anliegenden Ausschnitt der Freisinnigen Zeitung, der mir heut zugeht, wollen Ew. huldreich ersehn, wie schon heut die Demokratie bemüht ist, hochdieselben mit der sogenannten christlichsozialen Fraktion zu identifizieren. Sie druckt die Sätze gesperrt, durch welche Ew. und meine Beziehungen zu dieser Fraktion ins Publikum gebracht werden sollen[77]. Das geschieht von der Freisinnigen Zeitung doch gewiß nicht aus Wohlwollen oder um der Regierung des Kaisers einen Dienst zu erweisen. ›Religiöse und sittliche Bildung der Jugend‹ ist an sich ein ehrenwerter Zweck, aber ich fürchte, daß hinter diesem Aushängeschild andere Ziele politischer und hierarchischer Richtung verfolgt werden. Die unwahre Insinuation des Pastors Seydel, daß ich ein Gesinnungsgenosse sei und ihn und seine Genossen *vorzugsweise* als Christen betrachtete, wird mich zur Widerlegung nötigen, und dann wird es offenbar werden, daß zwischen den Herrn und mir das Verhältnis ziemlich dasselbe ist wie mit jeder anderen Opposition gegen die jetzige Regierung Sr. Majestät.

Ich laufe Gefahr, in der Tat doch *ein Buch* zu schreiben; ich habe seit 20 Jahren zu viel unter der Giftmischerei der Herren von der Kreuzzeitung und den evangelischen Windthorsten gelitten, um *in Kürze* von ihnen reden zu können. Ich schließe dieses überlange Schreiben mit meinem untertänigen und herzlichen Dank für die Gnade und das huldreiche Vertrauen, welches Ew. Schreiben mir bekunden.«

Darauf erhielt ich diese Antwort:

»Potsdam, den 14. Januar 1888
Ew. Durchlaucht Brief habe ich empfangen und spreche meinen besten Dank aus für die eingehende und ausführliche Entwickelung der Gesichtspunkte, aus welchen Sie mir von der Unterstützung der Stadtmission abraten zu sollen glauben. Ich darf Ew. Durchlaucht versichern, daß ich mir alle Mühe gegeben habe, Ihren Standpunkt auch zu dem meinigen zu machen. Vor allem erkenne ich voll und ganz die Notwendigkeit an, mich der nahen Berührung geschweige der Identifizierung mit bestimmten politischen Parteiströmungen fernzuhalten. Dies ist aber auch von jeher mein Prinzip, nach dem ich streng gehandelt und gelebt, gewesen. Ich vermag jedoch beim besten Willen mich nicht davon zu überzeugen, daß in der Förderung, welche ich dem Streben der Stadtmission zugewendet habe, eine politische Parteinahme irgendwelcher Art zu erkennen ist. Dieselbe war, ist und soll, soviel an uns liegt, auch in alle Zukunft bleiben ein einzig und allein auf das geistige Wohl und Wehe der armen Elemente gerichtetes Liebeswerk; und ich möchte mich ungeachtet Ihres Briefes nicht von der Zuversicht trennen, daß Ew. Durchlaucht sich selbst bei nährer Erwägung der Richtigkeit dieser Annahme nicht verschließen werden. Ist es mir sonach bei vollster Würdigung der von Ew. Durchlaucht mir entgegengehaltenen Gründe unmöglich, mich von einem Werke zurückzuziehn, von dessen Wichtigkeit für das allgemeine Wohl ich fest überzeugt bin – eine Überzeugung, die mir durch unzählige Zuschriften und Zustimmungsadressen aus allen Teilen der Monar-

chie, besonders aus katholischen und aus den unteren Arbeiterkreisen der Bevölkerung, als eine weitverbreitete und wohlbegründete entgegengebracht wird –, so bin ich doch weit entfernt davon, nicht mit Ew. Durchlaucht anerkennen zu wollen, daß es wünschenswert und notwendig ist, durch einen spontanen Akt der irrigen Voraussetzung den Boden zu entziehn, als ob es sich um die Begünstigung politischer Sonderbestrebungen handele. Zu dem Ende werde ich den Hrn. Hofprediger Stöcker dahin bestimmen lassen, daß er sich von der offiziellen Leitung der Stadtmission zurückzieht und daß solches in einer angemessenen und für ihn nicht kompromittierenden Form in die Öffentlichkeit gebracht werde. Vor einer solchen Manifestation wird, so denk' ich, jede Verdächtigung meiner Absichten und Stellung verstummen müssen – wenn nicht, dann wehe denen, wenn ich zu befehlen haben werde! –, und Ew. Durchlaucht werden zugleich darin zu erkennen geneigt sein, welch hohen Wert ich darauf lege, jeden nur den leisesten Schatten einer Meinungsverschiedenheit zwischen uns nach Kräften zu zerstreuen.«

(gez.) Wilhelm Prinz von Preußen

Die vorstehende Korrespondenz rief die erste, vorübergehende Empfindlichkeit des Prinzen mir gegenüber hervor. Er hatte geglaubt, daß ich sein Schreiben mit einer Anerkennung im Stile seiner strebsamen Umgebung beantworten würde, während ich es für meine Pflicht gehalten hatte, in meinem eigenhändigen, vielleicht etwas lehrhaft gehaltenen Schreiben, dessen Umfang meine Arbeitsfähigkeit erheblich überstieg, vor den Bestrebungen zu warnen, durch welche Cliquen und Personen sich der Protektion des Thronerben zu versichern suchten. Die Antwort des Prinzen ließ mir nach Form und Inhalt keinen Zweifel darüber, daß der Mangel an Anerkennung der Bestrebungen des Prinzen und meine warnende Kritik verstimmt hatten. In dem Schlusse seiner Antwort lag schon, noch in prinzlicher Form, das, was später in der kaiserlichen Wendung ausgesprochen wurde: Wer mir widerstrebt, »den zerschmettere ich«.

Wenn ich jetzt zurückblicke, so nehme ich an, daß der Kaiser während der 21 Monate, da ich sein Kanzler war, seine Neigung, einen ererbten Mentor loszuwerden, nur mit Mühe unterdrückt hat, bis sie explodierte, und eine Trennung, die ich, wenn ich den Wunsch des Kaisers gekannt hätte, mit Schonung aller äußeren Eindrücke eingeleitet haben würde, in einer plötzlichen, für mich verletzenden, ich kann sagen beleidigenden Weise erzwang.

Das Ergebnis war jedoch insofern meinem Ratschlage entsprechend, als die Beteiligung an dem beabsichtigten christlichen Werke zunächst auf wenigere und weniger exklusive Kreise beschränkt wurde. Die Tatsache, daß die von mir gemißbilligte Inszenierung im gräflich Walderseeschen Hause stattgefunden hatte, trug dazu bei, diese hervorragende Persönlichkeit in der prinzlichen Umgebung noch mehr zu verstimmen, als ohnehin der Fall war. Ich war früher mit ihm von langer Zeit befreundet gewesen und hatte ihn in dem französischen Kriege als Soldaten und politischen Bundesgenossen schätzengelernt, so daß mir später der Gedanke nahetrat, ihn dem Kaiser zu militärischen Stellungen politischer Natur zu empfehlen. Bei näheren dienstlichen Berührungen mit dem Grafen wurde ich über seine politische Verwendbarkeit zweifelhaft, und als Graf Moltke in seiner Stellung an der Spitze des Generalstabs eines Adlatus bedurfte, hatte ich Veranlassung, die Meinung militärischer Kreise zu erforschen, bevor ich dem Kaiser meine von ihm befohlene Ansicht unterbreitete. Das Ergebnis war, daß ich die Aufmerksamkeit Sr. M. auf den General von Caprivi lenkte, obschon ich wußte, daß dieser nicht eine gleich gute Meinung von mir hatte wie ich von ihm. Mein Gedanke, daß Caprivi der Nachfolger Moltkes werden sollte, scheiterte im letzten Grunde, wie ich glaube, an der Schwierigkeit, zwischen zwei so selbständigen Charakteren, wie die genannten beiden, den modus vivendi herzustellen, der bei einer dualistischen Leitung des Generalstabs nötig war. Diese Aufgabe erschien den höchsten Kreisen leichter lösbar, indem die Stellung eines Adlatus des Grafen Moltke dem General von Waldersee übertragen wurde; dieser wurde durch seine neue Stellung dem Monarchen und dessen Nachfolgern auf dem Throne nähergerückt. Auf dem Gebiete nichtmilitärischer Politik wurde in weitern Kreisen sein Name, und zwar in Verbindung mit dem Hofprediger Stöcker, zuerst bekannt durch die in seinem Hause abgehaltenen Besprechungen über innre Mission.

Am Silvesterabend 1887 fand mein Sohn auf dem Lehrter Bahnhof, von wo er nach Friedrichsruh fahren wollte, den Prinzen, der auf ihn wartete und ihn ersuchte, mir zu sagen, daß die Stöckersache nun ganz harmlos sei, und hinzusetzte, mein Sohn sei wesentlich in dieser Angelegenheit angegriffen, er, der Prinz, sei aber für ihn eingetreten.

2. KAPITEL

GROSSHERZOG VON BADEN

Auf die Entschließungen des Kaisers hat nach meiner auf Äußerungen Sr. Maj. begründeten Wahrnehmung der Großherzog von Baden, der mich in früheren Perioden wohlwollend und wirksam unterstützt hatte, in der letzten Zeit meiner Amtsführung einen für mich störenden Einfluß gehabt. Früher als die meisten anderen Bundesfürsten der Überzeugung zugänglich, daß die deutsche Frage nur durch Förderung der hegemonischen Bestrebungen Preußens gelöst werden könne, ist er der nationalen Politik nach Kräften entgegengekommen, nicht mit der Geschäftigkeit des Herzogs von Coburg, aber mit einer stärkeren Rücksichtnahme auf die ihm nahestehende preußische Dynastie und ohne den wechselnden Verkehr mit dem Kaiser Napoleon, dem Wiener Hofe und den regierenden Kreisen in England und Belgien, wie ihn der Herzog unterhielt. Seine politischen Beziehungen hielten sich in den Schranken, welche die deutschen Interessen und die Familienverbindung ihm zogen. Er hatte nicht das Bedürfnis, wirklich oder scheinbar an den wichtigsten Vorgängen der europäischen Politik beteiligt zu sein, und war nicht, wie die Coburger Brüder, den Versuchungen ausgesetzt, welche in dem Glauben an die eigne überlegne Befähigung zur Behandlung politischer Fragen liegen. Aus dem Grunde hatte auch auf seine Ansichten die Umgebung mehr Einfluß als auf die Coburgische Selbstüberschätzung des Herzogs Ernst und des Prinzen Albert, welche ihre Wurzeln in dem Nimbus der Weisheit fand, der den ersten König der Belgier umgab, weil derselbe seine eignen Interessen geschickt wahrnahm.

Es hat Zeiten gegeben, wo der Großherzog unter dem Druck äußerer Verhältnisse nicht imstande war, seine Überzeugung über den Weg, auf dem die deutsche Frage zu lösen sei, zu betätigen, Zeiten, die sich an den Namen des Ministers von Meysenbug und an die Jahreszahl 1866 knüpfen. In beiden Fällen befand er sich einer force majeure gegenüber. In der Hauptsache

blieb er aber stets geneigt, den besten Antrieben seines Popularitätsbedürf-
nisses, den nationalen, Folge zu leisten, und sein Streben in dieser Richtung
hatte nur zu leiden von einem parallelen Streben nach Anerkennung auf
dem bürgerlichen Gebiete, in der durch Louis Philippes Beispiel gegebnen
Richtung, auch wo beides schwer vereinbar war. Daß in der schwierigen
Zeit des Aufenthalts in Versailles, wo ich mich im Kampfe mit ausländischen, weiblichen und militärischen Einflüssen befand, der Großherzog der
einzige unter den deutschen Fürsten war, der mir bei dem Könige in der Kaiserfrage Unterstützung gewährte und mir aktiv und wirksam in der Überwindung der preußisch-partikularistischen Abneigung des Königs beistand, ist im ersten Bande Buch II Kapitel 12 erzählt. Der Kronprinz war
seinem Vater gegenüber von der gewohnten Zurückhaltung, welche ihn an
wirksamer Geltendmachung seiner nationalen Gesinnung hinderte.

Das Wohlwollen des Großherzogs ist mir auch nach dem Frieden jahrzehntelang verblieben, wenn ich vorübergehende Verstimmungen abrech-
ne, die dadurch entstanden, daß die Interessen Badens, wie er selbst oder
seine Beamten sie auffaßten, mit der Reichspolitik in Friktionen gerieten.

Herr von Roggenbach, der zeitweise für den Spiritus rector der badischen
Politik galt, hatte bei den Friedensverhandlungen von 1866 mir gegenüber
einer Verkleinerung Bayerns und Vergrößerung Badens das Wort geredet;
auf ihn wurde auch das 1881 auftretende Gerücht[78] zurückgeführt, daß Baden Königreich werden solle.*

Daß der Großherzog das Gebiet, wenn nicht seines Territoriums, so doch
seiner Tätigkeit auszudehnen wünschte, ließ sich später aus den Anregungen einer Herstellung militärischer und politischer Beziehungen zwischen
Baden und Elsaß-Lothringen schließen. Ich habe meine Mitwirkung zur
Ausführung derartiger Pläne versagt, weil ich mich des Eindrucks nicht erwehren konnte, daß die badischen Verhältnisse für Sanierung der Situation
im Elsaß und für Umwandlung der französischen Sympathien in deutsche
vielleicht noch ungeeigneter, jedenfalls nicht förderlicher als die jetzige kaiserliche Verwaltung sein würden.

In der badischen Verwaltung hat sich die den süddeutschen Gewohnheiten eigne Art Bürokratie, man könnte sagen Schreiberherrschaft, noch
schärfer ausgebildet als in den übrigen süddeutschen Staaten, Nassau ein-

---

* S. Anlage I, unten S. 656

gerechnet. Bürokratische Wucherungen sind auch den norddeutschen Verhältnissen nicht fremd, namentlich in den höheren Kreisen, und werden infolge der heutigen Handhabung der ›Selbstverwaltung‹ (lucus a non lucen-
do) auch in die ländlichen Kreise eindringen; aber bisher waren die Träger
bei uns doch vorwiegend Beamte, deren Rechtsgefühl durch ihren Bil-
dungsgrad geschärft wird; in Süddeutschland aber war das Gewicht der Be-
amtenklasse, welche bei uns zu den Subalternen gehört oder den Übergang
zu denselben bildet, größer, und die Regierungspolitik, welche in Baden
schon vor 1848 mehr auf Popularität berechnet war, als sonst in Deutschland üblich, hat sich gerade in den Tagen der Bewegung als die erwiesen,
welche die geringste Anhänglichkeit gezeitigt hatte und deren Wurzelver-
bindung mit der Dynastie die schwächste war. Baden war in dem genannten
Jahre der einzige Staat, in welchem sich das Erlebnis des Herzogs Karl von
Braunschweig wiederholte, [daß] der Landesherr genötigt wurde, sein Land
zu verlassen.

Der regierende Herr war in dem Herkommen aufgewachsen, daß das
Streben nach Popularität und das ›Rechnung tragen‹ jeder Regung der öffentlichen Meinung gegenüber das Fundament der modernen Regierungs-
kunst sei. Louis Philippe war eine Art von Vorbild für die äußere Haltung
konstitutioneller Monarchen, und da er seine Rolle als solches auf der europäischen Bühne von Paris gespielt hatte, so gewann er für deutsche Fürsten
eine ähnliche Bedeutung wie die Pariser Moden für deutsche Damen. Daß
auch die militärische Seite der staatlichen Leistungen nicht frei von dem System des Bürgerkönigs geblieben war, zeigte der Abfall der badischen Truppen, der so schmählich in keinem anderen deutschen Staate bisher vorgekommen ist. In diesen retrospektiven Betrachtungen habe ich immer
Bedenken getragen, dazu mitzuwirken, daß der badischen Regierungspolitik die Entwicklung der Dinge im Reichslande übergeben werde.

So national gesinnt der Großherzog, sich selbst überlassen, sein mochte,
so vermochte er doch nicht immer dem auf materiellen Interessen begründeten Partikularismus seiner Beamten Widerstand zu leisten, und im Falle
eines Konflikts wurde es ihm natürlich schwer, badische Lokalinteressen
denen des Reichs zu opfern.

Ein latenter Konflikt lag in der Rivalität der Eisenbahnen des Reichslan-
des mit den badischen, ein zutage tretender in den Beziehungen zu der
Schweiz. Den badischen Beamten war ein Pflegen und Erstarken der deutschen Sozialdemokratie auf Schweizer Gebiete weniger unbequem als eine

Schädigung oder Klage der Angehörigen derjenigen zahlreichen badischen Untertanen, welche in der Schweiz ihren Erwerb suchten. Daß die Reichsregierung in ihrem Verhalten gegen das Nachbarland keinen andern Zweck verfolgte als die Unterstützung der konservativen Elemente in der Schweiz gegen den Einfluß und den agitatorischen Druck der fremden und heimischen Sozialdemokratie, darüber konnte auch die badische Regierung keinen Zweifel haben. Sie war davon unterrichtet, daß wir mit den achtbarsten Schweizern in einem unausgesprochenen, aber gegenseitig befolgten Einverständnisse handelten, welches dank der Unterstützung, die wir unsern Freunden gewährten, praktisch zu dem Ergebnis führte, daß die politische Zentralgewalt der Schweiz eine festere Stellung und schärfere Kontrolle als früher über die deutschen Sozialisten und die Kantönli-Politik der Demokratie gewann.

Ob Herr von Marschall diese Sachlage durch seine Berichte nach Karlsruhe klar zum Ausdruck gebracht hat, weiß ich nicht; ich erinnere mich nicht, daß er in den sieben Jahren, während deren er badischer Gesandter war, jemals eine Unterredung mit mir gesucht oder gehabt hätte. Aber durch seine Intimität mit meinem Kollegen Boetticher und durch seine Beziehungen zu Mitarbeitern des Auswärtigen Amts ist er jedenfalls für seine Person vollständig unterrichtet gewesen. Man sagte mir, daß er schon seit längerer Zeit die Sympathien des Großherzogs zu gewinnen und Antipathie gegen die Personen, welche ihm die Aussicht nach oben hinderten, zu erzeugen gesucht hat. Ich erinnere mich in bezug auf ihn eines im ersten Bande Buch II Kapitel 15 angeführten[*] Wortes des Grafen Arnim aus der Zeit, wo dieser mit mir noch offen redete.

Auch der Grenzverkehr mit Frankreich ist von dem badischen Standpunkte anders zu beurteilen und zu behandeln als gemäß der Reichspolitik. Die Anzahl der badischen Staatsangehörigen, welche in der Schweiz und im Elsaß als Arbeiter, Handlungsgehilfen und Kellner Beschäftigung finden und über den Elsaß hinaus an einer ungestörten Verbindung mit Lyon und Paris interessiert sind, ist ziemlich groß, und von den großherzoglichen Beamten war kaum zu verlangen, daß sie ihre Verwaltungssorgen einer Reichspolitik unterordnen sollten, deren politische Ziele dem Reiche zugute, deren lokale Nachteile aber Baden zur Last kamen.

---

[*] Vgl. S. 394

Aus solchen Friktionen entspannen sich Preßkämpfe zwischen offiziösen, selbst amtlichen badischen Organen und der »Norddeutschen Allgemeinen Zeitung«.

In der Tonart waren beide Seiten nicht tadelfrei. Der staatsanwaltliche Zuschnitt der badischen Polemik war ebensoweit außerhalb der gewöhnlichen Höflichkeit wie der Stil der genannten Berliner Zeitung, welche ich von der Schärfe der Diktion, die meinem damaligen Freunde, Herrn von Rottenburg, dem Chef der Reichskanzlei, als rechtskundigen Gelehrten anklebte, nicht freihalten konnte, da ich nicht immer Zeit hatte, mich mit publizistischen Redaktionen auch nur kontrollierend zu beschäftigen.

Mir ist erinnerlich, daß mich 1885 ein Befehl des Kronprinzen eines Abends spät plötzlich nach dem Niederländischen Palais beschied, wo ich den hohen Herrn und den Großherzog vorfand, letzteren in ungnädiger Verstimmung über einen Artikel der »Norddeutschen Allgemeinen Zeitung« in einer Polemik mit dem offiziösen badischen Blatte. Ich erinnere mich des Gegenstandes, um den es sich handelte, nicht mehr vollständig, weiß auch nicht, ob der betreffende Artikel des Berliner Blattes offiziösen Ursprungs war. Er konnte das sein, ohne vor dem Druck zu meiner Kenntnis gekommen zu sein; die Anlässe, bei denen ich Neigung und Zeit fand, auf die Herstellung von Preßerzeugnissen einzuwirken, waren viel seltener, als in der Presse und daher im Publikum angenommen wurde. Ich tat das nur solchen Fragen oder persönlichen Angriffen gegenüber, welche für mich ein besonderes Interesse hatten, und es vergingen, selbst wenn ich in Berlin war, Wochen und Monate, ohne daß ich Zeit oder Neigung gefunden hätte, die Artikel, für welche man mich verantwortlich hielt, zu lesen, geschweige denn zu schreiben oder schreiben zu lassen. Der Großherzog machte es aber wie alle Welt, betrachtete mich als verantwortlich für die Äußerung der genannten Zeitung in der ihm ärgerlichen Sache.

Eigentümlich war die Art, wie er gegen diese Preßleistung reagierte. Der Kaiser war damals bedenklich erkrankt und die Großherzogin gekommen, ihn zu pflegen. Unter diesen Umständen hatte der Großherzog von dem fraglichen Artikel Anlaß genommen, seinem Herrn Schwager, dem Kronprinzen, zu erkennen zu geben, er werde infolge sotaner Kränkung Berlin mit seiner Gemahlin sofort verlassen und das Motiv seiner Abreise nicht verhehlen. Nun war zwar die Pflege, welche der Kaiser von seiner Frau Tochter genoß, dem Patienten kein Bedürfnis, sondern eine Kundgebung kindlicher Liebe, welche er mit ritterlicher Höflichkeit über sich ergehen ließ.

Aber gerade diese seine Eigenschaft war in den Beziehungen zu Frau und Tochter vorherrschend in ihm, und jede Verstimmung innerhalb dieses engen Familienkreises wirkte betrübend und niederschlagend auf ihn.

Ich war daher bemüht, dem kranken Herrn Erlebnisse der Art nach Kräften zu ersparen, und tat, ich weiß heute nicht mehr was, aber jedenfalls alles, was möglich war, um in einer mehr als zweistündigen Verhandlung mit lebhafter und wirksamer Hilfe des Kronprinzen seinen Herrn Schwager zu beruhigen. Wahrscheinlich bestand die Sühne außer meinem Protest gegen jede Voraussetzung amtlichen Übelwollens in der Veröffentlichung eines neuen und einlenkenden Artikels in der »Norddeutschen Allgemeinen Zeitung«. Erinnerlich ist mir, daß es sich um die Beurteilung irgendeiner Maßregel des badischen Staatsministeriums handelte und daß die Empfindlichkeit des Großherzogs mich vermuten ließ, daß derselbe sich in dem fraglichen Falle an den Staatsgeschäften persönlich eingreifender beteiligt hatte, als er es sonst mit der Beobachtung konstitutioneller Maxime vereinbar hielt.

Aus Berliner und Karlsruher Hofkreisen ist es mir als Veranlassung zu dem Wechsel, der in der Stimmung des Großherzogs während der letzten Zeit meiner amtlichen Tätigkeit vorgegangen zu sein scheint, bezeichnet worden, daß ich bei Anwesenheiten desselben in Berlin im Drange der Geschäfte ihm und seiner Gemahlin gegenüber den im Hofleben üblichen Verkehr nicht ausreichend gepflegt habe. Ich weiß nicht, ob das richtig ist, und es entzieht sich meiner Beurteilung, inwieweit badische Hofintrigen gewirkt haben, als deren Mundstück mir außer Roggenbach der Hofmarschall von Gemmingen bezeichnet worden ist, mit dessen Tochter der Freiherr von Marschall verheiratet ist. Es ist möglich, daß der letztere, badischer Staatsanwalt, demnächst Vertreter Badens im Bundesrate, mit dem Vorsitz im Auswärtigen Amte des Deutschen Reiches seine Laufbahn nicht für abgeschlossen hält; und Tatsache ist, daß zwischen ihm und Herrn von Boetticher sich in den letzten Zeiten meiner Amtsführung eine Intimität entwickelt hatte, der ein gemeinsames weibliches Interesse für Rangfragen zum Grunde lag.

Wenn auch unter der wiederkehrenden Verstimmung das Wohlwollen des Großherzogs für mich allmählich erkaltet ist, so glaube ich doch nicht, daß er mit Bewußtsein auf meine Entfernung aus dem Amte hingearbeitet hat. Seine Einwirkung auf den Kaiser, die ich als störend für meine Politik bezeichnet habe, machte sich geltend in den Fragen, welche Haltung der

Kaiser gegenüber den Arbeitern und in betreff des Sozialistengesetzes beobachten werde. Es ist mir glaubhaft mitgeteilt worden, daß der Kaiser im
Winter 1890, bevor er den plötzlichen Übergang von der Absicht, den Widerstand zu leisten, den ich empfohlen, zum Nachgeben machte, den Großherzog zu Rate gezogen, und daß dieser im Sinne der badischen Traditionen
das Gewinnen statt des Bekämpfens der Gegner befürwortet habe, aber
überrascht und unzufrieden gewesen sei, als der Wechsel in den Absichten
Sr. M. meine Entlassung herbeiführte.

Sein Rat würde auch nicht durchgeschlagen haben, wenn nicht bei Sr. M.
die Neigung vorhanden gewesen wäre zu verhindern, daß die richtige Würdigung der eignen monarchischen Leistungen ferner durch die Zweifel
beeinträchtigt werden könnte, ob die Allerhöchsten Entschließungen kaiserlichen oder kanzlerischen Ursprungs seien. Der ›neue Herr‹ hatte das Bedürfnis, nicht nur von einem Mentor frei zu werden, sondern auch für Gegenwart und Zukunft die Verdunklung nicht zuzulassen, welche eine
kanzlerische Wolke etwa wie die Richelieus und Mazarins entwickeln würde. Einen nachhaltigen Eindruck hatte auf ihn eine gelegentlich von dem
Grafen Waldersee beim Frühstück in Gegenwart des Flügeladjutanten
Adolf von Bülow mit Berechnung getane Äußerung gemacht: »daß Friedrich der Große nie der Große geworden sein würde, wenn er bei seinem Regierungsantritt einen Minister von der Bedeutung und Machtstellung Bismarcks vorgefunden hätte«.

Nach meiner Verabschiedung hat der Großherzog Partei gegen mich genommen. Als im Februar 1891 in der Gemeindebehörde von Baden-Baden
angeregt worden war, mir das Ehrenbürgerrecht zu erteilen, ließ er den
Oberbürgermeister kommen und stellte ihn über eine solche Rücksichtslosigkeit gegen den Kaiser zur Rede. Wenig später hat er bei einer Unterredung mit dem in Baden-Baden lebenden Schriftsteller Maxime du Camp,
der das Gespräch auf mich brachte, diesem das Wort mit der Bemerkung
abgeschnitten: »Il n'est qu'un vieux radoteur.«

3. KAPITEL

BOETTICHER

Der Kaiser Wilhelm II. hat nicht das Bedürfnis, Mitarbeiter mit eignen Ansichten zu haben, welche ihm in dem betreffenden Fache mit der Autorität der Sachkunde und Erfahrung entgegentreten könnten. Das Wort ›Erfahrung‹ in meinem Munde verstimmte ihn und rief gelegentlich die Äußerung hervor: »Erfahrung? Ja, die allerdings habe ich nicht.« Um seinen Ministern sachkundige Anregungen zu geben, zog er deren Untergebene an sich und ließ sich von diesen oder von Privatleuten die Informationen beschaffen, auf Grund deren eine kaiserliche Initiative den Ressortministern gegenüber genommen werden konnte. Außer Hinzpeter und andern war mir gegenüber dazu in erster Linie Herr von Boetticher brauchbar.

Ich hatte seinen Vater gekannt, 1851 mit ihm in Frankfurt am Bunde funktioniert und fand Gefallen an der äußerlich angenehmen Erscheinung des Sohnes, der begabter als der Vater ist, diesem aber an Festigkeit und Ehrlichkeit nachsteht. Ich habe die Karriere des Sohnes durch meinen Einfluß bei dem Kaiser Wilhelm I. ziemlich schnell gefördert; er wurde auf meinen Antrag Oberpräsident in Schleswig, Staatssekretär, Staatsminister, lediglich durch mich, aber Minister immer nur in dem Sinne eines Amanuensis für mich, eines aide oder adjoint, wie man in Petersburg sagt, der nach dem Willen des Kaisers nur meine Politik im Staatsministerium und im Bundesrate zu vertreten hatte, namentlich wenn ich durch Abwesenheit verhindert war. Er hatte kein anderes Ressort als die Aufgabe, mich zu unterstützen. Es war dies eine Stellung, die zuerst der Minister Delbrück auf meinen Antrag erhielt und die ausschließlich zu meiner Vertretung und Erleichterung von Sr. M. geschaffen wurde. Delbrück war Präsident des Bundes-, späteren Reichskanzleramts, also staatsrechtlich der höchste vortragende Ministerialbeamte des Reichskanzlers gewesen und dann zum Minister ernannt worden, um im Staatsministerium den Reichskanzler zu unterstützen und bei dessen Abwesenheit zu vertreten. Delbrück hatte in pflichttreuer Weise, auch wenn seine Ansicht in bestimmten Fragen von der meinigen abwich, doch die meinige vertreten und zog sich zurück, als diese Vertretung mit seiner Überzeugung in einen so scharfen Widerspruch trat, daß er nicht glaubte über denselben hinwegsehen zu dürfen. Auf seine eigne Empfehlung folgte ihm der frühere hessische Minister von Hofmann, welcher für fügsam galt und keine politische Vergangenheit zu schonen hatte. Derselbe übernahm daneben die Leitung des in dem Umfange seiner Aufgabe erheblich eingeschränkten, unter dem Namen ›Handelsministerium‹ abgezweigten Ressorts. Er nahm an, daß er außer der Pflege des deutschen Handels noch besondre Pflichten und Rechte für den preußischen Handel auf dem Gebiete der Gesetzgebung habe, und mißbrauchte die Unabhängigkeit, welche ihm diese von ihm selbst gewünschte Stellung gewährte, um ohne mein Wissen Gesetzentwürfe für Reichsangelegenheiten vorzubereiten, welche meine Zustimmung nicht fanden, namentlich solche, die meiner Ansicht nach die Grenze des Arbeiterschutzes überschritten und das Gebiet des Arbeiterzwanges in Gestalt der Beschränkung der persönlichen Unabhängigkeit und der Autorität des Arbeiters und des Familienvaters betrafen und von denen ich auf die Dauer keine günstige Wirkung erwarte. Da mehrfache Erinnerungen gegen diese mir Opposition machenden Vorlagen, die Arbeiten betriebsamer, dem Minister auf diesem Gebiete überlegner Räte des Handelsministeriums, erfolglos blieben, so bewog ich den Feldmarschall von Manteuffel, Herrn von Hofmann als Minister in dem Reichslande zu übernehmen.

Ich bat alsdann den Kaiser, Herrn von Boetticher zum Nachfolger Hofmanns zu ernennen, und durfte mir von diesem im Verkehr mit den Parlamenten geschickten Beamten die Unterstützung versprechen, zu deren Leistung dieser Ministerposten ohne Ressort in der Form eines Adlatus des Kanzlers und Ministerpräsidenten ausschließlich geschaffen war. Herr von Boetticher war im Reichsdienste mein Untergebner als Staatssekretär des Innern, im preußischen Dienste mein amtlicher Beistand, berufen, mich bei Vertretung meiner Ansichten zu unterstützen, nicht aber eigne unabhängig geltend zu machen. Er hat diese Aufgabe jahrelang bereitwillig und mit Geschick erfüllt, eigne Ansichten mir gegenüber nur mit großer Zurückhaltung und, wie ich vermute, nur auf parlamentarische und anderweitige Instigation vertreten. Eine definitive Aussprache meiner Ansicht genügte stets zur schließlichen Erlangung seiner Zustimmung und Mitwirkung. Er besitzt hohe Begabung für einen Unterstaatssekretär, ist ein vorzüglicher parlamentarischer debater, geschickter Unterhändler und hat die Fähigkeit, geistige Werte von höherem Betrage in Kleingeld unter die Leute zu bringen und durch die ihm geläufige Form gutmütiger Biederkeit Einfluß dafür zu üben. Daß er niemals fest genug in seinen Ansichten war, um sie dem Reichstage, geschweige denn dem Kaiser gegenüber mit Beharrlichkeit zu vertreten, war für den ihm angewiesenen Wirkungskreis nicht gerade ein wesentlicher Mangel; und wenn er für Rang- und Ordensfragen eine krankhafte Empfindlichkeit hatte, die bei getäuschter Erwartung in Tränen ausbrach, so war ich mit Erfolg bemüht, dieselbe zu schonen und zu befriedigen. Mein Vertrauen zu ihm war so groß, daß ich ihn nach dem Abgange des Herrn von Puttkamer zu dessen Nachfolger als Vizepräsidenten des Staatsministeriums empfahl. Auch in dieser Stellung blieb er mein, des Präsidenten, Vertreter. Ein Dualismus findet in dem Ministerpräsidium nicht statt. Ich hatte mich gewöhnt, ihn als einen persönlichen Freund zu betrachten, der seinerseits durch unsere Beziehungen vollständig befriedigt wäre. Auf eine Enttäuschung war ich um so weniger gefaßt, als ich imstande gewesen war, ihm in seinen durch die Schulden und die Vergehen seines Schwiegervaters, eines Bankdirektors in Stralsund, bedenklich gefährdeten Familieninteressen wesentliche Dienste zu leisten.

Den Zeitpunkt, zu welchem er den Versuchungen des Kaisers, mit diesem ohne mein Wissen nähere Fühlung als mit mir zu nehmen, zuerst erlegen ist, kann ich nicht genau bestimmen. Die Möglichkeit, daß er mir gegenüber unaufrichtig verfahren könne, lag meinen Gedanken so fern, daß ich sie erst geprüft habe, als er im Jahre 1890 im Kronrate, im Ministerium und im Dienste mir offen opponierte, Partei nehmend für kaiserliche Anregungen, über welche ihm meine prinzipiell entgegengesetzte Ansicht bekannt war. Mitteilungen, die mir später zugegangen sind, und der Rückblick auf Vorgänge, denen ich gleichzeitig wenig Bedeutung geschenkt hatte, haben mich nachträglich überzeugt, daß Herr von Boetticher schon seit längerer Zeit den persönlichen Verkehr mit dem Kaiser, in welchen ihn meine Vertretung brachte, sowie seine Beziehungen zu dem badischen Gesandten Herrn von Marschall und durch dessen Schwiegervater Gemmingen zu dem Großherzoge von Baden dazu benutzt hatte, um sich auf meine Kosten nähere Beziehungen zu Sr. M. zu schaffen und sich in diejenigen Lücken einzunisten, welche zwischen den Auffassungen des jugendlichen Kaisers und der greisenhaften Vorsicht seines Kanzlers bestanden. Die Versuchung, in welcher sich Herr von Boetticher befand, den Reiz der Neuheit, welchen die monarchischen Aufgaben für den Kaiser hatten, und meine vertrauensvolle Müdigkeit in Geschäften zum Nachteile meiner Stellung auszubeuten, wurde, wie ich höre, durch weibliches Rangstreben und in Baden durch gelangweiltes Einflußbedürfnis gesteigert. Offiziöse Artikel, welche ich den wohlunterrichteten Federn meiner früheren Mitarbeiter zuschreibe, hoben als einen Anspruch Boettichers auf meine Dankbarkeit hervor, daß derselbe im Januar und Februar 1890 bemüht gewesen sei, zwischen dem Kaiser und mir zu vermitteln und mich für die kaiserlichen Ansichten zu gewinnen. In dieser, wie ich glaube, inspirierten Darstellung liegt das volle Eingeständnis der Fälschung der Situation. Die Amtspflicht des Herrn von Boetticher war nicht, an der Unterwerfung eines erfahrenen Kanzlers unter den Willen eines jugendlichen Kaisers zu arbeiten, sondern den Kanzler in seiner verantwortlichen Aufgabe bei dem Kaiser zu unterstützen. Hätte er sich an diese seine amtliche Aufgabe gehalten, so würde er auch innerhalb der Grenzen seiner natürlichen Befähigung geblieben sein, auf Grund deren er in seine Stellung berufen war. Seine Beziehungen zum Kaiser waren in meiner Abwesenheit intimer geworden als die meinigen, so daß er sich stark genug fühlte, meine, seines Vorgesetzten, amtliche und schriftliche Weisungen im Bewußtsein seines höheren Rückhalts unausgeführt zu lassen.

Daß er es nicht bloß auf die Gunst des Kaisers, sondern auch auf meine Beseitigung und seine Nachfolge in dem Ministerpräsidium abgesehen hatte, schließe ich aus einer Reihe von Umständen, deren einige erst später zu meiner Kenntnis gekommen sind. Im Januar 1890 hat er dem Kaiser, und im Hause des Freiherrn von Bodenhausen, gesagt, ich sei sowieso fest entschlossen abzugehen, und um dieselbe Zeit sagte er mir, der Kaiser unterhandle schon mit meinem Nachfolger.

In den ersten Tagen des genannten Monats hatte er mich zum letztenmal behufs Besprechung geschäftlicher Fragen in Friedrichsruh besucht. Wie ich später erfahren, hat er schon vorher dem Kaiser die Insinuation gemacht, ich sei durch übermäßigen Morphiumgebrauch geschäftsunfähig geworden. Ob diese Andeutung dem Kaiser direkt durch Boetticher oder durch Vermittlung des Großherzogs von Baden gemacht worden ist, habe ich nicht feststellen können; jedenfalls hat S. M. meinen Sohn Herbert über diese Tatsache befragt und ist von diesem an den Professor Schweninger verwiesen worden, von welchem der Kaiser erfuhr, daß die Andeutung aus der Luft gegriffen sei. Leider hat die Lebhaftigkeit des Professors verhindert, die

Unterhaltung bis zur vollständigen Aufklärung des Ursprungs der Verleumdung durchzuführen. Den Anlaß zu dieser kaiserlichen Ermittlung kann nur Herr von Boetticher aus Friedrichsruh gebracht haben, da andre persönliche Verbindungen zu jener Zeit nicht stattgefunden haben.

Schon bei jenem Besuche im Januar hatte er bei mir die Konzessionen befürwortet, welche nachher das Thema zu den Variationen in den kaiserlichen Erlassen vom 4. Februar bildeten. Ich hatte denselben widersprochen, einmal weil ich nicht für nützlich hielt, daß dem Arbeiter gesetzlich verboten werde, zu bestimmten Zeiten und Gelegenheiten über seine und seiner Familienglieder Arbeitskräfte zu verfügen, dann aber auch, weil ich neue, die Zukunft der Arbeiter und der Arbeitgeber treffende Belastungen der Industrie scheute, solange ihre praktischen Konsequenzen nicht mehr als bisher klargestellt wären. Außerdem schien mir nach den Vorgängen der Bergwerkstreiks von 1889, daß zunächst nicht der Weg der Konzessionen, sondern der der Verteidigung gegen sozialdemokratische Überwuch[er]ungen zu betreten sei. Ich hatte vor und nach Weihnachten die Absicht, mich an den Verhandlungen über das Sozialistengesetz zu beteiligen und den Satz zu vertreten, daß die Sozialdemokratie in höherem Grade wie gegenwärtig das Ausland eine Kriegsgefahr für Monarchie und Staat involviere und als innere Kriegs- und Macht-, nicht als Rechtsfrage von staatlicher Seite angesehn werden müsse. Diese meine Auffassung war Herrn von Boetticher bekannt und durch ihn ohne Zweifel auch dem Kaiser, und ich suche in dieser Kenntnis der Situation den Grund, aus welchem S. M. meine Anwesenheit in Berlin nicht wünschte und mir den Ausdruck dieses Wunsches direkt und indirekt wiederholt zugehen ließ in Fassungen, die für mich den Charakter einer Allerhöchsten Weisung hatten. Eine schärfere Position, von mir als Kanzler öffentlich genommen, hätte dem Kaiser die entgegenkommende Haltung den Sozialdemokraten gegenüber erschwert, für die er damals schon durch den Großherzog von Baden, Boetticher, Hinzpeter, Berlepsch, Heyden, Douglas gewonnen war und die in dem Kronrat vom 24. Januar ihren durch Herrn von Boetticher verlesenen, mich und andere Minister überraschenden Ausdruck fand. Wenn sich der Plan verwirklicht hätte, für den der Kaiser im Februar gestimmt war, den S. M. aber, wie ich glaube unter badischem Einfluß, nach einigen Tagen wieder aufgab, der Plan, daß ich unter Rücktritt aus allen preußischen Ämtern Reichskanzler bliebe, so konnte Herr von Boetticher sich Hoffnung machen, preußischer Ministerpräsident zu werden, da er die Geschäfte als Vizepräsident in der Hand hatte. Damit wären er und seine Gemahlin in die erste Rangstufe, die sogenannte Feldmarschallsklasse, aufgerückt. Ich würde ihn freilich nicht zu dieser Stellung empfohlen haben. Ich fürchtete, daß aus den Vorgängen von 1889 und der ermutigenden Stimmung des Kaisers Unruhen folgen würden, und mit Rücksicht auf die liberalen Sympathien der Minister des Innern und des Krieges (Polizei und Militär) und die Apathie des Justizministers (Staatsanwälte) empfahl ich, das Präsidium wenigstens in militärische Hände zu legen.

Die Tatsache, daß Boetticher bei meinem Wiedereintritt in die ministeriellen Diskussionen in allen Fragen, in welchen ihm die Abweichung meiner Ansichten von den ihm früher als mir mitgeteilten kaiserlichen bekannt war, als Advokat des kaiserlichen Willens mich in Gegenwart Sr. M. und in dem Staatsministerium bekämpfte, war für meine politische, ich möchte sagen geschichtliche Auffassung ein erfreuliches Symptom der Stärke, zu welcher die königliche Macht seit 1862 wieder gediehen war. Der Minister, welcher auf meine Bitte mir zum Beistand ernannt war, übernahm die Führung der Opposition im Ministerium gegen mich, sobald er glauben konnte, sich in der kaiserlichen Gunst dadurch zu befestigen, und führte meinen sachlichen Bedenken gegenüber ausschließlich die Replik ins Feld, wir hätten die kaiserlichen Wünsche zu erfüllen, wir müßten etwas zustande bringen, um S. M. zu befriedigen.

4. KAPITEL

HERRFURTH

Bei seiner Thronbesteigung war der Kaiser entschlossen, den von seinem Vater auf dem Todbette entlassenen Minister des Innern von Puttkamer wieder in sein Amt zu berufen; nur des Dekorums wegen sollte die Wiederanstellung nicht zu schnell auf die Entlassung und den Tod des Kaisers Friedrich folgen. In seinem Auftrage wurde von mir Herrn Herrfurth das Ministerium des Innern unter der Bedingung angeboten, daß er dasselbe gegen ein Oberpräsidium, womöglich Koblenz, vertauschen sollte, sobald der Kaiser den Zeitpunkt für gekommen halten würde, Herrn von Puttkamer wieder zu berufen. Herrfurth erklärte sich dazu bereit mit dem Bemerken, daß er die Politik Puttkamers in der Zwischenzeit genau fortführen werde. Nachdem er auf diese Weise am 2. Juli 1888 interimistischer Minister geworden war, hatte er an das Reformbedürfnis Sr. M. das Bestreben angeknüpft, aus dem Interimistikum ein Definitivum zu machen. Ich war überrascht, von dem Kaiser, als ich ihm vortrug, daß die Zeit zur Wiederanstellung Puttkamers gekommen schiene, die Antwort zu erhalten, er habe sich nun schon an »Rübezahl« gewöhnt und wolle ihn behalten.

Wodurch hatte nun Rübezahl die frühere Antipathie so überwunden, daß er Herrn von Puttkamer vorgezogen wurde, dessen restitutio in integrum der Kaiser bedungen hatte? Ich darf annehmen, daß die Aussicht, auf dem Gebiete der Landgemeindeordnung ein dringendes Bedürfnis unter Zustimmung aller Interessen zu befriedigen und eine allgemein empfundene Bedrückung durch Reste feudaler Einrichtungen zu beseitigen, die Unterlage der kaiserlichen Gunst war.

Herrfurth hatte mir schon vor seinem Eintritte in das Ministerium von der Absicht einer Reform der Landgemeindeordnung in den alten Provinzen gesprochen, und ich hatte ihn dringend gebeten, diese Frage ruhen zu lassen: Die Landbevölkerung der alten Provinzen lebe in tiefem Frieden miteinander. Niemand fühle ein Bedürfnis der Änderung mit Ausnahme etwa der Dörfer, welche Stadtcharakter angenommen hätten, meistens Vororte großer Städte; die große Masse der ländlichen Bevölkerung lebe in der jetzigen bäuerlichen Dorf-Verfassung in Ruhe und Frieden, und auch zwischen Guts- und Dorfgemeinden herrsche nicht nur Eintracht, sondern auch auf *beiden* Seiten Abneigung gegen Änderungen. Ich bat dringend, die bestehende Eintracht auf dem Lande nicht durch Hineinwerfen von theoretischen Zankäpfeln zu stören, durch Anregung unlösbarer Prinzipienfragen Kämpfe hervorzurufen, zu denen bisher kein sachlicher Anlaß gewesen. Herrfurth entgegnete, daß allerdings Anlaß vorhanden sei in der Existenz von »Zwerggemeinden«, die außerstande seien, ihre Pflichten als Gemeinde zu erfüllen. Ich bestritt, daß damit das Bedürfnis zu einer grundstürzenden Umwälzung bewiesen sei, die an das Jahr 1848 mit seiner Verfassungsmacherei und Neuregulierung aller Lebensverhältnisse erinnerte.

Nach dieser Auseinandersetzung mit meinem Kollegen und nach vertraulichen Besprechungen der Frage, die im Winter 1888-1889 stattgefunden hatten, war ich überrascht, als ich den Besuch einer Deputation von Schönhauser Bauern erhielt, welche mir von dem Landrate erhaltene lithographierte Fragebogen vorlegten, aus denen die Absicht der Regierung zu entnehmen war, die Zustände unsrer Landgemeinden prinzipiell neu zu gestalten. Zu ihrer lebhaften Befriedigung konnte ich ihnen sagen, daß ich, solange ich Minister sei, solchen Plänen nicht zustimmen würde und auch nicht glaubte, daß dieselben Aussicht auf die Genehmigung Sr. M. haben würden. Durch Erkundigung in anderen Provinzen erfuhr ich, daß auch dort durch Metallogramme der Behörden dieselben vorbereitenden Ermittlungen bei den Bauerngemeinden stattgefunden hatten. Als ich Herrfurth sagte, ich hätte nach unseren Besprechungen nicht glauben können, daß er mit seinem Reformplane unbeirrt und ohne Einverständnis des Staatsministeriums vorgehen würde, erhielt ich abschwächende und ausweichende Antworten der Art, daß schon damals der Verdacht in mir aufstieg, mein Kollege habe sich hinter meinem Rücken des kaiserlichen Einverständnisses mit seinen Bestrebungen versichert, und daß die Aussicht auf eine große Wirkung der bezeichneten Reform ihm das Mittel gewesen sei, die Gunst des Kaisers zu gewinnen und die definitive Ministerstellung zu erreichen. Wenn er nicht schon damals kaiserlicher Rückendeckung sich bewußt gewesen wäre, so wäre er schwerlich gegen meine und des Staatsministeriums ihm bekannte Überzeugung so weit vorgegangen, wie ich durch meine Erkundigung erfuhr.*

---

* Die Landgemeindeordnung wurde am 24. April 1891 von dem Abgeordnetenhause mit 327 gegen 23 Stimmen angenommen und Herrfurth darüber durch ein Telegramm des Kaisers aus Eisenach beglückwünscht. Das Herrenhaus gab einem Paragraphen eine andere Fassung, die am 1. Juni von dem Abgeordnetenhause mit 206 Stimmen gegen 99 Konservative angenommen wurde.

5. KAPITEL

DER KRONRAT VOM 24. JANUAR

———————

Wann der Gedanke, mich zu beseitigen, in dem Kaiser entstanden, wann zum Entschlüsse gereift ist, kann ich nicht wissen. Der Gedanke, daß er den Ruhm seiner dereinstigen Regierung mit mir nicht teilen werde, wenn ich Minister bliebe, war ihm schon als Prinzen nahegebracht und eingängig geworden. Es war natürlich, daß an den künftigen Thronerben, solange derselbe in der zugänglichen Stellung eines jungen Offiziers war, sich Streber nestelten, die man ihrer Zeit mit einem Berolinismus als »Militär- und Zivilschuster« bezeichnete. Je näher die Wahrscheinlichkeit rückte, daß der Prinz bald nach seines Großvaters Tode zur Regierung kommen werde, desto lebhafter wurden die Bestrebungen, den zukünftigen Kaiser für persönliche und Parteizwecke zu gewinnen. Gegen mich ist schon vorher die von Graf Waldersee angebrachte, wohlberechnete Phrase dabei ausgenutzt worden: Wenn Friedrich der Große einen solchen Kanzler gehabt hätte, so wäre er nicht der Große geworden.

Die Verstimmung, welche durch die Stöckersche Sache in den brieflichen Verkehr des Prinzen Wilhelm mit mir gekommen war (Brief desselben vom 14. Januar 1888) verzog sich wieder, wenigstens äußerlich. Auf dem Diner, welches ich am 1. April 1888 gab, brachte der inzwischen Thronfolger gewordene Prinz einen Toast auf mich aus, in welchem er nach dem von der »Norddeutschen Allgemeinen Zeitung« als authentisch gegebenen Texte sagte:

»Um mich eines militärischen Bildes zu bedienen, so sehe ich unsere jetzige Lage an wie ein Regiment, das zum Sturm schreitet. Der Regimentskommandeur ist gefallen, der nächste im Kommando reitet, obwohl schwer getroffen, noch kühn voran. Da richten sich die Blicke auf die Fahne, die der Träger hoch emporschwenkt. So halten Ew. Durchlaucht das Reichspanier empor. Möge es, das ist unser innigster Herzenswunsch, Ihnen noch lange vergönnt sein, in Gemeinschaft mit unserem geliebten und verehrten Kaiser das Reichsbanner hochzuhalten. Gott segne und schütze denselben und Ew. Durchlaucht!«

Am 1. Januar 1889 erhielt ich folgendes Schreiben:

»Lieber Fürst! Das Jahr, welches uns so schwere Heimsuchungen und unersetzliche Verluste gebracht hat, geht zu Ende. Mit Freude und Trost zugleich erfüllt Mich der Gedanke, daß Sie Mir treu zur Seite stehen und mit frischer Kraft in das neue Jahr eintreten. Von ganzem Herzen erflehe Ich für Sie Glück, Segen und vor allem andauernde Gesundheit und hoffe zu Gott, daß es Mir noch recht lange vergönnt sein möge, mit Ihnen zusammen für die Wohlfahrt und Größe unseres Vaterlandes zu wirken.

Wilhelm. I. R.«

Bis zum Herbst waren keine Symptome einer Sinnesänderung bemerkbar; aber im Oktober bei der Anwesenheit des Kaisers von Rußland war S. M. überrascht darüber, daß ich den beabsichtigten zweiten Besuch in Rußland widerriet, und gab durch sein Verhalten gegen mich eine Verstimmung zu erkennen. Der Vorgang wird seinen rechten Platz in einem späteren Abschnitt finden.* Einige Tage später trat der Kaiser die Reise nach Konstantinopel an, von welcher er aus Messina, Athen und den Dardanellen freundliche Telegramme über seine Eindrücke an mich sandte. Jedoch ist es später zu meiner Kenntnis gekommen, daß er im Ausland »zuviel von dem Kanzler« hatte sprechen hören. Eine etwaige Verstimmung darüber wurde durch berechnete Witzworte meiner Gegner gesteigert, in denen unter anderm von der Firma Bismarck und Sohn die Rede war.

Ich war inzwischen, am 16. Oktober, nach Friedrichsruh gegangen. In meinem Alter hing ich um meiner selbst willen nicht an meiner Stelle, und wenn ich die baldige Trennung vorhergesehen hätte, so würde ich sie für den Kaiser bequemer und für mich würdiger herbeigeführt haben. Daß ich sie nicht vorhergesehen habe, beweist, daß ich trotz vierzigjähriger Übung kein Höfling geworden war und die Politik mich mehr in Anspruch nahm als die Frage meiner Stellung, an welche mich nicht Herrschsucht und Ehrgeiz, sondern nur mein Pflichtgefühl fesselte.

---

* Vgl. S. 600

Im Laufe des Januar 1890 kam es zu meiner Kenntnis, wie lebhaft der
Kaiser sein Interesse der sogenannten Arbeiterschutzgesetzgebung zuge-
wandt und daß er sich darüber mit dem König von Sachsen und dem Großherzog von Baden benommen hatte, die zur Beisetzung der Kaiserin Augusta nach Berlin gekommen waren. In Sachsen waren die Bestimmungen,
welche unter der genannten Rubrik den Reichstag und den Bundesrat beschäftigt hatten, das heißt gesetzliche Beschränkungen der Frauen-, Kinder-
und Sonntagsarbeit, zum Teil bereits vor längerer Zeit eingeführt und von
verschiedenen Industrien unbequem empfunden worden. Die sächsische
Regierung wollte der zahlreichen Arbeiterbevölkerung gegenüber nicht
ihre eigenen Anordnungen selbst reformieren; die beteiligten Industriellen
drückten auf sie mit dem Wunsch, daß im Wege der Reichsgesetzgebung
eine Revision der sächsischen Einrichtungen herbeigeführt oder die Unbequemlichkeit derselben für das ganze Reich, also für alle deutschen Konkurrenten verallgemeinert werden möge, und der König hatte ihnen insoweit
nachgegeben, daß die sächsischen Vertreter im Bundesrat im Sinne des sogenannten Arbeiterschutzgesetzes tätig wurden, für welches nach und nach
alle Parteien im Reichstag, um Stimmen der Wähler zu gewinnen oder doch
nicht zu verlieren, sich in Resolutionen ausgesprochen hatten. Für die bun-
desrätliche Bürokratie lag in den wiederholten Resolutionen des Reichstags ein Druck, dem sie bei ihrem Mangel an Fühlung mit dem praktischen
Leben nicht widerstand. Die Mitglieder der betreffenden Ausschüsse glaubten ihren Ruf als Menschenfreunde zu schädigen, wenn sie nicht in die von
England ausgehenden humanitären Phrasen einstimmten. Auch das gewichtige bayerische Votum war nicht von Vorgesetzten instruiert, welche
die Verantwortlichkeit für den Schein antihumaner Bestrebungen zu übernehmen geneigt waren. Ich veranlaßte, daß die Resolutionen des Reichstags
im Bundesrat unbeachtet blieben. Es war unter diesen Umständen für
Herrn von Boetticher eine leichte und dankbare Aufgabe, im Verkehr mit
seinen bundesrätlichen Kollegen meine Ansicht zu kritisieren, anstatt sie zu
vertreten. Meine lange Abwesenheit von Berlin brachte ihn in die Lage, dasselbe dem Kaiser gegenüber zu tun, und, wenn er ihm in meiner Vertretung
Vortrag zu halten hatte, meinen Eigensinn als das Hindernis auf dem Wege
des Kaisers zur Popularität zu bezeichnen.

Es widerstrebte meiner Überzeugung und Erfahrung, in die Unabhängigkeit des Arbeiters, in sein Erwerbsleben und in seine Rechte als Familien-
haupt so tief einzugreifen wie durch ein gesetzliches Verbot, seine und der

Seinigen Arbeitskräfte nach eigenem Ermessen zu verwerten. Ich glaube nicht, daß der Arbeiter an sich dankbar dafür ist, daß man ihm verbietet, Geld zu verdienen an Tagen und in Stunden, wo er dazu geneigt ist, wenn auch ohne Zweifel von den Führern der Sozialisten diese Frage zu einer erfolgreichen Agitation benutzt wird, mit der Vorspiegelung, daß die Unternehmer auch für die verkürzte Arbeitszeit den unverkürzten Lohn zu zahlen imstande seien. Mit dem Verbot der Sonntagsarbeit habe ich bei persönlicher Erkundigung die Arbeiter stets nur dann einverstanden gefunden, wenn ihnen zugesichert werden konnte, daß der Wochenlohn für sechs Arbeitstage ebenso hoch sein werde wie früher für sieben. Mit dem Verbot oder der Beschränkung der Arbeit Nicht-Erwachsener waren die Eltern der von der Arbeit Auszuschließenden nicht einverstanden, und unter den Nicht-Erwachsenen nur Individuen von bedenklicher Lebensrichtung. Die Ansicht, daß der Arbeiter von dem Arbeitgeber dauernd gezwungen werde, auch gegen seinen Willen zu bestimmten Zeiten zu arbeiten, kann bei der heutigen Eisenbahnverbindung und Freizügigkeit doch nur ausnahmsweise bei ganz besondren Arbeits- und Kommunikationsverhältnissen richtig sein, schwerlich in der Ausdehnung, daß ein die Gesamtheit treffender Eingriff in die persönliche Freiheit dadurch gerechtfertigt erschiene. Bei den Streiks hatten diese Fragen keine Rolle gespielt.

Wie dem auch sei, Tatsache ist, daß der König von Sachsen trotz allem Wohlwollen für mich auf die kaiserlichen Auffassungen in einer Richtung eingewirkt hat, welche der von mir seit Jahren, namentlich in der Rede vom 9. Mai 1885 über die Sonntagsruhe vertretenen entgegengesetzt war. Daß sich an diesen Ausgangspunkt mein Ausscheiden aus dem Dienst knüpfen würde, hatte er nicht erwartet und bedauerte dieses Ergebnis. Dasselbe hätte sich auch schwerlich daran geknüpft, wenn nicht durch den Einfluß des Großherzogs von Baden und der Minister Boetticher, Verdy, Herrfurth und andrer die kaiserliche Stimmung ohnehin so weit bearbeitet gewesen wäre, daß S. M. überzeugt war, mein seniler Eigensinn sei ein Hindernis für sein Streben, die öffentliche Meinung zu gewinnen und die Gegner der Monarchie in Anhänger derselben zu verwandeln.

Am 8. Januar trat der Reichstag wieder zusammen. Schon vor und bald nach Weihnachten hatte der Kaiser mir in einer Weise, die für mich einem Befehl gleichkam, empfohlen, ich möge nicht zu der Session nach Berlin kommen. Am 23. morgens, zwei Tage vor dem Schluß des Reichstags, telegraphierte mir Boetticher, der Kaiser habe ihm durch einen Adjutanten sagen lassen, daß am folgenden Tage um 6 Uhr Kronrat sein solle, und antwortete auf meine Rückfrage, was der Gegenstand der Beratung sein werde, er wisse das nicht. Mein Sohn, durch mich von meiner Korrespondenz mit Boetticher unterrichtet, begab sich nachmittags zu dem Kaiser und erhielt auf seine Frage nach dem Zweck des Conseils die Antwort, S. M. wolle dem Ministerium seine Ansicht über die Arbeiterfrage darlegen und wünsche, daß ich dazu komme. Auf die Bemerkung meines Sohnes, er erwarte mich schon am Abend des laufenden Tages, sagte der Kaiser, ich möge lieber erst um Mittag des folgenden Tages eintreffen, damit ich nicht en demeure gesetzt würde, noch im Reichstage zu erscheinen, da eine Äußerung meiner von der Majorität abweichenden Ansicht das Kartell gefährden könne – es ist hinzuzudenken: und mit den Allerhöchsten Intentionen unverträglich sein werde.

Ich traf am 24. gegen 2 Uhr nachmittags ein. Um 3 fand eine von mir berufene Ministersitzung statt. Herr von Boetticher gab keine Andeutung, daß er über die Absichten des Kaisers Näheres wisse, und auch die übrigen Minister ergingen sich nur in Vermutungen. Ich schlug vor und fand Einverständnis darüber, daß wir den kaiserlichen Eröffnungen gegenüber, wenn sie einschneidend sein sollten, uns vorläufig rezeptiv verhalten wollten, um sie demnächst in vertraulicher Besprechung unter uns zu diskutieren. Der Kaiser hatte mich eine halbe Stunde früher als die übrigen Minister, auf 5½ Uhr, bestellt, woraus ich schloß, daß er die beabsichtigte Eröffnung vorher mit mir besprechen wolle. Darin irrte ich mich; er gab mir keine Andeutung dessen, was beraten werden sollte, und machte mir, als das Conseil zusammengetreten war, den Eindruck, als ob er eine für uns freudige Überraschung im Sinne habe. Er legte zwei ausführliche Elaborate vor, das eine eigenhändig, das andere nach seinem Diktat von einem Adjutanten geschrieben, beide sozialistischen Forderungen Erfüllung verheißend. Das eine verlangte die Redaktion und Vorlage eines in begeisterter Sprache gehaltenen, zur Veröffentlichung bestimmten allerhöchsten Erlasses im Sinne der Elaborate. Der Kaiser ließ dieselben durch Boetticher vorlesen, der mit dem Text vertraut zu sein schien. Für mich war derselbe überraschend, nicht sowohl wegen seiner geschäftlichen Tragweite – in dieser Beziehung hatte ich den Eindruck, daß sich Redaktionen, welche den Kaiser befriedigten, finden lassen würden –, als wegen der praktischen Ziellosigkeit des Elaborates und wegen des Anspruchs auf Schwunghaftigkeit; diese konnte die Wirkung der angekündigten Schritte nur abschwä-

chen und drohte die ganze Sache im Sande volksbeglückender Redensarten verlaufen zu lassen.

Noch überraschender war die offene und schriftliche Erklärung des Monarchen vor seinen sachkundigen und verfassungsmäßigen Ratgebern, daß
die Kundgebung auf den Informationen und Ratschlägen von vier Männern
beruhe, welche der Kaiser als Autoritäten bezeichnete und namhaft machte.
Es waren dies der Geheimrat Hinzpeter, ein Schulmann, der die Reste seines
Ansehns als Lehrer seinem früheren Zögling gegenüber mit Überhebung
und Ungeschick ausbeutete, mit sorgfältiger Vermeidung jeder Verantwortung; zweitens der Graf Douglas, ein glücklicher und reicher Spekulant in
Bergwerken, welcher das Ansehn, das ein großes Vermögen verleiht, durch
den Glanz einer einflußreichen Stellung bei dem Souverän zu erhöhen bestrebt ist, zu diesem Behufe mit einer geläufigen und anerkennenden Ge-
sprächigkeit sich politische oder doch wirtschaftlich politische Beziehungen
zu dem Kaiser verschafft hat und durch freundlichen Verkehr mit den kaiserlichen Kindern zu erhalten sucht, von dem Kaiser zum Grafen gemacht;
drittens der Maler von Heyden, ein sich leicht bewegender Gesellschafts-
mann, der, vor 30 Jahren Bergwerksbeamter eines schlesischen Magnaten,
heut in den bergmännischen Fachkreisen für einen Maler und in den künstlerischen für einen Bergmann gilt. Derselbe hatte, wie uns mitgeteilt wurde,
seinen Einfluß bei dem Kaiser weniger auf eignes Urteil als auf seinen
Verkehr mit einem alten Arbeiter aus dem Wedding begründet, welchen er
als Modell für Bettler und Propheten benutzte und aus dessen Unterhaltung er zugleich Material für legislatorische Anregungen an höchster Stelle schöpfte.

Die vierte Autorität, welche der Kaiser seinen Räten gegenüber geltend
machte, war der Oberpräsident von Berlepsch in Koblenz, der durch seine
arbeiterfreundliche Haltung während der Streiks von 1889 die Aufmerksamkeit des Kaisers auf sich gezogen hatte und in direkte Verbindung mit
ihm getreten war, die für mich, den vorgesetzten Ressortminister, ebenso
ein Geheimnis geblieben war wie die Verbindung des Herrn von Boetticher
in betreff derselben Frage und die des Herrn Herrfurth in betreff der Landgemeindeordnung.

Nach erfolgter Verlesung erklärte S. M., er habe den Geburtstag des großen Königs für diesen Kronrat gewählt, weil der letztere einen hochbedeu-
tenden neuen historischen Ausgangspunkt geben werde, und er wünsche
die Redaktion des in dem einen Elaborat bezeichneten Erlasses so beschleu-

nigt zu sehen, daß die Veröffentlichung an seinem eigenen Geburtstag (27.) erfolgen könne. Alle das Wort nehmenden Minister erklärten es für untunlich, in einer so schwierigen Materie Beratung und Redaktion sofort zu Ende zu bringen. Ich warnte vor den Folgen: Die Steigerung der Erwartungen und der niemals zu befriedigenden Begehrlichkeit der sozialistischen Klassen werde das Königtum und die Regierungsgewalt auf abschüssige Bahn treiben; S. M. und der Reichstag sprächen von Arbeiter*schutz, es* handle sich aber in der Tat um Arbeiter*zwang*, um den Zwang, weniger zu arbeiten; ob der Ausfall in den Einnahmen des Familienhauptes den Unternehmern gewaltsam aufgebürdet werden könne, sei fraglich, weil Industrien, welche 14% Arbeit durch die Sonntagsruhe verlören, vielleicht nicht bestandfähig bleiben und die Arbeiter schließlich ihren Erwerb verlieren würden. Ein kaiserlicher Erlaß in dem gewollten Sinne würde die bevorstehenden Wahlen schädigen, weil er die Besitzenden erschrecken, die Sozialisten ermutigen werde. Eine Mehrbelastung der Produktionskosten würde nur dann möglich sein und auf die Konsumenten abgebürdet werden können, wenn die anderen großen Industriestaaten gleichmäßig verführen.

S. M. wollte diese Ansicht nicht gelten lassen, erklärte sich aber schließlich damit einverstanden, daß seine Vorlagen zunächst im Staatsministerium beraten würden.

Das bevorstehende Ende der Reichstagssession stellte die Erneuerung des im Herbst ablaufenden Sozialistengesetzes zur Frage. In der Kommission, in welcher die Nationalliberalen den Ausschlag gaben, war aus der Vorlage des Bundesrates die Ausweisungsbefugnis gestrichen worden; es fragte sich also, ob die verbündeten Regierungen in diesem Punkt nachgeben oder ob sie daran festhalten wollten auf die Gefahr hin, daß kein Gesetz zustande käme. Für mich unerwartet und im Gegensatz zu meinen für ihn maßgebenden Instruktionen schlug Herr von Boetticher vor, am folgenden Tage in der letzten Sitzung des Reichstags eine kaiserliche Erklärung einzubringen, durch welche die Vorlage im Sinne der Nationalliberalen abgemindert, das heißt auf die Ausweisungsbefugnis *freiwillig* verzichtet würde – was verfassungsmäßig nicht ohne vorgängige Zustimmung des Bundesrates geschehen konnte. Der Kaiser trat sofort dem Vorschlag bei.

Ein definitiver Beschluß des Reichstags lag noch nicht vor, nur ein solcher zweiter Lesung und der Bericht über die Verhandlungen der Kommission, nach welchem die unveränderte Annahme des Gesetzes nicht zu erwarten war. Wie ich seit Jahrzehnten gegen die Neigung von Kommissarien und

Ministern, die Regierungsvorlagen im Laufe von Kommissionsverhandlungen und unter Kulisseneinflüssen der Fraktionsführer zu ändern und abzuschwächen, gekämpft hatte, so erklärte ich auch in diesem Falle, daß die verbündeten Regierungen sich die Zukunft erschweren würden, wenn sie schon jetzt die Flagge streichen und ihre eigene Vorlage verstümmeln wollten. Täten sie das, so würde den im neuen Reichstag nötig werdenden verschärften Vorlagen die soeben von Boetticher befürwortete nur wenige Wochen alte Erklärung der Regierungen entgegenstehen, daß sie auch ohne den Ausweisungsparagraphen auskommen könnten. Ich verlangte daher, daß der Beschluß des Plenums abgewartet werde; wenn derselbe ein unzulängliches Gesetz ergebe, so sei es geboten, auch dieses anzunehmen; träte aber jetzt durch Ablehnung ein Vakuum ein, so müsse, wenn nicht aufgelöst werden sollte, der schließlich zu gewärtigende Anlaß zu ernsterem Eingreifen abgewartet werden. Wir würden sowieso dem nächsten Reichstag ein schärferes Gesetz vorlegen müssen. Der Kaiser protestierte gegen das Experiment mit dem Vakuum: Er dürfe es im Anfang seiner Regierung keinesfalls zu einer Situation kommen lassen, in der Blut fließen könnte; das würde ihm nie verziehen werden. Ich entgegnete, ob es zu Aufruhr und Blutvergießen käme, hinge nicht von Sr. M. und unseren Gesetzesplänen ab, sondern von den Revolutionären, und ohne Blut würde es schwerlich abgehn, wenn wir nicht mehr, als ohne Gefahr zulässig, nachgeben und irgendwo standhalten wollten. Je später der Widerstand der Regierung einträte, desto gewaltsamer werde er sein müssen.

Die übrigen Minister außer Boetticher und Herrfurth sprachen sich, zum Teil mit ausführlicher Motivierung, in meinem Sinne aus. Da der Kaiser, sichtlich verstimmt durch die negative Votierung der Minister, noch einmal darauf zurückkam, vor dem Reichstag zu kapitulieren, so sagte ich, es sei meine Pflicht, auf Grund meiner Sachkenntnis und Erfahrung davon abzuraten. Bei meinem Eintritt 1862 sei die königliche Gewalt in einer schwachen Stellung gewesen; die Abdikation des Königs, mit der Undurchführbarkeit seiner Überzeugung motiviert, habe vorgelegen; seitdem sei 28 Jahre lang die königliche Gewalt in Macht und Ansehn ununterbrochen gestiegen; der von Boetticher angeregte freiwillige Rückzug im Kampf gegen die Sozialdemokratie werde der erste Schritt bergab auf dem bisher aufsteigenden Wege sein, in der Richtung auf eine vorläufig bequeme, aber gefährliche Parlamentsherrschaft. »Wenn S. M. meinem Rat keine Bedeutung beilege, so wisse ich nicht, ob ich dann noch an meinem Platz sei.« Auf diese

Erklärung sagte der Kaiser, von mir ab und gegen Boetticher gewandt: »Dadurch werde ich in eine Zwangslage versetzt.« Ich selbst habe diese Worte nicht verstanden, sie sind mir aber von meinem links vom Kaiser sitzenden Kollegen später mitgeteilt worden.

Schon wegen der Stellung, welche der Kaiser im Mai 1889 zu den Streiks der Bergleute nahm, hatte ich befürchtet, daß ich auf diesem Gebiet nicht würde mit ihm einig bleiben können. Zwei Tage bevor er am 14. Mai 1889 die Deputierten der streikenden Bergleute empfing, war er unangemeldet in der Sitzung des Staatsministeriums erschienen und hatte erklärt, daß er meine Ansichten über die Behandlung des Streiks nicht teile. »Die Unternehmer und Aktionäre müßten nachgeben, die Arbeiter seien seine Untertanen, für die er zu sorgen habe; wollten die industriellen Millionäre ihm nicht zu Willen sein, so würde er seine Truppen zurückziehen; wenn dann die Villen der reichen Besitzer und Direktoren in Brand gesteckt, ihre Gärten zertreten würden, so würden sie schon klein werden.« Meinen Einwand, daß die Besitzenden doch auch Untertanen seien, die auf den Schutz des Landesherrn Anspruch hätten, überhörte S. M. und sagte in Erregung, wenn keine Kohlen gefördert würden, so sei unsre Marine wehrlos; wir könnten die Armee nicht mobil machen, wenn Kohlenmangel den Anmarsch per Bahn hindere, wir seien in einer so prekären Lage, daß er jetzt gleich den Krieg erklären würde, wenn er Rußland wäre.

Ideal Sr. M. schien damals populärer Absolutismus zu sein. Seine Vorfahren haben die Bauern und die Bürger emanzipiert; würde eine analoge Emanzipation der Arbeiter auf Kosten der Arbeitgeber heute in einer analogen Entwicklung verlaufen wie die halbhundertjährigen legislativen Arbeiten, aus denen die Regulierung der Bauern und die Städteordnung hervorgingen?

Die französischen Könige verschafften sich durch Ausspielen der Stände gegeneinander den Absolutismus, der von Ludwig XIV. bis Ludwig XVI. Grundgesetz des Staates war, aber kein haltbares Fundament. Unbeschränktheit des königlichen Willens bestand unter Friedrich Wilhelm I., ruhte aber nicht auf freiwilliger und wandelbarer Popularität in den Massen der Bevölkerung, sondern auf dem damals noch nicht angekränkelten monarchischen Sinn aller Stände und auf der jedem Widerstand überlegnen Militär- und Polizeimacht, ohne Parlament, Presse, Vereinsrecht. Friedrich Wilhelm I. schickte den, der ihm widersprach, »in die Karre« oder ließ ihn hängen (Schlubuth[79]), und Friedrich II. schickte das Kammergericht nach

Spandau. Die ultima ratio fehlt dem heutigen Königtum, und auf Akklamation der Massen würde sich eine absolute königliche Gewalt auch dann nicht begründen lassen, wenn deren Lebensansprüche noch ebenso bescheiden wären wie zur Zeit Friedrich Wilhelms I. In Dänemark gelang 1665 das Königsgesetz und blieb lange Zeit haltbar; aber damals kam es nur darauf an, den Widerstand einer kleinen Minorität, des Adels, zu brechen, nicht die wirtschaftliche Existenz der gewerbetreibenden Klassen.

Die anständigen Arbeiter wurden natürlich in ihren Ansprüchen bestärkt durch den Glauben, daß die Haltung der höchsten Staatsgewalt ihnen günstig sei. Dazu kam die Übereinstimmung der Reichstagsfraktionen im Wettkriechen vor dem wählenden Arbeiter auf dem Gebiet der angeblichen Schutzgesetzgebung. Ich hielt die letztere angebrachtermaßen für schädlich und für eine Quelle von künftigen Unzufriedenheiten, ihre Tragweite aber nicht für bedeutend genug, um 1889 dem Kaiser gegenüber eine Kabinettsfrage daraus zu machen.

Die Gründe, welche in meinem politischen Gewissen gegen meinen Rücktritt sprachen, lagen auf anderen Gebieten, namentlich auf dem der auswärtigen Politik, sowohl unter dem Gesichtspunkt des Reiches als unter dem der deutschen Politik Preußens. Das Vertrauen und die Autorität, welche ich mir in einer langen Dienstzeit bei ausländischen und bei deutschen Höfen erworben hatte, vermochte ich nicht auf andere zu übertragen; dieser Besitz mußte bei meinem Ausscheiden dem Lande und der Dynastie verlorengehen. Ich hatte in schlaflosen Nächten Zeit genug, diese Frage in meinem Gewissen zu erwägen, und kam zu der Überzeugung, daß es für mich eine Ehrenpflicht sei, auszuharren, und daß ich die Verantwortlichkeit und die Initiative zu meinem Ausscheiden nicht auf mich nehmen dürfe, sondern dem Kaiser überlassen müsse. Ich wollte sie ihm aber nicht erschweren und beschloß nach dem Kronrat vom 24., zunächst mich freiwillig aus dem Ressort zurückzuziehen, auf dessen Gebiet sich meine amtlich seit Jahren verkündeten Überzeugungen als unvereinbar mit denen des Kaisers schon herausgestellt hatten, das heißt aus dem Handelsministerium, zu dessen amtlicher Kompetenz die Arbeiterfrage gehörte.

Ich hielt für möglich, die Entwicklung auf diesem Gebiet mit einem tolerari posse, mit passiver Assistenz, an mir vorübergehen zu lassen und die eigentlich politischen, namentlich die auswärtigen Geschäfte weiterzuführen. Daß die Behandlung der Arbeiterfrage gegenüber dem Glauben des Kaisers, daß sein guter Wille genüge, die Begehrlichkeit der Arbeiter zu beruhigen, ihre Dankbarkeit und ihren Gehorsam zu erwerben, für einen ehrlichen und einsichtigen Diener des Landes und der Monarchie eine schwierige Aufgabe sein würde, war vorauszusehen. Ich hielt es für recht und billig, daß Herr von Berlepsch, der als Regierungspräsident ohne Wissen des verantwortlichen Handelsministers, im Gegensatz zu meinen Auffassungen, im Sinne höherer Anregung 1889 tätig gewesen war, auch die ministerielle Verantwortlichkeit für die Richtung übernähme, in welcher er durch seine Mitwirkung den Kaiser bestärkt hatte. Dadurch würde zugleich der Kaiser in die Lage gesetzt werden, selbst und unbeirrt durch mich die Probe auf die Ausführbarkeit seiner wohlwollenden Intentionen zu machen.

Ich berief eine Ministersitzung, sprach in derselben meine Ansicht aus, fand einhellige Zustimmung, und auf einen sofort erstatteten Immediatbericht erfolgte am 31. Januar 1890 die Ernennung des Herrn von Berlepsch zum Handelsminister. Ich füge hinzu, daß ich bei diesem Experiment auf Grund der Selbständigkeit, die der Oberpräsident von Berlepsch als unberufener Berater des Monarchen gezeigt hatte, seine Energie, sein Interesse zur Sache und seine Befähigung dafür höher eingeschätzt hatte, als sie sich ministeriell bewährt haben. Der Kaiser zieht Leute zweiten Ranges als Minister vor, und die Lage ist insofern keine korrekte, als die Minister nicht den Monarchen mit Rat und Anregung versehen, sondern beides von Sr. M. erwarten und empfangen.

6. KAPITEL

DIE KAISERLICHEN ERLASSE VOM 4. FEBRUAR 1890

In der Ministersitzung vom 26. Januar entwickelte ich noch einmal die Gefährlichkeit der beabsichtigten kaiserlichen Erlasse, begegnete aber bei Boetticher und Verdy dem Einwand, ein ablehnendes Votum würde dem Kaiser mißfallen. Meine Kollegen hatten ein sacrificium intellectus dem Kaiser, mein Stellvertreter und Adlatus hatte mir gegenüber eine Unehrlichkeit begangen. Vergebens ging ich so weit, es als einen Übergang zum Landesverrat zu bezeichnen, wenn verantwortliche Minister den Souverän auf Wegen fänden, die sie für staatsgefährlich hielten, und das nicht offen sagten, sondern das verfassungsmäßige Verhältnis umkehrten in ein vom Kaiser beratenes Staatsministerium. Diese meine Ausführung wurde von Herrn von Boetticher unter Zustimmung des Kriegsministers mit einfacher Wiederholung des Satzes bekämpft, wir müßten doch dem Kaiser etwas nach seinem Wunsche zurechtmachen. Da die übrigen Kollegen sich enthielten, an der Diskussion zwischen Boetticher und mir teilzunehmen, so mußte ich die Hoffnung aufgeben, den nach meiner Überzeugung staatsgefährlichen Anregungen Sr. M. ein einstimmiges Votum entgegenzusetzen. Ich hatte darauf gerechnet, daß das Staatsministerium sich ebenso verhalten würde, wie es geschehen war, wenn der Großvater des Kaisers durch weibliche, maurerische, oder andere Einflüsse auf schädliche Wege gebracht war. In solchen Fällen mußte darauf ausgegangen werden, Einstimmigkeit der Minister herzustellen, wenn auch vorher starke Meinungsverschiedenheiten unter ihnen bestanden hatten, und der alte Herr gab nach, wenn er keine Stimmen für sich gewinnen konnte. Ich erinnere mich nur einer Ausnahme. Nachdem der Frankfurter Friedensvertrag am 18. Mai 1871 von der französischen Nationalversammlung genehmigt war, konnten unsere Truppen bis auf einen zur Besetzung der pfandweise okkupierten Departements ausreichenden Teil zurückgerufen werden. Die Minister waren darüber einig, dies sofort zu tun, alle Mannschaften, die nicht bei der Fahne zu bleiben hatten, zu entlassen und den Einzug der in Berlin garnisonierenden Regimenter auf den nächsten möglichen Termin, jedenfalls noch im Mai, anzuberaumen. Damit stießen wir aber bei Sr. M. auf einen hartnäckigen Widerstand. Die Kaiserin Augusta wollte, wie ich erfahren hatte, dem Einzug beiwohnen, aber vorher ihre Kur in Baden-Baden abmachen; der Kaiser wollte den Wunsch seiner Gemahlin erfüllen, aber auch die Regimenter in voller Kriegsstärke einziehen sehen. Vergebens machten wir in mehrtägigen Beratungen, welche im Erdgeschoß des Palais abgehalten wurden, den Kostenaufwand geltend, die Rücksicht auf die so lange von ihren Familien und Geschäften getrennten Leute, das dringende Bedürfnis, der Landwirtschaft so viele Arme zurückzugeben. Der Kaiser, der den eigentlichen Grund seines Widerstandes dem Ministerrate nicht eingestehen mochte, hatte es schwer, gegen unsere Argumente anzukämpfen, blieb aber fest dabei, der Einzug solle in der Mitte des Juni und in voller Kriegsstärke vor sich gehen. Während der Beratungen kam es vor, daß in den Räumen über dem Beratungszimmer jemand mit so starken Schritten hin und her ging, daß der Kronleuchter in eine klirrende Bewegung geriet. Nach der letzten resultatlosen Beratung suchte Lauer, der Leibarzt des Kaisers, mich auf, um mir zu sagen, daß er die gefährlichsten Folgen für die Gesundheit Sr. M., vielleicht einen Schlagfluß befürchten müsse, wenn nicht der Hausfriede hergestellt werde. Auf diese Mitteilung gab das Staatsministerium nach; der Einzug erfolgte erst am 16. Juni, unter den Augen Ihrer Majestät.

Für den nun eingetretenen Fall, daß das Staatsministerium versagte, hatte ich erwogen, durch welche anderen Faktoren sich vielleicht auf den Kaiser wirken lassen würde. Als solche erschienen der Staatsrat, der Volkswirtschaftsrat, denen ich ein Verständnis für die Rückwirkung auf die unmittelbar bevorstehenden Reichstagswahlen zutrauen durfte, und die Regierungen des Auslandes, welche von dem parteinehmenden Eingreifen des Kaisers in die Arbeiterverhältnisse analoge Schäden erwarten konnten, wie ich sie bei uns befürchtete. Mein Vorschlag, den ich in derselben Sitzung des 26. machte, den Staatsrat und eine internationale Konferenz zu berufen, um in der Erörterung sachverständiger Männer ein Gegengewicht gegen unverantwortliche und unwissende Dilettanten zu schaffen, fand Zustimmung.

Die Redaktion der entsprechenden Erlasse nahm ich selbst in die Hand. Die genannte Kamarilla war der Meinung gewesen, daß eine Kundgebung, wie der Kaiser sie wollte, einen günstigen Einfluß auf die Reichstagswahlen haben werde. Ich war von dem Gegenteil überzeugt, allerdings ohne vorherzusehen, in wie großem Maße mir der Ausfall der Wahlen am 20. Februar recht geben würde. Ich hatte auf Grund der Erfahrung das taktische Bedenken, daß es in einer Situation, wie sie durch die Streiks des Vorjahres vorbereitet war, eine gefährliche Sache ist, Maßregeln von unbestimmter und unberechneter Tragweite in promissorischer Form anzuregen; ich war überzeugt, daß die Verlogenheit und Entstellungskraft der Wahlreden niemals eine wirkliche Absicht der Regierung, sondern immer nur Vorwand und Mißdeutung behufs aufregender Kritik des Bestehenden in den Vordergrund stellen würden. Kundgebungen von einschneidender Natur vor den Wahlen können auf diese günstig einwirken, wenn sie von unzweideutigen Tatsachen ausgehen, die für Entstellung keinen Anhalt geben, zum Beispiel von auswärtigen Angriffen oder Bedrohungen, oder von Attentaten wie das Nobilingsche. Für eine Kundgebung wie die beabsichtigte, fürchtete ich nicht gerade die unmittelbare und direkte Kritik, wenn sie sachlich richtig verstanden wurde, wohl aber die geschickte Ausnutzung durch die staatsfeindlichen Agitatoren. Ich war *deshalb* nicht ohne Sorge in betreff der Wirkung der vom Kaiser gewollten Erlasse, legte aber mehr Gewicht auf die persönliche Belehrung des Kaisers. In der Überzeugung, die mich seit 40 Jahren in der preußischen und deutschen Politik geleitet hat, sah ich meine Aufgabe mehr darin, den Kaiser vor Eindrücken und Schritten zu bewahren, welche zu einer rückläufigen Bewegung der von mir seit 1862 mit Erfolg betriebenen Stärkung der königlichen Gewalt und Befestigung des Reiches führen mußten, als darin, augenblickliche Wahlergebnisse zu gewinnen.

Volksvertretungen hatte ich seit 40 Jahren viele kommen und gehen sehen und hielt sie für weniger schädlich für unsere Gesamtentwicklung als monarchische Irrtümer es werden konnten, wie sie nicht vorgekommen waren, seit im Jahre 1858 der Prinzregent die Wege der Neuen Ära eingeschlagen hatte. Auch damals war es das ehrliche Bedürfnis des Regierenden, seinen Untertanen Wohltaten zu erweisen, welche man ihnen seiner Meinung nach lediglich aus mißverständlichem Eifer und ungerechter Herrschsucht vorenthalten hatte. Auch damals lag der Fall vor, daß eine Koterie von ehrgeizigen Strebern, die in der Ära Manteuffel nichts erreicht hatten, die Partei Bethmann-Hollweg, sich an den Thronerben gemacht und bei demselben das Mißverständnis zwischen edlen Intentionen und mangelhafter

Kenntnis des praktischen Lebens ausgebeutet hatte, um ihn gegen die Regierung seines Bruders zu verstimmen und ihm Opposition gegen dieselbe als Vertretung der Menschenrechte erscheinen zu lassen.

Um die Ungeduld des Kaisers einigermaßen zu befriedigen, gab ich den betreffenden beiden Entwürfen, an den Reichskanzler und an den Handelsminister, eine seinem Charakter und seinem Verlangen nach schwunghaftem Ausdruck entsprechende Fassung. Bei Vorlegung derselben erklärte ich, daß ich sie lediglich aus Gehorsam gegen seinen Befehl gemacht und dringend bäte, von Veröffentlichungen der Art Abstand zu nehmen, den Zeitpunkt abzuwarten, wann dem Reichstage formulierte, präzisierte Vorlagen gemacht werden könnten, jedenfalls die Wahlen vorübergehen zu lassen, ehe die Arbeiterfrage von ihm öffentlich berührt werde. Die Unbestimmtheit und Allgemeinheit der kaiserlichen Anregung werde Erwartungen hervorrufen, deren Befriedigung außerhalb der Möglichkeit läge, deren Nichterfüllung die Schwierigkeit der Situation steigern werde. Ich hätte das Bedürfnis, wenn S. M. nach Monaten oder Wochen selbst zur Erkenntnis der Schäden und Gefahren, die ich befürchtete, gelangt sein würde, daran erinnern zu können, daß ich den ganzen Schritt auf das bestimmteste widerraten und die Ausarbeitung nur aus pflichtmäßigem Gehorsam eines noch im Dienste befindlichen Beamten geliefert hätte. Ich schloß mit der Bitte, die vorgelesenen Entwürfe in das gerade brennende Kaminfeuer werfen zu dürfen. Der Kaiser antwortete: »Nein, nein, geben Sie her!« und unterzeichnete mit einiger Hast die beiden Erlasse, die unter dem 4. Januar ohne Gegenzeichnung im »Reichs- und Staats-Anzeiger« veröffentlicht sind:

»Ich bin entschlossen, zur Verbesserung der Lage der deutschen Arbeiter die Hand zu bieten, soweit die Grenzen es gestatten, welche meiner Fürsorge durch die Notwendigkeit gezogen werden, die deutsche Industrie auf dem Weltmarkte konkurrenzfähig zu erhalten und dadurch ihre und der Arbeiter Existenz zu sichern. Der Rückgang der heimischen Betriebe durch Verlust ihres Absatzes im Auslande würde nicht nur die Unternehmer, sondern auch ihre Arbeiter brotlos machen. Die in der internationalen Konkurrenz begründeten Schwierigkeiten der Verbesserung der Lage unserer Arbeiter lassen sich nur durch internationale Verständigung der an der Beherrschung des Weltmarktes beteiligten Länder, wenn nicht überwinden, doch abschwächen. In der Überzeugung, daß auch andere Regierungen von dem Wunsche beseelt sind, die Bestrebungen einer gemeinsamen Prüfung zu unterziehen, über welche die Arbeiter dieser Länder unter sich schon internationale Verhandlungen führen, will ich, daß zunächst in Frankreich, England, Belgien und der Schweiz durch meine dortigen Vertreter amtlich angefragt werde, ob die Regierungen geneigt sind, mit uns in Unterhandlungen zu treten behufs einer internationalen Verständigung über die Möglichkeit, denjenigen Bedürfnissen und Wünschen der Arbeiter entgegenzukommen, welche in den Ausständen der letzten Jahre und anderweit zutage getreten sind. Sobald die Zustimmung zu meiner Anregung im Prinzip gewonnen sein wird, beauftrage ich Sie, die Kabinette aller Regierungen, welche an der Arbeiterfrage den gleichen Anteil nehmen, zu einer Konferenz behufs Beratung über die einschlägigen Fragen einzuladen.

An   Wilhelm I. R.«
den Reichskanzler.

»Bei meinem Regierungsantritt habe ich meinen Entschluß kundgegeben, die fernere Entwicklung unserer Gesetzgebung in der gleichen Richtung zu fördern, in welcher mein in Gott ruhender Großvater sich der Fürsorge für den wirtschaftlich schwächeren Teil des Volkes im Geiste christlicher Sittenlehre angenommen hat. So wertvoll und erfolgreich die durch die Gesetzgebung und Verwaltung zur Verbesserung der Lage des Arbeiterstandes bisher getroffenen Maßnahmen sind, so erfüllen dieselben doch nicht die ganze mir gestellte Aufgabe. Neben dem weiteren Ausbau der Arbeiterversicherungsgesetzgebung sind die bestehenden Vorschriften der Gewerbeordnung über die Verhältnisse der Fabrikarbeiter einer Prüfung zu unterziehen, um den auf diesem Gebiet lautgewordenen Klagen und Wünschen, soweit sie begründet sind, gerecht zu werden. Diese Prüfung hat davon auszugehen, daß es eine der Aufgaben der Staatsgewalt ist, die Zeit, die Dauer und die Art der Arbeit so zu regeln, daß die Erhaltung der Gesundheit, die Gebote der Sittlichkeit, die wirtschaftlichen Bedürfnisse der Arbeiter und ihr Anspruch auf gesetzliche Gleichberechtigung gewahrt bleiben. Für die Pflege des Friedens zwischen Arbeitgebern und Arbeitnehmern sind gesetzliche Bestimmungen über die Formen in Aussicht zu nehmen, in denen die Arbeiter durch Vertreter, welche ihr Vertrauen besitzen, an der Regelung gemeinsamer Angelegenheiten beteiligt und zur Wahrnehmung ihrer Interessen bei Verhandlungen mit den Arbeitgebern und den Organen meiner Regierung befähigt werden. Durch eine solche Einrichtung ist den Arbeitern der freie und friedliche Ausdruck ihrer Wünsche und Beschwerden zu ermöglichen und den Staatsbehörden Gelegenheit zu geben, sich über die Verhältnisse der Arbeiter fortlaufend zu unterrichten und mit den letzteren Fühlung zu behalten. Die staatlichen Bergwerke wünsche ich bezüglich der Fürsorge für die Arbeiter zu Musteranstalten entwickelt zu sehen, und für den Privatbergbau erstrebe ich die Herstellung eines organischen Verhältnisses meiner Bergbeamten zu den Betrieben behufs einer der Stellung der Fabrikinspektionen entsprechenden Aufsicht, wie sie bis zum Jahre 1865 bestanden hat. Zur Vorbereitung dieser Fragen will ich, daß der Staatsrat unter meinem Vorsitze und unter Zuziehung derjenigen sachkundigen Personen zusammentrete, welche ich dazu berufen werde. Die Auswahl der letzteren behalte ich meiner Bestimmung vor. Unter den Schwierigkeiten, welche der Ordnung der Arbeiterverhältnisse in dem von mir beabsichtigten Sinne entgegenstehen, nehmen diejenigen, welche aus der Notwendigkeit der Schonung der einheimischen Industrie in ihrem Wettbewerb mit dem Auslande sich ergeben, eine hervorragende Stelle ein. Ich habe daher den Reichskanzler angewiesen, bei den Regierungen der Staaten, deren Industrie mit der unsrigen den Weltmarkt beherrscht, den Zusammentritt einer Konferenz anzuregen, um die Herbeiführung gleichmäßiger internationaler Regelung der Grenzen für die Anforderungen anzustreben, welche an die Tätigkeit der Arbeiter gestellt werden dürfen. Der Reichskanzler wird Ihnen Abschrift meines an ihn gerichteten Erlasses mitteilen.

An die Minister der öffentlichen Arbeiten   Wilhelm R.«
und für Handel und Gewerbe.

Wenn ich, wie ich einsah, das persönliche Vorhaben des hohen Herrn nicht an der Wurzel abschneiden konnte, so war ich schon zufrieden, gewissermaßen subreptice seine Zustimmung zur Heranziehung des Staatsrats und der Nachbarregierungen erlangt zu haben. Aber in der Rechnung auf diese Faktoren hatte ich mich getäuscht.

Indem ich an die zwingende Kraft der materiellen Interessen im Staatsrat und in der internationalen Konferenz geglaubt, hatte ich Selbständigkeit und Überzeugungstreue der Leute überschätzt. Im Staatsrat war das servile Element verstärkt durch Berufung einer Anzahl bisher unbekannter Persönlichkeiten, die teils aus dem Arbeiterstande, teils den Berliner Industriellen entnommen waren und Reden hielten, die sie wohl schon oft gehalten hatten. Auch ein agitierender Kaplan war anwesend. Alle Beamten schwie-

gen abwartend. Baare, Hüttenbesitzer aus Bochum, und Jencke, Vertrauensmann von Krupp in Essen, die einzigen, die es wagten, die Intentionen des
Kaisers vorsichtig zu kritisieren, waren eingeschüchtert durch die Erinnerung an teils wirklich gesprochene, teils erfundene kaiserliche Worte, Drohungen gegen die Unternehmer, und durch die Furcht, sich den Kaiser noch
mehr zu entfremden und weitere Bedrohungen der Besitzenden und Arbeitgeber herbeizuführen. Die höfliche Schüchternheit der Vertreter der Besonnenheit im Vergleich mit der Unverfrorenheit gewohnheitsmäßiger
Volksredner, die der Kaiser zugezogen hatte, ließ erkennen, daß von den
Staatsratssitzungen ein unbefangenes Wirken auf S. M. nicht zu erwarten
war. Der Kaiser hatte bestimmt, daß die Sitzungen in den Diensträumen des
Herrn von Boetticher stattfinden sollten, dem auch die Auswahl und Berufung der Personen aus dem Arbeiterstande zufiel. Als Vizepräsident des
Staatsrats wohnte ich aus eigenem Entschluß der ersten, vierstündigen Sit-
zung bei, ohne in der Diskussion das Wort zu ergreifen. Als der Kaiser zur
Abstimmung schreiten wollte über die mutmaßlich von Boetticher formu-
lierten Fragen, sah ich mich unter 40 oder 50 Personen allein mit Jencke und
Baare. Da ich mich in meiner ministeriellen Stellung nicht in manifeste Opposition mit dem Kaiser setzen wollte, erklärte ich zur Motivierung meiner
Enthaltung, daß aktive Staatsminister überhaupt nicht in der Lage wären,
im Staatsrate abzustimmen und dadurch ihrem Votum im Staatsministerium zu präjudizieren. Der Kaiser befahl, diese meine Äußerung zu Protokoll
zu nehmen.

Von den folgenden Staatssitzungen hielt ich mich fern, nachdem ich im
Zwiegespräch mit dem Kaiser konstatiert hatte, daß ich damit seinen
Wunsch erfüllte.

Auch die am 15. März eröffnete internationale Konferenz, mit deren Erwähnung ich nur ein weniges in der Zeit vorgreife, entsprach nicht meiner
Erwartung. Ich hatte die Berufung vorgeschlagen, weil ich annahm, der
Glaube Sr. M. an die Nützlichkeit, Gerechtigkeit und Popularität seiner Bestrebungen sei durch die vier intellektuellen Urheber derselben so befestigt
worden, daß seine Bereitwilligkeit, überhaupt noch andere Sachkundige zu
hören, nur zu erlangen sei, wenn die Beratungen im Glänze einer von ihm
berufenen europäischen Konferenz und einer öffentlichen Diskussion im
Staatsrate vor sich gingen.

Ich hatte dabei auf eine ehrlichere Prüfung der deutschen Vorschläge,
wenigstens von seiten der Engländer und Franzosen gerechnet, indem ich

die bei unseren westlichen Konkurrenten als wirksam vorauszusetzenden Tendenzen nicht richtig gegeneinander abwog. Ich setzte bei ihnen mehr Ehrlichkeit und mehr Humanität voraus, als vorhanden war; ich nahm an, daß sie entweder den utopischen Teil der kaiserlichen Anregungen vom praktischen Standpunkte ablehnen oder auf die Forderung gleichartiger Einrichtungen in den beteiligten Ländern eingehen würden, so daß die Arbeiter gleichmäßig besser zu behandeln und die Produktionskosten gleichmäßig zu verteuern wären; die erstere Alternative war mir wegen der Schwierigkeit der Ausführung und der Kontrolle der zweiten die wahrscheinliche. Aber ich hatte nicht darauf gerechnet, daß unsere Vertreter dem Banne der Jules Simonschen Phrasen so vollständig verfallen würden, daß nicht einmal ein für den Kaiser brauchbares Argument gewonnen wurde, sondern nur die Gewißheit, daß die Nachbarn uns unsere Illusionen gönnten, sie pflegten und sich hüteten, die deutsche Gesetzgebung zu hindern, wenn sie auf dem Wege war, ihrer einheimischen Industrie und ihren Arbeitern Unbequemlichkeiten zu bereiten. Sie regelten ihr Verhalten nach demselben Grundsatze, welchen alle die von mir jahrzehntelang als Reichsfeinde bekämpften Elemente heute befolgen: Es sei nicht ihre Sache, die kaiserliche Regierung auf dem Wege zur Selbstbeschädigung aufzuhalten.

7. KAPITEL

WANDLUNGEN

_____

Welche Wandlungen in der Stimmung und den Absichten des Kaisers während der letzten Wochen vor meiner Entlassung stattgefunden haben, darauf kann ich aus seinem Verhalten und aus mir später zugegangenen Mitteilungen nur mehr oder weniger sichere Schlüsse machen. Nur über die psychologischen Vorgänge in mir selbst vermag ich an der Hand gleichzeitig von Tag zu Tag gemachter Notizen mir im Rückblick Rechenschaft zu geben. Beides hat natürlich in Wechselwirkung gestanden, aber die beiderseitigen in der Zeit parallelen Vorgänge synoptisch darzustellen, ist nicht tunlich. In meinem Alter hing ich nicht an meinem Posten, nur an meiner Pflicht. Die nach und nach hervortretenden Anzeichen, daß der Kaiser – man ließ Se. Majestät glauben (Boetticher, Berlepsch), ich stände seiner Popularität bei den Arbeitern im Weg – mehr Vertrauen zu Boetticher, Verdy, zu meinen Räten, zu Berlepsch und andern unberufenen Ratgebern hatte als zu mir, haben mich zu wiederholter Erwägung veranlaßt, ob und wie mein volles oder teilweises Ausscheiden ohne Schädigung der staatlichen Interessen ratsam sei. Ich habe ohne Verstimmung in mancher schlaflosen Nacht die Frage erwogen, ob ich mich den Schwierigkeiten entziehen solle und dürfe, die ich als bevorstehend ansah. Ich kam stets zu dem Ergebnis, daß ich ein Gefühl von Pflichtwidrigkeit im Gewissen behalten würde, wenn ich mich den Kämpfen, die ich voraussah, versagte. Ich fand die Neigung des Kaisers, den Ruhm seiner kommenden Regierungsjahre nicht mit mir teilen zu wollen, psychologisch erklärlich und sein Recht dazu klar, entfernt von jeder Empfindlichkeit. Die Befreiung von jeder Verantwortlichkeit hatte bei meiner Ansicht über den Kaiser und seine Ziele viel Verführerisches für mich; aber mein Ehrgefühl kennzeichnete mir diese Regung als Scheu vor Kampf und Arbeit im Dienste des Vaterlandes, als unverträglich mit tapferem Pflichtgefühl. Ich befürchtete damals, daß die Krisen, die uns,

wie ich glaube, bevorstehen, schneller eintreten würden. Ich sah nicht voraus, daß ihr Eintritt durch Verzicht auf jedes Sozialistengesetz, durch Konzessionen an Reichsfeinde verschiedener Gattung verschoben werden würde. Ich hielt und halte dafür, daß sie um so gefährlicher sein werden, je
später sie eintreten. Ich hielt den Kaiser für kampflustiger als er war oder
unter fremdem Einfluß blieb, und hielt für Pflicht, ihm mäßigend, eventuell
kämpfend, zur Seite zu bleiben.

Nachdem sich während der zweiten Februarwoche bei mir der Eindruck
verstärkte, daß der Kaiser wenigstens die sozialen Angelegenheiten in dem
Glauben, sie versöhnlich leiten zu können, ohne mich und nachgiebiger, als
ich für geraten hielt, entwickeln wolle, beschloß ich, Klarheit darüber zu
schaffen und sagte in einem Vortrag am 8. Februar: »Ich fürchte, daß ich Ew.
M. im Wege bin.« Der Kaiser schwieg, bejahte also. Ich entwickelte darauf à
l'amiable die Möglichkeit, wie ich in dem Falle zunächst meine preußischen
Ämter niederlegen, nur das von meinen Gegnern seit mehr als zehn Jahren
für mich empfohlene »Altenteil des Auswärtigen« behalten und das Kapital
von Erfahrung und Vertrauen, welches ich mir in Deutschland und im Auslande erworben, ferner für Kaiser und Reich nutzbar machen könne. S. M.
nickte zu diesem Teil meiner Darlegung zustimmend und fragte am Schlüsse in lebhaftem Tone: »Aber die Militärforderungen werden Sie doch noch
im Reichstage durchbringen?« Ich antwortete, ohne deren Umfang zu kennen, daß ich bereitwillig dafür eintreten würde. Mir war die Sozialistenfrage
zunächst wichtiger als die militärische, nachdem ich uns, bis auf Artillerie
und Avancierte, stark genug hielt. Verdy war ohne mich ernannt worden; es
war seit 1870 Verstimmung zwischen uns, und ich sah ihn als mouchard des
Kaisers im Ministerrate an. Seine Ernennung war schon ein Schachzug des
Kaisers gegen mich, und ich sah es nicht als meine Aufgabe an, die weitge-
henden Pläne, die nomine des Kaisers und Verdys als »unaufschieblich« eingebracht wurden, in erster Linie zu bekämpfen. 117 Millionen beriefen zuerst die Finanzminister zum Kampf und die Verbündeten, dann den
Reichstag. Mir war, als Rückzugsgefecht, die Sozialistenfrage dringlicher als
die Verdysche Vorlage, und sie ist es auch.

Ich schlug des weiteren vor, mein Ausscheiden aus den preußischen
Ämtern, wenn S. M. es wünsche, auf den Wahltag (20. Februar) zu verlegen, damit dasselbe weder als Folge der Wahlen erschiene noch auf dieselben einwirke, die ich schon durch die kaiserlichen Erlasse für gefährdet
hielt. Ich empfahl in meinem Programm, im preußischen Dienste jeden-

falls einen General zu meinem Nachfolger zu wählen, weil ich fürchtete, daß in etwaigen Kämpfen mit sozialistischen Bewegungen und bei wiederholter Auflösung des Reichstags liberale Minister den Kaiser widerwillig vertreten würden, wie etwa Bodelschwingh und andere, denen wenigstens der persönliche Mut nicht fehlte, den König im März 1848 so geführt haben, daß reaktionäre Wege ungangbar wurden. Die wichtigsten Ressorts für solche Fälle, sagte ich Sr. M., seien Polizei, Krieg und Justiz. Die Polizei sei in der Hand des Ministers des Innern, Herrfurth, eines liberalen Bürokraten. Das Kriegsministerium, auf welches 1848 die Widerstandskraft und der schließliche Sieg des Königs sich gründete, sei ebenfalls in liberalen Händen, die politischen Ideale des Herrn von Verdy würden sich mit denen der meisten seiner Vorgänger kaum decken. Von dem Justizminister hinge die Haltung der Staatsanwälte ab, und Herr von Schelling sei ein ausgezeichneter Jurist und konservativ gesinnt, aber verlebt und zu einem opfermutigen Eingreifen in schwierigen Lagen nicht der Mann. Auch Boetticher sei kein Held und breiweich veranlagt. Nur eine militärische Spitze könne im Notfall die zivilistischen Schwächen decken. Als einen geeigneten General bezeichnete ich Caprivi, der zwar in der Politik fremd sei, aber doch ein für den König zuverlässiger Soldat; in der Politik könne er in ruhigen Zeiten als Ministerpräsident ohne Ressort sich wesentlich zurückhalten. Davon, daß Caprivi mein Nachfolger im auswärtigen Dienst werden könne, war damals nicht die Rede. Der Kaiser stimmte dem Gedanken, daß ich aus den preußischen Ämtern austreten solle, zu, und bei Nennung des Namens Caprivi glaubte ich, auf seinem Gesicht den Ausdruck der befriedigten Überraschung zu lesen. Derselbe schien schon vorher Sr. Majestät Kandidat gewesen zu sein. Ich konnte danach vermuten, daß die kurz nach dem Kronrat vom 24. Januar erfolgte Berufung des Generals von Hannover nach Berlin zu einem anderen Zweck erfolgt sei als zu einer militärischen Besprechung. Merkwürdig war mir, daß Caprivi auch der Kandidat Windthorsts war. Zwischen Caprivi und Zentrum bestanden Beziehungen seit der Zeit des Kulturkampfes und der Reichsglokke, via Lebbin.

In der Ministersitzung vom 9. Februar deutete ich meine Absicht an, aus den preußischen Ämtern zurückzutreten. Die Kollegen schwiegen mit verschiedenem Gesichtsausdruck, nur Boetticher sagte einige Worte ohne Tragweite, fragte mich aber nach der Sitzung, ob er als Ministerpräsident den Rang vor dem alten Generalobersten von Pape bei Hofe haben würde.

Ich sagte zu meinem Sohne: »Die sagen zu dem Gedanken, mich los zu werden, alle ouf!, erleichtert und befriedigt.«

Der Wunsch des Kaisers, daß ich die damals von ihm beabsichtigte hohe Militärforderung vertreten solle, veranlaßte mich zu einer wiederholten Prüfung der Verhältnisse, wie sie sich gestalten würden, wenn ich schon am 20. Februar aus meinen preußischen Ämtern zurückträte. Ich hatte zu erwägen, daß die Vertretung der Verdyschen und auch minder weitgehender Vorlagen mit wenig Gewicht und weniger Aussicht auf Erfolg geschehen würde, wenn ich zu der Zeit nicht mehr in demselben Maße wie bisher als Träger des kaiserlichen Vertrauens erschiene, nicht mehr als Leiter der preußischen Politik im Bundesrate auftreten könnte, sondern die Instruktionen meiner preußischen Kollegen und Nachfolger auszuführen hätte. Unter Entwicklung dieser Gründe empfahl ich daher in einem Vortrag am 12. Februar dem Kaiser, die Entscheidung über meinen Rücktritt nicht am 20. Februar eintreten zu lassen, sondern sie bis *nach* den ersten gewonnenen oder verlorenen Abstimmungen des neuen Reichstages über die Militärforderung und Erneuerung des Sozialistengesetzes, voraussichtlich bis Mai oder Juni, aufzuschieben. S. M., von meinem Vortrage wie mir schien unangenehm berührt, sagte: »Dann bleibt also einstweilen alles beim alten.« Ich erwiderte: »Wie Ew. M. befehlen. Ich fürchte schlechte Wahlen, und es wird der ganzen bisherigen Autorität bedürfen, um auf den Reichstag zu wirken; mein früheres Gewicht im Reichstage ist ohnehin vermindert durch die schon bekannt gewordene Minderung des allerhöchsten Vertrauens zu mir.«

Obwohl ich vollkommen überzeugt war, daß der Kaiser mich los sein wollte, so ließen meine Anhänglichkeit an den Thron und meine Zweifel an der Zukunft es mir als eine Feigheit erscheinen, davonzugehen, ehe ich alle Mittel erschöpft hätte, um die Monarchie vor Gefahren zu behüten oder dagegen zu verteidigen. Nachdem der Ausfall der Wahlen sich übersehen ließ, entwickelte ich, in der Überzeugung, daß S. M. die bis dahin mir gegenüber seit Jahren kundgegebene Politik auch der neuen Wahlsituation gegenüber fortführen wolle, in einem Vortrag am 25. Februar ein Programm. Wegen der Zusammensetzung des Reichstags und behufs Vertretung der bisherigen Sozialpolitik sowie der nötigen Militärforderungen hielt ich jetzt mein Verbleiben bis nach den ersten parlamentarischen Kämpfen noch mehr für notwendig, um unsere Zukunft gegen die sozialistische Gefahr sichern zu helfen. S. M. würde infolge der bezüglich der Streiks beobachteten Politik und der Erlasse vom 4. Februar vielleicht früher als sonst geschehn wäre, gegen die Sozialdemokratie kämpfen müssen; wolle er das, so würde ich den Kampf gern führen, solle aber Nachgiebigkeit die Parole sein, so sähe ich größere Gefahren voraus; dieselben würden durch Aufschub der Krisis fortgesetzt wachsen. Der Kaiser ging darauf ein, wies Nachgiebigkeit von sich und akzeptierte, wie mir schien, während er mir beim Abschied die Hand gab, meine Parole No surrender!

Am folgenden Tage hatte er sich gegen seine Umgebung befriedigt über diesen Vortrag geäußert: Er wünsche nur, daß ich ihm noch mehr den Eindruck bereite, daß er allein regiere, und die Maßregeln von ihm ausgingen usw.

In dem Glauben, die Zustimmung des Kaisers zu meinem Programm zu besitzen und bis etwa zum Juni in meinen Ämtern zu bleiben, erklärte ich in der Ministersitzung vom 2. März, S. M. sei entschlossen, die Situation zu akzeptieren und zu fechten. Das Ministerium würde eventuell dazu rekonstruiert werden müssen, ich würde seinerzeit mein Portefeuille zur Verfügung stellen und nach Sr. M. letzten Äußerungen dann den Auftrag erhalten, ein homogenes, zum Kampfe gegen die soziale Revolution bereites Ministerium zu bilden. Der Eindruck, den diese Eröffnung machte, war nicht bei allen Kollegen ein gemütlicher; der Ausdruck homogen wurde so verstanden, daß ein aggressives Vorgehen gegen den Sozialismus Charaktereigenschaften erfordere, welche nicht alle besaßen.

Am 8. März fand ich Grund, darüber nachzudenken, ob das Verhalten des Kaisers am Schluß des Vortrages vom 25. Februar aus einer augenblicklichen, seitdem vorübergegangenen Erregung zu erklären oder ob es vielleicht nicht ernst gemeint gewesen sei. Bei Gelegenheit eines Vortrages über andere Gegenstände empfahl mir S. M., freundlicher gegen Boetticher zu sein; ich antwortete mit einer Beleuchtung seiner Insubordination und seiner Falschheit gegen mich, erwähnte namentlich, daß er, der gesetzlich im Reich mein Untergebener sei und im Staatsministerium nur als adlatus für mich Sitz habe, dennoch im Reichstage, namentlich in der sozialen und der Sonntagsfrage, gegen mich werbe und wirke und daß er am 20. Januar nachmittags den Bundesrat berufen, zum Eingehen auf den Initiativantrag des Reichstags wegen Aufbesserung der Beamtenbesoldungen bewogen und alsdann im Namen der verbündeten Regierungen eine entsprechende Erklärung im Reichstag abgegeben habe, in direktem Widerspruch mit meiner ihm an dem Morgen des genannten Tages zugegangenen schriftlichen Anweisung.

Ich hatte kaum das Schloß verlassen, als der Kaiser Herrn von Boetticher mit einem sehr gnädigen Briefe den Schwarzen Adlerorden übersandte. Ich war als Vorgesetzter des Dekorierten davon nicht unterrichtet, und es unterblieb auch jede nachträgliche Mitteilung an mich.

Ungeachtet dieser gegen mich gerichteten Demonstration erhielt ich bei einem Vortrag am 10. nicht den Eindruck, daß der Kaiser mein Programm aufgegeben habe; S. M. erklärte, an den größeren Militärforderungen festhalten zu wollen, welche der Kriegsminister von Verdy tags vorher in der Ministersitzung mit Nachdruck als *unabweislich* entwickelt hatte: Die Scharnhorst-Boyensche Idee der Ausbildung jedes Waffenfähigen sei bei uns verlassen, von den Franzosen als nation armée aufgenommen; sie würden uns trotz einer um 11 Millionen geringeren Bevölkerung in kurzer Frist um 750 000 ausgebildete Mannschaften überlegen sein. In der Ministersitzung am 12. März wurde über dieselbe Sache verhandelt und ergab sich, daß die dauernde Mehrbelastung nach Durchführung der Verdyschen Pläne etwas über 100 Millionen Mark jährlich betragen würde. Auf die Frage, ob man sich nicht für diesen außerordentlichen Reichstag mit dem Dringlichsten begnügen könne und die notwendige Artillerievorlage, die sicher Annahme finden würde, lieber nicht der Verzögerung einer durch die ganze Forderung bedingten Auflösung aussetzen solle, erklärte Verdy, das Ganze leide keinen Aufschub. Ich verlangte das Votum der Finanzchefs; Scholz und Maltzahn waren danach bereit, die Sache in finanzielle Behandlung zu nehmen. Eine Zukunftsziffer von über 100 Millionen mehr im Ordinarium des Heeres wurde in Aussicht genommen und sollte im Laufe von 10 Jahren allmählich verwirklicht werden.

Während ich so für die Ausführung des kaiserlichen Programms tätig war, hatte der Kaiser dasselbe, wie ich glauben muß, aufgegeben, ohne mir eine Mitteilung darüber zu machen. Ich lasse unentschieden, ob es ihm mit demselben überhaupt ernst gewesen ist. Es ist mir später mitgeteilt worden, daß der Großherzog von Baden, beraten von Herrn von Marschall, in jenen Tagen den Kaiser vor einer Politik gewarnt hat, die zu Blutvergießen führen könne; wenn es zu einem Konflikt käme, »so würde der alte Kanzler wieder im Vordergrunde stehen«.

Für mich lag in der Militärfrage nach heutiger Lage kein Grund zum Bruch mit dem Reichstage; ich vertrat sie zum Teil aus Überzeugung (Artillerie, Offiziere, Unteroffiziere), zum Teil, weil ich es für die Aufgabe anderer hielt (Finanz, Reichstag), dem Kaiser und seinem Verdy in *dieser* Frage Widerstand zu leisten.

Ob es solcher Einwirkungen überhaupt bedurft hat, weiß ich nicht. Der Großherzog kam einige Tage vor dem 9. März, dem Todestage Kaiser Wilhelms, in Berlin an, und nach meiner Wahrnehmung datiert aus der Zeit zwischen dem 8. und 14. März der Entschluß des Kaisers, das Kampfprogramm fallenzulassen. Ich vermute, daß es ihm widerstrebt hat, sich mir gegenüber offen davon loszusagen, und statt dessen zu meinem Bedauern der Weg gewählt worden ist, mir das Verbleiben im Amte bis zu dem verabredeten Junitermine zu verleiden. Die bis dahin üblichen Formen des geschäftlichen Verkehrs mit mir erlitten in jenen Tagen eine einschneidende Änderung, der ich die Überzeugung entnehmen mußte, daß der Kaiser meine Dienste nicht nur für entbehrlich, sondern auch für unwillkommen hielt und daß S. M., anstatt mir dies mit der sonstigen Offenheit freundlich zu sagen, mir durch ungnädige Formen den Rücktritt nahelegte. Persönliche Verstimmung war in mir bis dahin nicht aufgekommen. Ich war ehrlich bereit, dem Kaiser an Gestaltung der Dinge nach seinem Willen zu helfen. Diese meine Stimmung wurde erst gestört durch Schritte vom 15., 16. und 17., die mich jeder eigenen Verantwortlichkeit für mein Ausscheiden aus dem Dienste enthoben, und durch die Plötzlichkeit der Exmission, die mich nötigte, meinen ein Menschenalter lang eingerichteten Haushalt auf eintägige Kündigung abzubrechen, ohne daß ich bis heute den eigentlichen Grund des Bruches mit authentischer Sicherheit erfahren hätte.

8. KAPITEL

MEINE ENTLASSUNG

Am 14. März morgens fragte ich an, ob ich an diesem oder dem folgenden
Tage zum Immediatvortrag kommen sollte, erhielt aber keine Antwort.
Meine Absicht war, dem Kaiser über eine Unterredung, die ich am 12. mit
Windthorst gehabt hatte, und über gewisse Mitteilungen, die aus Rußland
eingegangen waren, zu berichten. Am 15. morgens um 9 Uhr wurde ich mit
der Meldung geweckt, S. M. habe eben sagen lassen, ich solle um 9½ im
»Auswärtigen Amte« Vortrag halten, worunter nach der bisherigen Gepflogenheit die Amtswohnung meines Sohnes zu verstehen war. Wir empfingen dort den Kaiser. Auf meine Bemerkung, ich wäre fast zu spät gekommen, weil ich erst vor 25 Minuten mit Sr. M. Befehl geweckt worden sei,
erwiderte der Kaiser: »So – ich habe die Bestellung gestern nachmittag hin-
ausgegeben.« Später ergab sich, daß er erst nach 10 Uhr abends den Vortrag
festgesetzt hatte und daß Abendaustrag vom Schloß in der Regel nicht stattfindet. Ich begann meinen Vortrag: »Ich kann Ew. Maj. melden, daß
Windthorst aus dem Bau gekommen ist und mich aufgesucht hat.« Der Kaiser rief darauf aus: »Nun, Sie haben ihn doch natürlich zur Tür hinauswer-
fen lassen?« Ich erwiderte, während mein Sohn das Zimmer verließ, daß ich
Windthorst natürlich empfangen hätte, wie ich es mit jedem Abgeordneten,
dessen Manieren ihn nicht unmöglich machten, als Minister stets gehalten
hätte und zu tun verpflichtet sei, wenn ein solcher sich anmelde. Der Kaiser
erklärte, ich hätte vorher bei ihm anfragen müssen. Ich widersprach und
vindizierte mir die Freiheit, in meinem Hause Besuche zu empfangen und
namentlich solche, die anzunehmen ich amtlich die Pflicht oder einen
Grund hätte. Der Kaiser bestand auf seinem Anspruch mit dem Hinzufügen,
er wisse, daß Windthorsts Besuch durch den Bankier von Bleichröder vermittelt worden sei; »Juden und Jesuiten« hielten immer zusammen. Ich erwiderte, es sei viel Ehre für mich, daß S. M. über die inneren Vorgänge in

meinem Hause so genau informiert sei; es sei richtig, daß Windthorst Bleichröders Vermittlung nachgesucht, vermutlich aus irgendeiner Berechnung, da er wußte, daß jeder Abgeordnete jederzeit Zutritt bei mir hatte. Die Wahl des Vermittlers sei aber von Windthorst und nicht von mir ausgegangen und gehe mich nichts an. Bei der Konstellation in dem neuen Reichstag sei es für mich wichtig gewesen, den Feldzugsplan des Führers der stärksten Fraktion zu kennen, und mir willkommen, daß dieser unerwartet um Empfang gebeten. Ich hätte in der Unterredung konstatiert, daß Windthorst unmögliche Forderungen (Status quo ante 1870) zu stellen beabsichtige. Seine Absichten zu ermitteln, sei für mich ein geschäftliches Bedürfnis gewesen. Wenn S. M. aus diesem Anlasse mir einen Vorwurf machen wolle, so sei das gerade so, als wenn S. M. seinem Generalstabschef im Kriege untersagen wolle, den Feind zu rekognoszieren. Ich könnte mich einer solchen Kontrolle in Einzelheiten und in meiner persönlichen Bewegung im eigenen Hause nicht unterwerfen. Der Kaiser verlangte das aber peremptorisch mit der Frage: »Auch nicht, wenn Ihr Souverän es befiehlt?« Ich beharrte in Ablehnung.

Über Windthorsts Pläne fragte der Kaiser mich nicht, sondern hub an: »Ich erhalte gar keine Vorträge mehr von meinen Ministern; es ist mir gesagt worden, Sie hätten ihnen verboten, mir ohne Ihre Zustimmung oder Gegenwart Vorträge zu halten, und sich dabei auf eine alte vergilbte Ordre gestützt, die schon ganz vergessen war.«

Ich erklärte, die Sache liege nicht so. Jene Ordre vom 8. September 1852, die seit unsrem Verfassungsleben in Kraft stände, sei für jeden Ministerpräsidenten unentbehrlich; sie verlange nur, daß er bei wichtigen prinzipiellen neuen Anregungen vor Einholung der Allerhöchsten Entscheidung unterrichtet werde, da er anders die Gesamtverantwortung nicht tragen könne; wo ein Ministerpräsident existiere, müsse auch der Inhalt jener Ordre maßgebend sein. Der Kaiser behauptete, die Ordre schränke seine königliche Prärogative ein, er verlange ihre Zurücknahme. Ich machte darauf aufmerksam, daß die drei Vorgänger Sr. M. mit jener Ordre regiert hätten; es habe seit 1862 kein Bedürfnis vorgelegen, auf dieselbe Bezug zu nehmen, weil sie als selbstverständlich stets beobachtet worden sei. Ich hätte sie jetzt in Erinnerung bringen müssen, um meine Autorität gegenüber Ministern zu wahren, die sie unbeachtet gelassen hätten. Die Vorträge der Minister würden durch die Ordre nicht eingeschränkt, nur eine Mitteilung an den Premierminister bedingt, wenn *neue* allgemeine Einrichtungen bei Sr. M. angeregt werden sollten, damit jener in der Lage sei, in Fällen, die ihm wichtig schie-

nen, seine eventuell abweichende Auffassung in gemeinschaftlichem Vortrage zur Geltung zu bringen. Der König könne dann immer nach seinem
Ermessen entscheiden; es sei unter Friedrich Wilhelm IV. mehr als einmal
vorgekommen, daß der König dann gegen den Premierminister entschieden habe. Ich brachte sodann an der Hand eingegangener Depeschen den
Besuch in Rußland zur Sprache, zu dem S. M. sich für den Sommer angemeldet hatte.

Ich erneuerte meine Abmahnung und unterstützte sie durch die Erwähnung geheimer Berichte aus Petersburg, die Graf Hatzfeldt aus London eingesandt habe; sie enthielten ungünstige angebliche Äußerungen des Zaren
über S. M. und über den letzten Besuch, den S. M. ihm gemacht. Der Kaiser
verlangte, daß ich ihm einen Bericht der Art, den ich in der Hand hielt, vorle-
se. Ich erklärte, ich könnte mich dazu nicht entschließen, weil der wörtliche
Inhalt ihn verletzen würde. Der Kaiser nahm mir das Schriftstück aus der
Hand, las es und schien von dem Wortlaut der angeblichen zarischen Äußerungen mit Recht verletzt.

Die dem Kaiser Alexander von angeblichen Ohrenzeugen zugeschriebenen Äußerungen über den Eindruck, den sein Vetter bei seinem letzten
Besuche in Peterhof ihm gemacht habe, waren in der Tat so unerfreulich,
daß ich Bedenken getragen hatte, diese ganze Berichterstattung überhaupt gegen S. M. zu erwähnen. Ich hatte ohnehin keine Sicherheit, daß
die Quellen und die Meldungen des Grafen Hatzfeldt authentisch waren;
die Fälschungen, welche 1887 dem Kaiser Alexander von Paris aus in die
Hand gespielt und von mir mit Erfolg entkräftet worden waren, ließen
mich an die Möglichkeit denken, daß man von anderer Seite in ähnlicher
Richtung durch Fälschungen auf unsren Monarchen zu wirken suchen
wolle, um ihn gegen den russischen Verwandten zu verstimmen und in
den englisch-russischen Streitfragen zum Feinde Rußlands, also direkt
oder indirekt zum Bundesgenossen Englands zu machen. Wir leben zwar
nicht mehr in der Zeit, wo verletzende Witze Friedrichs des Großen die
Kaiserin Elisabeth und die Frau von Pompadour, also damals Frankreich,
zu Gegnern Preußens machten. Immerhin konnte ich es nicht über mich
gewinnen, die Äußerungen, welche dem Zaren zugeschrieben wurden,
meinem eigenen Souverän vorzulesen oder mitzuteilen. Auf der anderen
Seite aber hatte ich zu erwägen, daß der Kaiser erfahrungsmäßig von dem
Mißtrauen beseelt war, als ob ich ihm Depeschen von Wichtigkeit vorent-
hielte, und daß seine Ermittlungen darüber, ob dies geschähe, sich nicht

auf direkte Nachfragen bei mir beschränkten. Der Kaiser hat zu seinen Ministern nicht immer dasselbe Vertrauen wie zu deren Untergebnen, und Graf Hatzfeldt als nützlicher und fügsamer Diplomat genoß unter Umständen mehr Vertrauen als sein Vorgesetzter. Er konnte also leicht bei Begegnungen in Berlin oder London die Frage an S. M. richten, ob und welchen Eindruck diese auffälligen und wichtigen Meldungen dem Kaiser gemacht hätten; und wenn sich dann ergab, daß ich sie unbenutzt zu den Akten gelegt hatte – was mir das liebste gewesen wäre –, so würde der Kaiser mir in Gedanken oder in Worten vorgeworfen haben, daß ich im russischen Interesse ihm Depeschen verheimlicht hätte, wie das ja einen Tag später bezüglich militärischer Berichte eines Konsuls der Fall war. Außerdem fiel mein Wunsch, den Kaiser zum Verzicht auf den zweiten Besuch in Petersburg zu bewegen, gegen das vollständige Verschweigen der Hatzfeldtschen Angaben ins Gewicht.

Ich hatte gehofft, der Kaiser werde meiner bestimmten Weigerung, ihm die Anlagen des Hatzfeldtschen Berichts mitzuteilen, Gehör schenken, wie sein Vater und sein Großvater ohne Zweifel getan haben würden, und hatte mich deshalb auf die Umschreibung dieser Anlagen beschränkt mit der Andeutung, daß aus denselben hervorginge, dem Zaren sei der kaiserliche Besuch nicht willkommen, sein Unterbleiben werde ihm lieber sein. Der Wortlaut, dessen Lesung der Kaiser sich mit eigener Hand ermöglichte, hat ihn ohne Zweifel schwer gekränkt und war dazu angetan.

Er erhob sich und reichte mir kühler wie sonst die Hand, in welcher er den Helm hielt. Ich begleitete ihn bis an die Freitreppe vor der Haustür. Im Begriff, unter den Augen der Dienerschaft in den Wagen zu steigen, sprang er die Stufen wieder hinauf und schüttelte mir mit Lebhaftigkeit die Hand.

Wenn schon die ganze Art des kaiserlichen Verhaltens mir gegenüber nur den Eindruck machen konnte, daß S. M. mir den Dienst verleiden und meine Verstimmung bis zum Abschiedsgesuch steigern wollte, so glaube ich, daß die berechtigte Empfindlichkeit über die Beleidigungen, welche Graf Hatzfeldt, gleichviel aus welchen Gründen, eingesandt hatte, den Kaiser mir gegenüber in dieser Taktik augenblicklich belebte. Auch selbst wenn die Änderung des Kaisers in seiner Form und Rücksicht mir gegenüber nicht den Zweck gehabt haben sollte, der mir gelegentlich suppeditiert worden war, nämlich festzustellen, wie lange meine Nerven hielten, so liegt es doch in der monarchischen Tradition, die Kränkung, welche eine Botschaft für den König enthalten kann, den Träger oder Überbringer derselben zunächst entgelten zu lassen. Die Geschichte der alten und der neuen Zeit führt Beispiele an von Boten, die Opfer königlichen Zorns wegen des Inhalts einer Botschaft wurden, die sie nicht verfaßt hatten.

Im Verlauf des Vortrages erklärte der Kaiser ganz unvermittelt, er wolle eine Auflösung des Reichstages jedenfalls vermeiden und deshalb die Militärforderungen auf das Maß herabsetzen, welches mit Sicherheit eine Majorität finden werde. Meine Audienz und mein Vortrag ließen mir hiernach den Eindruck, daß der Kaiser mich los sein wolle, daß er seine Absicht geändert habe, mit mir die ersten Verhandlungen mit dem neuen Reichstag noch durchzumachen und die Frage unserer Trennung erst im Anfange des Sommers, nachdem man sich klar sei, ob eine Auflösung des neuen Reichstags nötig sei oder nicht, zur Entscheidung zu bringen. Ich denke mir, daß der Kaiser diese am 25. Februar getroffene quasi Abrede zwischen uns nicht zurücknehmen wollte, sondern nun versuchte, mich durch ungnädige Behandlung zu dem Gesuche um meinen Abschied zu bringen. Indessen ließ ich mich nicht in meinem Entschlüsse irremachen, mein persönliches Empfinden dem Dienstinteresse unterzuordnen.

Ich fragte bei Abschluß des Vortrages, ob S. M. dabei beharrte, mir die ausdrückliche Zurücknahme der Ordre von 1852, auf welcher die Stellung des Ministerpräsidenten beruhte, zu befehlen. Die Antwort war ein kurzes Ja. Ich faßte darauf noch nicht den Entschluß zum sofortigen Rücktritt, sondern nahm mir vor, den Befehl, wie man sagt, »ins Sonntagsfach« zu nehmen und abzuwarten, ob die Ausführung moniert wurde, dann eine schriftliche Ordre zu erbitten und diese im Staatsministerium zum Vortrage zu bringen. Ich war also auch damals noch überzeugt, daß ich nicht die Initiative und damit die Verantwortlichkeit für mein Ausscheiden zu übernehmen habe.

Am folgenden Tage, während die englischen Konferenzdelegierten bei mir zu Tisch waren, erschien der Chef des Militärkabinetts, General von Hahnke, und besprach des Kaisers Forderung, die fragliche Ordre zu kassieren. Ich erklärte das aus den oben angegebenen sachlichen Gründen für geschäftlich untunlich. Ein Ministerpräsidium ließe sich ohne die ihm durch die Ordre zugesprochene Befugnis nicht führen; wolle S. M. die Ordre kassieren, so müsse mit dem Titel »Präsident des Staatsministeriums« dasselbe geschehen, wogegen ich dann nichts hätte. General von Hahnke verließ mich mit der Äußerung, die Sache werde sich sicher vermitteln lassen, was er übernahm. (Die Ordre ist auch nach meiner Entlassung *nicht* aufgehoben worden*)

Am folgenden Morgen, 17. März, kam Hahnke wieder, um mir mit Bedauern mitzuteilen, S. M. bestände auf Zurücknahme der Ordre und erwarte nach dem Bericht, welchen er, Hahnke, ihm über seine gestrige Unterredung mit mir erstattet habe, daß ich sofort meinen Abschied einreiche; ich solle am Nachmittag auf das Schloß kommen, um mir denselben zu holen. Ich erwiderte, ich sei dazu nicht wohl genug und würde schreiben.

An demselben Morgen kam eine Anzahl von Berichten von Sr. M. zurück, darunter einige von einem Konsul in Rußland. Denselben lag ein offenes, also durch die Büros gegangenes Handbillett Sr. M. bei, also lautend:

»Die Berichte lassen auf das klarste erkennen, daß die Russen im vollsten strategischen Aufmarsch sind, um zum Kriege zu schreiten – Und muß ich es sehr bedauern, daß ich so wenig von den Berichten erhalten habe. Sie hätten mich schon längst auf die furchtbar drohende Gefahr aufmerksam machen können! Es ist die höchste Zeit, die Österreicher zu warnen und Gegenmaßregeln zu treffen. Unter solchen Umständen ist natürlich an eine Reise nach Krasnoe meinerseits nicht mehr zu denken.

Die Berichte sind vorzüglich.   W.«

Der Tatbestand war folgender. Der betreffende Konsul[80], der selten sichere

---

* In der Sitzung des preußischen Landtages vom 28. April hat Graf Eulenburg nach den vorliegenden Berichten über die Stellung des Ministerpräsidenten folgendes erklärt: »Daß die Aufgabe des preußischen Ministerpräsidenten nicht bloß darin besteht, die Verhandlungen zu leiten und die Stimmen zu zählen, glaube ich, bedarf keines Beweises; es ist die Aufgabe des Vorsitzenden des preußischen Staatsministeriums, für einen gleichmäßigen und in gleicher Richtung sich bewegenden Gang der Staatsgeschäfte zu sorgen und das Gesamtministerium, wo es nötig ist, zu repräsentieren. Ich glaube also, daß die von jener Seite geäußerte Meinung, daß sein Anteil sehr unbedeutend sei, der Begründung entbehre.« (Beifall.) Aus dieser Äußerung darf man den Schluß ziehen, daß auch heute die Aufhebung der Kabinettsordre vom Jahre 1852 über die Befugnisse des Ministerpräsidenten, die bei meiner Entlassung eine hervorragende Rolle gespielt hat, nicht erfolgt ist; denn wenn sie wirklich aufgehoben wäre, so würde der Ministerpräsident Graf Eulenburg kaum in der Lage sein, das Programm, das er in obigen Worten aufgestellt hat und das sich der vollen Zustimmung des Abgeordnetenhauses erfreute, tatsächlich durchzuführen.

Gelegenheiten fand, hatte auf einmal vierzehn mehr oder weniger volumi-
nöse, zusammen über hundert Seiten starke Berichte eingesandt, deren äl-
tester mehrere Monate alt, dessen Inhalt also mutmaßlich für unseren Generalstab nicht neu war. Für die Behandlung der Berichte militärischen
Inhalts bestand die Praxis, daß diejenigen, die nicht wichtig und dringend
genug erschienen, um von dem Auswärtigen Amt direkt dem Kaiser vorgelegt zu werden, unter der Doppeladresse 1. an den Kriegsminister, 2. an den
Chef des Generalstabs zur Kenntnisnahme und mit der Bitte um Rückgabe
gesandt wurden. Sache des Generalstabs war es, militärisch Neues und Bekanntes, Wichtiges und Unwichtiges zu sondern und das erstere durch das
Militärkabinett zur Kenntnis Sr. M. zu bringen. In dem vorliegenden Falle
hatte ich vier von den Berichten, gemischt politischen und militärischen Inhalts, direkt dem Kaiser vorgelegt, sechs ausschließlich militärische unter
der obigen Doppeladresse abgehen lassen und die vier übrigen dem betreffenden Rate zum Vortrag geschrieben, um zu sehen, ob sie etwas enthielten,
was höherer Entscheidung bedurfte. Der Kaiser mußte im Widerspruch mit
dem üblichen und allein möglichen Geschäftsgang angenommen haben,
daß ich diejenigen Berichte, die ich dem Generalstabe geschickt, ihm hätte
vorenthalten wollen. Ich würde freilich, wenn ich Dinge vor S. M. geheimhalten wollte, nicht gerade dem Generalstabe, dessen Leiter nicht alle meine Freunde waren, beziehungsweise dem Kriegsminister von Verdy die unehrliche Geheimhaltung von Aktenstücken angesonnen haben.

Also, weil ein Konsul einige, zum Teil drei Monate alte militärische Vorgänge aus dem Bereich seiner Wahrnehmung berichtet hatte, unter anderem die dem Generalstab bekannte Versetzung einiger Sotnien Kosaken
nach der österreichischen Grenze, sollte Österreich in Alarm gesetzt, Rußland bedroht, der Krieg vorbereitet und der Besuch, zu dem S. M. sich aus eigenem Antrieb angemeldet hatte, aufgegeben werden; und weil die Berichte des Konsuls verspätet eingegangen, wurde mir implizite der Vorwurf des
Landesverrats gemacht, der Vorenthaltung von Tatsachen, um eine von außen drohende Gefahr zu vertuschen. Ich wies in einem sofort erstatteten Immediatberichte nach, daß alle nicht von dem Auswärtigen Amte aus direkt
dem Kaiser vorgelegten Berichte des Konsuls unverzüglich dem Kriegsminister und dem Generalstab übersandt waren. Nachdem mein Bericht (der
nach einigen Tagen ohne irgendein Marginale, also ohne Zurücknahme der
schweren Beschuldigungen an das Auswärtige Amt zurückgelangte) abge-
gangen war, berief ich auf den Nachmittag eine Ministersitzung.

Ich mußte es als eine Laune des Zufalls ansehen, und die Geschichte wird es vielleicht verhängnisvoll zu nennen haben, daß am Vormittag desselben Tages der in der Nacht aus Petersburg eingetroffene Botschafter Graf Paul Schuwalow sich bei mir mit der Erklärung meldete, er sei ermächtigt, in gewisse Vertragsverhandlungen* einzutreten, und daß diese Verhandlungen sich demnächst zerschlugen, als ich nicht Reichskanzler blieb.

Für die in der Ministersitzung abzugebende Erklärung hatte ich folgenden Entwurf gemacht:

»Ich bezweifle, daß ich die mir obliegende Verantwortlichkeit für die Politik des Kaisers noch länger tragen kann, da mir derselbe die hierfür unerläßliche Mitwirkung nicht einräumt. Es ist mir überraschend gewesen, daß S. M. über die sogenannte Arbeiterschutzgesetzgebung mit Boetticher, aber ohne Benehmung mit mir und dem Staatsministerium, definitive Entschließungen gefaßt hat; ich sprach damals die Befürchtung aus, daß dieses Verfahren während der Reichstagswahlen Aufregung erzeugen, unerfüllbare Erwartungen hervorrufen und bei der Unerfüllbarkeit derselben schließlich das Ansehen der Krone schädigen werde. Ich hoffte, daß Gegenvorstellungen des Staatsministeriums S. M. zum Verzichte auf die kundgegebnen Absichten bewegen würden, fand jedoch keine Mitwirkung meiner Kollegen, sondern bei meinem nächsten Vertreter Herrn von Boetticher ein schon ohne mich festgestelltes Einverständnis mit den kaiserlichen Anregungen, und überzeugte mich, daß mehrere Kollegen das Eingehen darauf für ratsam erachteten. Schon hiernach mußte ich bezweifeln, ob ich als Präsident des Staatsministeriums noch die sichere Autorität besäße, deren ich zur verantwortlichen Leitung der Gesamtpolitik bedurfte. Ich habe erfahren, daß der Kaiser jetzt nicht nur mit einzelnen der Herren Minister, sondern mit einzelnen der mir untergebenen Räte und anderen Beamten verhandelt hat, namentlich hat der Herr Handelsminister ohne vorherige Verständigung mit mir eingreifende Immediatvorträge gehalten. Ich habe Herrn von Berlepsch darauf die ihm unbekannte Ordre vom 8. September 1852 mitgeteilt, und nachdem ich mich überzeugt, daß dieselbe überhaupt nicht allen Ministern, insbesondere nicht meinem Vertreter Herrn von Boetticher gegenwärtig

---

* Über Verlängerung eines im Juni 1890 ablaufenden Vertrages, der uns für den Fall, daß wir von Frankreich angegriffen würden, die Neutralität Rußlands sicherte.

war, jedem eine Abschrift zugehen lassen und in dem Übersendungsschreiben hervorgehoben, daß ich die Ordre nur auf Immediatvorträge beziehe, welche Änderungen der Gesetzgebung und der bestehenden Rechtsverhältnisse bezweckten. In diesem Sinne mit Takt gehandhabt, enthält die Ordre nicht mehr, als für jeden Präsidenten des Staatsministeriums unerläßlich ist. S. M., von irgendwelcher Seite über diesen Vorgang unterrichtet, hat mir befohlen, daß die Ordre außer Kraft gesetzt werde. Ich habe meine Mitwirkung dazu ablehnen müssen.

Ein weiteres Zeichen mangelnden Vertrauens hat S. M. mir durch die Vorhaltung gegeben, daß ich ohne Allerhöchste Erlaubnis den Abgeordneten Windthorst nicht hätte empfangen dürfen. Heute habe ich mich überzeugt, daß ich auch die auswärtige Politik Sr. M. nicht mehr vertreten kann. Ungeachtet meines Vertrauens auf die Tripelallianz habe ich die Möglichkeit, daß dieselbe einmal versagen könne, nie aus den Augen verloren, weil in Italien die Monarchie nicht auf starken Füßen steht, die Eintracht zwischen Italien und Österreich durch die Irredenta gefährdet, in Österreich nur die Zuverlässigkeit des regierenden Kaisers einen Umschlag bei dessen Lebzeiten ausschließt und die Haltung Ungarns nie sicher zu berechnen ist. Ich bin deshalb stets bestrebt gewesen, die Brücke zwischen uns und Rußland nie ganz abzubrechen.« (Folgt Mitteilung des Allerhöchsten Handschreibens betreffend die militärischen Berichte eines Konsuls.)

»Ich bin überhaupt nicht verpflichtet, Sr. M. alle Berichte vorzulegen, habe es aber in dem vorliegenden Falle getan, teils direkt, teils durch den Generalstab, und bin bei meinem Vertrauen in die friedlichen Absichten des Kaisers von Rußland außerstande, die Maßregeln zu vertreten, die S. M. mir befiehlt.

Meine Vorschläge bezüglich der Stellung zum Reichstage und einer eventuellen Auflösung desselben hatte S. M. gebilligt, ist aber jetzt der Meinung, die Militärvorlage sei nur soweit einzubringen, als man auf ihre Annahme durch den jetzigen Reichstag rechnen könne. Der Kriegsminister hat sich neulich für die ungeteilte Einbringung ausgesprochen, und wenn man Gefahr gleichzeitig von Rußland kommen sähe, so wäre das das Richtige.

Ich nehme also an, daß ich mit meinen Kollegen nicht mehr in voller Übereinstimmung bin, wie ich auch das Vertrauen Sr. M. nicht mehr im ausreichenden Maße besitze. Ich freue mich, wenn ein König von Preußen selbst regieren will, erkenne die Nachteile meines Rücktritts für die öffentlichen Interessen, sehne mich auch, da meine Gesundheit jetzt gut ist, nicht nach einem arbeitslosen Leben; aber ich fühle, daß ich dem Kaiser im Wege bin, und bin amtlich durch das Kabinett benachrichtigt, daß derselbe meinen Rücktritt wünscht. Ich habe daher auf Allerhöchsten Befehl meine Dienstentlassung erbeten.«

Nachdem ich eine dieser Skizze entsprechende Erklärung abgegeben hatte, befürwortete der Vizepräsident des Staatsministeriums, Herr von Boetticher, den früher von mir ausgesprochenen Gedanken, mich auf die Leitung der auswärtigen Angelegenheiten zu beschränken. Der Finanzminister erklärte, die Ordre vom 8. September 1852 gehe durchaus nicht über das Erforderliche hinaus, und er schließe sich der Bitte des Herrn von Boetticher an, daß nach einem Ausgleich gesucht werden möge. Wenn ein solcher nicht zu finden sei, so werde das Staatsministerium erwägen müssen, ob es sich nicht meinem Schritt anzuschließen habe. Die Minister des Kultus und der Justiz waren der Ansicht, es handle sich doch nur um ein Mißverständnis, über welches S. M. aufzuklären sei, und der Kriegsminister fügte hinzu, er habe seit langer Zeit kein Wort von Sr. M. vernommen, welches auf kriegerische Verwicklungen mit Rußland Bezug habe. Der Minister der öffentlichen Arbeiten bezeichnete meinen Rücktritt als ein Unglück für die Sicherheit des Landes und die Ruhe Europas; wenn es nicht gelänge, denselben zu verhindern, so müßten seiner Meinung nach die Minister ihre Ämter zur Verfügung Sr. M. stellen, er selbst wenigstens habe die Absicht, das zu tun. Der Minister für Landwirtschaft erklärte, wenn ich überzeugt sei, daß mein Rücktritt Allerhöchsten Orts gewünscht werde, so ließe sich von diesem Schritte nicht abraten. Das Staatsministerium müsse jedenfalls erwägen, was es zu tun habe, wenn ich meinen Abschied erhielte. Nach einigen persönlichen Bemerkungen des Handelsministers und des Kriegsministers schloß ich die Sitzung.*

Nach derselben machte mir der Herzog von Coburg einen einstündigen Besuch, bei dem seinerseits nichts Bemerkenswertes zur Sprache kam.

Bald nach Tisch erschien Lucanus, der Chef des Zivilkabinetts, und

---

* Das amtliche Protokoll derselben, welches bei allen Ministern, wie üblich, zur Korrektur zirkuliert hatte, ist nach einer späteren Mitteilung des Ministers von Miquel aus den Akten verschwunden und, wahrscheinlich auf Veranlassung des Vizepräsidenten Boetticher, vernichtet worden.

richtete zögernd den Auftrag Sr. M. aus zu fragen, »weshalb das am Morgen erforderte Abschiedsgesuch noch nicht eingegangen sei«. Ich erwiderte, der Kaiser könne mich ja zu jeder Stunde ohne meinen Antrag entlassen, und ich könne nicht beabsichtigen, gegen seinen Willen in seinem Dienste zu bleiben; mein Abschiedsgesuch wolle ich aber so einrichten, daß ich es demnächst veröffentlichen könne. Nur in dieser Absicht entschließe ich mich überhaupt, ein solches einzureichen. Ich gedächte nicht, die Verantwortlichkeit für meinen Rücktritt selbst zu übernehmen, sondern sie Sr. Majestät zu überlassen; die Gelegenheit zur öffentlichen Klarstellung der Genesis, zu der Lucanus meine Berechtigung bestritt, werde sich schon finden.

Während Lucanus diesen Auftrag ohne Motive ausrichtete, mußte meine bis dahin gleichmütige Stimmung naturgemäß einem Gefühl der Kränkung weichen, das sich steigerte, als Caprivi, noch ehe ich den Bescheid auf mein Abschiedsgesuch erhalten hatte, von einem Teile meiner Dienstwohnung Besitz nahm. Darin lag eine gewisse Exmission ohne Frist, die ich nach meinem Alter und der Länge meiner Dienstzeit wohl nicht mit Unrecht als eine Roheit ansah. Ich bin noch heute nicht von den Folgen dieser meiner überhasteten Exmission frei. Unter Wilhelm I. war dergleichen unmöglich, auch bei unbrauchbaren Beamten.

Am 18. März nachmittags schickte ich mein Entlassungsgesuch ein.

Mein Entwurf zu dem Entlassungsgesuch lautete:

»Bei meinem ehrfurchtsvollen Vortrage am 15. d. M. haben Euere Majestät mir befohlen, einen Ordreentwurf vorzulegen, durch welchen die Allerhöchste Ordre vom 8. September 1852, welche die Stellung des Ministerpräsidenten seinen Kollegen gegenüber seither regelt, außer Geltung gesetzt werden soll.

Ich gestatte mir über die Genesis und die Bedeutung dieser Ordre nachstehende alleruntertänigste Darlegung:

Für die Stelle eines ›Präsidenten des Staatsministeriums‹ war zur Zeit des absoluten Königtums kein Bedürfnis vorhanden, und wurde zuerst auf dem Vereinigten Landtage 1847 durch die damaligen liberalen Abgeordneten (Mevissen) auf das Bedürfnis hingewiesen, verfassungsmäßige Zustände durch Ernennung eines ›Premierministers‹ anzubahnen, dessen Aufgabe sein würde, die Einheitlichkeit der Politik der *verantwortlichen* Minister zu überwachen und herbeizuführen und die Verantwortung für die Gesamtergebnisse der Politik des Kabinetts zu übernehmen. Mit dem Jahre 1848 trat die konstitutionelle Gepflogenheit bei uns ins Leben und wurden ›Präsidenten des Staatsministeriums‹ ernannt, wie Graf Arnim, Camphausen, Graf Brandenburg, Freiherr von Manteuffel, Fürst von Hohenzollern, an deren Namen die Verantwortlichkeit in erster Linie haftete, nicht für ein Ressort, sondern für die Gesamtpolitik des Kabinetts, also der Gesamtheit der Ressorts. Die meisten dieser Herren hatten kein eigenes Ressort, sondern nur das Präsidium; so (zuletzt vor meinem Eintritt) der Fürst von Hohenzollern, der Minister von Auerswald, Prinz Hohenlohe. Aber es lag ihnen ob, in dem Staatsministerium und in dessen Beziehungen zum Monarchen diejenige Einheit und Stetigkeit zu erhalten, ohne welche eine ministerielle Verantwortlichkeit, wie sie das Wesen des Verfassungslebens bildet, nicht durchführbar ist. Das Verhältnis des Staatsministeriums und seiner einzelnen Mitglieder zu dieser neuen Institution des Ministerpräsidenten bedurfte sehr bald einer näheren, der Verfassung entsprechenden Regelung, wie sie im Einverständnisse mit dem damaligen Staatsministerium durch die Ordre vom 8. September 1852 erfolgt ist. Diese Ordre ist seitdem entscheidend für die Stellung des Ministerpräsidenten zum Staatsministerium geblieben, und sie allein gab dem Ministerpräsidenten die Autorität, welche es ihm ermöglicht, dasjenige Maß von Verantwortlichkeit für die Gesamtpolitik des Kabinetts zu übernehmen, welches im Landtage und in der öffentlichen Meinung ihm zugemutet wird. Wenn jeder einzelne Minister Allerhöchste Anordnungen extrahieren kann, ohne vorgängige Verständigung mit seinen Kollegen, so ist eine einheitliche Politik, für welche jemand verantwortlich sein kann, im Kabinett nicht möglich. Keinem der Minister, und namentlich dem Ministerpräsidenten nicht, bleibt die Möglichkeit, für die Gesamtpolitik des Kabinetts die verfassungsmäßige Verantwortlichkeit zu tragen. In der absoluten Monarchie war eine Bestimmung, wie die Ordre von 1852 sie enthält, entbehrlich und würde es auch heut sein, wenn wir zum Absolutismus, ohne ministerielle Verantwortlichkeit, zurückkehrten. Nach den zu Recht bestehenden verfassungsmäßigen Einrichtungen aber ist eine präsidiale Leitung des Ministerkollegiums auf der Basis der Ordre von 1852 unentbehrlich. Hierüber sind, wie in der gestrigen Staatsministerialsitzung festgestellt wurde, meine sämtlichen Kollegen mit mir einverstanden und auch darüber, daß jeder meiner Nachfolger im Ministerpräsidium die Verantwortlichkeit für sein Amt nicht würde tragen können, wenn ihm die Autorität, welche die Ordre von 1852 verleiht, mangelte. Bei jedem meiner Nachfolger wird dies Bedürfnis noch stärker hervortreten wie bei mir, weil ihm nicht sofort die Autorität zur Seite stehn wird, die mir ein langjähriges Präsidium und das Vertrauen der beiden hochseligen Kaiser verliehen hat. Ich habe bisher niemals das Bedürfnis gehabt, mich meinen Kollegen gegenüber auf die Ordre von 1852 ausdrücklich zu beziehen. Die Existenz derselben und die Gewißheit, daß ich das Vertrauen der hochseligen Kaiser Wilhelm und Friedrich besaß, genügten, um meine Autorität im Kollegium sicherzustellen. Diese Gewißheit ist heut aber weder für meine Kollegen noch für mich selbst vorhanden. Ich habe deshalb auf die Ordre von 1852 zurückgreifen müssen, um die nötige Einheit des Dienstes Euerer Majestät sicherzustellen.

Aus vorstehenden Gründen bin ich außerstande, Euerer Majestät Befehl auszuführen, laut dessen ich die Aufhebung der vor kurzem von mir neu in Erinnerung gebrachten Ordre von 1852 selbst herbeiführen und kontrasignieren, trotzdem aber das Präsidium des Staatsministeriums weiterführen soll.

Nach den Mitteilungen, die mir der Generalleutnant von Hahnke und der Geheime Kabinettsrat von Lucanus gestern gemacht haben, kann ich nicht im Zweifel darüber sein, daß Euere Majestät wissen und glauben, daß es für mich nicht möglich ist, die Ordre aufzuheben und dennoch Ministerpräsident zu bleiben. Dennoch haben Euere Majestät den mir am 15. d. M. gegebenen Befehl aufrechterhalten und mir in Aussicht gestellt, mein dadurch *notwendig* werdendes Entlassungsgesuch zu *genehmigen*.

Nach früheren Besprechungen, die ich mit Euerer Majestät über die Frage hatte, ob Allerhöchstdenselben mein Verbleiben im Dienste unerwünscht sein würde, durfte ich annehmen, daß es Allerhöchstdenselben genehm sein würde, wenn ich auf meine Stellungen in Allerhöchstdero preußischen Diensten verzichtete, im Reichsdienste aber bliebe. Ich habe mir nach näherer Prüfung dieser Frage erlaubt, auf einige bedenkliche Konsequenzen dieser Teilung meiner Ämter, namentlich bezüglich künftigen Auftretens des Kanzlers im Reichstage, in Ehrfurcht aufmerksam zu machen, und enthalte mich, alle Folgen, welche eine solche Scheidung zwischen Preußen und dem Reichskanzler haben würde, hier zu wiederholen. Euere Majestät geruhten darauf zu genehmigen, daß einstweilen ›alles beim alten bleibe‹. Wie ich aber die Ehre hatte auseinanderzusetzen, ist es für mich nicht möglich, die Stellung eines Ministerpräsidenten beizubehalten, nachdem Euere Majestät für dieselbe die capitis diminutio wiederholt befohlen haben, welche in der Aufhebung der grundlegenden Ordre von 1852 liegt.

Euere Majestät geruhten außerdem bei meinem ehrfurchtsvollen Vortrage am 15. d. M., mir bezüglich der Ausdehnung meiner dienstlichen Berechtigungen Grenzen zu ziehen, welche mir nicht das Maß der Beteiligung an den Staatsgeschäften, der Übersicht über letztere und der freien Bewegung in meinen ministeriellen Entschließungen und in meinem Verkehre mit dem Reichstage und seinen Mitgliedern lassen, deren ich zur Übernahme der verfassungsmäßigen Verantwortlichkeit für meine amtliche Tätigkeit bedarf.

Aber auch wenn es tunlich wäre, unsre auswärtige Politik so unabhängig von unsrer inneren und unsre Reichspolitik so unabhängig von der preußischen zu betreiben, wie es der Fall sein würde, wenn der Reichskanzler der preußischen Politik ebenso unbeteiligt gegenüberstände wie der bayerischen oder sächsischen und an der Herstellung des preußischen Votums im Bundesrate und dem Reichstage gegenüber keinen Anteil hätte, so würde ich doch, nach den jüngsten Entscheidungen Euerer Majestät über die Richtung unsrer auswärtigen Politik, wie sie in dem Allerhöchsten Handbillett zusammengefaßt sind, mit dem Euere Majestät die Rückgabe der Berichte des Konsuls in Kiew gestern begleiteten, in der Unmöglichkeit sein, die Ausführung der darin von Euerer Majestät vorgeschriebenen Anordnungen bezüglich der auswärtigen Politik zu übernehmen. Ich würde damit alle die für das Deutsche Reich wichtigen Erfolge in Frage stellen, welche unsere auswärtige Politik seit Jahrzehnten im Sinne der beiden hochseligen Vorgänger Euerer Majestät in unsren Beziehungen zu Rußland unter ungünstigen Verhältnissen erlangt hat und deren über Erwarten große Bedeutung für die Gegenwart und Zukunft Graf Schuwalow mir nach seiner Rückkehr von Petersburg soeben bestätigt hat.

Es ist mir bei meiner Anhänglichkeit an den Dienst des königlichen Hauses und an Euere Majestät und bei der langjährigen Einlebung in Verhältnisse, welche ich für dauernd gehalten hatte, sehr schmerzlich, aus den gewohnten Beziehungen zu Allerhöchstdenselben und zu der Gesamtpolitik des Reichs und Preußens auszuscheiden; aber nach gewissenhafter Erwägung der Allerhöchsten Intentionen, zu deren Ausführung ich bereit sein müßte, wenn ich im Dienste bliebe, kann ich nicht anders als Euere Majestät alleruntertänigst bitten, mich aus dem Amte des Reichskanzlers, des Ministerpräsidenten und des preußischen Ministers der Auswärtigen Angelegenheiten in Gnaden und mit der gesetzlichen Pension entlassen zu wollen.

Nach meinen Eindrücken der letzten Wochen und nach den Eröffnungen, die ich gestern aus den Mitteilungen von Euerer Majestät Zivil- und Militärkabinett entnommen habe, darf ich in Ehrfurcht annehmen, daß ich mit diesem meinem Entlassungsgesuche den Wünschen Euerer Majestät entgegenkomme und also auf eine huldreiche Bewilligung meines Gesuches mit Sicherheit rechnen darf.

Ich würde die Bitte um Entlassung aus meinen Ämtern schon vor Jahr und Tag Euerer Majestät unterbreitet haben, wenn ich nicht den Eindruck gehabt hätte, daß es Euerer Majestät erwünscht wäre, die Erfahrungen und Fähigkeiten eines treuen Dieners Ihrer Vorfahren zu benutzen. Nachdem ich sicher bin, daß Euere Majestät derselben nicht bedürfen, darf ich aus dem öffentlichen Leben zurücktreten, ohne zu befürchten, daß mein Entschluß von der öffentlichen Meinung als unzeitig verurteilt werde.
Seiner Majestät dem Kaiser und Könige.   von Bismarck.«

Ich nahm noch die Gelegenheit wahr, den Chefs des Zivil- und des Militärkabinetts Lucanus und Hahnke zu sagen, daß der Verzicht auf den Kampf gegen die Sozialdemokratie und die Erregung von unerfüllbaren Hoffnungen derselben mich mit schwerer Besorgnis erfüllt habe.

Auf den Abend des 18. waren die kommandierenden Generäle nach Berlin in das Schloß bestellt worden, wofür als ostensibler Grund angegeben war, S. M. wolle sie über die neuen Militärvorlagen hören. In der Tat aber hat bei ihrer Versammlung, die ungefähr 20 Minuten dauerte, der Kaiser eine Ansprache gehalten, an deren Schluß er den Generälen, wie mir glaubwürdig erzählt worden ist, mitgeteilt haben soll, daß er sich genötigt sehe, mich zu entlassen; dem Chef des Generalstabes Waldersee gegenüber wären Beschwerden zum Ausdruck gekommen über meine Eigenmächtigkeit und Heimlichkeit im Verkehr mit Rußland. Graf Waldersee hatte ressortmäßig den Vortrag über die erwähnten Konsularberichte und deren militärische Tragweite bei Sr. M. gehabt. Das Wort hätte danach keiner der Generäle auf die kaiserliche Eröffnung genommen, auch Graf Moltke nicht. Dieser hätte erst nachher auf der Treppe gesagt: »Das ist ein sehr bedauerlicher Vorgang; der junge Herr wird uns noch manches zu raten aufgeben.«

Am 19. März nach der Cour war mein Sohn Herbert bei Schuwalow. Letzterer sagte in dem Bemühen, ihn zum Bleiben zu bewegen, wenn er und ich abgingen, so würden die Eröffnungen, mit denen er beauftragt sei, ins Wasser fallen. Da diese Äußerung möglicherweise von Einfluß auf politische Entschließungen des Kaisers sein konnte, so machte mein Sohn am folgenden Tage mittags Sr. M. in einem eigenhändigen Berichte Mitteilung davon.

Ich weiß nicht, ob vor oder unmittelbar nach Empfang dieses Berichtes, jedenfalls am 20. mittags kam der Adjutant vom Dienst, Graf Wedel, zu meinem Sohn, um den schon in den vorhergehenden Tagen durch Beauftragte kundgegebenen Wunsch des Kaisers zu wiederholen, daß mein Sohn in seinem Amte bleiben möge, ihm einen langen Urlaub anzubieten und ihn des unbedingten Vertrauens Sr. M. zu versichern. Das letztere glaubte mein Sohn nicht zu besitzen, weil der Kaiser wiederholt Räte des Auswärtigen Amtes ohne sein Vorwissen hatte kommen lassen, um ihnen Aufträge zu geben oder von ihnen Orientierung zu verlangen. Wedel räumte das ein und versicherte, S. M. würde ohne Zweifel bereit sein, dies Gravamen abzustellen. Mein Sohn hat darauf erwidert, seine Gesundheit sei so geschwächt, daß er ohne mich die schwere und verantwortliche Lage nicht annehmen könne. Später, nachdem ich meinen Abschied erhalten hatte, suchte Graf Wedel auch mich auf und verlangte, daß ich auf meinen Sohn wirke, damit er bliebe. Ich lehnte das ab mit den Worten: »Mein Sohn ist mündig.«

Am Nachmittag des 20. März überbrachten Hahnke und Lucanus mir den Abschied in zwei blauen Briefen. Lucanus war tags zuvor im Auftrage Sr. M. bei meinem Sohne gewesen, um ihn zu veranlassen, mich zu sondieren über Verleihung des Herzogstitels und Beantragung einer demselben entsprechenden Dotation bei dem Landtage. Mein Sohn hatte ohne Besinnen erklärt, beides würde mir unerwünscht und peinlich sein, und nachmittags, nach Rücksprache mit mir, an Lucanus geschrieben: »Eine Titelverleihung würde mir nach der Art, wie ich in jüngster Zeit von Sr. M. behandelt worden, peinlich sein, und eine Dotation sei angesichts der Finanzlage und aus persönlichen Gründen unannehmbar.« Trotzdem wurde mir der Herzogstitel verliehen.

Die beiden an mich gerichteten vom 20. datierten Ordres lauten:

»Mein lieber Fürst! Mit tiefer Bewegung habe ich aus Ihrem Gesuche vom 18. d. M. ersehen, daß Sie entschlossen sind, von den Ämtern zurückzutreten, welche Sie seit langen Jahren mit unvergleichlichem Erfolge geführt haben. Ich hatte gehofft, dem Gedanken, mich von Ihnen zu trennen, bei unseren Lebzeiten nicht nähertreten zu müssen. Wenn ich gleichwohl im vollen Bewußtsein der folgenschweren Tragweite Ihres Rücktritts jetzt genötigt bin, mich mit diesem Gedanken vertraut zu machen, so tue ich dies zwar betrübten Herzens, aber in der festen Zuversicht, daß die Gewährung Ihres Gesuches dazu beitragen werde, Ihr für das Vaterland unersetzliches Leben und Ihre Kräfte solange wie möglich zu schonen und zu erhalten. Die von Ihnen für Ihren Entschluß angeführten Gründe überzeugen mich, daß *weitere* Versuche, Sie zur Zurücknahme Ihres Antrages zu bestimmen, keine Aussicht auf Erfolg haben. Ich entspreche daher Ihrem Wunsche, indem ich Ihnen hierneben den erbetenen Abschied aus Ihren Ämtern als Reichskanzler, Präsident meines Staatsministeriums und Minister der Auswärtigen Angelegenheiten in Gnaden und in der Zuversicht erteile, daß *Ihr Rat und Ihre Tatkraft, Ihre Treue und Hingebung auch in Zukunft mir mit dem Vaterlande nicht fehlen werden.* Ich habe es als eine der gnädigsten Fügungen in meinem Leben betrachtet, daß ich Sie bei meinem Regierungsantritt als meinen ersten Berater zur Seite hatte. Was Sie für Preußen und Deutschland gewirkt und erreicht haben, was Sie meinem Hause, meinen Vorfahren und mir gewesen sind, wird mir und dem deutschen Volke in dankbarer, unvergänglicher Erinnerung bleiben. Aber auch im Auslande wird Ihrer weisen und tatkräftigen Friedenspolitik, die ich auch künftig aus voller Überzeugung zur Richtschnur meines Handelns zu machen entschlossen bin, allezeit mit ruhmvoller Anerkennung gedacht werden. Ihre Verdienste vollwertig zu belohnen, steht nicht in meiner Macht. Ich muß mir daran genügen lassen, Sie meines und des Vaterlandes unauslöschlichen Dankes zu versichern. Als Zeichen dieses Dankes verleihe ich Ihnen die Würde eines Herzogs von Lauenburg. Auch werde ich Ihnen mein lebensgroßes Bildnis zugehen lassen.

Gott segne Sie, mein lieber Fürst, und schenke Ihnen noch viele Jahre eines ungetrübten und durch das Bewußtsem treu erfüllter Pflicht verklärten Alters.

In diesen Gesinnungen bleibe ich Ihr Ihnen auch in Zukunft treu verbundener, dankbarer

Kaiser und König

Wilhelm I. R.«

»Ich kann Sie nicht aus der Stellung scheiden sehen, in der Sie so lange Jahre hindurch für mein Haus, wie für die Größe und Wohlfahrt des Vaterlandes gewirkt, ohne auch als Kriegsherr in inniger Dankbarkeit der unauslöschlichen Verdienste zu gedenken, die Sie sich um meine Armee erworben haben. Mit weitblickender Umsicht und eiserner Festigkeit haben Sie meinem in Gott ruhenden Herrn Großvater zur Seite gestanden, als es galt, in schweren Zeiten die für nötig erkannte Reorganisation unserer Streitkräfte zur Durchführung zu bringen. Sie haben die Wege bahnen helfen, auf welchen die Armee, mit Gottes Hilfe, von Sieg zu Sieg geführt werden konnte. Heldenmütigen Sinnes haben Sie in den großen Kriegen Ihre Schuldigkeit als Soldat getan, und seitdem, bis auf diesen Tag, sind Sie mit nie rastender Sorgfalt und Aufopferung bereit gewesen, einzutreten, um unserem Volke die von den Vätern ererbte Wehrhaftigkeit zu bewahren und damit eine Gewähr für die Erhaltung der Wohltaten des Friedens zu schaffen.

Ich weiß mich eins mit meiner Armee, wenn ich den Wunsch hege, den Mann, der so Großes geleistet, auch fernerhin in der höchsten Rangstellung ihr erhalten zu sehen. Ich ernenne Sie daher zum Generalobersten der Kavallerie mit dem Range eines Generalfeldmarschalls und hoffe zu Gott, daß Sie mir noch viele Jahre in dieser Ehrenstellung erhalten bleiben mögen.

Wilhelm.«

Mein Rat ist seitdem weder direkt noch durch Mittelspersonen jemals erfordert, im Gegenteil scheint meinen Nachfolgern untersagt zu sein, über Politik mit mir zu sprechen. Ich habe den Eindruck, daß für alle Beamte und Offiziere, welche an ihrer Stelle hängen, ein Boykott nicht nur geschäftlich, sondern auch sozial mir gegenüber besteht. Derselbe hat in den diplomatischen Erlassen meines Nachfolgers wegen Diskreditierung der Person seines Vorgängers im Auslande einen wunderlichen amtlichen Ausdruck gefunden.

Meinen Dank für die militärische Beförderung stattete ich durch nachstehendes Schreiben ab:

»Ew. M. danke ich in Ehrfurcht für die huldreichen Worte, mit denen Allerhöchstdieselben meine Verabschiedung begleitet haben, und fühle mich hochbeglückt durch die Verleihung des Bildnisses, welches für mich und die Meinigen ein ehrenvolles Andenken an die Zeit bleiben wird, während deren Ew. M. mir gestattet haben, dem Allerhöchsten Dienste meine Kräfte zu widmen. Ew. M. haben mir gleichzeitig die Würde eines Herzogs von Lauenburg zu verleihen die Gnade gehabt. Ich habe mir ehrfurchtsvoll gestattet, dem Geheimen Kabinettsrat von Lucanus mündlich die Gründe darzulegen, welche mir die Führung eines derartigen Titels erschwerten, und daran die Bitte geknüpft, diesen weiteren Gnadenakt nicht zu veröffentlichen. Die Erfüllung dieser meiner Bitte war nicht möglich, weil die amtliche Veröffentlichung zu der Zeit, wo ich meine Bedenken äußern konnte, bereits im Staatsanzeiger erfolgt war. Ew. M. wage ich aber alleruntertänigst zu bitten, mir die Führung meines bisherigen Namens und Titels auch ferner in Gnaden gestatten zu wollen. Für die mich so hoch ehrende militärische Beförderung bitte ich alleruntertänigst Ew. M. meinen ehrfurchtsvollen Dank zu Füßen legen zu dürfen, sobald ich zu meiner im Augenblick durch Unwohlsein verhinderten dienstlichen Meldung imstande sein werde.«

Am 21. morgens 10 Uhr, während mein Sohn zum Empfange des Prinzen von Wales auf dem Lehrter Bahnhof war, sagte S. M. zu ihm: »Sie haben nach Ihrem gestrigen Briefe Schuwalow mißverstanden, ich habe ihn eben bei mir gehabt; er wird Sie nachmittags besuchen und die Sache in Ordnung bringen.« Mein Sohn erwiderte, mit Schuwalow nicht mehr verhandeln zu können, da er im Begriffe stehe, sein Abschiedsgesuch einzureichen. S. M. wollte davon nichts hören: Er werde meinem Sohne alle Erleichterungen gewähren und nachmittags oder später eingehend mit ihm sprechen; bleiben müsse er. Schuwalow hat dann auch meinen Sohn am Nachmittag besucht, es aber abgelehnt, Eröffnungen zu machen, da seine Instruktionen auf ihn und mich, nicht aber auf unsere Nachfolger lauteten. Über die Audienz am Morgen hat er erzählt, er sei nachts um 1 Uhr durch einen Armeegendarmen geweckt worden, der eine zweizeilige Bestellung des Flügeladjutanten zu 8¾ Uhr früh überbracht habe. Er sei in große Aufregung geraten in der Vermutung, daß dem Zaren etwas zugestoßen sei. S. M. habe bei der Audienz über Politik gesprochen, sich entgegenkommend geäußert und erklärt, daß er die bisherige Politik fortführen wolle; er, Schuwalow, habe dies nach Petersburg gemeldet.

Auf eine Frage Caprivis nach einem geeigneten Nachfolger bezeichnete mein Sohn ihm am 23. den Gesandten in Brüssel, von Alvensleben. Caprivi erklärte sich mit demselben einverstanden und äußerte Bedenken gegen einen Nichtpreußen an der Spitze des Auswärtigen Amtes; S. M. habe ihm Marschall genannt. Indessen erklärte der Kaiser am 24. zu meinem Sohne, mit dem er auf einem Dragonerfrühstück zusammentraf, daß auch ihm Alvensleben sehr angenehm sei.

Am 26. vormittags orientierte mein Sohn Caprivi über die Secreta. Der letztere fand die Verhältnisse zu kompliziert, er werde sie vereinfachen müssen, und erwähnte, Alvensleben sei am Morgen bei ihm gewesen, aber je mehr er in ihn hineingeredet, desto härter sei dieser in seiner Ablehnung geworden. Mein Sohn verabredete, er werde am Nachmittag noch einen Versuch mit Alvensleben machen und Caprivi über den Erfolg berichten. Im Laufe desselben Tages erhielt er seinen Abschied, ohne daß die von dem Kaiser in Aussicht gestellte Unterredung stattgefunden hatte.

Mein Sohn versuchte am Nachmittage versprochenermaßen in Gemeinschaft mit dem auf Urlaub anwesenden Botschafter von Schweinitz den Herrn von Alvensleben zur Annahme seiner Nachfolge zu bewegen, jedoch ohne Erfolg. Derselbe erklärte, lieber die Karriere aufgeben als Staatssekretär werden zu wollen, versprach jedoch seinen definitiven Entschluß nicht eher zu fassen, als bis er den Kaiser gesprochen habe.

Am 27. morgens besuchte der Kaiser meinen Sohn, sprach unter wiederholter Umarmung die Hoffnung aus, ihn bald erholt und wieder im Dienste zu sehen, und fragte, wie es mit Alvensleben stände. Nachdem mein Sohn referiert und Se. Majestät Verwunderung ausgesprochen, daß Alvensleben sich noch nicht gemeldet, ließ er diesen sofort zu 12½ Uhr ins Schloß bestellen.

Mein Sohn begab sich zu Caprivi, machte ihm Mitteilung über Alvenslebens Verhalten und dessen Zitation zu Sr. M. und rekapitulierte die Gründe, durch welche er auf Alvensleben zu wirken gesucht. Darauf hat Caprivi sich etwa so ausgesprochen:

Das sei jetzt alles zu spät. Er habe gestern Sr. M. vorgetragen, daß Alvensleben nicht wolle, und darauf die Ermächtigung erhalten, zu Marschall zu gehen. Dieser habe sich sofort bereit erklärt mit dem Zusatz, daß er schon die Zustimmung seines Großherzogs zum Übertritt in den Reichsdienst habe, seine offizielle Anfrage in Karlsruhe also nur eine Formsache sei. Wenn Alvensleben nun doch noch annehme, würde ihm, Caprivi, nichts übrigbleiben, als seinen Abschied zu erbitten. Er sei auf 12¾ Uhr zum Vortrage bestellt und werde dabei S. M. an den gestrigen Auftrag für Marschall erinnern.

Alvensleben, der unmittelbar vor Caprivi im Schlosse empfangen wurde, war auch von dem Kaiser nicht zu überreden gewesen; als der letztere dies mit dem Ausdruck seines Bedauerns Caprivi mitteilte, erwiderte dieser, das sei sehr glücklich und bewahre ihn vor einer großen Verlegenheit, denn er habe schon mit Marschall abgeschlossen; der Kaiser erklärte kurz: »Nun gut, so wird es Marschall.« Caprivi hatte also das Resultat der Unterredung meines Sohnes mit Alvensleben nicht abgewartet, sondern schon vorher den badischen Gesandten gewonnen.

Der Großherzog von Baden, der durch Äußerungen meines Sohnes gegen Herrn von Marschall erfahren hatte, daß seine entscheidende Einwirkung auf den Kaiser zu meiner Kenntnis gekommen war, machte mir am 24. einen Besuch und verließ mich in ungnädiger Stimmung. Ich sagte ihm, er habe dem Reichskanzler in dessen Kompetenz eingegriffen und meine Stellung bei Sr. M. unmöglich gemacht.

Am 26. März verabschiedete ich mich bei dem Kaiser. S. M. sagte, »nur die Sorge für meine Gesundheit« habe ihn bewogen, mir den Abschied zu erteilen. Ich erwiderte, meine Gesundheit sei in den letzten Jahren selten so gut gewesen wie in dem vergangenen Winter. Die Veröffentlichung meines Abschiedsgesuchs wurde abgelehnt. Gleichzeitig mit dem Eingange desselben hatte Caprivi schon von einem Teile der kanzlerischen Dienstwohnung Besitz ergriffen; ich sah, daß Botschafter, Minister und Diplomaten auf dem Treppenflur warten mußten, ein Zwang für mich, das Packen und Abreisen dringend zu beschleunigen; am 29. März verließ ich Berlin unter diesem Zwange übereilter Räumung meiner Wohnung und unter den vom Kaiser im Bahnhof angeordneten militärischen Ehrenbezeigungen, die ich ein Leichenbegängnis erster Klasse mit Recht nennen konnte.

Zuvor hatte ich von Sr. M. dem Kaiser Franz Joseph diesen Brief erhalten:

»Wien, den 22. März 1890

Lieber Fürst.

Die meine volle Teilnahme in Anspruch nehmende Nachricht, daß Sie die Zeit gekommen erachten, sich von den aufreibenden Mühen und Sorgen Ihrer Ämter zurückzuziehen, hat nunmehr ihre offizielle Bestätigung gefunden. So sehr ich wünsche und hoffe, daß es Ihrer erschütterten Gesundheit zugute kommen werde, wenn Sie sich nach so vielen Jahren ununterbrochener erfolg- und ruhmreicher staatsmännischer Wirksamkeit Ruhe gönnen wollen, so wenig kann ich das Gefühl aufrichtigen Bedauerns unausgesprochen lassen, mit welchem ich Ihren Rücktritt, insbesondere Ihr

Scheiden von der Leitung der auswärtigen Angelegenheiten des uns so nahe stehenden Deutschen Reiches begleite. Ich werde es immer dankbarst anerkennen, daß Sie die Beziehungen Deutschlands zu Österreich-Ungarn im Geiste loyaler Freundschaft aufgefaßt und durch konsequentes und treues Zusammenwirken mit den Männern meines Vertrauens das heute unerschütterliche Bundesverhältnis gegründet haben, welches den Interessen beider Reiche, wie meinen Wünschen und jenen Ihres Herrn und Kaisers entspricht. Ich freue mich, Ihnen bei diesen für die Geschicke des Weltteils so wichtigen Bestrebungen meine Unterstützung und mein rückhaltloses Vertrauen entgegengebracht zu haben, und weiß es auch dankbar zu schätzen, daß ich bei Ihnen in allen Gelegenheiten auf dieselbe vertrauensvolle Offenheit und zuverlässige Mithilfe zählen konnte. Möge Ihnen noch eine lange Reihe von Jahren hindurch die Genugtuung gegönnt sein zu sehen, wie der durch Sie festgefügte deutsch-österreichische Freundschaftsbund in den schweren Zeiten, in welchen wir leben, sich als sichere Schutzwehr erweist nicht nur für die Verbündeten, sondern auch für den Frieden Europas. Empfangen Sie, lieber Fürst, die Versicherung, daß meine herzlichsten Wünsche Sie stets begleiten, daß ich Ihrer mit den Gefühlen aufrichtiger Hochachtung und Freundschaft gedenke und daß es mich lebhaft freuen soll, sooft Ihnen die Gelegenheit geboten wird, von Ihrem opferwilligen Patriotismus und Ihrer altbewährten weisen Erfahrung erneut Zeugnis abzulegen.

Franz Joseph.«

Zu Weihnachten 1890 ließ mir Kaiser Wilhelm eine Sammlung von Photographien der Räume des Palais Wilhelms I. übersenden; ich dankte dafür in dem folgenden Briefe:

»Friedrichsruh, 25. Dezember 1890

Allerdurchlauchtigster Kaiser
Allergnädigster König und Herr.
Eurer Majestät erlaube ich mir, meinen ehrfurchtsvollen Dank zu Füßen zu legen für das mir im allerhöchsten Auftrage übersandte Weihnachtsgeschenk, welches mir in vollendeter Nachbildung die Stätten vergegenwärtigt, an die sich meine Erinnerungen an meinen hochseligen Herrn vorwiegend knüpfen, und in welchen Höchstderselbe mir länger als ein halbes

Jahrhundert[81] Sein gnädiges Wohlwollen erwiesen und bis zum Ende Seiner Tage bewahrt hat.

Mit meinem alleruntertänigsten Danke für dieses Andenken an die Vergangenheit verbinde ich meine ehrfurchtsvollen Glückwünsche zum bevorstehenden Jahreswechsel.

In tiefster Ehrfurcht ersterbe ich

Eurer Majestät

alleruntertänigster Diener

von Bismarck.«

9. KAPITEL

GRAF CAPRIVI

Wie lange und wie tief die der Ressorteifersucht im Kriege 66 entsprunge-
nen militärischen Verstimmungen nachwirkten und an dem wachsenden
Übelwollen meiner Standes- und ehemaligen Parteigenossen Anlehnung
nahmen, hatte ich unter andern aus der Mitteilung ersehen, welche mir der
Feldmarschall von Manteuffel machte, daß der General von Caprivi sich gegen ihn unaufgefordert und eindringlich über die Gefahr ausgesprochen
habe, die uns durch meine, des leitenden Ministers, »Feindschaft gegen die
Armee« bereitet werde, und dagegen des Marschalls Einfluß beim Könige
zu Hilfe rief. Dieser, auch dem Feldmarschall unerwartete Ausbruch latenter Feindschaft und Caprivis gleichzeitiger Verkehr in den Konventikeln, die
um den Grafen Roon und in dem Caprivi befreundeten Hause des Geheim-
rates von Lebbin (Ministerium des Innern) gegen mich tätig waren (Band I,
Buch II, Kapitel 14), haben mich nicht abgehalten, die hohe Meinung, welche ich von seiner militärischen Begabung auf Grund kompetenter Zeugnisse hegte, bei gebotenen Gelegenheiten geltend zu machen. Vor und nach
seiner Ernennung zum Chef der Marine, die 1883 gegen meinen Rat erfolgte, empfahl ich dem Kaiser Wilhelm I., einen General, der wie er Vertrauen in
der Armee besäße, bei den damaligen zweifelhaften Friedensaussichten
nicht dem Landheere zu entziehen, nicht die Fühlung, die er mit demselben
habe, dergestalt zu unterbrechen, daß er sie beim Ausbruch eines Krieges
erst wieder zu erneuern habe. Ich empfahl namentlich, Caprivi an der Leitung des Generalstabes zu beteiligen, sobald der Graf Moltke der Unterstützung bedürfe. Dieser war aber nicht geneigt, sich von Caprivi unterstützen
zu lassen, und erklärte, lieber abzugehen, was der Kaiser jedenfalls verhüten wollte. Außerdem hatte S. M. das zweifellos berechtigte Bedürfnis,
durch einen militärisch geschulten Charakter wie Caprivi gewisse Schäden
auszugleichen, die unter dem General von Stosch in der Marine eingerissen

sein sollten. Mein Wunsch war, die Leitung der Marine in seemännische Hand gelegt zu sehen. Der analoge Vorgang wiederholte sich, als Kaiser Friedrich, in seiner Verstimmung über Waldersees und der Gräfin Waldersee Beziehungen zu Stöcker, mir eröffnete, daß er Waldersee im Generalstabe zu ersetzen wünsche, und ich für den Fall Caprivi als geeigneten Nachfolger neben Graf Häseler nannte. Dem Kaiser war Caprivi vertrauter, er stieß aber bei Sondierung des Feldmarschalls auf dieselbe entschiedene Ablehnung wie sein Vater. Für Kaiser Wilhelm II. war Caprivi auf militärischem Gebiete zu unabhängig im Urteil, auf politischem aber war er Sr. Majestät an Vorbildung nicht gewachsen.

Ich bin freiwillig nur von dem Posten des Handelsministers zurückgetreten, weil ich die verantwortliche Kontrasignatur für verlorne Liebesmüh bei der Sozialdemokratie und für die Arbeiterzwangs- und Sonntagsgesetze in der Richtung, für die der Kaiser hinter meinem Rücken durch regierende Herren, durch Boetticher und andre Hintertreppenintriganten gewonnen war, nicht leisten wollte. Ich hatte damals noch die Absicht, Kanzler und Ministerpräsident zu bleiben, weil ich dies im Angesicht der Schwierigkeiten, welche ich von der nächsten Zukunft befürchtete, für eine Ehrenpflicht hielt. Namentlich glaubte ich im auswärtigen Reichsdienste die Verantwortung für mein Ausscheiden nicht selbst übernehmen zu können, sondern abwarten zu müssen, ob S. M. die Initiative dazu ergreifen würde. An diesem Pflichtgefühl hielt ich auch dann fest, als das Verhalten des Kaisers mich zu der direkten Frage veranlaßte, ob »ich Sr. M. im Wege sei«. In der Gegenrede, daß ich die neuen Militärvorlagen, die »Verdyschen«, doch noch vertreten müsse, erkannte ich eine Bejahung meiner Frage und deutete die Möglichkeit an, mich dann zunächst als Ministerpräsident zu ersetzen und als Kanzler zu belassen; ich glaubte damals mit S. M. über mein Verbleiben in der Kanzlerstellung noch einig zu sein, indem die Intentionen des Königs, für die ich nicht glaubte verantwortlich mitarbeiten zu können, zunächst das Ressort des preußischen Ministerpräsidenten und des Handelsministers berührten. Letztres hatte ich sofort, nachdem S. M. sich für die Haltung des Oberpräsidenten von Berlepsch entschieden hatte, niedergelegt und Herrn von Berlepsch zum Nachfolger empfohlen. In dieser Sachlage nahm ich an, daß an der Spitze der Geschäfte kein Mann wie Boetticher, sondern ein General mit dem Ehrgefühl des preußischen Offizierkorps notwendig sein werde. Ich war nicht ohne Sorge, daß des Kaisers Wahl nach dem Einflusse, welchen nach

seiner eignen Erklärung in der Conseilsitzung vom 24. Januar außeramt-
lich Leute wie Hinzpeter, Douglas, Maler Heyden und Berlepsch und, im
Amte, Boetticher auf ihn gewonnen hatten, von dem Glauben bestimmt
werden könnte, daß sich die revolutionären Gefahren auf dem Wege der
Popularität bekämpfen ließen. Es beunruhigte mich die Neigung des Kai-
sers, seine Feinde durch Liebenswürdigkeiten zu gewinnen, anstatt seinen
Freunden Mut und Vertrauen einzuflößen. Auch die in meiner Abwesen-
heit geltend gemachte abschwächende Kritik meiner Politik von badischer
Seite her verschärfte meine Besorgnis vor konzessionsbereiten zivilisti-
schen Ratgebern, vor Nachfolgern ohne politisches Ehrgefühl, welche die
Monarchie schädigen würden, um sich in ihrer Stellung zu erhalten. Diese
Sorge beruhte auf Wahrnehmungen, welche ich an meinen Kollegen im
Staatsministerium gemacht hatte.

Ich habe gehört, daß der Kaiser die Bedenken, welche Caprivi gegen
Übernahme meiner Nachfolge geäußert, mit den Worten beschwichtigt
habe: »Seien Sie ohne Sorge, sie kochen alle mit Wasser, und ich werde die
Verantwortlichkeit für die Geschäfte übernehmen.« Hoffen wir, daß die
nächste Generation die Frucht dieses königlichen Selbstvertrauens ernten
werde.

Wie Caprivi über die Bedenken, die er gegen Übernahme des Kanzlerpo-
stens hegte, sich hinweggeholfen hat, darüber sprach er bei unserer einzigen und kurzen Besprechung nach seiner Ernennung, zwischen Tür und
Angel des von ihm in Besitz genommenen Zimmers im Flügel meines
Hauses, sich mit den Worten aus: »Wenn ich in der Schlacht an der Spitze
meines zehnten Korps einen Befehl erhalte, von dem ich befürchte, daß bei
Ausführung desselben das Korps, die Schlacht und ich selbst verlorengehen, und wenn die Vorstellung meiner sachlichen Bedenken keinen Erfolg
hat, so bleibt mir doch nichts übrig, als einen Befehl auszuführen und un-
terzugehn. Was ist nachher weiter? Mann über Bord.« In dieser Auffassung
liegt der schärfste Ausdruck der Gesinnung des Offizierkorps, welche den
letzten Grund der militärischen Stärke Preußens in diesem und dem vorigen Jahrhundert gebildet hat und hoffentlich ferner bilden wird. Aber auf
die Gesetzgebung, die Politik, die innere wie die äußere, übertragen, hat
dieses, auf seinem eigentlichen Gebiete bewunderungswürdige Element
doch seine Gefahren; die heutige Politik eines Deutschen Reiches, mit freier Presse, parlamentarischer Verfassung, im Drange der europäischen
Schwierigkeiten, läßt sich nicht im Stile einer durch Generäle ausgeführ-

ten königlichen Ordre betreiben, auch wenn die Begabung des beteiligten Deutschen Kaisers und Königs von Preußen der Friedrichs II. mehr als ebenbürtig ist.

Ich hätte an Stelle des Herrn von Caprivi den Reichskanzlerposten nicht angenommen; um Kabinettssekretär oder Adjutant auf einem ihm fremden Gebiete zu werden, ist ein hoher preußischer General, der mehr als andere das Vertrauen unseres Offizierkorps hat, ein zu vornehmer Mann, und die Politik ist an sich noch kein Schlachtfeld, sondern nur die sachkundige Behandlung der Frage, ob und wann Krieg notwendig sein wird und wie er sich mit Ehren verhüten läßt. Ich kann die Caprivische Schlachtfeldtheorie nur gelten lassen in Situationen, wo die Existenz der Monarchie und des Vaterlandes auf dem Spiele steht, in Situationen, für welche der Begriff der Diktatur sich geschichtlich ausgebildet hat, wie ich als solche beispielsweise die Lage von 1862 ansah.

Wie genau, ich möchte sagen subaltern, Caprivi die »Consigne« befolgte, zeigte sich darin, daß er über den Stand der Staatsgeschäfte, die zu übernehmen er im Begriffe stand, über die bisherigen Ziele und Absichten der Reichsregierung und die Mittel zu deren Durchführung keine Art von Frage oder Erkundigung an mich gerichtet hat. Ich entnehme daraus, daß ihm präzis befohlen war, sich jeder Frage an mich zu enthalten, um nicht den Eindruck abzuschwächen, daß der Kaiser selbst und ohne eines Kanzlers zu bedürfen regiere. Es ist mir nie vorgekommen, daß eine Pachtübergabe nicht eine gewisse Verständigung zwischen dem abziehenden und dem anziehenden Pächter erfordert hätte; in der Regierung des Deutschen Reiches mit allen ihren komplizierten Verhältnissen ist ein analoges Bedürfnis aber nicht hervorgetreten. Die Wendung in meiner Verabschiedung, daß der Kaiser meinen Rat benutzen würde, hat nie eine praktische Betätigung erfahren, und die Unterschrift meines Nachfolgers habe ich bei meiner Entlassung und später weder amtlich noch zutraulich zu sehen bekommen, außer unter einem für mich nachteiligen Entscheide betreffend meine Pensionierung*.[82] Meine Erfahrung in unsrer Politik reichte 40 Jahre zurück, und durch den

---

* Ich wurde u. a. veranlaßt, die Quote meines am 1. Januar erhobenen Quartalgehalts für die 11 Tage vom Datum meiner Verabschiedung (20.-31. März) wieder herauszuzahlen.

Amtswechsel war mein Nachfolger nicht vertrauter mit der politischen Lage geworden, als er in der Front des 10. Korps gewesen war.

Die Gründe, welche S. M. bestimmt haben, mich zu entlassen und mir in meinen Jahren einen plötzlichen Wechsel der Wohnung und der Tätigkeit zu befehlen, sind mir amtlich oder aus dem Munde S. M. niemals bekanntgeworden, auch nicht beim Wiedersehen nach vier Jahren; ich habe sie mir nur durch Konjektur zurechtlegen können, und vielleicht niemals genau. Es mögen allerhand Lügen an den Herrn gelangt sein, er hat mir von keiner Kenntnis gegeben und keine Aufklärungen von mir verlangt. Ich habe den Eindruck gehabt, daß der Kaiser mein Erscheinen in Berlin vor und nach Neujahr 1890 nicht wünschte, weil er wußte, daß ich mich meiner Überzeugung nach über die Sozialdemokratie im Reichstage nicht im Sinne derjenigen aussprechen würde, die inzwischen die seinige geworden war und die mir erst in dem Conseil am 24. Januar bekannt wurde. Nach meinen direkt und durch meinen Sohn erhaltenen Weisungen hatte sich S. M. die Bestimmung der Zeit meiner Rückkehr vorbehalten. Ich erhielt sie in Gestalt der Einladung zu dem Conseil am 24. Januar mit dem Befehl, eine halbe Stunde vorher zum Vortrag zu erscheinen. Ich nahm an, daß ich dabei erfahren würde, worüber im Conseil beraten werden solle. Es geschah das nicht, und ich folgte Sr. M. durch den Nonnengang zum Conseil ebenso unbekannt mit den uns bevorstehenden Eröffnungen wie meine Kollegen, mit Ausnahme Boettichers.

Auch nach meiner Entlassung ist sorgfältig vermieden worden, mit mir in irgendwelche Beziehung zu treten, augenscheinlich um nicht in den Verdacht zu geraten, daß man meine Erfahrung, Sach- und Personenkenntnis zu benutzen ein Bedürfnis empfinde. Ich wurde streng boykottiert und unter Quarantäne gehalten als Herd von Bazillen der Seuchen, an denen wir politisch gelitten hatten, als ich Kanzler war.

Neben der militärischen Auffassung mögen auf Caprivi im Amte und vorher auch psychologische Konsequenzen seiner tantalisierten Jugend mitgewirkt haben, welche für einen Gardeoffizier ohne Vermögen von Entbehrungen und Bitterkeiten nicht frei war, die Empfindung, daß der Abschluß des Lebens in höchster Stellung eine ausgleichende Gerechtigkeit des Schicksals sei. Daß die Verstimmung, unter welcher er gegen Leute in meiner Stellung vor zwanzig und mehr Jahren gelitten haben konnte, diesen Zeitraum überlebt hatte, habe ich daraus entnommen, daß sein Verhältnis zu mir von dem Augenblick der ersten Eröffnung, die ihm der Kaiser gemacht hatte, weder in Berlin noch in Wien von der gleichen rein sachlichen Erwägung getragen worden ist, wie das meinige zu ihm, ungeachtet der mir bekannten unfreundlichen Stimmung, stets geblieben war. Die letztere zu überwinden, war mir auch während der Zeit nicht gelungen, da wir Kollegen im Reichsdienste waren, zur Zeit seiner Marineverwaltung, trotz allen Aufwandes persönlicher Liebenswürdigkeit, welche ich zu diesem Zwecke eingesetzt habe; es war immer den Leuten »mit Ar und Halm« gegenüber der Jugendeindruck eines jahrelang tantalisierten Offiziers ohne Zulage durchzufühlen.[*]

Das Gefühl, von einem erheblichen Teile meiner Kollegen in Preußen und meiner Untergebnen im Reiche als eine Belastung betrachtet zu werden, als ein Gewicht, durch dessen Druck ihre eigne steigende Entwicklung gehindert wurde, habe ich seit langer Zeit gehabt, glaube aber, daß dasselbe Gefühl jeder Ministerpräsident und Reichskanzler gehabt haben würde, der so lange Zeit bestrebt gewesen wäre, ohne Ablösung seine Pflicht zu tun, indem er, soweit menschenmöglich, die Einheit und das Maßhalten der verschiedenen strebsamen Ressorts gegeneinander und gegenüber den berechtigten Erwartungen des Regierten und ihrer einzelnen Interessenklassen zu erhalten suchte.

Die damit angedeutete Aufgabe kann ohne Verletzung unsrer Verfassung von dem Monarchen in seinen Eigenschaften als Deutscher Kaiser und als

---

[*] Ich kann nicht leugnen, daß mein Vertrauen in den Charakter meines Nachfolgers einen Stoß erlitten hat, seit ich erfahren habe, daß der die uralten Bäume von der Gartenseite seiner, früher meiner, Wohnung hat abhauen lassen, welche eine erst in Jahrhunderten zu regenerierende, also unersetzbare Zierde der amtlichen Reichsgrundstücke in der Residenz bildeten. Kaiser Wilhelm I., der in dem Reichskanzlergarten glückliche Jugendtage verlebt hatte, wird im Grabe keine Ruhe haben, wenn er weiß, daß sein früherer Gardeoffizier alte Lieblingsbäume, die ihresgleichen in Berlin und in der Umgegend nicht hatten, hat niederhauen lassen, um un poco più di luce zu gewinnen. Aus dieser Baumvertilgung spricht nicht ein deutscher, sondern ein slawischer Charakterzug. Die Slawen und die Kelten, beide ohne Zweifel stammverwandter als jeder von ihnen mit den Germanen, sind keine Baumfreunde, wie jeder weiß, der in Polen und Frankreich gewesen ist; ihre Dörfer und Städte stehn baumlos auf der Ackerfläche, wie ein Nürnberger Spielzeug auf dem Tische. Ich würde Herrn von Caprivi manche politische Meinungsverschiedenheit eher nachsehn als die ruchlose Zerstörung uralter Bäume, denen gegenüber er das Recht des Nießbrauchs eines Staatsgrundstücks durch Deterioration desselben mißbraucht hat.

König von Preußen ebensogut erfüllt werden wie von einem Reichskanzler und Ministerpräsidenten, wenn der Monarch die dazu erforderliche Vorbereitung und Arbeitskraft besitzt und seinen Ministern gegenüber sachlich, nicht monarchisch diskutiert. Auch wenn letzteres der Fall ist, müßte er jedoch immer das Bedürfnis haben und würde er schon durch seinen preußischen Verfassungseid genötigt sein, bevor er Entschließungen faßt, den Rat derjenigen Minister zu hören und zu erwägen, welchen die verfassungsmäßige Verantwortlichkeit obliegt. Geschieht das nicht und findet der einfache Befehl des Königs von Preußen bei seinen Ministern einen schweigenden und stellenklebenden Gehorsam, der sich auf die preußische Stimme im Bundesrate überträgt, nimmt mit andern Worten der König von Preußen in seinem Staatsministerium die Stellung der französischen Könige im lit de justice (hoc volo, sic jubeo) und findet er dann Minister, welche die ihnen damit bleibende Stellung von Kabinettssekretären annehmen, dann tritt das Königtum in einer Ungedecktheit der Kritik der Parlamente und der Presse gegenüber, auf welche unsere heutigen Einrichtungen nicht passen. Die Minister sind dann berechtigt, dem Parlamente gegenüber den Umstand geltend zu machen, daß der König, in Preußen also das berechtigte Drittel der gesetzgebenden Gewalt, hinter ihnen steht, aber doch nicht, wie es seit meinem Rücktritte vorgekommen ist, von der Rechtfertigung ihrer eignen Überzeugung sich vermittelst des Argumentes zu entbinden, daß der König die Sache befohlen habe. Das Gewicht der persönlichen Ansicht desselben kann von einem Minister wohl zur Empfehlung dessen, was er vertritt, aber niemals zur Deckung seiner eignen Verantwortlichkeit für das Vertretene angeführt werden. Der Mißbrauch in letzterer Richtung führt dazu, die Verantwortlichkeit, welche die Minister treffen soll, zu verflüchtigen und auf den im Parlamente nicht anwesenden Monarchen zu übertragen.

Ein Minister würde in dem preußischen Abgeordnetenhaus berechtigt sein zu sagen, daß irgendein Antrag in dem Herrenhause nicht durchgehen werde und deshalb im Interesse der Verständigung lieber zu modifizieren sei. Mit einer gleichen verfassungsmäßigen Berechtigung darf er sagen, daß irgendein andrer Antrag bei dem obersten gleichberechtigten Faktor der Gesetzgebung, dem Könige, nicht durchgehen werde. (Art. 62 der Verfassung.)

10. KAPITEL

KAISER WILHELM II.

Der Kaiser hat in seiner natürlichen Veranlagung von den Eigenschaften seiner Vorfahren eine gewisse Mannigfaltigkeit zur Mitgift erhalten. Von unserm ersten Könige hat er die Prachtliebe, die Neigung zu einem durch das Kostüm gehobnen Hofzeremoniell bei feierlichen Gelegenheiten, verbunden mit einer lebhaften Empfänglichkeit für geschickte Anerkennung. Die Selbstherrlichkeit der Zeiten Friedrichs I. ist in ihrer praktischen Erscheinung durch den Lauf der Zeiten wesentlich modifiziert; aber wenn es heut innerhalb der gesetzlichen Möglichkeiten läge, so würde mir, glaube ich, als Abschluß meiner politischen Laufbahn das Geschick des Grafen Eberhard Danckelmann[83] nicht erspart geblieben sein. Ich würde angesichts der Kürze der Lebensdauer, auf die ich in meinem Alter überhaupt noch zu rechnen habe, einem dramatischen Abschlüsse meiner politischen Laufbahn nicht aus dem Wege gegangen sein und auch diese Ironie des Schicksals mit heitrer Ergebung in Gottes Willen ertragen haben. Denn Sinn für Humor habe ich auch in den ernstesten Lagen des Lebens niemals verloren.

Gleiche erbliche Anklänge zeigt der Kaiser an Friedrich Wilhelm I., zuerst in der Äußerlichkeit der Vorliebe für »lange Kerls«. Wenn man die Flügeladjutanten des Kaisers unter das Maß stellt, so findet man fast lauter Offiziere von ungewöhnlicher Körperlänge, um 6 Fuß herum und darüber. Es ist vorgekommen, daß sich an dem Hoflager im Marmorpalais ein unbekannter, hochgewachsener Offizier meldete, Zulaß zu Sr. M. verlangte und auf Befragen erklärte, er sei zum Flügeladjutanten ernannt, eine Aufgabe, die erst nach Rückfrage bei Sr. M. Glauben fand. Der neue Flügeladjutant überragte an Körperlänge seine Kameraden, welche er bei seinem Erscheinen im Palais nicht ohne Schwierigkeit von seiner Berechtigung überzeugt hatte.

Ausgeprägter noch ist die Vererbung der Neigung Friedrich Wilhelms I.

und Friedrichs II. zu selbstherrlicher Leitung der Regierungsgeschäfte* und
der Glaube an die Berechtigung des hoc volo, sic jubeo**. Aber jene übten
die Selbstherrlichkeit, wie es der Tendenz ihrer Zeit entsprach, ohne Rücksicht darauf, ob sie durch die Art, wie sie regierten, Beifall erwarben oder
nicht. Es läßt sich kaum ermitteln, ob die Zeitgenossen Friedrich Wilhelms I.
ihm die Anerkennung gezollt haben wie die Nachwelt, daß er in seinem gewalttätigen Eingreifen frei gewesen ist von der Rücksicht auf das Urteil anderer, wie sein Vater sie nahm. Heute steht das Urteil der Geschichte fest,
daß ihm salus publica und nicht Anerkennung seiner Person suprema lex
gewesen ist.

Friedrich der Große hat sein Blut nicht fortgepflanzt; seine Stellung in
unserer Vorgeschichte muß aber auf jeden seiner Nachfolger wirken als
eine Aufforderung, ihm ähnlich zu werden. Ihm waren zwei einander för-
dernde Begabungen eigen, des Feldherrn und eines hausbackenen, bürgerlichen Verständnisses für die Interessen seiner Untertanen. Ohne die erste
würde er nicht in der Lage gewesen sein, die zweite dauernd zu betätigen,
und ohne die zweite würde sein militärischer Erfolg ihm die Anerkennung
der Nachwelt nicht in dem Maße erworben haben, wie es der Fall ist – obschon man von den europäischen Völkern im allgemeinen sagen kann, daß
diejenigen Könige als die volkstümlichsten und beliebtesten gelten, welche
ihrem Lande die blutigsten Lorbeeren gewonnen, zuweilen auch wieder
verscherzt haben. Karl XII. hat seine Schweden eigensinnig dem Nieder-
gang ihrer Machtstellung entgegengeführt, und dennoch findet man sein
Bild in den schwedischen Bauernhäusern als Symbol des schwedischen
Ruhmes häufiger als das Gustav Adolfs. Friedliebende, zivilistische Volks-

---

* Ich erinnere mich, daß ich beim Abgange nach Petersburg auf meine Kritik über die
  Unfähigkeit sämtlicher Minister des Regenten die ungnädige Antwort erhielt: »Halten Sie mich etwa für eine Schlafmütze?« Worauf ich erwiderte, daß schon ein preußischer Landrat heutzutage seinen Kreis weder gern noch gut ohne einen brauchbaren Kreissekretär verwalten würde, die Monarchie aber aus der Möglichkeit der
  Kabinettsregierung längst herausgewachsen sei. Schon Friedrich der Große habe sich
  gehütet, unfähige Minister zu seinen Werkzeugen zu wählen.
** Iuvenalis Satirae, Sat. VI, versus 220-224: Pone crucem servo; meruit quo crimine
  servus / Supplicium? quis testis adest, quis detulit? audi, / Nulla unquam de morte
  hominis cunctatio longa est. / O demens, ita servus homo est? nil fecerit, esto. / Hoc
  volo, sic jubeo, sit pro ratione voluntas.

beglückung wirkt auf die christlichen Nationen Europas in der Regel nicht so werbend, so begeisternd wie die Bereitwilligkeit, Blut und Vermögen der Untertanen auf dem Schlachtfelde siegreich zu verwenden. Ludwig XIV. und Napoleon, deren Kriege die Nation ruinierten und mit wenig Erfolg abschlossen, sind der Stolz der Franzosen geblieben, und die bürgerlichen Verdienste anderer Monarchen und Regierungen treten gegen sie in den Hintergrund. Wenn ich mir die Geschichte der europäischen Völker vergegenwärtige, so finde ich kein Beispiel, daß eine ehrliche und hingebende Pflege des friedlichen Gedeihens der Völker für das Gefühl der letzteren eine stärkere Anziehungskraft gehabt hätte als kriegerischer Ruhm, gewonnene Schlachten und Eroberungen selbst widerstrebender Landstriche.

Im Gegensatz gegen seinen Vater hatte Friedrich II. unter dem Einfluß der veränderten Zeiten und seines Verkehrs mit ausländischen Schöngeistern ein Beifallsbedürfnis, das sich früh im kleinen verriet. In seinem Briefwechsel mit dem Grafen Seckendorff sucht er diesem alten Sünder durch Exzesse auf dem geschlechtlichen Gebiet und daraus folgende Krankheiten zu imponieren, und seinen Aufbruch nach Schlesien gleich nach dem Regierungsantritt bezeichnet er selbst als das Ergebnis seines Verlangens nach Ruhm. Er versandte Gedichte aus dem Felde mit der Unterschrift: »Pas trop mal pour la veille d'une grande bataille.« Aber das Verlangen nach Beifall, love of approbation, ist in einem Monarchen eine mächtige und mitunter nützliche Triebfeder; fehlt dieselbe, so verfällt er leichter als ein anderer in genußsüchtige Untätigkeit; un petit roy d'Yvetot, se levant tard, se couchant tôt, dormant fort bien sans gloire, ist auch kein Glück für sein Land.

Hätte die Welt den »großen« Friedrich, hätte sie den heldenmütigen Einsatz Wilhelms I. erlebt, wenn beide ohne Beifallsbedürfnis gewesen wären? Die Eitelkeit an sich ist eine Hypothek, welche von der Leistungsfähigkeit des Mannes, auf dem sie lastet, in Abzug gebracht werden muß, um den Reinertrag darzustellen, der als brauchbares Ergebnis seiner Begabung übrigbleibt. Bei Friedrich II. waren Geist und Mut so groß, daß sie durch keine Selbstüberschätzung entwertet werden konnten und daß man Übertreibungen seines Selbstvertrauens, wie bei Colin und Kunersdorf, bei der Vergewaltigung des Kammergerichts in dem Arnoldschen Prozesse und bei der Mißhandlung Trencks, ohne Schaden für das Gesamturteil in den Kauf nimmt. Bei Wilhelm I. war das Bewußtsein als preußischer Offizier und als preußischer König sehr lebhaft, aber die edlen Eigenschaften seines Herzens, die Zuverlässigkeit und Gradheit seines Charakters waren groß ge nug, um die Belastung zu ertragen, um so mehr, als sein Bedürfnis nach Anerkennung frei von Selbstüberschätzung, im Gegenteil seine vornehme Bescheidenheit ebenso groß wie sein Pflichtgefühl und seine Tapferkeit war. Das versöhnende Element für alle Schärfen in Charakter und Haltung unsrer früheren Könige lag in ihrem herzlichen und ehrlichen Wohlwollen für ihre Untertanen und Diener, in ihrer Treue gegen beide.

Die Gewohnheit Friedrichs des Großen, in die Ressorts seiner Minister und Behörden und in die Lebensverhältnisse seiner Untertanen einzugreifen, schwebt Sr. M. zeitweise als Muster vor. Die Neigung zu Randbemerkungen in dessen Stile, verfügender oder kritisierender Natur, war während meiner Amtszeit so lebhaft, daß dienstliche Unbequemlichkeit daraus entstand, weil der drastische Inhalt und Ausdruck dazu nötigte, die betreffenden Aktenstücke streng zu sekretieren. Vorstellungen, welche ich darüber an S. M. richtete, fanden keine gnädige Aufnahme, hatten indessen doch die Folge, daß die Marginalien nicht mehr auf den Rand unentbehrlicher Aktenstücke geschrieben, sondern denselben angeklebt wurden. Die weniger komplizierte Verfassung und der geringere Umfang Preußens gestatteten Friedrich dem Großen eine leichtere Übersicht der Gesamtlage des Staates im Innern und nach außen, so daß für einen Monarchen von seiner geschäftlichen Erfahrung, seiner Neigung zu gründlichster Arbeit und seinem klaren Blicke die Praxis kurzer Randbescheide im Kabinettsdienste weniger Schwierigkeit darbot als in den heutigen Verhältnissen. Die Geduld, mit welcher er sich vor definitiven Entscheidungen über Rechts- und Sachfragen unterrichtete, die Gutachten kompetenter und sachkundiger Geschäftsleute hörte, gab seinen Marginalien ihre geschäftliche Autorität.

An dem Erbe Friedrich Wilhelms II. ist Kaiser Wilhelm II. nach zwei Richtungen hin nicht unbeteiligt. Die eine ist die starke sexuelle Entwicklung, die andre eine gewisse Empfänglichkeit für mystische Einflüsse. Auf welche Weise der Kaiser sich über den Willen Gottes vergewissert, in dessen Dienst er seine Tätigkeit stellt, darüber wird kaum ein klassisches Zeugnis beizubringen sein. Die Andeutungen in dem Phantasiestück King and Minister: A Midnight Conversation* von einem »Buch der Gelübde« und den Miniaturbildern der drei großen Vorfahren geben keine Klarheit.

Mit Friedrich Wilhelm III. finde ich keine Ähnlichkeit in der Erscheinung

---

* Contemporary Review, April 1890, pag. 457.

Wilhelms II. Jener war schweigsam, schüchtern, offnen Schaustellungen und Popularitätsbestrebungen abgeneigt. Ich erinnere mich, daß er bei einer Revue in Stargard zu Anfang der dreißiger Jahre über die Ovationen, mit welchen man sein Behagen inmitten seiner pommerschen Untertanen störte, in dem Momente, als man ihm »Heil dir im Siegerkranz«, untermischt mit Hurraschreien, auf kurze Entfernung in das Gesicht sang, in eine Verstimmung geriet, deren lauter und energischer Ausdruck die Sänger sofort verstummen ließ. Wilhelm I. hatte Anteil an diesem väterlichen Erbe selbstbewußter Bescheidenheit und wurde empfindlich berührt, wenn die ihm dargebrachte Huldigung die Grenzen des guten Geschmacks überschritt. Schmeicheleien à brûle pourpoint machten ihn verstimmt; sein Entgegenkommen für jeden Ausdruck sympathischer Treue erkaltete momentan unter dem Eindruck der Übertreibung und des Strebertums.

Mit Friedrich Wilhelm IV. hat der regierende Kaiser die Gabe der Beredsamkeit und das Bedürfnis gemein, sich ihrer öfter als geboten zu bedienen. Auch ihm fließen die Worte leicht zu; in der Wahl derselben war aber sein Großoheim vorsichtiger, vielleicht auch arbeitsamer und wissenschaftlicher. Für den Großneffen ist der Stenograph nicht immer zulässig, an den Reden Friedrich Wilhelms IV. dagegen läßt sich selten eine sprachliche Kritik anbringen. Dieselben sind ein beredter und mitunter dichterischer Ausdruck der Gedanken, welche jene Zeit in Bewegung zu setzen imstande waren, wenn die entsprechenden Taten gefolgt wären. Ich erinnere mich sehr wohl der Begeisterung, welche die Krönungsrede und Auslassungen des Königs bei anderen öffentlichen Gelegenheiten (»Alaaf Köln«) erregten. Wenn ihnen tatkräftige Entschließungen in demselben schwunghaften Sinne gefolgt wären, so hätten sie schon damals eine gewaltige Wirkung hervorbringen können, um so mehr als man in betreff politischer Gemütsbewegungen noch nicht abgestumpft war. In den Jahren 1841 und 1842 war mit weniger Mitteln mehr zu erreichen als 1849. Darüber läßt sich unparteiisch urteilen, nachdem das damals Wünschenswerte erreicht ist und im nationalen Sinne das Bedürfnis von 1840 nicht mehr vorliegt, im Gegenteil. Le mieux est l'ennemi du bien ist eins der durchschlagendsten Sprichwörter, gegen welches zu sündigen die Deutschen theoretisch mehr Neigung haben als andre Völker. Mit Friedrich Wilhelm IV. hat Wilhelm II. darin eine Ähnlichkeit, daß die Grundlage ihrer Politik in der Vorstellung wurzelt, daß der König, und er allein, den Willen Gottes näher kenne als andre, nach demselben regiere und deshalb vertrauensvollen Gehorsam verlange, ohne sein

Ziel mit den Untertanen zu diskutieren oder denselben kundzugeben. Friedrich Wilhelm IV. hatte an dieser seiner bevorzugten Stellung zu Gott keinen Zweifel; sein ehrlicher Glaube entsprach dem Bilde von dem Hohenpriester der Juden, der *allein* hinter den Vorhang tritt.

In gewissen Beziehungen sucht man vergebens nach Analogien zwischen Wilhelm II. und seinen nächsten drei Aszendenten; Eigenschaften, welche Grundzüge in den Charakteren Friedrich Wilhelms III., Wilhelms I. und Friedrichs III. bildeten, treten bei dem jungen Herrn nicht in den Vordergrund. Ein gewisses schüchternes Mißtrauen in die eigne Leistungsfähigkeit hat in der vierten Generation einem Maße von zuversichtlichem Selbstvertrauen Platz gemacht, wie wir es seit Friedrich dem Großen nicht auf dem Throne gesehen haben, doch nur bei dem regierenden Herrn. Sein Bruder, Prinz Heinrich, scheint das gleiche Mißtrauen in eigne Kräfte und die gleiche innerliche Bescheidenheit zu haben, die man trotz allem olympischen Bewußtsein bei näherer Bekanntschaft in den Kaisern Friedrich und Wilhelm I. zugrunde liegend fand. Bei dem letzteren gehörte das starke und gläubige Gottvertrauen dazu, um bei der bescheidenen und vor Gott und Menschen demütigen Auffassung der eignen Persönlichkeit die Festigkeit der Entschlüsse zu gewähren, welche er in der Konfliktzeit an den Tag gelegt hat. Beide Herren versöhnten durch ihre Herzensgüte und ihre ehrliche Wahrheitsliebe mit gelegentlichen Abweichungen von der landläufigen Einschätzung der praktischen Wirkungen königlicher Geburt und Salbung.

Wenn ich mir ein Bild des jetzigen Kaisers nach Abschluß meiner Beziehungen zu seinem Dienste zu machen suche, so finde ich in ihm Eigenschaften seiner Vorfahren in einer Weise verkörpert, die für meine Anhänglichkeit eine starke Anziehungskraft haben würden, wenn sie durch das Prinzip einer Gegenseitigkeit zwischen Monarch und Untertanen, zwischen Herrn und Diener belebt wären. Das germanische Lehnrecht gibt dem Vasallen außer dem Besitz des Gegenstandes wenig Anspruch, aber doch den auf Gegenseitigkeit der Treue zwischen ihm und dem Lehnsherrn; Verletzung von der einen wie von der andern Seite heißt Felonie. Wilhelm I., sein Sohn und seine Vorfahren besaßen das entsprechende Gefühl in hohem Maße, und dasselbe ist die wesentliche Basis der Anhänglichkeit des preußischen Volkes an seinen Monarchen, was psychologisch erklärlich ist, denn die Neigung, *einseitig* zu lieben, liegt nicht als dauernde Triebkraft in der menschlichen Seele. Kaiser Wilhelm II. gegenüber habe ich mich des Eindrucks einseitiger Liebe nicht erwehren können. Das Gefühl, welches die festeste

Grundlage der Verfassung des preußischen Heeres ist, das Gefühl, daß der Soldat den Offizier, aber auch der Offizier den Soldaten niemals im Stiche läßt, ein Gefühl, welchem Wilhelm I. seinen Dienern gegenüber bis zur Übertreibung nachlebte, ist in der Auffassung des jungen Herrn bisher nicht in dem Maße erkennbar; der Anspruch auf unbedingte Hingebung, auf Vertrauen und unerschütterliche Treue ist in ihm gesteigert, eine Neigung, dafür seinerseits Vertrauen und Sicherheit zu gewähren, hat sich bisher nicht bestätigt. Die Leichtigkeit, mit welcher er bewährte Diener, auch solche, die er bis dahin als persönliche Freunde behandelt hat, ohne Klarstellung der Motive von sich scheidet, fördert nicht, sondern schwächt den Geist des Vertrauens, wie er seit Generationen in den Dienern der Könige von Preußen gewaltet hat.

Mit dem Übergange von hohenzollernschem Geiste auf coburg-englische Auffassungen geht ein Imponderabile verloren, welches schwer zu ersetzen sein wird. Wilhelm I. schützte und deckte seine Diener, auch wenn sie unglücklich oder ungeschickt waren, vielleicht über das Maß des Nützlichen hinaus, und hatte infolgedessen Diener, die ihm über das Maß des für sie Nützlichen hinaus anhingen. Sein warmherziges Wohlwollen für andere überhaupt wurde unzerstörbar, wenn seine Dankbarkeit für geleistete Dienste dazutrat. Es lag ihm stets fern, den eignen Willen als alleinige Richtschnur und Verletzungen der Gefühle anderer als gleichgültig anzusehen. Seine Formen Untergebenen gegenüber blieben stets die eines wohlwollenden hohen Herrn und milderten Verstimmungen, die geschäftlich vorkamen. Hetzereien und Verleumdungen, die sein Ohr erreichten, glitten an seiner vornehmen Geradheit ab, und Streber, deren einziges Verdienst in der Schamlosigkeit von Schmeichelei besteht, hatten bei Wilhelm I. keine Aussicht auf Erfolg. Für Hintertreppeneinflüsse und Verhetzungen gegen seine Diener war er nicht zugänglich, selbst wenn sie von den ihm nächststehenden hochgestellten Personen ausgingen, und trat er in Erwägung des ihm Mitgeteilten ein, so geschah das in offner Besprechung mit dem Beteiligten, hinter dessen Rücken es hatte wirken sollen. Wenn er anderer Meinung war wie ich, so sprach er sich offen gegen mich aus, diskutierte die Frage mit mir, und wenn es mir nicht gelang, ihn für meine Ansicht zu gewinnen, so fügte ich mich wo möglich, und war es mir nicht möglich, vertagte ich die Sache oder ließ sie definitiv fallen. Meine Unabhängigkeit in Leitung der Politik ist von meinen Freunden ehrlich, von meinen Gegnern tendenziös überschätzt worden, weil ich auf Wünsche, denen der König dauernd und aus eigener

Überzeugung Widerstand entgegensetzte, verzichtete, ohne sie bis zum Konflikt zu vertreten. Ich nahm auf Abschlag, was erreichbar war, und zum strike meinerseits kam es nur in Fällen, wo wie in der Reichsglockenfrage durch die Kaiserin und in der Usedomschen durch maurerische Einwirkungen mein persönliches Ehrgefühl in Mitleidenschaft gezogen wurde; ich bin weder Höfling noch Maurer gewesen.

*Der Kaiser zeigt das Bestreben, durch Konzessionen an seine Feinde die Unterstützung seiner Freunde entbehrlich zu machen. Auch sein Großvater machte bei Antritt der Regentschaft den Versuch, die allgemeine Zufriedenheit seiner Untertanen zu gewinnen, ohne deren Gehorsam zu verlieren und so die staatliche Sicherheit zu gefährden; aber nach vierjähriger Erfahrung erkannte er die Irrtümer seiner Ratgeber und seiner Gemahlin, welche annahmen, daß Gegner der Monarchie durch liberale Konzessionen in Freunde und Stützen derselben verwandelt werden würden. Er war dann 1862 eher geneigt, abzudanken als dem parlamentarischen Liberalismus weiter nachzugeben, und nahm gestützt auf die latenten, aber schließlich stärkeren treuen Elemente den Kampf auf.

Der Kaiser hat, in seiner christlichen, aber in den Dingen dieser Welt nicht immer erfolgreichen Tendenz der Versöhnung, mit dem schlimmsten Feinde, der Sozialdemokratie, den Anfang gemacht. Dieser erste Irrtum, der sich in der Behandlung der Streiks von 1889 verkörperte, hat zu gesteigerten Ansprüchen der Sozialisten und neuen Verstimmungen des Monarchen geführt, sobald sich herausstellte, daß unter dem neuen Regimente ebenso wie unter dem alten der beste monarchische Wille nicht die Macht hat, die Natur der Dinge und des Menschengeschlechtes umzuwandeln. Der Kaiser war ohne eigne Erfahrung auf dem Gebiete menschlicher Leidenschaften und Begehrlichkeiten; daß er aber das frühere Vertrauen zu dem Urteil und der Erfahrung anderer verloren hatte, war ein Ergebnis von Intrigen, durch welche er in der Unterschätzung der Schwierigkeit des Regierens bestärkt wurde nicht nur von unberufenen Ratgebern wie Hinzpeter, Berlepsch, Heyden, Douglas und anderen unverfrorenen Schmeichlern, sondern auch von strebsamen Generälen und Adjutanten, von Kollegen, auf deren Unterstützung ich angewiesen war, wie Boetticher, der ein anderes Ressort als das, mich zu unterstützen, als Minister nicht hatte, sogar von einzelnen meiner

---

* Diktiert 4. März 1891

Räte, die gleich dem Präsidenten von Berlepsch sich gern und heimlich hergaben, wenn der Kaiser sie mit der Umgehung ihrer Vorgesetzten befragte. Vielleicht wird er der Sozialdemokratie gegenüber bei derselben Enttäuschung anlangen wie sein Großvater 1862 gegenüber der Fortschrittspartei.

Dieselbe Politik des Entgegenkommens, um nicht zu sagen Nachlaufens, ist mit dem Zentrum angenommen worden, mit Windthorst, den nur gesprochen zu haben der Kaiser zu einem der äußerlichen Anlässe des Bruches mit mir nahm und dessen amtliche Ehrung nach meiner Entlassung bis zur Apotheose nach seinem Tode gesteigert wurde – ein wunderlicher »preußischer« Heiliger. Es ist zu befürchten, daß auch diese begünstigte Stütze der Monarchie eine weichende sein wird in Momenten, wo man ihrer bedarf. Jedenfalls wird die volle Befriedigung der Bundesgenossen, welche die preußische Monarchie und das evangelische Kaisertum bei dem Zentrum und dem Jesuitenorden finden könnte, sich als ebenso unerreichbar erweisen wie die der Sozialisten, und es wird sich im Falle der Gefahr und Not um analoge Ergebnisse handeln, wie bei dem Verfall des Deutschen Ordens in Preußen den Söldnern gegenüber stattfanden, welche der Orden nicht bezahlen konnte. Die Neigung des Kaisers, antimonarchische und auch antipreußische Kräfte wie die Polen in den Dienst der Krone zu stellen, gibt S. M. momentan Mittel zum Druck auf Parteien und Fraktionen, welche prinzipiell treu zu den monarchischen Traditionen halten. Die Drohung, daß er, wenn ihm nicht unbedingt gehorcht werde, sich weiter nach links wenden werde, daß er die Sozialisten, die Kryptorepublikaner der freisinnigen Partei, die ultramontanen Kräfte an das Ruder bringen könne, kurz das »Acheronta movebo«, welches sich in dem Nachlaufen hinter unversöhnlichen Gegnern kennzeichnet, schüchtert die hergebrachten Stützen der monarchischen Gewalt ein. Sie fürchten, »es könnte noch schlimmer werden«, und der Kaiser ist ihnen gegenüber heut in der Lage eines Schiffskapitäns, dessen Leitung bei der Mannschaft Besorgnis erregt, der aber mit brennender Zigarre über der Pulvertonne sitzt.

Auch dem Auslande, dem befreundeten, dem feindseligen, dem zweifelhaften gegenüber sind die Liebenswürdigkeiten weiter gegangen, als mit der Vorstellung verträglich, daß wir uns vermöge eigner Schwerkraft sicher fühlten. Es gab eben niemanden, weder in dem Auswärtigen Amte, noch am Hofe, der mit der internationalen Psychologie hinreichend vertraut war, um die Wirkungen des diesseitigen Verfahrens in der Politik richtig zu berechnen; weder der Kaiser noch Caprivi noch Marschall waren durch ihr Vorleben dazu vorbereitet, und das politische Ehrgefühl der Ratgeber der Krone war befriedigt durch des Kaisers Unterschrift, unabhängig vom Erfolge für das Reich.

Die Versuche, die Liebe der Franzosen zu gewinnen (Meissonnier), in deren Hintergrunde der Gedanke eines Besuches in Paris schlummern mochte, die Bereitwilligkeit, die Grenzmauer der Vogesen wieder gangbar zu machen, haben kein anderes Ergebnis gehabt, als daß die Franzosen dreister und der Statthalter ängstlicher wurden. Die dem russischen Monarchen persönlich unbequeme Anmeldung des Kaisers im Herbst 1889 zu einem zweiten, 1890 ausgeführten Besuche hatte unerfreuliche Ergebnisse. Nicht richtiger erscheint mir das Verhalten England und Österreich gegenüber. Anstatt bei ihnen die Vorstellung zu nähren, daß wir schlimmstenfalls auch ohne sie nicht verloren sind, ist ihnen gegenüber ein System der Trinkgelder gehandhabt worden, dessen Kosten bei uns schwer empfunden werden und das uns als hilfsbedürftig erscheinen läßt, während beide unserer Hilfe mehr bedürfen als wir der ihrigen. England könnte bei der Mangelhaftigkeit seiner Landstreitkräfte, wenn es von Frankreich oder von Rußland in Indien und im Orient bedroht würde, gegen jede dieser Bedrohungen Deckung finden im Beistande Deutschlands. Wenn man aber bei uns mehr Gewicht auf die Freundschaft Englands legt als England auf die unsrige, so wird damit die Selbstüberschätzung Englands uns gegenüber und die Überzeugung, daß wir uns geehrt fühlen, wenn wir ohne Gegenleistung für englische Zwecke ins Feuer gehen können, befestigt. Noch zweifelloser ist in unseren Beziehungen zu Österreich die größere Bedürfnislosigkeit auf unserer Seite und nicht abzusehen, weshalb wir bei den Bedingungen in Schlesien den ohnehin sicheren Besitz unserer gegenseitigen Anlehnung durch das Versprechen wirtschaftlicher Konzessionen zu erkaufen oder zu befestigen ein Bedürfnis gehabt hätten. Die Redensart, daß Verschmelzung der wirtschaftlichen Interessen, das heißt Begünstigung der österreichischen auf Kosten der deutschen, eine notwendige Folge unserer politischen Intimität sei, ist mir zehn Jahre lang in wechselnden Formen von Wien her entgegengetreten, und ich bin der darin liegenden Zumutung ohne schroffe Ablehnung, aber auch ohne ihnen im geringsten nachzugeben, mit freundlicher Höflichkeit ausgewichen, bis dieselbe in Wien als aussichtslos erkannt und aufgegeben wurde. Aber in Rohnstock scheint zwischen den beiden Kaisern die Zumutung von österreichischer Seite so geschickt in den Vordergrund geschoben zu sein, daß die natürliche Neigung, dem Gastfreunde angenehm zu sein, diesseitige Zusagen erzeugt haben mag, welche der Kaiser Franz Joseph utiliter akzeptiert hat. Bei den folgenden Besprechungen der Minister wird ebenfalls die österreichische routinierte Geschäftsgewandtheit unseren Neulingen und Freihändlern gegenüber im Vorteil gewesen sein. Es mag sein, daß militärisch mein Freund und Kollege Kálnoky meinem Nachfolger nicht gewachsen gewesen wäre, auf dem Felde der wirtschaftlichen Diplomatie aber war er ihm überlegen, obwohl auch von Hause aus nicht Fachmann.

Eine Wandelung in den persönlichen Beziehungen zwischen den Kaisern Wilhelm II. und Alexander III. hat auf die Stimmung des ersteren zunächst eine Wirkung gehabt, die nicht ohne Besorgnis zu beobachten war.

Im Mai 1884 wurde der Prinz Wilhelm von seinem Großvater nach Rußland geschickt, um den Thronfolger bei erreichter Großjährigkeit zu beglückwünschen. Die nahe Verwandtschaft, die Verehrung des Kaiser Alexander für seinen Großoheim sicherten ihm einen wohlwollenden Empfang und eine auszeichnende Behandlung, an die er damals in eigener Familie noch nicht gewöhnt war; vom Großvater instruiert, trat er vorsichtig und zurückhaltend auf; der Eindruck war auf beiden Seiten befriedigend. Im Sommer 1886 ging der Prinz wieder nach Rußland, um den Kaiser, der in den polnischen Provinzen Revuen abhielt, in Brest-Litowsk zu begrüßen. Hier wurde er noch freundlicher als bei seinem ersten Besuche empfangen und hatte Gelegenheit, Ansichten zu äußern, welche dem Kaiser zusagten, nachdem dessen Bruch mit dem Fürsten Alexander von Bulgarien erfolgt war und der russische Einfluß in Konstantinopel mit dem englischen bis zur Spannung zu kämpfen hatte. Der Prinz war in frühester Jugend gegen England und alles Englische eingenommen und gegen die Königin Victoria verstimmt, wollte auch von einer Verbindung seiner Schwester mit dem Battenberger nichts wissen. Potsdamer Offiziere erzählten damals von drastischen Auslassungen antienglischer Stimmung des Prinzen. Es war ihm natürlich, auf das politische Gespräch, in welches der Kaiser ihn zog, ganz in dessen Sinne einzugehn, vielleicht weiter, als der Zar traute. Der Eindruck, das volle Vertrauen Alexander III. gewonnen zu haben, war vielleicht nicht zutreffend.

In der Absicht, seine Beziehungen zu dem russischen Kaiser, der auf dem Rückwege von Kopenhagen im November 1887 Berlin berührte, politisch zu verwerten, fuhr er demselben in der Nacht bis Wittenberge entgegen. Dort schlief der Kaiser noch, und der Prinz bekam ihn erst kurz vor der Ankunft in Berlin und in Gegenwart eines Teiles des Gefolges zu sehen. Nach dem Diner im Palais sagte er zu einem Herrn, indem er mit ihm die Treppe hinabging, es habe sich ihm keine Gelegenheit geboten, mit dem russischen Kaiser zu sprechen. Die Zurückhaltung des Gastes, die wenn nicht schon aus früheren Beobachtungen, so jedenfalls daraus zu erklären war, daß derselbe in Kopenhagen von Walesscher und welfischer Seite das Urteil erfahren hatte, welches damals in der königlichen Familie in England über den Enkel der Königin herrschte, erzeugte bei dem Prinzen Wilhelm eine natürliche Verstimmung, welche in der Umgebung bemerkt und von unberufenen militärischen Elementen, die damals Krieg gegen Rußland für indiziert hielten, gesteigert und benutzt wurde. Der Generalstab war so von diesem Gedanken erfüllt, daß der Generalquartiermeister Graf Waldersee ihn mit dem österreichischen Botschafter Grafen Széchenyi besprach. Der letztere berichtete darüber nach Wien, und nicht lange nachher fragte der Kaiser von Rußland den deutschen Botschafter von Schweinitz: »Weshalb hetzen Sie Österreich gegen mich?«

Die Argumente, mit denen auf den Prinzen Wilhelm gewirkt worden war, lassen sich in einem Schreiben erkennen, welches er, inzwischen Kronprinz geworden, am 10. Mai 1888 an mich richtete und dessen Inhalt ich dem steigenden Einflusse des Grafen Waldersee zuschreibe, der den Moment für günstig hielt, Krieg zu führen und für den Generalstab verstärkten Einfluß auf die Reichspolitik zu beanspruchen.

»Berlin, 10. Mai 1888

Ew. Durchlaucht

Schreiben vom 9. cr. habe ich mit hohem Interesse gelesen; aus dem Inhalte desselben glaube ich aber entnehmen zu müssen, daß Ew. meinen Randbemerkungen zu dem Wiener Bericht vom 28. April eine übertriebene Bedeutung beilegen und dadurch zu der Auffassung gelangt sind, ich sei zu einem Gegner der bisherigen friedlichen und abwartenden Politik geworden, welche Ew. mit so viel Weisheit und Vorsicht geleitet haben und hoffentlich zum Segen des Vaterlandes noch recht lange leiten werden. Für diese Politik bin ich wiederholt eingetreten – Petersburg, Brest-Litowsk – und habe ich mich in allen entscheidenden Fragen stets, wie bekannt, auf die Seite Ew. gestellt. Welches Ereignis sollte eingetreten sein, um mich plötzlich anderen Sinnes zu machen? Die von mir gemachten Randbemerkungen, in welchen Ew. eine Aufforderung meinerseits zu einer Modifikation unsrer bisherigen Politik zu erkennen meinen, bezwecken lediglich den Hinweis, daß über die Notwendigkeit oder Nützlichkeit des Krieges die politischen und *militärischen* Ansichten – die ich dadurch zu Ihrer Kenntnis zu bringen beabsichtige – auseinandergegangen seien; und daß die letzteren für sich betrachtet nicht ohne Berechtigung wären. Ich glaubte, ein solcher Hinweis würde für Ew. nicht ohne Interesse sein, aber nie zu dem Glauben führen können, ich wollte die Politik den militärischen Wünschen unterordnen.

Um für die Zukunft jeder mißverständlichen Auffassung vorzubeugen und in teilweiser Anerkennung der von Ew. geltend gemachten Gründe werde ich hinfüro jede Randbemerkung auf den politischen Berichten unterlassen, doch werde ich mir vorbehalten, anderweitig Ew. meine Ansichten mit aller Offenheit zur Kenntnis zu bringen.

Bei der Wichtigkeit der von Ew. angeregten Fragen sehe ich mich genötigt, auf dieselben näher einzugehen.

Ich bin durchaus Ew. Ansicht, daß es uns selbst bei dem glücklichen Verlauf eines Krieges mit Rußland nicht gelingen wird, die Kampfesmittel Rußlands ganz und gar zu zerstören, doch meine ich, daß dieses Land nach einem für dasselbe unglücklichen Kriege infolge der inneren politischen Mißstände in eine ganz andere Ohnmacht gelangen wird als irgendein anderer europäischer Staat inkl. Frankreich. Ich erinnere daran, daß Rußland nach dem Krimkriege fast 20 Jahre ohnmächtig war, ehe es soweit sich erholte, daß es imstande war, 1877 loszuschlagen. Frankreichs Kampfmittel wurden im Jahre 1871 *nicht* ausgiebig zerstört, denn unter den Augen, ja mit Hilfe des wohlwollenden siegreichen Gegners konnte eine neue Armee aufgestellt und formiert werden, um die Commune zu besiegen und um das Land vor gänzlichem Untergang zu retten; die in den Händen des Siegers befindlichen Befestigungen von Paris wurden nicht geschleift, nicht einmal völlig deformiert, die Flotte blieb dem nicht vernichteten, sondern nur politisch gedemütigten Frankreich erhalten. Diese eben angeführten Tatsachen beweisen zur Evidenz, daß wir, weit entfernt den Feind wirklich zu vernichten, den Stamm erhalten haben zu den jetzt uns bedrohenden ungeheuren Kampfesmitteln zu Wasser wie zu Lande seitens der Republik. Das war *militärisch* betrachtet falsch, politisch betrachtet jedoch völlig nach Lage der Dinge in Europa gegeben und in dem Moment richtig.

Je mehr die Republik nun erstarkte, desto größere Neigung zeigte Rußland – trotz loyalster Haltung und Absichten des Zaren –, ohne von Deutschland im geringsten geschädigt worden zu sein, nur den günstigsten Augenblick zu erfassen, um im Bunde mit der Republik über uns herzufallen. Diese drohende Lage entstand und besteht, nicht nach einem gegen Rußland freiwillig von uns geführten Kriege, sondern durch die gemeinschaftlichen Interessen der Panslawisten und des republikanischen Frankreichs, Deutschland als Hort der Monarchie niederzuwerfen.

Zu diesem Zweck verstärkten beide Nationen ihre Kampfesmittel systematisch an den entscheidenden Grenzen, ohne für dieses unqualifizierbare Vorgehen unsererseits irgendwie provoziert zu sein, noch irgendeine haltbare Entschuldigung dafür vorzubringen.

Mit aus diesem Grunde brachte die durch Ew. geleitete weise Politik meines hochseligen Herrn Großvaters Bündnisse zustande, welche sehr dazu beigetragen haben, uns vor Überfällen unseres *geborenen* Erbfeindes im Westen zu bewahren. Auch verstand diese Politik, Rußlands Herrscher zu unseren Gunsten einzunehmen. Dieser Einfluß wird so lange fortbestehen, als der jetzige Zar die Macht, seinen Willen geltend zu machen, wirklich besitzt; geht sie verloren – und es sind viele Anzeichen dafür vorhanden –, so ist es sehr wahrscheinlich, daß Rußland sich von unserem *geborenen* Feind nicht länger wird trennen lassen, um mit ihm den Krieg zu führen, wenn die beiderseitigen Kampfesmittel *ihnen* entwickelt genug erscheinen, um uns ungestraft zu vernichten.

Unter solchen Umständen wächst der Wert unserer Bundesgenossen; dieselben an uns zu fesseln*, ohne ihnen einen eingehenden Einfluß auf das Reich einzuräumen, wird die große, ich gebe zu, schwere Aufgabe einer vorsichtigen deutschen Politik sein und bleiben müssen. Es ist aber zu beachten, daß ein Teil dieser Bundesgenossen romanischen Stammes und mit Regierungsmechanismen versehn ist, deren absolute Sicherheit nicht so garantiert ist wie bei uns. Daher auf eine längere Bundesgenossenschaft wohl kaum zu rechnen sein dürfte, und der Krieg, zu dessen Abwehr respekt. Führung sie mithelfen sollen, besser *früher* als *später* geführt werden muß.

Unsere Feinde werden es an Versuchen aller Art sicher nicht fehlen lassen, uns zu isolieren, die Bundesgenossen uns *abwendig* zu machen; jeder von uns begangene Fehler, jede Blöße, die sich die deutsche Politik gibt, wird solchen Bestrebungen Vorschub leisten. Zu solchen Fehlern müßte ich irgendeine Protegierung des Battenbergers rechnen; Österreich würde in

---

* In diesen Worten liegt wohl der Keim der Handelsverträge von 1891.

derselben eine Verletzung seiner speziellen Interessen finden, und Rußland würde die Genugtuung haben, uns von unserem besten Bundesgenossen getrennt zu sehen; auch wissen, daß ein Krieg, der wegen des Battenbergers entstünde, für Deutschland kein volkstümlicher sein kann, bei dem der so notwendige Furor teutonicus gänzlich fehlen würde.

Rußland würde mit Leichtigkeit Verhältnisse dann zu schaffen vermögen, die den Krieg zur Folge haben müßten; die öffentliche Meinung wird aber sicherlich Deutschland als Urheber desselben bezeichnen. Ich gebe zu, daß die Beschleunigung der Kriegsgefahr damit erreicht wäre, doch um welchen Preis? Sie zu erstreben liegt mir völlig fern. Da der Krieg gegen *Westen* fortgesetzt in Sicht war und dementsprechend militärische Vorbereitungen getroffen wurden, derselbe auch, wie Ew. hervorheben, im Westen in jeder Hinsicht mehr Vorteile verspricht wie der im *Osten,* so würden die militärischen Autoritäten der *Politik* besonders dankbar sein müssen, welche, sobald der Krieg als unvermeidlich erkannt ist, die Führung desselben im Westen wirklich sicherzustellen imstande wäre.

Aber auch ich bin der Ansicht, daß wir den Krieg nach beiden Seiten haben, wenn wir ihn auf der *Ostseite beginnen,* Frankreich wird nur in dem Fall nicht losschlagen, wenn es sich in einer inneren, besonders schweren Krisis befindet, oder wenn wieder *militärische* Schwierigkeiten eintreten sollten, wie sie im *vorigen Herbst* ziemlich bestimmt bestanden haben (Fehlschlagen der Melinitgeschosse und Unbrauchbarkeit des neuen Gewehrs, niederschmetternder Eindruck der Resultate des Beschießens der Sperrforts bei Jüterbogk). Dagegen ist nicht mit absoluter Sicherheit vorherzusehen, daß, wenn wir mit Frankreich Krieg führen müssen, Rußland sich eo ipso passiv uns gegenüber verhalten wird.

Jederzeit, ganz besonders aber unter Verhältnissen, wie solche im *vorigen Herbst* bestanden, ist es Pflicht des Großen Generalstabes, die eigene militärische Lage und die der Nachbarn scharf ins Auge zu fassen, sowie die Vorteile und Nachteile, die sich in *militärischer* Beziehung bieten können, sorgsam abzuwägen. Die so gewonnene Ansicht, nicht über die zu führende Politik, sondern über die im Dienste derselben und durch deren augenblickliche Lage bedingten *militärischen* Maßregeln muß durch die Spitze des Generalstabes dem Leiter der Politik mit aller Offenheit und mit Festhalten des militärischen Standpunktes zur Kenntnis gebracht werden. Hierin liegt meines Erachtens eine durchaus erforderliche Hilfe für die Leitung auch der friedliebendsten Politik.

In diesem Sinne möchte ich meine ominösen Randbemerkungen zu dem Bericht vom 28. April aufgefaßt wissen; sie sollten zugleich darauf hinweisen, daß, obgleich die Deutsche Politik in der friedfertigsten Weise geleitet werden mußte, die militärischen Autoritäten Deutschlands und Österreichs mit vollstem Recht im Herbst vorigen Jahres auf die *günstige militärische* Gelegenheit *aufmerksam machen* mußten, welche sich für ein kriegerisches Vorgehen beider Länder bot.

Trotz meiner so viel Aufregung verursachenden Marginalia möchte ich doch überzeugt sein, daß Ew. mit dem besten Gewissen bei einem etwa erfolgenden Regierungswechsel mit derselben Sicherheit als bisher das friedliche Verhalten der deutschen Politik in Aussicht zu stellen imstande sein werden.

Wilhelm
Kronprinz des Deutschen Reiches und von Preußen.«

Am 15. Juni 1888 wurde der Kronprinz Kaiser. Gerade eine Woche später erhielt ich indirekt Kenntnis von einer Allerhöchsten Auslassung, welche besagte, daß der Kaiser von verschiedenen Artikeln in Berliner Zeitungen auf das unangenehmste berührt sei: es handele sich besonders um »Berliner Tageblatt«, Abendausgabe vom 20. Juni, und Artikel der »Berliner Zeitung« und »Berliner Presse« vom 21. Juni, die geschrieben schienen, um den Glauben zu erwecken, daß ein Zwiespalt zwischen Sr. M. und dem Reichskanzler betreffs des Grafen Waldersee bestände, das heißt, daß auch jetzt Friktionen in den maßgebenden Regierungskreisen existierten bzw. im Anzuge wären, wie sie zur Regierungszeit Kaiser Friedrichs wiederholt öffentlich besprochen worden seien; S. M. befürchte, daß die auswärtige Presse jene Artikel kommentieren werde, und wünsche deshalb, daß die Regierungspresse unter Richtigstellung der Sachlage gegen die bezeichneten Preßangriffe Stellung nehme. Der Kaiser stehe nach wie vor auf demselben Standpunkt, den er im Monat Mai entwickelt habe: daß er nie dem Grafen Waldersee, trotz seiner Wertschätzung für ihn, einen unberechtigten Einfluß auf die auswärtige Politik einräumen und daß unter seiner Regierung keine Hofkamarilla existieren werde; vielmehr sei er überzeugt, daß unter den Leuten, denen er sein Vertrauen geschenkt habe und die ihm dienten, keine Parteiungen existierten, sondern daß alle ihm auf dem Wege folgten, der zu dem von ihm als richtig erkannten Ziele führe.

Vom 19. bis zum 24. Juli war der Kaiser zu Besuch in Peterhof. Die Eindrücke, welche er dort hinterlassen hat, sind vollständig erst später zu meiner Kenntnis gelangt und soweit erwähnt. Daß er selbst eine Verstimmung in die Politik übertrug, wurde erst im Juni des folgenden Jahres, während ich in Varzin war, in zwei Vorgängen wahrnehmbar.

Der Graf Philipp Eulenburg, Gesandter in Oldenburg, wegen gesellschaftlicher Talente bei Sr. M. in besonderer Gnade stehend und häufig nach Hofe berufen, vertraute meinem Sohne, der Kaiser halte meine Politik für zu »russenfreundlich«, ob mein Sohn oder ich selbst nicht versuchen wollten, durch Entgegenkommen und erläuternde Darlegung die Stimmung Sr. M. zu beseitigen. Mein Sohn fragte, was russenfreundlich heiße? Man solle ihm politische Aktionen bezeichnen, die *zu* russenfreundlich, das heißt also für unsere Politik nachteilig seien. Unsere auswärtige Politik sei ein durchdachtes und sorgsam behandeltes Ganzes, welches die amateurs-Politiker und Militärs, die Sr. M. in die Ohren bliesen, nicht übersähen. Wenn S. M. kein Vertrauen habe und sich durch Intriganten einnehmen lasse, so solle er doch meinen Sohn und mich in Gottes Namen gehn lassen; er habe nach bestem Gewissen und Vermögen an meiner Politik mitgearbeitet und seine Gesundheit in den unleidlichen Zerrungen, in deren Mittelpunkt er sich stets befände, zugesetzt. Wenn er jetzt noch eine Politik auf »Stimmung« machen solle, so gehe er lieber heut als morgen. Graf Eulenburg, der eine andere Antwort erwartet haben dürfte, lenkte hierauf mit der dringenden Bitte ein, seinen Bemerkungen keine weitere Folge zu geben: Er habe sich wohl ungeschickt ausgedrückt.

Einige Tage später, während der Schah von Persien in Berlin zu Besuche war, erteilte der Kaiser meinem Sohne die Weisung, es müsse in der Presse gegen die neue russische Anleihe geschrieben werden; er wolle nicht, daß noch mehr deutsches Geld für russische Papiere nach Rußland ginge, welches letztere damit nur seine Kriegsrüstungen bezahle. Einer seiner hohen Militärs – wie im Laufe desselben Tages konstatiert wurde, der Kriegsminister General von Verdy – habe ihn eben auf diese Gefahr aufmerksam gemacht. Mein Sohn erwiderte, so läge die Sache nicht; es handle sich nur um eine Konversion früherer russischer Anleihen, also um die beste Gelegenheit für deutsche Inhaber, bares Geld zu nehmen und russische Papiere loszuwerden, die im Kriegsfalle vielleicht keine Zinsen nach Deutschland zahlen würden. Die Russen wollten den Profit machen, für eine bestimmte Anleihe in Zukunft ein Prozent weniger zu zahlen; der Geldmarkt sei dafür günstig, die Sache daher nicht zu hintertreiben. Die Franzosen würden die russischen Papiere nehmen, welche bei uns abgestoßen würden, das Geschäft würde in *Paris* gemacht. S. M. bestand darauf, es müsse in der deutschen Presse gegen diese russische Finanzoperation geschrieben werden, er habe sich einen Rat des Auswärtigen Amtes bestellt, um ihn entsprechend anzuweisen. Mein Sohn sagte, wenn es ihm gelungen sei, Se. Majestät von der Sachlage zu unterrichten, so bitte er, sich von dem Finanzminister Vortrag halten zu lassen; offiziöse Artikel könnten in dem Sinne nicht geschrieben werden, ohne den Reichskanzler zu hören, weil sie die Gesamtpolitik beeinflussen würden. S. M. bestimmte darauf, mein Sohn solle mir eindringlich schreiben, er wünsche eine Pressekampagne gegen die russische Finanzoperation, und ließ dem Vertreter des gerade abwesenden Finanzministers durch einen Adjutanten sagen, das Ältestenkollegium der Börse müsse angewiesen werden, die Anleihe zu inhibieren.

Ich selbst erhielt einige Monate später eine Probe von der Stimmung Sr. M. durch einen Vorgang, der auf keinen Fall zu übergehn war und behufs Festhaltung des Zusammenhanges hier zu wiederholen ist. Als der Besuch des Zaren im Oktober 1889 in Berlin zum Abschluß gekommen war und ich mit dem Kaiser von dem Lehrter Bahnhofe, wohin wir den nach Ludwigslust abreisenden Zaren begleitet hatten, zurückfuhr, erzählte er, er habe in Hubertusstock sich auf den Bock des Pürschwagens gesetzt, dem Gaste das ganze Jagdvergnügen überlassend, und schloß mit den Worten: »Nun loben Sie mich doch!« Nachdem ich dieser Aufforderung genügt hatte, fuhr er fort, er habe mehr getan, er habe sich bei dem russischen Kaiser auf längeren Besuch angemeldet, den er zum Teil in Spala mit ihm zuzubringen denke. Ich erlaubte mir Zweifel, ob das dem Kaiser Alexander willkommen sein werde: Derselbe liebe Ruhe, Zurückgezogenheit und das Leben mit Frau und Kindern; Spala sei ein zu kleines Jagdschloß und nicht auf Besuche eingerichtet. Ich erwog dabei in Gedanken, daß die beiden hohen Herren zu einem sehr engen Verkehr miteinander genötigt sein würden und in den durch eine so lange Zeit hinzuspinnenden Unterhaltungen die Gefahr liegen könnte, empfindliche Punkte zu berühren.

Ich nahm mir vor, zu tun, was ich konnte, um diesen Besuch zu verhindern. Die Verschiedenheit der Charaktere und Denkweisen der beiden Monarchen war vielleicht keinem Zeitgenossen so bekannt wie mir, und diese Bekanntschaft ließ mich befürchten, daß ein längeres Beisammensein ohne jede geschäftsmäßige Kontrolle zu Friktionen, zur Abneigung und Verstimmung führen könne, und daß letztre beim Zaren schon durch eine längere Störung seiner Einsamkeit gegeben sei, wenn er auch die Ankündigung des Besuchs seines Wirtes natürlich mit Höflichkeit entgegengenommen hatte. Im Interesse des Einvernehmens beider Kabinette hielt ich es für bedenklich, die mißtrauische Defensive des Zaren mit der aggressiven Liebenswürdigkeit unseres Herrn ohne Not in enge und lange Berührung zu bringen, und um so mehr, als durch die Anmeldung ein Vorschuß an Zutunlichkeit gewährt wurde, welcher der russischen Politik gegenüber kaum und der mißtrauischen Einschätzung des Kaisers Alexander gegenüber noch weniger angebracht war. Wie begründet meine Besorgnisse waren, zeigte sich in den bereits erwähnten geheimen Berichten aus Petersburg, die, auch angenommen, daß sie übertrieben oder gefälscht waren, doch mit Kenntnis der Situation geschrieben sein mußten.

Der Kaiser war von meinem Bedenken, wo er Anerkennung erwartet hatte, unangenehm berührt und setzte mich vor meiner Wohnung ab, anstatt in dieselbe einzutreten und über Geschäfte weiter mit mir zu sprechen.

Der Besuch, den der Kaiser dem Zaren vom 17. bis 23. August 1890 in Narva und Petershof abstattete, führte zu der von mir befürchteten Verstärkung der persönlichen Verstimmung.

Auf Narva folgte die Begegnung in Rohnstock und der Handelsvertrag mit Österreich, die Wendung Sr. M. zu England war schon seit dem Besuche in Osborne Anfang August 1889 von englischer Seite mit geschickter Berechnung betrieben worden und hatte den Vertrag über Sansibar und Helgoland herbeigeführt. Die Uniform des Admiral of the fleet kann als das Symbol eines Abschnitts in der auswärtigen Politik des Reiches angesehn werden.

11. KAPITEL

VERTRAG ÜBER HELGOLAND UND SANSIBAR

I

Daß der Helgoländer Vertrag für uns ein Tauschgeschäft ist ähnlich dem zwischen Glaucus und Diomedes, ist jetzt das Urteil nicht bloß der Kreise, in welchen das Interesse an überseeischen Erwerbungen vorherrscht. In der amtlichen Rechtfertigung dieses Geschäftes ist der Ausgleich, welcher für das Augenmaß fehlt, mehr auf dem Gebiete der Imponderabilien, in der Pflege unserer Beziehungen zu England gesucht worden. Es ist dabei auf die Tatsache Bezug genommen worden, daß auch ich, während ich im Amte gewesen, hohen Wert auf diese Beziehungen gelegt hätte. Das ist ohne Zweifel richtig, aber ich habe an die Möglichkeit einer dauernden Sicherstellung derselben niemals geglaubt und niemals beabsichtigt, Opfer deutschen Besitzes für den Gewinn eines Wohlwollens zu bringen, welches die Dauer eines englischen Kabinetts zu überleben keine Aussicht hat. Die Politik einer jeden Großmacht wird immer wandelbar bleiben im Wandel der Ereignisse und der Interessen, aber die englische ist darüber hinaus von *dem* Wandel abhängig, welcher sich durchschnittlich alle 5 bis 10 Jahre in dem Personalbestande des Parlaments und des Ministeriums zu vollziehen pflegt. Mir lag die Aufgabe vor, zur Befestigung des uns wohlgesinnten Ministeriums Salisbury mitzuwirken, soweit das durch sympathische Kundgebungen möglich war. Aber um das Wohlwollen oder den Fortbestand eines englischen Ministeriums durch dauernde Opfer erkaufen zu wollen, dazu sind dort die Kabinette zu kurzlebig, auch zu wenig abhängig von ihren Beziehungen zu Deutschland; die zu Frankreich und Rußland, selbst zu Italien und der Türkei fallen in der Regel für ein englisches Ministerium schwerer ins Gewicht.

Der Verzicht auf die Gleichberechtigung in der Handelsstadt Sansibar war aber ein dauerndes Opfer, für welches Helgoland kein Äquivalent gewährt. Der freie Verkehr mit jenem einzigen größeren Handelsplatze an der ostafrikanischen Küste war die Brücke für unsern Verkehr mit dem Festlande, die wir nach heutiger Lage weder entbehren noch verlegen können. Daß der Besitz dieser Brücke uns dereinst in ähnlicher Ausschließlichkeit zufallen würde, wie wir ihn den Engländern überliefert haben, habe ich nach den Fortschritten, welche der deutsche Einfluß in den letzten vier Jahren vor 1890 gemacht hatte, nicht für sicher, aber doch für wahrscheinlich genug gehalten, um ein derartiges Ziel in unsere politischen Zukunftspläne nicht als eine Notwendigkeit, aber doch als eine des Bemühens werte Möglichkeit aufzunehmen. Ich war dabei von der Überzeugung geleitet, daß die Freundschaft Englands für uns zwar von hohem Werte, die Freundschaft Deutschlands für England aber unter Umständen von noch höherem sei. Wenn England, was nicht außerhalb der natürlichen Entwicklung der Politik liegt, von französischer Landung ernsthaft bedroht wäre, so kann ihm nur Deutschland helfen; ohne unsre Zulassung kann Frankreich auch eine momentane Überlegenheit zur See nicht gegen England ausnutzen, und Indien sowohl wie Konstantinopel sind gegen russische Gefahren leichter an der polnischen Grenze wie an der afghanischen zu decken. Ähnliche Lagen wie die, in welcher Wellington bei Belle-Alliance sagte oder dachte: »Ich wollte, es wäre Abend oder die Preußen kämen«, können sich in der Entwicklung der großen europäischen Politik leichter wiederholen als die geschichtlichen Momente, aus denen uns die Bestätigung der englischen Freundschaft erinnerlich ist. Im Siebenjährigen Krieg versagte dieselbe zu der Zeit, wo wir sie am dringendsten brauchten, und auf dem Wiener Kongresse würde sie ihre Besieglung gemäß dem Vertrage mit Frankreich und Österreich vom 3. Januar 1815 gefunden haben, wenn nicht die Rückkehr Napoleons von Elba die Kulissen der politischen Bühne in überraschender Weise verschoben hätte. England gehört eben zu des Geschickes Mächten, mit denen nicht nur kein ewiger Bund, sondern auch keine Sicherheit zu flechten ist, weil daselbst die Grundlage aller politischen Beziehungen wandelbarer ist als in allen andren Staaten, das Erzeugnis von Wahlen und daraus hervorgehenden Majoritäten. Nur ein zur Kenntnis des Parlaments gebrachter Staatsvertrag gewährt gegen plötzliche Wandlungen einige Sicherheit, und auch diese hat für meinen Glauben erheblich verloren seit der spitzfindigen Auslegung, welche der Vertrag über die Neutralität Luxemburgs vom 11. Mai 1867 von englischer Seite erfahren hat.

Wenn nun auch meines Erachtens die Freundschaft Deutschlands für den, welcher sie gewinnt, sichrer ist als die englische, so glaube ich doch auch, daß bei richtiger Leitung der deutschen Politik England früher in die Lage kommen wird, unsrer Freundschaft praktisch zu bedürfen, als wir der seinigen. Unter richtiger Leitung verstehe ich, daß wir die Pflege unserer Beziehungen zu Rußland nicht um deshalb aus den Augen verlieren, weil wir uns durch den gegenwärtigen Dreibund gegen russische Angriffe gedeckt fühlten. Auch wenn diese Deckung nach Festigkeit und Dauer unerschütterlich wäre, hätten wir doch kein Recht und kein Motiv, dem deutschen Volke für englische und österreichische Orient-Interessen die schweren und unfruchtbaren Lasten eines russischen Krieges näherzurücken, als sie vermöge eigner deutscher Interessen und derer an der Integrität Österreichs uns stehen. Wir waren im Krimkriege der Zumutung ausgesetzt, die Kriege Englands wie indische Vasallenfürsten zu führen. Ist das stärkere Deutsche Reich abhängiger, als damals Friedrich Wilhelm IV. sich erwies? Vielleicht nur gefälliger? Aber auf Kosten des Reichs.

Die Neigung Caprivis, für bedenkliche politische Maßregeln, die er ohne Zweifel auf höheren Befehl betrieben hat, mir die Verantwortlichkeit zuzuschieben, zeugt nicht gerade von politischer Ehrlichkeit, so der Versuch, den Vertrag über Sansibar meiner Initiative zuzuschreiben. Er sagte am 5. Februar 1891 im Reichstage (Stenographische Berichte S. 1331):

»Ich will auf einen Vorwurf eingehen, der uns wiederholt gemacht worden ist, nämlich den, daß Fürst Bismarck diese Abtretung schwerlich gemacht haben würde. Man hat die jetzige Regierung darin mit der vorigen verglichen, und der Versuch fiel zu unserm Nachteil aus. Nun würde ich ganz und gar ein pflichtvergessener Mensch sein, wenn ich, als ich in dieses Amt eintrat und solche Verhandlungen übernahm, mich nicht, selbst wenn mein Vorgänger nicht der bedeutende Mann gewesen wäre, der er war, davon überzeugt hätte: Was sind denn für Vorgänge da, und was hatte denn die Regierung in der Sache vor, was hat sie für einen Standpunkt eingenommen? Das war ja eine ganz selbstverständliche Pflicht, und Sie können glauben, daß ich dieser Pflicht mit großem Eifer nachgegangen bin.«

Auf welche Weise er sich informiert hat, weiß ich nicht. Wenn es durch Aktenlesen geschehen wäre, so hätte er nicht aus den Akten herauslesen können, daß ich den Sansibar-Vertrag angeraten hätte. Der Satz, daß England für uns wichtiger sei als Afrika, den ich übereilten und übertriebenen Kolonialprojekten gegenüber gelegentlich ausgesprochen habe, kann unter

Umständen ebenso zutreffend sein wie der, daß Deutschland für England wichtiger als Ostafrika sei, er war es aber nicht zu der Zeit, als der Helgoländer Vertrag abgeschlossen wurde. Es war den Engländern gar nicht eingefallen, von uns den Verzicht auf Sansibar zu verlangen oder zu erwarten; im Gegenteil begann man in England sich mit dem Gedanken vertraut zu machen, daß der deutsche Handel und Einfluß daselbst im Wachsen sei und schließlich die Herrschaft erlangen werde. Die Engländer in Sansibar selbst waren bei der ersten Nachricht von dem Vertrage überzeugt, daß sie irrtümlich sei, da nicht zu begreifen sei, weshalb wir eine solche Konzession hätten machen können. Der Fall, daß wir zwischen der Behauptung unseres afrikanischen Besitzstandes und einem Bruch mit England zu wählen hätten, lag nicht vor; und nicht das Bedürfnis, unsern Frieden mit England zu erhalten, sondern der Wunsch, Helgoland zu besitzen und England gefällig zu sein, erklären den Abschluß des Vertrages. Nun liegt in dem Besitze dieses Felsens eine Genugtuung für unsere nationalen Empfindungen, aber zugleich entweder eine Verminderung unserer nationalen Sicherheit gegen eine überlegene französische Flotte oder die Nötigung, aus Helgoland ein Gibraltar zu machen. Bisher war dasselbe im Falle einer französischen Blockade unserer Küsten durch die englische Flagge gedeckt und konnte für die Franzosen kein Kohlendepot und Proviantmagazin werden. Das wird aber geschehn, wenn im nächsten französischen Kriege die Insel weder durch eine englische Flotte noch durch ausreichende Befestigungen geschützt ist. Auf diese Betrachtungen, die in der Presse laut geworden waren, sollte es wohl eine widerlegende Antwort sein, als Caprivi am 30. November 1891 im Reichstage sagte:

»England hat Bedürfnisse in manchen Weltteilen, hat Besitzungen rund um den Erdball, und es möchte am Ende nicht ganz schwer geworden sein für England, ein Tauschobjekt zu finden, was ihm willkommen gewesen wäre und für das es wohl geneigt gewesen wäre, die Insel fortzugeben. Ich möchte einmal den Entrüstungssturm – und in diesem Falle würde ich ihn für berechtigt gehalten haben – gesehen haben, wenn im Laufe von Jahr und Tag oder kurz vor Ausbruch eines künftigen Krieges die englische Flagge von Helgoland heruntergegangen und eine weniger nahestehende vor unseren Häfen erschienen wäre.«

Ob er wohl selbst daran geglaubt hat?

Bemerkenswert ist ferner, daß in seiner Rede vom 5. Februar 1891 ein Widerspruch lag, welcher die Überzeugung des Redners von der Glaubwürdigkeit seiner Argumente in Zweifel stellt. Wenn er den Vertrag an sich und objektiv für nützlich gehalten hätte, so wäre er nicht der Versuchung ausgesetzt gewesen, die Verantwortlichkeit dafür durch gewagte Argumente auf seinen Vorgänger zu übertragen, so hätte er nicht nötig gehabt, das Verdienst eines vorteilhaften Geschäftes mit mir teilen zu wollen, und zu diesem Zweck aus den Akten Äußerungen von mir hervorzusuchen, die nach Zeit, Veranlassung, Zusammenhang und Bestimmung nicht die Tragweite haben, die ihnen beigelegt wird. In der Rede vom 30. November 1891 hat er nicht mehr das Bedürfnis, mir einen Teil der Verantwortlichkeit zuzuschieben; er erklärt: Dieses eine Jahr hat hingereicht, um zu zeigen, wie richtig wir gehandelt haben.

12. KAPITEL

HANDELSVERTRAG MIT ÖSTERREICH

Der Versuch, die intimen politischen Beziehungen, in welchen Österreich vermöge der deutschen Traditionen und Entwicklung zu uns stand, zur Gewinnung wirtschaftlicher Vorteile auszubeuten, ist, wie erwähnt, zuerst zur Zeit des Fürsten Schwarzenberg in Gestalt des Strebens nach Zolleinigung gemacht und später in verschiedenen Anläufen wiederholt worden. Er ist stets schon in den ersten Anfängen gescheitert an der Unmöglichkeit, einen richtigen Verteilungsmaßstab zu finden für die Einkünfte, die aus der zollpflichtigen Konsumtion der beteiligten Länder sich ergeben. Die Erkenntnis der Unmöglichkeit voller Zolleinigung hat das natürliche Bestreben nicht beseitigen können, uns im Wege der Handelsverträge Vorteile abzugewinnen. Die Abschwächung der monarchischen Gewalt, der Bedarf an Stimmen im Parlament vermehren das Gewicht der Begehrlichkeit gewisser Wählerklassen. Die ungarische Reichshälfte hat in den letzten Jahrzehnten ein Übergewicht gewonnen, und die galizischen Stimmen sind nicht nur für parlamentarische Majoritäten und auswärtige Eventualitäten von stärkerem Gewichte als früher. Die agrarischen Begehrlichkeiten dieser östlichen Landesteile Österreichs haben Einfluß auf die Entschließungen der Regierung gewonnen, und wenn die letztere zur Befriedigung derselben durch ihre Gefälligkeiten auf Kosten und vermöge der Unerfahrenheit Deutschlands in den Stand gesetzt wird, so wird sie natürlich jedes ungeschickte Entgegenkommen deutscher Politik benutzen, um ihren inneren Schwierigkeiten abzuhelfen und die ungarischen und galizischen Agrarier zu gewinnen. Die Kosten dafür, soweit sie nicht von der deutschen Gutmütigkeit bestritten werden, würde das mehr industrielle als agrarische Element von Zisleithanien nach Abzug Galiziens zu decken haben. Dasselbe ist für die österreichische Politik weniger gefährlich und weniger widerstandsfähig, als ungarische und polnische Unzufriedenheit sein würden. Der

Deutsche ist fügsamer nach oben und auf dem Gebiete der inneren Politik ungeschickter als die andern Nationalitäten Österreichs, wie der doktrinäre Verlauf des konstitutionellen Kampfes zeigt, welchen die Herbstzeitlosen[84] gegen den natürlichsten und stärksten Bundesgenossen der Deutschen, gegen die eigne Dynastie, bis zum Bruch geführt haben.

Es ist also erklärlich, daß die wirtschaftliche Politik des Donaureichs auf die deutschen Industriellen wenig und auf die nichtdeutschen Agrarier mehr Rücksicht nimmt. Auch in der böhmischen Spaltung wird das Tschechentum auf agrarischer, das Deutschtum auf industrieller Seite stärker vertreten sein. Daß es den Ungarn, Polen und Tschechen zu lebhafter Genugtuung gereicht, wenn in erster Linie ihre Interessen gepflegt [werden] und der Deutsche zunächst in Zisleithanien, hauptsächlich aber im Deutschen Reiche die Zeche dafür bezahlt, ist nicht zu verwundern, wohl aber muß man sich fragen, wie die deutsche Reichsregierung dazu kommt, die Preisgebung der deutschen Agrarinteressen in Wien anzubieten. Der in der Presse dafür geltend gemachte Grund, daß das politische Bündnis einen wirtschaftlichen Verschmelzungsprozeß zur notwendigen Folge habe, ist eine inhaltlose Phrase, bei der sich praktisch nichts denken läßt. Wir sind mit Rußland und in der Vergangenheit mit England in der größten politischen Intimität gewesen unter sehr schwierigen beiderseitigen Zollverhältnissen, und der deutsche Bundesvertrag hat auch da, wo er nicht durch Zolleinigung gedeckt war, lange Zeit mit vollem gegenseitigen Vertrauen in betreff der politischen Stipulationen bestanden. Unser Bündnisvertrag mit Österreich läuft auch nicht Gefahr, uns gekündigt zu werden, wenn wir es heut wie seit 40 Jahren ablehnen, für eventuellen Kriegsbeistand einen wirtschaftlichen Tribut an Österreich-Ungarn zu zahlen. Österreich hat das deutsche Bündnis nötiger als Deutschland das österreichische, wenn man sich die Zukunft Österreichs vergegenwärtigt. Der Ersatz, den Deutschland für die Freundschaft Österreichs in der russischen finden könnte und dessen Schwächen oben dargelegt sind, wäre für Österreich nur unter Preisgebung aller der Bestrebungen in östlicher Richtung zu gewinnen, welche aus den Ungarn Gegner Rußlands machen. Die Anlehnung Österreichs an Frankreich und selbst an die geeinigten Westmächte der Krimliga würde der österreichischen Monarchie die exponierteste Lage von allen Beteiligten gegenüber Rußland und Deutschland anweisen und den russischen Bestrebungen die Entwicklung der slawenfreundlichen Keime der Zersetzung überlassen, welche sich unter der numerisch größeren Hälfte der Bevölkerung vorfinden. Für Österreich bleibt das deutsche, von Stammessympathien getragene Bündnis stets das natürlichste und ungefährlichste, man kann sagen ein in allen Lagen Österreichs immer wiederkehrendes Bedürfnis.

Ich würde es beklagen, wenn das Deutsche Reich den von mir unter großen Anstrengungen erkämpften Bund mit Österreich wieder aufgeben und die volle freie Hand für seine europäischen Beziehungen wieder erstreben sollte. Aber wenn unsre politische Liebe zu Österreich unerwidert bliebe, falls wir sie nicht durch wirtschaftliche Opfer betätigen, so würde ich allerdings die Politik der freien Hand vorziehn, weil ich überzeugt bin, daß unser Bündnis, wenn es in dem obigen Sinne von Österreich aufgefaßt und gehandhabt wird, nicht dauernd und im entscheidenden Augenblicke nicht haltbar sein wird. Die besten Bündnisse versagen den Dienst, den man bei dem Abschlüsse von ihnen erwartet hat, wenn die Stimmung und Überzeugung, unter denen sie geschlossen sind, zur Zeit des Casus foederis erloschen sind; und wenn schon heut unter den österreichisch-ungarischen Agrariern die Stimmung vorherrscht, daß unser Bündnis wertlos sei, falls es ihnen keine finanziellen Vorteile gewähre, so befürchte ich, daß unser Vertrag zur Verfallzeit nicht wirksamer sein wird als die von 1792 bis 1795, und um so weniger, wenn sich inzwischen im Deutschen Reiche die Überzeugung festgesetzt hat, daß unser Bündnisvertrag einen Handelsvertrag im Gefolge habe, der einer Tributzahlung Deutschlands gleichstehe, und daß diese Zahlung für Erhaltung eines Bündnisses, welches für Österreich notwendiger ist als für uns, auf Versprechungen beruhe, welche die leitenden Staatsmänner Österreichs vermöge ihrer reiferen Erfahrung und Sachkunde in Geschäften der Art den Vertretern der deutschen Interessen im gastlichen Verkehr in Schlesien und in Wien abgewonnen haben.* Es ist möglich, daß die deutschen Gäste an letzterem Orte in der Hoffnung auf reiche han-

---

* Eine Berliner Mitteilung des »Pester Lloyd« hatte die bekannte Tatsache, daß die Anfänge der Handelsverträge auf die Rohnstocker Zusammenkunft von 1890 zurückreichen, mildem Zusatze in Erinnerung gebracht, dem neuen Kanzler sei alsbald nach der Übernahme des Amtes von höchster Stelle die Linie für sein handelspolitisches Verhalten vorgeschrieben worden. Die »Münchner Allgemeine Zeitung« macht dazu die Anmerkung: »Dies würde die vielfach verbreitete Annahme rechtfertigen, daß der eigentliche Träger dieser handelspolitischen Wendung Herr Miquel ist und daß die letztere aus dem Frankfurter Besuch des Kaisers im November 1889 datiert.« (Börsenzeitung, 16. Dezember 1891.)

delspolitische Trinkgelder eine noch freundlichere Aufnahme gefunden haben, als ohnehin der Fall gewesen sein würde; aber die Revision der deutschen Rechnung durch die öffentliche Meinung der Nation erfolgt doch, wenn auch erst nach Jahren, vielleicht in einem unbequemen Momente, wo dann im Rückblicke auf die bei uns angerichteten Schäden sich das Urteil empfindlich fühlbar machen kann, daß wir unter einer ausbeutenden Einmischung Österreichs in unsre innere Gesetzgebung gelitten haben.

Die Art, wie die überlegene weltmännische Routine des Fürsten Schwarzenberg in Olmütz und in den Dresdner Konferenzen der damaligen preußischen Vertretung gegenüber von Österreich benutzt wurde, hat wesentlich zur Herstellung einer Situation beigetragen, welche sich schließlich im Wege freundlicher Bundesgenossenschaft nicht mehr lösen ließ.

Über die Fehler, welche in der auswärtigen Politik begangen wurden, wird sich die öffentliche Meinung in der Regel erst klar, wenn sie auf die Geschichte eines Menschenalters zurückzublicken imstande ist, und die Achivi qui plectuntur sind nicht immer die unmittelbaren Zeitgenossen der fehlerhaften Handlungen. Die Aufgabe der Politik liegt in der möglichst richtigen Voraussicht dessen, was andre Leute unter gegebenen Umständen tun werden. Die Befähigung zu dieser Voraussicht wird selten in dem Maße angeboren sein, daß sie nicht, um wirksam zu werden, eines gewissen Maßes von geschäftlicher Erfahrung und Personalkenntnis bedürfte, und ich kann mich beunruhigender Eindrücke nicht erwehren, wenn ich bedenke, in welchem Umfange diese Eigenschaften in unseren leitenden Kreisen verlorengegangen sind. Jedenfalls sind sie augenblicklich in Wien reichlicher vorhanden als bei uns und ist deshalb die Befürchtung gerechtfertigt, daß die Interessen Österreichs bei Vertragsabschlüssen mit mehr Erfolg wahrgenommen werden als die unserigen.

ANLAGEN ZU BUCH III

I

KRONPRINZ FRIEDRICH WILHELM AN BISMARCK

Morris Castle, Insel Wight, 17. Aug. 1881

Ich wende mich mit der Frage an Sie, was eigentlich das Zeitungsgerücht »Baden sollte Königreich werden« zu bedeuten hat?

Anfangs habe ich mich wie viele andere über diese Ente amüsiert und die Kunde als einen »Ulk der Sauren-Gurken-Zeit« belacht. Da aber die Sache immer wiederholt wird, fange ich an mißtrauisch zu werden! Ich habe zwar eine zu gute Meinung von meinem Schwager, und ebenso ein zu großes Vertrauen in seine Deutschen Gesinnungen, als daß ich es für möglich hielte, er könne sich in solchen Unsinn einlassen. Allein woher kommt dann das Zeitungsgerede?

Sie wissen, wie ich über die 3 deutschen Königreiche denke, welche wir in schmachvollster Zeit von Napoleon I. erhielten, damit die Zerstückelung Deutschlands für immer befestigt sei. Aus eigener Erfahrung wissen Sie besser wie ich, welche Schwierigkeit, ja welchen täglichen Ärger jene, von ihrem leeren Titel erfüllten Kabinette dem Reichswohl bereiten. Sollte da noch eine Krone mehr etwa geduldet werden, welche jene Verlegenheiten verstärkte? Hieße es nicht das heutzutage schon genug geschwächte monarchische Ansehen noch mehr herabzusetzen, indem man einen kleinen Staat avanciert, der aus sich selbst nichts vermag, also einem königlichen Aufwande weder Macht noch Kraft zu verleihen imstande ist! Vor allem aber wie wäre es vor dem deutschen Volke zu rechtfertigen, daß man angesichts der nur äußerst langsam sich befestigenden Einheit mutwillig ein solches Hemmnis aufkommen ließe!

Ich lasse mich Ihnen gegenüber so offen gehen, wie ich es unter vier Augen in Ihrem Zimmer in Berlin tue. Sollte aber, was der Himmel verhüte, etwas im Gange sein, so sind Sie schon jetzt berechtigt, mein entschiedenes »Nein« gegen die badische Königserhebung kundzugeben. Dann aber bitte ich um sofortige Mitteilung des Standes jener Angelegenheit, damit ich in derselben tätig auftreten kann; ebenso erwarte ich, daß keine Beschlüsse gefaßt werden, ohne daß man mich gehört hat.

Schlötzer soll aus Rom zurück sein, und würde es mich interessieren zu erfahren, welches seine Eindrücke sind, und ob etwas in Folge seines Aufenthaltes unternommen werden kann.

Ich verlasse London am 23., bin den 24. in Brüssel, den 25. in Koblenz, den 27. in Frankfurt a. M. und am 28. bis 30. in Bayern, worauf ich den 1. September in Berlin eintreffe.

Hoffentlich hat Kissingen Ihnen Ruhe, Erholung und Stärkung gebracht und vor allem die Leiden des Frühjahrs vergessen machen. Hier schwebt das *Parliament in* der Pein des Hängens und Bangens ob der Land-Bill, welche als ein notwendiges Übel, zur Vermeidung noch größeren Unfugs als bisher im kommenden Winter, für Irland erkannt wird. Etliche Lords haben sich der Abstimmung enthalten, indem sie per Jacht oder hinter der grouse her verschwanden; andere reden dawider, stimmen jedoch dafür.

Uns erging es sehr gut an und in der See, in diesem herrlichen Lande, das ich verlasse, um erst die Bayern, dann die Hannoveraner, Westpreußen und endlich die Schleswig-Holsteiner zu sehen, begierig, ob wirklich die »Perle von Meppen« Minister in Braunschweig, Welfischer Agitation zu Ehren, werden wird!!

Ihr sehr ergebener
Friedrich Wilhelm Kpz.

II

Protokoll der Ministersitzung vom 17. März 1890

Vertrauliche Besprechung des Königlichen Staatsministeriums

Gegenwärtig:
der Präsident des Staatsministeriums Reichskanzler Fürst von
Bismarck;
der Vizepräsident des Staatsministeriums Staatsminister
Dr. von Boetticher;
die Königlichen Staatsminister von Maybach, Dr. Freiherr Lucius
von Ballhausen, Dr. von Goßler, Dr. von Scholz, Graf von
Bismarck-Schönhausen, Herrfurth, Dr. von Schelling, von Verdy,
Freiherr von Berlepsch;
der Unterstaatssekretär Wirkl. Geh. Rat Homeyer.

St. M. S. J.

Der Herr Ministerpräsident hatte das Staatsministerium zu einer vertraulichen Besprechung nach seiner Amtswohnung eingeladen und teilte demselben mit, daß er an Seine Majestät den Kaiser und König heute ein Gesuch
um Entlassung aus seinen Ämtern gerichtet habe, dessen Genehmigung
wahrscheinlich sei. Er müsse bezweifeln, daß er die ihm verfassungsmäßig
obliegende Verantwortlichkeit für die Politik Sr. Majestät noch tragen könne, da ihm von Allerhöchster Stelle die hierfür unerläßliche Mitwirkung
nicht eingeräumt werde.

Überraschend sei ihm schon gewesen, wie S. M. über die s.g. Arbeiterschutzgesetzgebung ohne vorheriges Benehmen mit ihm und dem Staatsministerium definitive Entschließungen gefaßt habe. Er habe alsbald seine Befürchtung ausgesprochen, daß dieses Vorgehen in der Wahlzeit Aufregung im
Lande erzeugen, unerfüllbare Erwartungen wachrufen, auf die Wahlen und
schließlich, bei der Unerfüllbarkeit der erregten Hoffnungen, auf das Ansehn
der Krone nachteilig wirken werde. Er habe gehofft, daß einhellige Gegenvorstellungen des Staatsministeriums S. M. zum Verzicht auf die gehegten Absichten bewegen könnten, habe jedoch diese Einmütigkeit im Staatsministerium nicht gefunden, sondern sich überzeugen müssen, daß mehrseitig das
Eingehen auf die Anregung Sr. M. für ratsam erachtet worden sei.

Schon hiernach habe er bezweifeln müssen, ob er die sichere Autorität als Präsident des Staatsministeriums noch besitze, wie er sie vermöge des ihm von Sr. M. Kaiser Wilhelm I. geschenkten Vertrauens s. Zt. genossen habe. Jetzt verhandle der Kaiser ohne ihn nicht nur mit einzelnen der Herrn Minister, sondern sogar mit Räten der ihm untergebenen Ministerien. Der Herr Minister für Handel habe Immediatvorträge ohne vorherige Verständigung mit ihm gehalten. Im Interesse der Einheitlichkeit des Ministerkollegiums habe er dem letztgedachten Herrn Minister die demselben unbekannte Allerhöchste Ordre vom 8. September 1852 mitgeteilt und, nachdem er in der Sitzung des Staatsministeriums vom 2. d. M. sich überzeugt, daß dieselbe überhaupt nicht allen Herren Ministern gegenwärtig sei, allen eine Abschrift zugehen lassen und in dem Begleitschreiben hervorgehoben, daß er die Ordre nur auf Immediatvorträge beziehe, welche Änderungen der Gesetzgebung und der bestehenden Rechtsverhältnisse bezweckten.

In dieser Weise mit Takt gehandhabt, enthielten die Vorschriften der gedachten Ordre nicht mehr, als für jeden Präsidenten des Staatsministeriums, der dieser Stellung gerecht werden wolle, unerläßlich sei. Er wisse nicht, von welcher Seite Kenntnis dieses Vorgangs an die Allerhöchste Stelle gelangt sei, aber S. M. der Kaiser habe ihm befohlen, daß die gedachte Ordre, durch welche die Minister gehindert würden, Immediatvorträge zu halten, aufgehoben werde. Er habe erklärt, die Herren Minister seien dadurch nicht behindert, es folge höchstens daraus, daß er bei den Vorträgen zugegen sei; Sr. M. stehe es dann immer frei, auch gegen den Ministerpräsidenten für den Ressortminister sich zu entscheiden. Die Ordre sei notwendig, und das könne er am wenigsten jetzt verleugnen, nachdem er soeben an dieselbe erinnert habe.

Diese Meinungsverschiedenheit für sich allein würde ihn zum Rücktritt nicht bewogen haben, noch weniger die wegen der Arbeiterfrage bestehende. Auf diesem Gebiet habe er redlich das seinige zu dem Erfolg der kaiserlichen Initiative beigetragen und durch diplomatische Befürwortung und durch Aufnahme der internationalen Konferenz in seine Diensträume bekundet, daß er die Arbeit derselben fördere.

Ein ferneres Zeichen mangelnden Vertrauens habe S. M. der Kaiser ihm durch den Vorhalt gegeben, daß er, ohne Allerhöchste Erlaubnis, den Abgeordneten Windthorst nicht habe empfangen sollen. Alle Abgeordneten empfange er grundsätzlich, und nachdem Windthorst darum nachgesucht,

habe er auch dessen Besuch angenommen, mit dem Erfolge, daß er über die
Absichten desselben nun vollständig unterrichtet sei. Er könne sich einer
Allerhöchsten Kontrolle über seinen persönlichen Verkehr in und außer
Dienst nicht unterwerfen.

In seinem Entschluß zum Rücktritt aus allen seinen Ämtern sei er bestärkt, nachdem er sich heute überzeugt, daß er auch die auswärtige Politik
Sr. M. nicht mehr vertreten könne.

Er habe ungeachtet seines Vertrauens auf die Tripelallianz doch auch
die Möglichkeit, daß dieselbe einmal versagen könne, nie aus den Augen
verloren. In Italien stehe die Monarchie nicht auf starken Füßen, die Eintracht zwischen Italien und Österreich sei durch die Irredenta gefährdet, in
Österreich könne trotz der sicheren Zuverlässigkeit des regierenden Kaisers die Stimmung eine andere werden, Ungarns Haltung sei nie sicher zu
berechnen, dasselbe könne sich und Österreich in Händel verwickeln, denen wir fernbleiben müßten: Deshalb sei er stets bestrebt gewesen, die
Brücke zwischen uns und Rußland nicht abzubrechen, und glaube den
Kaiser von Rußland in friedlichen Absichten soweit bestärkt zu haben,
daß er einen russischen Krieg, bei dem selbst im Falle siegreichen Verlaufs
nichts zu gewinnen sei, kaum noch befürchte. Höchstens würde von dort
uns entgegengetreten werden, wenn wir bei einem siegreichen Kriege gegen Frankreich letzterem Gebietsabtretungen auferlegen wollten. Rußland bedürfe der Existenz Frankreichs wie wir der Österreichs als Großmacht.

Nun habe der deutsche Konsul in Kiew 14 eingehende Berichte zusammen wohl an 200 Seiten, über russische Zustände, darunter manche über
militärische Maßnahmen, eingesandt, von welchen er einige politische Sr.
M. eingereicht, andere, militärische dem Großen Generalstab in der Annahme, daß dieser sie an Allerhöchster Stelle zum Vortrag bringen werde, falls
sie dazu geeignet wären, übersandt, die übrigen, um sie sich vortragen zu
lassen, dem Geschäftsgang zurückgegeben habe.

Darauf sei ihm heute das nachstehende Allerhöchsteigenhändige Handschreiben zugegangen:

»Die Berichte lassen auf das klarste erkennen, daß die Russen im vollsten
strategischen Aufmarsch sind, um zum Kriege zu schreiten – und muß ich es
sehr bedauern, daß ich so wenig von den Kiewer Berichten erhalten habe.
Sie hätten mich schon längst auf die furchtbar drohende Gefahr aufmerk-

sam machen können! Es ist die höchste Zeit, die Österreicher zu warnen und Gegenmaßregeln zu treffen. Unter solchen Umständen ist natürlich an eine Reise nach Krasnoe meinerseits nicht mehr zu denken.

Die Berichte sind vorzüglich« (gez.) W.

In diesem Schreiben sei einmal der Vorwurf ausgedrückt, daß er Sr. M. Berichte vorenthalten und S. M. nicht auf die Kriegsgefahr rechtzeitig aufmerksam gemacht habe; ferner aber seien Ansichten ausgesprochen, die er nicht teile, daß uns von Rußland »furchtbare« Gefahr drohe, daß man Österreich warnen und Gegenmaßregeln treffen müsse, endlich daß der Besuch des Kaisers zu den russischen Manövern, zu welchem derselbe sich selbst angemeldet habe, unterbleiben müsse.

Er sei überhaupt nicht verpflichtet, Sr. Majestät alle Berichte vorzulegen, die ihm zugingen; er habe darunter die Wahl, je nach dem Inhalt, für dessen Eindruck auf S. M. er glaube die Verantwortung tragen zu können. Er habe im vorliegenden Falle nach bester Einsicht eine Auswahl getroffen und müsse in diesem Handschreiben ein unverdientes, kränkendes Mißtrauen finden.

Er sei aber auch bei seiner noch jetzt unerschütterlichen Auffassung von den friedlichen Ansichten des Kaisers von Rußland außerstande, Maßregeln zu vertreten, wie S. M. sie verlange.

Dabei höre er, daß S. M. der Kaiser, der seine Vorschläge bezüglich der zum Reichstage einzunehmenden Stellung und dessen eventueller Auflösung früher gebilligt habe, jetzt der Meinung sei, die Militärvorlage sei nur so weit einzubringen, als man auf deren Annahme rechnen könne. Der Herr Kriegsminister habe sich neulich für deren ungeteilte Einbringung ausgesprochen, und wenn man auch noch Gegenmaßregeln gegen russische Rüstungen ergreifen wolle und Gefahr von dort kommen sehe, sei das um so mehr das Richtige.

Nach dem Gesagten nehme er an, daß er mit seinen Kollegen nicht mehr in voller Übereinstimmung sei und daß er das Vertrauen Sr. M. nicht mehr in ausreichendem Maße besitze. Er freue sich, wenn ein König von Preußen selbst regieren wolle, erkenne selbst die Nachteile seines Rücktritts für die öffentlichen Interessen, er sehne sich auch nicht nach einem arbeitslosen Leben, seine Gesundheit sei jetzt gut, aber er fühle, daß er Sr. M. im Wege sei, daß an Allerhöchster Stelle sein Rücktritt gewünscht werde, und danach habe er mit Recht seine Dienstentlassung erbeten.

Der Herr Vizepräsident des Staatsministeriums erklärte, daß ihn und gewiß alle seine Kollegen diese Mitteilungen tief betrübten. Er habe bis jetzt gehofft, daß zwischen Sr. M. und dem Herrn Ministerpräsidenten nur auf dem Gebiet der Innern Politik Meinungsverschiedenheiten beständen und daß daher der von Sr. Durchlaucht neulich angedeutete Weg, sich auf die Leitung der auswärtigen Angelegenheiten beschränken zu wollen, eine geeignete Lösung sein werde. Der Rücktritt Sr. Durchlaucht aus allen Ämtern bedeute unabsehbare Schwierigkeiten, und wenn er auch den Unmut Sr. Durchlaucht begreiflich finde, könne er doch nur dringend bitten, den Weg eines Ausgleichs, wenn irgend möglich, zu betreten.

Der Herr Ministerpräsident bemerkte, der Ausweg, daß er aus dem preußischen Staatsdienst ausscheide und sich auf die Stellung als Reichskanzler beschränke, sei bei den verbündeten Regierungen und im Reichstage auf Bedenken gestoßen. Dort wünsche man, daß der Reichskanzler in einer amtlichen Stellung sich befinde, in welcher er die Abgabe der preußischen Stimme leite, und er würde auch die Stellung nicht einnehmen können, vom preußischen Staatsministerium Instruktionen zu empfangen, bei deren Feststellung er nicht mitgewirkt habe. Auch dieser, neulich von ihm selbst vorgeschlagene Ausweg würde daher nicht ohne Schwierigkeiten sein.

Der Herr Finanzminister erklärte, die Kabinettsordre vom 8. September 1852, namentlich nach demjenigen, was der Herr Ministerpräsident in dem Begleitschreiben hinzugefügt habe, gehe durchaus nicht über das Erforderliche hinaus. Diese könne eine unübersteigliche Schwierigkeit nicht bieten. Aber auch was die Schwierigkeiten auf dem Gebiet der auswärtigen Politik anlange, könne er sich nur der Bitte des Herrn Staatsminister von Boetticher anschließen, daß nach einem Ausgleich gesucht werden möge. Wenn übrigens der Rücktritt Sr. Durchlaucht nicht, wie neulich als Grund angeführt worden, aus Gesundheitsrücksichten, sondern aus politischen Gründen und aus allen Ämtern erfolge, werde das Staatsministerium doch in Erwägung ziehen müssen, ob es sich diesem Schritt nicht anzuschließen habe. Vielleicht würde dies dazu beitragen, das verhängnisvolle Ereignis abzuwenden.

Die Herren Minister der geistlichen Angelegenheiten und der Justiz bemerkten, es handle sich bei den vorgetragenen Differenzpunkten doch nur um ein Mißverständnis, über welches S. M. aufzuklären sein würde, und der Herr Kriegsminister fügte hinzu, in seiner Gegenwart sei seit langer Zeit von seiten des Kaisers kein Wort gefallen, welches irgendwie auf kriegerische Verwicklungen mit Rußland Bezug habe.

Der Herr Minister der öffentlichen Arbeiten erklärte, der Rücktritt Sr. Durchlaucht würde ein nationales Unglück für die Sicherheit des Landes und die Ruhe Europas sein, es müsse alles versucht werden, um dem vorzubeugen. Seiner Meinung nach müßten für einen solchen Fall die Minister ihre Ämter zur Verfügung Sr. M. stellen, und er wenigstens sei entschlossen, dies zu tun.

Der Herr Minister für Landwirtschaft erklärte, wenn der Herr Ministerpräsident überzeugt sei, daß sein Rücktritt Allerhöchsten Orts gewünscht werde, ließe sich von diesem Schritte nicht abraten. Das Staatsministerium müsse jedenfalls in Erwägung nehmen, was es dann seinerseits zu tun habe.

Der Herr Minister für Handel bemerkte, seine Person komme bei dieser Frage nicht in Betracht, aber in Rücksicht auf die von dem Herrn Ministerpräsidenten über die von ihm gehaltenen Immediatvorträge gemachte Bemerkung bitte er doch erklären zu dürfen, daß dieselben sich auf keinerlei neue Fragen erstreckt, sondern auf den Allerhöchsten Erlaß vom 4. Februar d. J., den er bei seinem Amtsantritt vorgefunden, und zwar auf die allgemeinen Angelegenheiten der in demselben berührten Arbeiterschutzgesetzgebung beschränkt hätten. Gegen die Allerhöchste Ordre vom 8. September 1852 habe er nichts zu erinnern und habe dieselbe Sr. M. gegenüber nicht erwähnt.

Der Herr Ministerpräsident erwiderte, er sei vollkommen davon überzeugt, daß es dem Herrn Minister für Handel ferngelegen habe, etwas gegen ihn tun zu wollen.

Der Herr Kriegsminister bemerkte, von den Bestimmungen der Ordre vom 8. September 1852 seien die laufenden Vorträge des Kriegsministers sogar ausdrücklich ausgenommen, aber auch abgesehen hiervon habe er gewiß bei allen wichtigen Vorkommnissen seines Ressorts sich in Verbindung mit dem Herrn Ministerpräsidenten gehalten.

Der Herr Ministerpräsident erwiderte, daß er das kollegialische Verhalten des Herrn Kriegsministers durchaus anzuerkennen habe, und schloß die Sitzung.

(gez.) Fürst von Bismarck   von Boetticher.
von Maybach.   Freih. Lucius von Ballhausen,   von Goßler.
von Scholz.   Graf von Bismarck.   Herrfurth.
von Schelling.   von Verdy.   Frhr. v. Berlepsch.
(gez.) Homeyer.

III

Marmorpalais, den 22. Juni 1888

Euer Exzellenz

beehre ich mich im Allerhöchsten Auftrage ganz gehorsamst mitzuteilen, daß Seine Majestät der Kaiser und König von verschiedenen Artikeln in Berliner Zeitungen Kenntnis genommen hat, welche Allerhöchstdenselben auf das Unangenehmste berührt haben.

Vornehmlich sind dies ein Artikel des Berliner Tageblatts, Abendausgabe vom 20. ds. Mts., Artikel der Berliner Zeitung und der Berliner Presse, beide vom 21. Juni, welche geschrieben scheinen, um die Welt glauben zu machen, daß ein Zwiespalt zwischen Seiner Majestät und dem Fürsten Reichskanzler in betreff des Generalquartiermeisters Grafen Waldersee besteht; auch ähneln diese Artikel in ihrer Absicht mehr oder weniger denen, welche vor dem plötzlichen Sturze des Ministers von Puttkamer von den freisinnigen Zeitungen gebracht wurden.

Während auf der einen Seite jene Artikel, und im besonderen der des Berliner Tageblatts, gegen den Fürsten Reichskanzler selbst gemünzt sein dürften, wollen dieselben andrerseits augenscheinlich den Glauben erwecken, als ob Friktionen in den maßgebenden Regierungskreisen auch jetzt beständen bzw. im Anzuge wären, wie sie während der kurzen Regierungszeit des eben verstorbenen Kaisers wiederholt von den Zeitungen gemeldet wurden.

Da die von den Artikeln berührte Frage der auswärtigen Politik ein brennendes Interesse für die ganze Welt hat, so werden sicherlich die ausländischen Zeitungen mehr oder weniger Akt von dem Inhalte der Artikel nehmen. Seine Majestät hält es daher für angezeigt, wenn Euer Exzellenz mit Hilfe der der Regierung nahestehenden Presse jene Frage richtigstellen und in energischer Weise gegen diese Presseangriffe Stellung nehmen.

Seine Majestät ermächtigt mich, Euer Exzellenz zu versichern, daß Allerhöchstderselbe nach wie vor auf demselben Standpunkte stände, wie Seine Majestät denselben in den Unterredungen im Mai dieses Jahres dem Fürsten Reichskanzler entwickelt habe; daß er nie dem Grafen Waldersee, trotz der Wertschätzung für denselben, einen unberechtigten Einfluß auf die auswärtige Politik einräumen und daß unter Allerhöchstseiner Regierung keine Hofkamarilla existieren werde; vielmehr sei er überzeugt, daß unter denjenigen Leuten, denen er sein Vertrauen geschenkt habe und die Allerhöchst ihm dienten, keine Parteiungen existierten, sondern daß alle ihm auf demselben Wege folgten, welcher zu dem von Seiner Majestät als richtig erkannten Ziele führt.

Euer Exzellenz

gehorsamst ergebener
Freiherr von Bissing,
Oberstleutnant und Flügeladjutant.

ANMERKUNGEN

1 Gymnasium zum Grauen Kloster in Berlin.
2 Johann Ernst Plamann (1771-1834) war der Gründer der Płamannschen Erziehungsanstalt in Berlin, der Bismarck von 1822-1827 angehörte. Jahn wirkte dort als Lehrer.
3 1832 Volksversammlung auf Schloß Hambach (bei Neustadt an der Weinstraße).
4 1839 übernahm Bismarck die väterlichen Güter Kniephof, Külz und Jarchlin in Pommern. Nach dem Tode des Vaters übersiedelte er 1845 nach Schönhausen.
5 Der Neuchâteler Aufstand fand am 2./3. September 1856 statt; er wurde durchgeführt von den Royalisten unter Führung des Grafen Friedrich Pourtalès für Preußen.
6 Bismarck vermählte sich am 28. Juli 1847 mit Johanna von Puttkamer.
7 Die Französische Nationalversammlung beschloß am 4. August 1789 die Abschaffung aller Feudalrechte.
8 Die Paulskirche war der Tagungsort der Deutschen Nationalversammlung von 1848/49 in Frankfurt am Main.
9 Shakespeare, Coriolan 11, an das Volk gerichtet: »Euch traun? – Ein Augenblick, so ändert ihr den Sinn – Und nennt den edel, den ihr eben haßtet – Den schlecht, der euer Abgott war.«
10 Freiherr Heinrich von Gagern und seine Partei forderten den deutschen Bundesstaat, mit dem Österreich in ein Unionsverhältnis treten sollte.
11 General Friedrich von Gagern wurde nach einer Unterhandlung mit dem Freischarenführer Hecker am 20. April 1848 bei Kandern in Baden erschossen.
12 Mit »Casino« wurden die klubartig zusammengeschlossenen konservativen Mitglieder der Kammer bezeichnet.

13 Als Interim wird hier das Abkommen vom 30. September 1849 zwischen Preußen und Österreich, das die Bundeszentralkommission für die deutsche Verfassungsfrage betraf, bezeichnet.

14 Bismarck rettete am 24. Juni 1842 seinen Reitknecht Hildebrandt vor dem Ertrinken.

15 Horaz, Satiren I, 2: »Scharlatane, Gaukler und was in diese saubere Zunft gehört.«

16 Yglano ist ein Magier in Toledo, der die Undankbarkeit Anselmos bestraft.

17 In Bamberg fand 1854 eine Konferenz zwischen Bayern, Württemberg, Hannover, Kurhessen, Hessen-Darmstadt und Nassau statt.

18 Mit Trias wird die Dreiteilung Deutschlands in Mittelstaaten, Preußen und Österreich bezeichnet.

19 »Der König kann kein Unrecht tun« ist ein Grundsatz des englischen Konstitutionalismus.

20 Bunsens Denkschrift ist aber mit dem Datum »1. März 1854« versehen.

21 Königin Elisabeths Schwester Amalie war mit dem Prinzen (späteren König) Johann von Sachsen vermählt, ihre Schwester Sophie mit dem Erzherzog Franz Karl von Österreich (Vater des Kaisers Franz Joseph), ihre Schwester Maria mit dem König Friedrich August II. von Sachsen.

22 Bei Marpingen (Kreis St. Wendel) hatten im Jahr 1877 Kinder Wundererscheinungen.

23 Bismarck verhandelte über den Verzicht des Herzogs Christian August von Augustenburg auf dessen Erbrecht in Dänemark.

24 Unter anderem äußerte sich das dadurch, daß Bismarck nicht nach Letzlingen zur Hofjagd eingeladen wurde.

25 Im März 1857 trat Napoleon III. auf der Pariser Konferenz wegen der Neuenburger Frage für Preußen ein. Österreich war bemüht, ein Vorgehen preußischer Truppen gegen die Schweiz (von Baden aus) zu verhindern.

26 Vertrag zwischen Preußen, Österreich, England, Polen und Holland, geschlossen am 27. Juli 1790 zum Schutz der Türkei gegen Rußland.

27 Die »Glorious Revolution« führte den Sturz der Stuarts herbei.

28 Die Teilnehmer des russischen Aufstandes vom 26. Dezember 1825 werden »Dekabristen«, d. h. »Dezembermänner«, genannt.

29 Juvenal, Satiren I, 168: »Inde irae et lacrimae«, Terenz, Andria I, 1: »Daher der Zorn.«

30 Edwin Manteuffel, Generaladjutant des Königs, wurde wegen eines Duells zu Festungshaft verurteilt.

31 Bismarck bezeichnete die liberalen Minister der Neuen Ära als »Liebe Gespielen«.

32 Stieber (Berliner Polizeidirektor) wurde wegen Überschreitung seiner Amtsgewalt angeklagt, Schwark (Berliner Oberstaatsanwalt) erhob die Anklage. Macdonald (englischer Kapitän) wurde am 12. September 1860 wegen herausfordernden Benehmens auf dem Bonner Bahnhof festgenommen, wodurch ein diplomatischer Zwischenfall hervorgerufen wurde. Patzke (Oberst und Chef der Berliner Schutzmannschaft) warf man Pflichtwidrigkeiten vor.

33 Hier sind die deutschen Kleinstaaten angesprochen, die im November 1859 in Würzburg konferierten.

34 Der Berliner Abgeordnete Kühne beantragte, die Mittel für die Armeeorganisation nur im Extraordinarium zu bewilligen.

35 Preußischer Legationsrat in Paris.

36 1785 schloß Friedrich der Große mit deutschen Staaten ein Bündnis, das im wesentlichen zum Schutz Bayerns gegen Österreich diente.

37 Im Friedensschluß von Basel (1795) wurde Nord- und Mitteldeutschland für die Zeit des Koalitionskrieges als neutral erklärt.

38 Zwischen Preußen und Österreich wurden 1792 vor Beginn des Koalitionskrieges gegen Frankreich im Schloß Pillnitz bei Dresden Verhandlungen geführt.

39 Fürst Polignac (Minister Karls X. von Frankreich) wurde durch die Juli-Revolution (1830) auf Lebenszeit eingekerkert. Strafford (Minister Karls I. von England) wurde 1641 hingerichtet. Der französische König Ludwig XVI. wurde 1793 enthauptet.

40 Die Anhänger Jakobs II. von England werden stets als Jakobiten bezeichnet.

41 Artikel 99 der preußischen Verfassung: Alle Einnahmen und Ausgaben des Staates müssen für jedes Jahr im voraus veranschlagt und auf den Staatshaushaltsetat gebucht werden. Letzterer wird jährlich durch ein Gesetz festgestellt.

42 Mit Episode wurde das folgende Ereignis bezeichnet: Der am 17. September 1862 von dem Abgeordneten Stavenhagen eingebrachte Antrag auf Bewilligung des Militärbudgets wurde am 18. abgelehnt, da Roon die geforderte zweijährige Dienstzeit nicht billigen konnte.

43 Die Landestrauer galt der Zarin Charlotte von Rußland, der Tochter König Friedrich Wilhelms III., die am 1. November 1860 gestorben war.

44 Wera Sassulitsch verübte am 24. Januar 1878 ein Attentat auf den Polizeipräsidenten General Trepow.

45 1846 hatte Österreich nach dem polnischen Aufstand den Freistaat Krakau in Besitz genommen.

46 Als Wielopolskische Theorien bezeichnet Bismarck die Versöhnungspolitik durch politische und nationale Selbständigkeit des russischen Kongreßpolen.

47 Die Heidelberger Konferenz fand vom 5.-8. August 1878 statt.

48 Am 11. Oktober 1850 wurde zwischen Österreich, Bayern und Württemberg die Bregenzer Koalition gegen Preußen gebildet.

49 De Lhuys, Minister Napoleons III., war von 1833-1836 französischer Geschäftsträger in Den Haag.

50 Die Hochzeit der Königin Isabella (geb. 1830) mit ihrem Vetter, dem Infanten Franz de Assisi (geb. 1822), Herzog von Cádiz, fand 1846 statt. Isabellas Schwester Luise (geb. 1832) ehelichte den Herzog Anton von Montpensier (geb. 1824), Sohn Ludwig Philipps von Frankreich.

51 Shakespeare, Hamlet III, 1: »Ob's edler im Gemüt, die Pfeil' und Schleudern / Des wütenden Geschicks erdulden, oder / Sich waffnend gegen eine See von Plagen / Durch Widerstand sie enden?«

52 Bayern trat im Frieden vom 22. August 1866 nur Gebietsstreifen bei Gersfeld und Orb ab.

53 Die spanische Frage wurde in Anwesenheit des Königs, des Kronprinzen, des Fürsten Hohenzollern, des Erbprinzen Leopold, Bismarcks, Roons, Moltkes, Schleinitz, des Staatssekretärs von Thile und des Ministers Delbrück am 15. März 1870 nach Tisch erörtert.

54 »Gesta Dei per Francos« ist der Titel eines Werkes von Jakob Bongars (gest. 1612 in Paris).

55 Im übertragenen Sinn: »Preußen kneift.«

56 Die Originaldepesche hatte folgenden Wortlaut: »Se. Majestät schreibt mir: ›Graf Benedetti fing mich auf der Promenade ab, um auf zuletzt sehr dringliche Art von mir zu verlangen, ich sollte ihn autorisieren, sofort zu telegraphieren, daß ich für alle Zukunft mich verpflichtete, niemals wieder meine Zustimmung zu geben, wenn die Hohenzollern auf ihre Kandidatur zurückkämen. Ich wies ihn zuletzt etwas ernst zurück, da man à tout jamais dergleichen Engagements nicht nehmen dürfe noch könne.

Natürlich sagte ich ihm, daß ich noch nichts erhalten hätte und, da er über Paris und Madrid früher benachrichtigt sei als ich, er wohl einsähe, daß mein Gouvernement wiederum außer Spiel sei.‹ Seine Majestät hat seitdem ein Schreiben des Fürsten bekommen. Da Seine Majestät dem Grafen Benedetti gesagt, daß er Nachricht vom Fürsten erwarte, hat Allerhöchstderselbe, mit Rücksicht auf die obige Zumutung, auf des Grafen Eulenburg und meinen Vortrag beschlossen, den Grafen Benedetti nicht mehr zu empfangen, sondern ihm nur durch einen Adjutanten sagen zu lassen: daß Seine Majestät jetzt vom Fürsten die Bestätigung der Nachricht erhalten, die Benedetti aus Paris schon gehabt, und dem Botschafter nichts weiter zu sagen habe. Seine Majestät stellt Euer Exzellenz anheim, ob nicht die neue Forderung Benedettis und ihre Zurückweisung sogleich sowohl unsern Gesandten als in der Presse mitgeteilt werden sollte.«

57 Königin Marie von Hannover war mit dem Großfürsten Constantin, Bruders des Zaren Alexander II., verschwägert.

58 Wserossiski (Nominativ) = der gesamtrussische Kaiser; pruskomu (Dativ) = dem preußischen [König.]

59 Landsyndikus in Celle für das Fürstentum Lüneburg.

60 Artikel 109 der preußischen Verfassung: »Die bestehenden Steuern und Abgaben werden forterhoben, und alle Bestimmungen der bestehenden Gesetzbücher, einzelnen Gesetze und Verordnungen, welche der gegenwärtigen Verfassung nicht zuwiderlaufen, bleiben in Kraft, bis sie durch ein Gesetz abgeändert werden.«

61 Bismarck verletzte Graf Botho Eulenburg durch eine Erklärung, die er am 19. Februar 1881 als Handelsminister im Herrenhaus über das »Gesetz betr. Zuständigkeit der Verwaltungsbehörden und Verwaltungsgerichte« verlesen ließ.

62 Franz Johann Paul von Loucadou (1783-1860), Flügeladjutant des preußischen Königs, wurde wiederholt nach Petersburg entsandt.

63 Die Besetzung erfolgte aber erst nach dem Zweiten Pariser Frieden (20. November 1815).

64 Als Brücke nach Petersburg bezeichnet Bismarck den 1887 mit Rußland abgeschlossenen Rückversicherungsvertrag, der 1890 aufgegeben wurde.

65 Am 20. April 1887 wurde der in Pagny bei Metz stationierte französische Grenzkommissionär Schnäbele beim Überschreiten der deutschen Gren-

ze verhaftet. Dieses Ereignis benutzte der französische Kriegsminister Boulanger, um zum »Revanchekrieg« aufzurufen. Schnäbele wurde am 28. April 1887 freigelassen.

66 Horaz, Episteln I, 2, 14: »Die Achiver müssen es büßen.«

67 Richard Kauffmann, Angehöriger des Jägerbataillons Nr. 8 in Zabern, schoß irrtümlicherweise am 24. September 1887 bei einem Einsatz gegen Wilddiebe auf eine französische Jagdgesellschaft, die die deutsche Grenze bei Grandfontaine überschritten hatte. Dabei wurde ein Franzose getötet, ein weiterer verletzt. Infolge sich widersprechender Zeugenaussagen erklärte sich die deutsche Reichsregierung bereit, der Familie des Getöteten eine Summe von 50 000 Mark zu zahlen. Fast zur gleichen Zeit wurde der Sohn des Polizeikommissärs Schnäbele (vgl.Anm.65) in Metz wegen Anklebens eines aufrührerischen Plakates zu drei Wochen Gefängnis verurteilt, aber auf sein Gnadengesuch hin vom Kaiser am 1. Oktober 1887 begnadigt.

68 Griechische Genossenschaften, die die Abwerfung der türkischen Zwangsherrschaft zum Ziel hatten, nannte man Hetärien.

69 Mit »Fanarioten« werden die Nachkommen griechischer Familien aus dem konstantinopolitanischen Stadtteil Fanar bezeichnet.

70 Ovid, Metamorphosen I, 7: »Die rohe, verworrene Masse.«

71 Vladika = Oberster Geistlicher (Titel des Fürsten von Montenegro).

72 Bourbonisches Hochamt.

73 »Die Kaiserproklamation in Versailles 1871«, Gemälde von Anton von Werner.

74 Als Battenbergische Frage bezeichnet Bismarck das Projekt der Kronprinzessin Viktoria, ihre Tochter Viktoria mit dem Fürsten Alexander von Bulgarien zu verheiraten.

75 Shakespeare, Coriolan I, 1: »Geht, fort mit euch, ihr Überbleibsel!«

76 Eine Schrift des späteren Generals Gustav von Griesheim, die im November 1848 entstand, trägt den Titel »Das alte Wort von 1848«.

77 Pastor Seydel hatte 1888 Bismarck als geheimes Mitglied der christlichsozialen Partei bezeichnet, dessen offenes Bekenntnis bevorstehe.

78 Vgl. dazu Anlage zu Band III.

79 Albrecht von Schlubuth, geheimer Kriegs- und Domänenrat in Gumbinnen, wurde 1731 wegen Kassendefektes in Königsberg gehenkt.

80 Konsul Raffauf sandte diese Berichte aus Kiew. Darin wurde von einer Konzentrierung von vier bis sechs russischen Armeekorps sowie vier Ka-

vallerie- und zwei Kosakendivisionen, außerdem von vierhundert Geschützen bei Kowno gesprochen.

81 Bismarck schreibt irrtümlicherweise »halbes Jahrhundert« für »länger als ein Vierteljahrhundert«, d.h. seit 1862.

82 Die Gehaltsrückforderung bei der Entlassung Bismarcks war nicht von Caprivi, sondern von Freiherr von Maltzan (Staatssekretär im Reichsschatzamt) gezeichnet. Sie beruhte auf dem Reichsbeamtengesetz von 1873 und wurde bereits bei Roons Abschied angewandt.

83 Freiherr Eberhard von Danckelmann (nicht »Graf«), Erzieher und Minister des Kurfürsten Friedrich III. wurde 1697 auf Grund politischer Differenzen angeklagt. Jedoch von König Friedrich Wilhelm I. rehabilitiert.

84 Scherzhafte Bezeichnung für die Partei des österreichischen Ministers und Abgeordneten Herbst.

PERSONEN- UND SACHREGISTER

Bitte beachten Sie
die folgenden Seiten